KB165686

L'INVENTION DE PARIS

L'INVENTION DE PARIS

파리의 발명

낭만적 도시의 탄생

에리크 아장 지음
진영민 옮김

글항아리

일러두기

- 단행본, 잡지, 신문 등의 인쇄물은 『 』로, 시, 소설, 미술작품, 영화, 연극 등의 작품명은 「 」로 표시했다.
- 이 책에 등장하는 인용문과 문학작품의 원문은 각주에 표기했다.
- 본문에서 지은이가 보충 설명한 내용은 ( )로, 옮긴이가 보충 설명한 내용은 〔 〕로 구분했다. 옮긴이의 보충 설명 가운데 일부는 각주로도 달아두었다.
- 지명과 인명은 입말에 따라 통용되는 단어가 아닌 국립국어원 외래어 표기법에 따라 적었다.

잃어버린 발자취? 그러나 발자취는 사라지지 않는다.

_ 앙드레 브르통, 『나자Nadja』

차례

제1장

순찰로

1
APPARTEMENT A L
BOURGEOISEMENT
COMMERCE

IMPRIMERIE BOULLAY
ANDRE
EYMEOUD

2

DE BELLEVILLE
René GRAVIER
MONDE A PIED
OUSTACHE
THEATRE DE BELLEVILL

3

앞 페이지

1 카이로 아케이드의 정면, 카이로 광장, 외젠 아제 사진, 파리, 카르나발레 박물관, 일부.

2 벨빌 거리의 벨빌 극장, 우편엽서, 파리, 국립도서관, 일부.

3 공사 중인 오페라극장, 작가 미상 사진, 파리, 국립도서관, 일부.

경계의 심리지리학

도시는 겉모습만 동질적이다. 도시라는 명칭은 위치한 곳에 따라 다른 울림을 갖는다. 꿈을 제외하고는 도시만큼 본래의 경계 현상을 경험할 수 있는 곳은 어디에도 없다. 도시를 안다는 것은 건물을 가로질러 공원의 한가운데서, 강둑 위에서, 고가를 따라 경계선이 어디를 지나가는지를 경험으로 아는 것이다. 또한 이 경계들을 서로 다른 구역의 독립된 영역으로 인식하는 것이다. 경계는 거리를 가로지른다. 이것이 출발점이다. 사람들은 빈 공간에 첫발을 내디디며 마치 경험하지 못한 첫걸음을 떼기라도 하듯이 새로운 영역으로 들어간다.

_ 발터 베냐민, 『아케이드 프로젝트Le Livre des passages』[1]

보마르셰 거리를 가로질러 아믈로 거리 쪽으로 내려가는 사람은 자신이 마레 구역을 지나 바스티유 구역으로 가고 있다는 것을 안다. 당통 동상을 지나 의과대학 뒤편의 웅장한 벽을 따라 걷는 사람은 생제르맹데프레 구역을 지나 라탱 구역으로 접어든다는 것을 안다. 파리의 구역 경계는 대체로 눈에 명확히 들어오는 형태로 나누어졌다. 지표는 어떤 때는 라 빌레트의 원형 건물, 당페르로슈로의 사자상,

1 Walter Benjamin, *Le Livre des passages*, 프랑스어판, Jean Lacoste, Paris, Éditions du Cerf, 1989.

(2)

1 + 1

8 - Non : pas même la très bele et très inutile Porte Saint-Denis...

왼쪽 페이지

"대단히 아름답지만 쓸모없는 생드니 문", 앙드레 브르통의 『나자』에 삽입된 사진, 파리, 자크두셰 문학도서관.

생드니 문처럼 기념물이거나, 오퇴유 벌판 위의 샤요 언덕 능선, 구트도르와 뷔트쇼몽 사이의 알마뉴 도로와 플랑드르 도로의 좁은 길처럼 지형의 기복이었고, 주요 간선도로이기도 했다. 그런 간선도로 중에서 로슈슈아르와 클리시 대로는 극단적인 예로, 두 대로는 몽마르트르와 누벨아테네 사이의 경계를 이루는데 양쪽이 뚜렷하게 구분되어 마주 보고 있는 두 구역이라기보다는 완전히 다른 두 세계 같다.

파리의 경계들은 지도의 선처럼 단순하지 않다. 한 구역에서 다른 구역으로 가기 위해서는 종종 두 구역을 잇는 작은 구역과 중립 지대를 가로질러야 한다. 이 작은 구역들은 대개 도시의 후미진 곳에 파묻혀 있다. 앙리 4세 대로와 부르동 대로 사이의 아르스날 삼각 지대가 그런 곳으로, 『부바르와 페퀴셰Bouvard et Pécuchet』의 첫 페이지에 "섭씨 32도의 무더위 속 어느 벤치에서"라고 묘사된 장소가 바로 이 삼각 지대다. 아르스날 삼각 지대의 가장 뾰족한 지점에 바스티유가 있고, 이 삼각 지대는 리옹역과 생폴 구역을 나눈다. 그리고 생투앵과 클리시 대로 사이에 낀 에피네트는 바티뇰 구역과 몽마르트르 구역 가운데 조용히 자리한다. 한편 상티에 구역과 마레 구역 사이에 끼어 있는 아르에메티에 구역의 직삼각형 지대도 있는데, 이 지대의 직각 부분은 생마르탱 문 쪽으로 나 있고 빗변에 해당하는 튀르비고 거리는 파리 중심을 향해 뻗어 있으면서 생니콜라데샹 교구와 접한다.

구역을 건너갈 때는 세브르 거리에 모여 있는 수녀원과 포교원 구역처럼 덜 명확한 경계를 지나기도 한다. 포부르[1] 생제르맹에서 몽파르나스로 가려면 불분명한 경계를 지나야 하는데, 나이가 지긋한 택시 운전사들은 이 경계를 바티칸이라 부른다. 뤽상부르 너머의 거리들은 라탱 구역과 몽파르나스 구역 사이, 발드그라

1 포부르는 원래 파리 성곽 밖의 지역을 총칭했지만, 파리가 확장되면서 파리의 구역 명칭으로 그 의미가 달라졌다. — 옮긴이

스와 그랑드쇼미에르 사이, 아베드레페 거리의 펠르티에와 카벵투의 기념물과 카페 라 클로즈리 데 릴라 앞에 있는 네Ney 장군 동상 사이의 공간을 채우고 있다. 소설 「페라귀스Ferragus」의 마지막 장면에서, 탐욕스러운 자들의 옛 우두머리가 그곳에서 페탕크 놀이를 하는 사람들을 말없이 바라보다가 한번씩 그들이 공 사이의 거리를 잴 수 있게 자신의 지팡이를 빌려주면서 시간을 보낸다. 발자크는 이 장면을 묘사하면서 경계가 명확하지 않고 겹쳐 있는 파리의 구역들에 대해 다음과 같이 썼다. "뤽상부르 남쪽 철책과 파리 천문대 북쪽 철책 사이의 닫힌 공간은 특성 없는 곳으로, 파리의 중립 지대다. 정말로 이 공간에는 더 이상 파리가 없다. 그러나 또한 파리는 여전히 거기에 있다. 이 공간은 광장, 거리, 대로, 성벽, 정원, 가로수 길, 도로, 지방, 수도의 위치를 동시에 차지한다. 물론 이 모든 것이 있는 동시에 아무것도 없다. 이곳은 하나의 사막이다."[1]

도시의 단편적인 이미지들이 뒤섞여 상호 충돌하는 다다이즘 합성사진의 배경처럼 가장 일상적인 장소가 이따금 가장 의외의 충격을 준다. 파리 동역의 단조로움을 벗어나 레콜레 구역의 옛 수녀원을 따라 걸으면 생마르탱 운하의 반짝이는 수면을, 그랑조벨 운하의 수문 위를 가로지르는 다리와 마로니에 사이에 감춰진 인도교를, 그리고 생루이 병원의 뾰족한 청회색 슬레이트 지붕을 마주치는데 이것보다 더 뜻밖인 일이 또 있을까? 파리의 또 다른 끝에서는 이탈리아 대로의 시끌벅적함과 울창한 작은 공원이 선명하게 대조된다. 고블랭 공장을 끼고 있는 공원 자리에는 비에브르강이 흐르고 그곳에서 글라시에르 구역이 시작된다.

---

1 빅토르 위고는 『레 미제라블』에서 살페트리에르 주변을 다음과 같이 묘사할 때 아마도 해당 구절을 떠올렸을 것이다. "그곳은 쓸쓸하지 않았다. 지나가는 사람들이 있었다. 한적한 시골도 아니었다. 거리가 나 있고 집들도 있었다. 그렇다고 도시도 아니었다. 거리는 시골의 큰길처럼 마차 바퀴 자국이 나 있었고 풀이 자라나 있었다. 그렇다고 마을도 아니었다. 집들이 너무 고층이었다. 그렇다면 그곳은 무엇이었나? 사람이 살고 있는 장소였지만 아무도 없었고, 적막한 장소였지만 누군가가 있었다. 그곳은 대도시의 대로이고, 파리의 거리였고, 밤에는 숲보다 훨씬 더 야생적이고 낮에는 묘지보다 훨씬 더 적막했다."

가장 오래되고 가장 명확하게 정의된 구역이라 할지라도 그 경계가 불분명할 순 있다. 많은 파리 시민에게 있어 라탱 구역은 피에르 아벨라르 시대와 마찬가지로 생트준비에브 언덕 꼭대기까지를 이른다. 발자크는 보케르 하숙집을 뇌브생트준비에브 거리(현재 투른포르)에 위치시켰다. "라탱 구역과 포부르 생마르소 사이의 발드그라스 돔과 팡테옹 돔 사이에 있는 거리들은 두 건축물의 금빛 돔이 반사하는 빛으로 노란 색조를 띠기도 했고, 거대한 돔의 그림자 때문에 어둡기도 했다."[2] 그러나 오늘날에는 생트준비에브 언덕 남쪽 비탈에 자리 잡은 고등사범학교, 연구소들, 대학 기숙사들, 유서 깊은 파스퇴르 연구소와 퀴리 연구소, 파리 3대학 때문에 라탱 구역을 고블랭 구역까지 넓게 볼 수도 있다.

경계의 불일치는 훨씬 더 심각한 문제를 야기할 수 있는데, 해당 구역의 정체성에 대한 질문과 연결될 수 있기 때문이다. 시내 중심에서 북쪽을 향해 걸을 때 어디부터를 몽마르트르 구역이라 할 수 있는가? 몽마르트르 구역이 파리에 편입되기 이전 마을들의 경계를 살펴보면 지하철 2호선의 경로와 일치한다. 즉, 2호선의 경계를 넘어서면 몽마르트르에 진입할 수 있다. 2호선의 바르베스로슈슈아르, 앙베르, 피갈, 블랑슈, 클리시역은 총괄징세청부인[3]의 옛 성벽 구간을 지난다. 그러나 루이 슈발리에는 그의 걸작 『쾌락과 범죄의 몽마르트르Montmartre du plaisir et du crime』[4]에서 몽마르트르의 경계를 훨씬 더 아래쪽인 그랑 불바르(마들렌에서 바스티유에 이르는 대로들의 총칭)까지로 정했다. 그 결과 책의 서문에서 슈발리에는 쇼세당탱, 생조르주 구역, 카지노 드 파리 그리고 포부르푸아소니에르까지 몽마르트르에 포함시켰다. 슈발리에뿐만 아니라 자연지리학자들도 그렇게 경계를 나누는 데 호의적이었다. 왜냐하면 몽마르트르 언덕은 실제로도 로슈슈아르 대로와 클

---

2 Honore de Balzac, *Le Père Goriot*, 1835.

3 앙시앵레짐(구체제) 시기에 소작농에게서 세금을 징수했던 재정 담당자로 왕이 임명한 징수 대리인. 세금을 걷어 왕에게 바치는 대신 여러 특혜를 누렸다. 총괄조세청부인이라고도 한다. — 옮긴이

4 Louis Chevalier, *Montmartre du plaisir et du crime*, Paris, Robert Laffont, 1980.

SPES

앞 페이지

에방질 구역의 거대한 가스 탱크와 십자가에 못 박힌 그리스도상, 르네자크 사진.

리시 대로 아래에서 시작되기 때문이다. 몽마르트르 지형은 그랑 불바르를 수십 미터 지나면서 센강의 옛 우각호 지점부터 높아지기 시작한다. 파리를 그 누구보다 많이 걸어다닌 발터 베냐민은 다음과 같이 썼다. "플라뇌르[1]는 노트르담드로레트 앞에서 따각따각 소리를 내는 신발 깔창 소리를 듣고서 바로 이곳이 옛날에는 몽마르트르 방향을 향해 마르티르 거리를 오르는 합승 마차의 말들을 매어두는 장소임을 떠올렸다."[2]

몽마르트르는 예외로, 이 구역은 여느 구역과 달리 지도상의 한 지역인 동시에 역사, 문화적인 의미가 풍부해 어떤 측면을 보느냐에 따라 경계가 달라질 여지가 있는 지역이라고 반박할 수도 있다. 그러나 이런 모호함이야말로 매우 강한 정체성을 띠는 구역들의 특징이 아닌가? 그리고 강한 정체성이 없다면 어떻게 특정 구역에 대해 이야기할 수 있겠는가? 이런 질문들은 궁극적으로 '파리의 구역은 무엇인가?'라는 좀더 일반적인 질문을 끌어낸다.

파리를 한 구당 4개의 구역, 즉 총 80개 구역으로 나눈 행정 구획으로부터 위의 질문에 대한 대답의 실마리를 찾을 수 있다. 구역을 서열화하지 않고 나눈 것은, 더욱이 그 모호한 구분은 세금과 치안 외에 별다른 의미가 없다. 그러나 파리의 기본적인 도시 단위를 규정할 수 있는 더 정교한 방식을 찾기도 쉽지 않다. 기본적인 도시 단위로서 구역이라는 용어는 언뜻 보기에는 명료하고, 오래전부터 사용된 단어임에도 동질성이나 다른 구역과의 비교 가능성 측면에서는 적합하지 않다. 예를 들어 생제르맹데프레, 몽소 평야, 에방질은 파리의 서로 다른 세 구역이다. 각 구역은 역사, 경계, 지리, 건축, 주민, 경제 활동이 다 다르다. 먼저 대수도

---

1 보들레르가 사용한 표현. 새로운 문물과 문화에 비판적인 수용자로서 근대 도시의 산책자를 일컫는다. — 옮긴이

2 Benjamin, *Le Livre des passages*, op. cit. 베냐민에 대한 모든 인용은 별도의 언급이 없는 경우를 제외하고는 모두 이 책에서 발췌했다.

원의 토지에 수백 년에 걸쳐 형성된 생제르맹데프레에는 생제르맹 대로와 렌 거리의 '근대적인' 교차로 주위에 옛 거리들이 모여 있다. 제2차 세계대전 직후 전성기를 누렸던 당시 생제르맹데프레의 모습은 하나도 보존되지 못했고, 현재는 그 생기를 잃고 정체되어 있다. 19세기 중반 페레즈 형제가 개발한 몽소 평야는 "옛 몽소 평야의 공터 한가운데에 호화 저택들이 들어선 부유한 구역"으로, "르네상스 양식의 궁궐 같은" 나나(에밀 졸라의 소설 『나나Nana』의 주인공)의 대저택이 있는 구역이다. 메소니에, 로슈그로스, 볼디니, 카리에벨뢰즈 같은 형식·기교주의 예술가들은 이 구역에 처음 정착한 사람들로 현재도 그들의 흔적이 곳곳에 남아 있다. 몽소 구역은 전형적인 주택가다. 제2제정기의 부르주아 사업가 후손들이 오늘날에도 여전히 신고딕 양식과 신팔라디오 양식의 큰 저택들을 소유하고 있다. 북역 철도와 동역 철도 사이, 파리의 한쪽 끝에 있는 에방질 구역은 라 샤펠의 오래된 마을 한 모퉁이에 형성되었다. 파리의 오물 수거 임무를 맡은 업자들이 쓰레기를 이곳에서 처리했다. "오물을 수거한 마차들이 가까운 들판에 오물을 버렸다. 악취를 풍기는 불결한 쓰레기 가까이에 사는 사람들에게 이는 보통 일이 아니었다"[3]라고 세바스티앵 메르시에는 썼다. 에방질 거리에 줄지어선 괴물 같은 커다란 가스탱크는 이제 볼 수 없지만, 아제가 찍은 그리스도가 못 박힌 십자가상 조형물은 여전히 그 거리의 그 자리에 있고, 라 샤펠의 지붕 덮인 시장은 파리에서 가장 활기찬 곳 가운데 하나다.

이런 다양성을 설명하는 데 있어 동과 서, 센강 왼쪽과 오른쪽[4], 중심과 외곽 같은 익숙한 비교는 지나치게 단순하고 때로는 유효하지 않다. 그 이유는 다른 곳에서, 특히 파리의 발전 방식에서 찾아야 한다. 유럽에서 파리처럼 비연속적인 방

---

3 Louis Sébastien Mercier, *Tableau de Paris*, 1781.

4 파리는 센강을 중심으로 남북으로 나뉘는데, 이를 남북으로 지칭하진 않고 위쪽을 강 우안, 아래쪽을 강 좌안이라고 부른다. 여기서는 강 우안을 센강 오른쪽, 좌안을 센강 왼쪽으로 번역했다. — 옮긴이

법과 불규칙한 리듬으로 발전한 수도는 없다. 그리고 파리의 성곽은 계속 외곽으로 확장되면서 이 불규칙한 리듬을 밀어붙였다. 토리노, 맨해튼 또는 드 폼발 후작의 리스본처럼 격자 틀로 엄격하게 짜인 도시들을 제외하고는 성벽 없는 도시들은 문어가 빨판을 뻗듯이, 박테리아가 배양기에서 증식하듯이 아무렇게나 성장했다. 런던, 베를린, 로스앤젤레스에서 도시의 경계, 구역의 형태는 불분명하고 쉽게 변한다. "도쿄 같은 엄청난 거대도시의 확장은 뽕잎을 먹어치우는 누에를 떠올리게 한다. 이런 도시의 형태는 불안정하고, 그 경계는 끊임없이 움직인다. 이런 도시는 경계가 명확하게 규정되어 있지 않고, 질서도 경계도 없이 퍼져나가는 통일성 없는 공간이다."[1]

그와 반대로 수없이 위기에 처하고, 포위당하고, 침략당한 파리는 오랜 옛날부터 성곽의 제약을 벗어나지 못했다. 그 결과 항상 원형에 가까운 일정한 형태를 띨 수밖에 없었고, 밀도 높은 그리고 동심원을 그리는 형태로만 확장할 수 있었다. 필리프 오귀스트 시대의 성벽부터 외곽 대로에 이르는 여섯 개의 성곽은, 일부 구간을 직선으로 바로잡는 등의 보강, 보수 공사 기간을 제외하더라도 800년 동안 이어져왔다. 시나리오는 언제나 한 가지였다. 새로 계획한 성곽은 넓게 건설되었고, 기존의 성곽 주위에는 공간을 남겨두었다. 그렇지만 이 공간은 빠르게 건축물로 뒤덮였다. 성벽 안쪽에 사용 가능한 토지는 갈수록 귀해지고, 집은 빽빽이 들어서고, 건물은 높이 올라가고, 인구 밀도는 높아져 생활이 어려워졌다. 이 시기에 성벽 외곽에 저택을 짓는 것이 금지되었음에도 포부르에는 정원을 갖춘 멋진 집들이 지어졌다. 성곽 밖에 저택을 짓는 일은 시대와 정치 체제와 관계없이 언제나 금지되었지만 결코 지켜지지 않았다. 이 지역은 논 아에디피칸디non aedificandi라고[2] 불렸는데, 라틴어에 익숙하지 않은 파리 주민들은 간략하게 지대zone라 불렀고,

---

1 Yoshinobu Ashihara, *L'Ordre caché. Tokyo, la ville du xxie siècle*, Paris, Hazan, 1994.

2 앞으로 어떤 건물도 지어서는 안 되는 장소를 지칭한다. — 옮긴이

이 단어는 현재에도 쓰이고 있다.[3] 성벽 안쪽의 인구 집중이 한계에 다다르면 기존 성곽을 허물고 새로운 성곽을 더욱 넓혀 짓고, 포부르를 파리로 흡수하는 흐름이 반복되었다. "필리프 오귀스트 시대에는 높고 견고하고 커다란 망루가 원을 그리며 파리를 사슬처럼 둘러쌌다. 한 세기가 넘는 사이에 집들이 다닥다닥 붙고 늘어나면서 저수지 수위가 올라가듯 파리의 고도가 높아졌다. 상황은 더 나빠졌다. 층 위에 층이 얹혔고, 그간 억눌렸던 것이 튀어 오르듯 건물들은 위로만 뻗어 올라갔다. 그리고 조금이라도 환기를 하려고 앞다투어 다른 건물들 위로 머리를 내밀었다. 거리는 점점 더 깊이 파이고 좁아졌다. 그 결과 광장이 메워지고 사라졌다. 결국 파리의 집들은 필리프 오귀스트 시대의 성곽 위로 삐죽 솟아올랐고, 성벽 외곽의 트인 공간에서도 아무렇게나, 무질서하게, 급격히 퍼졌다. 성곽 바깥의 집들은 네모난 형태로 규격화되었고, 들판에 정원을 두고 공간을 널따랗게 차지했다. 파리가, 특히 센강 오른쪽이 포부르까지 확장되면서 1367년에는 새로운 성벽이 필요하게 됐고, 샤를 5세는 새 성벽을 쌓았다. 그러고도 파리는 끊임없이 성장했다. (…) 샤를 5세 시기의 성벽 역시 필리프 오귀스트 시대의 성벽과 같은 운명이었다. 15세기 말부터 성곽은 끊임없이 외곽으로 확장되었고, 포부르는 점점 더 넓어졌다."[4]

성곽 둘레 전체가 같은 속도로 발전한 건 아니었다. 파리 서쪽과 센강 왼쪽이 언제나 뒤늦게 발전하기는 했지만 두 성벽 사이 구역들은 한 나무의 나이테처럼 동시대에 형성되었다. 같은 시대, 따라서 같은 도시 개념으로 만들어진 벨빌과

---

3 예를 들어 1548년 한 칙령에는 다음과 같은 내용이 규정되어 있다. "앞으로 포부르에는 더 이상 새 건물을 짓지 않을 것인 바 지위 고하를 막론하고 건물을 올리면 이유가 무엇이건 토지를 몰수하고 건물을 즉시 철거할 것이다." Pierre Lavedan, *Histoire de l'urbanisme à Paris*, Paris, Association pour la publication d'une histoire de Paris, 1975에서 인용. 18세기 말 메르시에는 다음과 같이 기록했다. "파리의 둘레는 약 20킬로미터에 이른다. 여러 차례에 걸쳐 성곽으로 그 둘레를 유지하려고 했다. 건물들이 경계를 침범했다. 그 결과 습지는 사라졌고, 하루가 다르게 새롭게 들어서는 건물 때문에 시골은 줄어들었다."

4 Victor Hugo, "Paris à vol d'oiseau", *Notre-Dame de Paris*, 1832.

파시는 공통점이 많다. 두 구역 모두 같은 시대에 속하고, 파리에 뒤늦게 편입되었다. 벨빌과 파시는 큰 상가 거리, 교회와 공동묘지, 시립 극장, 일요일에 장이 서는 활기찬 중앙 광장처럼 파리와 일드프랑스(파리 주변의 위성 도시를 총칭해 부르는 명칭)의 시골 특징을 동시에 간직했다. 이런 특징들은 파리 중심뿐만이 아니라 포부르에서도 발견할 수 있지만, 파리는 중심을 기준으로 외곽으로 확장되면서 발전했기 때문에 파리 중심과 외곽의 구역들을 비교하면 동시대의 공통점보다는 통시적인 다양성을 더 잘 관찰할 수 있다.

파리의 중세 시기 두 성곽[1] 가운데 가장 오래된 성곽은 필리프 오귀스트 시대인 1200년경에 세워진 것으로 센강 왼쪽에 그 유적이 뚜렷하게 남아 있다. 성곽은 강 왼쪽의 생트준비에브 언덕 북쪽 비탈 위에서 라탱 구역 '소르본 대학가'의 경계를 둘러싼다. 유적이라 함은 센강 양쪽에 펴져 있는 옛 석재들, 고고학의 유물을 가리키는 것이 아니라 지도 위에 분명히 표시되어 있고, 거닐면서 느낄 수 있고, 눈에 띄고, 여전히 생생한 도시의 건축물을 지칭한다. 오래전 성곽은 센강에서 시작해 현재 프랑스 학술원이 자리한 넬의 망루까지 이어졌다. 이 성곽 해자의 바깥 길은 마자린 거리(옛 포세생제르맹)의 현재 경로를 따라 뷔시 문까지 나 있었고, 이 문을 통해 파리는 생제르맹데프레의 수도원 쪽으로 이어졌다. 이어서 성곽은 무슈르프랭스 거리(옛 포세무슈르프랭스)를 따라 뻗어 있었다. 이 거리는 정말 우연히도 여전히 라탱 구역과 오데옹 구역의 경계를 이룬다. 이어 생트준비에브 언덕 꼭대기까지 이어진 성곽은, 이 일대의 포세생자크(포세는 도랑, 성벽 주위의 외호, 해자를 뜻한다) 거리, 에스트라파드 거리와 광장, 콩트르스카르프(해자의 바깥 제방이라는 뜻) 광장처럼 거리와 광장의 명칭을 통해 과거의 성벽에 대한 기억을 지속시킨다. 언덕 꼭대기에서 센강 쪽으로 내려가는 길은 포세생빅토르 거리(현재 카르디날르무완)

1 13세기 이전에도 성곽이 있었지만 유적이 남아 있진 않다.

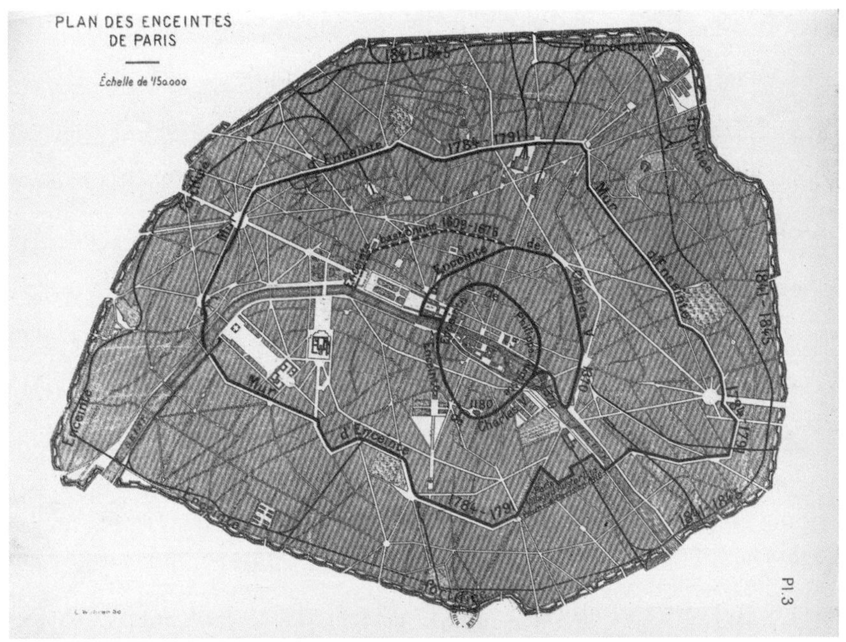

15만분의 1 축척으로 그린 파리 성곽 지도. 중심에서 외곽까지의 성벽을 보면 필리프 오귀스트(12세기), 샤를 5세(14세기), 루이 14세(17세기) 시대의 보루가 설치된 성곽, 루이 16세 시대의 총괄징세청부인 성벽, 루이 필리프 시대의 티에르의 요새화된 성벽의 흔적 등이 담겨 있다. 1913년.

와 포세생베르나르 거리를 거쳐 강변의 투르넬 망루까지 직선으로 나 있다.[2]

도로가 뚫려 성곽이 파괴되기도 했지만, 800년이 지난 후에도 성곽의 흔적은 라탱 구역을 규정하는 데 있어 여전히 유용하다. 반원형의 라탱 구역에는 센강 왼쪽의 중세 모습이 여전히 남아 있다. 성 프란체스코 수도회의 구내식당, 생세브랭의 납골당, 생쥘리앵르포브르의 아카시아 나무 부근, 아르프 거리, 모베르 광장 주변, 콜레주 드 프랑스 뒤쪽 등 곳곳에 좁은 구획의 땅, 숨쉬기 힘들 정도로 지나치

2 센강 오른쪽의 필리프 오귀스트 시대의 성곽은 루브르궁에서(루브르궁의 큰 망루도 포함된다) 시작해 장자크 루소 거리, 몽마르트르 거리, 레오뮈르 거리에 상응하는 길을 따라 나 있었다. 이어서 성곽은 동남쪽으로 방향을 틀어 세비녜 거리까지 이어지고 아베마리아 거리 쪽 셀레스탱 기슭 한가운데에서 센강과 만났다.

게 높은 밀도, 사방으로 펼쳐진 거리들이 라탱 구역에 남아 있는 중세의 흔적이다. 위의 사실을 확인하려면 옛 대학가를 벗어나 성곽 반대쪽으로 나가 위르쉴린, 로몽, 아베드레페 거리, 빅토르 위고가 좋아한 푀양틴 거리를 지나 생자크 거리로 올라가보기만 하면 된다. 생자크 거리 위쪽 철책 너머로 보이는 높은 담장, 나무, 정원, 안정적이고 규칙적인 구획은 이곳이 옛 수도원 부지의 여유 있는 공간에, 오를레앙과 이탈리아 쪽으로 나 있는 도로들을 따라 도시 밖에 있었다는 사실을 깨닫게 해준다.

❉

1789년 여름 바스티유는 파괴되었고, 그곳의 석재는 정확히 200년 후 베를린 장벽의 콘크리트 조각이 팔려나간 것처럼 기념품이 되었지만, 바스티유 성문과 망루 사이의 성벽, 순찰로, 저녁마다 사람들이 산책했던 보루, 사람들이 늘어서서 낚시를 했던 수로 등 샤를 5세 시대의 성곽은 그 무엇도 남아 있지 않다.[1] 그러나 샤를 5세 때의 성곽은 센강 우각호를 따라 서 있던 파리의 핵심적인 성벽 가운데 하나로 기록되어 있다. 이 성벽은 커다란 타원형을 그리며 로마 시대에 만들어진 십자형의 성곽을 보강했다. 바스티유 감옥과 생드니 문 사이의 보마르셰, 피유뒤칼베르, 탕플, 생마르탱이라는 이름을 가진 대로들의 우아한 곡선은 옛 성벽 위치와 정확하게 일치한다. 그랑 불바르의 윤곽은 예전부터 이미 그렇게 모습을 드러내고 있었다.[2]

샤를 5세 시대의 성벽은 오랫동안 건재했다. 앙리 2세 시대에 보루를 두툼하게 보강했고, 스페인 포병대의 공격을 방어하기 위해 곳곳을 이중으로 쌓았다. 앙리

---

1 그랑 루브르 공사 때 발견된, 지하 상점가 건물 장식 속에 묻혀 있던 것과 앙리 4세 대로와 셀레스탱 선착장 모퉁이의 작은 광장을 장식한 바스티유 감옥의 석재 한 무더기를 제외하고는 남아 있는 흔적이 없다.

3세와 앙리 4세의 군대에 맞서 파리의 가톨릭 연맹이 파리를 지킬 수 있었던 것도 이 성벽 덕분이었다. 반세기 후 이 성벽에서는 왕권에 마지막으로 맞선 전투가 벌어졌다. 프롱드의 난이 일어났을 때, 생탕투안 문으로 콩데의 군대가 퇴각할 수 있도록 하기 위해 튀렌의 군대를 향해 바스티유 대포의 발포를 명령한 라 그랑드 마드무아젤의 이야기는 잘 알려져 있다.

어린 루이 14세는 프롱드 당이 지배하는 파리에서 도망쳐야만 했다. 1670년대에 루이 14세는 옛 성벽을 허물어 그 자리에 나무를 심고 파리 전체 둘레에 폭 30미터 이상의 산책로를 만들도록 지시했다. 전례 없는 이 계획의 책임자였던 프랑수아 블롱델과 피에르 뷜레는 아르스날과 바스티유에서 생드니 문까지 옛 성곽을 따라 산책로를 만들었다. 경로는 오늘날 그랑 불바르에서 마들렌 성당까지다. 이 큰 산책로는 오늘날의 루아얄 거리처럼 튀일리 공원 끝에 맞닿은 포세데튀일리 거리를 통해 센강으로 이어졌다.[3] "이 산책로의 세 오솔길에 나무를 심었다. 가운데 오솔길은 폭이 약 32미터 정도로, 대상인 중에서 선출된 파리 시장들이 건축용 석재로 정성스럽게 담장을 꾸몄다. 또한 파리 시장들은 성벽의 배수로에도 세심한 주의를 기울였다. 산책로는 대중에게 개방되었다. 산책로에는 폭 24미터가량의 도랑을 남겨두도록 법령을 정했다. 도랑으로 파리의 오물을 흘려보내고, 산책로 안 성벽에는 폭 6미터에서 8미터가량의 포장된 인도를 만들었다."[4]

---

2 생드니 문을 지나 샤를 5세 시대의 성곽은 아부키르 거리와 비크투아르 광장을 거쳐 루브르궁 쪽으로 곧장 내려갔다. 이 성곽은 현재의 카루젤 다리를 통해 센강과 만났다. 센강 왼쪽은 필리프 오귀스트와 샤를 5세 시기 사이에 거의 개발되지 않았는데, 샤를 5세 시기의 성곽이 필리프 오귀스트 시기의 성곽을 그대로 따랐기 때문이다.

3 센강 왼쪽의 경로는 앵발리드, 몽파르나스, 포르루아얄, 생마르셀, 오피탈 대로와 어느 정도 대응되지만 '미디Midi 대로'라고 불렸던 쪽은 그보다 더 늦게 개발되었다. 그리고 18세기 말 지도들에서도 마을이 조성되어 있지 않은 들판 한가운데에 대로가 나 있는 것을 볼 수 있다.

4 Henri Sauval, *Histoire et recherches des antiquités de la ville de Paris*, Paris, 1724. 사후 출간.

옛 요새에 만든 루이 14세의 산책로는 '불바르'(대로라는 뜻이지만 옛날에는 성채 혹은 방벽의 의미로도 쓰였다)라는 군대식 용어로 불렸고, 이 명칭은 널리 퍼져 파리의 여러 성곽에 쓰였다. 이후 점진적으로 의미가 변해 현대에는 과거와 같은 의미로 쓰이지 않는다. 19세기에 총괄징세청부인의 성벽 자리를 차지한 불바르는 '바깥쪽'이라고 불렸다. 성벽이 철거된 직후 공쿠르 형제는 『일기Journal』에 "순찰로가 없어지면서 넓어진 성곽 바깥쪽 불바르를 산책했다. 풍경이 완전히 달라졌다. 변두리 술집들이 없어졌다"라고 썼다. 이 기록에서 '바깥쪽'은 루이 14세 때의 '안쪽' 대로와 반대되는 의미로 쓰였다. 샤토도와 마들렌 사이를 포함한 안쪽 대로 일부분은 그랑 불바르 또는 간단히 불바르라고 불리게 된다. "반원 형태의 센강 오른쪽 대로들을 보면 마들렌과 바스티유가 양 끝에 있고 곡선의 중간 지점은 몽마르트르 대로다. 몽마르트르 대로에서는 온기와 삶이 피어난다."[1] 아돌프 티에르 수상이 세운 33킬로미터의 방어 성벽이 1920년대에 해체됐을 당시 '바깥쪽'이라는 단어는 성벽 자리에 만든 대로라는 의미로 쓰였다(프랑시스 카르코는 "그는 바깥쪽 대로와 대로에서 뻗어 나온 비탈길에서 멀리 떨어진 술집에 들어가 누군가를 기다리는 것 같았다"[2]라고 썼다). 그 결과 총괄징세청부인의 대로는 특성을 잃었고, 이 대로를 지칭할 적절한 단어도 나타나지 않았다. 1960년대, 파리 외곽 도로가 건설된 후에는 '파리 성곽' 자리의 도로를 이용하는 사람들에게 정보를 제공하기 위한 '외곽 대로'라는 새로운 표현이 등장했다. 아마 이 표현은 라디오로 파리의 교통 혼잡 상황을 청취하는 사람들이 '외곽 순환 도로'를 '바깥쪽 대로'와 혼동하지 않게 하려고 만든 용어 같다.

1 Émile de La Bédollière, *Paris Guide par les principaux écrivains et artistes de la France*, 1867. 만국박람회 방문객을 위해 만든 이 안내책자의 서문은 빅토르 위고가 썼다.

2 Francis Carco, *L'Équipe, roman des fortifs*, Paris, Albin Michel, 1925.

❉

쉽게 구별하기 위해 나는 루이 14세 시기의 대로 안쪽이 포함된 부분을 '옛 파리', 대로 바깥쪽 부분을 '새로운 파리'라고 부르고자 한다. 새로운 파리는 두 개의 동심원을 이루는 고리로 구성되었다. 루이 14세 시기의 대로와 왕정 시대 총괄징세청부인의 성벽 사이는 포부르들의 고리다. 총괄징세청부인 성벽과 불바르 데 마레쇼(파리 외곽 대로를 지칭한다) 사이에는 마을들이 둥글게 고리를 이루고 있다. 그러나 이것은 단지 명칭의 문제만이 아니다. 기술, 사회, 정치가 변화하는 순간 파리는 한 경계에서 다른 경계로 옮겨간다. 이런 변화의 '원인'은 건물, 도랑의 위치의 변화에 있지 않다. 마치 새로운 시대의 출현이 오래된 성벽의 쇠퇴와 도시 생활의 격변을 초래하는 것처럼 모든 일이 일어나는 것이다.

공공장소의 조명과 질서 유지를 예로 들면, 이것은 볼거리와 '감시와 처벌'과 관련된 중요한 문제였다. 중세 파리에서 밤에 항상 불을 밝힌 곳은 세 곳뿐이었다. 첫 번째 장소는 샤틀레 법원 정문으로, 필리프 르 벨은 나무틀로 만든 램프 속에 돼지 방광을 걸어 불을 밝히게 했는데, 샤틀레 광장까지 와서 범죄를 저지르던 강도들을 막기 위해서였다. 두 번째는 넬 망루로, 센강을 거슬러 올라오는 사공들에게 도시 입구를 알려주는 등대였고, 세 번째는 이노상Innocents 공동묘지 망자들의 탑이었다. 파리에서 그 외의 장소에서는 횃불 든 병사들의 호위를 받아야 했는데, 부르주아건 귀족이건 보초의 경비만으로는 전혀 안심할 수 없었기 때문이다.

루이 14세는 새로운 산책로의 건설을 추진하면서 파리를 비무장 도시로 만드는 동시에 근대로 진입함을 알리는 두 가지 조치를 취했다. 건물 2층 높이에 줄로 매단 양초를 유리병으로 덮어씌운 3000여 개의 가로등을 설치하도록 했고, 중요한 무장 병력을 지휘할 수 있는 파리 치안 총감직을 새로 만들었다. 이 직책에 최초로 임명된 라 레니는 거지, 부랑배들이 모여 살던 곳을 정리하고, 살페트리에르와 비세트르의 새로운 교도소 병원에 그들은 가두면서 대규모 격리를 단행했다.

한 세기 후 총괄징세청부인 성벽 건설에 발맞춰 계몽주의 시대의 기술 발전도 거리 조명에 변화를 가져왔다. 그 결과 낡은 램프와 양초 대신 멀리까지 불을 밝히는 철제 반사판이 달린 기름 가로등이 등장했다. 당시 경찰 사령관 사르틴은 "새 가로등이 매우 밝아서 그것보다 더 나은 조명을 만들 수 있다고는 도저히 생각할 수 없다"라고 썼다. 세바스티앵 메르시에는 다르게 생각했다. "가로등이 잘못 설치되었다. (…) 멀리서는 불그스름한 불꽃 때문에 눈에 거슬리고, 가까이서는 불빛이 그리 밝지 않아 가로등 아래가 어둡다."

가스 조명과 제복 차림의 경찰이 보편화된 것은 티에르의 요새화로 파리가 다시금 성벽으로 둘러싸이게 된 1840년대다. 그리고 전기 조명은 1914년 직후에 가스 조명을 대체했는데, 파리 성벽이 해체된 때였다. 1960년대에는 시기상 가장 늦게 세워졌지만 가장 견고했던 성벽 자리에 외곽 순환 도로가 건설되었다. 백열 가로등이 네온등으로 교체되었고, '제비'라고 불린 짧은 제복 차림에 자전거를 타고 순찰하던 경찰관이 사라지고 오토바이 순찰대가 확대되었다. 그러나 소구역 단위의 근거리 치안 행정은 아직 시행되지 않았다.

파리의 역사는 정치와 건축, 예술과 기술, 문학과 사회사를 통해 각각의 장을 시대(전혀 적합하지 않은 구분법), 왕의 재위 기간, 공화국 단위별로 묘사할 수 있을 것이다. 그러나 이렇게 시기별로 나누기보다는 불연속적인 지층의 흔적을 간직한 성곽의 역사로 살펴보는 것이 나을 수 있다. 『역사의 개념에 대하여Thèses sur le concept d'histoire』 열여섯번째 단락에서 발터 베냐민은 "달력은 괘종시계와는 전혀 다른 방법으로 시간을 측정한다"[1]라고 썼다. 성곽의 시간은 달력의 시간과 비슷하다.

---

1 Walter Benjamin, *Écrits français*, Paris, Gallimard, 1991.

옛 파리,
구역들

생드니 문의 개선문과 앙리 르 그랑 기마상, 이 두 다리[2], 루브르궁, 튀일리궁, 샹젤리제 대로는 고대 로마만큼 아름답거나 심지어 그것을 뛰어넘는 반면, 어둡고 비좁고 보기 흉한 파리 중심가는 가장 부끄러운 야만의 시대를 대표한다.

_ 볼테르, 『파리 아름답게 꾸미기Des embellissements de Paris』

아! 오래된 파리는 끔찍하게 빠른 속도로 사라졌다.

_ 발자크, 『프티 부르주아Les Petits Bourgeois』

"가장 먼저 나는 한참을 돌아서 몽마르트르 거리와 생퇴스타슈 성당으로 갔다. 그리고 생선 가게의 커다란 빨간색 파라솔 사이를 지나 지붕 없는 파리 중앙시장의 청과물 판매상을 가로질렀다. 이어 라방디에르, 생토노레, 생드니 거리를 지났다. 그 당시 샤틀레 광장은 상당히 지저분했고, 역사적으로 기억될 순간들은 '젖 빠는 송아지'(16세기 샤틀레 광장에 있던 유명한 식당)의 명성에 가려졌다. 낡은 퐁오샹주 다리를 건넜다. 나는 훗날 이 다리의 높이를 낮추고 폭을 넓혀 다시 지어야 했다.

---

2 문제의 두 다리는 퐁뇌프 다리와 퐁루아얄 다리다. *Des embellissements de Paris*, 1739.

이어서 옛 법원 자리를 따라 걸었는데, 내 왼편에는 시테섬을 망쳐놓는 평판이 좋지 않은 더러운 술집들이 떼 지어 늘어서 있었다. 나중에 나는 이 술집들을 하나도 남김없이 쓸어버릴 수 있어 기뻤다. 그곳은 도둑과 살인범의 소굴로, 그들에게 중죄 법원과 경범 재판소 따위는 안중에도 없는 듯했다. 생미셸 다리를 지나서 계속 가면 작고 초라한 광장을 지나쳐야 했는데 아르프, 위셰트, 생앙드레데자르, 이롱델 거리의 폐수가 이 작은 광장을 하수구 삼아 흘러 들어왔다. 마침내 아르프 거리의 미로 속으로 접어들었다. 이어 생트준비에브 언덕을 올라가 아르쿠르 저택의 통행로를 지나 법학대학 모퉁이에 있는 팡테옹 광장의 마송소르본 거리, 리슐리외 광장, 클뤼니 거리와 그레 거리에 도착했다."[1] 쇼세당탱 거리에 살았던 법대생 오스만이 군주정 초기인 7월의 어느 날 걸었던 길이다. 그 당시까지 파리 중심가는 300년 전에 비해 거의 변한 게 없었다. 루이 14세 때 건설한 대로에 자리 잡은 파리는, 각이 다소 무딘 사각 형태로 여전히 인구 밀도가 높고 비좁은 중세 도시였다. 손잡이나 칼날을 갈아도 언제나 똑같은 자노의 칼처럼(부품을 갈아도 본체는 변함없다는 의미) 시간이 흐름에 따라 집들이 헐리고 새로 지어져도 파리의 거리는 여전히 구불구불하고 어두운 중세의 거리였다. "루이 11세 시대의 파리를 묘사하면서 빅토르 위고는 자신의 주위만 둘러보면 됐다. 즉, 그랭고아르와 클로드 프롤로가[2] 길을 잃고 헤맨 어두운 거리들은 마레, 시테섬, 대로변과 크게 다르지 않았다. 위고는 1830년대에 그 거리를 배회했고, 『본 것』이라는 글에서 위험, 어두움, 음산함, 한마디로 밤의 단어로 가득 찬 문장으로 그 거리들을 묘사했다."[3] 1850년대에 프리바 당글몽은 이렇게 표현했다. "콜레주 드 프랑스 뒤편, 생트준비에브 도서관, 고등사범학교 옛 건물, 생트바르브 중학교와 생장드라트랑 거리 사

1 E. G. Haussmann, *Mémoires*, 1890 – 1893.
2 『노트르담 드 파리Notre – Dame de Paris』의 등장인물. — 옮긴이
3 Chevalier, *Montmartre du Plaisir et du Crime*, op. cit.

이에는 몽생일레르라는 밀집 주거지가 있다. 이곳에는 좁고, 지저분하고, 어둡고, 구불구불하고, 오래된 작은 거리들이 뒤엉켜 있다."[4] 그 구역 사람들이 하는 일은 중세의 최하층 계급에서 유래한 것으로, 낚시 밑밥 만들기, 채소 굽기, 고기 배달하기, 칠면조 발 채색하기(칠면조 발에 니스를 칠해 보기 좋게 윤기를 내는 직업), 담배 파이프 검게 칠하기 등이었다.

제2제정기 20년 동안 이루어진 가스 가로등 설치, 대로 건설, 풍부한 물 공급, 새 하수도 건설은 앞선 300년보다 훨씬 더 급작스럽게 파리의 겉모습을 뒤바꿔 놓았다. 보들레르는 1855년 만국박람회에 대한 글에서 이렇게 썼다. "자신이 즐겨 찾는 작은 카페에서 매일 신문을 읽는 평범한 프랑스인에게 진보에 대해 어떻게 생각하는지 물어보면, 진보는 로마 시대 사람은 알지도 못할 놀라운 성과인 증기기관, 전기, 가스 가로등이라고 대답할 것이고, 이런 발명들은 우리가 옛날 사람보다 우월하다는 사실을 증명한다고 대답할 것이다." 그렇지만 19세기 파리에서 중세의 모습이 사라진 것은 아니다. 1914년 제1차 세계대전 바로 직전에 카르코는 라탱 구역을 여전히 다음과 같이 묘사했는데 프랑수아 비용에게도 낯선 모습은 아닐 것이다. "지르쾨르 거리의 냄새나는 좁은 길을 지나면 센강에서 두 발자국 떨어진 이롱델 거리에 다다른다. 손님 대부분이 무정부주의자, 부랑자, 대학생, 건달, 심부름하는 아이들로, 이들은 이곳에서 싼값에 배불리 먹었다. (…) 세상 어딘가의 항구에 인간의 '사악한 행위' 전용 구역이 있다 해도 그곳은 마자린 거리 주위로 널리 퍼져 있는 센 강가 주변의 이 구역들과는 비교도 되지 않을 것이다."[5] 그리고 모베르와 센강 사이 골목길인 비에브르, 메트르알베르, 프레데리크소통 거리와 생세브랭 구역, 무프타르 거리는 1950년대 말에도 여전히 지저분하고 비참했다. 장폴 클레베르는 파리의 가난한 사람들이 사는 구역을 걸으며 메트르알

4 Alexandre Privat d'Anglemont, *Paris Anecdote*, Paris, 1854; Les Éditions de Paris, 1984로 재출간.

5 Francis Carco, *De Montmartre au Quartier Latin*, Paris, Albin Michel, 1927.

베르 거리의 건물을 다음과 같이 묘사했다. "길을 잘 알지 못하는 사람이라면 들어가기를 주저하게 되는 이 구불구불한 골목길은 도로에서 눈에 띄지 않는다. 2층으로 통하는 통로를 이용해 옆쪽으로 들어가 어림잡아 아무 문이나 무턱대고 열면 커다란 닭장처럼 넓은 거실에 모여 있는 한 가족과 마주친다."[1] 콩트르스카르프 광장에서는 상황주의자들보다는 부랑자를 더 쉽게 마주치는데, 어떤 카페는 알코올 중독자나 누더기 걸친 거지가 아니면 들어가기가 쉽지 않았다. 그 광장에는 관광객도, 식당도, 상점도 없었다. 싸구려 호텔들은 이주 노동자들에게 방을 하루씩 대여했고, 신분증도 요구하지 않았다. 메살리 하지의 MTLD[2] 사무실은 노트르담 성당과 아주 가까운 자비에프리바 거리에 있었다. 사람들이 흔히 알고 있는 것과는 반대로 중세 파리의 진정한 끝은 오스만과 나폴레옹 3세의 시대가 아니라 앙드레 말로와 조르주 퐁피두의 시대였다. 파리의 중세가 진정으로 끝났음을 보여준 상징적인 작품은 보들레르의 시 「백조Le Cygne」라기보다는 조르주 페레크의 『사물들Les Choses』이다.

팔레루아얄

중세에 형성된 옛 파리에서 볼 수 있는 그 시대의 특징은 구역들이 한데 모여 있다는 점이다. 센강 오른쪽에는 다음과 같은 네 개의 커다란 핵심 구역이 중심을 이룬다. 첫 번째, 가장 최근 형성된 팔레루아얄 구역은 튀일리생토노레와 부르스 구역을 부속으로 거느리고 있다. 두 번째는 이 구역들 가운데 가장 오래되고 가장 정비되지 않은 레 알 구역이다. 세 번째는 지금도 계속 변하고 있는 상티에 구

1 Jean-Paul Clébert, *Paris insolite*, Paris, Denoël, 1952.
2 '자유와 민주의 승리를 위한 운동Movement for the Triumph of Democratic Liberties'의 약자로 알제리 국민정당의 명칭. — 옮긴이

역, 네 번째는 마레다. 마레는 한 구역이 아니라 여러 구역을 통칭한다. 이 넓은 구역들 사이에는 틈을 메워주는 공통 지대가 있다. 이곳은 파리에서 밀도가 가장 높다.[3]

아테네와 로마의 파괴된 기둥이 묻힌 곳이 한때 세계의 중심이었다는 사실을 상상하는 건 쉽다. 지금은 폐허가 된 곳이기 때문이다. 반대로 팔레루아얄은 정원의 오솔길과 장난감 병정, 십자가와 리본, 담배 파이프, 천으로 만든 장난감, 깔개용 양탄자 상점들이 있는 아케이드 통로에서 여전히 보란 듯이 시대에 뒤떨어진 모습을 간직하고 있는데, 이 가운데 어떤 것도 팔레루아얄이 한때 파리의 포럼이었고, 그 명성이 유럽 전역에 퍼졌었다는 사실을 떠올릴 수 있게 해주지 못한다. 연합군이 워털루 전투 후 파리에 입성했을 때 "그 군대가 파리에서 가장 먼저 무엇을 요구했을까? 팔레루아얄이었다. 한 러시아 장교는 팔레루아얄에 말을 타고 들어갔다.[4] 가장 먼저 무엇을 하고 싶어했을까? 그는 식당 한 곳에 자리 잡고 앉아 팔레루아얄 식당들의 명성을 익히 들어 알고 있다고 이야기했다."[5]

드니 디드로가 쓴 『라모의 조카』 도입부의 "날씨가 좋건 나쁘건, 오후 5시면 팔레루아얄에 산책하러 갔다. 나는 언제나 아르쟁송의 벤치에 앉아 공상에 잠겼다"라는 구절은 시간적으로는 1760년대를, 공간적으로는 옛 팔레루아얄을 배경으로 한다. 리슐리외 추기경이 매입한 생토노레 거리 한쪽 끝의 여러 채의 저택과 토지 일부는 네모난 필지를 형성한다. 그곳은 오늘날 생토노레, 프티샹, 리슐리외, 본앙

---

3 1702년 12월경 루이 14세는 칙령으로 파리의 20개 구역을 정했다. 그 가운데 15곳이 강 오른쪽이었고, 그 15개 구역은 시테섬, 루브르, 팔레루아얄, 몽마르트르(비크투아르 광장 주변), 생퇴스타슈, 레 알, 생트오포르튄느(생제르맹로세루아 주변), 생자크드라부슈리(샤틀레), 생드니, 생마르탱, 생아보아(베르리, 비에유뒤탕플, 생트크루와드라브르토느리 거리 등), 마레, 그레브(파리 시청, 생제르베 성당 일대), 생탕투안, 생폴이다. 강 왼쪽의 5개 구역은 모베르, 생브누아(이 구역은 지금도 있는데, 에콜 구역으로 콜레주 드 프랑스 뒤쪽의 막다른 골목 시므티에르생브누아다), 생앙드레데자르, 뤽상부르 그리고 가장 뒤늦게 파리에 편입된 생제르맹데프레다.

4 팔레루아얄은 한 구역의 명칭이기 이전에 부르봉 일가의 궁전 이름이다. — 옮긴이

5 Eugène Briffault, *Paris à table*, 1846.

팡 거리의 경계다.[1] 르메르시에가 설계한 팔레카르디날은 현재의 최고 행정법원과 비슷한 자리에 있었다. 건물 외에 나머지 땅은 정원이었다. 팔레카르디날의 오른쪽은 디드로가 앞서 이야기한 아르쟁송 오솔길이었는데, 훗날 발로아 아케이드가 된다.[2] 맞은편 오솔길의 명칭은 카페 포이에서 따왔다. 팔레루아얄의 영광의 시간을 함께한 카페들 가운데 가장 먼저 들어선 곳이 포이였다. 포이의 뒤를 이어 카페 카보가 들어섰다. 노년의 디드로는 1781년 6월 28일, 딸에게 편지를 썼다. "집에 있으니 무료하단다. 그래서 집을 나섰는데 한층 더 무료하구나. 내가 즐기는 최고의 유일한 행복은 규칙적으로 매일 오후 5시에 카페 프티카보에 가서 아이스크림 한 그릇을 먹는 것이란다." 같은 해, 훗날 필리프에갈리테가 되는 샤르트르의 공작은 건축가 빅토르 루이에게 대저택을 짓게 했다. 현재 이 건물들은 정원을 삼면에서 둘러싼다.[3] 180개 아케이드로 꾸며진 새로운 팔레루아얄은 곧바로 사람들에게 엄청난 관심의 대상이 되었다. "지구상의 유일한 장소. 런던, 암스테르담, 마드리드, 빈을 가도 이와 똑같은 것을 결코 보지 못할 것이다. 죄수라도 이곳에서는 지루해하지 않고 지낼 수 있을 것이고, 몇 년이 지나서야 자유를 꿈꾸게 될 것이다. (…) 우리는 팔레루아얄을 '파리의 수도'라 부른다. 이곳에는 모든 것이 있다. 스무 살 젊은이에게 5000리브르의 연금을 주고 이곳에 있게 하면, 그는

---

1 리슐리외 추기경은 자신이 사들인 땅이 파리 성벽 안에 포함되도록 성곽의 위치를 생드니 문의 대로에서 마들렌 대로로 약간 옮겨 짓게 했다. 앞에서 보았듯이 원래 성곽은 생드니 문에서 비크투아르 광장과 루브르궁까지 직선으로 뻗어 있었다. 이 성곽의 명칭은 '포세 존jaune(황색)'으로, 땅 색깔에서 따왔다. 이 성곽은 오래가지 못했는데 건축업자가 파산한 데 더해, 머지않아 모든 성벽이 철거될 예정이었기 때문이다.

2 저자는 파사주, 갤러리, 아케이드를 혼용하고 있으며 문맥에 따라 아케이드, 갤러리, 통행로로 옮겼다. 일반적으로 이 세 용어는 건물을 관통하는 통행로이자 근대 상점가를 의미한다. 드물게는 두 건물 사이의 지붕을 덮은 통행로를 지칭하기도 한다. — 옮긴이

3 리슐리외의 대저택은 철거되었다. 그 자리에는 뷔렌의 설치미술이 전시된 궁의 앞뜰과 발루아 거리 사이에 있는 프루 아케이드만 남아 있다. 아케이드 입구의 항해를 나타내는 문양은 리슐리외가 해양총감직도 맡고 있었음을 상기시킨다. 생토노레 거리 쪽으로 난 네 번째 건물은 나중에 지어졌다. 리슐리외는 팔레루아얄궁을 루이 13세에게 기증했다. 루이 14세는 이 궁을 동생 오를레앙 대공에게 하사했다. 왕가의 궁전이 된 저택은 1789년에서 1815년을 제외하고는 1848년까지 오를레앙 가문의 소유였다.

더 바라지도 않고 이 동화 같은 장소에서 나가려 하지 않을 것이다. (…) 이 매혹적인 장소는 큰 도시에 파묻힌 작고 호화로운 도시다. 이곳은 쾌락의 사원으로 티끌만 한 부끄러움도 없이 화려하게 타락하며 지낼 수 있다. 세상에 이곳보다 훨씬 더 우아하고 퇴폐적인 술집은 없다."[4]

루이 16세 재위 말기에 팔레루아얄에는 클럽이 꽤 많아졌다. 1789년 7월 소요는 일상이었고, 훗날 위고가 지적하듯이 팔레루아얄은 "혁명군의 주요한 분노 대상"이었다. 카미유 데물랭은 7월 13일 하루를 다음과 같이 기록했다.

"오후 2시 30분이었다. 나는 방금 시민들을 살펴보고 왔다. 전제군주를 향한 나의 분노는 절망으로 바뀌었다. 시민들은 흥분했고 경악했음에도 봉기를 일으킬 준비가 되지는 않은 듯 보였다. 훨씬 격앙되고 용기 있어 보이는 세 명의 젊은이를 보았다. 젊은이들은 손을 잡고 있었다. 그들도 나와 같은 목적으로 팔레루아얄에 왔음을 알아보았다. 소극적인 시민 몇 명이 그들을 뒤따랐다.

'여러분, 바로 이곳이 시민들이 모이는 장소입니다. 그러니 우리 가운데 한 명이 자발적으로 탁자 위에 올라가 민중 앞에서 연설해야만 합니다'라고 나는 그들에게 말했다.

'올라가세요!'

나는 받아들였다. 내가 스스로 탁자 위에 올라갔다기보다는 사람들이 곧바로 나를 탁자 위로 들어올렸다. 그 위에 올라서자 엄청난 군중이 나를 둘러싸고 있음을 알았다. 나의 첫 가두연설이었다. 나는 첫 연설을 결코 잊을 수가 없다. '시민 여러분, 조금도 지체할 시간이 없습니다. 저는 베르사유궁에서 오는 길인데, 네케르가 파면되었습니다. 이 파면은 성 바돌로매 축일의 학살 신호와 같습니다. 오늘 저녁 스위스와 독일의 군대가 샹드마르스에서 출정해 우리를 학살할 것입니다. 우

---

4 Mercier, *Tableau de Paris*, op. cit.

오른쪽 페이지
게오르크에마누엘 오피즈, 1815년, 「113 출구」, 먹과 수채로 그린 담채화, 데스타외르 컬렉션, 국립도서관. 매춘부들과 함께 있는 군인들은 연합군 장교들이다.

리에게 남은 유일한 방법은 무기고로 쳐들어가 무장하고 서로를 알아보도록 모자에 리본을 다는 것입니다.'"[1]

그런데 프랑스 혁명 기간에 팔레에갈리테(평등의 궁전)라고 이름을 바꾼 팔레루아얄(왕의 궁전)은 곧바로 온건한 왕당파인 푀양파들의 모임 장소가 되었다. 로베스피에르는 푀양파를 '교활한 사기꾼들'이라고 불렀다. 모리 신부, 몽로지에 신부, 리바롤 신부 같은 왕당파 신문 『레 악트 데 아포트르』의 협력자들은 매주 식당 마프에 모여 '복음주의 만찬'을 가졌다. 그들은 함께 나눈 대화 내용을 식탁 한 귀퉁이에서 작성해 "그렇게 만든 팸플릿을 식당 마프와 발루아 아케이드의 유명 서점 가테에도 배포했다".[2] 1793년 1월 20일, 국민의회는 루이 카페(루이 16세)를 단두대에서 처형하기로 결정했다. 파리(루이 16세의 경호원)가 르 펠르티에 드 생파르조를 암살한 장소인 발루아 아케이드의 페브리예라는 식당에서 이 결정이 이루어졌다. 니보즈(공화력의 제4월로 눈 내리는 달, 설월을 뜻한다) 2년 19일 혁명의회에서 "산악파(프랑스 혁명 당시 급진파. 의회의 제일 높은 좌석에 앉아서 산악당이라 불렸다) 혁명위원회는 팔레에갈리테의 식당 주인들과 음식 배달업자들을 비난했다. 팔레에갈리테로 이름만 바꿨을 뿐이고, 그곳에 진열된 대단히 사치스러운 물건들 때문에 실제로는 팔레루아얄로 불리고 있다는 이유에서였다."[3] 팔레루아얄의 정원을 가로지르는 보졸레 아케이드의 유명한 식당 베푸르 위층에 살고 있던 바라스(군인이자 정치가로 혁명 때 루이 16세 사형에 찬성했다)와 그의 친구들은 아이스크림 가게 코라자에서 테르미도르 쿠데타를 준비했다. 총재정부 시기의 앵크로아야블In-

---

1 Victor Champier et G.-Roger Sandoz, *Le Palais-Royal d'après des documents inédits*, Paris, Société de propagation des livres d'art, 1900에서 인용.

2 Edmond et Jules de Goncourt, La Société française pendant la Révolution. 가테는 왕당파를 지지하는 서점이었다.

3 Champier et Sandoz, *Le Palais-Royal d'après des documents inédits*, op. cit.

SERA-
PHIN
MAGASIN
CHANGE
DE TOUTES SORTES
DE MONNAIES
CAFE
AMERICAIN

croyables[1]들은 모자에 하얀 장식을 달고 손에는 몽둥이를 들고 팔레루아얄의 정원에서 공화파들을 내쫓았다. 팔레루아얄이 정점을 찍은 때는 근대 유럽에서 비교할 대상이 없는 신화가 된 시기로, 연합군이 파리에 입성한 1815년부터 20년간이었다. 러시아, 오스트리아, 프로이센, 영국 군대의 파리 입성은 팔레루아얄을 살찌우는 두 가지 활동인 매춘과 도박에 새로운 자극제가 되었다. 이 시기에 나무로 지어진 갤러리 드 부아는 영화를 누렸다.[2] 현재 이 자리에는 주랑이 두 겹인 오를레앙 아케이드가 들어서 있다. "이 지저분한 상점가를 묘사하는 것은 쓸모없는 일이 아니다. 32년 동안 이곳은 파리 사람들의 일상에서 대단히 중요한 역할을 했다. 그래서 젊은 세대에겐 다음과 같은 묘사가 믿기지 않겠지만 40대들에게는 여전히 즐거움을 준다. 꽃 없는 온실인 오를레앙 아케이드의 춥고, 높고, 넓은 공간에는 가건물들이, 조금 더 정확히 말하면 제대로 지붕을 얹지 않고 널빤지로 엉성하게 지은 작은 가게들이 있었다. 십자형 유리창이라고 부른 채광창이 작은 탓에 아케이드의 안마당과 정원이 매우 어두워, 파리 외곽 술집들의 지저분한 출입구와 비슷해 보였다. 아케이드에는 상점들이 세 줄로 들어선 까닭에 대략 4미터 높이의 복도 두 줄이 형성되었다. 양옆의 두 복도에서 내뿜는 악취가 중간에 있는 상점으로 들어왔고, 복도의 지저분한 지붕 유리창 때문에 그 내부도 어두웠다. (…) 이 더러운 배설물 더미는 놀랍게도 갖가지 일거리를 만들어냈다. 웅성거림과 광란에 가까운 쾌활함이 넘치는, 더럽고, 남의 이목을 신경 쓰지 않아도 되는 창고에서 이 오물들이 처리됐다. 1789년 프랑스 혁명부터 1830년 혁명[3]까지 이런 일들이 엄청나게 생겨났다. 20년 동안 증권 거래소는 팔레루아얄 1층 맞은편에 있었다.

---

1 대혁명 집정관 시대의 젊은이들이 무슨 일에나 '기가 막힌데C'est incroyable!'를 연발한다는 데서 유래한 표현으로 겉멋만 들고 세태에 휩쓸려 다니는 젊은이들을 풍자한 말이다. — 옮긴이

2 오를레앙 아케이드는 1828년 갤러리 드 부아 철거 후 팔레루아얄 복원 책임자인 퐁텐이 설계했다.

3 1830년 7월 프랑스에서 일어난 혁명으로 샤를 10세의 선거권 제한과 전제정치에 맞서 봉기한 국민들이 왕을 폐위시키고 루이 필리프를 왕위에 오르게 한 혁명. — 옮긴이

(…) 증권 거래소 개장 전후로 사람들은 이 아케이드에서 약속을 잡았다. 은행가들과 상인들이 팔레루아얄 안마당을 가득 메웠고, 비가 내리면 아케이드로 몰려들었다. (…) 그곳은 서적상, 시인, 정치가, 문필가의 거처였다. 매춘부들은 오로지 저녁에만 모습을 드러냈다. 아케이드에서는 뉴스와 책, 젊고 늙은 유명인들, 정치적 음모와 출판사의 계략이 활짝 꽃피었다."[4]

축복받은 이 시대에 서점상은 출판업자를 겸하고 있었고, 가끔은 인쇄업자를 겸하기도 했다. 갤러리 드 부아는 출판사 서점의 시작을 알렸고, 그중 스톡, 가르니에, 르 당튀 같은 출판사는 훗날 크게 성공했다. 『잃어버린 환상Illusions perdues』에 등장하는 도리아 출판사는 르 당튀를 모델로 삼았다고 한다. 뤼시앵 드 뤼방프레는 '데이지'를 주제로 쓴 소네트를 도리아 출판사에 팔려고 애썼다. "내게 중요한 것은 당신이 뛰어난 시인인지 아닌지가 아닙니다. 당신은 정말로, 정말로 대단한 재능을 가졌습니다. 내가 막 사업에 뛰어들었다면 당신의 시를 출간하는 실수를 범했을 겁니다. 그러면 오늘 당장 출자자들과 임대인들이 내 밥줄을 끊을지도 모르죠."[5]

아케이드에서 사람들은 책은 읽지 않고 숫자 맞추기, 카드, 주사위 게임을 했다. 9번 도박장(9번에서 12번 아케이드까지 자리를 차지한)은 카드놀이용 탁자 두 개, 주사위 게임용 탁자 한 개를 갖추고, 게임 참가자들은 게임을 하면서 불붙인 펀치(럼주에 레몬즙, 홍차, 계피, 설탕 따위를 섞어 만든 술)를 마실 수도 있었다. 발자크의 소설 『나귀 가죽La Peau de Chagrin』 앞부분에서 불행한 라파엘은 36번지의 계단을 오른다.

---

4 Balzac, "Un grand homme de province à Paris", *Illusions perdues*. 쥘 자냉은 1839년 『레뷰 드 파리』에 이 작품에 대한 서평을 썼다. "발자크가 이런 종류의 비참한 생활상을 뛰어나게 묘사한다는 것은 잘 알려져 있다. 썩은 가구, 고여 있는 물, 대야에서 빨아 빨랫줄에 건 옷가지. 타락한 장소들의 진정한 세탁. 발자크는, 보기 흉하게 퍼져가는 이 질병의 끈적끈적한 껍질 하나, 주름 하나까지 놓치지 않는다. 그 수준에 이르기까지 한 작가가 갖추어야만 했을 모든 능력에도 불구하고, 발자크의 이런 끔찍하게 세밀한 묘사에서 독자들은 어떤 즐거움을 발견할 수 있을까?"

5 발자크의 『잃어버린 환상』 속 등장인물 도리아가 뤼시앵에게 한 말이다. — 옮긴이

"도박장에 들어갈 때는 모자부터 벗는 것이 원칙이다. 이것은 복음서의 교리와 신의 섭리에 따른 비유인가?!"[1] 그러나 가장 유명한 도박장은 두말할 필요 없이 방 여덟 개, 룰렛 테이블 게임판 여섯 개를 갖춘 113번지였다. 워털루 전투의 승자인 블뤼셰 장군은 113번지 도박장을 떠나지 않았다. 그는 그곳에서 600만 리브르를

1 소설의 한 구절로 라파엘이 건물에 들어서자 도박장 입구의 늙은 관리인이 그에게 모자를 벗으라고 말하며 도박에 대해 장광설을 늘어놓는다. 뒤이어 신의 섭리며 복음서의 비유를 들먹이는 것은 운명과 도박의 우연성이 가진 모순을 드러내기 위함이다. — 옮긴이

1827년의 팔레루아얄. 작가 미상의 판화. 주요 출판사와 서점 여럿이 자리 잡았던 갤러리 드 부아의 전경.

잃었고, 파리를 떠날 때에는 그의 모든 토지도 담보로 잡혔다. 도박장 주변에는 담보를 잡고 돈을 빌려주는 사람들이 있었고, 저녁에는 매춘부들이 도박꾼들 틈에 합류했다. 갤러리 드 부아 정원의 작은 골목을 오가는 여자들은 '반쪽짜리 비버', 다른 아케이드의 여자들은 '비버', 카페 카보의 테라스에 앉아 있는 여자들은 '퇴물 비버'라고 불렸다.

팔레루아얄의 아케이드에는 식당과 카페도 있었다. 카페 포이는 정원의 정자에서 손님을 맞는 유일한 곳이었다. 2층 체스 클럽 고객 중에는 탈레랑과 다비드도 있었고, 이 클럽은 『라모의 조카Le Neveu de Rameau』의 무대인 레장스 카페 체스 클럽과 경쟁 관계였다. 여성 주인이 아름답기로 유명한 카페 밀 콜론은 발자크가 가장 좋아했다. 페롱 아케이드와 가까운 카페 로통드는 루이 16세 치하에서는 글루크(18세기 독일 작곡가) 음악 옹호자와 피치니(18세기 이탈리아의 작곡가) 숭배자 사이의 논쟁의 장이었고, 프랑스 혁명 동안에는 브리소파(자크 피에르 브리소가 수장인 파벌)의 근거지였다(그 당시에는 지롱드파라고 부르지 않았다). 카페 랑블랭은 제정 시대의 향수를 간직한 사람들이 주로 드나들었다. 필리프 브리도는 "진짜 지중해 출신으로 카페 랑블랭에 가장 열성적으로 드나든 나폴레옹 지지자 가운데 한 명이었다. 그는 그 카페에서 급료의 절반만 받는 장교들의 관습, 예의범절, 화법, 생활을 익혔다".[1] 웨이터들은 손님들이 결투 때 쓸 수 있도록 녹색 천으로 감싼 검을 계산대 뒤에 비치해두었다. 어떤 날은 수요가 너무 많아서 "신사분들, 지금 준비됐습니다"라고 사과해야 할 정도였다. 매춘을 전문으로 하는 가게들 가운데 가장 유명한 곳은 카페 아뵈글인데, 카페 악단의 곡에서 이름을 따왔다. "유일한 지하 술집인 이 카페 이름이 왜 '눈먼 자들aveugles'인지 물어보면, 처음 문을 연 때가 혁명의 시대로 이곳에서 악단의 수치심을 자극하는 사건이 일어났기 때문이라는 이야기를 듣게 될 것이다."[2]

『인간 희극La Rabouilleuse』에 나오는 세 개의 큰 식당 가운데 두 곳이 팔레루아얄에 있다. 세 번째 식당은 몽토르괴유 거리에 있는 로셰 드 캉칼이다. "외국인이나 지방 출신들에게 파리에 대한 고상한 인상을 심어주기 위해 저녁 식사에 초대할 생각이라면 식당 베리에 데리고 가면 된다. (…) 그곳은 최고급 식당으로, 요리를 먹어보면 이곳 요리사가 업계 최고라고 말하게 될 것이다. 세련된 맛을 유지하는 데 전념하고, 부르주아의 음식(간소하고 맛있는 가정요리) 유행에 맞서는 요리사 가

1 Balzac, *La Rabouilleuse*, 1842.
2 Gérard de Nerval, *Les Nuits d'octobre*, 1852.

운데 가장 식견 있는 예술가라고 인정하게 될 것이다."[3] 앙굴렘에서 파리로 올라온 뤼시앵 드 뤼방프레는 불행했고 모욕을 느꼈다. "뤼시앵은 자신이 사는 구역의 지리를 잘 몰랐기 때문에 길을 물어본 후에야 팔레루아얄로 가는 길로 접어들었다. 그는 식당 베리에 들어가 자리를 잡고 파리의 쾌락에 첫발을 내딛기 위해, 자신의 절망을 위로해줄 저녁 식사를 주문했다. 보르도 포도주 한 병과 오스탕드산 굴, 생선 한 마리, 자고새 한 마리, 마카로니 한 접시, 과일을 주문했다. 이 모든 음식은 그의 욕망의 극치였다. 그날 저녁 뤼시앵은 어떻게 하면 에스파르 후작 부인에게 자신의 능력을 보여주고 지적 풍부함을 과시함으로써 자신의 우스꽝스럽고 초라한 옷차림을 상쇄할 수 있을까를 생각하면서 이 사소한 과용을 천천히 즐겼다. 50프랑이 찍힌 계산서를 보고서야 그는 몽상에서 깨어났는데, 이 금액이면 파리에서 훨씬 더 많은 경험을 할 수 있을 거라 생각했기 때문이다. 이날 저녁 식사는 뤼시앵이 앙굴렘에서 쓴 한 달 생활비에 해당했다."[4]

식당 베리는 마침내 오래된 카페 베푸르를 인수했다. 베푸르 이전에는 카페 샤르트르였는데, 중앙아메리카에서 돌아온 알렉상드르 드 훔볼트가 제정기에 자주 저녁을 먹었던 곳이다. 모스크바를 불태워 쑥대밭으로 만든 표도르 로스토프친은 1815년 베리에서 바리에테 극장의 아름다운 여성 배우 출신인 자신의 개인 프랑스어 교사와 종종 성대한 연회를 열었다. 식당 프레르프로방코로 말하자면 "외국인도, 여자들도, 심지어는 루아얄 광장에서 온 부르주아들도 식당 주인 뒤랑스 출신의 세 젊은이를 잘 알았다. 이들은 대구 요리 비법 말고는 아무것도 없이 맨손으로 파리에 도착했고, 마침내는 타구스강 하구에서 네바 강변에 이르는 유럽 전체에 대구 요리 비법을 팔게 되었다."[1•]

팔레루아얄의 마지막 전성기가 언제였는지는 구체적인 날짜를 언급할 수도

---

3 Honoré Blanc, *Le Guide des dîneurs, ou statistique des principaux restaurants de Paris*, 1814.

4 Balzac, "Un grand homme de province à Paris", *Illusions perdues*, op. cit.

있다. 1836년 12월 31일 자정을 기해 파리에서는 도박이 금지되었다. 그때부터 팔레루아얄은 급격히 쇠퇴했다. 댄디(멋을 내는 세련된 사람), 구경꾼, 도락가, 매춘부들은 팔레루아얄에서 수백 미터 떨어진, 성벽이 있던 자리에 난 대로 방향의 아름다운 산책로 쪽으로 자리를 옮겼다.

유행에 뒤처진 구역들은 아주 오랫동안 일종의 혼수상태에 빠져 침체되었다. 반면 번창한 구역들에서는 상업화가 지나치게 급속히 진행되었고, 그 결과 1960년대부터 생세브랭, 무프타르, 바스티유와 마레 구역이 황폐해졌다. 이런 황폐화는 뷔토카유, 샤론의 생블레즈 구역에 있는 몽토르괴유 거리나 오베르캉프 거리에서 여전히 진행 중이다. 반면 팔레루아얄은 사람들이 북쪽으로 자리를 옮긴 후에도 옛 모습 그대로 남아 있다. 팔레루아얄 매력의 본질은 건축가 빅토르 루이의 트라베(기둥과 기둥 사이의 거리, 벽과 벽 사이의 거리)에 있지 않다. 네 개의 참나무 오솔길이 깔끔하게 줄지어진 모습은 오히려 루이가 만든 트라베의 단조로움을 더욱 강조한다. 팔레루아얄의 놀라운 점은, 폐쇄된 공간인 팔레루아얄 건물을 둘러싼 거리와 건물이 연결되는 방식이다. 어떤 아케이드는 금빛 창살과 횃불 모양의 난간이 동상과 함께 웅장한 아름다움을 뽐낸다. 발루아 광장을 통해 베로도다 아케이드 입구로 통하는 아케이드나 정원 깊숙한 곳에서 보졸레 거리로 접근할 수 있는, 지붕 덮인 두 줄의 주랑으로 형성된 아케이드는 아름답다. 아케이드의 왼쪽 주랑은 식당 베푸르를 따라 나 있고, 오른쪽 주랑은 되파비용 통행로, 콜베르 통행로와 국립도서관 쪽으로 나 있다. 반면 어떤 통로들은 아주 미세하게 구불구불하다. 예를 들면 옛 인형을 파는 가게와 오르골 가게 사이에서 비비안 거리 쪽으로

1● Blanc, *Le Guide des dîneurs*, op. cit. 발자크의 『골짜기의 백합Le Lys dans la vallée』에서 파리를 동경하는 청년 펠릭스 드 방데네스는 "첫날 우리는 테아트르프랑세 극장과 아주 가까운 팔레루아얄에 저녁을 먹으러 갈 것이다"라고 계획을 세웠다. (…) 그러나 빚이 있다고 고백하자 "동생이 나를 하숙집으로 끌고 갔기에 프레르프로방코에서 저녁을 먹지 못했고, 「브리타니퀴스Britannicus」에 나오는 탈마를 볼 기회도 놓쳤다."

루이 필리프 시대에 튀일리궁 앞에서 열병식을 하는 근위대. 폴미셸 오사르의 은판 사진, 파리, 오르세 미술관.

좁은 통로로 이어진 페롱 아케이드나 몽팡시에 거리에서 리슐리외 거리 쪽으로 올라가는 세 개의 매혹적이고도 우아한 계단으로 형성된 아케이드가 그렇다.

카루젤

드니 디드로나 카미유 데물랭에게 팔레루아얄에서 튀일리궁으로 가는 길은 아주 간단했다. 30년 뒤 제리코, 앙리 드 마르세, 스탕달은 이 구역에서 새롭게 난 넓은 간선도로인 리볼리 거리를 가로질러 가야만 했다. 그렇게 하면 오페라 대로를 건널 일도 없고, 나폴레옹 3세 시대에 크게 확장된 루브르궁을 에둘러 가지 않아도 됐다. 팔레루아얄은 오늘날처럼 건물로 둘러싸여 있지 않았고, 튀일리생토노레 구역과 연결되어 있었다. 두 구역은 거의 직접 연결되어 있었기에, 카루젤 구역을 비스듬히 가로질러가기만 하면 됐다. 파리 중심에서 정말로 독특한 카루젤 구역은 사람들의 기억에서조차 '어떤 흔적도 남기지 않고 사라졌다.' 보들레르가 쓴 시 「백조」의 한 구절은 「알바트로스L'Albatros」처럼 순수한 시적 은유가 아니다. "예전에 그곳에는 가축우리가 있었다/ 그곳에서, 어느 날 아침 차갑고 맑은 하늘 아래/ 노동이 깨어나는 시간에 도로의 불길하고 음산한 소음이/ 적막한 대기 속에서 천둥치는 불길한 그늘을 밀어냈다/ 나는 백조 한 마리가 새장에서 달아나는 것을 보았다." 제2제정기 당시의 볼거리를 기록한 연대기 작가 알프레드 델보는 다음과 같이 떠올렸다. "카루젤 광장은 예전만 해도 매력적이었다. 무질서한 듯 매력적이고, 폐허 같으면서도 눈길을 끄는 풍경이었다. 오늘날에는 생뢰 지방의 석재로 만든 커다란 동상들이 빼곡히 들어차 있다. 한때 이곳은 수공업에 종사하는 사람들이 사는, 나무 널빤지로 만든 가건물과 짚을 섞은 흙벽 오두막이 뒤죽박죽 얽힌 숲이었다. 나는 미로처럼 이어진 가건물과 아무렇게나 지그재그로 늘어선 상점을 가로질러 잡동사니로 혼란스러운 이곳을 자주 어슬렁거렸다. 나는 사람과 동물, 토끼와 앵무새, 풍경과 조약돌까지 이곳의 모든 것을 잘 알고 있다."[1] 1870년 아돌프 조안은 안내서에서 "이 모든 가건물은 오직 내 기억에만 남아 있다"라는 보들레르의 「백조」에 나오는 시 한 구절을 차용하며 "박물관에서 샤르트르 거리까지 펼쳐져 있던 진기한 물건, 낡은 고철, 살아 있는 새들로 넘치는 상설 시장터 같은 작은 가건물들이 사라진 것이 아쉽다"고 했다. 카루젤 구역은 루브르궁의 오를로주 정자와 튀일리궁의 앞뜰 사이에 있다. 센강 쪽 카루젤 구역 남쪽 경계는 앙리 4세 시대부터 루브르와 튀일리를 연결한 대회랑이었다. 통로 안쪽과 인접한 거리는 오르티였다(1876년에 없어졌다). 카루젤의 북쪽 경계는 생토노레 거리였다. 센강과 수직으로 교차하는 생니케즈, 생토마뒤루브르, 프로망토 거리는 오르티 거리

1 Alfred Delvau, *Les Dessous de Paris*, 1865.

를 거쳐 생토노레 거리로 이어졌다.

리슐리외 거리와 이어지는 생니케즈 거리(현재는 없어졌다)는 지금의 루브르궁 매표소 자리를 지났을 것이다. 생토노레 거리 쪽에서 생니케즈 거리는 대형 캥즈뱅 병원과 접해 있는데, 명문銘文에 따르면 십자군 전쟁 때 사라센인들이 눈을 도려내어 장님이 되어 돌아온 300명의 십자군 원정대를 치료하기 위해 루이 9세가 세운 곳이라고 한다(이상하게도 옛 파리를 연구하는 역사학자 대부분은 이 이야기를 역사적으로 확립된 사실처럼 옮겨 적는다. 또한 같은 시기에 있었던 유대인 조나타스의 이야기도 역사적인 사실로 받아들이는 것 같다. 조나타스는 비에트에서 성체의 빵을 끓는 물에 넣은 신성 모독죄로 산 채로 화형당했다. 조나타스가 성체 빵을 잘라 끓는 물에 넣었는데 성체에서 피가 흘렀다는 이야기다. 이 이야기는 우르비노에 있는 파올로 우첼로의 제단 그림에서 볼 수 있다).[2] 병원은 사원에서처럼 세금을 면제받는 일군의 수공업자를 받아들였다. 1780년 캥즈뱅 병원은 샤랑통 거리에 있는 왕의 근위기병이 사용한 옛 병영으로 옮겨져 지금에 이른다.

생토마뒤루브르 거리는 이오 밍 페이의 유리 피라미드 자리를 지나갔었다. 이 거리는 슈브뢰즈 저택을 지나, 프랑스 문학을 통틀어 비교 대상이 없을 정도로 중요한 소재였던 랑부예 저택과 이어졌다. 그곳을 자주 드나들었던 앙리 소발은 이런 말을 남겼다. "나는 랑부예 저택이 프랑스에서 가장 유명하다고 더는 이야기하지 않을 것이다. 어느 누구도 그 사실을 의심하지 않기 때문이다. 사교계 사람들은 마들렌 드 스퀴데리의 소설 『위대한 키루스Grand Cyrus』에서, 또 당대의 가장 섬세한 작가들의 작품에서 이 저택에 대한 묘사와 찬사를 읽었다. 『위대한 키루스』에서 그 저택을 클레오미르궁이라고, 나머지 다른 작품에서는 아르테니스궁이라

---

2 예를 들어 장마르크 레리는 이에 대해 다음과 같이 묘사했다. "이 신성 모독은 부활절 기간인 1290년 4월 2일 유대인 조나타스의 집에서 일어난 것 같은데, 그때부터 그곳을 기적의 집이라고 불렀다." *Le Marais, mythe et réalité*, 전시 카탈로그, Paris, 1987. 이 글에서는 사건이 일어난 날짜에는 의문을 제기하지만 그 사건이 사실인지에 대해서는 조금도 의심하지 '않는 것 같다'.

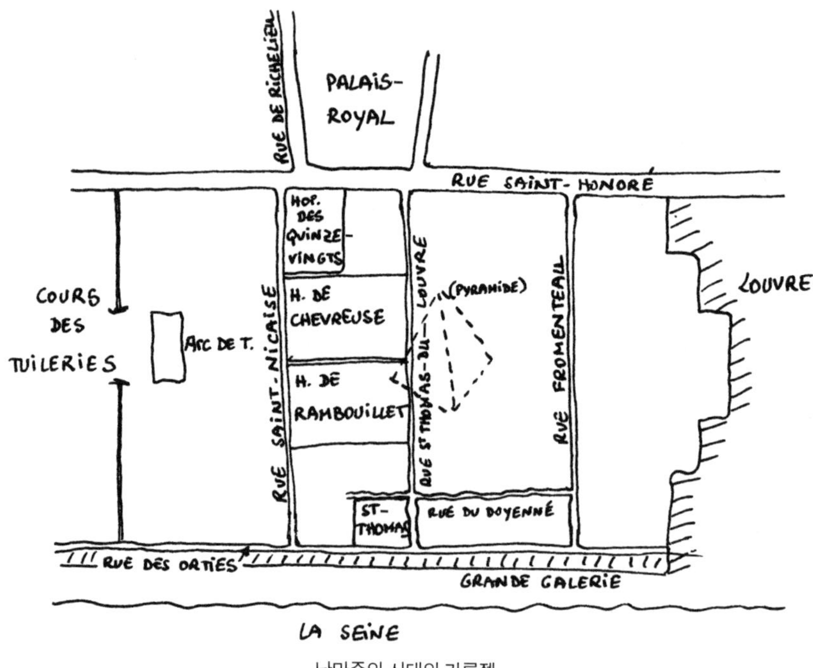

낭만주의 시대의 카루젤.

고 이름 붙였다는 사실은 굳이 상기시킬 필요조차 없다. 아르테니스Arthénice는 랑부예 백작 부인 카트린 드 비본(1588~1665)의 세례명 카트린Catherine의 철자를 재조합해 만들었다. 말레르브가 아르테니스라는 명칭을 만들었다는 사실을 다시 떠올릴 필요도 없을 것이다. 모든 유명인사가 앞다투어 랑부예 백작 부인의 저택에 대한 글을 썼기에 나는 이 저택에 대해 할 이야기가 거의 없다. 반면 그들의 글을 통해 랑부예 백작 부인이 저택의 도면을 그렸고, 혼자서 일에 착수하고 지휘해 완성했다는 사실을 알게 됐다. 그녀의 우아하고 섬세한 취향 덕분에 당대의 건축가들은 멋스러움, 편리함, 고대인조차 몰랐던 완벽함을 발견하게 됐고, 이런 요소들은 화려한 개인 저택의 건축 양식에 널리 스며들었다.[1] 아르테니스 저택이 건축에 끼친 영향 덕분에, 물론 반은 농담이지만 이곳에서 열린 문학 살롱이 문학계에 영향을 끼쳤다고도 평가할 수 있다. 카트린 드 비본의 재능과 미덕 덕분에 여러 해 동안 이 저택에는 당대의 그리고 궁정의 학식 있는 사람들이 몰려들었다. 백작 부인의 푸른색 방에서 매일 유명인사들이 모임을, 더 정확히 말하면 아카데미를 열었다. 훗날의 아카데미 프랑세즈라는 명칭이 바로 이 모임에서 유래했다. 당대의 뛰어난 인물들이 부인의 저택에 모여들었고, 그들은 모임의 가장 중요한 구성원이었다. 랑부예 저택은 오랫동안 프랑스의 파르나스라고 불렸다. (…) 이 저택에 출입하지 않는 사람들은 평범한 인물로 취급됐다. 유명인사 취급을 받으려면 그곳을 출입하기만 하면 됐다."[2]

프로몽토 거리는 오를로주 정자를 따라 루브르궁 해자와 나란히 나 있고, 발루아 거리와 거의 나란히 생토노레 거리로 이어진다. 프로망토 거리는 오래전부터 평판이 좋지 않았다. 발자크는 「페라귀스」 앞부분에서 "프로망토 거리는 위험하고 사고가 많이 나는 생활환경이 나쁜 곳 아닌가?"라는 질문을 던졌다. 프로망토 거리와 생토마뒤루브르 거리를 연결하는 작은 거리 드와예네에는 그림 시장이 있었다. 19세기 프랑스 낭만주의 시대에는 이 시장에서 18세기 그림을 아주 싸게 살 수 있었다. 발자크의 『사촌 베트La Cousine Bette』에서 베트의 사촌 여동생이 드와예네 거리에 살았다. 소설 앞부분에서 이 거리는 "이륜 마차를 타고 절반쯤은 황량한 이 구역을 지나갈 때면 사람들은 드와예네 골목길을 바라보며 마음이 스산

---

1 백작 부인은 계단을 건물의 측면에 만들 생각을 했는데, 그 결과 중앙 공간이 비게 되면서 방을 줄지어 만들 수 있게 됐다.

2 이 유명한 '푸른색 방'을 주로 드나들던 사람들로는 말레르브, 라 로슈푸코, 데카르트, 생타망, 마담 드 라파예트, 마담 드 세비네, 스카롱, 보줄라, 코르네유, 로트루, 메나주, 라캉, 부아튀르 등이 있었다. 카트린의 딸 쥘리 당젠은 15년 동안 몽토지에의 구애를 받았다. 소문에 따르면 몽테지에는 몰리에르의 희곡 『인간 혐오자』 등장인물인 알세스트의 모델이다. 아울러 몽토지에는 사랑하는 쥘리에게 앨범을 선물했다. 앨범의 각 페이지는 꽃으로 꾸몄고, 각각의 꽃을 쥘리에 비유했다. 몽토지에와 저택을 드나든 단골 시인 17명이 쓴 61편의 연시는, 당시 가장 뛰어난 서예가 니콜라 자리가 고급 송아지 가죽에 옮겨 적었다. 삽화는 니콜라 로베르가 그렸다. 이 앨범이 그 유명한 「쥘리의 꽃 장식Guirlande de Julie」이다. 어느 날 아침, 그녀는 침대에 놓여 있는 이 앨범을 발견한다. 그러나 쥘리가 몽토지에의 청혼을 받아들이기까지는 4년이 더 걸렸다.

피에르앙투안 드마시, 「루브르궁 주랑 풍경」, 1772년. 유화, 파리, 루브르박물관.

해졌다. 이런 곳에 사는 사람은 누구인지, 불한당이 판을 치는 위험한 장소로 변하는, 어둠의 망토 자락에 싸인 파리의 모든 악행이 가능해지는 밤마다 이곳에서 무슨 일이 일어나는지 궁금해했다"라고 묘사되었다. 1830년대에는 무명의 젊은 작가와 예술가들이 '불법 점거'로 드와예네 거리에 자리 잡았다. 그들 가운데 한 명인 제라르 드 네르발은 다음과 같이 썼다. "드와예네 거리의 공동주택에서 우리는 형제처럼 지냈다. (…) 우리의 공동주택은 랑부예 저택이 있던 곳에서 아주 가까운, 메디치 가문의 옛 루브르궁 모퉁이에 있었다. (…) 사람 좋은 로지에는 사다리에 올라 세 개의 창문 중 하나에 자신을 닮은 포세이돈을 그리고 있었는데, 아래를 내려다보며 수염이 더부룩한 얼굴로 미소 지었다. 문짝이 요란한 소리를 내며 열렸다. 테오필 고티에였다. 우리는 고티에에게 루이 13세 시대의 안락의자를 내주려고 바쁘게 움직였다. 고티에는 자신이 처음으로 쓴 시들을 읽어 내려갔고, 한편 시달리즈 1세, 로리, 빅토린 중 한 명이 매우 넓은 거실을 가로질러 쳐놓은 금발의 사라의 해먹에 누워 무사태평하게 몸을 흔들었다. (…) 얼마나 행복한 순간이었던가! 우리는 무도회를, 저녁 만찬을, 의상 축제를 열곤 했다. (…) 우리는 젊었고, 항상 유쾌했고, 그럭저럭 풍족했다. (…) 가슴이 무너져 내렸다. 우리의 궁전이 철거되었다. 지난가을, 철거된 폐허 위를 걸었다. 초록 나무 위로 우아하게 서 있던, 생토마뒤루브르 성당의 부속 건물인 드와예네 예배당도 철거되었다. (…) 이즈음 돈이 좀 생겨서 내 친구들이 채색해준 거실 장식용 가구 한 세트를 철거반원들에게서 도로 사들였다. 나는 로베르 낭퇴유가 그린 문틀 두 개, 장 앙투안 바토의 그림 한 점, 프로방스 지방 풍경을 그린 장바티스트 카미유 코로의 그림 두 점, 오귀스트 샤티옹이 그린 것으로 벌거벗은 채 잠들어 있는 여인의 활처럼 휜 엉덩이에 성경을 올려놓고 읽는 「붉은 얼굴의 수도자Moine rouge」, 테오도르 샤세리오의 개처럼 길들여진 호랑이들을 거느린 「바쿠스 신의 여제관Bacchantes」을 소장했다. (…) 르네상스 양식의 침대, 메디치풍의 까치발 달린 테이블, 두 개의 찬장, 후세페 데 리베라의 그림, 고대 4원소를 표현한 양탄자, 이 모든 것은 아주 오래전에 없어졌다. 어느 날 발자크가 내게 물었다. '당신은 그토록 아름다운 물건들을 어디에서 잃어버렸는가?' 나는 발자크가 가장 좋아하는 표현을 인용하면서 '불행 속에서!'라고 대답했다."[1]

1800년 12월 24일, 왕정복고를 계획한 자들이 튀일리궁에서 리슐리외 거리의 오페라로 가는 제1집정관 나폴레옹을 향해 생니케즈 거리에서 폭탄을 터트렸다. 8명이 사망한 이 테러는 카루젤 구역의 마지막을 알리는 신호였다. 궁과 가까운

---

1 Gérard de Nerval, *Petits Châteaux de Bohême*, 1852.

곳에서 이런 위험한 일이 생긴 데 위협을 느낀 나폴레옹은 테러로 파괴된 건물과 다른 건물들도 함께 철거토록 했다. 한참 뒤 나폴레옹은 튀일리궁 앞뜰을 둘러싸고 있던 나무판자 방어 울타리와 가건물들을[1] 철거했고, 궁정문으로 이용할 카루젤 개선문을 세우게 했다. 카루젤 일대 철거는 1848년까지 천천히 진행되다가, 그해 가속화됐는데 일자리가 필요한 국립 공방 장인들을 투입했기 때문이다. "카루젤 광장의 75퍼센트가 1850년에 정리됐다. 생니케즈 거리 쪽에 있는 왕의 마구간이었던 낡은 건물만이 남아 있었다. (…) 텅 빈 광장 한가운데 있는 낭트 저택은 토지 수용 심사위원회의 온갖 제안에도 마지막까지 버텼다. 이 저택은 현재 철거되고 없다. 왕의 마구간 역시 철거되었다."[2]

현재 카루젤 광장은 루브르 피라미드와 튀일리 정원 사이의 먼지투성이 도로다. 카루젤 광장으로 자동차들이 쉴 새 없이 지나간다. 광장의 한가운데에는 일방통행의, 즉 한 바퀴를 다 돌 수 없는 이상한 원형 교차로가 있다. 콘크리트로 지은 지하 터널의 입구는 이곳의 대미를 장식한다. 카루젤 개선문은 이 황량한 장소의 한복판에 아무런 의미도 없이 서 있다. 카루젤 개선문은 나폴레옹 3세 시대의 튀일리 쪽으로 뻗은 루브르의 양측 건물과 튀일리 정원을 부채꼴 모양의 작은 관목들로 연결하려는 의도로 고안되었다. 관목 위로 아리스티드 마욜이 조각한 통통한 여인들의 머리와 엉덩이가 솟아올라 있다. 형식·기교주의 회화처럼 튀일리 정원은 현학적이다. 다행히도 아름다운 마로니에 몇 그루가 보존되었고, 이 마로

---

1 방어 울타리와 생니케즈 거리 사이에 있던 카루젤의 작은 광장은 "여전히 그 이름을 유지하고 있었는데, 황태자가 태어난 것을 축하하기 위해 1662년 그곳에서 화려한 기마 곡예 경기를 열었기 때문이다"라고 1720년대에 제르맹 브리스는 썼다. 제정 시대에는 주변을 철거해서 광장이 넓어졌다. 발자크의 소설 『30세 여인』이 러시아 원정 바로 직전, 그 광장을 배경으로 시작된다. "이곳에서는 황제가 지휘하는 화려한 열병식, 파리 시민과 외국인들이 정말로 오랫동안 찬탄해 마지않았던 마지막 열병식이 열렸다."

2 Adolphe Joanne, *Paris illustré en 1870: Guide de l'étranger et du Parisien*. 1850년 작가 미상의 은판 사진을 보면 텅 빈 광장 가운데 7층 높이의 낭트 호텔이 삯 마차와 합승 마차로 둘러싸여 있다. 안내서의 설명에 따르면 이 호텔은 "루브르와 튀일리 주변 정비 계획에 따라" 1850년 10월 1일 철거되었다. *Paris et le daguerréotype*에서 재인용, 전시 카탈로그, musée Carnavalet, Paris – Musées, 1989.

니에는 여름이면 카루젤 개선문 주변의 엽서 장수와 아이스크림 장수에게 그늘을 드리워준다.

튀일리생토노레

1946년 마르셰생토노레 광장은 로베스피에르 광장으로 바뀌었는데, 부르주아들이 격렬하게 반대한 끝에 결정 취소를 이끌어내고 1950년에 원래의 명칭으로 되돌렸다. 로베스피에르에 대한 부르주아의 증오는 테르미도르 이래 결코 줄어들지 않았다. 스스로를 '청렴한 사람'이라고 불렀던 로베스피에르는 생토노레 거리 끝에 있는 목수 뒤플레의 집에서 누이 샤를로트와 남동생 오귀스탱과 같이 살았다. 시에예스, 올랭프 드 구주, 에롱, 바레르 등 혁명의 다른 주역들도 역시 튀일리생토노레 구역에 살고 있었다. 로베스피에르는 여러 뜻으로 해석될 수 있는 애매한 표현으로 바레르를 칭찬했다. "그는 모든 일 그리고 모든 사람을 알고, 재주가 많다." 혁명의 열기가 특히 뜨거웠던 곳은 튀일리생토노레가 아니라 생토노레 거리로, 이곳은 정치의 지리적인 중심축이었다. 1789년에서 1791년까지 라파예트 클럽과 온건파들은 카스틸리오네 거리에 위치한 푀양 수도회의 옛 수도원에서 회합을 가졌다. 역사에는 자코뱅 클럽으로 더 잘 알려진, 자유와 평등의 벗이 활동했던 장소는 오늘날 마르셰생토노레 광장에서 공부스트 거리까지였다. 입헌의회, 입법의회, 혁명의회는 혁명 초기 생로슈 거리와 리볼리 거리가 만나는 쪽 튀일리 정원의 승마 연습장에 회의장을 만들었다. 1792년 8월 10일, 혁명의회는 튀일리궁의 마쉰 극장으로 옮겨졌다. 이 극장은 수플로가 개조했고, 예전에 소프라노 소피 아르노가 장필리프 라모의 오페라 「카스토르와 폴룩스Castor et Pollux」로 큰 성공을 거둔 곳이다. 당시 견적서에 따르면 혁명의회 연단은 낮게 지어졌고 고대식으로 녹색으로 칠해졌으며, 청동색 기둥머리 장식과 세 개의 화관이 있는 노란

카루젤 구역의 낭트 호텔은 한동안 훼손되지 않은 채 남아 있던 유일한 건물이었지만 1850년 해체됐다. 작가 미상의 은판 사진, 파리, 카르나발레 박물관.

색 장식 기둥으로 치장됐다. 현재 루브르의 마르상 건물 근처에 있었다. 공안위원회는 튀일리궁 남쪽 맞은편 건물에서 회합을 가졌다.

테르미도르 이후 혁명의회는 급진파 자코뱅을 해체시켰고, 메를랭 드 티옹빌은 자코뱅을 "악당들의 소굴"이라고 비난했다. 그렇게 만들어진 권력의 공백은 한동안 테르미도르 쿠데타 세력이 차지하게 되었다. 그러나 왕당파의 압력이 심해지자 바라스는 로베스피에르 추종자로 알려진 젊은 장교 나폴레옹 보나파르트의 권한을 보장했다. 나폴레옹은 방데미에르(공화력의 제1월) 4년 13일(1795년 10월 5일) 왕당파의 반란 동안 의회를 보호하기 위한 조치를 취했다. 반란군들은 도팽의 막다른 골목길에 설치된 여덟 대 대포의 일제 사격을 받고 생로슈 성당 계단 위에서 폭사했다. 도팽의 막다른 골목길은 생토노레 거리와 튀일리궁 사이 생로슈 거리의 일부다.

생토노레 구역에서 중요한 두 광장은 마르셰생토노레와 방돔으로, 둘은 완전히 다르지만 근래 들어 모습이 많이 바뀌었다는 공통점이 있다. 마르셰생토노레 광장은 1950년대 말 도시 계획으로 심각하게 손상됐다. 제정 시기에 몰리노스가 지은, 샤요의 소방펌프로 물을 댄 중앙 분수와 네 개의 넓은 홀이 있는 시장이 철거되고, 그 자리에 경찰서와 소방서로 사용할 콘크리트 건물이 들어섰다. 최근〔1997년〕 파리바 은행이 리카르도 보필에게 그 자리에 새롭게 올릴 건물 설계를 맡겼다. 텅 빈 주랑과 유사 고전주의 양식 박공에 사람들이 싫증을 느끼기 시작했다는 것을 잘 아는 보필은 비례가 맞지 않고 그 장소의 정신과 전혀 어울리지 않는 유사 하이테크 건물을 구상했다. 또 건물 주위에 식당이 많이 들어서면서 광장의 기능과 의미를 잃게 됐다.

방돔 광장에는 재능 있는 건축가들이 설계한 공공건물과 화려한 건축물이 들어서 있다. 포장도로에는 딱히 무엇이라고 말로 표현할 수 없는 강철 표지판 등이 곳곳에 설치되어 있고, 지하 주차장 입구는 벙커와 같다. 카르티에 상점, 리츠 호텔, 크레디 퐁시에 은행 앞에서 차를 닦으며 기다리는 운전사들은 검은 양복을 차려입고, 검은 안경을 쓰고 있어 경호원 같은 느낌을 풍긴다. 방돔 광장을 지날 때마다 나는 민병대, 구내식당 여자들, 거리의 소년들, 각자의 자리를 지킨 무장한 시민과 포병들을 애정 어린 마음으로 떠올린다. 1871년 5월〔파리 코뮌〕 그들은 부서진 기둥의 잔해 앞에서 단체로 사진기 앞에 서 있었다.

부르스

팔레루아얄 정원과 대로 사이에 있는, 흔히 부르스 구역이라고 부르는 이 일대는 옛 파리 가운데 가장 균형 있고 동질적인 곳이다. 마땅한 명칭이 없어 신고전주의 양식이라 불리는 이 일대의 건물들은 루이 16세 재위 기간과 프랑스 혁명기에 주로 지어졌다. 신그리스 양식의 축소판인 콜론 거리에는 받침대 없는 도리아식 기둥, 종려나무 잎 모양의 부채꼴 아케이드, 창문에 낸 난간들이 매우 독창적인 형태를 이룬 까닭에 프리드리히 길리, 존 손, 카를 프리드리히 싱켈 같은 뛰어난 건축가들이 유럽 전역에서 찾아와 콜론 거리를 감상하고 스케치했다. 알렉상드르테오도르 브롱니아르가 설계한 증권 거래소처럼 제정 시기에 지은 건물들도 있다. 이 웅장한 건물에 쏟아진 맹렬한 비난은 동시대인들에게도 익숙했다. "가장 고상한 그리스 양식으로 지은, 공적 자금의 역겨운 뒷거래로 대리석을 쌓아 올린 이 아름다운 증권 거래소에 갈 때마다 나는 화가 났다. (…) 이 엄청나게 넓은 공간에서는 수많은 사람의 슬픔과 귀에 거슬리는 외침과 함께 주식 매매가 탐욕으로 들끓는 바다와 같은 흥분 속에서 이루어진다. 사람들의 물결 한가운데에 서로를 잡아먹는 끔찍한 피조물인 상어처럼 대은행가들이 달려든다."[1]

증권 거래소 구역은 대략 북에서 남으로 난 세 개의 평행한 거리 비비엔, 리슐리외, 생트안과 동서로 난 두 개의 거리로 경계 지워졌다. 횡단 거리 가운데 하나인 아주 오래된 프티샹 거리는 화려한 두 개의 광장 비크투아르와 방돔을 연결한다.[2] 또 다른 거리 카트르셉탕브르는 오스만 도시 계획의 실패한 관통로 중 하

---

1 Henri Heine, *De la France*, 1832년 5월 27일. 거의 비슷한 시기에 빅토르 위고는 『파리의 노트르담 Notre-Dame de Paris』에서 "어떤 건물의 건축 양식이 그 건물의 사용 목적에 맞게 지어져야 한다는 규칙이 있다면 왕의 궁전, 시골의 관공서, 시청, 중학교, 승마 연습장, 창고, 법원, 병영, 무덤, 사원, 극장 등의 건축물에 구별을 두고 감탄할 일은 아닌 것 같다. 지금으로서는 어쨌든 그 비난의 대상이 증권 거래소다"라고 썼다.

2 제2차 세계대전 종전 후 오페라 대로 너머의 프티샹 거리에는 항독 레지스탕스로 활동한 다니엘 카사노바라는 프롤레타리아 여성 영웅의 이름이 붙었다.

1858년의 오페라코미크 극장과 앙글레 카페. 작가 미상 사진, 파리, 국립도서관.

나다. 제2제정 시대에 이 거리는 1848년 나폴레옹 3세인 샤를 루이 보나파르트가 공화국 대통령에 선출된 12월 10일을 기념하기 위해 디데상브르로 불렸다. 군주 대통령 나폴레옹 3세가 설립한 디데상브르 협회는 도미에가 라타프왈[3]과 함께 풍자한 파리의 '룸펜프롤레타리아트' 가운데 회원을 모집했다. 1960년대에 드골 지지자들의 시민행동협회는 디데상브르 협회와 비교할 만한 역할을 했다.

3 편협한 군국주의자의 총칭. 열렬한 공화주의자인 도미에가 나폴레옹 지지자들을 비판하고 희화화하기 위해 만든 캐릭터의 이름이기도 하다. — 옮긴이

아주 오래전부터 증권 거래소 구역에서는 패션과 사치품 상점의 확대에 저항하는 출판, 금융, 음악이라는 세 가지 경제 활동이 주를 이루었다. 제르맹 브리스에 따르면 "앙리 4세 재위 이래로 '왕립도서관'은 아르프 거리에 있는 개인 저택에 완전히 방치된 채 있었다. 1666년 왕립도서관은 건축물 총괄 감독관 장바티스트 콜베르의 지시로 비비엔 거리에 있는 다른 개인 저택으로 옮겨졌다. 1722년에는 도서관을 리슐리외 거리의 느베르 저택으로 옮기기로 결정했는데, 좀더 정확하게는 한동안 은행으로 사용됐던 사무실 공간을 확장해 옮겼다. 비비엔 거리 허름한 저택의 여러 방에 흩어져 있던 과거에 비해 훨씬 손쉽게 이용할 수 있어서 대중은 만족했다."[1] 1700년대 섭정 시대에서 1990년대까지 왕립도서관은 비비엔 거리와 리슐리외 거리 사이의 느베르 저택에 있었다. 내가 보기에 화를 불러일으키고 때로는 축복받은, 이 낡은 왕립도서관의 정신을 가장 잘 보여주는 것은 머리가 헝클어진 채로 안경을 쓰고, 왼쪽 팔꿈치로 펼쳐 놓은 책을 누르며 머리를 처박고 두꺼운 검정 만년필을 들고 무언가를 적고 있는 발터 베냐민을 찍은 지젤 프로인트의 사진이다. 또 다른 예로 도서관 애호가 장크리스토프 바이의 글이 있다. "리슐리외 거리에 높이 솟은 국립도서관 담장 위쪽을 잔가지로 장식한 건축가 앙리 라브루스트도 틀림없이 이곳에서 책을 읽으며 '독서와 자연 사이'의 관계를 직관적으로 알았을 것이다. 자신이 잘 알고 있고, 파리에서 마음껏 이용할 수 있는 유일한 진짜 '거처'였을 국립도서관의 라브루스트 열람실에 관해 베냐민이 쓴 다음의 글을 읽으면서 여러분은 독서와 자연의 관계를 상상할 수 있을 것이다. '아래쪽에서 책장을 한 장 한 장 넘기면 위쪽에서 속삭임이 들려온다.'"[2]

증권 거래소 구역에 금융업이 자리 잡기 시작한 시기 역시 18세기다. 세바스티

---

1 Germain Brice, *Nouvelle Description de la ville de Paris et de tout ce qu'elle contient de plus remarquable*, Paris, 1725.

2 Jean-Christophe Bailly, *Panoramiques. La tâche du lecteur*, Paris, Christian Bourgois, 2000.

앵 메르시에에게 이 구역은 이러했다. "파리의 그 어떤 곳보다 '비비엔' 거리에 돈이 더 많았다. 이곳은 파리의 금고다. 대형 금융기관이 자리 잡았고, 특히 케스 데스콩트 은행이(프랑스 국립은행의 전신으로 1767년 문을 열었다) 있다. 은행가, 주식 매매인, 중개인 등 요컨대 돈을 사고파는 모든 사람이 바쁘게 돌아다닌다. (…) 이 구역의 매춘부는 다른 어느 구역 매춘부보다 이재에 밝아 아무하고나 잠자리를 하지 않는다. 이 구역의 모든 재력가는 판단력을 키우기 위해 다른 사람보다 책을 훨씬 많이 읽어야 했을 것이다. 그러나 실제로 재력가들은 책을 거의 읽지 않는다. 그보다는 문필가들에게 생활비를 대준다. (…) 비비엔 거리에 사는 사람들은 모두 글자 그대로 시민들의 등을 치는 일을 하고도 그에 대해 조금도 후회하지 않는다." 이후에 은행들이 비비엔 거리를 떠나 그랑 불바르로 옮겼지만 이 거리에는 발자크 시대처럼 여전히 동전을 팔고 금을 교환하는 가게들이 많다.

방크 거리는 증권 거래소에서 그 구역의 또 다른 금융 기관인 프랑스 국립은행까지 이어진다. 건축가 프랑수아 망사르가 설계한 라 브릴리에르 저택은 혁명기에 국립 인쇄소를 설치하려는 용도로 혁명군이 압수했다. 당시 국립 인쇄소는 로베스피에르 연설문 40만 부를 인쇄했고, 장폴 마라는 『민중의 친구L'Ami du peuple』를 인쇄하기 위해 인쇄소 마당에서 윤전기 세 대를 돌렸다. 툴루즈 호텔의 유명한 도레 아케이드는 종이 창고로 쓰였다. 혁명군은 그곳에 있던 피에트로 다 코르토나, 틴토레토, 베로네즈의 회화들을 루브르궁으로 옮겨 민중이 감상할 수 있게 했다. 프랑스 국립은행이 1808년[3] 인쇄소 자리로 옮겨왔다. 혁명군은 다른 은행에서와 마찬가지로 국립은행에 위탁된 많은 소장품을 파괴했다. 제르맹 브리스에 따르면 망사르가 설계했고 현재는 없어진 정문은 "망사르의 걸작으로 알려져 있었다. 망사르는 기둥을 나란히 줄지어 세우면서도 이오니아 양식의 질서 있는

---

3 인쇄소는 비에유뒤탕플 거리의 로앙 저택에 자리를 잡아 1925년 콩방시옹 거리 쪽으로 옮길 때까지 그곳에 있었다.

앞 페이지

공사 중인 오페라극장, 작가 미상 사진, 파리, 국립도서관.

규칙을 구현할 줄 알았다. 그 당시까지 그런 작업은 절대 쉬운 일이 아니었다". 소발은 라 브릴리에르 저택의 정원에 대해 이렇게 썼다. "감탄을 자아내는 두 풍경 속에서 어디에 눈길을 주어야 할지 갈피를 잡지 못한다. 한쪽 풍경은 물푸레나무로 둘러싸여 있고, 청동과 대리석으로 만든 고대와 근대의 많은 흉상이 늘어선 화단이 눈길을 끈다. 다른 쪽 풍경 속에서 시선은 포세몽마르트르 거리(현재 아부키르)를 따라 미끄러져, 마지막에는 몽마르트르 거리 쪽에서 길을 잃는다. (…) 파리에 있는 모든 궁전 가운데 오를레앙궁(팔레루아얄)에만 기다란 대로가 있어 전망이 트인다." 1870년대에 해체된, 소발에게 있어 '파리에서, 어쩌면 프랑스 전역에서 가장 완벽한' 도레 아케이드는 라지윌 거리를 따라 50미터가량 형성돼 있었는데, 끝 부분은 돌출 박공이 받치고 있었다.

성당(노트르담데비크투아르 성당으로, 증권 거래소 공사 중에는 증권 중개인들이 이곳에 모였다)이 하나만 있는 증권 거래소 구역은 세 개의 오페라극장으로 잘 알려져 있다. 직선거리만을 따진다면 그리 멀지 않은 가르니에 오페라극장은 세 극장에 포함되지 않는다. 국립도서관 정문 맞은편 루부아 저택이 있던 자리에 조성된 루부아 광장의 한쪽에서는 앙시앵레짐의 훌륭한 재상이었던 리슐리외, 콜베르, 루부아의 이름을 붙인 세 거리가 만난다. 이 광장에는 빅토르 루이가 유명 배우 몽탕지에를 위해 설계한 극장이 있었다. 극장 입구는 줄지어 선 기둥 13개와 발코니로 꾸몄다. 현관은 도리아식 기둥이 두 줄로 받치고 있었다. 극장 내부에서는 하얀색과 금색으로 칠한 웅장한 계단을 통해 5층까지 올라갈 수 있었다. 다음과 같은 꽤 그럴듯한 핑계로 혁명의회는 극장을 몰수했다. 1793년 11월 14일, 피에르 가스파르 쇼메트는 의회에서 다음과 같이 발표했다. "나는 몽탕지에 시민을 루아 거리(현재 리슐리외)에 자신의 극장을 세울 목적으로 국립도서관에 불을 지른 혐의로 고발한다. 이 극장을 짓는 데 영국이 많은 금액을 출자했고, 마리 앙투아네트는 5만 에퀴를 제공했다." 혁명의회는 그곳을 국립오페라극장으로 바꿀 결정을 하고, 로베스피에르가 실각한 지 11일째인 테르미도르 20일에 극장을 열었다. 프랑스에서 처음으로 공연하는 하이든의 「천지창조La Création」를 보러 국립오페라극장으로 가는 길에 나폴레옹은 생니케즈 거리에서 암살 위기를 모면했다. 이 극장이 파괴된 이유는 다른 테러 때문이었다. 1820년 2월 13일, 베리 공작이 공연을 보고 나오는 길에 출구에서 피습됐다. 몽고메리가 잘못 던진 창을 맞고 앙리 2세가 죽은 후 투르넬의 성이 완전히 파괴된 것처럼, 몽탕지에의 극장도 왕위 계승자 베리 공작이 죽은 후 파괴됐다. 그 자리에 속죄의 기념물을 세울 예정이었으나 루이 필리프 도를레앙은 루이 비스콘티에게 분수를 만들게 했다. 국립오페라극장의 흔적으로는 루부아 광장과 가장자리를 따라 뻗은 케루비니, 라모, 륄리 같은 거리 명칭만이 남았다. 극장은 생트안 거리와 프티샹 거리가 교차하는 곳과 가까웠고, "외관은 복합적인 양식의 커다란 장식 기둥과 풍부한 상상력으로 만든 조각 몇 점으로 꾸며졌다".[1]

이러한 재앙 후에 국립오페라극장은 1780년대에 슈아죌 공작의 소유지에 지은, 이탈리아 코미디를 주로 공연한 파바르 극장으로 몇 달 동안 자리를 옮겼다. 이탈리아 대로를 뒤로 하고 보엘디외의 작은 광장에 문을 연 국립오페라극장의 기묘한 위치는 탕플 대로의 어릿광대들과 섞이지 않으려는 극장 배우들의 자존심과 관련이 있다.[2] 1821년 국립오페라극장은 이탈리아 대로 맞은편의 르 펠르티에 거리 모퉁이에 자리 잡았다. 이 극장은 로시니, 보엘디외, 마이어베어, 도니제티, 베를리오즈의 19세기 그랑 오페라를[3] 공연했고, 또한 발자크와 마네 작품의 무대가 되기도 했다. 그러나 1873년 화재로 건물이 소실된 국립오페라극장은 증

---

1 Brice, *Nouvelle Description de la ville de Paris et de tout ce qu'elle contient de plus remarquable*, op. cit.

2 19세기 이후 두 차례 화재를 겪고 재정비를 거치면서 탕플 대로의 파바르 극장에는 오페라코미크 극장이 들어섰다.

3 19세기 프랑스에서 발전한 4막이나 5막으로 구성된 대형 오페라. — 옮긴이

오른쪽 그림

오페라극장의 통행로인 바로메트르 아케이드. 샤를 마르빌 사진, 1870, 파리, 파리 시립도서관. 1920년대에 오스만 대로 동쪽 부분 관통 공사 때 철거된 오페라극장 통행로는 당시 초현실주의자들이 모이는 장소 가운데 하나였다.

권 거래소 구역의 방타두르 극장[1]에 몇 달 머물다가, 최종적으로 가르니에가 설계한 새로운 극장에 자리를 잡고 1875년 스크리브와 알레비의 「유대 여인La Juive」으로 개관식을 열었다.

금융과 오페라가 이 구역의 유일한 활동은 아니었다. 알프레드 델보에게는 "사업과 쾌락의 거리"였던 당시의 리슐리외 거리 서쪽은 현재의 오페라 대로 경계를 넘어 샤를 5세 시대의 옛 성곽, 생토노레 문, 그 밖의 철거 잔해로 조성된 물랭 언덕까지(오페라 대로를 건설하면서 없어졌다) 이어졌다. 이 작은 언덕은 파리에서 매춘이 가장 성행했던 곳 가운데 하나였다. 발자크의 『화류계 여인들의 영광과 비참Splendeurs et miséres des courtisanes』 앞부분을 보면 연민을 불러일으키는 에스테르가 리슐리외 거리와 트라베르시에르생토노레 거리(현재 몰리에르) 사이의 아주 좁은 골목인 랑글라드 거리에 살았다. "이 좁고, 어두운 진흙창 거리들에서는 세심한 기술이 필요 없는 일이 주를 이루었고, 밤이 되면 낮과는 완전히 대조되는 신비로운 모습을 띠었다. 행인들로 쉴 새 없이 붐비고 패션, 예술, 진귀한 물건들이 있는 휘황찬란한 생토노레, 뇌브데프티샹, 리슐리외 거리의 환한곳에서 오는 사람, 즉 파리의 밤이 익숙하지 않은 사람들은 별빛에 희미하게 보이는 미로 같은 골목길로 접어들면 참담한 공포에 사로잡힐 것이다. 낮에 이 골목을 지나는 사람들은 이곳 전체가 밤이 되면 어떻게 변하는지 상상할 수 없다. 밤이 되면 어떤 세계에도 속하지 않는 이상한 생명체들이 거리를 누빈다. 반쯤 벌거벗은 하얀 형상들이 벽을 채우고, 어둠이 생기를 띤다. 벽과 행인들 사이에서 옷 보자기가 은밀히 거래된다. 살짝 열린 몇몇 문 사이로 웃음이 터져 나온다. 똑같은 소리가 포장도로 사이에서 흘

---

1 방타두르 극장 건물은 현재 프랑스 국립은행의 복지후생과가 이용하고 있지만, 몽시니, 메윌 같은 주변 거리의 이름은 여전히 오페라를 공연했던 과거를 떠오르게 한다.

MAGASIN de TAPISSERIES
PAPETERIE
PIANOS
MICHON
FLEURISTE
10

러나온다. 이 모든 것은 현기증을 불러일으킨다." 물랭 언덕은 오페라 대로를 생토노레 거리와 연결하는 공사가 진행되면서 정리되었다. 샤를 마르빌이 찍은 사진을 보면 공사 현장의 먼지 너머로 희미하게 새 오페라극장 정면이 보인다. 그러나 사랑을 돈으로 사는 전통은 물랭 거리에서 오래도록 지속되는데, 툴루즈 로트레크는 유명한 그림 「살롱Salon」에서 이 거리의 여인들을 그렸다. 그리고 샤바네 거리에는 제2차 세계대전 이전까지도 파리에서 최고급으로 꼽힌 사창가가 있었다. 그 때문에 주간지 『르 카나르 앙셰네Le Canard enchaîné』에서 한동안 이런 표현을 자주 볼 수 있었다. "한때는 아름다웠던 샤바네였다."

❃

파리에 있는 큰 아케이드는 대부분 오페라 대로, 비크투아르 광장, 프티샹 거리와 그랑 불바르 사이에 모여 있다. 어떤 아케이드는 콜베르 아케이드처럼 재정비해 박물관이 되었다. 그 밖에는 비비엔 아케이드처럼 중고가 상품을 파는 상점가가 되었다. 그중 몇몇 아케이드는 화려했던 시절과는 다른 모습으로 바뀌었지만 여전히 독특한 매력을 간직하고 있다. 예를 들면 마드무아젤 라셸이 살았고, 샤를 필리퐁이 발행했던 시사 풍자 주간지 『라 카리카튀르La Caricature』의 사무실이 있었던 베로도다 아케이드는 짙은 색 목재로 마감됐고 바닥에는 바둑판 모양의 타일이 깔렸다.[1] 슈아죌 아케이드의 한 서점에서는 알퐁스피에르 르메르가 고답파 시인들의 시집을 출간했고, 여러 가지가 뒤섞인 이 아케이드에서는 예상하지 못한 일들이 일어나고 있었다. 무엇보다도 아케이드의 시초인 파노라마 아케이드가 있다. 파노라마라는 명칭은 몽마르트르 대로 입구에 세워진 두 개의 나무 망루

1 아케이드의 명칭은 두 성공한 정육업자 베로와 도다에서 따왔다. 그들은 1823년 아케이드 공사에 착수했다. 이 아케이드는 "두 구역 사이에 낀 하나의 아름다운 예술품이라고 말할 수 있다".

에서 유래했다. 다게르가 포함된 한 무리의 화가들이 폭 30미터, 높이 20미터에 달하는 대형 화폭에 툴롱, 틸지트, 불로뉴의 숲, 나바랭 전투 장면 등을 파노라마로 그렸다. (…) 원형 건물 가운데에 있는 구경꾼들은 위에서 환하게 비추는 전경에 파묻혀 있다. 샤토브리앙은 『파리에서 예루살렘까지의 여정l'Itinéraire de Paris à Jérusalem』에서 "환상은 완벽했다. 내가 이야기한 기념물들을 한눈에 알아봤다. 파리에서 예루살렘과 아테네의 파노라마를 보았다. 어떤 여행객도 그토록 호된 시험을 겪지 않는다. 나는 예루살렘과 아테네가 파리로 옮겨와서 내게 거짓이나 진실을 납득시키리라고는 기대할 수 없었다"라고 썼다. 아케이드의 원형 건물들은 사라졌지만 바리에테 극장은 그대로 남아, 그곳에서 오펜바흐가 성공을 거둔 이래 메이약, 알레비, 라브당, 카퓌, 드 플레르, 카야베의 작품이 무대에 올랐다. 가난한 뮈파 백작이 나나를 기다린 곳이 이 극장 입구였다. "빛의 반사로 하얗게 바랜 판유리 아래로 강렬한 조명, 한 줌의 빛줄기, 새하얀 둥근 조명, 빨간색 램프, 푸른색 투명판, 가스 조명등, 화려한 장식과 불꽃 형상의 커다란 부채꼴 창이 빛났다. 그리고 갖가지 색으로 칠한 진열대, 보석상의 금, 과자 가게의 장식용 크리스털, 여성용 모자 전문점의 화사한 비단이 맑은 유리창 너머에서, 거울에 반사되는 한 줄기 선명한 빛처럼 강렬하게 빛났다. 단색으로 칠해 난잡하게 늘어놓은 광고판 가운데의 거대한 자주색 장갑은 멀리서 보면 노란 소매에 매달린, 잘려나가 피를 흘리는 손처럼 보였다."

파노라마 아케이드의 쓸쓸한 아름다움은 주프루아 아케이드와 베르도 아케이드를 거쳐 몽마르트르 대로 너머 프로방스 거리까지 이어진다. 비가 내려도 비를 하나도 맞지 않고 갈 수 있는 긴 거리다. 총재 정부 시절부터 제2제정기 말까지 아케이드가 유행하게 된 주된 이유다. 사람들은 파리의 악명 높은 진창 속을 걷지 않고도, 마차에 치여 죽을 위험을 무릅쓰지 않고도 아케이드를 거쳐 산책할 수 있었다. 20세기 초까지도 궂은 날에 파리 거리를 걷는 일은 곤혹스러웠다. "구르몽이 내게 이야기했다. 그가 국립도서관에 근무할 때 리셰르 거리에 살았는데 궂은 날에도 큰 걱정 없이 베르도, 주프루아, 파노라마 아케이드, 콜론 거리 등을 지나 도서관에 갈 수 있었다고."[1] 1800년, 파리에 인도가 있는 거리는 오데옹, 루부아, 쇼세당탱 거리 세 곳뿐이었다. 다른 거리의 도랑은 중세처럼 도로 한가운데에 있었다. "소나기가 조금만 내려도 나무다리를 세워야 했다"라고 세바스티앵 메르시에는 썼다. 다시 말해, 거리의 소년들이 널빤지를 깔아 사람들이 지나가도록 도와주고 그 대가로 돈을 받았다. 제정 시기에 센 지사였던(옛 파리 지사) 니콜라 프로쇼는 다음과 같이 탄식했다. "경탄할 만한 기념물들로 아름답게 꾸미고, 유용한 시설이 참으로 많은 프랑스의 수도 파리에는 사람이 걸어 다니기에 몹시 불편하고 심지어는 위험하기까지 한 길밖에 없다. 그 길은 오로지 마차의 통행만을 위해 있는 것 같다."[2] 50년 뒤에도 풍경은 거의 변하지 않았다. 보들레르는 「광채의 상실 Perte d'auréole」이라는 제목의 짧은 산문시에서 "독자 여러분은 내가 말과 마차를 무서워하는 것을 알고 있습니다. 얼마 전에 서둘러서 대로를 건널 때 죽음이 사방에서 빠른 속도로 달려들듯 끊임없이 움직이는 마차 사이를 지나 진흙탕 속에서 겅중거리며 뛰었습니다"라고 썼다. 아케이드의 쇠락은 오스만의 도시 계획에서 첫 번째 관통로의 완성과 때를 같이한다. "훨씬 더 넓은 거리와 한결 더 널찍한 인도 덕분에 편안하게 산책할 수 있게 되었다. 우리 부모 세대는 아케이드를 통해서만 안전하게 산보할 수 있었다."[3] 19세기 말 사람들은 벌써 과거가 된 아케이드에 대해 이야기했다. "파리 시민에게 있어 아케이드는 일종의 살롱이면서 산책로로, 담배를 피우며 이야기를 나누던 장소였다. 비가 내릴 때만 갑자기 생각나는 단순한 피난처가 아니었다. 여전히 그 자리에 있는 유명한 상점들 덕분에 어떤 아케이드

1 Paul Léautaud, *Journal*, 1906년 1월 23일.
2 Henry Bidou, *Paris*, Gallimard, 1937에서 인용.
3 Edmond Beaurepaire, *Paris d'hier et d'aujourd'hui*, Paris, Sevin et Rey, 1900.

는 사람들을 끌어들이는 매력을 간직하고 있다. 그러나 유행을, 그보다는 아케이드의 마지막 순간을 연장하는 것은 세입자의 명성이다."[4]

비록 파리의 아케이드는 방치되고 황폐해졌지만 20세기 문학에 그 자취는 남아 있다. 루이 아라공의 『파리의 촌놈Le Paysan de Paris』에 나오는 오페라 아케이드에서 발터 베냐민은 『아케이드 프로젝트』를 집필할 아이디어를 얻었다. 루이페르디낭 셀린은 『외상 죽음Mort à crédit』에서 베레지나스 아케이드(현재 슈아죌)를 "고여 있는 하수구 같다"고 묘사했다. 정말 이상한 것은 아케이드가 번창했을 당시의 문학작품에는 그 흔적이 거의 없다는 점이다. 내가 아는 한 당대의 문학작품에서 아케이드는 언급되지 않았다. 발자크의 『인간 희극La Comédie humaine』에서도, 『파리 대로들의 특징과 역사Histoire et physiologie des boulevards de Paris』와 같은 발자크의 다른 저작에서도, 네르발 작품에서도, 『파리 풍경Tableaux parisiens』이나 심지어는 미레스 아케이드(훗날 프랭스 아케이드로 이름이 바뀌고, 최근에 철거됨)에 사무실을 두고 『악의 꽃Fleurs du mal』을 출간했던, 풀레마라시스가 펴낸 보들레르의 『짧은 산문시Petits Poèmes en prose』에서도, 『레 미제라블Les Misérables』에서도, 『파리의 신비Les Mystères de Paris』에서도 아케이드의 흔적은 찾을 수 없다. 오늘날 우리에게 정말로 시적인 장소인 아케이드는 당시에는 어쩌면 오늘날의 상업가, 멀티플렉스 영화관, 지하 주차장처럼 호기심을 거의 끌지 못하는 도시의 편리한 시설일 뿐이었을 것이다.

레 알

팔레루아얄에서 레 알로 이동하는 일은 가장 세련되고 가장 잘 보존된 옛 파리의 가장 최신 구역에서 완전히 상반되는 구역으로 이동하는 일이다. 두 구역 사이

---

4 Jules Claretie, *La Vie à Paris*, Paris, 1895.

페르디낭 벨랑, 「레 알의 밀 도매시장 철거」, 1888. 캔버스에 유채, 파리, 카르나발레 박물관. 나무로 지은 특이한 둥근 지붕의 이 건물은 1780년대에 몰리노스가 설계했다.

의 가장 뚜렷한 경계는 꽤 오래된 풀리 거리가 확장된 루브르 거리다. 어쩌면 훨씬 정확한 경계는 필리프 오귀스트 시대의 성곽을 따라 나 있는 장자크루소 거리일 것이다. 장자크루소 거리는 루소가 생계를 위해 악보 사본을 모사하며 그곳에 살 당시에는 플라트리에르 거리였다. 세바스티앵 메르시에는 "루소의 상상력은 초원, 바다, 숲, 이런 생기 넘치는 자연의 고독 속에서만 자리 잡을 수 있었다. 오랫동안 파리를 떠났던 루소는 거의 60세가 돼서야 파리로 돌아와 플라트리에르 거리에 자리 잡았다. 이 거리는 가장 시끄럽고, 가장 불편하고, 사람이 가장 많이 지

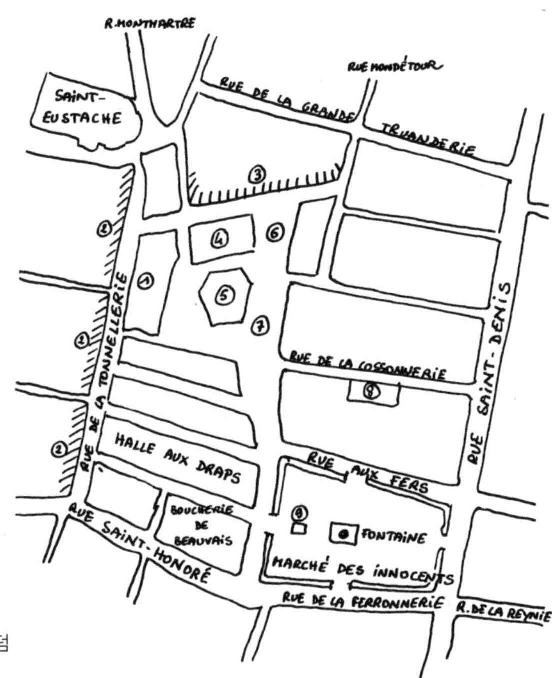

발타르 이전 레 알

① 고기 시장
② 토넬리 큰 기둥 상점가
③ 토넬리 작은 기둥 상점가
④ 생선 시장
⑤ 달걀 시장
⑥ 청과물 시장
⑦ 채소 시장
⑧ 민물 생선 시장
⑨ 이노상 공동묘지의 7월 사망자 무덤

나다니고, 매춘이 성행하는 가장 오염된 곳이었다"라고 기록했다.

1970년대 레 알 철거로 받은 충격이 너무 큰 나머지 사람들은 제2제정기 초기에 있었던 발타르의 철거(1850년대 빅토르 발타르가 새로 설계해 유리와 철제 구조물로 세운 레 알)를 잊을 정도였다.[1] 새로운 중앙시장의 도로를 뚫기 위해 대략 400여 채의 집이 철거됐다. 주축이 되는 거리(이후에 발타르 거리로 이름 붙임)는 퐁뇌프 거리로 이어져 생퇴스타슈 성당 쪽을 향해 나 있었다(이 거리는 1970년대 포럼 데 알을 건설하면서 없어졌다). 샤틀레에서 비스듬히 뻗어나온 레 알 거리와 랑뷔토 거리는

1 『*Gazette des Beaux-Arts*』 1967년 7-8월호에 실린 장피에르 바블롱이 쓴 「Les relevés d'architecture du quartier des Halles avant les destructions de 1852-1854」을 참고할 것. 이 글은 철거가 예정된 건물들의 흔적을 보존할 목적으로 파리시 건축 총감독관 가브리엘 다비우의 지시에 따라 건물들의 도면을 재수록했다.

확장 공사가 필요했다. 레 알 일대의 토지는 발타르가 설계한 철제 건물 열 채 중 여섯 채는 동쪽에, 네 채는 서쪽에 짓기 위해 정비해야만 했다.[2] 파리 중앙시장 철거는 시내 한가운데에서 벌어진 대대적 공사였지만 1970년 철거와는 달리 레 알 구역 고유의 역할과 특성을 존중하면서 오래된 전통을 보존했다.

첫 번째 파리 중앙시장은 필리프 오귀스트 시대로 거슬러 올라간다. 필리프 오귀스트는 샹포라고 불린 낮은 언덕의 야외 시장을 수용하기 위해 큰 건물 두 동을 짓게 했다. 파리 중앙시장은 담으로 둘러싸여 있었고 밤에는 문을 닫았으므로 이곳에 들어갈 때면 마치 한 도시로 들어가는 듯했다. 중앙시장 둘레의 건물은 1층이 안쪽으로 물러나 있었고, 윗층을 받친 기둥이 회랑을 이루어서 그곳에 상점이 열렸다. 이 상점가는 훗날 퐁뇌프 축에 속하게 되는 토넬리 거리의 '큰 기둥' 상점가와 13세기에 건설된 최초의 생퇴스타슈 성당 뒤쪽 작은 광장으로 난, 주석이 함유된 도기를 파는 '작은 기둥' 상점가로 구분되었다. 코킬리에르, 몽마르트르, 몽토르괴유 거리가 만나는 지점에 있는 야외 시장은 '파리 중앙시장 청과물 판매장'이라고 불렸다. 이 세 거리를 통해 서쪽에서는 생선, 북쪽에서는 밀이 들어왔다. 광장 중앙에는 분수대와 제러미 벤담의 판옵티콘(원형 감옥)처럼 보이는 공시대가 나란히 있었다. 공시대는 "팔각형 석재로 만든 옛 망루로 위쪽에는 사면으로 커다란 창문이 나 있었다. 이 망루 가운데에는 나무로 만든 회전 장치가 있었다. 유죄 판결을 받은 파산 사기범, 공금 횡령범과 같은 범죄자들의 머리와 팔을 창문 구멍으로 내놓게 해서 전시하는 장치였다. 범죄자들은 장이 열리는 3일 동안 공시대에서 하루에 두 시간씩 공개됐다. 그리고 30분마다 공시대를 돌렸고, 사람들은 범죄자들에게 욕설을 퍼부었다."[2]

---

1 발타르는 둔중한 느낌을 주는 석조 건물을 먼저 짓기 시작했는데, 파리 시민들은 이를 보고 레 알의 요새라고 불렀다. 훗날 파리시가 인수를 거부해 해체되었다.

2 Jean-Aymar Piganiol de La Force, *Description historique de la ville de Paris et de ses environs*, Paris, 1765.

수백 년 동안 파리에서 가장 중요한 역할을 했던 이노상 공동묘지는 생드니 거리와 페로느리 거리가 만나는 모퉁이에 있었다.[3] 필리프 오귀스트는 이 묘지에도 네 곳의 출입구를 내고 담으로 에워쌌다. 깊이가 수 미터나 되는 공동 구덩이에 시신을 묻었는데, 한 구덩이당 1000구의 시신을 묻을 수 있었다. 구덩이가 꽉 차면, 흙으로 덮고 다른 구덩이를 팠다. 15세기 성곽 내부에는 지붕을 얹은 아케이드 형태의 회랑이 두 배로 늘어났다. 공간 확보를 위해 가장 오래된 구덩이들의 유골을 꺼내 납골당으로 이전했다. 페로느리 거리 쪽 갤러리 담장은 당시 프랑스 전역에 퍼져 있던 '죽음의 무도'로 꾸며져 있었다. 이 시대에는 죽음이라는 주제가 상당히 친숙해서, 공동묘지는 훗날의 쥐스티스궁전의 메르시에르 아케이드와 팔레루아얄의 정원처럼 사람들이 파리에서 가장 즐겨 찾는 장소 가운데 하나였다. 공동묘지에는 속옷 파는 상인, 대서인, 방물장수, 책과 그림을 파는 상인 그리고 온갖 종류의 봇짐 상인들이 있었다.

시장이 상당히 무질서해지기 시작한 시기는 루이 9세 시대로 루이 9세는 가난한 여인들에게 생선 도매시장 옆에서 바다 생선을 소매로 팔게 허가해주었다. 이 특권은 레 알의 생선 도매시장이 철거될 때까지 유지되었다. 법대생이었던 젊은 오스만은 등굣길에 생선 파는 여자들과 그들 머리 위의 커다란 빨간색 차양과 마주쳤다. 속옷 파는 상인들과 헌 옷 장수 역시 공동묘지 담벼락을 따라 자릿세를 내지 않고 상품을 진열할 수 있었다. 이노상 공동묘지 북쪽, 생뢰생질 성당과 가까운 그랑드트뤼앙드리 거리는 수백 년 동안 이름값을 했다. 소발의 기록에 따르면 이 거리의 명칭은 "한때 그곳에 우글거렸던 거지들에서 비롯되었다. 이 거리는 단순한 거지 소굴이 아니라 아마도 파리에서 거지와 불구자들이 모이던 최초의 장소이자 가장 오래된 장소였다."

3 페로느리 거리의 이 부분은 라 레니라는 이름으로 불렸다. 라 레니는 앞에서 언급한 것처럼 17세기 말에 처음으로 만들어진 파리 치안총감직에 임명된 인물이다.

레 알의 첫 '개혁'은 앙리 2세 시대, 생퇴스타슈 성당을 짓기 시작한 1550년대부터 시작되었다. 질 코로제에 따르면 "1551년, 파리의 레 알은 완전히 새롭게 태어났다. 이곳을 차지한 부르주아들은 화려한 주택과 대저택, 멋진 기념물을 계속해서 지었다".[1] 레 알 성곽 가운데 옛 성벽은 그때 철거되었고, 그때부터 사람들은 정상적으로 거리를 지나 레 알에 갔다. 무엇보다 식료품 유통 속도가 빨라졌다. 현재의 부르도네, 생트오포르튄, 되불, 라방디에르 거리가 있는 남쪽에는 고급 직물 시장과 포목 시장, 정육 시장이 있었다. 물론 대부분의 정육점은 생자크드라부슈리 성당 구역에 있었다. 가축 떼는 이곳에서 도살장으로 끌려갔다. 지금의 생자크 망루는 생자크드라부슈리 성당의 유적이다.

현재 상품 거래소 부근 서북쪽은 레 알의 밀 도매시장으로, 근처에 앙리 2세의 왕비 카트린 드 메디시스의 지시로 필리베르 드 로름이 설계한 대저택이 있었다. 200년 뒤 제르맹 브리스는 "한 근대 작가가 말하기를 '프랑스에서 루브르궁 이후로 이 대저택보다 장엄한 건물은 없다'고 했다"라고 썼다. 동북쪽, 즉 생퇴스타슈 성당 쪽은 레 알의 채소 시장이었다. "이 채소 시장에서는 사계절 내내 약용부터 식용까지 모든 종류의 초본과 과일과 꽃을 팔아서 일종의 정원과도 같았다."[2] 직물과 육류는 남쪽, 밀과 생선과 채소는 북쪽에 자리 잡은 이런 배치는 발타르의 재건축 때까지 유지되었다.

레 알은 앙시앵레짐 말기에 전체적으로 한 번 더 급격한 변화를 겪었다. 카트린 드 메디시스의 수아송 대저택은 철거되고, 그 자리에 르 카뮈 드 메지에르가 새로운 밀 도매시장을 지었다. 이 커다란 건물은 몰리노스가 1780년대에 파리에서 처음 시도한 기술로 지은 건물로, 엄청나게 큰 나무 원형 지붕을 얹었다. 르네상스

---

1 Jean-Pierre Babelon, "Le xvie siècle", *Nouvelle Histoire de Paris*, Paris, Association pour la publication d'une histoire de Paris, 1986에서 인용.

2 *Piganiol de La Force*, op. cit.

시대부터 있었던 레 알에는 새로운 건물들이 들어섰다. 그리고 무엇보다도 페르(현재 베르제) 거리[3], 랭즈리 거리, 생드니 거리가 만나는 지점에 있던 이노상 공동묘지 주변 집들을 철거했다.

이노상 성당은 1785년 철거되었지만 성당 옆에 붙어 있던 분수대는 보존되었다. 파리 시민들은 이 분수대를 매우 아꼈다. "지난 수세기를 통틀어 가장 유명한 건축가였던, 한편으로는 칭찬에 아주 인색해 파리의 아름다운 모든 것에 대해 아무런 평가를 하지 않았던 로랑 베르냉은 이 멋진 분수대를 꼼꼼히 살펴본 다음 철거에 격렬히 항의했다. 그리고 프랑스에서 이처럼 주목할 만한 건축물은 본 적이 없다고 말했다."[4] 한편 이노상 분수대의 네 번째 면은 1788년 완성되었다. 16세기에 장 구종이 얕은 돋을새김 조각으로 세 면을 만든 것을 오귀스탱 파주가 완성했다. 이 작업 덕분에 분수대는 더 이상 벽에 붙어 있지 않은 완전한 형태로 이노상 광장의 새 시장 한가운데에 자리 잡았다. 그리고 이노상 공동묘지는 폐쇄되었다. 생태학적인 관점에서 메르시에는 다음과 같이 썼다. "이 좁은 공동묘지의 악취는 주민들의 건강과 삶을 위협했다. 화학자 앙투안 라부아지에가 밝힌 공기의 특성에 대한 새로운 사실 덕분에 공기 오염의 위험을 분명히 알게 되었다. (…) 위험은 곧바로 나타났다. 공동묘지와 가까운 집에서 수프, 우유는 몇 시간도 안 되어 상했고 포도주는 시어져서 오래 보관할 수 없었다. 시체가 썩어가는 악취는 환경을 위협했다." 그래서 유골들을 파리 남쪽의 채석장 쪽으로 옮겨 그곳에 지하 납골당을 조성했다. "새로 문을 연 이 엄청난 크기의 지하 납골당은 횃불로 밝힌 여러 개의 유골 안치대, 널려 있는 유골 조각, 관의 널빤지로 여기저기 피운 불, 장례용 십자가의 흔들거리는 그림자가 밤의 적막에 돌연히 불을 밝힌 오싹한 지하

---

3 "페르 거리는 과일, 꽃, 채소를 실어 나르는 하천이었다. 거리 오른쪽에는 수많은 술집이, 왼쪽에는 작은 상점이 오밀조밀 모여 있었다." Alexandre Dumas, *Les Mohicans de Paris*, 1854.

4 Brice, *Nouvelle Description de la ville de Paris et de tout ce qu'elle contient de plus remarquable*, op. cit. 분수대를 지킨 대표적인 인물은 카트르메르 드 캥시였다.

묘지였다!"[1]

앞서 수백 년에 걸친 레 알의 경관 변화를 살펴보면서 파리의 일부가 어떻게 변화했는지 알아보았다. 300년 전에 소발이 다음과 같이 쓴 것처럼 레 알의 어처구니없는 운명을 안타까워하지 않을 수 없다. "레 알에는 모든 것이 있었다. 채소, 과일, 농산물, 바다 생선과 민물 생선, 생활을 편리하고 풍요롭게 해주는 물건들, 그리고 가장 좋고, 가장 맛있고, 매우 진귀한 것들이 파리의 레 알에 집결되었다." 어쨌건 전혀 위안이 될 수는 없지만 그래도 레 알이 어떻게 정리되었는지를 기억할 필요가 있다. 레 알의 마지막 순간을 내부에서 지켜본 역사학자 루이 슈발리에는 철거를 지지하는, 기만으로 가득한 논쟁들을 잘 알고 있었다. "가장 막연하고 납득하기 힘든 경제적 논점이 제일 많이 언급되었다. 두 번째 논점은 레 알의 악명 높은 불결함 때문에 생기는 위생 문제였다. (…) 나는 그들이 논의한 내용을 내가 들은 그대로 전하려 한다. 환한 조명을 받는 진열대에 채소를 가지런히 정돈해서 보기 좋고 맛도 좋아 보이도록, 청결해 보이도록 진열하듯 그 논의를 정리하지는 않겠다. 지나치게 깔끔하게 정리하면 논의가 어떻게 진행되었는지 잘 알 수 없기 때문이다. 한편 불결함은 모든 사람의 논의를 한꺼번에 정리한다. (…) 위생의 문제를 더욱 극적으로 만들기 위해서 쥐가 동원되었다. 쥐에 대한 중세의 오래된 공포(흑사병)를 이용한 것이다. (…) 그리고 철거 지지자들은 귀스타브 도레의 끔찍한 삽화 같은 이 광경을 완성하기 위해 프랑수아 비용의 시에 나오는 뚱뚱한 매춘부들을 끌어들였다. 일부 매춘부는 남의 이목은 신경 쓰지 않고 실제로 생퇴스타슈 성당의 정문에까지 나와 손님을 끌었다."[2] 슈발리에는 고등사범학교 동창인 조르주 퐁피두를 가끔씩 만나 함께 저녁 식사를 했다. "어쩌면 나만의 단순한 착각일지 모르지만 레 알의 무분별한 철거에 대한 내 생각이 자신의 생각과 완전히

---

1 Mercier, *Tableau de Paris*.

2 Louis Chevalier, *L'Assassinat de Paris*, Paris, Calmann - Lévy, 1977.

다르다는 사실을 알자 퐁피두의 표정이 굳어지고 빈정거리는 투로 변하는 것 같았다. 그 눈길에서 나는 '당신 같은 부류의 파리 시민들은 아직도 카이사르가 파리를 침공했을 때처럼 오두막집에 살고 있겠지'라는 빈정거림을 느꼈다."

레 알을 파리 남쪽 외곽에 위치한 랭지스 식품 도매시장으로 옮기기로 한 결정 자체가 재앙의 시작이었다. 1960년대부터 1970년대에 이르기까지 프랑스 건축업계는 바닥을 치고 있었다. 대형 공사는 프랑스 학술원 회원들이 따냈다. 모를랑 대로의 관공서와 그 건물의 퍼걸러, 마요 문의 컨벤션 센터, 몽파르나스 타워, 프랑스 라디오 방송국, 쥐시외 파리 7대학의 자연과학대학 건물을 비롯한 많은 건물을 그들이 수주했다. 독과점이 불러온 불길한 가위 효과 속에서 부동산 개발업자와 파리 드골주의자 무리가 섞인 회사들이 벌이는 부패와 결탁은 극도로 심했다. 새 개발 사업은 발타르가 설계한 건물들을 철거하는 데 그치지 않았다. '건설 회사의 수익 올리기'를 위해 레 알 주변까지 철거 범위를 확대했다. 튀르비고 거리와 랑뷔토 거리 사이에 남아 있던 공간과 베르제 거리와 페로느리 거리 사이의 모든 구역에는 호텔과 사무실 건물이 들어서면서 볼품이 없어졌다. 이런 위압적이고 흉한 고층 건물은 이탈리아 구역이나 프롱 드 센에서나 볼 수 있었다. 레 알 자리에 세운 '공원'도 끔찍하기는 마찬가지로 프랑스 조경 기술이 '얼마나 쇠퇴했는지'를 보여준다. 공원으로 연결되는 거리들은 끊어졌고, 공간은 최악의 포스트모더니즘 건축물들로 우스꽝스럽게 꾸며졌다. 공원은 파리의 옛길을 철제 울타리, 환기통, 불쑥 튀어나온 지붕 받침대의 구멍 위에서 겨우 자라는 초라한 작물, 지하 도로의 배기관, 빈 음료수 캔이 떠 있는 분수대 같은 것들을 복잡하게 배치한 전투 훈련 코스처럼 바뀌었다. 포럼이라는 고상한 이름을 가진 공원 지하 아케이드가 있었는데, 가장 놀라운 점은 이곳을 설계한 건축가들이 여전히 건축가로 분류되고 있다는 점이다. 포럼 전체는 형편없는 자재로 정말 엉망으로 지어져서 불가피하게도 머지않아 철거될 것이었다. 포럼의 해체는 이미 시작됐다고까

APPARTEMENT A LOUER
BOURGEOISEMENT
COMMERCE
CONCIERGE

PLACE DU CAIRE
N° 2

왼쪽 사진

카이로 아케이드의 정면, 카이로 광장, 외젠 아제 사진, 파리, 카르나발레 박물관.

지 말할 수 있었다.[1]

보부르 거리와 생마르탱 거리 사이에 있는 보부르 광장 북쪽 경계는 그르니에생라자르 거리이고 남쪽 경계는 생메리 성당이다. 보부르 광장은 레 알 구역에 속하는데, 세바스토폴 대로를 가로지르는 아주 오래된 거리인 라 레니 거리와 오브리르부셰 거리로 레 알에 연결된다. 사진작가 로베르 두아노가 1950년대에 이곳을 찍으면서 이런 말을 남겼다. "레 알의 낡은 쓰레기 처리장에는 트럭들이 늘어섰고, 저녁에는 인부들이 쓰레기를 치우러 왔다. 인부들은 환히 밝힌 건물에서 멀리 떨어져 어스름한 불빛 아래서 일하고 가끔은 무대 뒤편에서 몸을 푸는 배우들처럼 쉬기도 했다."[2] 포석이 깔린 드넓은 보부르 광장, 상당히 밀도가 높은 파리 중심부에서 낯선 이 공터는 1930년대에 완성된 오스만 도시 계획의 결과물이다. 오스만은 모뷔에, 코루아리, 비에유에튀브, 푸아리에, 모르 거리처럼 구불구불하고 작은 골목길을 철저하게 정리했다. 이런 골목들은 19세기 전반에 일어난 봉기 대부분의 '비극적인 무대'가 되었다. 보부르 센터 맞은편의 아주 작은 거리 브니즈는 생메리 수도원이라고 불린 구역과 1832년 6월에 일어난 봉기로 유럽 전역에 이름을 알린 보부르 구역의 거리들 가운데 남은 유일한 흔적이다. 이제는 파리 풍경의 일부가 된 퐁피두 센터(뛰어난 건축물은 결국에는 반대 목소리를 항상 이겨낸다) 주변에 있는 민관 합작 건설사들은 센터를 둘러싼 작은 거리들을 황폐화시켰다. 예를 들면 어둡고 좁은 길의 문 닫은 보석 가게들과 기발하기만 하고 실용성은 없는 제품을 파는 상점이 있는, 퀘퀘한 냄새로 둘러싸인 '오를로주 구역'은 기업의 구내식당을 파리의 오래된 식당에 갖다댈 수 없는 것과 마찬가지로 진짜 구역과는 분명히 구별된다.

---

1 포럼은 장 빌레르발이 설계한 건물을 철거하면서 해체되었다.

2 Louis Chevalier, 같은 책.

상티에

레 알과 그랑 불바르 사이에 있는 지역은 몽마르트르 거리를 중심으로 조성되고 연결된다. 이 지역은 레오뮈르 거리 양쪽 끝에 있는 두 고립된 영역을 연결한다. 예전에는 티크톤 거리, 소몽 통행로 자리에 뚫린 바쇼몽 거리, 18세기에 부뒤몽드(세상의 끝)라는 아름다운 이름으로 불린 레오폴벨랑 거리를 거쳐 몽마르트르 거리로 연결된 몽토르괴유 구역이 고립된 두 영역을 이어주는 역할을 했다. 보행자 공간이 변하기는 했지만 몽토르괴유 구역은 시장 덕분에 여전히 생기가 넘친다. 물론 시장도 예전 같지는 않지만 무프타르 거리나 (점점 더 쇠퇴하고 있는) 뷔시 거리의 시장들처럼 이 구역을 지키는 역할을 한다. 여기서 한참 올라가면 나오는 레오뮈르 거리와 몽마르트르 대로 사이의 옛 출판사 거리는 윤전 인쇄 시대보다도 훨씬 더 전으로 거슬러 오른다. 뤼시앵 드 뤼방프레는 "어느 날 아침 작은 출판사의 책임자에게 일거리를 부탁해야겠다는 생각으로 자신감이 넘쳐 집을 나섰다. (…) 몽마르트르 대로 옆 생피아크르 거리의 건물 앞에 섰다. 그 건물에 작은 신문사 사무실이 있었다. 건물 앞에서 그는 매춘굴에 들어가는 청년처럼 가슴이 두근거렸다".[1]

제2제정기 말부터 1914년 발발한 제1차 세계대전까지의 일간지 황금기에는 대형 신문사는 물론 작은 규모의 신문사마저 한 건물에 편집국과 인쇄소를 함께 두고 있었다. 『르 프티 주르날Le Petit Journal』은 리슐리외 거리와 몽마르트르 대로가 만나는 모퉁이에 있던 유명한 카페 프라스카티 자리에 있었다. 카페가 있는 건물 1층에는 서점 하나가 있었고, 열대어가 들어찬 수족관과 코로와 메소니에의 작품들이 나란히 놓인 대형 잡화점이 있었다. 20세기 말, 몽마르트르 거리에는 『라 프레스La Presse』『라 프랑스La France』『라 리베르테La Liberté』『르 주르날 데 부아

---

1 "Un grand homme de province à Paris", *Illusions perdues*.

야주Le Journal des voyages』 신문사가 있었고, 폴 뒤퐁의 인쇄소가 있던 건물에는 『뤼니베르L'Univers』 『르 자키Le Jockey』 『르 라디칼Le Radical』 『로로르L'Aurore』가 들어서 있었다. 크루아상 거리에는 『라 파트리La Patrie』 『르 안통Le Hanneton』 『르 페르 뒤셴Le Père Duchesne』 『르 시에클Le Siècle』 『라 레퓌블리크La République』 『레코 드 라르메L'Écho de l'armée』 『랭트랑지쟁L'Intransigeant』 등이, 생조제프 거리에는 『르 솔레이Le Soleil』가, 리슐리외 거리에는 『일뤼스트라시옹L'Illustration』이, 아부키르 거리에는 『라 뤼La Rue』와 『르 크리 뒤 페플Le Cri du peuple』이 자리 잡고 있었다. 몇몇 신문사는 몽마르트르 대로를 벗어나 자리 잡았다. 『르 탕Le Temps』은 포부르몽마르트르 거리에, 『라 마르세예즈La Marseillaise』는 베르제르 거리에, 『르 피가로Le Figaro』는 드루오 거리 26번지에 있는 멋들어진 신 고딕 양식 건물에 자리를 잡았다. 레옹 도데는 그 시절을 이렇게 묘사했다. "나는 1892년 『르 피가로』에서 편집국장 프랑시스 마그나르 밑에서 기자 생활을 시작했다. 당시 약간의 도덕성을 가미해 세태를 신랄하게 비꼬는 '세련된 젊은이'란 꼭지를 담당했다. 나만큼이나 유쾌하고 농담을 잘하는 젊은이 바레스도 같은 시기에 함께 일했다. 마그나르는 우리를 좋아했다. 언론인 히폴리테 드 빌므상의 흉상이 있는 아래층에서 거드름을 피우는 유명 인사들이 그를 목 빠지게 기다리는 동안 우리를 자신의 사무실에 있게 해주었다. 어느 날, 우리는 회계 창구에서 은퇴한 탕자의 몰골을 한 베를렌을 보았다. 신문사는 그에게 얼마 되지는 않지만 소정의 연금을 지급하고 있었다. 언제나처럼 베를렌은 취해 있었고, 크고 더러운 손을 허공에 내저으며 웃으면서 빈정거리는 투로 알아들을 수 없는 말을 웅얼거렸다."[2]

크루아상 거리로 자동차들이 지나가고, 트럭에서 인쇄용 종이 꾸러미를 쉴 새 없이 내리는 모습을 상상조차 하지 못하겠지만 그 시절은 그리 오래전이 아니다.

---

2 Léon Daudet, *Paris vécu*, Paris, 1929.

인쇄 매체의 위기, 출판사들의 합병, 파리 외곽으로의 인쇄소 이전은 이 영광스러운 흔적만을 남겨놓았다. 멜 거리 모퉁이에 있던 『피가로Figaro』 『라 트리뷴La Tribune』 『라 프랑스』 『주르날 뒤 수아르journal du soir』 건물의 아름다운 여인상 기둥, 그리고 "1914년 7월 31일, 이곳에서 장 조레스가 암살되었다"는 사실을 상기시켜주는 카페 크루아상의 거리 표지판이 남아 있다. 크루아상 거리, 죄네르 거리, 생조제프 거리를 따라 형성된 상티에 구역이 언론사들이 떠난 빈자리를 파고들었다.

상티에는 최근까지도 활발했던 의류 도매업과 직물업 위주의 경제 활동과 사회 활동이 동시에 이루어지는 구역으로, 파리에서도 유일한 곳이다. 최근에 설치한 '새로운 직물 기계' 때문에 부동산 가격은 올랐지만 지중해 출신 유대인의 독점은 여전히 견고하고, 도로도 여전히 혼잡하다. 그래도 파리 최악의 구역에 비하면 좋은 편이다. 예전에는 다른 구역의 명칭도 상티에처럼 구역 거주자들의 특징을 잘 보여주었다. 앙시앵레짐에서 『레 미제라블』 시대까지 포부르 생마르셀 구역 출신이라는 사실은 세바스티앵 메르시에에 따르면 "가장 가난하고, 가장 시끌벅적하고 통제하기 힘든 파리의 최하층민이 사는" 동네에 사는 것을 의미했다. 1950년대까지도 벨빌이나 심지어 몽마르트르 구역 출신이라고 하면 어느 정도는 그 특성을 짐작할 수 있었다. 상티에를 제외하고는 이런 구역들의 특징은 없어졌다. 상티에는 접근하기 어렵고 물리적으로 고립된, 사회적으로도 소외된, 거의 연구되지 않은, 유명하지만 제대로 알려지지 않은 구역이다.[1]

직물업과 의류 도매업 분야에 있어서, 알제리 전쟁 말기에 이주해온 유대인이

---

1 상티에라는 명칭의 유래는 명확하지 않다. 성벽으로 난 오솔길sentier에서 유래됐다는 설, 또는 이 구역의 도시화가 커다란 벌목장이 있던 자리에서 시작됐기에 작업장chantier의 발음이 변형되어 유래됐다는 설이 있다. 최근 이 구역을 다룬 책이 여러 권 출간되었다. *Le Sentier-Bonne-Nouvelle, de l'architecture à la mode*, Werner Szambien, Simona Talenti 책임편집, Paris, Action artistique de la Ville de Paris, 1999와 Nancy Green, *Du Sentier à la 7e Avenue, la confection et les immigrés, Paris-New York, 1880-1980*, Paris, Le Seuil, 1998가 있다. Nadine Vasseur, *Il etait une fois le Sentier*, Paris, Liana Levi, 2000은 현재 이 구역의 경제가 어떻게 작동하는지에 대한 흥미로운 지표들을 보여준다.

20세기 초에서 1930년대 사이에 이뤄진 대규모 유대인 박해를 피해 이주한 동유럽 유대인의 자리를 차지했다고들 생각한다. 그러나 상티에는 전통적으로 직물업이 성행한 곳이었다. 18세기에 면제품을 비롯해 여러 직물 제품을 수입한 동인도무역회사의 본사가 상티에 거리와 가까운 곳에 있었다. 지역의 기존 생산업자와 염색업자는 동인도무역회사에 불만이 많았고, 이들에 맞서 '면제품 전쟁'을 시작했다. 퐁파두르 후작 부인은 상티에의 클레리 거리에서 태어났고, 총괄징세청부인 르 노르망 데티올과 결혼할 당시에는 상티에 거리 33번지에 살았다. 퐁파두르 부인은 이 구역의 직물로 집안을 장식함으로써 지역 생산물의 판매를 촉진시키고자 했다. 방직 공업이 발전함에 따라 아주 특별한 건물이 필요해졌고, 현재에도 당시에 지어진 건물이 많이 남아 있다. 세부적으로 보면 이 건축물들은 신고전주의 양식으로 당시에는 일반적이지 않았고, 밀집된 고층 건물들 덕분에 클레리, 아부키르, 알렉상드리 같은 거리는 아주 특별한 인상을 풍기게 됐다. 한 건물에 상점, 안뜰에 있는 창고, 제작 공방과 가정집이 있었다. 높은 인구 밀도와 건물 높이라는 조합은 이주 노동자들이 자리 잡은 대도시 구역들의 특징이다. 상티에의 건물들은 베니스의 16세기 게토와 오래전부터 방직 공업으로 유명한 구역인 리옹의 크루아루스 건물들을 떠올리게 한다.

20세기의 역사적인 순간마다 새로운 이민자들이 상티에로 도착했다. 20여 년 전부터는 튀르키예인(대개는 쿠르드족), 세르비아인, 동남아시아인, 중국인, 파키스탄인, 스리랑카인, 방글라데시인, 세네갈인, 말리인이 이 구역에 정착했다. 이들은 시급이나 일급을 받고 트럭에 물건을 싣거나 창고를 정리하는 단순 노동을 했고, 일이 없을 때에는 상품은 운반하거나 마무리 작업을 하는 일에 종사했다.

상티에 구역은 레오뮈르, 생드니, 상티에 거리, 본누벨 대로로 둘러싸여 정방형을 이룬다. 이 구역은 클레리 거리와 아부키르 거리가 대각선으로 지나면서 두 부분으로 나뉜다. 대각선 오른쪽의 생드니 문과 비크투아르 광장 사이로는 샤를

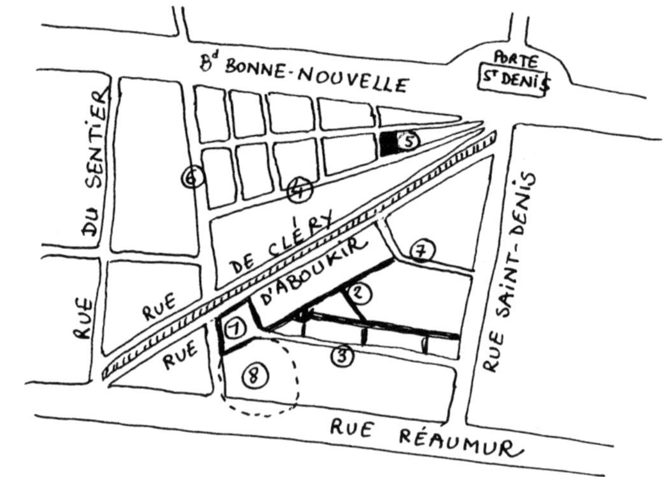

상티에 구역 지도

클레리 거리와 아부키르 거리는 샤를 5세 시대에 만든 성곽 길을 따라 나 있다. 카이로 광장 자리는 쿠르 데 미라클이 있던 곳이다.

① 카이로 광장
② 카이로 아케이드
③ 카이로 거리
④ 보르가르 대로
⑤ 노트르담드본누벨
⑥ 포부르푸아소니에르 거리
⑦ 생트포아 거리
⑧ 쿠르 데 미라클이 있던 곳

5세 시대 성곽의 흔적 일부가 아주 뚜렷하게 남아 있다. 클레리 거리는 성곽 바깥 축대 자리에 조성되었고, 아래쪽에 조성된 아부키르 거리는 도랑이 있던 경로를 따라 냈다(이 거리는 한때 밀리외뒤포세라 불렸고 이어 부르봉빌뇌브라는 명칭을 거쳐 1848년부터 현재 명칭인 아부키르가 되었다).

이 대각선으로 경계가 나뉜 삼각형 모양의 두 구역 가운데 가장 붐비는 곳은 레오뮈르 거리와 생드니 거리 쪽이다. 나폴레옹 원정대는 이집트에서 귀환하던 당시 이 구역을 통해 파리로 들어왔다.[1] 이 일대의 나일, 알렉산드리아, 다미아타, 카이로 등 이집트 도시의 이름을 딴 거리 명칭과 무엇보다 카이로 광장에 있는 한 건물의 독특한 외관에서 나폴레옹이 이집트 원정을 떠났을 때 파리 사람들이 이집트에 느낀 매혹을, 오늘날에도 여전히 계속되는 매혹을 볼 수 있다. 건물 정면은

---

1 이집트에 당대의 대한 관심이 남아 있는 유일한 구역이라고 할 수 있지만, 내가 보기에 지하철 바노역 근처 세브르 거리에 있는 소박한 팔미에 분수 외에는 그 어떤 건축물에서도 이집트에 대한 열광의 흔적들을 찾아볼 수 없다.

이집트 양식의 하얀 연꽃 모양 기둥머리, 고대 이집트 여신 하토르의 머리 장식으로 꾸며졌다.

파키스탄과 말리 출신들이 손수레에 기대 하루 종일 일거리를 기다리는 카이로 광장은 파리의 쿠르 데 미라클 가운데 하나였다.[2] 소발이 표현하기를 "상당히 넓은 공간이었다. 막다른 길에 자리했고, 악취가 진동했으며, 진흙탕에 바닥은 포장되지 않아 울퉁불퉁했다. 이런 거지 소굴이 예전에는 파리의 끝자락에 있었는데, 요즘에는 시내에서 가장 엉망으로 조성되어 지독하게 더럽고, 가장 소외된 구역들에서 마치 다른 세계처럼 존재했다. 1630년 생드니 문의 성벽과 해자를 현재의 위치[3]로 옮길 당시, 이 계획을 감독한 대표위원회는 생소뵈르 거리에서 뇌브 생소뵈르 거리로 올라가야 하는 거리를 쿠르 데 미라클을 지나게끔 하려 했다. 그러나 위원회가 어떤 결정을 내렸건 간에, 쿠르 데 미라클 문제를 해결하는 것은 불가능했다. 거리 공사를 시작한 인부들은 부랑자들에게 몰매를 맞았고, 부랑자와 거지들은 더 심한 방법으로 공사 감독관과 건축업자를 위협했다".

상티에 구역 한가운데에 있는 카이로 통행로는 1798년에 만들어진, 파리의 아케이드 가운데 가장 오래되고 많은 상점이 모인 곳이었다. 아름답게 장식한 상점들은 마네킹, 상반신 조각상, 가격표와 금박을 입힌 옷걸이, 플라스틱으로 만든 나무와 종이로 만든 모피 외투 같은 상품을 진열했다. 진열창에 상품을 전시하는 것은 아케이드의 가장 오래된 전통과 관계 있는데, 초기에 '광목'에 석판화로 취급하는 품목을 적은 데서 발전한 것이다.[4]

---

2 앞서 언급했지만 쿠르 데 미라클은 카이로 광장 외에도 트뤼앙드리 거리, 투르넬 거리, 생드니 거리, 쥐시엔 거리 그리고 매춘이 성행했던 생로슈 거리의 언덕 일대에 형성되어 있었다.

3 '포세 존'의 성곽을 말한다.

4 광목calicot을 뜻하는 이 단어는 그 의미가 확장되어 상점 점원을 지칭하게 되었다. "진지한 작가들이 예술에 대해 쓴 글에서까지 광목이라는 단어를 보는 게 이상할지도 모르지만 광목 현수막 덕분에 석판화가 널리 퍼졌다고 나는 주저하지 않고 말할 수 있다." Henri Bouchot, *La Lithographie*, Paris, 1895. 발터 베냐민이 *Le Livre des passages*에서 인용.

모든 면에서 오른쪽 지역과 대조되는, 본누벨 대로 가장자리를 따라 난 상티에의 왼편 삼각형 지역은 수백 년 동안 쌓인 온갖 쓰레기, 진흙, 건물 철거 잔해로 생긴 작은 인공 언덕에 조성되었다. 이 일대는 뷔토그라부아(현재의 본누벨 구역)라고 불렸다.[1] 신성 동맹 기간에 뷔토그라부아 언덕 위의 풍차들과 작은 성당은 성벽 보강을 위해 헐렸다. 그렇지만 륀 거리나 노트르담드본누벨 거리 쪽 건물은 여전히 성곽처럼 대로를 굽어보고 있으며, 보르가르 거리는 멀리 보이는 몽마르트르 언덕의 풍차와 더불어 북쪽 시골을 향해 펼쳐진 옛 풍경을 떠오르게 한다.

생드니 문에서 뷔토그라부아 언덕까지의 오르막길을 오르다보면 륀, 보르가르, 클레리 거리 끝에 있는 건물들의 유난히 뾰족한 지붕들을 지나치게 된다. 이 거리들 직전의 노트르담드르쿠브랑스, 빌뇌브, 토렐 거리는 아주 오래된 골목길이다. 이곳의 일부 담벼락 아랫부분에는 개구부가 나 있는데, 문이나 창문이 아니라 옛 상점들의 진열대다. 이집트에서는 오늘날에도 빵 가게의 환기창이 거리 쪽으로 나 있어서 빵이 준비되면 그 문을 연다.

17세기에 지은 노트르담드본누벨 성당은 종탑만이 남아 있는데, 보르가르 거리 쪽으로 기울어져 있어 지반이 불안정하다는 것을 알 수 있다.[2] 현재의 본관 건물은 1820년대에 지어졌으니 『잃어버린 환상』에서 코랄리의 조용한 장례식이 열린 곳은 새 성당이었다. 뤼시앵 드 뤼방프레는 자신의 무분별한 행동 때문에 방돔 거리(현재 베랑제)의 좋은 집을 떠나 륀 거리의 어느 건물 오층 집으로 이사를 가야 했다.

---

1 파리에는 인공적으로 만들어진 작은 언덕이 여럿 있었고, 현재에도 있다. 예를 들면 건축가 에듬 베르니케는 파리 식물원의 미로 정원에 전망대를 지었다. 물랭 언덕에는 밤이면 끔찍한 무리가 모였다. 레퓌블리크 광장 근처 멜레 거리와 생마르탱 대로의 보행로는 언덕을 따라 높아졌다.

2 역사학자 자크 일레레는 "새 성당의 기초 공사를 위해 1824년 실시한 조사에서 16미터 높이로 자연 지반을 덮고 있는 두터운 층을 발견했다. 이 자연 지반은 옛 포도밭으로, 여전히 포도 덩굴로 덮여 있었다"라고 썼다. *Connaissance du Vieux Paris*, Paris, Éditions Princesse, 1956.

✻

레 알 구역, 상티에 구역, 마레 구역은 평행선을 이루는 파리 남북의 세 축을 따라 나뉜다. 생드니 거리와 생마르탱 거리는 로마 시대의 도로이고, 중간에 있는 세바스토폴 대로는 전형적인 오스만 관통로다. 피 흘린 기억(1871년 파리 코뮌 당시의 학살을 지칭한다)이 깃들어 있고 섹스 숍이 줄지어 선, 밤이 떠들썩한 생드니 거리와 깔끔하고 평화로운 생마르탱 거리의 대조는 파리 시의원들이 루도비코 마그노[3]에게 헌정한 생드니 문과 생마르탱 문 앞에 난 대로에서부터 드러난다. 구불구불한 무늬로 장식한 돋을새김과 얕은 돋을새김의 조각으로 꾸민 생마르탱 문은 개선문만큼이나 소박하다. 앙드레 브르통이 『나자』에서 쓴 것처럼 "대단히 아름답지만 대단히 쓸모없는 생드니 문"은 생마르탱 문과는 반대로 정점에 달한 절대 왕정의 장식적인 정치 선전물이다. "생드니 문의 양쪽 기둥은 전승을 기념하는 오벨리스크 조각으로 장식했고, 조각 꼭대기는 프랑스 군대를 상징하는 둥근 금옥 고리로 마무리했다. (…) 제일 아래에는 커다란 조각상 두 개가 새겨져 있다. 하나는 네덜란드 연합주를 상징하는 일곱 개의 화살을 발톱으로 움켜쥐고 죽어가는 사자 위에 앉아 비탄에 잠긴 여인의 모습인데, 이는 네덜란드를 나타낸다. 대칭을 이루는 다른 조각은 풍요의 뿔을 품고 있는 라인강을 형상화했다. 둥근 아치의 두 삼각면에는 두 명의 파메(그리스 신화의 여신으로 제우스의 전령)가 새겨져 있다. 그 가운데 하나는 나팔을 불어 왕의 군대가 라인강을 건너 적과 대치하고 있다고 대지에 알린다. (…) 포부르(성곽 밖의 구역) 쪽 정면에 얕게 돋을새김한 조각은 루이 14세의 마스트리히트 점령을 표현한다."[4] 그리니치 국립해양대학 중앙 홀 천장

---

3 Ludovico Magno. '위대한 루이 왕'이라는 뜻으로 루이 14세를 지칭하며, 생드니 문과 생마르탱 문 위에 새겨져 있다. — 옮긴이

4 *Piganiol de La Force*, op. cit.

그림과 마스트리흐트 점령을 표현한 이 부조를 비교해보면 매우 흥미롭다. 그곳 천장에는 패배한 루이 14세가 윌리엄 3세 앞에 비참하게 끌려와 있다.

과거에 비해 상당히 쇠퇴했고, 상점들도 예전 같지는 않지만 생드니 거리는 전체적으로 잘 보존되었고 고귀한 과거의 흔적을 간직하고 있다. 소발에 따르면 "생드니 거리는 옛날부터 그리고 아주 오랫동안 전형적인 의미로 그랑뤼(대로라는 뜻)라고 불렸다. 1273년까지도 여전히 마그누스 비쿠스(라틴어로 위대한 마을이라는 뜻)라고 불렸다. (…) 생드니 거리는 중요했다. 수백 년간 도시의 유일한 대로였을 뿐 아니라 파리 전체의 중심이었던 시테로 통하는 유일한 대로였기 때문이다. 또한 예전부터 생드니는 개선의 거리였다. 왕위 즉위식, 결혼식, 대관식을 치른 후에 또는 전쟁에서 이기고 돌아오면서 대개는 이 거리를 따라 화려하게 행진했다. 마지막으로 왕이 죽은 후 시신을 왕들의 무덤이 있는 생드니 성당으로 옮길 때도 생드니 거리를 지나갔는데 이는 300년도 넘은 전통이다". 섹스 숍과 피프쇼를 하는 가게들이 급증한 레 알 쪽 생드니 거리의 건물들은 무척 오래되어 곧 무너질 듯하고 형태도 일정하지 않다. 생드니 문과 가까운 쪽에는 신고전주의 양식의 아름다운 건물들이 있다.

생드니 거리에 비해 생마르탱 거리는 거의 시골 같다. 생마르탱 거리가 생마르탱데샹과 생니콜라데샹으로 뻗어 있어 생긴 지명 때문만은 아니다('샹'은 들판 또는 시골이라는 의미다). 공예 학교의 높다란 담장을 마주한, 마로니에를 심은 광장 쪽으로 아담한 휴식처가 형성되어 있어서 넓고 쾌적하다. 생마르탱 거리 중간쯤에 있는 중세의 좁은 골목길은 상태가 좋지 않다. 좁은 골목길로 접어들기보다는 캥캉푸아 거리로 지나가는 편이 훨씬 낫다. 이 거리는 경제학자 존 로가 은행을 연 이래 거의 변하지 않았다. 그리고 "돈을 증권, 채권 등으로 바꾸기 위해 이 비좁은 거리로 사람들이 무리 지어 모여들었다."[1]

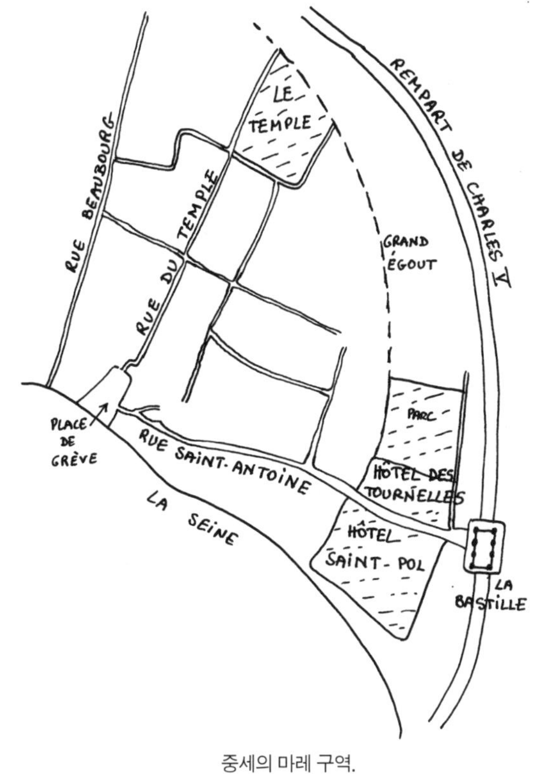

중세의 마레 구역.

마레

생마르탱 거리를 빠져나오면 마레로 들어서게 된다.[2] 어떤 이들은 보부르 거리부터를 마레 구역이라고 여긴다. 마레가 파리의 한 지역을 지칭하는 의미로 쓰인

1 "가방을 가지고 온 사람들과 채권이나 증권을 요구하는 사람들을 저녁마다 내쫓아야만 했다. 가방에 수백만 프랑을 가져온 사람도 있었다. 사람들은 그들 가방에 1200만, 2000만, 3000만 프랑이 들어 있다고 생각했다. 주식 투기업자들에게 굽은 등을 책상처럼 대주는 척추 장애인은 며칠 사이에 많은 돈을 벌었다. 하인이 주인의 가방을 들고 왔다. 은퇴한 철학자까지 탐욕에 이끌려 이곳을 찾았다. 늙은 철학자는 투기꾼 무리에 섞여 자신이 원하는 증서를 샀다." Mercier, *Tableau de Paris*.

2 북쪽은 제외하고, 대로 근처의 생마르탱 거리와 튀르비고 거리 사이, 아르에메티에와 평행하게 난 세 개의 거리 멜레이, 노트르담드나자레트, 베르투아가 이룬 삼각 지대는 상티에 구역과 마레 구역 가운데에 끼어 있다.

시기는 상당히 최근으로 17세기의 일이다. 당시까지도 이곳은 파리에서 유일하게 땅이 질퍽한 곳이었고 이베르 서커스와 그리 멀지 않은 현재의 튀렌, 비에유뒤탕플, 브르타뉴, 피유뒤칼베르 거리가 교차하는 쪽에 형성되어 있었다.[1] 마레가 파리의 구역을 지칭할 때는 습지라기보다 채소밭을 의미한다. 이곳에 습지가 있었다면, 그리고 카뮐로젠과 카이사르 사이에 일어난 뤼테스 전투[2]가 습지 주변에서 벌어졌다면 샤를 5세 시대에 세운 성곽은 둑으로, 그리고 성곽의 도랑은 배수로로 활용되었을 것이다. 이런 배치는 여전히 꽤 뚜렷하다. 성곽 자리에 조성한 보마르셰 대로는 입지에 따라 굉장히 높게 자리 잡아서 마레 구역 쪽에서 시작해 대로와 만나는 투르넬 거리와 생질 거리의 마지막 몇 미터는 아주 가파른 오르막이다. 그래서 보마르셰 대로의 반대편에서 포세뒤탕플 거리(현재 아믈로)로 내려가는 길에 계단을 설치해야 했다.

굉장히 독특하고 파리에서 마땅히 견줄 만한 곳이 없는 오늘날 마레의 겉모습은 넓은 공간을 차지했던 세 곳, 성당 기사단, 생폴 대저택, 투르넬 대저택의 유령에 사로잡혀 있다. 이 세 곳과 관련된 명칭은 많이 남아 있지만, 유적은 석재 하나 남아 있지 않다.

12세기에 예루살렘에서 창설된 성당 기사단 본부는 마레의 남북을 잇는 큰 축 끝자락에 자리한 탕플 거리에 있었다.[1] 기사단 본부는 뚜렷이 구분되는 두 부분으로 이루어졌다. 중심은 요새화된 사각형 땅으로, 탕플, 브르타뉴, 샤를로 그리고

---

1 마레 습지대는 센강 옛 지류의 흔적이었다. 이 지류는 현재의 샤토도, 리셰르, 프티트제퀴리, 프로방스, 생라자르, 라 보에티에 거리의 경로를 따라 이어졌고, 알마 다리에서 현재의 센강과 만났다. 마레 습지대를 이루는 센강 지류는 벨빌, 몽마르트르 그리고 샤요 언덕 기슭에서 넓고도 구불구불하게 형성돼 있었다.

2 기원전 52년 로마 카이사르의 침략에 맞서 카뮐로젠의 지휘로 뤼테스에서 벌어진 전투. 결국 패배해 골족은 로마의 지배를 받았다. 뤼테스는 파리의 최초 명칭이다. 310년경에야 파리라는 명칭이 사용됐다. — 옮긴이

1 19세기까지는 북쪽으로 올라가면서 구간별로 바르뒤벡, 생아부아로 불렸고, 미셸르콩트 거리부터 탕플 거리로 불렸다.

베랑제 거리로 둘러싸여 있었다. 울타리 가운데에는 큰 망루가 서 있었다. 훗날 이 망루에는 루이 16세와 가족들이 1792년 8월 10일부터 감금되었고, 한참 뒤에는 바뵈프와 카두달이 감금되었다. 이 부지 대부분은 파리 내 모든 종교 시설의 토지와 마찬가지로 세금을 면제받는 수공업자들에게 임대되었다.

성당 기사 단원들은 울타리의 동쪽과 남쪽에 굉장히 넓은 농토를 소유했다. 그곳은 정액의 지대(토지 소유자가 영주에게 납부하는 돈)를 부과한 토지로, 로아드시실 거리까지 펼쳐진 사각형 땅을 이루고 있는데 오늘날 마레 구역 대부분에 해당한다. 필리프 오귀스트 시대의 성벽은 현재의 프랑부르주아 거리를 따라 이 정액 지대 부과 토지를 가로질러 세워졌다.[4] 성벽 안쪽 토지에는 당시 쿠튀르(또는 퀼튀르)뒤탕플이라 불렸던 현재의 비에유뒤탕플 거리를 따라 거주민이 차츰 늘어났지만 성벽 바깥쪽에는 16세기까지도 채소밭뿐이었다.

동쪽에서 남쪽으로 뻗어 있는 마레의 다른 큰 축은 지금과 같은 생탕투안 거리였다. 동에서 남쪽 축의 끝, 즉 파리의 경계에는 두 채의 호화로운 저택 생폴과 투르넬이 마주보고 서 있었다. 생폴 저택은 훗날 샤를 5세가 되는 왕세자가 지었다. 시테의 낡은 궁전에 싫증을 느낀 데다, 그곳에서 민중 봉기와 에티엔 마르셀의 반란(대상인 가운데 선출된 파리 시장 에티엔 마르셀이 1357년 일으킨 체제 개혁 운동)을 겪은 왕세자는 조용한 곳에 터를 잡기로 결심했다. 그는 에탕프 백작, 상스의 대주교, 생모르의 신부들에게서 건물과 정원을 사들여 마침내는 생폴 거리에서 프티뮈스크 거리까지, 즉 생탕투안 거리와 센강 사이의 모든 토지를 소유하게 되었다. 생폴은 건물 한 채로 이루어진 일반적인 의미의 저택이 아닌 정원으로 둘러싸여 지붕을 덮은 통로로 연결된 여러 건물로 이루어졌다. 이 지붕을 얹은 통로는 안마

---

4 18세기에는 현재의 알메이라 호텔 자리에 '구호 시설'이 있었다. "이 거리의 명칭이 프랑부르주아가 된 것은 이 구호 시설 때문이다. 이곳에는 가난해서 아무것도 숨길 것 없는 사람들이 머물렀다. 그들은 모든 세금과 의무를 면제받았다." Jaillot, *Recherches critiques, historiques et topographiques sur la ville de Paris*, Paris, 1782로 재출간. Paris, Berger - Levrault, 1977.

당, 버찌 과수원, 포도밭, 연어 양식장, 큰 새장 그리고 생폴 저택이 허물어질 때까지 사자들을 키운 사육장을 둘러쌌다. 『바람기 있는 부인들의 일상Vies des dames galantes』에서 브랑톰은 다음과 같이 회상했다. "프랑수아 1세가 사자들의 싸움을 보면서 즐기고 있을 때, 한 귀부인이 장갑을 사자 우리에 떨어트리고는 드 로르주에게 '당신이 내게 매일 맹세했던, 나를 사랑한다는 말을 내가 믿기를 바란다면 장갑을 주워주세요'라고 말했다. 드 로르주는 내려가서 사자들 한가운데 떨어져 있는 장갑을 주워 올라와 귀부인의 얼굴에 던졌다. 그날 이후로 그녀가 아무리 교태를 부리고 은근히 먼저 말을 걸어와도 그녀에게 눈길도 주지 않았다."

생폴 저택 정문에서는 생탕투안 거리 건너 쪽에 있는 투르넬 저택의 출입문이 보였다. 피가니올에 따르면 "저택을 둘러싸고 있는 망루가 많아서 작은 망루를 뜻하는 투르넬이라고 불렀다". 1420년대 영국 점령 당시 프랑스를 섭정하던 베드포르 공작은 비라그 거리와 귀에메네 골목길 사이에 있는 작은 저택을 공관으로 삼았다. 소발은 다음과 같이 썼다. "베드포르 공작 장은 부르고뉴당과 아르마냑크당 사이에 분쟁이 일어났을 때 그 작은 공관에 머물렀다. 공작은 공관을 확장해 화려하게 짓게 했다. 이후 공관은 왕실의 저택이 되었고, 프랑스 왕들은 생폴 저택보다 투르넬을 더 좋아했다. 샤를 7세, 루이 11세, 샤를 8세, 루이 12세, 프랑수아 1세가 이 저택에 오래 거주했다." 피가니올은 이렇게 이야기했다. "이 저택에는 여러 개의 뜰, 여러 채의 예배당, 열두 개의 갤러리, 두 개의 큰 정원, 여섯 개의 커다란 꽃밭이 있었다. 그 밖에도 다이달로스라고 이름 붙인 미로 하나, 또 다른 화원과 엄청나게 큰 정원이 있었다. 베드포르 공작은 이 모든 것을 정성스럽게 가꾸었다."[1] 다시 왕의 소유가 된 투르넬 저택은 넓은 정원으로 둘러싸였다. 프랑수아 1세는

1 피가니올은 이 글을 투르넬 저택 철거 후에 썼지만, 당시까지 이 저택에 관한 자료가 많이 남아 있어 참고할 수 있었다. 베드포르는 서쪽으로는 현재의 튀렌 거리까지(당시에는 포장되지 않은 하수구였다) 그리고 동쪽으로는 거의 성벽 쪽까지 토지를 사들였다. 투르넬 거리는 베드포르 소유의 토지와 성벽 사이를 가로질러 생겨났다.

정원에서 낙타와 타조를 길렀다. 파크루아얄(왕실의 정원이라는 뜻) 거리의 명칭은 이 정원에서 비롯되었다. 이 저택은 승마장으로도 이용되었지만 기마 시합은 생탕투안 거리에서 열렸다. 생탕투안 거리는 생폴과 투르넬 저택 사이에서 확장되었고, 당시의 경로는 현재 보마르셰 동상을 따라 난 길과 일치한다.

세 건물이 어떻게 없어졌는지를 살펴보면 현재 마레 구역의 대부분이 설명된다. 가장 먼저 철거된 건물은 생폴 저택이었다. 재정이 항상 넉넉하지 못했던 프랑수아 1세는 루브르궁을 개축해 거처로 삼기로 결정하고, 생폴 저택의 건물들을 나누어서 팔기로 계획했다. "피소트, 보트레이, 렌, 그리고 에탕프라고도 불렸던 뇌프를 비롯해 많은 대저택이 있었지만 현재는 어떤 건물도 남아 있지 않다. 건물을 철거한 자리에는 생폴 거리에서 포세 드 라르스날 거리까지 여러 길이 생겨났다. 새로 생긴 거리에는 보트레이, 리옹, 프티뮈스크, 스리제 등 생폴 대저택에 있던 건물의 명칭을 붙였다."[2] 마레 대부분은 르네상스 시대에 지어졌기에 마레의 일부분인 생폴 구역의 이 부분은, 비록 거리 명칭이 채색 장식한 수사본에서 따온 것처럼 아주 예스럽지만 근대적인 방법으로 조성되었다. 대지는 일정한 크기로 분할되어 분양되었고, 팔각형의 바둑판 모양으로 배열된 거리들은 상스 저택 일대의 노냉디에르 거리와 아베마리아 거리 같은 중세의 복잡한 골목길과 대조를 이룬다.

투르넬 저택의 철거는 재정적 어려움이 아니라 뜻밖의 사고 때문이었다. 1599년 생탕투안 거리에서 공주들의 결혼을 축하하기 위해 기마 시합이 열렸을 때 앙리 2세는, 소발에 따르면 "그 당시 가장 잘 생긴 최고의 기사" 가브리엘 드 몽고메리가 던진 창에 맞아 투르넬 저택 앞에서 치명상을 입었다. 앙리 2세의 미망인 카트린 드 메디시스는 투르넬을 헐기로 결정하고 레 알의 새로운 저택으로 거

2 Hurtaut et Magny, *Dictionnaire historique de la ville de Paris et de ses environs*, Paris, Moutard, 1779. Genève, Reprint Minkoff, 1973으로 재출간.

처를 옮겼다. 한동안 방치된 투르넬의 정원에서는 여러 해 동안 말 시장이 열렸다.

그러나 이 시기 파리 중심가와 가까운 마레 구역 일부에, 즉 인구 밀도가 높은 필리프 오귀스트 시대의 성곽과 들판을 가로지르는 샤를 5세 시대의 성곽 사이에 새로운 구역이 건설되었다. 옛 성곽의 '위장용 문'을 지나면 농부들이 평화롭게 양배추와 파를 재배하는 지역이 펼쳐졌다. 그곳은 건축업자들에게 낙원이었는데, 종교 전쟁이 일어나기 전인 16세기 전반기까지는 주택 수요가 상당했기 때문이다. 프랑수아 1세는 탕카르빌 저택을 나누어 팔면서 토지를 분할해서 파는 방식의 전례를 세웠다. 이 저택의 토지는 필리프 오귀스트 시대의 성곽 양쪽에 걸쳐(파리 쪽과 외곽 쪽) 비에유뒤탕플 거리와 로지에 거리가 만나는 모퉁이에 있었다. 수도원들 역시, 특히 파옌 거리 쪽에 대형 바느질 공방 생트카트린을 소유했던 생트카트린뒤발데에콜리에 수도원도 토지를 나누어 팔았다.[1] 이런 토지 분양 움직임은 바르베트 거리와 엘제비르 거리 쪽으로 퍼졌다. 이곳에는 근대적인 분위기의 구역이 조성되었고, 건물은 이탈리아에서 불어온 새로운 취향의 영향을 많이 받았다. 카르나발레 저택은 그 당시 지어진 이탈리아 양식의 화려한 예를 보여준다.

종교 전쟁, 신성 동맹, 그리고 끔찍한 포위 공격[2] 때문에 오랫동안 발전이 지체되었던 파리는 1594년 앙리 4세가 파리에 입성하면서 다시 비약적으로 발전하기 시작했다. 앙리 4세는 파리 시장을 통해 다음과 같이 알렸다. "왕은 파리에서 여러 해를 보내며 진정한 파리 사람으로 지낼 것이며, 파리를 아름답고 평온한 도시로 만들 것이며, 편의 시설과 장식물로 채울 것이다. 퐁뇌프 공사를 마무리 짓고, 파괴된 분수대들을 복구하고, (…) 심지어는 이 도시로 세상 전체를 만들기를, 그리고 세상의 경이로움을 만들기를 갈망한다. 이 점에 있어서 확실히 왕은 우리에게

---

1 마레 구역의 거리 명칭 중에는 블랑망토, 기유미트, 오스피탈리에르 드 생제르베, 미님, 오드리에트, 셀레스탱처럼 수도원의 이름을 따온 곳이 많다.

2 성 바돌로매 축일의 학살을 지칭하는 듯하다. 프랑스의 가톨릭 귀족과 시민들이 카트린 드 메디시스의 음모에 따라 파리에서 위그노들을 학살한 사건. — 옮긴이

아버지 이상의 사랑을 보여주고 있다."[3]

마레 구역에는, 또 파리 전체에는 일반적으로 "프랑스 전역에서 올라온 사람들로 콩나물시루 같은 집에서 살게 된 파리 주민들을 위한"[4] 넓은 공간이 부족했다. 앙리 4세와 쉴리는 중심가에서 멀리 떨어져 있어 방치된 투르넬 정원에 왕립 광장(현재 보주)을 만들 계획을 세웠다. 그리고 일석이조의 효과를 거두기 위해 앙리 4세는 광장 북쪽에, 그 당시까지는 밀라노에서 수입하던 금실과 은실로 수놓은 고급 직물 제조 공장을 짓기로 결정했다. "1605년, 직물 제조업자들은 광장 북쪽을 다 차지하는 커다란 공장을 지었다. 앙리 4세는 공장 맞은편에 약 288제곱미터의 큰 광장을 만들게 했고, 그곳이 왕립 광장이라 불리기를 바랐다. 그리고 공장 위치를 제외한 광장의 삼면에 정액 지대로 금 1에퀴를 내게 하고, 그 세금으로 그 장소와 어울리는 정자를 지었다. 그에 더해 앙리 4세는 사재를 들여 광장을 연결하는 도로를 내고, 루아얄 거리(현재 비라그) 끝에는 루아얄 정자를, 파크루아얄 거리 끝에는 렌 정자를 지었다. (…) 정자는 4층으로 벽돌을 쌓아 지었다. 아치 형태를 이루게 했고 창과 벽을 규칙적으로 배열했으며 창틀, 기둥 위를 건너지른 수평부, 벽면에 약간 돌출된 벽기둥, 장식 기둥으로 돋보이게 했다. 또한 두 개의 청회색 판으로 지붕을 얹고, 꼭대기는 납으로 마감했다. (…) 붉은색 벽돌은 하얀 석재, 청회색 돌, 검은색 납과 섞여 굉장히 오묘한 색조를 띠었다. 그후 이 벽돌은 부르주아의 저택에까지 널리 사용되었다."[5]

아치 아래에는 멋진 상점들이 줄지어 있었지만 훗날의 팔레루아얄처럼 도박장도 있었으며 매춘부들이 선호하는 장소로도 꼽혔다.[1•] 1612년 대규모 기마 시합 때 루이 13세가 개회를 선언한 광장 한가운데는 평평하게 정비된 모래땅이었다.

---

3 전시회 도록, J.-P. Babelon, *Henri IV urbaniste de Paris*, Festival du Marais, Paris, 1966.

4 *Lettres patentes pour la place Royale*, 1605; J.-P. Babelon, op. cit. 같은 글에서 인용.

5 Sauval, *Histoire et recherches*…, op. cit. 공장은 오래가지 못했고, 그 결과 공장이 있던 자리는 광장의 나머지 세 면에 맞춰 조화롭게 조성되었다.

프랑스 광장 계획안의 사투영 조감도. 클로드 샤스티용의 판화, 1610, 파리, 국립도서관. 앞쪽의 운하는 판화가의 상상력으로 만들어낸 것으로 이 자리에는 현재 피유뒤칼베르 대로가 있다.

이곳에서 기마행렬, 기마 시합, 고리 벗기기 시합이 열렸고, 가끔은 결투가 벌어지기도 했다. 당시에 벌어진 몇몇 결투는 유명해서 현재까지도 전해진다.[2]

앙리 4세와 쉴리는 보주 광장에서 그리 멀지 않은 곳에 왕 자문 기관을 비롯한 여러 기관을 수용하는 일종의 행정 단지를 만들고자 했다. 기회가 생겼다. 성당기사단의 저명한 수도원장이 상당히 넓은 정액 지대 부과 토지를 분할해서 팔려고 한 것이다. 프랑스 광장 조성 계획은 반원 형태로 구상되었는데, 지름이 200미터

1• 바블롱이 지적했듯이 트리포tripot는 당시 폼(테니스의 전신) 경기를 하는 장소를 의미했다. 그러나 이 문장에서는 현재의 의미로 도박장을 지칭한다.

2 1639년 리슐리외 추기경은 광장 가운데에 루이 13세의 기마상을 세우게 했는데, 결투를 벌이는 사람들에게 위압감을 주려는 의도에서였다. 광장을 둘러싸고 있던 철책은 17세기 말에 설치했다.

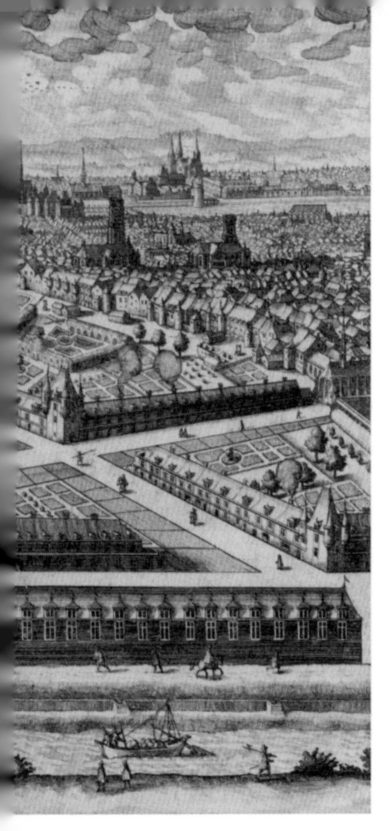

에 달하면서 성곽과 겹쳤다. 퐁오슈 거리와 피유뒤칼베르 거리 사이의 위풍당당한 새로운 문은 모 도로와 알르마뉴 도로(저자의 착각인 듯하다. 이 대로는 차례대로 모 도로, 알르마뉴 거리, 알르마뉴 대로라는 명칭으로 불리다가 1914년부터 현재의 장 조레스 대로로 바뀌었다)로 이어졌다. 여섯 개의 거리가 광장에서 뻗어나갔다. 거리들 이름은 최종심 법원 소재지의 명칭에서 따왔는데, 소발에 따르면 지명을 본따 이름을 붙인 첫 번째 사례다(프랑스 거리 명칭은 대부분 인물의 이름에서 따왔다). 도심의 문 하나에서 시작해 거리를 방사형으로 조성하는 형식은 세 입구로 구성된 로마의 포르타 델 포폴로의 문을 본따 널리 퍼졌다. 앙리 4세의 죽음으로 계획은 중단되었지만 푸아투, 피카르디, 생통주, 페르슈, 노르망디 등의 몇몇 거리 명칭에 그 흔적이 남아 있다. 이 명칭은 비록 최초의 계획과 일치하지는 않지만 지명으로 남게 되었다. 한편 최초의 도면을 보면 브르타뉴 거리에서 길이 부채꼴로 뻗어나가고, 특히 드벨렘 거리가 반원을 그리며 광장을 감싸는 형태로 되어 있었다. 이 드넓은 구역에 구상된 앙팡루주 시장 역시 남아 있다.[3] 사람들이 생각하는 것보다 라바야크[4]는 파리 도시 계획에 큰 영향을 끼쳤다. 만약 이 원대한 계획이 예정대로 실행되었다면 파리의 중심은 계속해서 동쪽으로 옮겨졌을 것이다.

장소들의 시간은 연속적이지도 동질적이지도 않게 흐른다. 따라서 어느 구역은 갑자기 변할 수도 있어서 200년에 걸쳐 일어난 사건보다 20년 안에 훨씬 더 많은 사건이 일어나기도 한다. 종교 전쟁의 악몽을 겪고 삶을 새롭게 시작하는 당

3 앙팡루주는 프랑수아 1세가 세운 고아원으로, 이름의 뜻대로 아이들에게 붉은색 옷을 입혔다.
4 프랑수아 라바야크. 1610년 앙리 4세를 암살한 가톨릭 광신도. — 옮긴이

대의 사람들을 위해 마련된 루아얄 광장과 그 주변은 파리에서는 처음으로 '산책로'를 갖춘 구역이었다. 당시까지는 플라느리라는[1] 단어를 쓰지 않았다. 그렇지만 아직 평화의 시기는 아니었다. 스페인풍이 최고조에 달한 순간이었고, 1636년 피에르 코르네유의 「르 시드Le Cid」 파리 초연 당시 스페인 군대는 파리에서 도보로 3일 걸리는 도시 코르비에 있었다. 한참 뒤인 1643년, 로크루아 전투에서 프랑스 군이 스페인을 대파하고서야 비로소 위험에서 벗어났다. 종교적 관용 역시 없었다. 1614년 파리시의 현황 문서에 따르면 유대인, 재침례파 교도 그리고 다른 종교를 가진 사람이 가톨릭 신앙을 고백하지 않거나 "포고령이 인정한" 가톨릭 개혁파 교회를 인정하지 않는다는 자신들의 종교적 맹세를 표하면 사형에 처해질 수 있었다.[2] 이 모든 것에도 불구하고 교양 있는 상당수의 귀족, 개방적인 상류층 부르주아, 폭발적으로 늘어난 지식인과 예술가는 새로운 구역에 열렬한 관심을 드러냈다. 코르네유의 초기 희극 가운데 하나인 1633년 작품 「라 플라스 루아얄La Place Royale」은 광장 자체를 주제로 삼지는 않지만, 유행에 빠진 젊은이들을 다룬 희곡의 제목으로 루아얄 광장을 택했다는 점이 의미심장하다.[3]

10년 뒤 「거짓말쟁이le Menteur」에서 도랑트의 하인 클리통은 거리에서 만난 아름다운 여인에 대해 알아보라는 임무를 받았다. "마부는 자신의 임무를 충실히 수행했다./ 그가 말하길, 두 여인 중 제일 아름다운 여인이 주인 아가씨이며/ 광장에 살고 이름은 뤼크레스라고 했다./ '어떤 광장?' '루아얄 광장이요. 다른 여인도 그곳에 삽니다…….'" 폴 스카롱은 그의 시 「마레와 루아얄 광장에 작별 인사를Adieux aux Marets et à la place Royale」에서 다음과 같이 읊었다. "그러니까 다음 장터 때까지만 안

1 '한가로이 거닐기'라는 뜻. 플라뇌르라는 개념과 한 묶음이다. — 옮긴이

2 Marcel Poëte, *Une vie de cité, Paris de sa naissance à nos jours, vol. III*, Paris, Auguste Picard, 1931.

3 「라 플라스 루아얄」의 부제는 '아주 특별한 연인'이다. 주인공 알리도르는 친구 클레앙드르를 루아얄 광장에서 만나 놀라움을 표한다. "너의 부드러운 감옥과 이토록 가까운/ 루아얄 광장에 네가 있다는 것은/ 필리스가 집에 없다는 뜻이네."

녕/ 나는 다시 돌아오겠소/ 루아얄 광장에서 멀리 떨어져서/ 어느 누가 오랫동안 참을 수 있겠소/ 다수의 엘리트만이 사는/ 아름다운 광장이여, 이제는 안녕/ 유명한 도시에서 가장 돋보이는 광채인/ 정말로 널리 알려진 광장이여, 안녕."

바로크 시대의 파리 지식인들은 마레에서 모임을 가졌다. 루아얄 광장 뒤편 베아른 거리에서는 부에, 라 이르, 그리고 샹파뉴가 장식한 예배당과 프랑수아 망사르의 걸작으로 정문을 장식한 성 프랑수아 드 폴 수도회의 새 수도원이 막 완공되었다. 메르센 신부는 새 수도원에 친구 데카르트를 기꺼이 맞아들였고, 데카르트는 네덜란드로 떠나기 전까지 그곳에서 몇 달을 보냈다. 파리에 망명 중이던 홉스는 "모든 대학을 합친 것보다 뛰어난 학자"라고 메르센 신부를 극찬했다. 메르센 신부는 계단 설계 전문가이자 기하학자인 제라르 데자르그도 맞아들였다. 데자르그는 그의 제자 블레즈 파스칼과 동행했는데, 파스칼은 수도원에서 그리 멀지 않은 투렌 거리에 살았다. 수도원은 '포도주 평신도회', 테오필 드 비오, 생아망, 귀에 드 발자크 같은 자유주의자에 맞선 투쟁에 앞장설 뿐 아니라 2만 5000권의 장서를 갖춘 도서관에서 치열하게 과학적 탐구를 하는 특별한 곳이기도 했다. 탕플 거리의 몽모르 저택에는 하위헌스, 가상디, 클로드 타르디가 드나들었다. 가상디는 고등 법원 참사관인 위베르 드 몽모르에게 갈릴레이의 망원경을 물려주었다. 의사인 클로드 타르디는 혈액 순환과 심장의 역할에 관한 윌리엄 하비의 새로운 이론을 프랑스에 소개했다. 살롱에서는 갈릴레이의 이론을 옹호하는 혈액 순환설 지지자와 반대하는 사람들 사이의 격렬한 논쟁이 벌어졌다. 매주 월요일 라무아뇽 의장은 파베 거리에 있는 자신의 저택에서[4] 라신, 부알로, 라 로슈푸코, 부르달루 등의 작가들과 모임을 열었는데 왕의 주치의이자 콜레주 드 프랑스 교수인 기 파탱도 자주 참석했다.

4 이 저택은 현재 파리 시립역사도서관이다.

귀부인들도 살롱을 열었다. 훗날 알려졌듯이 귀부인 가운데 몇몇은 이른바 화류계 여자였다. 마리옹 델로름의 살롱은 루아얄 광장에 있었고, 투르넬 거리에 사는 니농 드 랭클로는 자유사상가들과 어울렸다. 드 랭클로는 자유사상가 외에도 라 로슈푸코, 마담 드 라파예트, 부알로, 미냐르, 륄리 같은 인물과도 교류했다. 전해지는 바에 따르면 랭클로의 살롱에서 라 퐁텐, 여배우 라 샹믈레와 함께 온 라신 앞에서 몰리에르는 처음으로 「타르튀프Tartuffe」를 낭독했다고 한다. 마담 드 세비녜는 1671년 4월 1일, 아들을 걱정하는 내용의 편지를 딸에게 썼다. "니농이 얼마나 위험한지 아니! 그녀가 종교에 대해 얼마나 독단적으로 말하는지 네가 안다면, 너도 두려움에 몸을 떨었을 거야. (…) 마담 드 라파예트와 나는 네 동생이 이런 위험에서 벗어날 수 있도록 모든 노력을 기울이고 있단다." 마레 구역에서는 고결한 귀부인 지식인들도 볼 수 있었다. 재치 있고 세련된 귀부인 마드무아젤 드 스퀴데리는 당시로는 드물게 아카시아 한 그루와 새장으로 꾸민, 보스 거리에 있는 자신의 저택에서 매주 토요일 살롱을 열었다. 바로 이곳에서 남동생과 함께 『르 그랑 키루스 그리고 클레리Le Grand Cyrus et Clélie』를 썼다. 책에는 탕드르의 지도 삽화가 그려졌다. 마담 드 세비녜는 자신의 파리 생활 전부를 마레에서 보냈다. 그녀는 루아얄 광장과 비라그 거리 모퉁이에 있는 할아버지 집에서 태어났다. 고아인 드 세비녜는 삼촌 집에서 컸는데, 처음에는 바르베트 거리 그리고 프랑부르주아 거리에서 살았다. 생제르베 성당에서 결혼식을 치른 후에는 리옹 거리에 정착했다. 일찍 남편을 잃고 두 아이들을 데리고 베니스 대사관 맞은편 토리니 거리로, 이어 트루아파비용 거리(현재 엘제비르)로, 마지막에는 카르나발레 저택으로 이사를 했다. "카르나발레는 정말 멋있고 공기도 상쾌해서 아이들과 나는 이 저택을 좋아했다. 원하는 것을 모두 다 가질 수는 없기에 유행하는 작은 벽난로와 나무 마루판 없이 지내야 했다. 그러나 우리는 적어도 아름다운 안마당과 정원이 있고, 푸른 옷을 입은 착하고 어린 수녀를 자주 볼 수 있었다."[1]

스카롱에 따르면 루아얄 광장의 큰 저택들은 "내부는 화려하고, 으리으리한 대리석, 값비싼 장식, 값을 매길 수 없는 미술품, 희귀한 전시실, 닫집, 천개, 그리고 받침 기둥"으로 꾸며져 있었다. 추기경의 외종손인 리슐리외 공작은 자신의 저택(현재 루아얄 광장 21번지)에 푸생의 회화 작품 십여 점 등 수집품을 모아두었다. 소장한 푸생의 작품 열 편 중에는 「엘리에제르와 레베카Éliézer et Rébecca」와 「바다에서 구한 모세Moïse sauvé des eaux」도 있었다. 필리프 드 샹파뉴는 학술원에서 「엘리에제르와 레베카」를 주제로 유명한 강연을 했다. 「바다에서 구한 모세」는 훗날 루이 14세가 사들이게 되고, 현재는 루브르박물관에 있다. 푸생을 굉장히 좋아한 건축가 베르니니는 파리 체류 당시 리슐리외 공작을 방문했고, 수집가 샹틀루의 집에서 「사크르망Sacrements」을 감상했다. 리슐리외 공작은 푸생의 작품을 팔아 루벤스의 작품을 구입했는데, 그중 「무고한 자들의 학살Le Massacre des Innocents」과 「사자 사냥Chasse aux lions」은 현재 뮌헨 미술관에 있다. 루아얄 광장 10번지에는 아믈로 드 구르네 상공 회의소 의장이 살았다. 아들의 가정 교사로 화가 겸 비평가인 로제 드 필을 두었는데, 필의 이론서들은 푸생 옹호론자와 루벤스 옹호론자 사이의 유명한 논쟁의 시발점이었다. 대부분이 학술원 회원인 푸생 옹호론자들은 루벤스의 색채 미학을 옹호한 루벤스 옹호론자에게 회화를 타락시켰다고 비판했다. 루벤스 옹호론자는 루벤스의 회화에 대해 "뭐라 표현할 수 없는 자유주의 회화라는 신비주의 관점과 회화를 경탄할 만하고 어려운 작업으로 만들었던 과거의 모든 구속에서 완전히 벗어나게 했다는 입장을 취했다".[2]

---

1 카르나발레 저택과 현재 빅토르위고고등학교가 있는 생트카트린 거리(현재 세비녜)의 르 펠르티에 저택 사이에는 수녀원이 있었는데, 이곳의 수녀들은 "하얀 수녀복, 망토, 그리고 파란 어깨띠를 둘렀다. 그래서 천상의 아농시아드 수도회의 수녀 또는 푸른 옷의 수녀라고 불렸다." Jaillot, *Recherches critiques, historiques et topographiques*…, op. cit.

2 Roland Fréart de Chambray, *Idée de la perfection de la peinture démontrée par les principes de l'art*, Le Mans, 1662.

화가들은 작품을 주문하는 성직자나 시민이 거주하는 마레와 가까운 곳에 자리 잡았다. 캉탱 바랭의 화실은 비라그 거리와 만나는 생탕투안 거리에, 클로드 비뇽의 화실은 같은 거리의 성모 방문회 수도원과 가까이 있었다. 앙굴무아 거리(현재 샤를로)에 살았던 라 이르는 앙굴무아 거리와 페르슈 거리 모퉁이에 있는 마레 구역의 카퓌신 수도회 주문으로 「예수의 탄생Nativité」을 그렸다. 화가들이 자리 잡고 난 얼마 뒤에는 유명한 건축가들이 마레로 모여들었다. 프랑수아 망사르는 파옌 거리(현재 5번지)에 수수한 집을 지었다. 망사르의 조카 쥘 아르두앙망사르는 미냐르, 르 브렁 그리고 라 포스가 장식을 맡은 투르넬 거리의 저택에 살았다. 리베랄 브뤼앙과 르 보는 생루이 거리(현재 투렌)에[1], 자크 가브리엘 2세는 생탕투안 거리에 살았다.

마레에는 파리에서 가장 인기 있는 극장이 있었는데, 부르고뉴궁전의 왕립 극장보다 훨씬 더 유명했다. 극장은 퐁피두센터 뒤편 베르토 거리의 실내 폼 경기장에서 지방 출신의 젊은 무명 극작가 피에르 코르네유의 「멜리트 또는 가짜 편지Mélite ou les Fausses Lettres」를 무대에 올리며 1629년 개관했다. 이 작품은 극단 소속의 주연 배우 몽도리가 뛰어난 연기를 선보인 덕분에 성공을 거두었다. 극장을 비에유뒤탕플 거리의[2] 마레츠 실내 폼 경기장으로 자리를 옮긴 뒤 공연한 「르 시드」의 주연도 몽도리였다. 초연 후에 몽도리는 장 루이 귀에 드 발자크에게 다음과 같은 편지를 썼다. "「르 시드」는 파리 전체를 매혹시켰습니다. 얼마나 아름다운지 금욕적인 귀부인들에게조차 사랑을 받았습니다. 귀부인들은 대중 극장에서도 열정적으로 환호성을 내뱉었습니다. 군중이 극장으로 몰려들었고 (…) 보통 귀부인의 하인이 이용하던 극장의 후미진 장소는 귀족이 선호하는 자리가 되었으며, 무대는

1　현재의 34번지다. 한편 브뤼앙은 페를르 거리와 트루아파비용 거리(현재 엘제비르)의 모퉁이에 큰 건물을 지었는데, 페로네는 1770년 이곳에 토목 전문 학교를 세웠다.

2　현재 90번지 자리. 이곳으로 이사하기 전에 비에유뒤탕플 거리의 또 다른 장소와 미셸르콩트 거리에 있는 실내 폼 경기장 두 곳을 거쳤다. 극장에 대해서는 Babelon, *Henri IV urbaniste de Paris*를 참고할 것.

대개 기사 수도회의 휘장으로 장식되었습니다.[3]

17세기 후반, 파리 바로크 양식의 영향력은 진정되었다. 앞에는 마당을, 뒤에는 정원을 배치하고 석재를 다듬어 지은 마레의 대저택들은 이탈리아풍의 참신함에 더 이상 영향을 받지 않았다. 르 보가 설계한 주이 거리의 오몽 저택, 프랑수아 망사르의 아르시브 거리의 게네고 드 브로스 저택, 르 포트르의 생탕투안 거리의 보베 저택, 코타르의 비에유뒤탕플 거리의 아믈로 드 비쇠유 저택, 르 뮈에의 탕플 거리의 아보 저택, 드 부르주의 토리니 거리의 살레 저택 등은 그 당시 마레 구역에 지은 프랑스 고전주의 양식 건물이다.

한편 루이 14세 재위 말기에 총괄징세청부인, 고등법원 판사, 원수, 공작, 그리고 귀족들은 빽빽이 들어찬 마레에 갑갑함을 느껴 포부르 생토노레는 물론이고 아직 건물 세울 땅이 많이 남아 있던 포부르 생제르맹에 투자하기 시작했다. 이런 이동은 파리의 겉모습에 결정적인 영향을 미쳤다. 중심가의 세련된 주택가는 몇 년 사이에 동쪽에서 서쪽으로 옮겨가 새로운 중심지를 형성했다. 몇 년이 흐른 뒤 발자크는 이 급격한 변화에 대해 다음과 같이 썼다. "상점들에 둘러싸이기 시작한 귀족들은 파리 중심가에서 가까운 루아얄 광장을 떠나 포부르 생제르맹에서 여유롭게 지내려고 센강 건너편으로 갔다. 그러나 포부르 생제르맹에는 루이 14세가 자신의 합법적인 후계자 중 막내인 멘 공작에게 지어준 궁 주위로 대저택들이 이미 들어섰다."[4] 마레는 앙시앵레짐의 마지막 시기에 쇠퇴했다. 메르시에는 그 시기를 『파리 풍경』에서 다음처럼 묘사했다. "마레에는 풍습뿐 아니라 시대에 뒤떨어진 사상 역시 루이 13세 시대의 것이 그대로 남아 있다. 빈과 런던의 관계처럼 쇠락한 마레와 화려한 팔레루아얄을 대비시킬 수 있다. 마레에는 비참함이 아니라 모든 낡은 편견이 가득 차 있다. 마레는 어중간한 부자들의 피신처다. 모든

---

3 Jacques Wilhelm, *La Vie quotidienne au Marais au xviie siècle*, Paris, Hachette, 1966에서 인용.
4 Balzac, *La Duchesse de Langeais*, 1833 – 1834.

새로운 생각을 적대시하는 침울한 잔소리꾼인 노인네들이 있다. 오만한 귀부인들은 책을 읽지도 않고 이름만 듣고 작가들을 비난한다. 그곳에서는 철학자들을 화형에 처할 인간이라고 불렀다."

프랑스 혁명 동안 그때까지 마레에 남아 있던 귀족들이 떠나면서 마레는 결국 텅 비어버렸다. 『인간 희극』에서 발자크는 마레 구역을 낙오자, 당당하지만 고독하고 비천한 소외 계층의 무대로 삼았다. 「우아한 삶을 위한 협약Traité de la vie élégante」 서론에서 발자크는 다음과 같이 설명했다. "작은 규모의 소매상, 육군 소위, 부편집장 등등 (…) 그들이 노동자들처럼 노후를 위해 돈을 모아두지 않았다면 일벌 같은 기대 수명은 뻔하다. 부셰라 거리(현재 튀렌)의 건물 5층에 있는 몹시 차디찬 방 하나가 전 재산이기 때문이다." 『오노린Honorine』에서 전직 고위 사법관이었던 옥타브 백작은 "훨씬 음울하게 살았다. 그는 마레 구역의 파옌 거리에 살았는데, 찾아오는 사람이 없었다". 발자크가 마레에 등장시킨 인물 가운데 가장 중요하고, 성격과 조건이 마레와 하나가 된 사촌 퐁은 노르망디 거리에 살았다. "곳곳이 갈라진 낡은 거리들 중 하나인 노르망디 거리에 파리시는 여전히 분수전을 설치하지 않았고, 이 거리 양옆의 더러운 개울은 집집마다 버린 더러운 가정 폐수를 땅으로 스며들게 해 파리 특유의 진창을 만들었다."

오스만의 관통로에서 약간 벗어난 덕에 철거를 피한 마레 구역은 20세기 중반까지 방치되었다. 오스만은 에티엔마르셀 거리를 보마르셰 대로까지 연장하려고 계획했다. 1945년에서 1950년까지 마레는 여전히 가난한 동네로 저택의 안마당은 소형 화물차, 함석지붕의 차양, 팔레트 더미, 쇠를 감은 나무 바퀴 손수레로 혼잡했다. 그리고 드골, 말로, 퐁피두 시대를 거치며 시대에 뒤떨어진 낙후한 상태가 빠르게 개선되었다. 개발업자들은 유서 깊고 황폐한 마레 구역에서, 그리고 스스로를 지킬 능력이 거의 없는 가난한 사람들이 사는 건물에서 이익을 뽑아낼 수 있다는 것을 곧바로 알아챘다. 이십 년 사이에 마레 구역은 알아볼 수 없을 정도로 변했다. 개발업자들은 옛 저택들의 더러운 외관을 정비하고, 처마 언저리의 쇠시리 장식을 다듬고, 플라스틱 창틀로 가공하고, 안전을 강화해 주차장을 갖춘 건물로 개조해서 돈 많은 부르주아에게 팔았다. 이런 변화는 이백 년 전에 귀족들이 대규모로 서쪽으로 옮겨간 것과 반대되는 흐름이다.

마레 구역의 경계는 시대에 따라 변했다. 18세기 마레는 당시 파리의 경계까지 확장되었다. 피가니올 드 라 포르스에 따르면 "마레는 동쪽으로는 성벽과 메닐몽탕 거리(현재 오베르캉프)를 따라, 북쪽으로는 포부르 뒤 탕플과 포부르 드 라 쿠르티유(현재 벨빌 대로)의 끝까지, 서쪽으로는 포부르의 대로(현재 포부르뒤탕플 거리)로 둘러싸여 있었다". 이는 현재 파리 11구 대부분에 해당한다. 현재의 마레는 파리 시청 구역에 속하는 베르리 거리를 따라 움푹 들어간 작은 지역과 함께 대로, 보부르 거리 그리고 센강 사이에 있는 지역을 가리킨다. 그러나 성당 기사단 소유지 일대의 수공업자 거주지인 북쪽과 호화로운 저택이 있는 남쪽으로 뚜렷이 구분되는 역사의 흔적을 간직한 두 구역을 마레라는 하나의 명칭으로 부르는 것은 거의 의미 오용이라고 할 수 있다. 모든 사실을 고려해볼 때 마레 구역 대부분이 동일한 짧은 기간에 조성되었지만 지역 특성이 강하기 때문에 군도群島로 이해해야 한다.

수공업자들의 마레는 생질, 파크루아얄, 페를르, 카트르피스, 오드레에트, 미셸르콩트 거리로 이어진 북쪽 축에서 시작된다. 이 지역은 T자 형태의 브르타뉴 거리와 탕플 거리 세 부분으로 나뉜다. 첫 번째 부분에는 성당 기사단 소유지가 있던 자리를 지나는 브르타뉴 거리와 레퓌블리크 거리 사이의 3공화국 시기의 전형적인 공공시설인 구청, 경찰서, 앙팡루주 광장과 오래전부터 형성된 헌 옷 상점으로 유명한 탕플 시장이 있다.[1•] 두 번째 부분은 브르타뉴 거리, 탕플 거리 그리고 대로 사이로, 프랑스 광장 조성 계획이 무산되는 바람에 그렇게 될 수밖에 없기라도 한 것처럼 좁고, 짧고, 사방으로 뻗은 거리들이 뒤엉켜 있다. 직선으로 나란히 있는 샤를로 거리와 생통주 거리는 이런 무질서한 거리들 위에 포개져 있는 듯하다.

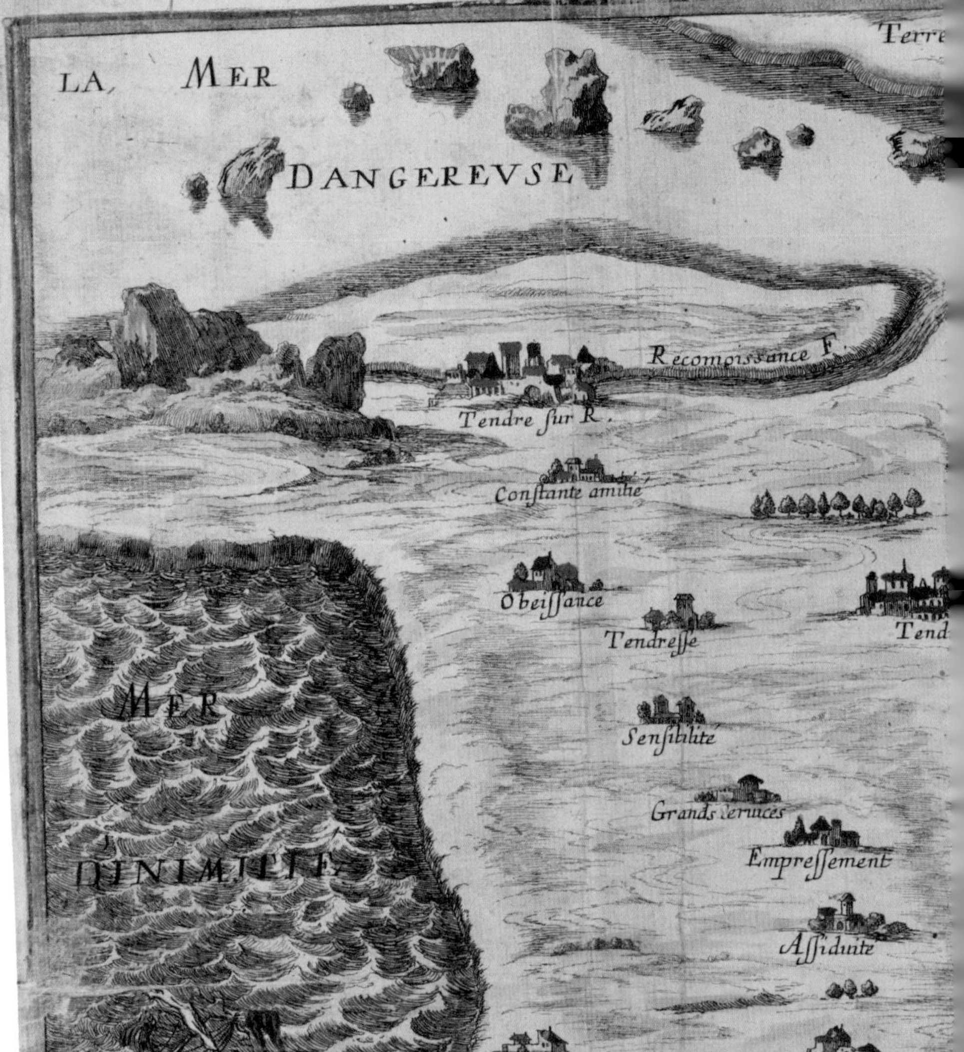

LA MER DANGEREVSE

Terre

Recomoissance F.

Tendre sur R.

Constante amitié

Obeissance

Tendresse

Tend

MER DINIMITIE

Sensibilité

Grands services

Empressement

Assiduite

Meschanceté

Petits Soins

Medisance

Soumission

Perfidie

Complaisance

Indiscretion

Orgueil

Nouu

fol. 399.
ne F.
Tendre sur E.
Bonté
Respect
Exactitude
Generosité
Probité
Grand Cœur
LAC
D'INDIFERENCE
Oubli
Sincerité
Billet doux
Legereté
Billet galant
Tiedeur
Iolis Vers
Inesgalité
esprit
Negligence
2 4 6 8 10
Lieues d'amitié
F.C.

앞 페이지

1650년대의 재치 있고 세련된 귀부인들에게서 영감을 받은, 그중에서도 특히 마들렌 드 스퀴데리의 『클레리』에 묘사된 상상의 나라, 탕드르의 지도. 파리, 국립도서관.

소발에 따르면 "샤를로 거리와 그 주변의 모든 거리에는 클로드 샤를로 소유의 집이 많았다. 랑그도크 출신의 가난한 농부인 샤를로는 염세권(소금에 붙인 간접세)과 대형 농장 다섯 개를 낙찰받아 엄청난 돈을 벌어 프롱타 공작의 영지를 사들이지만 결국에는 운명이 그를 끄집어냈던 바로 그 진창 속으로 다시 떨어져 죽었다". 고상한 현대 예술 화랑과 이웃한 오래된 금속 가내 수공업은 이 조용한 거리에서 살아남았다. 금박을 입힌 활판 인쇄술은 판화와 압인 찍기, 낙인 찍는 도장과 주형, 도금, 전기 분해, 저온 용해, 납세공 그리고 윤내기로 새로운 시대의 활동을 알렸다. 세 번째 부분은 대조적인 것들이 공존하며 마레를 매혹적이게 만드는 장소 가운데 하나로 탕플 거리 맞은편에서 보부르 거리까지다. 이곳에는 시계, 보석, 피혁상점이 있다. 자크 루가 마라에게 보낸 편지에서 "뜨겁고 열정적인 영혼을 가진 사람들이 진실을 알리고, 설득하고, 마음을 사로잡는다"[2]고 쓴, 앵라제의 근거지이자 그라빌리에 구역 혁명 지부의 영토였던 이곳에서 유대인과 아시아인은 평화롭게 공존한다. 볼타, 메르, 그라빌리에, 샤퐁 거리 건물들의 안마당은 여전히 옛 마레의 모습 그대로다. 대문이 활짝 열려 있고, 작은 트럭과 손수레가 뒤엉켜 있고, 마분지가 쌓여 있고, 정체된 차들이 경적을 울리는 일상의 풍경이 펼쳐져 있다.

마레 남쪽은 왕, 건축업자, 역사가, 그리고 관광객의 구역으로 파리에서 가장 아

1• "이 시장에서는 원칙적으로 새 물건은 팔 수 없다. 그러나 가장 작은 옷감 조각은 어떤 것이라도 사고팔 수 있다. 그래서 모든 색깔, 형태, 다양한 품질의 직물을 소량으로 파는 도매상인이 있는데, 이 작은 옷감은 구멍이 나거나 찢어진 옷을 수선하는 데 쓰인다. (…) 좀더 가면 구 뒤 주르라는 가게에 색깔과 모양이 훨씬 더 다양하고 특이한 엄청난 양의 옷이 봉헌된 물건처럼 걸려 있다." Eugène Sue, *Les Mystères de Paris*, 1842-1843.

2 Roland Gotlib, *Les Gravilliers, plate-forme des Enragés*, 「Paris et la Révolution」, Michel Vovelle 책임편집, Paris, Publications de la Sorbonne, 1989. (앵라제des Enragés는 프랑스 혁명 당시의 급진파로, 대표적으로는 자크 루 신부가 있다. — 옮긴이)

름다운 거리로 꼽는 생탕투안 주위에 조성되어 있다. 뉴욕, 도쿄, 심지어 로마조차도 광장과 골목길로 이루어진 도시인 반면 파리는 철저히 거리로 이루어진 도시다. 생탕투안 거리는 건물의 배치, 규격, 색깔의 조화 속에서 두 번에 걸쳐 곡선을 이루며 마지막 지점에서 넓어지면서 규칙성과 긴장 사이에서 균형을 이룬다. 규칙적이지 않은 거리는 아름답지 않다. 즉, 거리의 폭이 일정하지 않고, 군데군데 홈이 파이고, 이질적인 것들이 덧붙여져 산만한 아르시브 거리는 이웃한 동시대의 매우 규칙적인 탕플 거리와 비교가 되지 않는다. 반대로 긴장감 없는 규칙성은 리볼리 거리나 마쟁타 대로의 아케이드처럼 길게 이어지는 길에서는 지루할 수도 있다. 엄격한 틀로 만든 반복 속의 아름다움은, 물론 형식은 다르지만 시르크 거리, 콜론 거리, 마르세유 거리, 또는 발터 베냐민의 호기심을 자극했던 이뫼블앵뒤스트리엘 거리처럼 짧은 거리에서 특히 두드러진다.

생탕투안 거리의 곡선들(곡선'들'이라고 한 이유는 프랑수아미롱 거리가 처음에는 생탕투안 거리의 일부였기 때문이다)은 물론 다른 사람들에게도 그렇게 보이겠지만 내가 보기에 단순한 실루엣이 아닌 정겨운 두 개의 돔으로 점점이 연결되어 있는 듯하다. 예수회 성당인 생폴생루이 돔은 파리에서 가장 크고 오래된 돔인데, 너무 높은 원통 석재 위에 너무 작은 돔을 올려놓아 어색하다. 그러나 자르댕생폴 거리에서 성당 돔의 뒷모습을 보면 훌쩍 자란 청소년의 풋풋한 매력을 느낄 수 있다.[3] 바스티유 문까지 펼쳐졌던 성모 방문회 수도원의 유적인, 프랑수아 망사르가 설계한 성모 방문 예배당은 리베랄 브뤼앙의 살페트리에르의 예배당과 더불어 파리에서 볼 수 있는 가장 완벽한 돔이다.

생탕투안 거리 양쪽으로 마레의 군도가 펼쳐진다. 센강 쪽으로는 생폴 구역

3 생폴생루이 돔 이전에도 프티오귀스탱(현재 국립미술학교) 돔과 생조제프데카름 성당(현재 가톨릭 연구소) 돔이 있었다. 펠리비앵에 따르면 프티오귀스탱은 "파리에서 이런 형태로 돔을 얹은 첫 번째 성당이었다". 그러나 이 돔들은 작았고 초보적인 형태였다.

의 조용한 거리들이 있다. 맞은편에는 동쪽에서 서쪽으로 보주 광장, 박물관 밀집 지역[1], 유대인 구역이 있다. 뒤 브뢰유 신부는 이렇게 썼다. "오래전 쥐브리 거리(1900년부터 페르디낭뒤발 거리로 명칭이 바뀌었다)에 유대인들이 살았기 때문에 그렇게 불렀다. 유대인은 과도한 고리대금과 기독교인을 상대로 저지른 고약한 범죄 그리고 그들의 불경스러운 언행 때문에 필리프 오귀스트에 의해 프랑스에서 추방되었다."[2] 소발은 다른 시각으로 기록했다. "이 쥐브리(유대인의 멸칭)들이 사는 거리를 보면 어떤 곳은 상당히 좁고, 꼬불꼬불하고, 어둡다. (…) 가장자리에 다닥다닥 붙어 있는 집들은 매우 작게, 높이, 엉성하게 지어져서 로마, 메츠 혹은 아비뇽의 유대인 구역과 닮았다." 현재 유대인 구역은 한쪽에는 의류점이, 다른 한쪽에는 게이 바가 있으며 여전히 번성하고 활기가 넘친다. 그리고 챙 달린 모자를 쓴 늙은 분디스트(보수적이고 늙은 유대인을 지칭)가 점점 줄어드는 일은 피할 수 없지만, 유대 요리 피켈플라이슈pickelfleisch와 게필테피시gefiltefish 문화는 팔라펠의 아랍 문화에 맞서 그럭저럭 잘 버티고 있다.[3]

센강 오른쪽의 옛 파리는 대략 반원 형태를 이룬다. 대로가 둘레를 둥글게 감싸고, 루브르의 열주에서 시청까지를 지름으로 센강을 따라 리볼리 거리와 강둑 사이의 좁은 띠 모양을 이룬다. 다른 식으로 표현하면 화려한 고딕 양식의 생제르맹오세루아 성당과 고전주의 양식의 생제르베 성당까지가 센강 오른쪽 옛 파리의 지름을 이룬다. 이런 띠 모양은 파리에서 예외적인 경우로, 연속되는 층들은 다른 구역에서처럼 조화롭게 공명을 일으키기보다 전체적으로 불협화음을 일으키며

1 생폴 구역의 맞은편 동서쪽 거리의 몇십 미터에 걸쳐 카르나발레 박물관, 프랑스 역사 박물관, 빅토르 위고 박물관, 피카소 미술관, 사냥과 자연 박물관, 자물쇠 박물관, 코냐크제이 박물관, 유대인 박물관 등이 있다.

2 R.P. Jacques Du Breuil, *Le Théâtre des Antiquités de Paris*, 1639.

3 분트Bund는 이디시랜드 출신 유대인 노동자들의 급진적 노동조합 운동을 지칭한다. Henri Minczeles, *Histoire générale du Bund*, Paris, Austral, 1995를 참고하거나 르네불랑제 거리 52번지 메뎀 도서관을 방문해볼 것.

어수선하다. 이는 아름다운 건물, 멋진 풍경의 세부적인 모습, 역사적인 흔적이 부족해서가 아니다. 모든 이질적인 요소가 전체의 의미를 이해할 수 없을 정도로 뒤섞였기 때문이다. 띠 모양의 이 지역에는 원래의 계획대로 완성되지 못한 오스만의 관통로인 비크토리아 대로, 연결 도로와 지하 도로 공사 때문에 황폐화된 퐁뇌프 거리와 레 알 거리, 넓게 확장한 샤틀레 광장(1860년 마르빌이 찍은 사진을 보면 이곳은 아주 매력적이며 분수대 주변을 겨우 감쌀 정도로 아주 작았다), 어처구니없는 방법으로 재정비된 시청 광장과 생자크 망루의 광장, 재정비로 옛 모습을 잃은 베르탱푸아레 거리, 그리고 자동차 통행으로 옛 모습이 완전히 훼손된(라방디에르생트오포르튄 거리 한가운데에 세운 공원처럼 꾸며진 원형 교차로 때문에 생토노레 거리에서 오는 차량의 흐름이 끊긴다) 옛 거리들이 난잡하게 얽혀 있다. 자신이 한 일에 대체로 만족했던 오스만조차도 이 지역의 공사가 무언가가 제대로 되지 않고 있다고 느꼈는지 다음과 같이 어려움을 토로했다. “샤틀레 광장을 둘러싼 구역 전체의 높낮이를 고르게 하려면 리볼리 거리와 센 강변 사이의 라방디에르 거리에서 아르시스 거리(현재 생마르탱)의 모든 집을 철거해야만 했다. 이 공사는 동쪽으로는 생자크 망루가 서 있는 언덕의 높이를 낮추고, 서쪽으로는 메지스리 강변과 그 주변을 높이는 근거가 되었다.” 자신을 “파괴하는 예술가”라고 칭한 사람의 회고록에서 보는 이런 식의 변명은 낯설다.

그래도 최악은 피했다. 오스만은 루브르궁 열주 한가운데에서 리볼리 거리의 확장을 시작하려고 했다. 빅토르 위고는 1832년 3월 1일, 『라 레뷰 데 되 몽드La Revue des Deux Mondes』에 “파괴론자들과 맞서 싸우자”라는 글을 기고했다. “반달리즘은 오스만 혼자만의 생각이다. 오스만은 파리에 큰길, 큰길, 큰길만을 내려고 한다. 약 4킬로미터에 거리 하나! 파리는 온통 황폐해질 것이다. 생제르맹오세루아 성당도 파괴될 것이고, 생자크드라부셰리 거리의 경탄할 만한 망루도 아마 파괴될 것이다. 그러나 무엇이 문제겠는가! 4킬로미터에 거리 하나라! (…) 루브르에서 트론의 바리케이드까지 쭉 뻗은 직선 도로면 되는데." 개신교도인 오스만은 리볼리 거리 확장 계획을 거절했다. 생제르맹오세루아 성당의 철거가 성 바돌로매 축일의 학살에 대한 복수로 해석될 것을 염려해서였다. 전해지는 바에 따르면 당시 학살의 신호는 생제르맹오세루아 성당의 종소리였다고 한다.

그랑 불바르

"1500년대에는 앙투안 거리, 1600년대에는 루아얄 광장, 1700년대에는 퐁뇌프, 1800년대에는 팔레루아얄이 파리의 일상과 특징을 대표했다. 이 장소들은 당대의 대로였다. 오늘날 증권 거래인들이 카페 토르토니에 모여들 듯이 당대에는 모든 사람이 그곳에 모여들었다"라고 발자크가 1844년 『파리 대로의 역사와 특징 Histoire et physiologie des Boulevards de Paris』에 썼을 때는 팔레루아얄의 유행이 끝난 지 거의 10년이 흐른 뒤였다. 이를 다시 말하자면 켕케식 램프, 반급을 받는 장교, 루이지 케루비니의 명성, 바이런, 월터 스콧 그리고 페니모어 쿠퍼가 성공했던 시대와 더불어 마농 레스코, 아돌프, 앙리 드 마르세의 파리가 사라진 지 10년이 흐른 뒤였다고 할 수 있다. 취향의 변화 속에서 댄디, 매춘부, 기자, 미식가가 대로 쪽으로 옮겨가는 가운데 베를리오즈, 프레데리크 르메트르, 팡파를로의 새로운 낭만주의가 싹텄다. 대로에서는 예술사의 경향이 뒤죽박죽 섞일 수 있는 수많은 방법 가운데 한 예를 볼 수 있다. 파리 낭만주의 시대의 중요한 무대인 대로에는 대부분 신고전주의 양식 건축물이 있다. 이런 역설은 발자크의 소설에서 영악한 루스토가 뤼시앵 드 뤼방프레에게 1830년경에 설명한 역설과 비슷하다. "프랑스의 유명 인물은 두 진영으로 나뉘었다. 왕정주의자는 낭만주의자이고 자유주의자는 고전주의자다. 상반된 문학적 시각은 정치 대립으로 이어진다. 그 결과 새롭게 싹트기 시작하는 영광과 쇠락한 영광 사이에서 세차게 뿜어져 나오는 신랄한 표현, 날카로운 비방, 극단적인 험담 등 모든 수단을 동원한 전쟁이 벌어졌다. 기묘한 것은 낭만주의적인 왕정주의자는 프랑스 문학에 적절한 형식을 부여한 법령의 폐지와 문학의 자유를 주장하는 반면 자유주의자는 통일성, 알렉상드랭의 약동감 그리고 고전주의의 주제를 유지하기를 바란다는 사실이다."[1]

마들렌에서 바스티유까지 앙시앵레짐 말기에 성벽 자리에 지어진 전설적인 저택은 하나도 남지 않았으며, 한쪽에는 도심 풍경이, 다른 쪽에는 채소밭 풍경이 펼쳐진다. 보마르셰의 저택과 벨랑제가 설계한 보마르셰 저택의 정원은 흔적도 없이 사라졌다. 보마르셰의 저택에서 마담 드 장리스는 오를레앙 공작의 아이들과 같이 바스티유의 철거를 지켜보았다. 볼테르가 "동화같은 정자"라고 묘사한 리슐리외 원수의 밤참을 위해 지은 아노브르 정자도, 몽모랑시의 대공을 위해 쇼세당탱 모퉁이에 르두가 설계한 저택도 남아 있지 않다. 이 저택의 지붕을 받치는 수평 부분은 안드레아 팔라디오에게 헌정하듯 몽모랑시 가문 출신의 프랑스 총사령관 여덟 명의 동상이 떠받치고 있다. 이 동상에 대해 르두는 "반달리즘이 파괴한 영웅의 덕, 시간도 지우지 못하는 깊은 감동"[2]이라고 썼다. 마들렌 대로에서 보면 도몽 공작 저택과 총괄징세청부인 마랭 드 라 에 저택의 원형 지붕이 코마르탱 거리 입구를 감싸고 있다. 두 저택의 둥근 부분에는 과거에 하늘 정원이 있었다. 일레레에 따르면 정원에는 중국풍의 작은 다리 두 개가 실개천에 걸쳐 있었고, 섬 모양을 이루는 그 실개천은 부엌과 건물 목욕탕에 물을 공급했다. 둥근 부분은 최근에 정면 공사를 했는데 차라리 철거하는 편이 나았을 것이다.[1•]

---

1 "Un grand homme de province à Paris", *Illusions perdues*.

2 Claude - Nicolas Ledoux, *L'Architecture*, 1804. 보마르셰 저택 정원은 생탕투안의 보루까지 넓게 펼쳐져 있었다. 옛 생탕투안 대로의 명칭은 성곽의 보루에서 따왔다. 정원은 현재 리샤르르누아르 대로, 보마르셰 대로, 그리고 파스퇴르바그너 거리로 경계 지어진 삼각 지대까지 펼쳐져 있었다. 저택은 생마르탱 운하를 건설할 때 철거되었다. 아노브르 정자는 1930년대에 소Sceaux 공원으로 옮겨졌고, 정자가 있던 자리에는 베를리츠 저택을 지었다.

비록 몇몇 저택은 철거되었지만 그랑 불바르는 루이 16세 시대에서 루이 필리프 시대의 파리 신고전주의 양식의 건축물을 볼 수 있는 중요한 산책로다. 특히 파리를 향해 난 남쪽의 홀수 번지 길에 사는 사람들은 산책하기에 가장 좋은 위치에 자리 잡고 있다. 심지어 집주인 대부분은 대로의 활기를 구경하려고 테라스를 지었다.[2] 대로의 건물들은 여러 시대의 건축 양식을 보이고 있었다. 푸아소니에르 대로에 있는 몽톨롱 저택은 루이 16세 시대의 전형적인 건축물로 거대한 이오니아식 기둥 여섯 개가 4층 발코니와 테라스 정원을 받치고 있다. 또 다른 건물은 장식물을 걷어내어 보다 더 간결하고 고대 양식에 훨씬 더 가까운 제정 시기와 왕정복고 시대의 양식을 보여준다. 이탈리아 궁전과 비교할 만한 큰 건물들은 7월 왕정의 양식으로 고대 양식의 취향에 방점을 찍은 절충주의 형식을 보여준다.[3]

사람들이 대로에 매혹되었던 시대를 상상하기 쉽지 않다면 그것은 대로의 무대를 시대별로 나누어 읽을 게 아닌 운율에 맞춰 나누어 읽어야 하기 때문이다. 대로는 그 긴 길이에도 불구하고 한정된 공간으로서의 어떤 연속성이 있다. 이 연속성 덕분에 루아얄 광장과 팔레루아얄로 사람들이 모여들었다. 대로는 각각이

1● 정면 공사는 기존 건물의 모습을 일정 수준 보존하고, 내부를 새장처럼 비워 사무실 공간을 만드는 작업이다. 건물의 정면 공사는 살아 있는 동물의 형상에서 박제를 뜨는 작업에 비유할 수 있는데, 기존 건물의 원형을 유지해야 한다. 이 주제에 대해서는 François Laisney, "Crimes et façadisme", *Les Grands Boulevards: un parcours d' innovation et de modernité*, Action artistique de la Ville de Paris, Paris, 2000을 참고할 것.

2 대로 맞은편 시골 방향의 도시화는 훨씬 더 늦게 이루어졌는데, 옛 보루의 삼각 지대 때문에 공사가 쉽지 않았기 때문이다. 봉디 거리(현재 르네불랑제)의 각진 경로를 보면 잘 알 수 있다. 게다가 대로는 과거 해자에 길을 낸 성곽 바깥의 낮은 쪽을 향해 이중으로 존재한다. 아믈로(옛날에는 포세뒤탕플) 거리는 '지대가 낮은 곳' 가운데 하나였다. 가장 널리 알려진 낮은 거리는 바스뒤랑파르로 1848년 2월 혁명의 결정적인 총성이 울린 곳이다.

3 앙시앵레짐 건축 양식은 몽톨롱 저택 외에도 생마르탱 대로 41번지, 본누벨 대로 39번지, 푸아소니에르 19번지의 쿠쟁 드 메리쿠르 저택에서도 엿볼 수 있다. 제정 시대와 왕정복고 시대 양식은 본누벨 대로 1, 11, 19번지, 푸와소니에르 대로 9번지와 9 - 2번지 저택을 볼 것. 7월 왕정의 양식을 보여주는 건축물은 아주 많다. 대로의 건축물에 대해서는 P. Prost, "Une vitrine néoclassique"와 François Loyer, "La ville sur elle - même", *Les Grands Boulevards*을 참고할 것.

다르게 장식되어 있고, 붐비는 시간대가 다르고, 드나드는 사람이 다른, 마치 넓은 궁전에 늘어선 여러 개의 방과 같다. 하지만 오스만에서 푸앵카레를 거치며 위와 같은 도시의 친밀감은 파괴되었다. 오페라 가르니에와 그 옆의 형태가 일정하지 않은 원형 교차로 '리슐리외드루오'는 몽마르트르 대로가 오스만 대로와 만나는 지점에 열린 공간을 만들며 미묘하게 중간 쉼터 역할을 한다. 그리고 포부르 뒤 탕플과 크림 대로가 만나는 지점에서 레퓌블리크 광장이 불쑥 모습을 드러낸다. 오페라 무용수들의 후원자인 뤼시앵 뢰뱅의 아버지에게 "하인은 산책시 쇼세당탱 거리 앞에서 그에게 망토를 건넸다".[4] 레퓌블리크 광장을 가로지르려면 준비를 철저히 해야 했던 것이다!

대로들은 매우 무미건조하게 기계적으로 분할되었다. 마들렌과 오페라 사이에는 큰 호텔들과 여행사들이, 오페라에서 리슐리외드루오 교차로까지는 은행들이 자리했다. 교차로에서 레퓌블리크 광장까지도 꽤나 훼손되었지만 초기 대로의 정신에 가장 가깝긴 하다. 마지막으로 레퓌블리크와 바스티유 사이는 오토바이, 사진, 음악 상점이 줄지어 선 매력적인 장소지만 대로에 속하는 부분은 아니다.

시대가 변하는 가운데 대로들의 기나긴 쇠퇴가 시작되는 시점으로써 내게 떠오르는 이미지는 졸라의 『나나』의 나나가 카퓌신 대로의 그랑호텔 객실에서 죽는 장면이다. "'자, 출발해야만 해.' 클라리스가 말했다. '우리는 그녀를 살릴 수 없어. 시몬, 가자.' 둘 다 움직이지 않은 채 곁눈질로 침대를 쳐다보았다. 그렇지만 클라리스와 시몬은 떠날 준비가 되어 있었고, 치맛자락을 가볍게 툭툭 쳤다. 홀로 떨어져 있던 뤼시는 또다시 창가에 기댔다. 울부짖는 군중 속에서 깊은 우울이 솟아오르듯 뤼시는 슬픔에 목이 메었다. 횃불이 불티를 떨어트리며 계속해서 지나갔다.

---

4 스탕달의 소설 『뤼시앵 뢰뱅Lucien Leuwen』. 이 문장만으로는 무슨 의미인지 정확히 알 순 없다. 원서를 보면 뢰뱅의 아버지는 단 두 가지에만 신경을 썼다. 문제가 생기는 것과 습한 날씨. 그가 날씨 변화에 따라 하루에 적어도 대여섯 번 옷을 갈아입었다는 대목이 있다. 긴 대로를 가로지르고 넓은 레퓌블리크 광장을 지나기 위해 미리 복장을 갖춰 준비했다는 의미다. — 옮긴이

앞 페이지
1787년 니콜라 르누아르는 이탈리앵 대로에 중국식 목욕탕을 지었다. 이 건물에는 목욕탕 외에도 식당, 카페, 의류점이 들어섰다. 파리, 카르나발레 박물관.

멀리서 횃불을 든 무리가 밤에 도살장으로 끌려가는 가축 떼처럼 어둠 속에서 길게 늘어서서 하얀 물결을 일으켰다. 그리고 이 혼미함 속에서 물결치듯 흔들리는 혼돈에 빠진 군중은 다가올 학살에 거대한 공포를 내뿜었다. 그들은 넋이 나갔고, 수평선의 어두운 벽 너머 미지의 것을 향해 돌진하는 열기에 도취된 그들의 외침이 울려 퍼졌다. '베를린으로! 베를린으로! 베를린으로!'" 근대 도시의 새로운 것들이 하나씩 모습을 드러낸 곳도 대로였다. 마들렌에서 바스티유까지 이어지는 파리의 첫 번째 대중교통 노선, 남성용 공중변소, 삯 마차 정류장, 신문 가판대, 광고탑 등이 하나둘 등장했다. 그러나 가장 중요한 변화는 1817년 파노라마 아케이드에 처음으로 설치되어 1840년대에 대로 전체로 퍼진 가스등이다. 이 커다란 변화는 보들레르의 작품에서 감지할 수 있다. 『악의 꽃』에서는 바람에 깜박이는 기름등의 모습을("바람에도 심하게 흔들리는 희미한 불빛을 가로질러/ 매춘이 거리를 밝힌다"), 『파리의 우울Le Spleen de Paris』에서는 가스등이 거리를 밝힌 모습을("카페는 반짝인다. 카페를 밝히는 가스등 자체에서 어떤 시작의 완전한 격정이 펼쳐져, 순백한 맹목의 벽을 온 힘을 다해 밝힌다……."1)) 볼 수 있다. 이 가스등은 야간 활동을 가능케 했다. 쥘리앵 르메르는 1861년 르 당튀 출판사에서 펴낸 『가스등으로 밝힌 파리Paris au gaz』에서 파리의 밤거리를 다음과 같이 묘사했다. "쇼세당탱 거리와 루이르그랑 거리의 축을 이루는 길을 지나세요. 여러분은 이제 군중 속에 뒤섞입니다. 이 대로 오른편에는 화려한 상점, 호화로운 진열대, 금빛으로 장식한 카페, 항상 밝혀져 있는 장식등으로 반짝입니다. 루이르그랑 거리에서 리슐리외 거리에 이르는 상점들을 밝히는 조명의 물결 덕에 여러분은 산책하면서 신문을 읽을 수 있습니다."[2] 문을 닫는 시간이 되면 "대로변 카페

---

1 보들레르의 시 「저녁의 황혼Le Crépuscule du soir」과 「가난한 사람들의 시선Les Yeux des pauvres」이다.

에서 켜둔 나비 날개 모양의 가스등 불꽃이 하나씩 꺼졌다. 밖에서는 웨이터들이 대리석 탁자 위에 의자를 네 개씩 쌓는 소리가 요란하게 들렸다".[3] 가스등 덕에 밤 활동이 가능해진 것이다. 밤에 돌아다니기를 좋아했던 알프레드 델보는 제2제정기의 대로를 거니는 야간 산책 안내 책자를 내놓았다. "자정이 지나면 카페 르블롱으로 간다. 이 카페로 가는 이탈리앵 대로 입구는 자정에 닫지만 오페라 통행로 출구는 새벽 두 시까지 열려 있다. 파노라마 아케이드에 있는 카페 바리에테는 새벽 한 시 반까지 문을 열고 오페라극장에서 나와 허기를 달래려는 사람들을 맞이한다. 포부르몽마르트르 거리 10번지의 카페 울프에는 브레다 구역을 배회하던 올빼미족들이 맥주를 마시고 양파 소시지를 먹기 위해 문을 닫는 자정까지 방문했다. 포부르몽마르트르 거리와 포부르몽마르트르 대로가 만나는 모퉁이에 있는 카페 브라방은 새벽 2시까지 문을 열었고, 쇼세당탱 거리 모퉁이의 카페 브농과 카퓌신 대로의 카페 힐스타베른에서는 사교계 사람들과 자유분방한 보헤미안들이 함께 어울렸다."

1850년대에는 한 가지 유행이 대로에 널리 퍼졌다. 이 풍습은 파리 사람들의 일상에 깊게 뿌리 내려 이 모습 없는 파리는 상상할 수가 없게 됐다. 카페들이 테라스에 탁자를 놓기 시작한 것이다. "모든 카페가 가게 앞 인도에 자리를 마련했다. 라피트 거리와 르 펠르티에 거리가 가장 유명했다. 무더운 여름 더위에 지친 플라뇌르들이 아이스크림, 맥주, 레모네이드, 탄산음료를 마시며 새벽 한 시까지 카페

---

2 Simone Delattre, *Les Douze Heures noires, la nuit à Paris au xixe siècle*, Paris, Albin Michel, 2000을 찾아볼 것. 르메르는 출판업자로 보들레르의 저서들을 출간했다. "당신은 종종 이탈리앵 대로를 지나갑니다. 쥘리앵 르메르와 마주친다면 그에게 내 마음 상태를 알려주세요. 나도 생각이 있다고 그에게 말해주세요. 그리고 더는 아무것도 쓸 수 없다고, 한 푼도 벌 수 없을 거라고, 어머니와 친구들을 다시는 볼 수 없을 거라고, 마지막으로 내게 알릴 나쁜 소식이 있다면 나를 불안에 떨게 하지 말고 그 소식을 내게 알려주라고 그에게 이야기해 주세요." 1865년 11월 13일 보들레르가 브뤼셀에서 상플뢰리에게 보낸 편지.

3 Villiers de L'Isle-Adam, "Le désir d'être un homme", *Contes cruels*. L'Étoile de France, 1882에 게재.

입구에 앉아 있는 모습을 흔히 볼 수 있었다."[1] 모파상의 『벨 아미Bel-Ami』에서 '빈털터리의 피 끓는' 조르주 르루아가 푹푹 찌는 어느 날 밤에 이탈리앵 대로를 어슬렁거리던 때 "사람들로 꽉 찬 큰 카페에는 가게 앞을 밝히는 강렬하고 눈부신 조명 아래 술꾼들이 모여 있었고 그들은 인도에까지 넘쳐났다. 사각형 또는 둥근 탁자에는 빨강, 노랑, 초록, 갈색 등 온갖 색깔의 음료가 담긴 잔이 놓여 있었다. 물병에는 음료에 넣을 커다랗고 투명한 둥근 얼음이 반짝거렸다".

"대로를 산책하는 게 가장 쉽고 가장 즐겁다. 인도는 타일이나 아스팔트로 포장되어 있고, 가로수가 그늘을 만들고 벤치도 놓여 있다. 카페도 가까이에 있다. 대로변 여기저기에 삯 마차가 서 있다. 합승 마차들이 바스티유에서 마들렌을 쉴 새 없이 왔다 갔다 한다." 1870년에 출간된 조안의 안내 책자가 제안한 것과 반대 방향에서 출발하면 마들렌 대로에 이어 카퓌신 대로를 따라 산책이 시작된다. 카퓌신 대로가 쇼세당탱 거리와 만나는 곳까지 이 일대는 오랫동안 대로의 일상에서 떨어져 있었다. 발자크는 다음과 같이 썼다. "마들렌에서 코마르탱 거리까지는 사람들이 산책하지 않는다. 사람들이 어떻게 평가하든 마들렌에서 코마르탱 거리까지는 파르테논을 본딴 웅장하고 아름다운 건물들이 늘어서 있다. 그러나 건물에 들어선 카페의 보기 흉한 조각상들이 미관을 해쳤다. (…) 이 거리는 산책로가 아니다. 사람들은 그곳을 지나가기만 하지 산책을 하지는 않는다."[2]

발자크가 위와 같이 묘사한 지 15년쯤 지나 이 일대도 활기를 띠기 시작했다. 르메르에 따르면, "마들렌에서 산책을 시작하면 활기가 넘치는 인도 오른쪽으로만 간다. 반대편은 바스뒤랑파르 거리로 오페라극장 공사 때 철거되었다".[3] 라 베돌리에르의 『파리 안내Paris Guide』를 보면 1867년 만국박람회 때 모든 것이 바뀐

---

1 Lemer, *Paris au gaz*, op. cit.

2 Balzac, "Histoire et physiologie des Boulevards de Paris", *Le Diableà Paris*, 1844; *Honoré de Balzac, À Paris!*, Bruxelles, Complexe, 1993에 재수록.

3 Lemer, *Paris au gaz*, op. cit.

것 같다. "오늘날 대로 가운데 가장 기념비적인 부분은 쇼세당탱 거리에서 마들렌까지다. 새로운 오페라 가르니에 극장은 화려한 건물에 둘러싸여 있다. 조케 클럽(1834년에 결성한 상류층 사교 모임)이 들어선 그랑호텔은 내부 공사를 거쳐 실내를 호화롭고 편리하게 개조해 웅장한 겉모습과 조화를 이루게 됐다. 2월 혁명이 일어난 1848년 2월 23일, 실려온 시체와 부상자로 혼잡했던 습기 찬 바스 거리의 흔적은 하나도 남아 있지 않다. 이곳의 건물과 상점은 화려했다." 한편 라 베돌리에르는 발자크의 표현을 그대로 빌려오면서 독특한 결론으로 이 풍경을 마무리한다. "그렇지만 마들렌 대로와 카퓌신 대로에서는 극지의 냉기가 느껴지는 것 같다. 사람들은 그곳을 산책하는 것이 아니라 그저 지나간다. 또한 그곳에 거주하지만 머무르지는 않는다. 경마 경주가 있는 날 오후 뱅센에서 돌아오는 마차 행렬은 급커브를 틀어 페 거리에서 대로를 벗어난다. 마지막으로 아주 파리적인 표현으로 글을 끝맺고자 한다. 옛날이 훨씬 좋았다."[4]

망명 귀족을 상징하는 도시 명칭에서 이름을 따와 프티코블렌츠라 불린 강Gand 대로는 1815년 나폴레옹 1세의 백일천하 때 루이 18세가 피신했던 곳이다. 현재 명칭 이탈리앵 대로는 옛 코메디앵이탈리앵 극장에서 따왔고, 이 극장은 앞에서 보았듯 이탈리앵 대로 뒤편에 있었다. 쇼세당탱 거리와 리슐리외 거리 사이는 당시의 대표적인 대로로, "세련된 사람, 선남선녀, 멋쟁이 여자, 대혁명 집정관 시대의 경박한 젊은이들, 댄디, 상류 사회 유행을 따르는 사람, 유명 인사, 지나치게 멋 부려 꼴사나운 젊은이, 나른한 티를 내는 멋쟁이라고 불렸던 사람들이 모여들었다."[5] 그래서 발자크는 다음과 같이 썼다. "이곳의 이상야릇하고 경이로운 건축물들은 하나같이 환상 동화나 아라비안나이트에서나 볼 수 있다. (…) 이 구역(이탈리앵 대로 일대를 지칭)에 한번 발을 들이면, 특히 그 사람이 호기심이 많은 사람

4 La Bédollière, "Les Boulevards de la porte Saint-Martin à la Madeleine", *Paris Guide*…, op. cit.

5 Joanne, *Paris illustré en 1870*…, op. cit.

이라면 하루가 금세 지나간다. 이곳은 매혹적인 꿈, 저항할 수 없는 볼거리로 가득하다. 거리에 전시된 판화, 길거리 공연, 쉬어갈 수 있는 카페, 화려한 보석 가게, 사람들은 이 모든 것에 도취되고, 강한 자극을 느낀다."[1] 빅시우와 레옹 드 로라(발자크 소설의 등장인물)가 지방에서 올라온 사촌에게 파리를 구경시켜주려 데려간 곳이 이탈리앵 대로 일대다. "이 아스팔트 포장도로에 한두 시간만 서 있으면 페메 여신이 나팔을 불 정도의 유명인들을 어렵지 않게 마주칠 수 있다."[2]

세련된 카페와 식당은 다른 어느 곳보다 이탈리앵 대로에 특히 많았다. 카페 엘데르에는 주로 장교들이 드나들었다. "근엄한 복장을 하고 앉아 있는 장교들 역시 젊은 선멋쟁이들일까? 이들의 얼굴에서 알제리, 코친차이나 또는 멕시코의 태양에 그을린 흔적을 알아차리지 못했습니까?"[3] 쇼세당탱 거리의 모퉁이에는 카페 포이가 있었다. 카페 앙글레는 스물두 개의 개인 살롱을 소유하고 있었는데, 그 가운데 유명한 그랑세즈 살롱, 그랑발콩 살롱은 파바르 거리와 마리보 거리 사이에 있었다. 카페 리슈, 카페 아르디, 프라스카티 제과점은 1837년에 문 닫은 유명한 도박장 자리에 들어섰다. 중국식 목욕탕은 라 미초디에르 거리 모퉁이에, 식당 메종도레는 라피트 거리 모퉁이에 있었다. (…) 이탈리앵 대로의 중심은 정확하게는 르 펠르티에 거리와 테부 거리 사이로, 이 두 거리가 만나는 지점에 유명한 카페가 있었다. 왼쪽은 카페 파리, 오른쪽은 카페 토르토니였다. 토르토니 입구에는 계단이 세 개가 있었다. 토르토니는 지난 50여 년간 파리에서 가장 유명한 장소 가운데 한 곳으로 댄디, 예술가가 드나들었다. 마네는 매일 저녁 이 카페에 들렀다. 금융 자본가도 단골이었다. "사람들은 증권 거래소라는 전쟁터에서 나와 카페로 간다. 토르토니는 증권 거래소의 발단이면서 대단원이 아니었을까?" 『인간 희극』

1 Balzac, "Histoire et physiologie des Boulevards de Paris", op. cit.
2 Balzac, *Les Comédiens sans le savoir*, 1845.
3 La Bédollière, "Les Boulevards de la porte Saint-Martin à la Madeleine", op. cit.

의 가장 매력적인 악당이 토르토니에 등장하는 것은 자연스럽다. "새벽 한 시쯤 막심 드 트레유 백작은 토르토니의 층계에서 페르디낭 뒤 티예와 수다를 떨면서 이쑤시개를 씹고 있었다. 층계에서는 증권 거래소의 서곡처럼 투기꾼들이 거래를 했다."[4] 오페라극장 정문은 르 펠르티에 거리와 아주 가까웠으며 테르모메트르 아케이드와 바로메트르 아케이드가 있는 오페라 통행로는 대로에서 곧장 접근할 수 있었다.

대로에 인접한 라피트 거리와 르 펠르티에 거리 한쪽에는 1870년대에 처음으로 미술상들이 모여들었다. 1867년 폴 뒤랑뤼엘은 페 거리에 있던 자신의 화랑과 르 펠르티에 거리에 있던 지점을 라피트 거리 16번지로 옮겼다.[5] 라피트 거리 8번지에는 이미 브장송 출신 물감 상인의 아들 알렉상드르 베른하임의 화랑이 있었고, 베른하임은 코로, 다르피니 루소 그리고 친구 쿠르베의 그림을 팔았다. 1876년 알베르 올프는 『르 피가로』에 다음과 같이 썼다. "르 펠르티에 거리는 불행하다. 오페라극장에 화재가 난 이후, 이 거리에 새로운 재앙이 덮쳤다. 뒤랑뤼엘 화랑에서 이른바 회화를 전시하는 전시회가 막 문을 열었다." 널리 알려진 이런 빈정거림에도 다른 화상들이 뒤이어 이 거리에 자리를 잡았고, 얼마 지나지 않아 이곳은 파리 미술의 거리가 되었다. 보들레르는 나다르에게 보낸 편지에서 "자네가 무슨 일이라도 할 수 있는 사람이라면 라피트 거리의 화상 모로에게 가서 그의 마음에 들려고 애쓰겠지. (…) 그리고 모로에게 고야 최고의 작품, 으뜸가는 진품인 「알브 공작부인La Duchesse d'Albe」을 찍을 수 있는 허가를 받아낼 거야"라고 했다. 마네는 "라피트 거리로 가는 게 좋아"라고 종종 이야기했다. 드가도 피갈에서 합승 마차를 타고 내려와 물건을 사러 이 거리를 두루 돌아다니곤 했다. 로미에 따르

4 Balzac, "Histoire et physiologie des Boulevards de Paris", op. cit.; *Béatrix*, 1839.

5 제정 시기에 생자크 거리에서 문구점을 운영하던 폴의 아버지는 작가들을 위한 물품 이외에도 그림을 팔려는 계획을 세웠다. 그는 프티샹 거리로 자리를 옮겨 그곳에 들라크루아, 데캉, 디아스의 그림을 진열했다. 폴은 페 거리 1번지를 거쳐서 라피트 거리로 화랑을 옮겼다.

면 "드가는 베른하임 화랑에서 코로의 작품을 감상했고, 탕플라에르의 화랑에서는 팡탱라투르의 작품을 비판했고, 들라크루아 작품 한 점을 사서 귀족처럼 배달을 시켰다". 라피트 거리 증권 거래소의 중개인으로 일했던 고갱은 이 마법 같은 화랑들 앞에서 12년을 머뭇거리다가 더 이상 참지 못하고 그림을 그리기 위해 그 구역을 떠났다. 어떤 화랑들은 부댕, 코로, 도미에를 전문으로 취급했고, 어떤 화랑들은 에네르, 부그로, 메소니에의 값비싼 작품을 팔았다. 뒤랑뤼엘이 최초로 연 화랑 근처에는 상당히 큰 뵈네의 화랑이 있었는데, 뵈네는 마들렌 르메르가 그린 우아한 꽃다발을 상설 전시했다. 예술가 사회를 흠모하는 누군가가 매달 찾아와서 꽃다발에 그려진 꽃에 해당하는 향수를 뿌리곤 했고 그럴 때면 뵈네는 "시적인 찬사네"라고 화답하곤 했다. 1895년 앙브루아즈 볼라르는 라피트 거리 39번지에 새로 연 자신의 화랑에서 세잔 작품 50점을 전시해 스캔들을 일으켰다. 이전 화랑은 같은 거리 8번지에 있었다. 볼라르는 화랑의 지하 포도주 저장고에 친구들을 초대해 저녁 식사를 함께했는데 아폴리네르는 『센강 양쪽의 플라뇌르』에서 다음과 같이 썼다. "모든 사람이 이 유명한 지하실에 대해 알고 있었다. (…) 보나르가 지하실을 그렸는데, 내 기억으로는 오딜롱 르동도 그림에 등장한다." 그리고 라피트 거리에는 '모두에게 열린 친목회'인 『레뷰 블랑슈』 사무실이 있었다. 시사평론가, 삽화가, 친구들이 이곳에 매일 드나들었고, 때로는 말라르메, 자리, 블뤔, 지드, 로트레크, 발로통, 보나르도 방문했다.

이탈리앵 대로가 패스트푸드의 명소가 되고, 이곳의 예술계가 황량해진 데에는 두 가지 이유가 있었다. 첫째는 급격히 늘어난 은행과 보험사가 20세기 초 이탈리앵 대로 일대를 차지하게 된 것과 관련이 있다. 1890년대에 크레디리요네 은행이 대중의 공분을 산 당시, 공교롭게도 화재가 나버린 그 육중한 은행 건물의 건설에서부터 정면 개조 공사의 최초이자 최악의 사례로 꼽히는, 1970년대에 개조된 식당 메종도레의 파괴에 이르기까지 거리 양옆에 줄지어 있던 '이상야릇하고 경이로운 건축물들'은 모두 훼손되었다. 이탈리앵 대로의 북쪽, 즉 라피트 거리에서 리슐리외드루오 교차로까지를 독차지한 파리국립은행은 메종도레를 훼손하는 데 그치지 않고, 그 일대의 수많은 거리와 교차로의 중심이 되었다. 보험사들은 현대 예술의 거리를 분할해 경호원들로 채우고 차량 행렬이 이어지는 회색 지역으로 바꾸어놓았다. 그들은 1920년대 오스만 대로의 확장 공사 덕분에 이 구역에 자리 잡을 수 있었다. 이것이 이탈리앵 대로 일대가 변한 두 번째 이유다. 오스만 대로는 20세기 파리 중심가에 건설된 유일한 관통로로, 공사 때문에 대로 일대가 파괴되다시피 했다. 특히 그 유명한 오페라 통행로가 철거되었다. 『랭트랑지장』에는 다음과 같은 기사가 실렸다. "이제 오스만 대로는 라피트 거리까지 이어진다. 오스만 대로는 르 펠르티에 거리의 주거지까지 갉아먹고, 오페라 통행로 양쪽 아케이드와 함께 가로수들을 쓸어버리고, 이탈리앵 대로와 비스듬히 만난다. 일대를 이런 식으로 휩쓴 후 오스만 대로는 카페 루이 16세쯤에서 끝난다. 오스만 대로가 파리 전체에 어떤 영향을 줄지는 전혀 예측할 수 없다."[1]

이탈리앵 대로는 리슐리외 거리에서 끝난다. 이곳의 화려한 일상은 아마 몽마르트르 대로까지 이어졌을 것이다. 그리고 몽마르트르 거리, 포부르몽마르트르 거리, 몽마르트르 대로가 만나는 지점의 교차로까지 퍼졌을 것이다. 그 화려한 일상이 얼마나 대단했던지 당시 이곳은 '으스러진 교차로'라는 명칭으로 불렸다. 어떤 이들은 이탈리앵 대로의 일상이 멀리까지 퍼진 것을 부정적으로 봤다. "한때 '대로'라고 불린 거리는 쇼세당탱 거리에서 오페라 통행로까지였고, '넓게 보아도 바리에테 극장들이 있는 포부르몽마르트르까지'였다. 그러나 그 이상을 대로로 보는 것은 바람직하지 않다. 댄디들은 카페 앙글레 너머로는 거의 가지 않았다. 포부르몽마르트르의 뮤직홀 너머에서는 댄디들을 볼 수 없었다."[1•] 대다수 사람에

1 Aragon, *Le Paysan de Paris*, Paris, Gallimard, 1926.

게 화려한 대로와 서민들의 대로 경계는 포부르몽마르트르 거리였다. 발자크에게 있어 "현재 파리의 중심은 쇼세당탱 거리와 포부르몽마르트르 거리 사이였다. (…) 몽마르트르 거리에서 생드니 거리까지의 대로 모습은 완전히 다르다".[2] 몽마르트르 대로가 문인과 댄디보다는 예술가와 상인의 거리라고 할지라도 쥘리앵 르메르가 보기에 이곳에는 여전히 추천할 만한 산책로가 남아 있었다. 라 베돌리에르는 몽마르트르 대로를 가장 좋아했다. "우리가 막 지나온 포부르몽마르트르 거리의 격렬한 급류는 두 지역을 나누는 일종의 비다소아강이다. 몽마르트르 대로에는 기자, 소설가, 시사 평론가, 보드빌 작가, 극작가, 심지어는 강연 전문가도 있다. (…) 중요한 문학 살롱과 국제적 서점이 몽마르트르 대로에 자리 잡은 것은 우연이 아니다. (…) 그들은 바리에테 극장 주위에서, 카페 입구에서, 특히 압생트를 마시는 시간에 곳곳에서 벌 떼처럼 웅성거렸다. (…) 주프루아, 베르도, 파노라마 아케이드는 한때 팔레루아얄에 있었다. 이 아케이드들은 아침나절에는 견습생, 점원, 계산대 여성 점원들의 발걸음으로만 분주할 뿐 조용하다. (…) 11시쯤이면 주프루아 아케이드의 식당들은 점심을 먹으러 온 단골들로 분주해진다. (…) 오후 5시가 되면 석간신문이 대로 가판대에 깔린다. (…) 6시면 시끄러워지기 시작한다. 포부르 사람들이 내려온다. 브레다와 노트르담드로레트 구역의 주민들이 대로를 차지한다. 멀리서부터 비단의 바스락거림, 사향 냄새, 흑옥 부딪히는 소리가 전해졌다."[3]

몽마르트르 교차로를 가로질러 푸아소니에르 대로와 본누벨 대로를 따라 걷는 것은 화려한 구역에서 상업 구역으로, 문학의 거리에서 포목점의 거리로, 가장 최신의 예술 구역에서 가장 전통적인 수공업 구역으로 옮겨 가는 것이었다. "본누

1• Paul d'Ariste, *La Vie et le monde du Boulevard (1830-1870)*, Paris, Tallandier, 1930. Jean-Claude Yon, "Le théâtre aux boulevards", *Les Grands Boulevards*에서 인용. 본문 속 강조는 내가 추가한 것이다.

2 Balzac, "Histoire et physiologie des Boulevards de Paris", op. cit.

3 La Bédollière, "Les Boulevards de la porte Saint-Martin à la Madeleine", op. cit.

벨 대로에는 짐나즈 극장이 아담하고 깔끔한 모습의 정면을 뽐내고 있다. 조금 더 가면 베니스의 궁전만큼이나 아름다운 본누벨 시장이 마치 요정의 마법 지팡이 한 방으로 솟아난 것처럼 서 있다.[4] 그렇지만 이 모든 것은 이제 쓸모가 없다. 행인들에게서는 우아함을 찾아볼 수 없고, 화려한 드레스는 이곳과 어울리지 않고, 예술가와 멋쟁이들은 더 이상 이곳에서 모험을 하지 않는다. (…) 단지 대로 하나로 모든 것이 변했다."[5] 그렇지만 푸아소니에르 대로는 낮이면 대단히 생기 넘쳤다. "식당 보랭에 들어가면 벨벳, 한랭사, 가공하지 않은 직물과 염색한 직물, 가는 면사나 꼰 면사를 사고팔러 온 상인들을 많이 볼 수 있다. 짐나즈 극장에 들어서면 평소에는 스크리브와 멜빌의 작품을 보고 박수를 쳤던 포목점과 양품점 사장들이 사르두와 알렉상드르 뒤마(아들)의 작품에 박수를 보내는 모습을 볼 수 있다. 오트빌 거리 모퉁이에 있는 마른 멀구슬나무의 그늘진 길을 따라 비스듬히 한 바퀴 돌면 그곳에선 소년, 소녀들이 웃으며 뛰놀고 갈레트를 먹고 있다. 아이들은 명주 망사, 바레주 직물, 비단 레이스, 양모와 비단 사이에서 태어났다. 이들은 어릴 때부터 자연스럽게 여러 지방의 상품을 구별할 줄 알았다."[6] 푸아소니에르 대로에는 이중 철제 아케이드로 덮인 쇼핑센터 퐁드페르, 여행 용품 전문점 도크 뒤 캉프망, 바르베디엔 상점이 나란히 있었다. 바르베디엔에서는 "콜라스의 공정에 따라 재현한 고대 청동 모형과 다비드 당제가 만든 커다란 메달을 팔았다. (…) 조금 더 가면 화려하고 널따란 식당 브레방, 롱시에의 양탄자 상점이 있었고 두 건물을 지나면 대형 상점 앵뒤스트리 프랑세즈가 있었다. 이 건물은 두 개 층에 걸쳐 다양

4 생활용품 상점이 대부분인 이 시장에서 1846년에 전시회가 열렸다. 보들레르는 「본누벨 시장의 고대 미술관Le musée classique du Bazar Bonne - Nouvelle」이라는 짧은 명문을 썼다. 이 글에서 다비드가 그린 「마라Marat」를 묘사한 부분이 유명하다. "이 그림에는 부드러우면서도 폐부를 찌르는 무엇이 있다. 방 안 차가운 공기 속에, 차가운 벽 위에, 이 차갑고 침울한 죽음의 욕조 주위로 하늘을 나는 영혼이 있다."

5 Balzac, "Histoire et physiologie des Boulevards de Paris", op. cit.

6 La Bédollière, "Les Boulevards de la porte Saint - Martin à la Madeleine", op. cit.

하고 값비싼 보석들을 진열해놓았다".[1]

포부르몽마르트르 거리와 생드니 문 사이에 있는 대로들은 그랑 렉스와 애매한 위치에 있는 마자그랭 거리에도 불구하고 19세기 이래 가장 조금 변했다. 어쩌면 이런 이유로 초현실주의자들이 이곳을 그들의 거리로 삼았을 것이다. 물론 그들은 오페라 통행로의 카페 세르타와 테아트르모데른에도 자주 드나들었다. 세르타에서 "1919년이 저물어가는 어느 날 오후, 나(루이 아라공)는 앙드레 브르통과 함께 이제부터는 몽파르나스와 몽마르트르 대신에, 물론 통행로에서 느끼는 모호한 분위기에 대한 취향 때문이기도 하지만 친구들과 오페라 통행로에서 모이기로 결정했다".[2] 테아트르모데른 극장의 실내는 "노란 갈대숲으로 들어가는 회색 백조로 장식한 낡고 더러운 대형 거울이 있고, 꽉 막힌 분장실은 환기도 제대로 되지 않은 채 어두컴컴해서 전혀 마음이 놓이지 않았다". 마땅한 명칭이 없어 '스트라스부르생드니'라고 부르는 몇 미터 구간의 매력에 끌린 브르통은 그 이유를 다음과 같이 설명했다. "홀로 우뚝 선 생드니 문은 진정한 감동을 불러일으켜 파리 성곽의 일부분이었던 당시 모습을 느끼게 해준다. 이런 느낌 때문에 문 가운데 서면 원심력에 이끌리듯이 완전히 빠져들게 된다."[3] 그러나 브르통에게 있어 그 당시 파리의 중심은 본누벨 대로였다. "내 친구들은 본누벨 대로에서 기다리기만 하면 나를 만날 수 있다는 것을 알고 있었다. 나는 스트라스부르 대로와 신문사 『마탱』의 인쇄소 사이에 있는 본누벨 대로를 적어도 사흘에 한 번씩 오후 늦게 오가곤 했다. 왜 그랬는지 모르겠지만 내 발걸음은 본누벨 대로로 향했고, 거의 매일 정해진 목적도 없이 그곳으로 갔다. 결정된 것은 오직 한 가지. 이 모호한 사실, 즉 무엇인가가 일어나는 곳이 바로 본누벨 대로라는 점이다."[4]

---

1 Joanne, *Paris illustré en 1870*···, op. cit. 브레방은 여전히 포부르몽마르트르 거리와 푸아소니에르 대로 모퉁이에 있다.

2 Aragon, *Le Paysan de Paris*, op. cit.; Breton, Nadja, Paris, Gallimard, op. cit.

3 Andre Breton, *Les Vases communicants*, Paris, Gallimard, 1932.

생드니 문 너머의 생마르탱 대로는 '저고리가 정장과 작업복의 중간 단계인 것처럼' 여전히 어느 정도는 부르주아의 대로와 진짜 서민의 대로 사이를 이어주는 역할을 했다. 19세기의 가장 놀라운 점은 생마르탱 대로가 대로의 표준이었다는 점이다. 랑뷔토 거리의 땅 고르기 공사는 차도에만 이뤄졌고, 그 결과 "보행자 도로 쪽은 너무 높아서 생마르탱 문에서 앙비귀코미크 극장까지 양쪽에 일정한 간격으로 계단 딸린 난간을 설치해야 했다. 차도는 마치 철로처럼 푹 꺼져 있었다. (…) 1895년 이탈리아 원정을 마친 캉로베르 원수의 부대가 귀환한다는 소식이 전해지자 전날 저녁부터 사람들이 몰려와 난간 자리를 차지하고 밤을 새웠다".[5]

생마르탱 대로에는 낭만주의 양식의 대형 극장이 여러 개 있었다. 마리 앙투아네트의 지시로 르누아르가 40일 만에 지은 포르트생마르탱 극장에서 관객들은 「마리옹 델로름Marion Delorme」에서 주연을 맡은 프레데리크 르메트르와 마리 도르발, 「뤼크레스 보르지아Lucrèce Borgia」의 주연 배우 조르주에게 갈채를 보냈다. 랑비귀 극장은 드라마를 전문으로 공연했다. "아주 어둡고 신비롭지만 결백한 자가 언제나 승리를 거두는 이런 뛰어난 작품들의 열렬한 애호가인 여러분이 11시에서 자정 사이에 가야 할 곳이 바로 랑비귀 극장입니다."[6] 봉디 거리의 폴리드라마티크 극장에서는 "노래와 환상이 뒤섞인 희극 보드빌을 주로 공연했다". 하이네에게는 이 대로의 극장들이 최고였다. 동쪽 크림 대로 쪽으로 갈수록 극장들은 형편없어졌다. "프랑코니 극장의 무대는 좌석을 한 줄도 채우지 못했는데 말도 안 되게 형편없는 작품들을 올렸기 때문이다."[7]

---

4 *Nadja*, 『마탱』의 건물은 푸아소니에르 대로와 포부르푸아소니에르 거리의 모퉁이에 있었다.

5 Lemer, *Paris au gaz*, op. cit.

6 Paul de Kock, "Les Boulevards de la porte Saint-Martin à la Bastille", *Paris Guide*…, op. cit. 봉디 거리(현재 르네불랑제)와 대로가 만나는 모퉁이에 있는 랑비귀 극장은 자크 이냐스 이토르프가 설계했고, 파리에서 가장 아름다운 극장이었다. 이 극장은 보험사가 인수해 1960년대에 철거했는데, 그 자리에 새로 들어선 흉측한 건물은 대로의 다채로운 조화, 규격, 잘 맞춰진 배치를 깨트렸다.

7 Henri Heine, *De la France*, op. cit., lettre VIII, 1837.

프랑코니 극장부터는 탕플 대로로 바뀐다. 건물들이 탕플 대로 52번지부터 북쪽을 향해 오른쪽으로 급격하게 휜 덕에 레퓌블리크 광장이 아주 가까이 보인다. 52번지에는 귀스타브 플로베르가 1856년부터 1869년까지 살았다. 안쪽으로 휜 건물들 가운데 마지막 건물은 상당히 높이 솟은 막다른 담장과 접해 있다. 탕플 대로와 직각으로 교차하는 이 건물부터 레퓌블리크 광장까지는 건축선이 곧게 이어졌다. 이렇게 배열된 이유는 단순하다. 건축선이 휜 것은 프랭스외젠 대로(현재 볼테르)와 샤토도 광장(현재 레퓌블리크)이 조성되기 이전의 '초기' 탕플 대로가 나 있던 길에 건물이 세워졌기 때문이다. 초기의 탕플 대로는 현재 공화국 수비대의 병영과 가까운 곳에서 생마르탱 대로와 만났다. 탕플 거리와 포부르뒤탕플 거리는 대로를 가로지르며 이어졌다. 이 거리와 대로가 만나는 지점에서 조금 확장된 교차로는 작은 광장을 이루는데, 가운데에는 분수대가 있고 그 맞은편에서는 매주 화요일과 목요일에 꽃 시장이 열렸다.[1]

탕플 대로에서 가장 유명한 거리인 크림 대로는 1862년에 철거되었다. 사실 크림 대로는 탕플 대로의 애칭으로 "공식적인 명칭이 아니라 멜로드라마 작가들을 시기하는 보드빌 작가들이 붙인 명칭이었다".[2] 탕플 대로가 대중적인 인기를 끌

---

1 이 광장에 있는 분수대의 역사는 상당히 복잡하다. 진짜 '급수탑'은 19세기 초 봉디 대로(현재 르네불랑제)와 생마르탱 대로를 가르는 평지에 있었다. 라 베돌리에르는 『새로운 파리Le Nouveau Paris』(1860)에서 다음과 같이 썼다. "사람들은 랑비귀 극장을 나와 지라르가 1811년 세운 급수탑 앞을 지난다. 그 급수탑은 멋진 분수대였는데, 물은 라 빌레트의 연못에서 끌어왔다. 분수대는 세 개의 받침돌을 쌓아 만들었고, 가운데 받침돌은 입에서 물을 뿜는 네 마리의 사자 형상으로 둘러싸인 두 겹의 둥근 청동 밑받침이었다. 이처럼 아름다운 분수대가 그에 걸맞지 않은 광장에 둘러싸여 있다는 사실이 안타깝다." 1860년대의 여러 문헌은 이 분수대가 레퓌블리크 광장 규모에 어울리지 않게 작다고 지적했다. 당시의 여러 지도에 이 분수대는 프랭스외젠 병영 앞 광장에 그려져 있다. 이후 옮겨진 분수대는 현재 라 빌레트의 그랑 홀 앞에 있다. 1867년 다비우는 새로운 광장 중앙에 훨씬 더 웅장한 분수대를 설치했다. 1883년 레퓌블리크 광장의 조형물이 두 번째 분수대를 대체했고, 역시 사자로 장식한 두 번째 분수대는 현재 도메닐 광장 중앙에 있다.

2 Joanne, *Paris illustré en 1870*…, op. cit. 데소지에가 부른 유명한 샹송은 이 대로에 대해 노래한 것이었다. "가치가 있는 유일한 산책,/ 내가 좋아하는 유일한 일,/ 내가 즐거워하고, 웃음 짓는 유일한 일,/ 그것은 파리의 탕플 대로를 산책하는 일이다." (탕플 대로의 극장들 중에는 범죄를 재현하는 멜로드라마풍의 연극을 공연한 곳이 많았다. 불어로 크림crime은 범죄를 뜻한다. — 옮긴이)

기 시작한 것은 앙시앵레짐 마지막 시기였다. 인기가 절정이었던 시기는 왕정복고 시대와 7월 군주정 때였다. "당시 탕플 대로는 축제의 공간으로 일 년 내내 상설 시장이 열렸다. (…) 시장에는 묘기를 부리는 새, 인사하는 토끼, 포도주 바구니를 들고 시장을 누비는 아이들, 아크로바트 곡예사 마드무아젤 로즈와 마드무아젤 말라가, 소매치기, 마술사, 난쟁이, 거인, 해골 분장을 한 사람, 화려하게 치장한 여자, 뱀, 끓는 기름을 삼키는 차력사 등 구경거리가 넘쳤다. 똑똑하고 정확한 예측을 하는 개 뮈니토는 카페 레장스에서 도미노 게임을 하는 사람들에게 재롱을 피우며 훈수를 두었다."[3] 1844년에 발자크 역시 다음과 같이 묘사했다. "탕플 대로는 파리의 생생한 소리를 들을 수 있는 유일한 장소이며 사람들로 붐빈다. 누더기를 입고 돌아다니는 사람들은 풍속 화가의 눈길을 끌었고, 건물 주인들을 불안하게 했다. 서커스에서 손님을 끄는 어릿광대 퇴 보베슈와 그의 동료 갈리마프레는 이곳에서 유명인사였다. 마르탱빌은 이 유명한 어릿광대를 위한 글을 썼다. 보베슈와 갈리마프레의 선전 공연을 보고 아이들, 군인, 하녀들이 웃음을 터트렸고, 두 어릿광대의 의상은 이 유명한 대로에 모인 군중 속에서 빛을 발했다."[4] 오스만은 "파리의 대중을 점점 더 타락시키고 바보로 만드는 이 해로운 오락거리를 될 수 있는 한 빨리 없애버리려고 했다".

「천국의 아이들Enfants du Paradis」로 집단의 기억에 다시 새겨진 일곱 개의 극장은 바스티유 쪽을 향해 탕플 대로의 왼쪽에 나란히 줄지어 있었다. 그 일곱 개 극장의 배우 전용 출입구는 포세뒤탕플 거리(현재 아믈로)로 나 있었고, 이 거리는 배우들에게 일종의 무대 뒤 공동 회랑이었다. 오스만의 표현에 따르면 이 거리에는 '이곳과 어울리지 않는' 테아트르리리크가 있었다. 음악원 학생 마스네는 생활비를 벌기 위해 리리크에서 매일 저녁 팀파니를 연주했다. "고백할 게 있는데, 나는 때

3 Félix et Louis Lazare, *Dictionnaire des rues et monuments de Paris*, Paris, 1855.
4 Balzac, *Histoire et physiologie des Boulevards de Paris*, op. cit.

1829년경 생마르탱 대로의 극장들. 크리스토프 시브통의 수채화, 파리, 국립도서관 데스테이외르 컬렉션.

로 실수를 했습니다. 그런데 베를리오즈가 어느 날 나를 칭찬하며 다음과 같이 말했습니다. '잘 칠 뿐만 아니라 정확하기까지 해요. 그건 정말 드문 일이에요!'"[1] 프랑코니가 운영하는 시르크올랭피크에서는 인도인 공중 곡예사, 중국인 뜀뛰기 곡예사, 이탈리아인 줄 타는 곡예사, 재주 부리는 동물들 같은 볼거리와 제1제정기의 장편 서사시를 떠오르게 하는 군대 열병식을 번갈아 가며 공연했다. 시르크올랭피크 옆은 폴리드라마티크 극장이었다. 게테 극장은 즐거움을 뜻하는 이름

---

1 Georges Cain, *Promenades dans Paris, Paris, Flammarion*, 1907.

과는 어울리지 않게 어두운 멜로드라마 전문이었다. 퓌낭뷜 극장의 스타는 「천국의 아이들」에서 장루이 바로가 연기한 팬터마임 배우 드뷔로였다. 생시몽주의자들의 신문 『글로브』의 만평가는 1831년 10월 28일자에 다음과 같이 썼다. "드뷔로의 익살극에는 무어라 말할 수 없는 쓰라림과 슬픔이 있다. 드뷔로가 불러일으키는 웃음, 그의 가슴에서 너무나도 순수하게 뽑아져나오는 이 웃음은 다양한 방법으로 관객을 즐겁게 만든 다음 마지막 순간에 가슴을 아프게 한다. 마지막에 가엾은 드뷔로는, 그보다 더 가엾은 민중은 온몸으로 복종하고, 굴욕적인 노예 상태로 되돌아간다. 이런 굴종의 상태는 극이 시작될 때 관객에게 보여졌다가 관객에게 기쁨을 주기 위해 드뷔로는 아주 잠깐 그 굴종의 상태에서 벗어날 뿐이다. 안녕 피에로, 안녕 질, 안녕 드뷔로, 안녕 민중이여, 내일 다시 만나기를!"[2] 줄지어 선 극장 제일 끝에는 델라스망코미크 극장과 18세기 이탈리아 팬터마임 배우에서 이름을 딴 프티라자리 극장이 있었다. 두 극장과 가까이에 있는 저택에서 피에쉬는 1835년, 루이 필리프가 이곳을 지나갈 때 폭발물을 터트렸다. 한편 오스만은 "다른 싸구려 극장은 잊혔다"[3]라고 썼다.

이 극장들에 있던 "마차 문 열어주는 사람, 담배꽁초 줍는 사람, 그리고 다른 극장 입구에서는 거의 볼 수 없었던 외출표 상인"[4]은 자영업자의 시초였다. 극장 앞에 담배꽁초가 널려 있고 마차가 서 있다는 것은 부자들이 크림 대로에 천한 사람

---

2 Jacques Rancière, *La Nuit des prolétaires*, Paris, Fayard, 1981에서 인용.

3 알렉상드르 뒤마는 형편없는 카페 레피시에가 있던 자리에 자신의 작품을 올릴 테아트르이스토리크를 세웠다. 전하는 이야기에 따르면 「왕비 마르고La Reine Margot」를 초연한 개관식 때 사람들이 매표소 앞에서 3일 밤낮을 줄 섰다고 한다. 오스만은 『회고록Mémoires』에서 "파리시는 이 싸구려 극장을 다른 극장으로 대체할 계획이 전혀 없었다"라고 썼다. 테아트르리리크와 시르크올랭피아 극장은 샤틀레 광장 맞은편에 다시 세워졌다. 게테 극장은 아르에메티에의 광장에 임시 거처를 마련했다. 게테 극장은 자크 시라크 파리 시장 임기 때 기계식 당구장을 만들 목적으로 해체되었다. 폴리드라마티크 극장은 봉디 거리로, 퓌낭뷜 극장은 스트라스부르 대로로 옮겨졌다.

4 Lemer, *Paris au gaz*, op. cit. 외출표는 극 중간 휴식 시간에 나오는 관객에게 나눠주는 두꺼운 마분지로 만든 표였다.

들과 어울리러 왔다는 의미였다. 즉, "섭정 시대에 푸아르 극장에서 가끔 상연되곤 했던 음란한 작품들과 비슷한 오락거리를 무대에 올리는, 극장 속어로 부이부이bouis-bouis라고 불린 이 작은 공연장에 귀부인들이 왔다는 것을 의미한다".[1]

오스만이 진행한 대규모 공사로 이 풍경들은 거의 없어졌다. 데자제 극장만이 남았는데, 철거를 면하고 홀로 자리를 지킨 것만으로도 대단한 일이었다. "이 극장은 이름만으로도 사람들을 웃음 짓게 했는데, 사람들이 수없이 갈채를 보낸, 그리고 여전히 환호할 수 있는 매력적인 여배우를 떠올리게 하기 때문이다. 데자제는 세계 8대 불가사의로, 나에게는 이 여배우가 아폴로의 거상보다 더 경이롭다."[2] 이토르프가 설계한 공연장 시르크 디베르 역시 남아 있는데, 처음 명칭은 나폴레옹 서커스단이었다. 나폴레옹 서커스단 시절에는 매주 일요일 오후 공연 대신 파스델루가 지휘하는 오케스트라 콘서트가 열렸다. "하이든, 베토벤, 모차르트, 베버 등이 연주됐다. 이곳에서는 카드리유 춤곡도 폴카도 아닌 엄격하고 진지한 고전 음악이 흘렀다."[3]

"앙굴렘 거리(현재 장피에르탱보)에서 바스티유에 이르는 탕플 대로의 나머지 부분은, 저녁 9시 이후에는 흡사 공동묘지 같은 마레 구역의 서글픈 정취를 자아낸다."[4] 발자크는 이 대로의 중요한 두 장소에 대해 혹평했다. "유명한 카페 카드랑 블뢰는 창문도, 2층도 없다. 테베의 폐허가 문명이라면 카페 튀르크도 유행이라고 말할 수 있다. (…) 이어 아무도 거닐지 않는 적막한 대로가 시작된다. 연금을 타며 생활하는 노인은 그가 그러고자 한다면 실내 가운을 입은 채로 대로를 산책할 수도 있다. 그리고 그곳에서는 맹인들도 그 풍경의 일부를 이루고 있음을 볼 수 있다. 시작만큼 끝은 창대하지 않다In piscem desinit elegantia(탕플 대로가 시작되는 부분

1 Lemer, 같은 책.
2 De Kock, "Les Boulevards de la porte Saint - Martin à la Bastille", op. cit.
3 De Kock, 같은 글.
4 Lemer, *Paris au gaz*, op. cit.

은 볼 만한데 끝나는 부분은 볼거리가 없다는 말)."[5]

센강 왼쪽

강가에 세워진 도시들은 보통 강 한쪽 면만 성장하고, 반대 쪽은 로마의 트라스테베레, 피렌체의 올트라르노, 런던의 램버스, 뉴욕의 브루클린처럼 경치 좋은 변두리 지역으로 남는다. 빈이 아니라 부다페스트를 지나는 구간의 다뉴브강은 부다페스트의 발상지를 둘로 나눈다. 이와 반대로 파리 센강의 오른쪽과 왼쪽은 아주 오래전부터 공존했다. 강 양쪽이 확장되었음에도 센 강변, 다리, 지류, 섬들은 파리의 기원, 경계, 연결, 장식, 그리고 구조다. 그러나 베냐민이 "여전히 활기찬 파리의 거대한 거울"이라고 부른 센강은 대체로 상투적인 모습과 잡다한 건축물들로 감춰져 있다. 파리가 품은 다음과 같은 것들은 파리의 가장 진부한 이미지다. 샹송, 우편엽서, 「미라보 다리Pont Mirabeau」를 비롯한 시, 테크니컬러 영화, 패션 사진 등 이러한 이미지들이 문학적으로 감동스럽게 묘사되지 않았을 때는 결국 빛바래고 상업적인 이미지만을 센강에 부여한다. 아나톨 프랑스가 사망했을 때 앙드레 브르통은 너무나 널리 퍼져버린 이런 상업적인 이미지에 대해 분노했다. "아나톨 프랑스를 이런 상업적이고 빛바랜 이미지에 가두기 위해서라면 아나톨 프랑스가 그토록 사랑했던 이 낡은 책 한 상자를 센강에 던져버릴 수 있다. 그러나 죽음이 아나톨 프랑스를 먼지로 되돌려서는 안 된다."[6] 그러나 한편으로는 문학적 수사에 빠져 센강이 언제나 최고의 역할만을 수행했다고 생각해서는 안 된다. 도비네의 표현처럼 때때로 센강은 "반쯤 물에 잠긴 부상자와 시체로 뒤덮였다". 센강은 성 바돌로매 축일에 학살당한 시체를, 1848년 6월 센강 다리 위에서 총살

5 Balzac, *Histoire et physiologie des Boulevards de Paris*, op. cit.

6 Andre Breton, *Refus d' inhumer*, 1924년 10월.

된 반란군의 시체를, 1961년 10월 대통령 샤를 드골과 경찰국장 모리스 파퐁의 지시로 타살되어 강물에 던져진 알제리인들의 시체를 실어 날랐다.

센강 양쪽의 불균형은 강 왼쪽을 감싸 안으며 확장을 막는 구불구불한 센강의 물길 때문이 아니라 옛 파리 그리고 새로운 파리와 관련이 있다. 현재 강 왼쪽에 6개 구, 오른쪽에 14개 구가 있는데, 이처럼 행정 구역의 수가 차이 나는 이유는 왼쪽 구역의 도시화가 오른쪽보다 늦게 시작되었기 때문이다. 앙시앵레짐이 절정에 달했을 당시 강 오른쪽은 공식적인 토지 확정으로 빠르게 개발되었다. 공터에는 건물이 들어섰고, 집들은 높이 지어졌고, 허가된 경계를 벗어난 곳에서도 건물이 올라갔다. 강 왼쪽은 학교, 수도원, 정원 속에 잠들어 있는 듯했고, 법으로 할당된 토지에도 건물이 들어서지 않았다. 개발의 격차는 심지어 센 강변에서도 드러난다. 세바스티앵 메르시에는 이렇게 썼다. "호화로운 강 오른쪽과 인도도 거의 포장되지 않아 항상 진창과 오물이 차 있는 강 왼쪽과의 차이가 확연하다. 강 왼쪽은 최하층민이 사는 오두막집과 공사장으로 뒤덮였다." 들라그리브의 1728년 도시 계획 도면을 보면 강 왼쪽에는 모베르 광장을 중심으로 반원 형태의 밀집된 구역이 보인다. 이 구역의 양쪽 끝은 현재의 퐁뇌프와 쥐시외 대학이다. 반원의 둥근 부분은 오데옹 교차로, 지하철 뤽상부르역, 에스트라파드 광장을 지나갔는데, 필리프 오귀스트 시대의 성곽 경로와 거의 일치했다. 도면에서 포부르 생제르맹은 정원처럼 표시되어 있는데, 현재에도 남아 있다. 오를레앙을 향해 난 큰길 생자크 거리는 곧바로 위르쉴린, 푀양틴, 카르멜리트, 비지탕딘, 샤르트뢰, 포르루아얄, 카퓌신 수도회의 채소밭과 과수원으로 둘러싸인 시골길이 되었다. 강 왼쪽의 다른 축인 아르프 거리와 이탈리아 도로로 이어지는, 한때 인구 밀도가 높았던 갈랑드, 생트준비에브, 무프타르 거리는 섭정 시대에 마을과 마을을 잇는 시골길이 되었다.

센강 왼쪽은 18세기 말에야 개발되었다. 루이 16세가 코메디앵프랑세 극장으로 사용하기 위해 사들인 콩데 공의 저택 자리에 페이르와 와일리가 오데옹 극장을 세웠다. 오데옹 극장은 1782년에 장 라신의 비극 「이피게니Iphigénie」로 개관식을 열었다. 극장 앞에는 반원형 광장이 있고 오데옹 거리, 크레비용 거리, 볼테르 거리(현재 카지미르드라비뉴)는 오리 갈퀴 모양으로 광장과 만난다. 이 일대는 런던처럼 인도를 갖춘 파리 최초의 근대 주택가가 개발된 곳 중 하나다.[1] 극장 맞은편 오데옹 거리 양쪽 끝에서 광장을 둘러싼 두 건물에는 광고지가 덕지덕지 붙어 있다.

거의 같은 시기에 왕의 동생이자 훗날 루이 18세가 되는 프로방스 백작은 뤽상부르 공원 일부를 팔았다. 샬그랭은 그 땅에 플뢰뤼스, 장바르, 뒤귀에트루앵 거리의 토지 구획을 설계했다. 이 계획은 한참 후인 왕정복고 시대와 7월 군주정 시대에 실현되었다. 프랑스 혁명 동안 예술가위원회는 샤르트뢰 수도원의 토지를 개발할 것을 제안했다.[2] "샤르트뢰 수도원의 토지에는 사람이 거의 살지 않았다. 오솔길에는 잡초가 무성했다. 일절 관리되지 않은 나무들은 사람들을 쳐다보지도 않고 고개 숙여 인사하는 성직자처럼 휘었고 볼품없었다"라고 세바스티앵 메르시에는 썼다. 이 일대가 현재 오데옹 광장에서 오리 갈퀴 모양으로 난 거리의 기원으로, 그 가운데 남쪽으로 뻗은 일부분이 오브세르바투아르 대로다. 오브세르바투아르 대로는 레스트 거리(현재 생미셸 대로)와 루에스트 거리(현재 아사스) 사이에서 파리의 남쪽을 구체적으로 보여준다.

개발이 시작되었지만 강 왼쪽은 19세기 초까지 여전히 황량했다. 『레 미제라

---

1 "결국 테아트르프랑세의 새로운 도로 양쪽에 인도를 설치했다. 그러나 인도와 도로를 경계 짓는 턱을 제대로 설치하지 않아서 마부들이 인도를 따라 마차를 끄는 데 어려움이 있었다." Mercier, *Tableau de Paris*. 토지개발에 대해서는 Pierre Pinon, *Paris, biographie d'une capitale*, Paris, Hazan, 1988를 참고할 것.

2 테르미도르 2년 14일, 프랑스 혁명 의회 보고서에 국유 재산의 처분을 잠정 중단한다고 선언하는 내용이 담겼는데, "예술가위원회가 파리 미화 계획을 구상하고 있었기 때문이다". Lavedan, *Histoire de l'urbanisme à Paris*, op. cit. 예술가위원회의 역할은 1793년부터 시작된 프랑스 혁명의 가치를 떨어뜨리려는 일반적 움직임 속에서 과소평가되었다. 사람들은 공포 정치 동안에는 파리를 미화할 수 없다고 생각한 듯하다.

블』의 무대가 된 시대에 몽파르나스는 '대부분의 사람들이 알지 못하는' 글라시에르, 몽수리, 통브이수아르처럼 '독특한 장소' 중 하나였다. 소설 『파리의 미스터리Les Mystères de Paris』에서 슈리뇌르는 사악한 톰과 사라와 동행했다. 그들이 탄 마차가 길도 제대로 보이지 않는 칠흑 같은 어둠 속에서 멈췄다. "슈리뇌르는 주머니에서 단도를 꺼내 마차가 멈춰 선 곳 근처에 있는 나무 하나에 넓고 깊게 표시를 남겼다." 이 음산한 장소가 오브세르바투아르 대로다. 1836년 '당시까지는 비포장 길이었던' 노트르담데샹 거리와 루에스트 거리의 모퉁이에서 "사람들은 채소밭 가장자리를 두른 나무 울타리나 물이 고여 머지않아 잠길 비좁은 골목길의 건물을 따라 지나다닐 수밖에 없었다".[1] 『파리의 모히칸Mohicans de Paris』 앞부분에서 알렉상드르 뒤마는 "파리의 센강 왼쪽은 본래 정체되어 있고, 인구가 계속해서 줄어들고 있다"고 썼고, 1827년에서 1854년까지 이곳에서 시행된 공사는 "퀴비에 광장과 분수대, 기라보로스 거리, 쥐시외 거리, 에콜폴리테크니크 거리, 루에스트 거리, 보나파르트 거리, 오를레앙 플랫폼(현재 아우스테를리츠 기차역) 그리고 멘 건널목의 플랫폼(현재 몽파르나스 기차역)"에 불과했다고 언급했다.

거의 한 세기에 걸친 이 격차는 강 왼쪽에는 어떤 형태로든 오른쪽 그랑 불바르에 상응하는 대로가 없었다는 사실로 설명된다. 빌레와 블롱델은 파리 전체를 감싸는 가로수 길을 조성할 계획을 세웠다. 강 오른쪽에 새로 조성될 대로들은 과거의 흔적 전체를, 즉 센강의 옛 지류, 중세 성곽, 바스티유 감옥이나 성당 기사단의 견고한 건축물을 기반으로 조성됐다. 반면 '남쪽 대로들은' 채석장, 방목장, 그리고 풍차 한가운데를 지나는 노선이었다. 남쪽 대로들 바깥쪽에는 앵발리드 병원, 종합 병원(현재 살페트리에르 병원), 천문대 같은 당대 가장 중요한 건축물들이 있었다. 남쪽 대로들은 한참 후인 19세기 후반에야 완성되었는데, 현재에도 여전히

1 Balzac, "L'Initié", *L'Envers de l' histoire contemporaine*, 1848.

눈에 띄는 두 가지 흔적을 남겼다. 첫째, 남쪽 대로들은 옛 파리의 진정한 경계와 일치하지 않는데, 옛 파리는 이 대로까지 확장되지 않았기 때문이다. 그 결과 대로들과 옛 파리의 경계는 '근대의' 건물들을 중간에 두고 분리되어 있다. 둘째, 이 대로들은 무엇보다도 차량 순환로였고 현재도 그렇다. 그 대로 중에 당시 사람들이 산책했던 유일한 구역인 오브세르바투아르 대로와 당페르 대로(현재 라스파유) 사이에 있는 몽파르나스 대로는 이탈리앵 대로에서 멀리 떨어져 있다. "몽파르나스 대로의 인도는 비포장도로였지만 봄이면 시원한 그늘이 되어주는 100년 된 참나무들이 늘어서 있었다. (…) 매일 아침 이곳은 공동묘지의 정원사들로 붐볐고, 저녁이면 외곽에서 돌아온 취객들의 노래와 햇빛 찬란한 사랑의 나라에서 온 연인들의 입맞춤이 정적을 깨트렸다."[2]

강 한쪽에서 다른 한쪽으로의 유행의 변화를 명확하고 섬세하게 보여주는 장소로는 정원도 빼놓을 수 없다. 그중에는 피렌체 출신의 두 왕비 카트린 드 메디시스와 마리 드 메디시스가 조성한 곳도 있다. 19세기의 가장 중요한 기간에 댄디, 연인, 작가들은 튀일리궁전의 정원을 가장 좋아했다. 발자크가 '외젠 들라크루아에게' 헌정한 「황금 눈의 소녀La Fille aux yeux d'or」의 격정적인 도입부에서 앙리 드 마르세가 파퀴타 발데스를 만난 곳이 푀양 수도원의 테라스였다. 베를렌과 상징주의에서 시작해서 20세기 내내, 그리고 『나자』에서도 튀일리 정원의 분수는 중요한 역할을 맡았지만 젊은이와 시인들은 뤽상부르 공원으로 옮겨갔다. 폴 레오토 『일기Journal』의 1901년 5월 4일자를 보면 이런 내용이 있다. "석양은 정원 곳곳에 깊숙이 스몄고, 가벼운 수증기가 떠다녔다. 나는 온실 입구에서 멀지 않은 테라스에 있었다. 정원의 낮은 부분에서는 분수의 물줄기가 조용히 뿜어져나왔다 떨어졌다를 반복했다. 잠시 후 북이 울렸다. 문 닫을 시간이었다. 보들레르가 묘사

2 Delvau, *Les Dessous de Paris*, op. cit.

한 것과 같은 아름다운 풍경 앞에 내가 서 있다고 생각했다." 쥘 발레스, 레옹 도데, 앙드레 지드, 쥘 로맹, 장폴 사르트르, 미셸 레리스, 자크 루보의 글, 그리고 파리를 배경으로 한 소설이나 일기에는 대부분 뤽상부르 공원이 등장한다. 뤽상부르 공원은 센강 왼쪽의 중심지이자 상징적인 장소로 대학생, 작가, 출판인, 서점, 예술 영화 상영관, 화랑, 아방가르드 예술가를 어머니의 품처럼 받아들이는 듯하다. 오스카 와일드, 제임스 조이스, 조지프 로스, 헨리 밀러 같은 작가들의 뒤를 이어 자리 잡은 외국인들은 굳이 언급할 필요도 없다. 상당 부분이 신화적인, 이렇게 깨지기 쉬운 구조는 우리 시대에 와서야 과거의 명성이 우연이었음을 약간은 우울하게 보여주는 것 같다.

현관이나 층계를 거쳐야 방으로 들어갈 수 있듯이 뤽상부르 공원은 강 왼쪽의 중심 구역들과 연결되어 있다. 양봉 학교 가까이에서 뤽상부르 공원은 몽파르나스와 이어진다. 뤽상부르 공원의 정문은 천문대 쪽으로 나 있다. 오랑주리와 들라크루아 동상이 있는 쪽에서 공원은 생쉴피스 성당의 가장자리를 따라 뻗어 있고, 이 성당을 매개로 해서 생제르맹데프레로 이어진다. 뤽상부르 공원은 보지라르 거리로 오데옹 구역과 갈라진다. 레옹 도데가 적절하게 지적했듯이 뤽상부르 공원은 "부지런한 라탱 구역의 녹색 허파다".

라탱

레 알과 더불어 라탱 구역은 보들레르의 유년기와 『인간 희극』 속 라스티냐크의 청소년기 이래로 옛 파리에서 가장 급격하게 변했다. 1834년 출간된 페로의 지도책에는 남북의 큰 축인 아르프 거리와 생자크 거리로 형성된 발자크 구역이 보인다. 이 구역의 첫째 부분은 오늘날처럼 생세브랭 거리로 시작해 클뤼니 수도원을 따라 올라가고, 생미셸 광장(현재 에드몽로스탕)으로 이어져 당페르 거리로 계속된다. 오늘날 생미셸 대로의 경로와 비슷하다. 평행한 아르프 거리와 생자크 거리는 가로놓인 수많은 길과 연결된다. 12세기부터 이곳에서 일했던 삽화공과 제본공에서 이름을 딴 파르슈미느리 거리, 푸앵 거리, 마튀랭 거리(현재 솜라르), 현재 퀴자스 거리에 있는 법과대학 근처 그레 거리, 훗날 수플로 거리의 경로와 비스듬히 교차하면서 포세생자크 거리와 생미셸 광장을 연결하는 생시아신트 거리가 그렇다. 1834년 지도를 보면 라탱 구역의 또 다른 주요 도로인 아르프 거리와 몽시외르르프랭스 거리 사이의 배치는 오늘날과 큰 차이가 없고, 생제르맹 대로만 따로 떨어져 있다. 반면에 준비에브 언덕의 다른 쪽인 모베르 광장 동쪽에 폴리테크니크 대학, 생니콜라뒤샤르도네 성당, 아라스 거리, 퐁투아즈 거리, 푸아시 거리 같은 기준점이 남아 있지 않았다면 라탱 구역을 알아보기가 불가능했을 것이다.

뤽상부르 공원은 수플로 거리를 통해 라탱 구역으로 연결된다. 수플로 거리는 '최근에 조성된' 거리다. 고리오 영감이 보케르 하숙집에 살았던 시대에 수플로 거리는 팡테옹과 생자크 거리 사이의 유일한 도로였다. 그래서 1848년 6월 봉기 때 팡테옹에 들어가 방어하는 폭도들을 진압하기가 쉽지 않았다. 이에 대해서는 뒤에서 언급할 것이다. 오랫동안 생미셸이라고 불린 이 광장은 센강의 작은 지류에 건설된 다리 옆에 현재의 생미셸 광장이 조성되면서 뤽상부르로 명칭이 바뀌었고, 1950년대부터는 에드몽로스탕 광장으로 불렸다. 과거 수플로 거리의 시작점에는 오래된 두 카페, 왼쪽의 카풀라드와 오른쪽의 마이외가 있었다. 레오토 『일기』의 1933년 1월 19일자에는 이렇게 쓰여 있다. "내 청춘의 모든 순간은 시 읽기로, 특히 베를렌의 시 읽기로 꽉 차 있었다. 그리고 이따금 밤에 생미셸 대로를 어슬렁거리는 베를렌을 마주쳤다. 한 번은 보지라르 거리의 모퉁이를 끼고 도는 작은 거리 몽시외르르프랭스에서 베를렌을 보았다. 초라한 옷차림을 한 그는 다리를 절면서 지팡이로 바닥을 내리치며 귀청이 찢어질 듯 소리를 지르고 있었다. 다른 날 저녁에는 용기를 내어 갔던 카페 솔레이 도르의 지하 극장에서 베를렌을 보았다(생미셸 대로와 강변 모퉁이에 있던 카페가 아마 솔레이 도르였을 것이다). 어느 날 오후 수플로 거리와 생미셸 대로 모퉁이의 카페(내 기억으로는 마이외였다) 테라스에 외제니 크란츠와 함께 앉아 있는 베를렌을 보았다. 그들은 대로 쪽 테라스 좌석 제일 뒤에, 담배 가게와 카페를 나누는 건물 출입구에 가까이 놓인 테이블에 앉아 있었다. 나는 한 꼬마를 시켜 베를렌에게 제비꽃 한 다발을 건넸다."

수플로 거리는 생자크 거리 쪽으로 올라가는데 이 길이 라탱 구역의 진정한 도로다. 생자크 거리는 뒤죽박죽 얽힌 바리케이드의 옛 거리들을 정리하려고 만든 생미셸 대로보다 더 진정한 라탱 구역의 도로라고 할 수 있다. 내게 생자크 거리는 언제나 소음과 더러움이 넘치는 길이었다. 센강과 에콜 거리 사이에는 오래된 서점 겸 출판사가 몇 곳 남아 있는데, 그 모습은 콘스탄티노플 출신 게랭 삼형제가 1473년 솔레이 도르라는 출판사를 연 이래 앙시앵레짐의 마지막 순간까지 생자크 거리가 인쇄업을 거의 독점하다시피 했다는 사실을 떠올리게 한다. 이곳에는 인쇄업뿐만이 아니라 출판업과 서점도 번성했다. 파리에 인쇄소가 설립된 1470년 이래 현재(1789년)까지 파리의 서점업자와 서점인쇄업자 총람에는 생자크 거리 그리고 인접한 프아트뱅, 앙글레, 갈랑드, 세르팡트 거리, 소르본 광장에 있던 인쇄소가 정리되어 있다.[1] 프랑수아 1세가 개인적으로 작업실을 방문하기도 했던 장인 로베르 에스티엔을 시작으로 인쇄업의 대를 이은 에스티엔 일가의 인쇄소는 생자크 거리에, 디도 일가의 인쇄소는 생앙드레데자르 거리에 있었다. "세상에 알려져 어쩔 줄 몰라 하고, 처음으로 생자크 거리의 식자공을 만난, 소심하면서도 잘난 체하는 시인의 데뷔가 세상에서 가장 우습다. 식자공은 거드름을 피우고 자신이 문학의 진가를 아는 사람이라고 내세운다"라고 세바스티앵 메르시에는 썼다. 19세기 초 센강을 건너 팔레루아얄에 자리 잡기 전에 그랑오귀스탱 강변에는 출판사가 넘쳐났다. 그랑오귀스탱 강변의 많은 출판사 가운데 "자본금

1 예를 들면 다음과 같이 정리되어 있다. 중심가의 평범한 인쇄 - 서점업자 생제르맹의 장로슈 로탱의 인쇄소는 생앙드레데자르 거리 27번지에 있다. 1789.

한 푼 없이 설립한 팡당과 카발리에가 있었다. 당시에는 많은 출판사가 이런 식으로 자본도 없이 문을 열었다. '신간'이라는 제목을 달고 일고여덟 번에 걸쳐 베스트셀러의 행운을 바라는 이 게임을 위해 지업상과 인쇄소가 출판사에 계속해서 외상을 주는 한 기존에 설립된 출판사들과 마찬가지로 새 출판사도 언제든 생겨날 것이다".[2] 게임, 신용 그리고 파산에 대해 발자크는 잘 알고 있었다.

에콜 거리와 수플로 거리 사이의 생자크 거리는 1860년대에 완전히 뒤바뀌었지만 콜레주 드 프랑스 앞에 만들어진 비탈진 작은 공원은 마음에 든다. 이 작은 공원에는 아마도 클로드 베르나르가 의과 대학 정교수로 임명되었을 때 심었을 마로니에, 플라타너스, 참나무, 아카시아가 무성하다. 아울러 내가 다닌 루이르그랑 고등학교, 회교 사원의 첨탑 형태를 한 소르본 대학 전망대, 소르본 대학 뒤쪽 생자크 거리 언덕의 꼭대기 깊은 곳에 자리한 생자크뒤오파의 얀센파 수도회 망루도 참으로 아름답다.

생자크 거리 왼쪽, 즉 동쪽의 에콜 거리는 두 구역을 나눈다. 현대적이고 활기찬 아래쪽은 쥐시외 대학과 식물원을 향해 펼쳐져 있다. 이곳의 중심은 모베르 광장이다. 1862년에 델보는 다음과 같이 썼다. "어쩌면 모베르 광장은 파리에서 유일하게 예전 모습을 간직한 장소다. 이곳에서 살짝 벗어난 거리도 머리에서 발끝까지 온통 새로운 석재와 석고로 치장했다. 모베르 광장만이 유일하게 누추한 모습을 있는 그대로 드러낸다. 모베르는 광장이 아니라 커다란 진창이다. (…) 이 광장에는 중세 파리의 전통이 살아 있는 것 같다. 눈을 떴다가 감으면 이자보 드 바비에르와 루이 11세 시대 주민들의 목소리가 들리고 얼굴이 보이는 것 같다. 조제프 프뤼돔이라면 '번식력이 강하고 끈질긴 종자는 자신을 파괴하고 나아가 문명화하려는 모든 시도에 끈질기게 저항했다. 아무것도 변하지 않았다!'라고 표현했을

---

2 Balzac, "Un grand homme de province à Paris", *Illusions perdues*.

것이다. 그렇다. 그 어떤 것도, 대포도, 기근도, 재앙도, 방탕함도 심지어는 교육도 모베르 광장을 변화시키지 못했다."[1] 모베르 광장 구역에서 군대와 흑사병도 하지 못한 일을 1960년대의 부동산 투기가 해냈다.

팡테옹 광장을 지나 무프타르 구역까지 이어진 오래된 동네 준비에브 언덕의 꼭대기는 크레이프 가게와 식당이 급속하게 늘어나 본래의 모습을 일부 잃었다. 레옹 도데의 시절 콩트르스카르프 광장과 무프타르 거리에는 "중세 유물과도 같은 하층민들이 우글거렸다". 그리고 1950년대에 상황주의자 인터내셔널은 이곳을 자신들의 근거지로 삼았다. 그러나 이런 사실은 이 지역의 어두운 그림자일 뿐 그 이상은 아니다. 투르느포르, 로몽, 아르발레트, 클로드베르나르, 윌름, 에스트라파드 거리에 의해 경계 지어진 불규칙한 영토에서, 시골 같은 조촐한 풍경 속에서, 디드로, 라 로셸 출신의 네 명의 군인, 보케 아주머니의 순진한 하숙생이었던 발자크 소설 속 외젠 라스티냐크, 또 다른 젊은 대학생, 일명 발레스이기도 한 뱅트라의 추억이 겹친다. 한편 내 기억으로는 1970년대까지 라 로셸 출신 군인의 이름을 딴 카페 하나가 데카르트 거리와 클로비스 거리 모퉁이에 있었다. 공화국을 위한 그들의 희생을 그토록 오랫동안 기억한 곳이 작은 카페였다는 사실은 의미심장하다.[2]

발자크는 『프티 부르주아』에서 "파리의 구역들이 어떻게, 왜 물리적으로 파괴된 만큼 정신적으로도 품위가 떨어졌는지 아무도 모른다. 궁중과 성당에서는 어떻게 살았고, 뤽상부르 공원과 라탱 구역은 어떻게 오늘날과 같은 모습을 갖추게

---

1 Delvau, *Les Dessous de Paris*, op. cit.

2 공화파 비밀 단체 소속이었던 장프랑수아 보리와 다른 세 명의 젊은 군인은 1822년 9월 21일 그레브 광장의 단두대에서 처형되었다(어떤 이들은 총살당했다고 주장하는데, 그들이 군인이었기에 '그럴 수도 있지만' 일반적으로 그레브 광장에서는 총살형을 집행하지 않았고 단두대에서 처형했다). "강변은 사람들로 꽉 찼다. 무장한 군대와 경찰이 있었지만 민중은 젊은 군인들에게 연민을 느꼈다." 당시 17살이었던 오귀스트 블랑키의 증언이다. 오귀스트는 당시의 처형 장면을 평생 잊지 않았다. Jeanne Gilmore, *La République clandestine, 1818-1848*, 프랑스어판, Paris, Aubier, 1997.

되었는지도 모른다. (…) 왜 삶의 우아함은 사라지고, 왜 지저분한 산업 시대의 비참함만이 이어지며 고귀한 중심부에서 멀리 떨어지지 않은 채 준비에브 언덕을 뒤덮었는지 모른다"고 질문을 던졌다. 이십 년 뒤 테오도르 드 방빌 역시 다음과 같이 자문했다. "저렴한 수프 전문점이었던 뒤발이 몰딩과 금 장식, 이국적인 나무 천장으로 화려하게 치장해 문을 열고, 중세의 흔적이 짙게 남아 있는 그레 거리 한가운데에서 영국 선술집이 루아얄 거리에서처럼 로스트 비프, 요크식 햄, 피클, 토마토 소스(라 베돌리에르 『파리 안내』의 발자크 항목을 참고할 것), 페일 에일을 파는 모습을 본다면 오늘날의 대학생이 어떻게 예전 대학생의 모습을 고집스럽게 지켜낼 수 있겠는가?"[3] 1964년에 이방 크리스트는 "20년 후에는 온화한 노신사가 되어 다시는 볼 수 없는 1960년대의 옛 라탱 구역을 떠올리며 우수에 찬 눈물을 흘릴 것이다"라고 썼는데, 너무나도 정확하게 자신이 예견한 대로 되어버린 현실을 믿을 수 없을 것이다.[4]

프랑수아 비용의 시대 이래 젊은이들의 구역이었던 라탱은 좋았던 옛 시절에 대한 향수 그 이상을 의미한다. 물론 이런 감정을 불편해할 사람도 있겠지만 1850년과 1914년 제1차 세계대전 사이에 라탱 구역에 있던 카페들이 갖고 있던 유쾌함, 다양성, 풍성함을 어떻게 아쉬워하지 않을 수 있겠는가? 비록 그 구역의 카페들의 외관을 대로변에 있는 환상적인 카페들의 모습과 절대 비교할 수 없지만, 분위기는 비슷했다. 어떤 카페들은 상당히 정치적이었다. 발레스는 『르 바슐리에Le Bachelier』에서 1850년 카페 보트 유니베르셀에는 "이른바 6월 봉기 참가자, 둘랑스 감옥의 죄수, 생메리 폭동의 주모자였다고 주장하는 사람들이 모여 있었다"라고 묘사했다. 생미셸 분수대 맞은편에서 가까운 르네상스 카페의 손님들은 "압생트를 마시는 오후 5시와 저녁 시간에 다른 시간대의 손님들과 매우 다른

3 "Le quartier Latin", *Paris Guide*…, op. cit.
4 "Quartier Latin", *Dictionnaire de Paris*, Paris, Hazan, 1964.

모습을 보였다. 그들은 머리가 헝클어지고 옷매무새가 흩트러진 대학생과 여학생들이었다. (…) 코뮌 시대의 파리 지도자들은 카페 르네상스에서 모임을 가지며 중요한 작전을 모의했는데, 이 계획은 결국 방화와 살인으로 끝날 수밖에 없었다".[1] 생세브랭 거리에 있는 프랑수아 마스페로의 서점 '책 읽는 즐거움'은 모든 세대에게 정치 대학으로 활용되었고, 생세브랭 주점은 파리 코뮌 지도자들이 즐겨 찾는 곳이 되었다. 르파주의 상당히 객관적인 증언에 따르면 "라울 리고가 그들을 내려다보았다. (…) 말을 타고 온 라울 리고는 생미셸 대로로 말을 돌려 코안경 너머로 거만하게 여자들을 쳐다보았다".

다른 장소는 훨씬 평범했다. 소르본 광장과 생미셸 대로 모퉁이에 있는 엄청나게 큰 아르쿠르(현재 PUF 서점 맞은편)는 여성 전용 카페였다. 가난한 대학생들을 맞이하는 식당은 플리코토와 라뵈르 하숙집이었다. 뒤마는 『파리의 모히칸』에서 "특별한 일이 있으면 사람들은 플리코토에 갔다"라고 썼다. 사람들은 기다란 식당 테이블에 앉아서 밥을 먹었다. 식당에는 직각으로 놓인 두 개의 방이 있었는데, 하나는 소르본 광장 쪽으로 , 다른 하나는 뇌브드리슐리외 거리(현재 샹폴리옹) 쪽으로 나 있었다. 뤼시앵 드 뤼방프레는 돈이 떨어지면 플리코토에서 저녁을 먹었는데, 그곳에서 결정적으로 루스토를 알게 되었다. "왕정복고 시대의 마지막 12년 동안 라탱 구역에 거주하는 학생들은 거의 없었고, 굶주리고 가난한 사람들은 신성한 이곳을 거의 찾지 않았다. (…) 이제는 유명해진 남자는 소르본 광장과 뇌브드리슐리외 거리 쪽으로 작은 타일이 깔린 인도에서 플리코토의 진열창을 보고 말로는 표현할 수 없는 즐거운 추억을 수없이 떠올렸을 것이다. 7월 혁명 전에는 플리코토 2호점과 3호점도 여전히 고풍스러운 분위기의 옛 모습을 유지하며 보기에만 화려한 겉멋 든 다른 식당들에 깊은 반감을 드러냈다. 마치 오늘날의 식당

1 A. Lepage, *Cafés littéraires et politiques de Paris*, Paris, Dentu, 1874.

주인들에게 던지는 일종의 선언과도 같았다."[2]

레옹 도데에 따르면 라뵈르는 "역사적으로 의미 있는 장소로, 파리 의과 대학 맞은편의 푸아트뱅 거리에 위치한 낡고 오래된 이 하숙집에 삼대가 거쳐갔다. (…) 브르타뉴 지방 우물의 벽을 이루고 있는 돌만큼이나 반질반질하고 낡은 돌계단이 응접실과 식당으로 나 있었다. 정이 많고 존경할 만한 주인아주머니 로즈는 계산을 보고 있었고, 갈색 머리 마틸드와 바티스트는 웃는 얼굴로 주문을 받고는 투덜대면서 음식을 갖다주었다".[3] 같은 시대에 프랑시스 카르코는 "나는 하숙집 라뵈르에서 외상으로 하루 두 끼를 먹었다. 아! 얼마나 좋은 하숙집인가! 계단에서는 고양이 냄새가 났고, 식사도 성찬은 아니었지만 바티스트는 우리에게 잘 대해주었다".[4] 30여 년 전에는 쿠르베도 그 하숙집에 간간이 드나들었다. 그때까지만 해도 쿠르베는 르파주가 표현한 것처럼 "유명한 우상파괴자"가 아니었다. 그러나 쿠르베가 자주 들른 곳은 라뵈르가 아니라 자신의 화실이 있던 오트푀유 거리의 앙들레르 주점이었다. 앙들레르에 쿠르베가 들어서면 모두가 그를 알아봤다. "쿠르베는 생쥐스트처럼 머리를 높이 쳐들고 거만한 자세로 가게에 들어갔다. 그가 들어서면 사람들이 그의 주위로 모여들었다. 쿠르베가 자리에 앉으면 사람들이 그를 에워쌌다. 그가 말을 하면 모두가 귀를 기울였다. 그가 나갈 때도 사람들은 여전히 그에게서 눈을 떼지 않았다."[5] 대부분 잊혔지만 앙들레르 주점의 단골 중에는 "기상학회 회원이자 화학실험 조교인 생베르만, 해부학 교수 뒤프레, 출판인 퓌른 등이 있었다". 주점의 어두운 구석에서는 "훗날 『악의 꽃』을 발표하는 샤를 보들레르가 친구들과 에드거 앨런 포에 대해 이야기를 나누었다".

대부분의 문학 카페는 대단히 수수했다. 그 가운데 생미셸 광장과 강변 모퉁이

---

2 "Un grand homme de province à Paris", *Illusions perdues*.

3 *Paris vécu*, op. cit.

4 Francis Carco, *De Montmartre au Quartier Latin*, Paris, Albin Michel, 1927.

5 Alfred Delvau, *Histoire anecdotique des cafés et cabarets de Paris*, Paris, Dentu, 1862.

의 솔레이 도르에서는 『라 플륌La Plume』의 상징주의자들이 저녁 모임을 가졌다. 생앙드레데자르 거리의 유제품 판매점 파라독스에서는 "샤르트 학교를 나와 현재는 서점상을 하고 있는 오귀스트 풀레말라시스를 마주치곤 했다. 앙리 3세를 닮은 키가 크고 창백한 이 소년은 매력적인 이야기꾼으로, 똑똑하고 박학다식했다. 온갖 짓으로 밉상만 되지 않았더라면 모든 사람이 그를 좋아했을 텐데. (…) 그때까지만 해도 사진가가 아니었던 소설가 나다르, 비평가가 아니었던 애서가 아슬리노, 학술원의 후보가 아니었던 샤를 보들레르와 파리의 뒷모습을 탐구한 프리바 당글몽 등을 마주쳤다".[1] 그러나 지식인들이 드나든 카페 가운데 가장 유명한 곳은 에콜 거리와 생미셸 대로의 모퉁이에 있었던 바셰트였다. 이 카페에는 모라스, 카튈 망데스, 에레디아, 위스망스, 말라르메, 바레스 그리고 특히 모레아스가 자주 드나들었다. 바레스는 "이곳의 젊은이들은 지적 소화 불량에 걸려 마흔 살의 애늙은이처럼 보인다"라고 말했다. 카르코는 다음을 떠올렸다. "모레아스를 만나기 위해 시간에 맞춰 카페 바셰트에 도착했다. 젊은이들에게 둘러싸인 모레아스는 '단호하게 원칙을 따르세요'라고 이야기했다. 그리고 턱수염을 쓰다듬고, 품위 있게 외눈 안경을 바로잡으며 덧붙였다. '젊은이들은 결국 굽힐 것이다.'"

『메르퀴르 드 프랑스』의 상징주의자들과 연극인들은 주로 라탱 구역의 서쪽 끝인 오데옹 주변에 모였다. 리얼리즘 시대에는 몰리에르 거리(현재 로트루)와 보지라르 거리 모퉁이의 카페 타부레에서 종종 "샹플뢰리, 전원풍의 시를 쓰는 시인 피에르 뒤퐁, 유물론자 시인 샤를 보들레르, 범신론자 시인 르콩트 드 릴, 이폴리트 바부, 조각가 오귀스트 프레오, 테오도르 드 방빌 등을 볼 수 있었다. 어리고 보잘것없고 치기 어린 나는 「퀴놀라의 재력Ressources de Quinola」 초연일 아침에 그곳에서 위대하고 훌륭한 발자크를 만나는 영광을 누렸다".[2] 그로부터 한참 뒤 오데옹

---

1 Delvau, 앞의 책. 보들레르가 코코말페르셰라고 불렀던 풀레말라시스는 『악의 꽃』의 편집인이었다.

2 Delvau, 같은 책. 보들레르의 친구 이폴리트 바부는 시집 제목으로 '악의 꽃'을 제안했다.

오데옹 거리에 있는 자신의 서점 '책들의 친구'에서의 아드리엔 모니에, 1930년경. 작가 미상.

광장에 있는, 피에르 루이와 앙리 드 레니에가 자주 들르는 카페 볼테르에서 폴 포르는 세베리니와 혼인한 딸의 결혼식 파티를 열었다. "최고의 시인이 피아노 위에 올라가 노래를 불렀다. 마리네티의 멋진 하얀색 자동차가 오데옹 광장의 회색 보도블록과 대조를 이루고 서 있었다. 마리네티는 미래주의 쾌락에 몸을 던졌다. 마리네티는 접시를 깨트렸다. 멋있었다."[3]

오데옹

오데옹 사거리가 꼭짓점, 뤽상부르 공원이 밑변, 몽시외르르프랭스 거리와 콩데

---

3 Carco, *De Montparnasse au Quartier Latin*, op. cit.

오데옹 극장 주변 아케이드의 거리 서점, 1884년. 오스트리아 출신 화가 펠리시앵 미르바흐라인펠트의 판화.

거리가 양 빗변을 이루는 이등변 삼각형 형태의 오데옹 구역은 라탱 구역의 일부인가? 레오토에게 이 질문의 답은 명확했다. 레오토는 자신이 무엇에 대해 이야기하는지 잘 알았다. 왜냐하면 레오토는 몽시외르르프랭스, 오데옹, 콩데 거리에 살았고, 오데옹 거리의 『메르퀴르 드 프랑스』에서 일했기 때문이다. 레오토의 『일기』 1903년 10월 6일자에는 이렇게 쓰여 있다. "10월 6일 콩데 거리에서 오데옹 거리로 이사했다. 라탱 구역은 전부 끔찍하다. 언제쯤 다른 곳에서 살 수 있을까?" 레오토가 있는 곳에서는 생제르맹데프레 구역으로 가려면 투르농 거리를 지나야 했다. 20세기 초와 제1, 2차 세계대전 사이에 라탱 구역이 이렇게 평가된 데는 그럴 만한 이유가 있었다. 오데옹이 정말로 학생들의 구역은 아니었지만 극장 아케이드의 중고서적 상인은 학생들의 문학 생활에 있어 중요한 역할을 했다. 뱅트라스 발레스는 소설 『르 바슐리에』에서 "오데옹은 우리들의 클럽이고, 안식처다. 그곳에서 헌책들을 뒤적거리며 문학청년인 듯 행세하고 동시에 비도 피했다. 누추한 숙소와 침묵이 지겨울 때면 우리는 오데옹으로 갔다"라고 묘사했다. 한참 뒤에, 학교생활에 흥미를 붙이지 못한 의대생 레옹 도데 역시 "플라마리옹 서점의 유명한 아케이드와 야외 서점이 즐비한 오데옹 일대에 매료되었다. 내게 있어 아케이드는 질풍노도의 또래 친구들과 만나는 장소였고, 나의 첫 번째 책 『돌팔이 의사들Les Morticoles』의 성공과 연결된 곳이었다. 책이 출판된 지 2주가 지났지만 잘 팔리고 있는지 알아볼 엄두가 나지 않았다. 나를 아는 서점 주인들이 멀리서 손짓으로 책이 잘 나간다고 신호를 해주었고, 그들 중 한 명은 '엄청난 성공이야'라고 소리쳤다".[1] 그 무렵 레옹폴 파르그는 "우리는 오데옹의 아케이드에 서서 책 속에서 일용할 양식을 찾기 위해 할 수 있는 한 최대로 얼굴을 처박고 책을 읽곤 했다".[2] 오데옹 극장 뒤편 투르농 거리와 보지라르 거리의 모퉁이에 있는 식당 푸아오는 무정부주의자들의 폭탄 테러로 파괴되기 전까지는 지식인들이 주로 드나드는 곳이었고, 상원의원들도 방문하곤 했다.[3] 『메르퀴르 드 프랑스』, 오데옹 거리의 아드리엔 모니에 서점과 실비아 비치 서점은 삼각형을 이루며 서로 다른 문학적 색채를 띠었고, 이런 특색 덕분에 이곳은 라탱 구역과 연결되었다. 그러나 오래전에 없어지고 말았다.

1 *Paris vécu*, op. cit.

2 "La Classe de Mallarmé", *Refuges*, Paris, Émile-Paul Frères, 1942. 총서 *L'Imaginaire*, Paris, Gallimard, 1998로 재출간.

3 페네옹에 대한 전기를 쓴 조앤 할페린에 따르면 꽃병에 폭탄을 설치한 사람은 페네옹이다. *Félix Fénéon: Aesthete and Anarchist in Fin-de-Siècle Paris*, Yale University Press, 1988. 이 테러로 로랑 타이아드가 한쪽 눈을 실명했다.

생쉴피스

뤽상부르에서 생제르맹데프레로 가려면 작은 구역인 생쉴피스를 지나야 한다. 생쉴피스 광장 가운데를 가로지르려면 세 거리 가운데 하나를 골라야 하는데, 이 거리들은 같은 시대에 조성된 짧은 내리막길로 각각 다른 매력이 있다. 페로 거리에는 완벽한 건축물이 있다. 세르반도니 거리는 『삼총사Trois Mousquetaires』의 중요한 에피소드 한 편이 펼쳐진 무대다. 이에 대해 움베르토 에코는 "책을 많이 읽은 눈썰미 있는 독자라면 세르반도니 거리를 떠올리는 것만으로도 감동한다. 롤랑 바르트가 이 거리에 살았기 때문이다. 아라미스는 세르반도니 거리에 살았을 리가 없는데 왜냐하면 『삼총사』의 시대 배경이 1625년인 반면, 피렌체 출신 건축가 조반니 니콜로 세르반도니는 1695년에 태어나 1733년에 성당 정면 도면을 그렸고, 1806년에 이 거리를 헌정받았기 때문이다"[3]라고 썼다. 나는 세 거리 가운데 언제나 가랑시에르 거리를 고르는데, 팔라틴 공주의 작은 분수 때문도, 수르데아크 저택의 기둥머리 숫양 장식이나 플롱누리 출판사에 대한 추억 때문도 아니다. 성모 승천 예배당의 커다랗고 둥근 지붕 위에 우뚝 서 있는 펠리컨 장식과 특히 거리 쪽에서 축을 이루는 예배당 상부 돌출부의 지지벽 모서리에 달린 아치를 한 번이라도 더 보고 싶어서다. 아치는 파리 석재 건축물의 걸작으로, 어쩌면 크루아데프티샹 거리와 라 브릴리에르 거리 모퉁이에 있는 포르탈리스 저택 벽에 달린 아치보다 더 아름답다.

"생쉴피스 광장 주위에는 많은 것이 있다. 파리 6구 구청, 세무서, 경찰서, 카페 세 곳(그중 한 곳은 담배 가게를 겸한다), 영화관, 생쉴피스 성당(르 보, 지타르, 오펜오르트, 세르반도니, 샬그랭이 설계했고, 624년에서 644년까지 부르주의 주교를 지낸 클로테르 2세의 전속 사제에게 헌정되었다. 매년 1월 17일에 쉴피스 성인을 기리는 축제를 연다), 출판

---

1 Umberto Eco, *Six Promenades dans les bois du roman et d'ailleurs*, 프랑스어판, Paris, Grasset, 1996.

세르반도니가 그린 생쉴피스 성당 정면과 생쉴피스 광장. 여기서 왼쪽 제일 안쪽에 있는 건물만이 실제로 건설되었다. 1781년 판화, 파리, 카르나발레 박물관.

사, 장례 회사, 여행사, 버스 정류장, 양복점, 호텔, 네 명의 뛰어난 기독교 웅변가(보쉬에, 페늘롱, 블레시에, 마시용)의 입상으로 장식된 분수, 신문 가판대, 종교 용품 상점, 주차장, 피부 관리실, 그리고 그 밖에 다른 것들도 많다."[2] 생쉴피스 성당의 과시적이고 진부한 스타일 때문에 사람들은 오랫동안 이 광장과 성당을 부정적으로 생각했다. "생쉴피스 근처 카네트 거리에 살았던 에레라 신부는 성당에 애착을 갖고 있었다. 딱딱하고 건조한 양식의 생쉴피스 성당은 이 스페인 출신 신부와 어울렸는데, 에레라는 도미니크 수도회의 수도사였다."[3] 그러나 오늘날에는 많은

2 Georges Perec, *Tentative d'épuisement d'un lieu parisien*, Paris, Christian Bourgois, 1975.
3 Balzac, *Splendeurs et misères des courtisanes*, 1838.

사람이 세르반도니가 설계한 성당 정면의 주랑 현관에 감탄하며, 세르반도니가 죽으면서 광장을 완성하지 못하고 성당의 중심축을 따라 자신이 설계한 커다란 아치형 통로를 실현하지 못한 것을 아쉬워한다. 세르반도니의 아치형 통로는 뇌브생쉴피스 거리로 이어졌다.[1]

생제르맹데프레

1702년의 법령으로 정해진 구역들 가운데 생제르맹데프레는 20번째이자 마지막 구역으로, 이는 생제르맹데프레가 다른 구역과 구별되는 특징이 있다는 사실을 의미한다. 샤를 5세 시대에 지은 성곽의 바깥쪽에 있었지만 또 동시대에 요새화되기도 한 생제르맹데프레 옛 수도원은 1670년까지 담벼락을 유지하고 있었고, 당시에는 파리에 속하지도 않았다. 모든 성벽을 철거했을 때 수도원의 요철 모양 담장 역시 철거했고, 수도원 주위의 도랑을 메워 오늘날 생제르맹데프레 구역에 속하는 주요 거리를 조성했다.

현재 남아 있는 생제르맹데프레 성당의 종루는 수도원의 한가운데에 있었다. 수도원 주변은 상업과 수공업이 발달했고, 상인들과 수공업 장인들은 파리의 다른 영지와 마찬가지로 평화롭게 살았다. 이곳은 일률적으로 '생제르맹포부르' 또는 '부르'라고 불렸다. 그때가 18세기로, 네모난 형태의 구역 가운데 세 면은 현재 브누아, 자코브, 에쇼데 거리에 해당한다. 에쇼데에는 두 가지 뜻이 있는데 여기서는 뜨거운 물에 덴 사람이 아니라 삼각형 과자를 의미한다. 넓은 의미로 센 거리, 자코브 거리와 더불어 에쇼데 거리로 구획을 이룬 일련의 주택들이 형성한 삼

1 세르반도니가 그린 도면의 건물 중에는 단 한 건물만이 지어졌는데, 카네트 거리와 가까운 광장의 북동쪽 모퉁이에 있는 출판사 본사 건물이었다. 페레크는 자신의 작품에서 이 건물을 로베르 라퐁 출판사라고 암시했다. 로베르 라퐁 출판사는 오래전에 시테 출판 그룹 CEP, Havas, Vivendi가 인수했다.

각형 모양을 일컫는다. 네 번째 면은 대략 생제르맹 대로를 따라 난 거리들로 형성되었다. 서쪽부터 동쪽으로 차례대로 타란, 생트마르그리트, 부슈리 거리다.[2] 타란 거리에는 디드로가 오랫동안 살았고, 현재 이 거리에는 실제로 디드로 동상이 있다. 다른 거리들은 성곽 안쪽에 있는 수도원 건물 주위로 형성되었고, 그 가운데 아바시알, 카르디날, 퓌르스탕베르 거리는 현재까지 남아 있다. 아바시알 거리는 현재는 프티트부슈리 통행로로 이름이 바뀌었고, 퓌르스탕베르 거리는 수도원 마구간의 앞마당이었다. 예술가위원회의 제안으로 19세기 초에 아베이 거리와 보나파르트 거리가 뚫렸음에도, 그보다 훨씬 더 대대적이었던 생제르맹 대로와 렌 거리 도로 공사가 있었음에도 생제르맹데프레 구역의 중심은 여전히 수도원 일대다.

생제르맹 부르와 파리 사이의 생동은 예전부터 잠재적 에너지를 간직하고 있었던 두 교차로에 집중되어 있다. 첫 번째 교차로는 푸르 거리와 부슈리 거리와 만나는 뷔시 거리로 현재의 마비용 사거리다. 사람들은 마비용 사거리에서 몽포콩 거리를 거쳐 12세기 이래 파리에서 가장 큰 볼거리였던 생제르맹 시장으로 갔다. 이 시장에서는 매년 2월 초에 종려 주일 축제를 열었다. 생제르맹 시장은 베네딕트 수도회의 유명한 수도사 이름을 딴 클레맹, 마비용, 로비노, 펠리비앙 거리로 둘러싸여 있었다.[3] 이 시장은 특히 호화로웠다. 플랑드르와 독일의 '사탕과 초콜릿', 베니스의 거울, 인도의 직물, 포르투갈 상인들이 가져온 먼 나라의 진귀한 물건들을 팔았다. 폴 스카롱은 포르투갈 상인들에 대해 "나를 포르투갈 사람들에게 데려가 주세요. 중국에서 온 상품을 아주 싸게 살 수 있어요. 용연향과 신기한 나라에서 온, 차라리 천국이라 부를 수 있는 곳에서 온, 니스 칠을 해 윤이 나는 목재

---

2 현재의 시장은 원래 모습처럼 블롱델의 신고전주의 양식으로 재건축되었다. 시장 재건축은 자크 시라크 파리 시장이 신임한 건축가 올리비에 카큅이 맡았다. 카큅은 파리의 여러 재건축 프로젝트 책임자로 앙드레시트로앵 공원 근처의 르 포낭을 비롯해 여러 건축물을 설계했다.

3 Mercier, *Tableau de Paris*.

OYSELIERS
FAYANCIERS
M. de Marroquins
M. de Calecons
M. Chaudronniers
Perruquiers
Conroyeurs et turaliers
Coffretiers
M. de bas de laine
M. Lingers
Toiliers
M. Futaniers
M. d Dantelles de filet
Chien de Bologne
M.M. Papetiers
M. Cartonniers
M. Parcheminiers
M. Chapeliers
M. de Miroirs, et de Lunetier
M. Gantier et Parfumeur
Marchandise de la Chine
Hebenistes, et Affiquots
La Foire de S. Germain des Prez vous represente un racoursi de toutes les merueilles et delices d
riche Foire de France, laquelle est quelque fois honorée de la presence du Roy, de la Reyne, et de tout
Etrangers. la Perspectiue est Fort belle diuisée en plusieurs Cartiers de maisons pour les Marchands, c
d'hui l'ont tenuë au commencement de ce siecle de ceux qui possedoient L'A haye S. Germain e
le Jardin de Nesle, et auant quil y eût du bâtiment on Bannoit pandant la Foire pour la co

GERMAIN
Marionnettes
Vin d'Espagne
Horlogeurs
or et d'argent
ur le Roy
Vanniers
M. Chandeliers
vaisselle d'Estain
M. Chaussetiers
M. de Laine et de Couuertes
e 3me Feurier et dure 15. jours ouvriers et prolongeé souuent d'auantage, c'est la plus belle et la plus
tous les jours une affluence de peuples de toutes Sortes de Conditions de France, et mesme des
urailles close de Portes ausquelles on fait garde pendant la Foire les marchands qui la possedent aujour
ayant tous les ans aux Seigneurs les droits de chaque Loge, autre fois la place s'appellart
chands
Iollain excudit

앞 페이지

생제르맹 시장의 사투영 조감도. 18세기 판화, 파리, 국립도서관.

도 있어요"라고 썼다. 생제르맹 시장은 다양한 계층의 주민들에게 기분 전환의 장소이기도 했다. 훗날 팔레루아얄의 나무 아케이드나 쿠르티유 내리막길에서 보게 될 볼거리의 원형을 이 시장에서 볼 수 있었다. 귀족은 야참을 먹고 나서 시장으로 갔다. 사람들은 둥근 막대를 쓰러뜨리는 게임, 회전 장난감 놀이, 주사위 게임, 카드 게임을 했다. 검은 벨벳 천으로 얼굴을 가린 귀부인들은 게임을 구경하거나 직접 참여하기도 했다. 귀부인들의 눈에는 횃불이 반사되었다. 우아한 여인네들 틈에 싸움질을 하는 어린 학생들, 하인, 부르주아, 소매치기가 뒤섞였다. 소매치기들은 주머니를 털거나 돈지갑을 잘랐다. "술탄의 모자를 쓰고 긴 장화를 신은 2미터에 가까운 남자들은 거인으로 통했다. 털을 깎고 셔츠, 반바지, 저고리를 입은 암컷 곰 한 마리가 마치 특별한 동물인 것처럼 전시되었다. 나무로 만든 초대형 거인상이 말을 했는데, 거인상 안에는 네 살배기 아이가 들어가 있었다."[1]

번화한 다른 큰 사거리는 현재의 마제 거리에서 생앙드레데자르 거리 측면을 통해 파리 성벽을 지나는 뷔시 문이었다. 뷔시는 퐁뇌프 다리가 건설될 때까지 이 일대의 관문이었다. 프티퐁을 통해 시테섬으로 가려는 생제르맹 부르 주민들은 반드시 이 문을 지나야만 했다. 다시 말해 이 문은 푸르, 뷔시, 생앙드레데자르 거리로 이어지는 축이었다. 도핀 거리는 파리에서 처음으로 도시 계획에 따라 조성된 주요 도로로, 도핀 광장, 퐁뇌프 다리와 더불어 뷔시 문의 교차로와 측면에서 이어졌다. 도핀 거리는 도로 폭이 9미터로 파리에서 가장 넓었다. 앙리 4세는 이 거리에 건물들이 규칙적으로 배열되기를 원했다. 1607년 5월 2일, 앙리 4세는 쉴리에게 편지를 썼다. "친애하는 친구여, 퐁뇌프 다리에서 뷔시 문으로 이어지는 새로운 거리에서 건물 공사를 시작했다는 이야기는 전에 했지요. 그 이야기에 이

1 생페르 거리와 렌 거리 사이의 생제르맹 대로 홀수 번지 쪽 옛집들은 모두 철거되었다. 고즐랭 거리는 부슈리 거리의 일부분이다.

어 그대에게 전하고 싶은 말이 있소. 이 거리에 건물을 지으려는 사람들에게 그대가 다음과 같이 설명해준다면 정말로 기쁠 것이오. 건물들을 전부 질서 정연하게 배치해야만 한다고, 그래야 다리 끝에서 거리에 서 있는 모든 건물의 정면을 똑같이 볼 수 있는 아름다운 장식이 될 거라고, 꼭 이야기하고 싶소."[2]

파리의 성곽들이 철거되었을 때 뷔시 문도 철거되었고 매립된 해자에는 마자린 거리와 앙시앵코메디 거리가 조성되어 이 구역은 300년 동안 번성했다. 그레구아르드투르 거리 맞은편의 뷔시 거리 4번지에 있는 식당 랑델에서는 1730년대에 문학 모임과 미식 모임이 열렸고, 부자지간인 피롱과 크레비용, 뒤클로, 엘베시우스 등이 참석했다. 그리고 영국인들이 설립한 프리메이슨 지부의 첫 번째 회합이 열린 곳 또한 랑델이었다. 프랑스 혁명 때 이 식당 건물은 브리소의 신문 『쿠리에 프랑세』의 인쇄소로 이용되었다. 1860년 이 건물에는 화가 지아코멜리와 편집자 풀레말라시스가 세 들어 살았다. 당시 풀레말라시스는 『악의 꽃』을 출간한 후 법원과 심각한 문제를 겪었다.[3]

파리국립미술학교, 학술원, 조폐창을 둘러싼 거리들은 생제르맹의 나머지 거리들과 달랐다. 이 육중한 세 건물의 그림자, 일정한 거리, 센강과의 접근성은 시인과 외국인이 민감하게 반응했던 고요한 우아함을 제공한다. 이 일대를 자주 들르는 사람들이 거의 외우다시피 하는 이곳의 거리 표지판을 보면 생아망, 라신, 발자크, 하이네, 미츠키에비치, 바그너, 오스카 와일드, 피카소가 이곳에 살았고 이곳에서 작품 활동을 했다는 사실을 알 수 있다. 그랑오귀스탱 거리의 한 건물에서 피카소는 「게르니카Guernica」를 그렸고, 발자크는 「알려지지 않은 걸작Le Chef d'œuvre inconnu」을 썼다.

---

2 *Lettres missives d'Henri IV, T. VII*, Paris, 1858. P. Pinon, *Paris, biographie d'une capitale*에서 인용.

3 G. Lenôtre, *Secrets du vieux Paris*, Paris, Grasset, 1954.

포부르 생제르맹

생페르 거리와 앵발리드 대로 사이의 파리 7구를 '포부르' 생제르맹이라고 부르는데 정확한 명칭은 아니다. 옛 파리의 성곽 안에 있는, 주요 도로도 없는 이상한 포부르이기 때문이다. 생제르맹 대로는 당연히 아주 최근에 조성되었다. 포부르 생제르맹은 포부르 생토노레 같은 귀족들의 넓은 포부르와는 완전히 다르다. 상대적으로 도시화가 늦게 진행된 탓에 이렇게 특이한 포부르가 된 것이다. 포부르 생제르맹은 옛 파리 안 빈터에 지어졌고, '진짜' 포부르들과 같은 시기에 건설되었다. 그러나 진짜 포부르들은 파리 성곽 밖에 있었고 포부르 생제르맹은 단지 그들과 같은 시기에 조성되었다는 이유만으로 포부르라는 이름을 갖게 됐다.

한편 포부르 생제르맹은 지리의 영역인 동시에 신화의 영역에도 속한다. 많은 사람은 포부르 생제르맹 하면 유명한 두 작품을 떠올리는데, 이곳이 『인간 희극』과 『잃어버린 시간을 찾아서Recherche du temps perdu』의 배경이자 그 주인공이기 때문이다. 발자크에 따르면 "프랑스에서 포부르 생제르맹이라는 지역은 구역도, 종파도, 제도도 아니어서 그 어떤 것으로도 명확하게 설명할 수 없다. 루아얄 광장, 포부르 생토노레, 쇼세당탱에도 포부르 생제르맹과 똑같은 분위기를 풍기는 대저택들이 있다. 겉모습에서는 차이가 없다. 달리 말하면 모든 포부르는 포부르 안에 없다. 포부르의 영향에서 멀리 떨어진 곳에서 태어난 사람들은 그 영향을 느끼고 포부르에 흡수될 수 있는 반면, 포부르에서 태어난 사람들은 포부르에서 영원히 추방당할 수 있다".[1] 그리고 프루스트는 게르망트 대저택에 대해 다음과 같이 썼다. "내게는 빵이라는 예수 그리스도 성체의 현존보다는 강 오른쪽에 위치한 포부르의 첫 번째 문학 살롱이 훨씬 더 신비롭게 보인다. 이곳은 내 방과 상당히 가까워서 매일 아침 카펫이 울리는 소리가 들렸다."[2]

---

1 Balzac, *La Duchesse de Langeais*. (포부르에서 태어난 사람은 포부르를 자각할 수 없다는 의미다. — 옮긴이)

2 Marcel Proust, *Le Côté de Guermantes*.

포부르 생제르맹은 대략 100여 년의 시간 차를 두고 두 시대에 걸쳐 건설되었다. 17세기 초 앙리 4세의 첫 부인 마르그리트 드 발로아, 마르고 왕비는 루브르 맞은편에 센강과 나란히 이어지는 넓은 대지를 사서 그곳에 대저택을 지었다. 이 저택의 정원은 생페르 거리까지 펼쳐졌고, 위니베르시테 거리와 센강 사이를 전부 차지하는 담장 없는 공원과 맞닿아 있었다. 공원 너머 저 멀리로는 들판이 보였다.[3] 마르고가 죽고, 루이 13세는 빚을 갚기 위해 이 대저택의 토지를 분양했다. 나란히 길게 뻗은 릴, 베르뇌유, 위니베르시테 거리가 마르고 왕비의 공원 산책로를 대체한 지 거의 400년이 되었다.

루이 14세 재위 막바지에 마레 구역을 떠난 귀족들을 위해 생페르 거리 너머에 포부르 생제르맹이 조성되기 시작했다. 생도미니크 거리, 부샤르동이 설계한 카트르세종 분수가 있는 그르넬 거리, 그리고 바렌 거리는 마르고 산책로의 거리들과 평행을 이루었다. 센강과 직각을 이루는 벨샤스, 부르고뉴, 바크 거리 일대는 바둑판 형태를 이루었다. 그 가운데 상점이 많이 모인 바크 거리는 퐁루아얄 다리가 건설되면서 포부르와 이어지는 주요 도로가 되었다. 귀부인들은 남자들의 환심을 사기 위해 바크 거리를 거쳐 퐁루아얄 다리를 건너 튀일리궁으로 갔다. 느슨하게 짜인 이 격자 형태는 오늘날에도 여전히 넓은 블록을 이룬다. 안마당과 정원 딸린 이 일대의 저택들은 귀족 소유에서 관료 기술 집단의 소유가 되었지만, 출입증이나 신분증 없이도 들어갈 수 있었던 예전에 비해 출입이 훨씬 더 까다로워졌다.[1•]

실존주의자의 생제르맹데프레 역시 신화화된 이야기를 갖고 있지만, 대부분은 '우파' 언론의 증오에 찬 기사들로 과장되었다. '우파'라는 단어에는 반드시 따옴표를 표시해야 한다. 프랑스의 해방과 1950년대 사이에 유명했던 생제르맹데

---

3 저택의 정문은 센 거리 6번지쯤에 있었다.

프레의 카페 타부, 로즈루즈, 바베르, 그리고 몬타나의 시대에는 어느 누구도 자신을 우파라고 말하지 않았는데, 당시까지 우파라는 용어는 대독 부역자를 지칭했고, 우파 인사 대부분이 수감 중이었거나 외국에 체류하고 있었기 때문이다. 그러나 확실한 사실은 생제르맹데프레는 1980년대 말까지 프랑스 출판계의 중심이었다는 것이다. 물론 출판사들은 라탱 구역과 몽파르나스 구역, 더 나아가 센강 오른쪽으로 퍼져 나갔다. 라탱 구역에는 마에스페로라 테쿠베르트 출판사가 소르본 대학 앞에 있었고, 아셰트 출판사의 유서 깊은 건물은 생제르맹 대로와 생미셸 대로 모퉁이에 자리 잡았다. 몽파르나스에는 알뱅 미셸 출판사와 라루스 출판사가, 센강 오른쪽에는 칼망레비 출판사가 자리 잡았다. 주요 출판사 대부분은 파리 6구에 모여 있었는데 선택적 집중, 규모의 경제에 대한 고민 그리고 출판사의 전통을 중요하게 생각하지 않는 경향이 자리 잡으면서 커다란 출판사들은 책, 독자, 서점과 접촉하지 않고 편안한 현대식 빌딩에서 경영에 몰두하게 됐다.[2]

이 구역에서 추방된 것은 출판사만이 아니다. 생제르맹데프레 광장에는 루이뷔통, 아르마니, 랑뱅, 카르티에 등 유명 상점이 들어섰다. 가끔은 다른 지역의 영향을 받기도 한다. 이 일대에 유명 상점이 들어서기 시작한 것은 방돔 광장과 페거리 쪽을 통해서다. 초기에 하나둘 자리 잡기 시작한 이후 주변 지역까지 확산되었다. 소니아 리키엘이 나무 장식의 쾌적한 생페르 식당 자리에 들어섰고, 이브 생로랑은 생쉴피스 한가운데에 자리 잡았다. 초기에 이 유명 상점들은 이곳저곳에

1● "1780년대에는 낯선 방문객에게도 문을 열어두었다. 서류도, 추천도 필요 없었다. 회화, 판화 컬렉션, 서가, 심지어는 단지 아름다운 가구를 소유한 사람도 그들이 아끼는 소장품을 기꺼이 방문객에게 보여주었다. 누구든 어렵지 않게 팔레루아얄의 오를레앙 공작의 저택, 콩데 공의 저택, 아름다운 방으로 유명한 보종 저택, 최근에 완공된 삼 공의 저택, 화려한 가구들을 감상할 수 있는 프라슬랭 공작의 저택 등을 방문했다. 그렇게 사람들은 이 집에서 저 집으로 옮겨다니며 샤보, 뤄네, 브리삭, 보드뢰유 저택의 회화 컬렉션을, 숄느 또는 라 로슈푸코 저택의 자연사 컬렉션을, 드 비롱이나 드 생제임스의 정원을 구경할 수 있었다." G. Lenôtre, *Secrets du vieux Paris*, op. cit.

2 갈리마르, 미뉘, 크리스티앙 부르주아와 그 밖에 여러 독립 출판사들은 여전히 6구에 있다.

흩어져 있었다. 그러나 갑자기 분위기가 바뀌어 2년 사이에 생제르맹 일대를 점령했다. 라 윈 서점이 어느 날 갑자기 향수 가게로 바뀌지 않기를 바랄 뿐이다. 물론 내가 예로 든 서점과 향수 가게의 비유는 발자크 소설의 착한 향수 상인인 비로토의 이야기와는 아무런 관계가 없다. 어느 날 성난 민중이 이 보기 흉하고 파렴치한 쇼윈도를 깨부수기를, 경비원과 무표정한 여자 판매원에게 인사하기를, 그리고 이 흉측한 모습에서 벗어나 원래의 차분한 일상으로 돌아가기를 꿈꿀 수는 없을까? 디드로는 말했다. "친구들이여, 꿈을 꿉시다. 우리가 꿈을 갖고 잊어버리는 사이에, 인생의 꿈은 굳이 생각하지 않아도 이루어집니다."

❈

옛 파리의 경계에서 19세기에 조성된 관통로들은 시간의 부족 탓에 아쉽다기보다는 고고학적 세심함의 부족 탓에 아쉬운 거지만 그런대로 합리적이었다. 생제르맹데프레 구역이 완전히 파괴되지 않았던 것은 메츠와 스당에서 일어난 전투, 막마옹과 바젠이 가진 군인으로서의 재능 덕이었다.[3] 렌 거리는 퐁 데 아르까지 확장되지 않았고, 에티엔마르셀 거리에서 바스티유까지도 파괴되지 않았다. 19세기에 만들어진 관통로들은 명확한 도시 계획에 따라 조성되었다. 세바스토폴에서 생미셸로 이어지는 남북의 축은 센강 양쪽에서 동서로 가로지르는 두 개의 도로로 연결되었다. 강 오른쪽에서는 확장된 리볼리 거리가 세바스토폴 대로를 가로지르고, 강 왼쪽에서는 생제르맹 대로가 생미셸 대로를 가로지르며 축을 형성했다. 처음에는 생제르맹 대로 대신 에콜 거리를 동서 축으로 확장할 계획이었다. 거리들이 이렇게 직각으로 교차하는 구조는 튀르비고 거리나 오페라 대로

3 나폴레옹 3세가 벌인 이 전쟁은 프랑스의 패배로 끝났다. 이 문장은 막마옹과 바젠 장군의 무능을 비꼬고 있다. 전쟁에 지면서 대규모 공사가 제한될 수밖에 없어 이 구역이 보존될 수 있었다는 의미다. — 옮긴이

처럼 비스듬히 놓인 도로와 레오뮈르 거리처럼 가로로 지나는 도로를 통해 완성되었다.

이 관통로들은 옛 구역에 확실한 흔적을 남겼다. 오스만 도시 계획의 전형적인 예인 생미셸 광장 양쪽의 생앙드레데자르 광장과 생세브랭 구역은 적어도 건축적으로는 손상되지 않은 온전한 형태를 이룬다.[1] 오페라 대로 양쪽의 프티샹과 다니엘카사노바 거리, 생로슈와 생트안 거리, 가이용과 도누 거리는 루공마카르[2]의 파리에 뉘싱겐[3]의 파리가 저항하는 모습을 보여준다. "외젠 쉬, 빅토르 위고, 그리고 당연히 발자크도 이 거리들 주변에서 변하지 않은 중세 파리의 모습을 보았다. 오스만의 도시 계획에도 불구하고 이 거리들은 오늘날에도 여전히 옛 모습 그대로 생생하게 살아 있다. 그러나 예전에는 생드니 거리와 생마르탱 거리와 연결되었고 세바스토폴 대로로 나누어졌던 이 거리들에서 여전히 변하지 않은 옛날의 영광을 되살릴 방법을 찾은 것은 최근의 일이다."[4] 새 관통로와 옛 거리 사이를 연결한 19세기 건축가들의 세심한 배려 덕분에 이 지역은 평화롭게 공존할 수 있었다. 예를 들어 렌 거리와 비외콜롱비에 거리가 만나는 지점에 세워진 제2제정기 건물은 18세기의 근대적인 건물 구성 방식을 계승했다.[5] 비크투아르 광장으로 둘러싸인 에티엔마르셀 거리가 시작되는 지점의 두 건물 역시 루이 14세 시대의 건축물이 지닌 규칙적인 리듬과 비율을 뛰어나게 재현했다. 통합에 대한

---

1 이 구역이 도너 케밥 가게로 점령되는 것을 우려하는 사람들은 최소한 세바스티앵 메르시에의 『파리의 풍경』을 참고하기 바란다. "오스만 왕국의 마지막 대사를 따라온 터키인들은 파리의 그 어느 곳보다 아세트 거리를 마음에 들어했다. 그곳의 구이 전문점들과 그곳에서 풍기는 맛있는 냄새 때문이었다. (…) 언제든지 구운 고기를 사 먹을 수 있었다. 꼬치를 굽는 화덕의 불은 하루 종일 꺼지지 않았다."

2 졸라가 1871년에서 1893년까지 쓴 20편의 소설을 묶어 루공마카르 총서라 하는데, 발자크의 『인간 희극』에서 영감을 얻은 졸라는 이 총서를 통해 제2제정기의 사회사를 정리하려는 야심을 품었었다. — 옮긴이

3 『인간 희극』 속 인물. 등장인물만 2000명이 넘는 이 작품을 통해 발자크는 프랑스 혁명부터 1848년 2월 혁명 직전까지의 프랑스를 총체적으로 묘사하려고 했다. — 옮긴이

4 Chevalier, *Montmartre du plaisir et du crime*, op. cit.

5 François Loyer, *Paris xixe siècle, l'immeuble et la rue*, Paris, Hazan, 1987.

고민 때문에 때로는 기존 거리의 모든 요소를 활용해 새 관통로와 연결했다. 타란 거리는 생제르맹 대로에 부분적으로 통합되었고, 옛 펠리포 거리와 테브노 거리 전체는 성당 기사단 근처의 레오뮈르 거리에 흡수되었다.

시테섬은 예외였는데 오스만 도시 계획으로 대부분 파괴되었기 때문이다. 오스만에게 있어 시테섬은 "천민들의 오두막으로 가로막히고, 습하고, 구불구불하고, 더러운 거리가 사방으로 뻗어 있는 장소였다". 이런 묘사는 「죽음 신의 숙소L'Hôtellerie de la Mort」나 「샹트르 거리La Rue des Chantres」 같은 샤를 메리옹의 몇몇 판화에서 다양한 형태로 반복되었다. 이 작품들에서는 "판화에 묘사된 모든 비극적인 이미지가 원근법의 깊이를 통해 더욱 강조되었다".[6] 외젠 쉬가 『파리의 미스터리』 앞부분에서 묘사한 것처럼 "팔레 드 쥐스티스에서 노트르담 성당까지 이어진 어두컴컴하고, 구불구불하고, 좁은 거리들은 포석을 깔아" 깨끗하게 정돈할 필요가 있었을 것이다. 그러나 팔레 드 쥐스티스에서 노트르담까지의 거리를 정리하는 공사는 시테섬 전체를 쓸어버린 첫 걸음이었고, 그 결과 "완전히 파괴된 파리의 요람에는 병영 하나, 성당 하나, 병원 하나, 그리고 궁전 하나만이 남게 되었다".[7] 이런 조치가 취해진 것은 무엇보다도 정치적이고 군사적인 이유 때문이었다. 시대에 깊이 각인된 1848년 6월 봉기 동안 시테섬과 라탱 구역 일부에서는 많은 전투가 벌어졌다. 자세한 이야기는 뒤에서 하겠지만, 봉기의 진원지를 제거해야만 했던 것이다.

위의 마지막 문장이 오늘날 역사학자들의 관점과 어긋난다는 점을 나는 알고 있다. 몇몇 역사학자들은 현대 시대정신의 특성인 혼합을 통해 19세기 건축물을 재평가하면서, 봉기에 반대한 오스만의 태도를 터무니없이 단순화해 그를 긍정

6 Baudelaire, *Salon de 1859* 중 Meryon에 대한 부분.

7 Victor Fournel, *Paris nouveau et Paris futur*, Paris, 1868. (여기서 파리의 요람은 시테섬을 의미한다. 카이사르가 쓴 갈리아 전기에 따르면 기원전 1세기에 파리시족이 시테섬에 살고 있었다는 기록이 전해지며, 그만큼 이곳은 파리의 발상지로 여겨진다. — 옮긴이)

앞 페이지
노트르담 대성당 첨탑에서 본 루브르궁과 시테섬의 서쪽 풍경, 비송 형제 사진, 1860년경, 파리, 국립도서관.

적으로 평가하는데, 이런 태도는 나폴레옹 3세를 생시몽주의 박애주의자로 강조하는 것에서도 드러난다.[1] 오스만은 분명하게 이야기했다. 튀르비고 거리 공사와 보부르 거리 확장 공사로 트랑스노냉 거리가 없어졌을 때 그는 "이것은 옛 파리, 폭동 지역, 바리케이드의 붕괴다"라며 기뻐서 어쩔 줄 몰라 했다. 동시대인들도 오스만 도시 계획의 목적을 알고 있었다. "내가 읽은, 작년에 큰 성공을 거둔 책에는 파리의 거리를 넓힌 것이 통행을 원활히 하고 무엇보다 군대가 행진하기 쉽게 하려는 의도에서였다고 설명되어 있었다. 이런 악의적인 진술은 책의 다른 부분에서도 계속되는데 파리는 군사 전략상 미화되었다고 말하는 것과 똑같다. 어쨌든, 좋다. 그렇지만 나는 전략적인 도시 미화가 가장 감탄할 만한 도시 미화라고 주저 없이 말할 수 있다."[2]

시테섬을 지나 생미셸 다리를 건너면 오스만의 전략적 도시 계획의 승리를 재현한 생미셸 분수가 눈앞에 펼쳐진다. "오늘날 생미셸 광장을 지나는 행인들에게 맥주 캔과 콜라 캔으로 둘러싸인 광장 분수대의 모습은 어떤 의미일까? 관광객에게 이 분수대 조각상의 역사적 의미를 설명하거나, 사탄을 발로 제압하고 날카로운 검을 치켜든 미카엘 천사장의 모습이 당대에는 1848년 6월 봉기를 일으킨 사악한 민중을 제압한 선의 승리를 재현한 것임을 설명할 수 있는 사람이 있을까? 그러나 봉기의 시대에 반란 구역 문턱에 있는 이 조각상이 드러내는 의미는 명확

---

1 이 문제에 대해 상당히 유익한 정보를 제공하는 오스만에 관한 책이 두 권 있다. 플라마리옹 출판사가 2000년에 출간한 조르주 발랑스의 『뛰어난 오스만Haussmann le Grand』에는 "왜 오스만인가? 가장 아름답고, 가장 살기 좋고, 가장 많은 사람이 방문하고, 사람들이 가장 선망하는 도시로 꼽는 파리를 물려주었기 때문이다"라는 대목이 있다. 봉기를 반대하는 오스만의 태도를 언급한 내용은 본문 350쪽에 있는 열 줄뿐이다. 같은 해 파야르 출판사의 『오스만Haussmann』에서 저자 미셸 카르모나는 레퓌블리크 광장 공사를 다음과 같이 묘사했다. "그다지 대단하지 않은 급수탑이 세워져 있는(현재 레옹주오 거리 맞은편) 비좁은 공간은 확장되어 우리가 아는 현재의 사변형 광장이 되었다."

2 Gustave Claudin, *Paris nouveau jugé par un flâneur*, Paris, Dentu, 1868, 발터 베냐민이 *Le Livre des passages*에서 인용.

했다. 미카엘 천사장은 혁명의 악마를 짓밟은 제2제정을 상징하고, 생자크 거리와 라탱 구역은 천사장의 발밑에 짓눌린 끔찍한 야수(민중을 의미)를 상징했다."[3]

3 Dolf Oehler, *1848. Le Spleen contre l'oubli*, 프랑스어판, Paris, Payot, 1996.

새로운 파리
1. 포부르

도시의 포부르는 성곽과 성문 바깥 구역을 지칭한다. 그러나 이런 정의는 오래전부터 파리의 포부르에는 더 이상 적합하지 않다. 파리가 끊임없이 확장되어 결국 모든 포부르가 성벽 안에 포함됐기 때문이다. 그러나 오래도록 쓰인 포부르라는 명칭은 그대로 유지되었고, 파리의 지형을 이해하는 데에도 도움이 된다.

_A. 베로와 P. 뒤페, 『파리 역사 사전Dictionnaire historique de Paris』, 1832.

"높이는 약 4미터 50센티미터, 둘레는 약 28킬로미터로 조만간 파리 전체를 에워싸게 될 어마어마한 성곽에는 대략 1200만 리브르의 비용이 들었을 것이다. 그러나 매년 200만 리브르를 거둬들일 수 있게 됐기에 분명히 수지맞는 사업이었다. 민중에게 더 많이 세금을 걷는 데 있어 이보다 더 좋은 방법이 어디 있을까? (…) 노동자들은 성벽 지대에서 안전하게 왕래할 것이다. 총괄징세청부 사무소는 일드 프랑스를 포함시키기를 원했다. 이 성벽을 보면서 웃음 지을 선한 앙리 4세를 떠올려보라! 세무서 소굴들이 진짜 요새처럼 기둥이 줄지어 선 화려한 궁전으로 탈바꿈한 모습을 보는 일은 모든 면에서 불쾌하기 짝이 없다. 건물들은 커다란 동상들로 장식됐다. 그중 파시 쪽에 있는 동상은 손에 사슬을 들고서 이곳으로 도착하는 사람들을 맞이한다. 조세의 특성을 상징하는 모습이다. 아! 르두 씨 당신은

1829년 라 빌레트 운하와 생마르탱 방벽. 크리스토프 시브통의 수채화, 파리, 국립도서관, 데스타일뢰르 컬렉션. 배경에 베르튀스 방벽과 생드니 방벽이 보인다.

인정 없는 끔찍한 건축가입니다!"[1] 세바스티앵 메르시에만이 이런 생각을 한 것은 아니다. 성벽에 대한 반감이 널리 퍼져 건축업자들은 인적이 드문 살페트리에르 병원 쪽에서 공사를 시작해야만 했다. 유명한 총괄징세청부인인 라부아지에는 한 계획의 책임을 맡았는데, 성벽 때문에 신선한 공기가 파리로 들어오지 못한다는 이유로 파리 사람들에게 고발을 당하는 바람에 아이러니하게도 공기의 구성을 발견한 업적에도 불구하고 혁명 재판소에서 사형을 선고받았다.[2]

---

1 Mercier, *Tableau de Paris*.

2 "총괄징세청부인이 민중에 가한 새로운 억압과도 같은, 이 육중하고 필요 없는 장벽은 과학 학술원 회원 라부아지에 탓이다. 그러나 어찌하랴! 이 뛰어난 물리학자 라부아지에는 총괄징세청부인이었다." Sébastien Mercier, *Le Nouveau Paris*, 프랑스 공화력 제3월 10일(1798년). 총괄징세청부인은 사적인 세금 행정 대리인이었다. 직책은 돈으로 샀고, 거둬들인 세금은 파리시, 왕립 재무부, 그리고 징세청부인 자신들에게 재분배했다. 프랑스 혁명 국민의회는 1790년에 입시 관세를 폐지했지만, 총재 정부가 이를 다시 시행했다.

클리시 광장 자리에 있던 클리시 방벽. 귀스타브 르 그레이 사진, 1850년경. 파리, 국립도서관.

입시 관세 시스템은 성벽 이전에 있었다. 오래전부터 조세청부 사무소는 파리 둘레에 사무실을 설치하고 식료품, 포도주, 난방용 장작 같은 소모품이나 상품에 통관세를 징수했다.[3] 그러나 어떤 거리는 한쪽 면만 입시 관세의 적용을 받을 정도로 경계가 분명치 않아서 모든 탈세가 가능했다. 세바스티앵 메르시에에 따르면 "세상에서 가장 정직한 사람들이 거짓말을 매일 수없이 했다. 세무서를 속이는 일에 재미를 느꼈고, 세금을 내지 않으려고 서로 야합하는 일도 흔했다. 사람들은 세금을 내지 않아 만족해했고, 서로 잘했다고 축하했다". 1780년대에 공공 재정의 적자 폭이 커지자 브르퇴유와 칼론은 하나의 성벽을 통해 세수를 늘리려고 했다. 대중이 분노한 것은 세금을 회피하기가 어려워졌다는 이유 때문만은 아니었다.

3 그 대가로 입시 관세를 내는 지역에 사는 사람들은 앙시앵레짐의 가장 중요한 세금 중 하나인 인두세를 면제받았다.

어느 서점 주인의 일기에는 이렇게 쓰여 있었다. "파리 시민들은 이런 상황에 대해 불만족을 드러냈고, 불평할 이유가 그 외에도 꽤 많았다. 성곽 밖을 산책하는 즐거움을 빼앗긴 이래 파리 사람들은 시골의 녹음을 감상하는 달콤한 기쁨을 빼앗겼다. 또한 음산하고 비위생적인 거주지에서 일주일 내내 일한 후에 연휴와 일요일이면 맑은 공기를 들이마시는 즐거움도 빼앗겼다."[1]

성벽은 순전히 세금을 걷기 위한 도구로 군사적 목적을 갖진 않았다. 높이 3미터, 두께 1미터도 안 되는 성벽의 규모가 그 사실을 입증한다. 역사학자들은 이 성벽을 '총괄징세청부인의 성벽'이라고 불렀지만 성벽이 서 있던 80년 동안 파리 사람들은 '입시 관세 성벽'이라고 불렀다. 1848년 6월 최후의 반란자들이 진지를 구축하고 저항한, 생라자르 수도원 농지의 라리부아지에르 병원 건축 현장에 대해 마룩은 "푸아소니에르 방벽(현재 바르베스로슈슈아르 교차로)에서 북역의 철로까지, 생뱅상드폴 성당에서 입시 관세 성벽까지 펼쳐진 공터"[2]라고 묘사했다. 샤펠 대로의 봉쾨르 저택 창가에서 제르베즈는 거리를 바라보았다. "로슈슈아르 대로 방향의 오른쪽 도살장 앞에는 피 묻은 앞치마를 입은 한 무리의 백정이 서 있었다. 서늘한 바람이 도살된 짐승들의 냄새와 악취를 실어 날랐다. 제르베즈는 왼쪽을 바라보았다. 길게 뻗은 대로는 그녀 바로 앞, 공사 중인 라리부아지에르 병원의 새하얀 형체가 서 있는 곳에서 끝났다. 그녀는 천천히 수평선을 훑으며 입시 관세 성벽을 따라 눈을 돌렸다. 성벽 너머에서는 밤이면 이따금 학살당하는 사람들의 비명이 울려 퍼지곤 했다. 제르베즈는 칼에 찔린 랑티에의 시체를 발견할지도 모른다는 두려움에 떨면서 습한 기운과 냄새가 뒤섞인 음습하고 어두운 구석을, 외떨어진 모퉁이를 찬찬히 살펴보았다."[3]

---

1 파리 서점 주인 아르디의 일기(국립도서관, 문서 번호 ms. fr. 6685), 1784년 10월 21일 목요일. B. Rouleau, *Villages et faubourgs de l'ancien Paris. Histoire d'un espace urbain*, Paris, Le Seuil, 1985.

2 Victor Marouk, *Juin 1848, Paris*, 1880; Paris, Spartacus, 1998로 재출간.

생트준비에브 언덕의 특별한 경우를 제외하면 옛 파리는 평평하고 낮은 도시다. 반면 새로운 성곽은 센강으로 형성된 울툭불툭한 지형의 높이 솟은 지점에 기대어 언덕 비탈을 따라 건설되었다. 현재의 파리로 보면 새 성곽의 경로는 나시옹에투알에서 바르베스를 거치는 경로와 나시옹에서 당페르로슈로를 거치는 경로, 이 두 가지 지상 지하철 노선에 해당한다.[4] 성벽 안쪽에는 순찰로가, 바깥쪽에는 대로가 조성되어 있다. 총괄징세청부 사무소 설계를 맡은 건축가 르두는 55개의 방벽을 구상했다. 어떤 방벽은 보잘것없었고, 어떤 방벽은 위압적이었다. 방벽들은 로마의 판테온, 도나토 브라만테의 템피에토, 안드레아 팔라디오의 빌라 로톤다처럼 고대 양식과 르네상스 양식에 풍부한 상상력을 더해 만든 건축 놀이 세트를 옮겨놓은 것처럼 보였다. 로지에 신부는 『건축 에세이Essai sur l'architecture』에서 "나무로 만든 기초 위에 볼품없게 세운 말뚝 울타리 몇 개가 낡은 기둥 두 개를 받치고 있고, 그 옆에는 두세 개의 거름 더미가 쌓여 있는 초라한 모습을 한" 파리의 출입문을 안타까워했다. 출입구 앞에서 외국인들은 자신들이 여전히 시골과 가까이 있다는 사실을 믿을 수 없을 정도 였다. 르두는 완전히 다른 것을 예고했다. "나는 80만 명의 사람을 시골 생활에서 벗어나게 할 것이다. 외따로 떨어진 마을이 고립에서 벗어나 자립할 수 있도록 할 것이다. 그리고 이 마을들 입구에 승리의 트로피를 배치할 것이다." 르두는 수사학적으로 과장된 자신의 건축 성향을 다음과 같이 정당화했다. "예술가는 이 총괄징세청부 사무소에 공적인 성격을 부여하는 데 만족한다. 건축물이 큰 공간에 파묻히지 않도록 예술가는 가장 엄격하고 가장 뚜렷한 양식을 활용할 필요가 있다."[1•]

---

3 Émile Zola, *L'Assommoir*. 로슈슈아르 도살장은 현재 자크드쿠르 고등학교와 앙베르 광장이 있는 자리에 있었다.

4 이 지상 노선은 센강 왼쪽에서 뱅상토리올, 블랑키, 생자크, 라스파유, 에드가르키네, 파스퇴르, 가리발디, 그르넬 대로를 지나고, 센강 오른쪽에서는 트로카데로를 거쳐 클레베르, 바그람, 쿠르셀, 바티뇰, 클리시, 로슈슈아르, 라 샤펠, 라 빌레트, 벨빌, 메닐몽탕, 샤론, 피크퓌스, 뢰이, 베르시 대로를 지난다.

파리 서쪽에서 성곽은 거의 들판과도 같은 곳에 조성된 시골 마을을 따라 나 있다. 서쪽 성곽은 샹드마르스와 군사 학교, 샤요 마을의 가옥 몇 채 그리고 50년 후에 유럽 구역이 될, 아직 건설되지 않은 넓은 지대를 둘러쌌다. 그러나 북쪽과 동쪽의 도시화 정도가 훨씬 더 높았고, 그래서 성벽의 경로는 성곽 안쪽과 바깥쪽 모두 기존의 성곽을 고려해야만 했다. 이런 이유로 북쪽과 동쪽의 성곽은 불규칙해졌다. 포부르 생마르탱과 포부르 생탕투안을 포함하기 위해 튀어나온 부분도 있고, 예수회 수도사들이 여름을 보내는 몽루이 같은 넓은 사유지를 성곽 바깥쪽에 두기 위해 안쪽으로 다시 들어간 부분도 있다. 몽루이는 훗날 페르라셰즈 공동묘지가 된다. 주민들의 반대가 심해 성곽을 계획된 경로가 아닌 더 안쪽으로 들어가도록 건설해야 했던 경우도 있었다. 클리시 대로와 로슈슈아르 대로가 그런 경우였다.[2]

기존 성벽, 그리고 이후에 세워질 성벽과 달리 총괄징세청부인의 성벽은 도시를 새롭게 확장하기보다는 당시의 확장된 형태를 구체화했다.[3] 루이 15세 재위 기간의 군사적 재앙이 끝나는 시기와 혁명 전야의 위기가 시작된 1785년 사이의 20여 년 동안 경제는 급속히 성장했고, 경제 호황과 더불어 부동산 투기도 극성이었다. 반면 파리 중심지는 과도하게 치솟은 집값, 빽빽한 토지 구획, 누추한 가옥들이 늘어선 혼잡한 거리 때문에 갈수록 살기가 힘들어졌다. 보왈로의 풍자시 「파리의 걱정거리Embarras de Paris」와 세바스티앵 메르시에의 『파리 풍경』 사이에는 미묘한 어조 차이가 있다. 『파리 풍경』에는 "인도의 부족은 거리 대부분을 위험하

1● Claude - Nicolas Ledoux, *L'Architecture considérée sous le rapport de l'art, des moeurs et de la législation*, 1804.

2 Béraud et P. Dufay, *Dictionnaire historique de Paris*, Paris, 1832. 마르티니 거리 끝에서 동쪽으로 들어간 부분이 여전히 뚜렷이 보인다.

3 피에르 피농에 따르면 "총괄징세청부인 성벽이 완성된 시기는 프랑스 혁명 때 압수한 국유 재산을 매각한 시기와 일치한다. 국유 재산 매각으로 고작 몇 년이 아니라 수십 년 동안 파리의 토지와 부동산 시장은 포화 상태가 되었다". *Paris, biographie d'une capitale*, op. cit.

게 만들었다. 아프면 마차의 소음을 줄이기 위해 집 앞에 똥을 쏟아붓는 부자도 있었다. 특히 주의가 필요할 경우에도 집 앞에 똥을 부었다. (…) 도살장은 도시 밖도, 경계도 아닌 도시 한가운데에 있었다. 파리 거리에서는 냇물을 이룬 피가 사람들 발아래에서 굳어 신발을 붉게 물들였다. (…) 비계를 태우는 보일러에서 짙은 연기가 나며 악취를 풍겼다. 이 지독한 연기가 공기 오염의 주범이다. (…) 아무렇게나 난 좁은 길과 높이 솟은 건물 때문에 공기의 흐름이 원활하지 않았다. 정육점, 생선 가게, 하수구, 공동묘지, 이 모든 것이 환경을 망치고 파리를 불결한 먼지로 꽉 채웠다. 공기가 순환하지 못해서 건강에 해로운 영향을 끼쳤다."

앞에서 이야기했듯이 17세기 말에 귀족들은 마레 구역을 떠나 포부르 생제르맹과 포부르 생토노레에 자리 잡았다. 그로부터 100년 후, 떠날 수 있는 사람은 모두 옛 번화가를 떠나려고 애썼다. 이로써 고급 주택가와 서민 주택가가 분리되었고, 부자들은 파리 서쪽에 자리 잡았다. 부자와 서민이 분리되기 전까지는 한 거리에 호화로운 대저택과 누추한 가옥이 이웃해 있었다. 심지어 궁전도 누추한 오두막으로 둘러싸여 있었다. "외국인들이 감탄하는 루브르궁의 화려하게 늘어선 기둥 맞은편에는 헌 옷이 빨랫줄에 걸려 보기 흉하게 펼쳐져 있었다. (…) 옷장수들은 왁스 먹인 천으로 만든 3미터 높이의 중국식 파라솔을 펼치고 헌 옷을 팔았다. 파라솔을 접는 밤이면 어둠 속 파라솔은 두 줄로 정렬한 채 움직이지 않는 거인처럼 루브르궁을 지키고 있는 듯 보였다." 루브르궁 맞은편 카루젤 구역의 "미로처럼 얽힌 집들은 리슐리외 거리 쪽 습지로 둘러싸여 있다. 튀일리궁 쪽으로는 포석의 바다가 물결을 이루고, 좁고 긴 회랑 쪽으로는 음산한 가건물이, 옛 루브르궁 쪽으로는 파괴된 건물의 잔해와 건축용 석재 쓰레기 더미가 쌓여 있다".[4] 파리는 이렇게 가난한 사람과 부유한 사람이 한데 어울려 살았고, 심지어는 같은 건물에

4 Mercier, *Tableau de Paris*; Balzac, *La Cousine Bette*, 1846.

살기도 했다. 건물(19세기 말 이전, 그리고 임대용 건물이 생기기 전까지는 '건물'이라는 단어를 거의 쓰지 않았다) 1층에는 상점이, 중이층에는 상점 주인들이, 승강기가 발명되기 전까지 귀족층으로 여겨졌던 3층부터는 귀족들이, 꼭대기 다락방에는 노동자들이 살았다. 1960년대 초까지 이런 흐름이 유지되었다. 예를 들어 생트준비에브 언덕의 건물이나 라플라스, 라노, 발레트 거리의 건물 맨 위층에는 노동자들이 살았다. 당시까지도 다락방에는 수도가 설치되지 않았고, 층계참에 공동 수도가 있었다. 소득에 따른 미국식 지역 구분은 사실 드골, 말로, 퐁피두 시대를 거치며 자리 잡았다. 그와 동시에 대대적으로 재정비한 옛 구역들은 부르주아들이 다시 차지했다.

❈

그랑 불바르와 총괄징세청부인 성벽이 세워질 지역 사이에 위치한 구역은 18세기 초부터 새로운 방식으로 개발되었다. 중심부를 밀도 높고 빽빽하게 조성하는 방법 대신 옛 파리의 중요 축에서 뻗어나가는 포부르를 따라 중심에서 멀어져 가는 방식으로 점진적으로 진행되었다. 입시 관세의 주요 방벽은 포부르의 양쪽 끝에 세워졌다. 이것은 방벽이라는 단어가 비유적으로 사용되게 되었음을 의미한다. 즉, "무도회에서 돌아온 마지막 마차들의 진동이 파리 중심가에서 멈추자마자 마차가 방벽을 향해 움직이기 시작했다. 그러는 사이 파리는 천천히 깨어났다" 그리고 마치 메아리처럼 "분홍색과 초록색의 옷을 입고 한기로 몸을 떠는 새벽은/ 적막한 센강을 향해 천천히 나아가고/ 아직은 어둑한 파리에서 부지런한 노인은/ 눈을 비비며 자신의 연장을 챙긴다".[1]

그렇지만 새로운 파리의 지층은 하나의 축을 중심으로 파리 전체 둘레에 고르게 퍼지는 모델에 기초해 구상해서는 안 되었다. 파리 동쪽과 노동자 계층이 사는 북쪽의 옛 포부르들은 오래전부터 빽빽한 띠 모양의 지역을 이루었다. 포부르들을 둘러싼 농지에는 그 중심부터 외곽으로 건물이 빠르게 들어찼다. 앞에서 봤듯이 서쪽 성벽은 도시와 멀리 떨어진 곳에 세워져 포부르생토노레 거리에만 유일하게 포부르라는 명칭이 붙었다. 이 엄청나게 넓은 지역의 도시화는 광범위한 개발을 통해 천천히 진행되어 19세기 말이 되어서야 전체가 유기적으로 이어졌다. 센강 왼쪽의 새로운 파리는 바퀴살처럼 퍼지는 포부르들의 체계와 거의 무관한 방식으로 개발되었다.

면적과 인구가 늘어난 파리는 새롭게 구획을 나눠야 했다. 1790년에 혁명 의회는 루이 14세 시대의 구역 대신 네 개의 구역으로 구성된 열두 개의 행정 구역을 설치했다. 이 구성은 입시 관세 성벽만큼이나 오래 유지되었다. 행정 구역의 개념은 1805년에 구arrondissement와 수많은 혁명의 기억이 서린 영역으로서의 구역section으로 재편된다.[2] 한편 파리가 커지면서 길 찾기가 어려워졌다. 거리에 지번을 매기는 체계를 고안한 쇼데를로 드 라클로는 1787년 6월 『르 주르날 드 파리Le Journal de Paris』에 그 내용을 소개했다. "나는 이 큰 도시의 모든 주민이 길을 찾고 자신이 어디에 있는지 알 수 있는 방법을 제공하는 것이 필요하다고 생각한다. 각자 자신이 가고자 하는 곳으로 갈 수 있다고 확신할 수 있도록 말이다. 내 생각에는 막 완성된 새로운 성곽을 통해 오래도록 유지될 파리의 경계가 정해진 지금이 이 작업

---

1 Balzac, *Ferragus*; Baudelaire, "Le Crépuscule du matin", *Les Fleurs du Mal*. 보들레르는 발자크를 존경했는데, 동시대 어떤 프랑스 작가들에게도 진정으로 품지 않은 감정이었다. "이 경이로운 유성, 발자크는 특별하고 비범한 해돋이처럼, 얼어붙은 사막을 자신의 환상적인 빛으로 잠기게 하는 북극광처럼, 프랑스를 영광의 구름으로 감싼다." "Madame Bovary par Gustave Flaubert", *L'Artiste*, 1857년 19월 18일. 또 다른 글에서는 "오노레 드 발자크, 당신은 당신이 창조한 인물들 가운데 가장 영웅적이고, 가장 독창적이고, 가장 낭만적이고, 가장 시적인 인물입니다"라고 상찬했다. *Salon de 1846, De l'héroïsme de la vie moderne*.

2 파리 1구는 샹젤리제와 포부르 생토노레, 2구는 팔레루아얄과 쇼세당탱, 3구는 포부르 푸아소니에르와 포부르 몽마르트르, 4구는 루브르와 레 알, 5구는 포부르 생드니와 상티에, 6구는 아르에메티에와 탕플, 7구는 마레, 8구는 포부르 생탕투안과 포팽쿠르, 9구는 오페라, 10구는 포부르 생제르맹, 11구는 라탱 구역, 12구는 포부르 생자크와 포부르 생마르소에 해당된다. 열두개 개 구 가운데 센강 왼쪽에는 세 개 구만 있었다.

의 최적기다." 1779년 마린 크리펠트라는 독일인이 사비를 들여 체계적으로 지번을 매겼다. "그라몽 거리의 경찰서 문 앞에 첫 번째 번호를 매겼다. 현재 이곳은 생오귀스탱 거리와 만나는 지점으로 유모들의 사무실이 들어서 있다."[1] 파리 사람들은 이 시도에 냉랭하게 반응했다. 혁명력 프리메르 9년 15일(1800년 12월 6일) 경찰 국장은 내무부 장관에게 이 사실을 다음과 같이 보고했다. "사람들은 이 작업을 새로운 세금에 관한 법률 제정의 사전 단계로 받아들이는 데다, 이런저런 장애물도 많아서 번지 매기는 작업은 밤에 진행돼야 했습니다. 이런 어려움 때문에 많은 시행착오가 있었습니다." 귀족과 부르주아지는 다른 이유로 지번 매기기에 적대적이었다. 세바스티앵 메르시에는 다음과 같이 지적했다. "참사관, 총괄징세청 부인, 주교 전하의 저택에 어떻게 똑같이 번호를 매길 수 있을까? 그리고 대리석으로 만든 번호판의 목적은 무엇인가? 모두가 카이사르를 닮았다. 로마에서 이인자가 되기를 바라는 사람은 아무도 없다. 그럼에도 마차가 드나드는 귀족의 화려한 건물이 평민들의 초라한 상점 다음에야 등록될 것이었다. 지번 매기기는 오랫동안 주의를 기울여 행해놓은 계급 구분에 평등의 분위기를 각인시킬 것이다."

크리펠트는 거리 왼쪽 전체에 지번을 매기고, 이어 맞은편 오른쪽 거리는 제일 끝에서부터 지번을 매겨 왼쪽 첫 번째 번지와 오른쪽 마지막 번지가 마주하는 체계를 생각했다. 이런 방식은 오늘날에도 여전히 런던의 몇몇 거리에서 발견할 수 있다. 프랑스 혁명 의회는 이런 표기 방식을 폐지하고 순전히 세금을 걷으려는 의도로 모든 길에 숫자를 한 방향으로, 순차적으로 부여했다. 따라서 각 거리가 시작되는 지점에 임의로 지번을 부과했는데, 이런 방식은 오늘날 도쿄에서처럼 주소를 찾는 데 문제를 불러일으켰다. 홀수 번지는 황갈색 바탕에 검은색으로 적고, 짝수 번지는 빨간 색으로 적는 오늘날과 같은 체계는 1805년에 정착되었다. '푸른

1 Jeanne Pronteau, *Les Numérotages des rues de Paris du xve siècle à nos jours*, Paris, Commission des travaux historiques, 1966에서 인용. 나는 이어질 논의에 있어 이 저서를 폭넓게 차용했다.

색 바탕에 흰색으로' 돋을새김한, 사기로 만든 건물 번호판은 1847년에 도입되었고, 여전히 파리의 많은 건물에 이 번호판이 남아 있다.

샹젤리제

많은 부분에서 대조되는 포부르 생탕투안과 포부르 생토노레가 새로운 파리의 양쪽 끝에 자리 잡은 것은 당연히 우연이 아니다. 그러나 오늘날에도 동서 방향의 주요 축은, 뱅센성에서 바스티유, 루브르, 그리고 에투알을 거쳐 라 데팡스 타워에 이르는 축이다. 이 동서 축을 따라 1호선이 지나는데, 개선문 너머로 해가 지는 모습을 멀리서 볼 수 있으며, 포부르 생토노레가 아닌 샹젤리제를 지난다. 이 축은 최근에 형성됐다고는 믿을 수 없을 만큼 파리의 지형에 잘 녹아들었다. 오스만이 앵페라트리스 대로(프루스트의 시대에는 부아 대로, 그 후에는 포슈 대로라고 불렸다)를 정비한 1860년대까지 뇌이와 노르망디 도로는 포부르 생토노레를 지났다.[2] 그리외 일가가 마농 레스코를 유배지로 호송하는 부대를 공격하기로 계획한 곳이 바로 노르망디 도로였다. "경비병의 보고로 호송대가 노르망디 도로를 거쳐 아브르 드그라스에서 미국으로 출발할 예정임을 알게 되었다. 우리는 곧바로 생토노레 문으로 갔다. (…) 우리는 포부르 끝에 모였다. 말들은 아직 힘이 넘쳤다."[3]

포부르 생토노레와 센강 사이에 펼쳐진 넓은 언덕 지역은 젊은 루이 13세가 그곳에서 여우 사냥을 하던 시대 이래로 놀랄 만한 변화를 겪었다. 그 당시에는 튀일리궁의 해자 위에 세운 돌다리를 건너면 파리 밖이었다. 1620년대 『르 시드』 시대의 우아한 산책로 쿠르라렌이 정비된 곳은 따라서 파리 외곽이었다. "마리 드 메

---

2 포부르 생토노레라고 불렸던 구역은 루아얄 거리에서 생토노레 문과 생필리프뒤룰 사이를 포함한 현재의 포부르 일부다. 그 너머와 튀른 광장 자리에 있던 룰 방벽까지는 당시 포부르 뒤 룰이었다.

3 아베 프레보 신부가 1731년 발표한 단편 소설 『마농 레스코Manon Lescaut』 중에서. — 옮긴이

FAUBOURG
RIVIERE DE SEINE

EDITIONS LES YEUX OUVERTS, 17 RUE MONTMARTRE, PARIS 2

앞 페이지

튀르고의 지도, 1734년. 개인 소장. 당시 대부분의 지도처럼 앞쪽에 있는 정원이 튀일리 정원일 정도로 동쪽이 높다. 생루이섬 뒤쪽은 루비에섬이다. 위쪽과 왼쪽으로 뻗은 큰 도로는 바스티유와 만나는 생탕투안 거리와 포부르 생탕투안 축이다.

디시스가 건설한 이 산책로는 파리에는 없던 새로운 것이었다. 마리 드 메디시스의 섭정 때까지 프랑스에서는 걸어서 산책을 하거나 정원을 거니는 방법 외에 다른 산책 방법은 없었다. 마리 드 메디시스는 저녁을 먹은 뒤 가장 선선한 시간에 마차를 타고 산책을 하는 유행을 파리에 퍼트렸다. (…) 마차를 타고 산책할 수 있도록 마리 드 메디시스는 튀일리궁 정원 서쪽의 센 강변에 나무를 심어 오솔길을 조성하게 했다. 메디시스는 피렌체와 로마의 산책로를 모델로 한 이 산책로에 쿠르라렌이라는 이름을 붙였다."[1] 샤요궁의 옛 도로를 따라 난 쿠르라렌은 센 강변을 따라 나 있던 베르사유 도로로 센강과 분리되었다. 이 산책로에는 느티나무가 네 줄로 심겼고, 양옆은 도랑이 경계를 이루고 있었으며 양 끝은 철책으로 막혀 있었다. 산책로 한가운데의 회전 교차로(현재 캐나다 광장)에서는 마차를 돌릴 수 있었다. 『그랑 시루스Grand Cyrus』에서 파리는 수에즈라 불렸고, 망단 공주는 프롱드의 미인으로 꼽히는 롱게빌 공작부인의 금발을 이어받았는데, 소설에서는 다음과 같이 묘사되었다. "쇼아스페, 다른 이름으로 센이라 불리는 이 강을 따라 곧고 높게 뻗은 나무들로 그늘진 굉장히 넓은 네 개의 산책로가 있는데, 이보다 더 상쾌한 산책로는 없다. 매일 저녁이면 귀부인들이 덮개가 없는 작은 마차를 타고 산책을 나오고, 남자들은 말을 타고 귀부인들의 뒤를 따른다. 어느 방향으로든 자유롭게 갈 수 있어서, 이 산책로는 산책을 즐기면서 이야기를 나누는 공간이자 기분 전환의 장소다."

쿠르라렌 산책로가 조성된 17세기 초, 샹젤리제는 이름 없는 질퍽한 들판일 뿐이었다. "예전에 샹젤리제는 쿠르라렌 산책로 오른편에 있는 평야였고 작은

1 Sauval, *Histoire et recherches*…, op. cit.

돌다리로 연결되어 있었다. 1670년 평야에 느릅나무를 심었고, 그것이 룰까지 아름다운 오솔길을 이루었다. 나무가 울창하게 자라 별 모양을 이루었고, 그 너머로 파리와 파리 근교 시골의 일부가 보였다. 이 평야를 샹젤리제라고 불렀다. 샹젤리제의 한가운데 있는 드넓은 오솔길은 다른 오솔길보다 훨씬 더 넓었다. 오솔길의 한쪽 끝은 튀일리궁의 선개교 맞은편 광장까지 이어졌다. 광장은 한때 루이 15세 광장(현재 콩코르드)이었다. 다른 쪽 끝에는 에투알 광장이 있다."[2] 루이 15세 시대, 그의 애첩이었던 퐁파두르 부인의 오빠이자 국왕 소유 건물의 재정 감독관인 마리니 후작은 누이와 함께 뛰어난 문화부를 꾸렸다. 마리니 후작은 1764년에 "탁 트인 시야를 확보하기 위해 1670년에 심은 샹젤리제 대로의 모든 나무를 뽑도록 했다. (…) 그리고 도로를 보다 완만하고 고르게 만들기 위해 에투알이라고 부른 공원 근처의 언덕을 깎고 가장 낮은 부분은 흙을 쌓아 높이도록 했다. 1765년부터 마리니 후작은 샹젤리제 대로 전체에 나무를 다시 심었는데, 이 가로수들 덕분에 오늘날 샹젤리제는 세계에서 가장 아름다운 대로가 되었다".[3]

사람들은 그 당시 마리니 후작이 이 공사를 한 이유가 그가 에브뢰 대저택(오늘날의 엘리제궁으로 프랑스 대통령 관저)을 사들인 동생 퐁파두르 부인에게 산책로와 앵발리드를 향한 탁 트인 시야를 선사하기 위해서였다고 수군댔다. 그럴듯한 이야기지만 중요한 것은 정비 공사 이후 샹젤리제는 유행의 중심이 되기 시작했다는 점이다. 메르시에에 따르면 이러했다. "튀일리궁의 멋진 정원은 샹젤리제의 오솔길 때문에 방치되었다. 어떤 이는 튀일리의 아름다운 균형미와 구성미에

---

2 Hurtaut et Magny, *Dictionnaire historique*…, op. cit. 당시의 책들에서 '에투알'이라는 용어는 현재의 에투알 광장(18세기 말부터 이렇게 불리기 시작했다) 혹은 종종 '샹젤리제 에투알'이라고도 불린 샹젤리제 원형 교차로를 지칭했다. 내가 보기에 이 사전에서 에투알은 원형 교차로를 가리킨다. 사실 샹젤리제 대로는 뵈브 대로(현재 몽테뉴)까지 이어지지 않았다. 그래서 샹젤리제 대로가 '별 모양을 이루며' 현재의 에투알 광장까지 뻗어 있을 수는 없다. 마찬가지 이유로 마리니 후작이 평평하게 깎아 정비한 '언덕'은 개선문이 세워진 넓은 언덕이라기보다는 원형 교차로 쪽의 낮은 언덕일 가능성이 높다.

3 Hurtaut et Magny, 같은 책.

감탄하지만 샹젤리제에는 모든 연령과 계층의 사람들이 모인다. 전원의 느낌, 테라스로 꾸민 저택, 카페, 훨씬 넓지만 덜 대칭을 이루는 대지, 이 모든 것이 사람들을 불러들인다." 1770년대 파리에는 무도장이나 무도회가 열리는 보홀Vaux-halls이 유행했다. 레 알에 새로운 밀 도매시장을 설계한 르 카뮈 드 메지에르는 뵈브 대로(현재 마티뇽)[1], 콜리세 거리 그리고 샹젤리제 사이에 원형 건물 콜리세를 지었다. 다섯 개의 무도장, 의상점, 보석 가게, 모의 해전장, 카페, 공연장이 있는 이 원형 건물은 불꽃놀이와 마리 앙투아네트도 참석한 가면무도회로 유명했다. 상류층은 식당 르두아얭을 주로 이용했는데, 이 식당에서는 여름이면 야외에서 저녁을 먹었다. 이들은 카페 앙바사되르나 본모뤼 거리(현재 부아시당글라)와 이름이 같은 식당에도 자주 갔다. 본모뤼 거리에는 총괄징세청부인이자 유명한 미식가인 그리모드 드 라 레니에르가 클레리소에게 의뢰해 폼페이 양식으로 장식한 대저택을 지었다.[2] 오래전부터 대리석 야적장으로 사용된 튀일리궁 앞 넓은 공터에 가브리엘은 루이 15세 광장을 조성했다. 이 광장은 꽃을 심은 타원형 해자, 초소, 받침대를 세워 만든 난간, 그리고 한가운데에 있던 부샤르동이 조각한 왕의 기마상 등으로 매우 아름다웠을 것이다. 다만 그 기마상은 그리 오래지 않아 프랑스 혁명 동안 단두대로 대체됐다.

노년의 블랑키가 아무에게도 알리지 않고 자신의 비밀 조직[3]을 점검하러 그곳을 지나갈 때까지, 그리고 프루스트의 『잃어버린 시간을 찾아서』에서 젊은 화

---

1 샹젤리제와 직각으로 교차하는 뵈브 대로는 한쪽은 마티뇽 대로와, 다른 한쪽은 몽테뉴 대로와 맞닿아 있다.

2 저택은 1935년 철거되었고, 그 자리에 미국 대사관이 들어섰다. 대사관 건물은 생플로랭탱 거리 모퉁이에 샬그랭이 설계한 라 브릴리에르 저택과 대칭을 이룬다.

3 1870년 1월 초 며칠간 "블랑키는 어느 누구도 이 낯선 광경을 의심하지 않도록 신중하게 조직을 점검했다. 구경하는 군중 틈에서 노년의 블랑키는 나무에 기대어 있었다. 군중의 점점 커지는 웅성거림 속에서 조용히 있다가 인파 사이에서 한순간 함성을 지르며 그의 친구들이 도착하는 것을 보았다." Gustave Geffroy, *L'Enfermé*, Paris, Fasquelle, 1926.

자가 그곳에서 처음으로 사랑의 고통을 느낄 때까지 샹젤리제 공원은 19세기 내내 파리에서 가장 중요한 쾌락의 장소 가운데 한 곳이었다. 1800년에 에투알 방벽을 거쳐 파리에 돌아온 샤토브리앙은 9년 동안 떠나 있었던 파리를 재발견하고는 『회고록Mémoires d'outre-tombe』에서 다음과 같이 회상했다. "샹젤리제에 접어들면서 바이올린, 호른, 클라리넷, 북소리를 듣고 나는 꽤 놀랐다. 무도장에서 남녀가 어울려 춤추고 있는 모습을 보았다. 저 멀리 튀일리궁이 커다란 밤나무 두 그루 사이에 끼어 있는 듯 보였다."

그로부터 한 세기 후, 빅토르 푸르넬에게 있어 샹젤리제는 "즐거운 가락이 물결을 이루는 파리의 중심으로, 여름이면 사람들로 넘쳤다. 에투알의 원형 교차로에서 콩코르드 광장까지 가는 발걸음마다 곳곳에서 연가, 짧은 형식의 노래, 잘 알려진 아리아, 오페라의 서곡 등이 폭죽처럼 울려 퍼졌다".[4] 1844년 마빌 형제는 폴카마니 언덕 한가운데의 뵈브의 오솔길(현재 몽테뉴 대로)에 무도장을 새로 열었다. "가스등이 작은 관목, 꽃밭, 그리고 연못을 밝히는 밤이면 이 새로운 무도장은 매력적인 장소가 됐다. 오케스트라는 그에 걸맞은 명성을 누렸다. 렌 포마레, 셀레스트 모가도르, 리골보슈라는 가명으로 대중에게 알려진 유명한 안무가들이 차례대로 이름을 알린 곳이 바로 이 무도장이었다."[5] 이어 카페 콩세르가 대단히 유행했을 당시 샹젤리제 공원에는 호화로운 카페 콩세르들이 있었다. 여름에는 카페 알카자르가 유명했는데, 유명한 테레자가 그곳의 스타였다. 카페 앙바사되르는 드가와 로트레크의 작품을 통해 영원히 남게 되었다.

---

4 Victor Fournel, *Ce que l'on voit dans les rues de Paris*, Paris, 1858.

5 Joanne, *Paris illustré en 1870*…, op. cit., François Gasnault, *Guinguettes et lorettes, bals publics à Paris au xixe siècle*, Paris, Aubier, 1986도 참고할 것.

포부르 생토노레

포부르 생토노레는 "예전에는 사람이 거의 살지 않았고, 그리 중요한 곳이 아니었다"고 1765년 피가니올 드 라 포르스는 썼다. "그러나 대략 50년에서 60년 전부터 화려한 저택이 지어지기 시작했고, 그 결과 오늘날에는 파리에서 가장 아름다운 포부르 중 하나가 되었다." 샹젤리제 쪽으로 정원을 조성한 화려한 저택들은 대개 홀수 번지에 있다. 에브뢰 저택(엘리제궁), 샤로스트의 저택은 영국 대사관이 되기 전까지는 폴린 보나파르트 소유였다. 비스콘티가 네오르네상스 양식으로 개조한 아귀소 저택은 훗날 로스차일드 가문이 사들였다. 한편 샹젤리제 위쪽 원형 교차로와 현재의 에투알 광장 사이에 있는, 그 당시 뇌이 대로라고 불렸던 곳에는 사람이 거의 살지 않았다. 1800년까지도 뇌이 대로를 통틀어 건물이 여섯 채뿐이었다.[1] 그보다 더 올라가 샤요 거리(현재 베리)를 따라 형성된 토지는 오라토리오 수도회 소유였고, 왼쪽은 생트준비에브 수도원 소유로 수도원은 생트페린 양로원을 운영하고 있었다. 계속해서 올라가면 왼쪽에 마르뵈프 공원이 있는데, 예전에 별장이었던 것을 혁명 의회가 공원으로 바꾸었다. 오른쪽 드넓은 땅은 루이 16세의 재무성 총괄 징수인이었던 보종의 이름을 땄다. 보종은 은밀한 쾌락을 위해 그곳에 '별장'을 짓고, 우유 가공 공장 그리고 80명의 고아들을 수용할 수 있는 고아원도 세웠다. 고아원의 여섯 자리는 '그림에 재능이 있는' 아이들에게 배당되었다.[2] 루이 필리프 시대에는 이 일대에 거리를 조성했다. 그 거리들 중 포르튀네 거리에는 발자크가 한스카 부인을 맞이하기 위해 대규모 공사로 화려하게 꾸민 저택이 있었다.[3]

현재의 샹젤리제는 기껏해야 1830년대와 1840년대부터 본격적으로 자리 잡은, '최근에' 조성된 구역이다. 오스만이 에투알 광장을 정비하고 불로뉴 숲과 서

1 D'Ariste et Arrivetz, *Les Champs-Élysées*, Paris, 1913.

2 혁명 의회는 이곳을 병원으로 바꿨고, 병원은 1936년 클리시로 이전했다.

쪽으로 이어지는 앵페라트리스 대로(현재 포슈)를 건설한 순간부터 샹젤리제 개발은 빠르게 진행되었다. 1865년 델보는 "수많은 산보객과 사륜마차, 경마차, 이인용 마차, 덮개 달린 사륜마차와 호화스러운 사륜 장식 마차, 삯 마차와 유람 합승마차 등 온갖 종류의 마차가 불로뉴 숲이나 뇌이로 가기 위해 매일 에투알 광장을 가로지르는 모습을 보는 것은 끔찍하다"라고 썼다.[4] 그러나 19세기의 이런 활기에도 샹젤리제 대로의 역사는 주로 20세기에 만들어졌다. 파리의 중요 축 가운데 20세기에 들어와서야 자리 잡은 곳은 샹젤리제 대로밖에 없다. 비록 파리에서 멀리 떨어진 지방에서조차 샹젤리제를 파리의 중요한 상징으로 여기지만 샹젤리제 대로가 파리의 다른 주요 축과는 다른 낯선 거리가 된 이유 중 하나는 바로 샹젤리제가 조성된 역사에서 찾아야 할 것이다.

1950년대에도 번쩍거리는 장식, 흥미로운 물건, 식당 클라리지, 식당 푸케, 데소토와 팍카르에 전시된 저속한 채색화, 그리고 무엇보다도 영화관 때문에 샹젤리제 거리는 여전히 사람들로 붐볐다. 더빙하지 않은 히치콕 감독의 최신작을 보려면 크고 화려한 마리냥, 노르망디, 콜리세 영화관에 가야만 했다. 다른 대로에 있는 영화관에서는 더빙한 필름을 상영했고, 센강 왼쪽의 예술영화 전용관에서는 고전이나 아방가르드 작품만 상영했기 때문이다. 그러나 오늘날, 특히 최근 재정비된 이후의 샹젤리제는 때로는 가짜 오스만 스타일, 때로는 장클로드 데코가 다시 손본 네오바우하우스 스타일로 장식된 국제공항 면세점을 떠올리게 한다.

---

3 1846년 9월 25일. "나는(발자크) 『사촌 베트』의 원고 교정을 마쳤고, 다른 원고의 마지막 부분을 쓰기 시작했다. 엿새, 그러니까 10월 3일쯤 끝낼 수 있을 것 같다. 『사촌 퐁Le Cousin Pons』은 10월 12일쯤 끝낼 것 같다. (…) 건축가 상티는 마치 노예처럼 부지런히 일하고 있고, 나는 일요일이면 공사 견적 금액을 알 수 있게 된다. 정면의 벽을 뒤로 빼야 하는데, 보종 구역에서는 그렇게 해야만 했기 때문이다. (…) 금액이 1만 5000프랑을 넘어서는 안 된다. 그러면 이 저택에 쓴 돈이 총 6만7000프랑이 된다. 저택 구입비 5만프랑, 경비 2000프랑, 수리와 장식에 1만5000프랑. 파리의 현재 시세를 보면 아무것도 아니다. 월세로 1만 2000프랑은 받지 못하겠지만 나는 이 저택을 당신에게 선물할 수 있어 행복하다."

4 Alfred Delvau, *Histoire anecdotique des barrières de Paris*, Paris, Dentu, 1865.

포부르 생탕투안

샹젤리제 주변에 사람이 거의 살지 않고 때로는 위험하기까지 했던 시대에 포부르 생탕투안은 샹젤리제의 중심이었다. 『파리의 미스터리』에서 학교 선생이 로돌프를 익사시키려 한 장소인 누추한 지하실 쾨르 세냥은 뵈브 대로의 끝, 즉 알마 광장에 있었다. 포부르 생탕투안의 소란스러움은 유명했다. 파리 중앙시장의 과일 장수 마두 부인이 돈을 받기 위해 불쌍한 세자르 비로토의 집에 쳐들어갔을 때 발자크는 그녀가 "포부르 생탕투안에서 온 폭도처럼 뛰어들어갔다"라고 썼다. 포부르 생탕투안은 바스티유를 정복한 직후부터 프랑스 혁명 기간 사이에 폭도들의 구역으로 널리 알려졌다. 파리 혁명 자치 정부로부터 지휘관으로 임명된, 뢰이 거리의 술집 주인 상테르가 이끄는 국민병은 캥즈뱅 병원과 몽트뢰유 지역에서 8월 10일 중요한 역할을 했다. 또한 1793년 5월 31일에서 6월 2일 사이에 지롱드파가 몰락한 곳도 이 지역이었다. 테르미도르의 반동 이후에 프레리알 3년의 기근으로 일어난 폭동이 시작된 곳도, 끔찍한 탄압을 받은 곳도 포부르 생탕투안이었다. 델보가 썼듯 "포부르 생탕투안은 총성으로 기록한 파리의 역사다".[1]

포부르 생탕투안과 그에 인접한 거리들의 경로는 중세 이래 바뀌지 않았다. 많은 도로가 생탕투안 문에서 부챗살처럼 뻗어 나갔다.[2] 정확하게 말하면 포부르 생탕투안은 '정신병에 걸린 여자들을 치료하기 위해' 세운 생탕투안데샹 수도원 방향으로, 그리고 멀리로는 뱅센성 방향으로 뻗어 있었다. 샤랑통, 샤론, 뢰이, 몽트뢰유로 난 도로들은 파리에 포도주, 과일, 채소 대부분을 공급했던 아주 오래된 마을과 이어졌다. "포몬은 몽트뢰유를 가장 아름다운 정원이라고 칭송했다. 몽트뢰유는 유실수 재배, 특히 사과 재배가 제일 활발한 곳이다. 몽트뢰유 출신 정원사

---

1 Delvau, 앞의 책.

2 앙리 2세 시대에 장 구종이 생탕투안 문에 승리의 아치를 조각했다. 바스티유 옆에 서 있던 생탕투안 문은 원활한 교통을 위해 1777년 철거되었다. 생탕투안데샹 수도원은 현재의 생탕투안 병원 자리에 있었다.

는 일드프랑스에서 가장 인기가 많았다"라고 메르시에는 썼다.

포부르는 17세기부터 비약적으로 발전했다. 피가니올 드 라 포르스에 따르면 "포부르 생탕투안에 많은 집이 지어지면서 그 규모는 놀랄 만큼 확대됐다. 공기가 맑았을 뿐만 아니라 그곳에 거주하는 상인과 모든 수공예 장인에게 세금을 면제한다고 발표한 1657년 왕의 공식적인 칙령 덕분이었다". 포부르에서 수공업이 발전한 것은 루이 14세의 이런 선처 외에 다른 이유도 있다. 강으로 떠내려 보낸 목재의 하역이 루비에섬의 라페 강변과 가까운 곳에서 이루어졌기에 오래전부터 난방 목재와 건축 목재가 포부르에 쌓였다. 목재를 쌓아둔 곳에서 목공소까지는 한 걸음도 채 되지 않았다. 그래서 서둘러 성벽을 지어야 했는데, 입시 관세에 해당하는 지역에 원자재를 쌓아두는 것엔 어떤 이점도 없었기 때문이다. 한편 창고와 곳간은 공방이 되었고, 파리 경제 호황의 이득을 보기 위해 플랑드르와 독일에서 숙련된 장인이 많이 들어왔다. 그들 대부분은 개신교도였고 그래서 18세기 샤랑통에는 작은 교회가 급속히 늘어났다. '이득을 보다'라는 표현은 과할지도 모른다. 메르시에는 이렇게 썼다. "나는 포부르 생탕투안의 주민들이 어떻게 살아가는지 모르겠다. 포부르 곳곳에서 가구가 팔렸지만, 포부르에 사는 가난한 주민들은 가구가 하나도 없었다."

집 짓는 목재 제작으로 시작된 목재 산업은 점점 더 다양한 산업으로 발전했다. 포부르에는 목공예 장인, 조각가, 장식업자, 도색업자, 선반공 등이 있었다. 목재만 다루는 것도 아니었다. 현재 병영 자리에 있던 상테르의 술집에서 멀지 않은 뢰이 거리에는 왕립 거울 공장이 있었는데, 콜베르는 이 공장이 베니스의 거울 제조업과 경쟁하기를 원했다. 몽트뢰유 거리에서 철거된 폴리티통 공장의 일부 부지에 세운 레베용 공장은 루이 16세 시대에 왕립 벽지 공장이 되었다. 이 공장의 사장은 노동자들의 급료를 깎기로 결정했는데 이에 포부르 주민들은 1789년 4월에 공장을 쑥대밭으로 만들었고, 군대까지 투입되었다. 수십 명이 목숨을 잃은 이 사건은 흔히 프랑스 혁명의 전주곡으로 여겨진다. 1808년 프랑수아 리샤르와 르누아르뒤프렌의 방적 공장은 샤론 거리의 옛 수도원에서 노동자 750명을 고용했다. 기계의 동력은 말이 돌리는 연자방아에서 끌어왔고, 노동자 대부분은 아이들이었다.[1]

오스만은 쉬운 통제를 위해 벨빌을 두 지역으로 나눈 것처럼 길들일 수 없는 포부르 생탕투안 역시 파리 11구와 12구로 나누었다. 그리고 11구를 12구 쪽 포부르 생안투안과 다르게 만들기 위해 오스만은 막다른 골목, 건물에 둘러싸인 안마당, 통행로의 옛 명칭을 그대로 썼다. 슈발블랑, 맹도르, 본그랜, 불블랑슈, 포르주루아얄, 메종브륄레가 그런 이름들이다. "포부르 행정 당국은 파리의 다른 곳에서와 마찬가지로 그곳에도 지번을 부여했다. 그러나 포부르에 사는 주민에게 주소를 물어보면, 자신의 집 이름으로 대답하지 아무런 느낌도 없는 공식 지번으로 대답하지는 않을 것이다."[2]

제2제정기와 파리 코뮌이 저문 후에도 포부르 생탕투안은 혁명의 근거지로 남아 있었다. 코뮌의 최후 순간도 파리 11구 구청 주변에서 맞았다. 다니엘 알레비는 "드레퓌스의 위기가 계속되는 한 포부르 생탕투안은 우리의 요새다. (…) 폴베르 거리의 이 작은 방에서 노동자와 부르주아가 함께 옹송그리며 모여 있었고, 우리는 의자를 바짝 맞대고 앉아 있었다. (…) 1899년 가을 어느 날, 우리는 트론 광장에 있는 공화국의 승리Triomphe de la République 동상 앞에서 행진을 시작한 노동자 무리가 몇 시간째 밀려드는 광경을 바라보았다. 달루가 제작한 이 청동 동상은 바로 그날 개막식을 가졌다. 유명한 축제로 알려진 1848년보다, 그리고 대혁명 1주년 기념 축제의 날인 1790년보다 훨씬 더 많은 사람이, 훨씬 더 강렬하게 혁명의 정신

---

1 *Le Faubourg Saint-Antoine, architecture et métiers d'art*, Paris, Action artistique de la Ville de Paris, 1998. 공장 설립자의 이름에서 리샤르르누아르 대로의 명칭을 따왔다.

2 Sigmund Engländer, *Geschichte der französischen Arbeiterassociationen, Hambourg, 1864, T. III*. Walter Benjamin, *Le Livre des passages*에서 인용.

에 사로잡혀 행진했다"[3]라고 전했다. 한 무리의 군중이 아무런 제지를 당하지 않고 빨간 깃발을 선두에 치켜들고 행진한 것은 파리 역사상 처음이었다.

현재의 포부르 생탕투안에는 이 영광스러운 과거의 물질적 흔적이 거의 남아 있지 않다. 혁명의 파리를 지지하는 사람들만이 샤를들레클뤼즈 거리를 지나며 마음속으로 경의를 표하고, 포부르 생탕투안 거리와 코트 거리가 교차하는 지점이 바리케이드가 있던 자리라는 사실을 알 뿐이다. 이 바리케이드 앞에서 인민의 대표인 알퐁스 보댕이 단지 25프랑 때문에 죽음을 선택했다.[4] 그러나 바스티유 오페라극장과 가까운 포부르 생탕투안이 시작되는 첫 지점은 변했고, 오래전부터 오베르뉴 지방 출신들이 떠나 인적이 끊긴 라프 거리는 예전처럼 현대 미술의 안식처가 아니다.[5] 그러나 여전히 포부르 생탕투안 구역은 알리그르 시장, 샤론 거리 모퉁이와 생탕투안 병원 앞 작은 광장의 분수, 그래픽디자이너와 컴퓨터 기술자, 중국인 수공예 장인과 사진작가가 한데 어울리는 건물 안뜰 등의 독특한 화합 덕분에 서민적이고 근면한 모습을 간직하고 있다. 마르셀 뒤샹의 아이디어를 차용해 「파리의 공기Air de Paris」의 새로운 캔을 만든다면 나는 당연히 포부르 생탕투안의 공기를 채울 것이다.

포팽쿠르와 포부르 뒤 탕플

샤랑통 거리는 포부르 생탕투안 남쪽과 리옹역 구역을 나눈다. 1970년대 말까지

---

3 Daniel Halévy, *Pays parisiens*, Paris, Grasset, 1932; coll. *Les Cahiers rouges*, 2000으로 재출간.

4 보댕의 이름은 볼품없는 작은 거리에 붙여졌고, 이 거리는 생세바스티앵 거리로 이어진다. 르드뤼롤랭 대로에는 보댕 저택이 있다. 보댕을 기리기 위해 공화주의자들이 제2제정 말기에 기념물을 세우려고 했던 것에 비하면 이런 것들은 사소한 것이다. 성금 모금 때문에 프랑스 전역에서 예기치 못한 사건이 많이 발생했고, 정치적으로 큰 반향을 일으킨 소송의 원인이 되었다.

5 아름다운 뒤랑데세르 화랑은 다행히도 아직 남아 있다.

앞 페이지

알렉상드르장 노엘, 「루비에섬과 생루이섬의 망루」, 19세기 초. 유채화, 파리, 카르나발레 박물관, 루비에섬은 목재 야적장으로 이용되었고, 그림에서도 목재가 쌓여 있는 것이 보인다. 루비에섬은 그라몽 다리로 센강 오른쪽과 연결되었다.

샬롱(리옹역 근처로, 1980년대 초까지 파리의 마약 소굴 중 가장 악명 높았던 곳)과 더불어 평판이 형편없었던 리옹 구역은 건물 불법 거주, 마약 판매상, 10프랑이면 한 끼를 때울 수 있는 베트남 음식점으로 유명했다. 그러나 현재의 리옹 구역은 오래전부터 정비되기 시작해, 지하도와 고속철도 그리고 풍경을 되비추는 커튼 월 방식으로 지은 사무용 빌딩들로 채워졌다. 포부르의 북쪽 경계는 훨씬 모호하다. 퐁타라비 방책(현재 알렉상드르뒤마 지하철역)에 있던 입시 관세 성벽으로 이어지는 샤론 거리를 경계로 삼을 수도 있고, 한때 오베르뉴 출신이 많이 살았던 페르라셰즈 묘지 정문 맞은편 오네이 방벽의 대로에서 끝나는 로케트 거리를 경계로 삼을 수도 있다. 로케트 거리에 있는 현재의 바스티유 극장은 1965년까지도 프랑스 중앙 산악 지대의 부레bourrée라는 민속 문화가 남아 있는 무도장이었다.

포부르 생탕투안, 그리고 그 북쪽과 가까운 포부르 뒤 탕플 사이에는 10구와 11구에 걸친 포팽쿠르 구역[1]이 있다. 파리 개신교의 오랜 근거지인 그 구역엔 두 개의 큰 횡단도로가 나 있고 현재에도 존재한다. 한 도로는 탕플에서 생탕투안 수도원까지 뻗어 있다. 이 도로는 현재 폴리메리쿠르, 포팽쿠르, 그리고 바스프루아 거리로 이어지며, 아시아계가 의류 도매시장을 장악한 포팽쿠르 거리와 바스프루아 거리는 제2의 상티에 구역으로 불린다. 다른 횡단 도로는 생드니에서 생모르에 이르는 길이다. 도로는 현재 생모르, 레옹프로, 그리고 불레 거리로 이어지고, 피크퓌스 거리로 동쪽을 향해 연장된다. 이 구역의 격자 형태는 포부르 뒤 탕플 거리와 거의 평행하게 부챗살 모양으로 퍼진 슈맹베르, 앙굴렘(현재 장피에르탱

1 포팽쿠르는 샤를 6세 시대의 파리 고등법원 판사의 이름으로, 이곳에 그의 별장이 있었다.

보), 메닐몽탕(현재 오베르캉프) 세 거리로 완성된다. 세 거리는 트루아보른 거리와 트루아쿠론 거리를 지나 트루아쿠론 방벽(현재 쿠론 지하철역)까지 이어진다. 이곳에는 삼각형 정원이 있는데, 몽타뉴 프랑세즈는 정원의 가장 큰 볼거리였다. 이곳에서는 "챙 달린 모자를 쓴 정숙한 시골 여인네들이 점원을 속되게 이르는 '칼리코'라 불린, 기발한 제품을 파는 점원과 나란히 농산물을 팔고 있었다."[2]

포팽쿠르 구역의 산업은 19세기가 되어서야 시작되었다. 포부르 생탕투안보다 뒤늦게 발전한 이곳의 산업 역시 그다지 특화되지는 않았다. 생루이 병원 쪽의 포팽쿠르 거리나 생모르 거리에 줄지어 있는 노동자 계급의 안뜰은 꽤 깊숙한데 슈발블랑 통행로나 맹도르 통행로보다는 19세기 말 베를린의 미츠카제르넨Mietskasernen〔산업화 시대에 지은 노동자 기숙사〕을 떠오르게 했다. "안뜰에는 모든 계층이 모여 산다. (…) 건물주인 공장 사장은 공장에 기계를 설치했다. 건물에 소형 제조업자들을 유치하려고 길이가 100미터가 넘는 1층 전체에 기계 축대를 설치했다. 그리고 각 세입자에게 편의 시설과 더불어 그들이 사용하는 기계에 맞추어 쓸 수 있는 기계 벨트까지 임대해주었다."[3]

포부르뒤탕플 거리와 생마르탱 운하가 만나는 지점에는 동상 두 개가 마주보고 있는데, 이들은 낭만주의 시대의 파리를 대표한다. 내려오는 길 오른쪽에 있는 동상은 당시 가장 뛰어난 배우였던 프레데리크 르메트르의 상반신상이다. 르메트르는 「아드레의 여인숙L'Auberge des Adrets」의 로베르 마케르 배역으로 유명했다. 또한 보트랭, 돈 세자르 드 바장 역으로도 이름을 알렸고, 크림 대로의 극장에서와 마찬가지로 랑비귀 극장이나 짐나즈 극장 무대에도 자주 올랐다. "요컨대 들라크루아에게 자신의 유일한 경쟁자는 장엄한 붓질뿐이다. 나는 배우들 중에서 프

---

2 Delvau, *Histoire anecdotique des barrières de Paris*, op. cit.

3 Privat d'Anglemont, *Paris anecdote*, op. cit. 이런 기계 배치는 새로운 발명품이 아니었으며, 당시 기술 잡지에도 이미 이런 이미지들이 실렸다. 어떤 기계 벨트는 심지어 2층에 설치하느라 천장을 뚫어야만 했다.

레데릭 르메트르와 마크레디[1] 외에는 아무도 모른다"라고 보들레르는 썼다. 왼쪽 얼굴이 또렷하지 않은, 걷어 올린 앞치마에 꽃을 품은 젊은 여인의 전신상은 지나가는 행인들을 맞이한다. 이 여인은 1830년대의 그리제트다. 로베르 사전의 정의에 따르면 그리제트는 "대담하고도 품행이 단정한, 비천한 출신의 소녀로 대개는 양장점, 여자 속옷 판매점, 패션업계에서 일하는 여성 노동자나 점원을 의미한다". 발자크는 1831년 1월 6일자 『라 카리카튀르』에서 다음과 같이 언급했다. "장난기 있고, 들창코의, 짧은 치마를 입고, 발놀림이 대단히 분주하고, 망가뜨리기 쉬운 이 작고 착한 소녀들을 그리제트라고 불렀다."

1830년대라는 시대는 트루아 글로리외즈(영광의 3일이라고 하는 1830년 7월 27일에서 29일까지 사흘에 걸쳐 일어난 7월 혁명)보다는 당시 쿠르티유에서 열린 축제, 쿠르티유의 내리막길la descente de la Courtille로 기억해야 한다. 1820년대에서 1848년 6월 직후까지 성회례 수요일 이른 아침에 언덕길을 내려가는 행렬이 축제의 마지막을 장식했다. 행렬은 예식의 일부였지만 겉으로 드러난 유쾌함 뒤에는 잠재적인 폭력성이 있었다. 유명한 보헤미안 프리바 당글몽은 이 행렬을 아주 어린애 같은 시각에서 묘사했다.

> "아! 쿠르티유를 내려가는 행렬은 민중의 진정한 바쿠스 축제였다. 엄청난 군중, 엄청난 소란! 외침과 소음뿐! 마차 위로 기어올라 피라미드를 이룬 사람들은 거리 양쪽에서 서로에게 욕설을 퍼부었다. 파리 주민 전체가 거리에, (…) 과장하지 않고 파리 전체가 그 거리에 있었다고 말할 수 있을 정도다. 모든 사람이 외쳤다. '끔찍하고, 상스러워.' 그러나 검은 도미노 가면을 쓴 상류 사회의 공작부인들과 난잡한 장신구로 치장하고 짧은 치마를 입은 정숙하지 못한 여인네들, 뻔뻔한 생선가게 아낙네들처럼 차려입

---

1 『1846년 문학 살롱Salon de 1846』. 마크레디는 르메트르와 동시대에 활동한 영국 배우로, 「리처드 3세Richard III」에서 보여준 연기로 특히 유명했다.

은 매춘부들과 촌스러운 차림 아니면 스위스 낙농업자 차림을 한 부르주아들은 행렬을 보려고 새벽 4시부터 오페라의 살롱을, 회원제 무도회를, 극장을, 심지어는 공식 무도회를 서둘러 떠났다. (…) 쿠르티유 언덕길을 내려오는 소란스러운 행렬이 이 축제의 꽃이다. 모든 창가 자리는 한 달 전에 예약이 끝났고, 말도 안 되는 높은 금액을 지불해야 했다. (…) 술집은 사람들로 넘쳐났다. 심지어는 지붕 위 곳곳에도 자리 잡았다. 온통 머리만 보였고, 모두가 소리치고, 야단법석을 떨며, 포도주를 서로에게 뿌려댔다. 마차는 가면 쓴 사람들로 꽉 찼고, 마차를 타고 대로에서 방벽까지 가는 데 세 시간이 걸렸다. (…) 마차 곳곳에서, 창문에서 마차를 향해, 인도에서 창문을 향해 사람들은 서로에게 욕을 해댔다. 각 무리에는 떠버리 수다쟁이가 있었고, 그들의 임무는 상대편 사람들에게 대꾸하는 것이었다."[2]

의식 있는 노동자 계급의 목소리는 전혀 달랐다. 측량사이자 프루동의 옛 조력자였던 뱅자맹 가스티노는 이 축제를 아주 싫어했는데, 쿠르티유 언덕을 내려오는 행렬을 유독 혐오했다. 가스티노는 이 행렬에서 야수로 돌변하는 남자들과 천박하게 행동하는 여자들을 보았다. "술집에서 나온 사람들은 취해서 비틀거리며 넘어진 사람들을 밟으며 지나갔다. 경찰 모자를 귀까지 푹 눌러쓰고 담뱃진이 검게 밴 파이프를 입에 문 여자들은 광대, 피에로, 부랑자, 생선 파는 아낙네 차림을 했다. 타락한 행위로 얼빠진 표정을 짓고, 창백한 입술, 쭈글쭈글해진 젖가슴에, 더러워진 옷차림을 한 여인네들은 머리가 헝클어지고, 꾀죄죄한 몰골에 상처투성이였다."[3] 알프레드 드 뮈세는 민중에 대한 그의 증오를 프롤레타리아 교훈주의와 이상하게도 닮은 용어로 『세기의 한 어린아이의 고백』 속 인물 옥타브의 목

---

2 Privat d'Anglemont, *Paris anecdote*, op. cit.

3 Benjamin Gastineau, *Le Carnaval, Paris, 1854. Les Révoltes logiques*, 7권, 1978년 봄-여름 호에 실린 Jacques Rancière, "Le bon temps ou la barrière des plaisirs"에서 인용.

Camargot
Madame Ramponaux.

Gargantua
Bon jour mon ami Pier

앞 페이지

「랑포노의 소란Tintamarre chez la Ramponeaux」, 1750년경 랑포노의 유명한 술집에서 일어난 난장판. 작가 미상, 흑연으로 밑그림을 그리고 수채화로 채색, 파리, 국립도서관.

소리를 빌려 표현했다. "내가 처음으로 민중을 본 것은 쿠르티유 근처로, 성회례 수요일의 끔찍한 아침나절이었다. (…) 가면을 쓴 사람들이 탄 마차가 부딪치고 깨지며 엉망으로 뒤엉켜 지나갔고, 인도 양쪽에는 보기 흉한 남녀들이 길게 늘어서 있었다. 장벽을 친 것 같은 이 험악한 구경꾼들의 술에 취해 빨개진 눈에는 호랑이의 증오가 번들거렸다. (…) 이따금 누더기 차림의 남자가 대열 밖으로 튀어나와 우리에게 욕설을 퍼붓고 밀가루를 뿌렸다. (…) 나는 내가 어떤 시대에 살고 있는지, 시대정신이 무엇인지 이해하기 시작했다."[1]

총괄징세청부인 성벽 건설은 쿠르티유 술집들의 지형을 송두리째 바꿔 놓았다. 섭정 시대부터 루이 16세 재위 초기까지 이 구역은 랑포노 현상이 지배적이었다. 탕부르루아얄이라는 간판을 단 이 술집은 생모르 거리와 오리용 거리 모퉁이에 있었다.[2] 간판에는 다음과 같은 이행시가 적힌 술통에 주인이 걸터앉아 있는 그림이 그려져 있었다. "프랑스가 술통을 향해 급히 달려가는 모습을 보세요./ 랑포노 씨의 왕좌로 쓰이는 이 술통으로", 랑포노라는 이름은 "볼테르와 뷔퐁보다 군중들에게 더 널리 알려졌다"라고 메르시에가 말했다. 약 한 세기 후에 델보는 랑포노라는 이름에 보다 눈부신 새로운 이미지를 부여했다. "랑포노! 이 얼마나 놀라운 인물인가! 랑포노는 이곳을 전쟁터만큼이나 시끄럽게 만들었다. 민중은

---

1 뮈세에 대한 보들레르의 평가. "나는 이 허세 대장을 참을 수 없었다. 자신의 잠자리와 식사를 위해 천국과 지옥을 내세우는 버릇없는 아이 같은 파렴치한 언행을, 문법과 운율이 맞지 않는 지저분한 문장을, 무엇보다도 몽상이 예술의 대상이 되는 작업을 이해하지 못하는 무능의 극치를 참을 수 없다." 1860년 2월 18일. 아르망 프레스에게 보낸 편지에서. 뮈세에 대한 랭보의 평가. "비전에 사로잡힌 고통스러운 세대인 우리를 자신의 천사 같은 게으름으로 모욕한 뮈세는 우리에게 열네 번이나 끔찍하게 굴었다. (…) 그에게는 모두가 프랑스인이다. 달리 말하면 그에게는 모두가 혐오스러운 대상이다." 1871년 5월 15일. 이장바르에게 보낸 편지에서.

2 오리용 거리 끝에 있는 방벽은 랑포노 방벽으로 더 잘 알려져 있다. 현재의 랑포노 거리는 벨빌 대로를 가로질러 오리용 거리로 이어진다. 탕부르루아얄은 집정 정부 시대에 문을 닫았다.

랑포노를 받아들였고, 다른 사람은 바라지도 않았다. (…) 작은 골목길에서, 사교계에서, 귀부인들의 아침 식사 자리에서, 여배우들의 야식 자리에서도 온통 랑포노에 대한 이야기뿐이었다. 어찌나 랑포노 이야기만 하던지 너무나도 변덕스럽고, 때로는 너무나도 무료한 사교계 전체는 소동을 일으키는 쿠르티유 행렬과 행렬이 지나는 동안 기꺼이 스스로를 웃음거리로 만드는 하층민들을 생각하느라 드 슈아죌의 유배와 사면을 잊어버릴 정도였다."

그러나 총괄징세청부인의 성벽을 통해 파리로 들어오는 포도주 세금이 오르자 술집들은 방벽 건너편의 벨빌 아래쪽으로 옮겨갔다. 사육제 마지막 날 저녁에 쿠르티유 내리막길에서 축제에 들뜬 사람들은 유명한 술집 파비에 또는 데스누아예에서 술잔을 기울였다. "불멸의 위대한 술집 데스누아예와 실내가 넓은 여타 술집에는 겨울이면 1000여명의 사람이 모였고, 여름이면 아마추어 남녀 무용수들로 정원이 꽉 찼다. 술집에서는 국적도, 종교도, 인종도, 계급도, 정치적 신념도 중요하지 않았다. 오로지 잘 마시고, 잘 먹고, 재미있게 즐기는 것만이 중요했다."[3] 돈이 한 푼도 없는 사람들은 귀요탱 술집에서 그들의 행운을 시험해볼 수 있었다. 비도크에 따르면 "내가 언급하는 귀요탱은 간단히 말해 하찮은 포도주 불법 제조업자로, 가장 밑바닥 도둑들에게도 잘 알려진 그의 가게는, 방벽에 사는 술고래들이 '쿠르티유의 위대한 살롱'이라고 부르는 지저분한 싸구려 술집 데스누아예 맞은편에 있었다. 귀요탱의 가게 문턱을 넘어서기 전에는 불량배조차도 생각을 신중하게 했다. 그래서 이 소굴에는 매춘부와 그들의 기둥서방들만이, 온갖 종류의 야바위꾼만이, 끝장을 본 사기꾼만이 그리고 포부르에 사는 대담한 밤의 방해꾼만이 들끓었다. 그들의 일상은 싸움질과 도둑질 외에는 없었다".[4]

---

3 Legrand d'Aussy, *Vie publique et privée des Français*, Paris, 1826. 데스누아예 술집은 현대의 철자법에 맞게 고쳐 쓴 데누아예 거리와 벨빌 거리 모퉁이에 있었다.

4 Vidocq, *Mémoires*, 1828.

이 유명한 술집들은 몇몇 거리에 이름으로만 흔적을 남기고 사라졌지만, 장소의 정신과도 같은 보이지 않는 무형의 것은 실제로 남아 있다. 오베르캉프, 장피에르탱보, 생모르 거리에는 최근 몇 년 사이에 새로운 세대의 카페, 식당, 술집이 문을 열었다. 가게들은 대개 '잘나가는(브랑셰branché)'이라는 형용사로 표현되는데, 이 역시 시대의 특징을 일부 반영한 것이다. 이 구역의 노동자들이 다행스럽게도 장소의 정신을 유지하고 퍼트린다. 여기서 '노동자'는 오늘날에는 '이주 노동자'를 의미한다. 포부르뒤탕플 거리는 프리바 시대와 마찬가지로 파리에서 가장 다양한 사람들이 모여 사는 구역 가운데 하나다. 거리에는 터키, 중국, 튀니지, 파키스탄, 말리, 그리스, 캄보디아 식당이 있다. 예를 들어 터키 식당 플라네트 이스탄불은 중국 식당 레 폴리 드 신왕과 나란히 있다. 또한 할랄 인증 고기, 갖가지 동양 향신료, 모든 품종의 쌀, 특이한 아프리카 채소, 태국 소시지, 중국식 예식 케이크 등도 살 수 있다. 높이가 1미터에 이르는 케이크의 꼭대기에서는 다정히 껴안은 남녀가 춤을 추고 있고, 각 단은 아이들의 행렬로 채워져 있다. 건물 안뜰의 양장점 공방은 8시부터 일한다. 파키스탄 잡화점에는 종이 꽃, 둥근 플라스틱 의자, 한국식 토스터, 바닥 깔개, 이탈리아 커피 메이커 등을 살 수 있다. 생모르 거리 위쪽의 눈길을 끄는 상점들은 모든 종교의 성인들의 조각, 목욕 오일, 사랑의 묘약, 가발, 마법을 푸는 물과 향을 다양하게 구비하고 있다. 비좁은 상점들 앞에 세운 화려한 색깔의 간판에는 코모로, 에티오피아, 파라과이, 토고로 전화를 걸 수 있는 카드를 할인된 가격에 판매한다고 적혀 있다. 그 밖에도 핸드폰 판매점, 운동화, 바퀴 달린 여행용 가방, 2유로에 양말 세 켤레를 파는 가게가 수도 없이 많다. 포부르뒤탕플은 대체로 지저분하고, 항상 시끄럽고, 언제나 혼잡스럽지만 극장 두 곳, 터키식 목욕탕 한 곳, 무도장 두 곳, 담배 가게가 다섯 곳 있다. 팔레 데 글라스 극장 앞에는 나무로 만든 대형 코끼리 조각이 있고, 랑포노를 기려 탕부르루아얄이라고 이름 붙인 극장은 피베르 통행로 모퉁이에 있는데 무대가 아주 작다. 이미 150년 전에 프리바 당글몽이 썼듯이 "그 자체로 작은 세계인, 이 가파른 오르막길은 한 대로에서 시작해 다른 대로로 끝난다. 일종의 자유로운 구역으로, 센강 오른쪽의 라탱 구역이라고 할 만하다. 이곳에 사는 사람들은 이웃의 눈치를 보지 않고 자유롭고 독립적으로 산다".

19세기 중반 포부르 생탕투안, 포팽쿠르 구역, 포부르뒤탕플 일대에는 근면하면서도 위험한 노동자 계급이 밀집한 지역이 형성되어 있었다. 그런 이유로 오스만은 이 지역에 지대한 관심을 보였다. 파리를 보여주는 어느 지도를 봐도 섬세하고 오래된 구역에 커다란 레퓌블리크 광장을 뜬금없이 조성한 잔혹성을 발견할 수 있다. 이런 잔인함은 양옆에 자리 잡은 거대한 두 건물로 둘러싸인 광장에서도 분명하게 드러난다. 소비주의의 신전인 마가쟁레위니 건물에는 아비타, 고스포츠, 피트니스 클럽, 그리고 홀리데이 인 호텔이 들어섰다. 그리고 프랭스외젠 병영 건물은 디오라마 드 다게르 건물 자리에 세워졌다. 이 병영과 광장에 방사형으로 집중된 넓은 대로들의 전략적 중요성은 당시 사람들에게, 심지어는 루이 뵈요 같은 가톨릭 우파 논객에게도 분명했다. "프랭스외젠 병영이 있는데 건물이 멋있다. 이 병영은 대로를 통해 뱅센성으로 이어진다. 대로의 양쪽 끝에는 뱅센성과 프랭스외젠 병영이 있다. 대로는 병영의 측면을 따라 옛 바스티유 광장으로 이어진다.[1] 병영은 정방형으로 수천 명을 수용할 수 있고, 사방으로 총을 쏠 수 있었다. 체제 전복적인 생각을 가진 사람들이 이곳을 점령한다면 아주 위험한 장소가 될 것이다."[2] 도메닐 대로, 마자스 대로(현재 디드로), 프랭스외젠 대로(현재 볼테

1 1851년 쿠데타 당시 "우리가 서 있던 거리는 적막했다. 왼쪽으로는 어둡고 우울한 바스티유 광장이 있었다. 아무것도 보이지 않았지만 군중이 있는 것을 느낄 수 있었다. 그곳에서는 군인들이 교전 중이었다. 그들은 야영을 하지 않았고 행군할 준비가 되어 있었다. 웅성거리는 소리가 희미하게 들렸다. 광장의 밤은 희미하게 번쩍거리는 군인들의 소음으로 꽉 차 있었다. 이 어두운 심연 위로 곧고 검은 7월의 기념비가 솟아 있었다." Victor Hugo, *Histoire d'un Crime*, 1877.

2 Louis Veuillot, *Odeurs de Paris*, 파리, 1867.

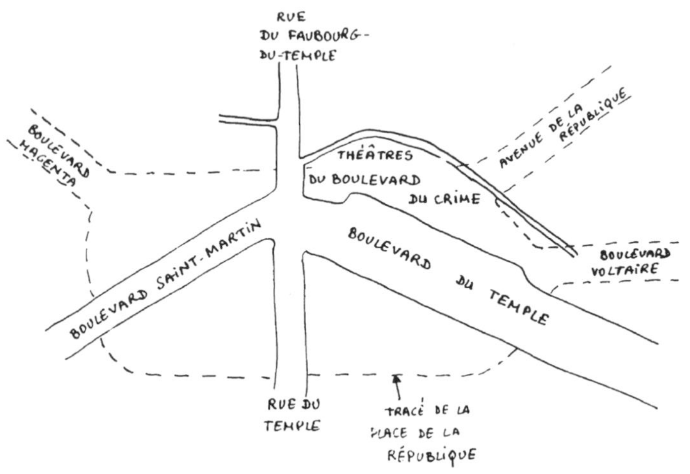

레퓌블리크 광장이 조성되기 전 생마르탱 대로와 탕플 대로의 모습.

르), 렌오르탕스 대로(현재 리샤르르누아르)에 둘러싸인 뢰유 병영도 위와 같은 방식으로 포부르 생탕투안을 통제했다. 오스만의 의도는 분명했다. 오스만은 나폴레옹 3세에게 생마르탱 운하의 수위를 낮추고 운하를 포장해 그 위로 렌오르탕스 대로를 내는 것이 가능하다고 설명했고, 황제의 허락을 받자 기뻐 어쩔 줄 몰랐다. "나는 황제 폐하가 감격하는 모습을 자주 보지 못했다. 이번에 황제는 주저하지 않고 흡족해했다. 황제는 내가 상시적인 장애물(운하)을 없애버리자고 제안한 공사뿐만이 아니라 필요한 경우에는 포부르 생탕투안 전체를 배후에서 공격할 수 있는 통제 노선에도 중요한 의미를 부여했다."

포부르 생탕투안 구역은 파리 동쪽 고원에 걸쳐 넓게 뻗어 있는 반면 벨빌 구역에 속하는 포부르뒤탕플은 벨빌 언덕과 맞닿아 있어 상대적으로 좁다. 모 도로와 알르마뉴 도로로 가려면 언덕을 돌아 뷔송생루이 거리로 접어든 뒤 파리를 벗어

생마르탱 운하와 교차하는 지점의 포부르뒤탕플 거리. 작가 미상, 1900년경. 전경의 증기 전차 노선은 벨빌 성당에서 레퓌블리크 광장과 만난다.

나 쇼피네트 방벽으로 가야만 했다. "성聖 월요일이면 파리 사람들은 쇼피네트 방벽에서 성직자들처럼 술을 마시곤 했다"라고 델보는 썼다. 또한 그랑조벨 거리를 통해서도 모 도로와 알르마뉴 도로로 갈 수 있다. 이 거리는 팡탱 방벽, 훗날 콩바 방벽이라고 부른 곳으로 이어졌다.[1] "1781년부터 팡탱 방벽 밖 현재의 모 거리 모

---

1 1945년부터는 콜로넬파비앵 광장이 되었다.

퉁이에, 즉 그랑조벨 거리 맞은편에 마드리드처럼 서커스단이 생겼다. (…) 서커스단의 짐승으로는 늑대, 곰, 사슴, 당나귀, 불독이 있었고 관객들은 65상팀(0.65프랑)이라는 저렴한 가격으로 동물들이 싸우는 모습을 3등석에서 볼 수 있었다. (…) 초기에는 패션업계 종사자들이 피비린내 나는 마드리드 서커스를 따라한 이 싸움을 후원했다. 사교계 신사들과 귀부인들은 스탱팔 드 레딜리테 호수의 구린내를 두려워하지도 않고 이 공공연한 도살을 구경하러 왔다."[1] 어떤 것이 더 비도덕적인지 궁금하다. 앙시앵레짐의 마지막 시기에 동물 싸움을 구경한 우아한 귀부인들의 행위가 부도덕한지, 아니면 몇 년 전 오스카르 니에메예르가 설계한 프랑스 '공산당' 당사에서 열린 프라다 패션쇼에 상류층 부르주아 여인들이 참석한 행동이 부도덕한지 말이다.

포부르뒤탕플과 포부르 생마르탱 사이의 경계 지대는 생마르탱 운하 양쪽 끝에서 "자부심 강하고 특색 있는 베르사유와 마르세유"[2]를 형성한다. 생마르탱 운하 오른쪽의 핵심적인 공간에는 파리에서 가장 오래되고 살페트리에르 병원과 더불어 가장 아름다운 생루이 병원이 있다. 앙리 4세는 생루이 병원 개원식에 참석하러 가는 길에 암살되었다. 이 병원과 라 빌레트 대로 사이에 있는 생트마르트 거리, 장무아농 거리 같은 오래되고 작은 거리들은 구역 전체가 가난하고 황폐화됐음에도 철거되지 않았다. 왕정복고 시대에는 이 낡은 거리와 인접한 쪽에 운하를 따라 마레 광장을 건설할 계획이 있었다. 대략 오늘날의 마르세유 거리, 레옹 주오 거리(처음에는 상송, 이어 두안으로 불렸다[4]), 그리고 이브투딕 거리(당시 마레뒤탕플) 자리에 들어설 예정이었다. 계획은 무산됐지만 운하까지 확장됐던 옛 창고를 1930년대에 재건한 세관 창고와 지난 세기 양탄자 도매상들의 세관 활동을 연상시키는 매우 규칙적인 거리는 남았다.

---

1 Delvau, *Histoire anecdotique des barrières de Paris*, op. cit. 동물 싸움은 1833년에 최종 폐지되었다.

2 Léon-Paul Fargue, *Le Piéton de Paris*, Paris, Gallimard, 1932.

운하를 뒤로 하고 그랑 불바르 방향으로 가면 네오클래식의 우아한 분위기는 부유한 비즈니스로 대체된다. 랑크리, 비네그리에르, 봉디(현재 르네불랑제), 시테리브랭 거리에서는 다비드가 「호라티우스 형제의 맹세Serment des Horaces」를 그린 시대에 유행했던 장식들의 다양한 변주를 볼 수 있다. 마쟁타 대로와 마레 통행로 사이의 오알 주택의 정문은 네오팔라디오 양식의 육중한 문이다. 오알 저택 일대는 다음과 같은 사실 또한 상기시킨다. "봉디 거리와 랑크리 거리의 모퉁이에 토레라는 이름의 이탈리아 출신 폭죽 제조업자가 1764년에 커다란 극장을 열어 팬터마임을 공연했는데 폭죽이 중요 소품이었다. 극장은 1769년 재건축되어 오알 데테로 간판을 바꿔 달았다. 1782년 이 건물은 페트 드 탕페라는 이름으로 널리 알려졌고 엄청난 인기를 끌었다. 이곳은 일종의 연애 공간으로 사랑을 사고파는 곳이 되었고, 이런 종류의 거래가 상업화되었다. 수비즈 공주는 페트 드 탕페에서 라미 부인의 조카인 빼어나게 아름다운 소녀를 사서 오랫동안 정부로 두었다."[4]

포부르 생마르탱과 포부르 생드니

스트라스부르 대로를 경계로 분리된 이란성 쌍둥이 포부르 생마르탱과 포부르 생드니는 각각 파리 동역과 북역을 기준으로 나뉜다. 각 역의 부지가 넓은 탓에 두 포부르의 연속성이 깨진다고 생각할 수 있지만, 단절은 실제로 철로가 자리 잡기

---

3 나는 상송에 대해 오래전부터 생각했다. 흔히 상송Sanson으로 표기되는, 상송Samson은 가장 유명한 사형 집행인으로 마레뒤탕플 거리 근처의 '철창살을 친' 건물에 살았다. "건물로 들어가는 문은 아주 작았고, 문 한가운데에 편지함을 닮은 함석으로 만든 구멍이 나 있었다. 곧 있을 집행을 알리는, 검찰총장이 사형 집행인에게 보낸 편지가 그곳에 있었다." Eusèbe Girault de Saint-Fargeau, *Les 48 Quartiers de Paris*, Paris, Blanchard, 1850. 가브로슈는 자신이 보호하고 있는 두 아이들에게 말했다. "이제 우리는 사형 집행을 구경하러 갈 거야. 내가 너희에게 망나니를 보여줄게. 망나니는 마레 거리에 사는데, 이름은 상송Sanson이야. 그 집 대문에는 편지함이 있어(빅토르 위고, 『레 미제라블』)." 그러나 이 이야기는 사실이 아니다. 상송Samson은 이 구역에 사는 집주인 이름이었다.

4 Girault de Saint-Fargeau, *Les 48 Quartiers de Paris*, op. cit.

오른쪽 페이지

1927년 조레스 역 근처의 지상 지하철. 제르멘 크륄의 사진.

훨씬 이전부터 시작되었다. 생로랑 수도원과 생라자르 수도원의 위치에서 포부르가 단절되는데, 현재 남아 있는 수도원들의 유적만으로는 그 엄청난 규모를 상상할 수 없다. 현재의 포부르 생마르탱 구역 가운데 라 빌레트 방벽(현재 스탈린그라드)까지 이르는 북쪽 구역은 오랫동안 생로랑으로 불렸다. 마찬가지로 현재의 포부르 생드니도 수도원-병원-감옥이 있는 곳과 샤펠 방벽 사이는 포부르 생라자르로 불렸다. 어쩌면 과거의 이런 불연속성이 동역과 북역이 자리 잡는 것에 영향을 끼쳤을 것이다.

두 포부르에서 가장 오래된, 승리의 문들(생드니 문과 생마르탱 문을 의미)과 두 역의 유리 지붕 사이는 차분한 생마르탱 거리와 거친 생드니 거리 간 차이 만큼이나 뚜렷한 차이를 보인다. 포부르 생마르탱은 넓은 평지로 곧게 쭉 뻗어 있고, 10구 구청 일대만 활기차다. 포부르 생마르탱은 동역 앞에서 나팔꽃 모양으로 퍼져 삼각형을 이룬다. 이 구역의 게임용 총을 파는 상점, 술집 오 트리옹프 드 레스트, 작업복 파는 상점, 생로랑 성당의 후면 그리고 레콜레 수도원의 옛 담장은 메츠나 뮐루즈 같은 중소 도시의 분위기를 풍긴다. 파리의 이러한 역사 주변 풍경은 기차의 최종 종착지인 지방 도시의 분위기와 상당히 닮았다.

포부르 생드니는 생드니 문 앞의 시끄럽고 혼잡한 커다란 시장에서 시작된다. 이 시장에는 프라도의 어두운 통행로에 자리한 상점들처럼 터키 출신의 상인이 대부분이다. 포부르와 생드니 대로 사이에 L자로 형성된 이 시장은 봉제공장, 중고품 그리고 수선집들이 주를 이룬다. 포부르 생드니는 마젱타 대로까지 곡선을 그리며 올라간다. 대로 모퉁이의 작은 광장은 생라자르 포교단이 있던 자리다. 포교단은 옛 한센병 환자 수용소를 뱅상 드 폴이 개조한 것으로 19세기에는 소년원이었고, 혁명기에는 감옥으로 이용되었다가 성병 치료 전문 병원이 되었다.[1•]

파리 동역과 북역 앞에 거의 평행하게 펼쳐진 두 포부르에는 유쾌하고, 다양

한 도시형 발명품으로 가득 찬 일련의 아케이드가 모여 있는데, 옛 파리의 역사적인 아케이드보다 이 아케이드가 더 선호될 수도 있다. 스트라스부르 대로를 가로지르는 앵뒤스트리 아케이드는 귀스타브구블리에 거리로 불리는데, 아케이드 양쪽 입구는 오올 저택처럼 네오팔라디오 양식으로 장식되었다. 정문 아치의 가운데 문은 격자 틀과 기둥 위에 반원 아치를 이루고 있는 양옆 문보다 훨씬 더 높고 넓다. 포부르 생드니 거리와 스트라스부르 대로 사이의 브라디 아케이드에는 인도, 파키스탄 식당이 모여 있다. 반면 브라디 아케이드의 맞은편 포부르 생마르탱 거리 쪽에는 오래되고 전통적인 연극 무대 의상 전문점들이 있다. 브라디 아케이드에서 조금 더 올라가면 있는 프티트제퀴리 건물 맞은편의 화려한 레야크 아케이드는 1960년대까지도 가죽 도매상들이 모이는 곳이었는데 현재는 발걸음이 뜸해졌다. 마지막으로 데지르 아케이드는 욕망이라는 뜻과 관련된 이름과 달리 플랑드르 베긴 교단 수도원의 평온함을 상기시킨다.

메츠 거리에서부터 스트라스부르 대로와 샤토도 거리 일대에는 아프리카 미용실이 모여 있다. 이곳에서는 미용 재료, 머리 타래 장식, 염색약, 세 갈래로 땋은 머리 장식, 다양한 색의 가발을 살 수 있다. 주말 저녁이면 미용실은 활기를 띠어 아름다운 여인들, 아이들, 남편들, 연인들로 붐비면서 가게 앞까지 축제의 장이 된다. 파리에서 볼 수 있는 매력적인 볼거리 가운데 하나다.

18세기에는 생라자르 포교단과 레콜레 수도원 사이에서 6월 말부터 9월 말까지 생로랑 노점시장이 열렸다. 시장에는 온갖 종류의 장난감 상점과 무도장, 카페, 식당이 있었다. 오페라코미크의 배우였던 레클뤼즈는 이곳에 공연장을 지어 당대 가장 활기찬 작품들을 무대에 올렸다. 르사주, 피롱, 스덴, 파바르, 그 외 여러

1• *l'Histoire de la folie à l'âge classique*, Paris, Gallimard, 1972에서 미셸 푸코는 오래된 한센병 환자 수용시설이 17세기 당시 억압적인 기관이었다고 지적했다. 이런 시설은 결핵 요양 시설처럼 1960년대에 들어서면서 필요가 없어졌다.

이토르프의 걸작인 파리 북역 정면 모습, 제2제정기 말. 샤를 리비에르의 판화, 파리, 국립도서관.

배우가 푸아르 극장에서 공연했다. 대로변 모든 극장과 오페라코미크마저도 코메디이탈리엔에 통합되기 전까지는 이 시장에서 공연을 했다. 루이 16세 재위 마지막 시기에는 오알 데테와 경쟁하기 위해 이곳에 '르두트 쉬누아'가 세워졌다. 그러나 프랑스 혁명으로 생로랑 시장은 문을 닫게 된다. 시장의 터는 1830년대에 스트라스부르역과 북역의 철로가 놓일 때까지 공터로 남아 있었다.

역 너머에서 두 포부르는 부챗살 모양으로 북쪽과 동쪽을 향해 펼쳐진 도로를 따라 갈라진다. 포부르 생마르탱 거리는 라 빌레트의 옛 방벽까지 상대적으로 곧게 뻗어 있다. 이 방벽은 현재 스탈린그라드로 명칭이 바뀌었고 아마 앞으로도 그렇게 불릴 것이다. 파리 사람들은 옛 장소에 새로운 이름을 붙이기도 하고 새로운 이름을 거부하기도 한다. 그래서 그 누구도 에투알을 샤를 드골 광장이라고 부르지 않고, 테아트르 프랑세 광장을 앙드레 말로 광장이라고 부르지 않는다. 포장도로, 운하, 그리고 지상철로 둘러싸인 라 빌레트 교차로는 한때 시트로앵 시외버스의 출발지였다. 터미널은 현재의 지상철 자리에 있었다. 일부 버스 노선은 파리 동쪽 공장 지대까지 이어졌다. 밤에 출발했던 다른 노선들은 스페인, 포르투갈, 그리고 북아프리카 출신 노동자들의 짐을 실어 날랐다. 1980년대 르두의 차고지는 정리되고, 지하철 노선도 신중하게 조정되어 행인들은 생마르탱 운하, 라 빌레트 연못, 사크레쾨르 성당을 한눈에 볼 수 있게 됐다.

1960년대까지 북역과 샤펠 대로 사이의 포부르생드니 거리는 석탄 열차처럼 온통 시커멨다. 이 구역은 파리에서 가장 험악한 곳으로, 메종 뒤부아 병원 응급실에는 매일 밤 칼에 찔리고 총에 맞은 사람들과 불법 낙태를 하러 온 여자들로 북적거렸다. 도리아식 주랑의 화려한 회랑 아래를, 그리고 보리수가 심긴 오솔길을 오가는 사람들 가운데 이 병원이 "자신의 집에서 치료받을 수 없고, 커다란 병원의 혼잡스러움을 두려워하는 사람들에게 대단히 유용했다"[1]는 사실을 알고 있는 사람은 거의 없었다. 이 병원에서 네르발과 보들레르의 연인 잔 뒤발이 치료를 받았고, 낭만주의 시대 보헤미안이었던 앙리 뮈르제와 프리바 당글몽이 생을 마감했다. 오늘날 포부르생드니 거리 위쪽은 파리에서 남아시아 출신 이주민이 가장 많이 사는, 마치 인도의 해외 지사 같은 곳이다. 이 거리에서는 인도 전통 의상인 사리, 보석, 향신료, 천, 비디오테이프, 인도산 양철 식기류, 야광 샌들 등을 살 수 있다. 또한 카슈미르, 파키스탄, 타밀나두, 방글라데시, 스리랑카, 싱가포르 음식을 맛볼 수 있다. 음식 냄새와 향신료 냄새가 샤펠의 옛 방벽까지 퍼진다. 옛 방벽이 있던 자리에는 웅장한 지하철역이 작은 광장과도 같은 부프 뒤 노르 극장을 내려다보고 있고, 제생 거리는 철로 위 다리를 따라 구트도르 거리로 이어진다.

포부르생드니 거리와 포부르푸아소니에르 거리 사이의 입시 관세 성벽을 따라

1 Alexis Martin, Paris, Hennuyer, 1890. 창립자인 외과 의사의 이름을 딴 뒤부아 병원은 현재 페르낭비달 병원으로 명칭이 바뀌었다.

파라디 거리까지 남쪽으로 이어지는 생라자르 수도원의 울타리에 둘러싸인 정방형의 땅은 앙시앵레짐 기간 내내 포교원 성직자들의 소유였다. 이곳은 파리에서 가장 큰 울타리로 둘러싸인 사유지였다. 심지어는 성당 기사단의 소유지보다 훨씬 넓었다. 프랑스 혁명 때 국유화된 이 땅은 1821년 은행가 라피트가 경영하는 금융 그룹에 매각되어 1830년대와 1840년대에 가장 아름답고 기념비적인 건축단지가 되었다. 바로 이곳에 이토르프는 자신의 두 가지 걸작을 설계했다. 하나는 파리 북역으로 "중앙 건물은 햇빛이 잘 드는 넓고 탁 트인 공간, 참신한 기둥, 하늘을 향해 대담하게 우뚝 선 동상 그리고 양쪽 끝에 선 부속 건물 두 채로 구성되었다".[2] 다른 하나는 생뱅상드폴 성당으로 계단, 난간의 곡선이 프란츠리스트 광장의 아름다운 건물들과 어우러지며 이상적인 연극 무대 같은 공간을 만들어낸다. 북역에 인접한 이곳에는 19세기 파리의 병원들 중 가장 조화롭다고 할 수 있는 라리부아지에르 병원도 있다. "1846년 건축가 고티에의 책임 아래 공사가 시작되었을 당시 병원 이름은 루이 필리프 왕의 이름을 딸 예정이었다. 병원을 세운 장소는 기복이 심하고 자갈이 많은 공터로 생라자르 밭으로 불렸다. 파리의 노인들 가운데 일부는 낮에는 연을 날리는 아이들의 무리 덕분에 유쾌하고, 밤에는 깊은 적막감에 싸여 음산한 그곳을 여전히 기억한다."[3] 1848년 6월 봉기 동안 이 병원 공사 현장에서 일어난 끔찍한 전투에 대해서는 뒤에서 이야기할 것이다. 병원 이름은 처음에 레퓌블리크였다가 1851년 쿠데타 후에는 노르가 되었다. 현재의 명칭은 자녀 없이 세상을 떠난 라리부아지에르 백작 부인이 자신의 전 재산을 파리시에 기부하면서 얻게 되었고, 1854년 공사가 마무리된 뒤 그 이름으로 불리게 됐다.

북쪽과 동쪽의 인기 있는 포부르들을 따라 80년간 서 있던 입시 관세 성벽은 이 일대에 일어난 독특한 도시화의 원인이었다. 그리고 그 흔적은 현재까지 남아

---

2 Martin, *Promenades dans les vingt arrondissements de Paris*, Paris, op. cit.

3 Martin, 같은 책.

있는 석재뿐 아니라 사람들의 기억에도 남아 있다. 흔적은 성벽 안쪽과는 관계가 없다. 성벽 안쪽의 마지막 집들과 성곽 사이의 순찰로는 을씨년스러웠다. 네르발이 「오렐리아Aurélia」의 결말에서 미쳐버리기 직전에 무너져내린 곳이 바로 그곳이다. "나는 절망에 사로잡혀 방벽과 포부르를 갈라놓는 공터에서 방황한다." 또한 공쿠르 형제의 방황하는 가련한 여인 제르미니 라세르퇴는 "공터 전체를 돌아다녔다. 라리부아지에르 병원, 아바투아르 도살장, 몽마르트르 공동묘지 일대에서 건달들은 월요일마다 술에 취해 욕정을 채웠다".

널찍한 대로에 둘러싸인 성벽 바깥에서는 새로운 종류의 활동이 발전했다. "총괄징세청부인 성벽을 넘어서면 그곳은 상대적으로 천국 같았다. 그곳에는 방벽도, 통행료 징수소도 없고 얽매일 것 없이 독립적으로 생활하기 좋았다. 게다가 파리와 가까워 도시 생활의 혜택도 누릴 수 있었다. 많은 사람이 짐을 꾸려 고기, 포도주, 사과주, 맥주, 식초, 석탄, 목재, 석고 등의 입시 관세를 내지 않아도 되는 지대로 옮겨갔다. 그렇게 마을이 형성되었고, 마을의 진정한 설립자는 파리의 입시 관세 장벽이라고 할 수 있었다."[1]

반쯤은 거지들의 소굴 같고, 반쯤은 동양 잡화상 같은 이 지대에는 "한동안 익살맞은 간판을 단 싸구려 포도주 가게, 고물상, 헌 신발 가게, 헌 속옷 가게, 헌 옷 가게, 고철상이 들어서 있었다. 이어 수상쩍은 저택, 간판을 달지 않은 상점, 재주부리는 개, 신기한 물고기, 칼을 삼키는 곡예사, 그리고 풀로 싼 희귀한 물건을 늘어놓은 판잣집도 들어섰다. 밤이면 대충 기운 옷들을 내다 파는 상인들이 장터에서 횃불을 밝혀 놓고 귀신 들린 듯 소리치며 간이 판매대에 옷가지를 전시하고 손님을 끌었다". 입시 관세 성벽이 철거되고 눈길을 끄는 이런 무리도 없어졌지만 생투앙, 몽트뢰유, 방브 등 파리 외곽 대로를 따라 열리는 현재의 벼룩시장은 낭만

---

1 Émile de La Bédollière, *Le Nouveau Paris, Histoire de ses vingt arrondissements*, Paris, Barba, 1860.

주의 시대 파리 가건물이 남긴 직접적인 유산이라고 할 수 있다.

작은 카페와 옷 장수뿐만이 아니라 극장들도 성벽을 따라 존재했다. 루이 18세는 루이 16세와 마리 앙투아네트의 시신을 찾게 해준 세베스트 형제에게 그 상훈으로 이 '지대'의 극장 독점권을 주었다.[2] 형제는 제일 먼저 벨빌 극장을 지었다. 벨빌 극장은 1950년대 영화관으로 개조되었고, 현재는 중국 슈퍼마켓으로 운영되고 있다. 세베스트 형제는 몽마르트르, 그르넬, 몽파르나스에 차례로 극장을 열었다. 그들의 극장은 작품, 배우, 관객 등 세 가지 측면에서 이점을 누렸다. 성곽 바깥에 위치한 극장들은 지방 극장으로 여겨졌기에 다른 극장에 오른 작품을 40일이 지난 뒤에야 무대에 올릴 수 있었다. 반면 이 극장들은 파리와 가까워서 오데옹, 짐나즈, 팔레루아얄 극장에서 연극을 보고 만족한, 보장된 관객을 끌어들인다는 장점이 있었다. 지방의 훌륭한 배우들도 무대에 올릴 수 있었는데, 이들에게 파리 근교의 극장은 파리에 진출하기 위한 마지막 관문이었다.

대부분이 두 개의 동심원 주위에 위치한 현재 파리의 극장 분포는 이 도시의 확장과 관련이 있다. 안쪽의 동심원은 그랑 불바르로, 앞서 보았듯이 '극장'과 '대로'의 조합이 언제나 부르주아적 저속함을 의미하는 것은 아니다. 바깥쪽 동심원에서 극장은 옛 입시 관세 성벽을 따라 자리 잡았다. 부프 뒤 노르, 몽마르트르의 오래된 극장 라틀리에 드 될랭, 클리시 광장 뒤편의 뢰로페앵, 바티뇰의 오래된 극장 에베르토, 라넬라그 극장, 테아트르 거리와 크루아니베르 거리 모퉁이의 그르넬, 게테몽파르나스, 파스칼 거리의 생마르셀 등이 그에 해당된다. 이런 식으로 과거에 극장이었던 오래된 영화관들을 헤아리면서 파리를 한 바퀴 돌 수 있다.

입시 관세 성벽 지대의 이런 일화 때문에 북에서 동으로 이어지는, 즉 클리시에서 메닐몽탕으로 이어지는 대로들은 언제나 오락과 쾌락의 기호로 각인되었다.

---

2 피에르 세베스트는 마들렌 공동묘지에서 묘혈을 파는 인부의 손자였다. 이곳에 루이 16세, 마리 앙투아네트가 매장되었다. 루이 18세는 페르시에와 퐁텐에게 공동묘지 자리에 속죄의 예배당을 짓게 했다.

섹스 숍, 외설적인 연극, 포르노 비디오 숍, 지저분한 나이트클럽 등 우리 시대의 반짝거리는 진흙탕은 모두 비도크와 외젠 쉬 시대를 거쳐 모파상, 로트레크, 그리고 아제 시대의 서커스, 뮤직홀, 무도장, 술집, 매음굴 등에서 파생된 산물이다.[1]

포부르 푸아소니에르와 포부르 몽마르트르

센강 오른쪽 '포부르들의 고리'에서 서민 구역과 귀족 구역의 경계를 구분 지어야만 한다면, 포부르 생드니와 포부르 푸아소니에르 사이에서 주저하게 될 텐데 그럴 만한 이유가 있다. 생라자르 수도원의 울타리로 둘러싸인 남쪽, 포부르생드니 거리와 클리시 거리 사이의 지역, 즉 파리 9구의 주요 부분은 북쪽과 동쪽의 옛 포부르 구역들만큼 명확하게 구분되지 않는다. 이 드넓은 지대를 포부르 몽마르트르 거리와 포부르 푸아소니에르 거리가 지난다. 그러나 포부르라는 이름이 붙은 두 거리는 포부르라는 단어가 내포하는, 이 지역의 구조를 결정짓는 핵심적인 기능을 하지 못했다. 수천 대의 손수레가 평평하게 다져진 흙길과 포장도로를 지나갔음에도, 거리 가장자리의 채소밭이 하나둘 건물 안뜰로, 사료 창고나 곳간으로, 마구간으로, 공방으로 변했음에도, 수도원의 토지와 귀족의 정원이 팔리고, 압수되고, 분양된 곳에 건물이 지어졌음에도 이 두 거리는 본질적인 변화를 이끌지 못했다. 단지 한 세기 시간의 흐름 속에서만 하나의 포부르는 한 구역의 성장을 이끌고 촉진할 수 있다. 포부르 생마르탱 거리가 율리아누스 황제 시대에 이미 중요한 도로였다면, 그리고 훗날 포부르 생탕투안 거리가 되는 길이 십자군 원정 시대에 이미 파리에서 중요한 역할을 했다면, 포부르 몽마르트르와 포부르 푸아소니

---

1 "그 누구도 당신이 클리시 광장의 반짝거리는 진흙탕에서 눈길을 돌리게 할 수는 없다." André Breton, *Ode à Charles Fourier*. 한편 푸리에 동상의 받침돌은 여전히 클리시 대로 한가운데, 쥘페리 고등학교 앞에 있다. 그러나 색색의 판으로 둘러싸인 데다 형편없이 만든 사과 형태의 은 조형물이 얹힌 탓에 거의 알아볼 수 없다.

에르는 18세기 말이 되어서야 진정으로 발전했다. 이 지역 전체는 결국 시간 속에서 집약적이고 급격한 변화를 겪었다. 예를 들어 쇼세당탱 거리는 "17세기에는 가이용 문에서 시작해 포르슈롱까지 이어지는 단순한 길일 뿐이었고, 이 길을 따라 하수구가 그대로 드러난 채 이어졌다. 이 길은 포르슈롱 도로, 레구 드 가이용 거리, 쇼세당탱으로 불렸고, 최종적으로는 그 유명한 랑포노가 운영하는 술집으로 인해 그 이름을 딴 그랑드 팽트(팽트Pinte는 1리터에 가까운 큰 술잔을 의미한다)라고 불렸다".[2] 메르시에에 따르면 1770년대에 은행가, 공증인, 건축업자 같은 제3계급 평민층이 큰돈을 벌었고, 금융가는 쇼세당탱 거리와 그에 인접한 거리에 투자를 했다. 이들은 네케르나 마담 텔뤼송처럼 스위스인이거나 그리모 드 라 레이니에르나 루이 16세의 재정 담당이었던 장자크 드 라보르드처럼 총괄징세청부인이었다. 마담 텔뤼송은 르두에게 프로방스 거리에 저택을 지어달라고 주문했다. 당대 가장 놀라운 건축물인 이 대저택의 "정문은 대형 아치를 이루고, 관목 사이에 둥글게 배치한 거친 자연석 위에 기둥이 원형 건물을 받치는 구조다".[3] 장자크 드 라보르드는 그랑주바틀리에르의 영지를 분양하고 땅의 가치를 높이기 위해 사비를 들여 큰 하수도를 만들어 덮었다.[4] 당대 최고의 건축가인 르두, 브롱니야르, 불레, 셀레리에, 베스티에는 드 라보르드가 분양한 땅에 은행가들의 정부들을 위한

2 Hurteau et Magny, *Dictionnaire historique de la ville de Paris*, 1779. 1760년에 랑포노는 포부르뒤탕플에 있는 술집 탕부르루아얄을 아들에게 맡기고, 현재의 트리니티 성당 자리에 600명을 수용할 수 있는 술집 그랑드 팽트를 열었다.

3 La marquise de Créquy, *Mémoires*. 총괄징세청부인 성벽을 설계한 르두를 용서할 수 없었던 메르시에는 "마담 텔뤼송의 저택은 나선 모양의 조개껍데기다. 그곳에 살려면 달팽이가 되어야 한다. 이 건물에는 회전하는 선이 너무나 많아 머리가 돌 정도다. (…) 정부에 가장 위험한 인물은 건축가다. 건축가는 머리가 돌았다"라고 썼다.

4 이런 분양에 대해, 특히 이 구역의 분양에 대해서는 Pierre Pinon, *Paris, biographie d'une capitale*을 참고할 것. 이 큰 하수구는 튀렌 거리의 하수구를 거쳐 탕플 대로 극장들의 하수구를 지나 오늘날 여러 거리들의 경로로 이어진다. 이 거리들 가운데 다음의 거리들은 하수구가 포장된 해인 1760년대에 조성되었다. 샤토도, 프티트제퀴리, 리셰르, 프로방스, 페피니에르, 라 보에티, 콜리세, 마르뵈프 거리. 이 하수구는 현재 알마 광장 쪽에서 센강으로 흘러든다. 이곳은 센강 옛 지류의 경로였다.

저택을 지었다. 오를레앙 주교, 총괄징세청부인 드 라보르드, 그리고 수비즈 원수가 후원하는 오페라 수석 무용수 기마르를 위해 르두는 극장을 갖춘 저택을 구상했다. 사적인 공연을 여는 이 극장은 팔라디오의 올림픽 극장을 모델로 한, 기둥으로 둘러싸인 타원형 건물이었다. 프라고나르와 다비드가 장식한 이 극장은 "모든 예술의 가장 행복하고 가장 빛나는 조합이었다. (…) 실내는 그리스인들이 아름답게 꾸민 에로스의 궁전을 떠올리게 했다. (…) 저택 내부에 있는 온실은 겨울이면 정원을 대신했다. 온실의 풍경은 전체적인 느낌을 훼손하지 않아 포근했고, 특히 격자창이 건축물의 섬세한 규칙성과 잘 어울렸으며, 아라베스크 장식은 전혀 인위적이지 않았다. (…) 또한 독특한, 어쩌면 유일할지 모르는 쾌적한 욕실도 있다".[1]

기마르의 저택은 나폴레옹이 러시아 황제의 대사관으로 제공했는데, 1826년 철거하고 그 자리에 "석고 반죽의 건물을 지었을 때 파리의 모든 이가 진심으로 가슴 아파했다". 현재의 쇼세당탱 구역에서 지난날의 영광을 되찾기는 쉽지 않다. 투기가 또다시 절정에 달한 1825년부터(발자크의 소설 속 세자르 비로토의 좌절을 볼 것) 50년도 안 된 멋진 저택을 부수기 시작했다. 곧이어 이 구역에 넓은 관통로를 냈다. 라파예트 거리는 샤를 10세 시대에 개통되었는데, 1830년 이전에 이미 라파예트라고 불렸다. 가르니에의 오페라, 백화점 건설, 그리고 마지막으로 오스만 대로의 확장은 연극배우와 무용수가 모이는 구역에 가한 최후의 일격이었다. 그 결과 오늘날 몇몇 학자만이 혼잡한 도로, 향수 가게, 크리스마스를 맞이해 내놓은 할인 상품과 장난감 진열장 사이 곳곳에 남아 있는 그 흔적들을 기억한다.

몽톨롱의 작은 광장으로 올라가는 트레비즈 거리와 생뱅상드폴 거리로 올라가는 오트빌 거리 사이의 포부르 푸와소니에르 지역은 한때 매우 화려했다. 현재는

---

1 Jacques-François Blondel, *L'Homme du monde éclairé par les arts*, 제2권. J. Adamson, Correspondance secrète, 제8권, Londres, 1787에 다시 게재.

클로드 니콜라 르두의 텔뤼송 호텔. "가파른 바위 언덕에 세워진 원형 열주를 볼 수 있는 거대한 반구형 아케이드". 작가 미상, 파리, 국립도서관. 텔뤼송은 스위스 은행가이자 네케르의 첫 번째 고용주였다.

모피 도매상이 모인 상업 지역이지만 여전히 고상한 분위기를 풍긴다. 현재의 콩세르바투아르 거리에는 18세기에 므뉘플레지르 저택이 있었는데, 이곳은 일종의 정부 예술 기관으로 대규모 공공 축제를 조직하거나 왕의 가구를 만드는 작업을 했다.[2] 오늘날 정부 부처를 케 도르세나 플라스 보보라고 부르듯이 그 당시에는 이 예술 기관을 므뉘라는 별칭으로 불렀다. 플로레알 2년 7일(1794년 4월 26일) 공공안전위원회의 결정으로 음악원이 므뉘플레지르 건물에 들어섰다. 음악원 초대

---

2 Pascal Étienne, *Le Faubourg Poissonnière, architecture, élégance et décor*, Paris, Action artistique de la ville de Paris, 1986. 므뉘의 초대 책임자는 미셸앙주 슬로츠와 미셸앙주 샬르로 각각 로코코 양식 시대와 네오클래식 양식 시대를 대표한다.

교수들로는 고세크, 메윌, 셰뤼비니가 있었다. 음악원 총장 사레트는 말했다.

"광신주의 예식을 폐지하고 생긴 공백을 자유의 노래로 채워야 한다. 민중은 자신들의 목소리로 공화국의 영광을 찬양하는 미덕에 바치는 축제의 장중함을 드높여야 한다." 지고한 존재를 위한 축제의 장식은 다비드의 디자인에 따라 므뉘플레지르의 공방에서 만들어졌다.

19세기에는 이 구역에 다른 음악이 울려 퍼졌다. 포부르푸아소니에르 거리의 알카자르 디베르, 에쉬키에 거리의 콩세르파리지앵(이곳의 스타는 이베트 길베르였다) 그리고 무엇보다도 폴리베르제르에서는 전과 다른 음악이 울려 퍼졌다. 레오토는 어릴 때 엄마와 처음으로 폴리베르제르에 갔었다. 아마도 그곳에서 한번은 마네와 마주쳤을 수도 있다. "나는 이미 불누아르, 렐리제몽마르트르, 그리고 코메디 프랑세즈에 가 보았다. 조명과 의상은 내게 새로운 것이 아니었다. 그러나 내가 지금 이곳에서 본 것들은 유난히 더 반짝거리고, 색이 화려하고, 한껏 치장되어 있고, 리듬감이 있는 것 같았다. 어느 정도 친숙한 불누아르와 렐리제몽마르트르, 그리고 매번 부자연스럽고 어색한 코메디 프랑세즈의 배우들과 비교해보면 여자 출연자도 훨씬 더 예뻐 보였다."[1] 중세 가톨릭교에 심취하기 전 위스망스는 이렇게 썼다. "그녀들은 놀랍고, 눈부셨다. 분칠한 얼굴, 푸른색 마스카라 속에 잠긴 눈, 새빨간 립스틱을 바른 입술, 허리를 바싹 졸라매 가슴을 돋보이게 한 여자들이 무대를 따라 둥글게 놓인 반원형 관람석 쪽으로 둘씩 짝 지어 행진한다. (…) 연한 붉은빛 배경을 깔고, 거울에 비친 회전목마가 천천히 움직이는 가운데 파이프오르간 소리에 맞춰 거울과 램프로 장식한 진홍색 커튼 끝에서 등장하는 여자들을 보고 관객들은 매혹된다."[2]

---

1 Paul Léautaud, *Le Petit Ami*, Paris, Mercure de France, 1903. 레오토의 아버지는 코메디 프랑세즈의 프롬프터였다.

2 J. K. Huysmans, "Les Folies - Bergère en 1879", *Croquis parisiens*, 1880.

앙시앵레짐 말기와 제2제정 말기 사이에 현재의 9구 아래쪽에서 거듭 진행된 급격한 변화로 포르슈롱, 누벨프랑스, 그리고 브레다라고 불린 작은 구역은 지도에서 사라졌다. 만평, 소설 그리고 당대의 노래에 자주 등장한 이 세 구역은 아무것도, 심지어 거리 이름에도 흔적을 남기지 않고 완전히 없어졌다. 위르토와 마그니는 1779년 그들의 책에서 포르슈롱에 대해 이렇게 썼다. "몽마르트르의 특별한 구역으로 오로지 술집만이 빽빽이 들어차 있고, 손님들은 그랑드 팽트 주점에서처럼 포도주를 많이 마셨는데 값이 아주 쌌기 때문이다."[3] 1750년의 어느 노래에는 "유쾌한 사람들이 넘치는/ 쿠르티유를 보지 않고 파리를 보는 것은/ 사랑스러운 낙천가들이 모이는/ 포르슈롱을 들르지 않는 것은/ 교황을 보지 않고 로마를 보는 것이다"라는 가사가 있었다. 19세기 초 포르슈롱은 투르데담 일대의 주택 단지로 바뀌었고, 사랑스러운 낙천가들이 모이는 장소는 파리에서 가장 세련된 지역 가운데 한 곳이 되었다.

누벨프랑스 구역은 푸아소니에르 방벽(바르베스로슈슈아르 교차로) 근처였다. 포부르 푸아소니에르의 이 구역은 오랫동안 누벨프랑스 도로로 불렸는데, 탈선한 젊은이들과 관련된 명칭이었다. 당시에는 범죄를 저지른 젊은이들을 체포해 캐나다로 보내기 전에 근처 병영에 가두었다. 18세기에 몇몇 대영주는 들판, 야외 술집, 누벨프랑스의 풍차 한가운데에 별장을 지었다. "프랑스의 대귀족, 투렌 지방 지사, 왕족 출신 샤롤레 백작의 공식적인 집은 콩데의 대저택이었다. 그러나 오페라의 소녀들과 백작의 몇몇 방탕한 친구에게 그가 진짜로 사는 곳은 누벨프랑스 위쪽의 안마당과 정원이 딸린 작은 집이었다. 단지 콩데의 대저택 때문에 그는 샤롤레 백작이라고 칭해졌는데, 포부르에서는 사람들이 친근하게 너나들이를 하면

---

3 쇼세당탱에 고급 저택이 들어서면서 채소 가게와 술집은 북쪽으로 밀려나 몽마르트르 수도원 근처에 자리 잡게 됐다. 몽마르트르 수도원은 포르슈롱(현재 생라자르), 블랑슈, 브뤼에르, 노트드담드로레트 거리에 둘러싸여 있었다.

서 그를 샤를 공이라고 불렀다."[1]

브레다 구역은 노트르담드로레트의 새 성당 주변의 포부르 몽마르트르 꼭대기에 있었으며, 대로들의 유행과 시기를 같이 한다.[2] "정부들, 화류계 여자들 그리고 하층민 여자들은 노트르담드로레트 성당 주변 브레다 구역에 살았는데 매춘부라는 뜻의 로레트라 불렸다. 반면 화류계 여자를 비유하는 비슈라는 명칭은 1852년부터 거의 사용하지 않았다. (…) 노트르담드로레트 구역의 집주인들은 보기와는 달리 기사도 정신이 있어서 다른 곳에서 쫓겨난 류머티즘으로 고생하는 여자들을 맞아들여 새로 지은 건물에 묵게 했다. 그녀들이 이 구역에 자리 잡으면서 시끄러워지자 얌전한 부르주아들은 이곳을 떠났다. 여자들은 노트르담드로레트를 떠나지 않았다. 이런 식으로 유쾌하고 무사태평하고 뒤죽박죽인 집단이 형성되었고, 이들은 언제나 집세를 비정기적으로 냈다."[3]

생조르주와 누벨아테네

「메두사호의 뗏목Le Radeau de la Méduse」과 「민중을 이끄는 자유의 여신La Liberté guidant le peuple」이 완성된 사이의 1825년경 새로운 파리는 생라자르 거리를 지나 포르슈롱 구역을 포함해 몽마르트르 언덕의 낮은 경사지로까지 확장되었다. "이런 점진적인 움직임에 따라 파리 사람들은 센강 왼쪽을 떠나 강 오른쪽 언덕에 자리 잡기

---

1 Delvau, *Histoire anecdotique des barrières de Paris*, op. cit. 몽톨롱 거리와 벨퐁 거리가 만나는 위치 맞은편의 누벨프랑스 병영은 18세기 말 비롱 원수가 세웠다. 포부르푸아소니에르 거리 82번지에는 1930년대부터 있던 공화국 수비대의 병영이 아직까지 존재한다.

2 브레다 거리는 현재 앙리모니에 거리와 클로젤 거리로 나뉜다.

3 La Bédollière, *Le Nouveau Paris*…, op. cit. "로레트는 뭐라고 설명하기 어려운 상태의 소녀를 표현하기에 알맞은 단어다. 프랑스 학술원은, 회원 40명의 나이를 고려하면 당연한 거지만, 너무 신중한 나머지 로레트의 의미를 규정하는 일을 게을리했다"라고 발자크는 썼다. *Histoire et physiologie des Boulevards de Paris*, op. cit.

시작했다."[4] 역사가들은 생조르주, 투르데담, 누벨아테네 이 세 곳의 주택 건설을 구분한다. 실제로 노트르담드로레트에서 몽마르트르 방벽(현재 피갈 광장)으로 올라가면 건물들은 차분한 신고전주의 양식에서 초기 아르누보 양식으로 바뀐다. 그러나 언덕길에 있는 건물 대부분은 발자크, 쇼팽, 그리고 들라크루아 시대의 눈부신 도회지를 만드는, 왕정복고 시대와 7월 왕정시대 말기 양식이다. 동질적이지만 지루하지 않고 장식이 지나치지 않은 데다, 과하지 않으면서 웅장하고 고풍스러운 분위기를 풍기며, 때로는 한 시대의 황혼처럼 우울하고 때로는 새로운 모험처럼 경쾌하다. 그리고 차분하고 균형 잡힌 배경에 비해 도드라진 생조르주 광장의 파이바 대저택 같은 건축물이나, 로트레크의 화실이 있던 빌라 프로쇼 맞은편 앙리모니에 거리의 건물처럼 단아한 걸작들도 눈길을 끈다.

이 새로운 구역에는 옛 건물에 살고 싶어 하지만 그렇다고 아주 옛날 취향도 아닌 작가와 예술가 공동체가 형성되었다. 모든 것은 제1제정기에 유명했던 연극인들과 더불어 시작되었다. 투르데담 거리 1번지에는 마드무아젤 마르스가 살았고, 같은 거리 3번지에는 마드무아젤 뒤슈누아가, 9번지에는 탈마가 살았다. 이어 쇼팽과 조르주 상드가 오를레앙 작은 광장[5]에 자리 잡았고, 들라크루아는 그들과 가까이 살기 위해 노트르담드로레트 거리에 자리 잡았다. 바로 이 시기에 들라크루아는 쇼팽과 상드의 초상화를 한 그림에 담았다. 생조르주 거리에는 뉘싱겐이 가련한 에스테르를, 늙은 테너 마뉘엘 가르시아가 성악 레슨을 하는 장소였던 브디 발레에 묵게 했다. 가르시아의 두 딸, 폴린 비아르도와 마리아 말리브랑은 오로지 오늘날의 마리아 칼라스만이 누릴 수 있는 정도의 명성을 누렸다.[6] 이 매력적

---

4 Balzac, *Les Petits Bourgeois*.

5 기적적으로 하나도 손상되지 않고 온전히 보존된, 쇼팽과 상드가 살던 건물의 입구는 현재 테부 거리 80번지에 있다.

6 폴린 비아르도는 오를레앙 작은 광장에 살았고, 마리아 말리브랑은 그곳에서 멀지 않은 엘리제데보자르 거리(현재 앙드레앙투안)의 저택에서 살았다.

인 구역에는 빅토르 위고(라로슈푸코 거리), 앙리 모니에 가바르니(훗날 그의 동상이 생조르주 광장에 세워진다), 알렉상드르 뒤마, 오베르, 보엘디외, 에밀 드 지라르댕 등이 살았다. 에밀 드 지라르댕의 문학 살롱은 델핀 게가 이끌었고, 위고, 뮈세, 발자크, 라마르틴이 자주 참석했다. 뒤이어 바레스, 바그너, 구노, 공쿠르 형제가 이곳에 정착했고 오퇴유, 뮈르제(그의 아버지는 몽마르트르 수도원 관리인이었다), 밀레, 로트레크, 귀스타브 모로, 비예르 드 릴라당이 뒤따라 자리를 잡았다. 비예르 드 릴라당은 퐁텐 거리 45번지에서 숨을 거두었고, 훗날 그 맞은편 건물에 앙드레 브르통이 살았다.

짧은 소설 『르 프티 아미Le Petit Ami』에서 폴 레오토는 세기의 전환기에 이곳에서 보낸 어린 시절을 묘사했다. "내게 가장 친근한 지역은, 내가 영원히 간직하는, 내 눈을 가득 채운 노트르담드로레트 거리와 퐁텐 거리, 클리시 대로와 로슈슈아르 대로, 그리고 로슈슈아르 거리와 라마르틴 거리가 있는 생조르주 구역이다. (…) 나는 오후 내내 예쁜 여자아이들과 밀통 거리 언덕에서 놀았다. 거리 양쪽에는 나무 판자로 울타리를 친 공터가 있었다. 몇 년간 매일 아침 아버지를 따라 로슈슈아르 거리와 만나는 라마르틴 거리에 자리한 아버지의 미용실로 향했다. (…) 마르티르 거리에는 온갖 색으로 정신없이 칠한 물감 가게, 철제 깃발이 걸린 공동 빨래터가 있었고, 이폴리트르바 거리(이 구역에 온 지 얼마 안 되는 여자들은 표지판의 약자를 보고 오트르바 거리라고 불렀다) 모퉁이에는 잡화상이 있었다. (…) 클로젤 거리에는 세밀하게 꾸민 파사드와 함께 여학생 학교, 예술가의 집이 있었고, 로디에 거리의 우리 집 맞은 편에서는 분을 하얗게 바른 여자들이 하루 종일 노래를 부르곤 했다."

유럽

동에서 서로 9구를 가로지르면 클리시 거리와 만나게 된다. 거리 너머에는 누벨

루이지 페드라치, 「말리브랑 초상화」, 1820년경. 유화, 밀라노, 테아트랄 알라 스칼라 박물관.

아테네 구역과는 다른 유럽 구역이 시작된다. 나나와 코랄리, 마네와 제리코, 구노와 케루비니가 다르듯이 두 구역도 완전히 구별된다. 현재 클리시 거리에서는 과거의 우아함을 찾아볼 수 없지만, 리슐리외 원수가 아노브르의 별장을 짓기 전에 이 거리에 먼저 별장을 지었다. 블랑슈 거리까지 차지한 대저택이었던 이곳에서 종종 루이 15세는 퐁파두르 부인과 시간을 보냈다. 좀더 위로 올라가면 빚쟁이들을 가둬두는 감옥이 있었는데, 1826년부터는 그들을 센강 왼쪽 클레프 거리에 있는 생트펠라지 감옥에 수용했다. 빚쟁이들을 감옥에 가두어달라고 요청한 채권자들은 그 대가로 매달 30프랑을 내야 했다. 클리시 방벽(현재는 광장) 근처의 폴리

에두아르 뷔야르, 「공원」, 「말을 거는 여자와 놀고 있는 소녀들」, 1894. 유화, 파리, 카르나발레 박물관.

북시에르는(총괄징세청부인의 이름) 1820년대 중반부터 유명한 환락가가 되었고, 티볼리 정원에는 프랑스에서 처음으로 사격 연습장이 들어섰다. 뱅티미유 거리와 브뤼셀 거리가 이 정원을 가로질러 생겨났고, 베를리오즈 광장이 조성되었다. 베를리오즈 광장에는 에두아르 뷔야르의 화실이 있었고, 그의 「공원Jardins publics」 연작에 이 베를리오즈 광장이 담겼다.

클리시 거리를 지나면 유럽 구역의 형태는 뒤이어 조성되는 몽소 평야 구역과 마찬가지로 단순하다. 유럽 구역과 몽소 구역은 포부르들의 옛 고리에 해당하는 구역 가운데 가장 최근에 만들어졌고 그 이후 큰 변화가 없었다. 왕정복고 시대와 7월 군주정 때 한 번, 나폴레옹 3세 시대에 한 번, 그렇게 총 두 번의 변화를 겪었을

뿐이다.

1825년과 1840년 사이에 생라자르역과 유럽 구역은 거의 시골이나 다름없는 곳에 세워졌다. 그때까지 현재의 로셰 거리와 비앵페상스 거리는 풍차로 유명했다. 생오귀스탱 성당 근처, 현재 앙리 베르그송 거리의 자리는 쓰레기 하역장으로 오물이 쌓여 있었다. 이곳을 그레지용이라고 불렀는데, 그레지용은 질 나쁜 밀가루를 의미했다. 로셰 거리와 클리시 거리 사이는 여전히 들판이었다. 이곳에서 어떤 이들은 사과나 곡물을 재배했고, 어떤 이들은 황무지로 남겨두기도 했다.

로셰 거리 아래쪽은 프티트폴로뉴[1]였다. 위고는 『레 미제라블』 5권 2장에서 "생자크 문, 파리 문, 세르쟁의 방벽, 포르슈롱, 갈리오트, 셀레스탱, 카퓌신, 말리, 부르브, 라르브르드크라코비, 프티트폴로뉴, 프티피크퓌스는 새로운 파리에 남은 옛 명칭이다. 민중은 이런 흔적 위를 거닐면서 과거를 기억한다"라고 썼다. 발자크는 『사촌 베트』 마지막 부분에서 윌로 남작 부인이 성실히 참여하던 자선 단체에서 드 라 샹트리 부인을 다시 만났을 때를 다음과 같이 묘사했다. "첫 번째 자선 활동은 과거 프티트폴로뉴라고 부른 음산한 구역에서 시작됐다. 이 구역은 로셰, 페피니에르, 미로메닐 거리로 둘러싸여 있다. 그곳은 포부르 생마르소의 일부처럼 존재한다. 이 구역을 묘사하는 데는 실업자, 거친 사람들, 위험한 직업에 종사하는 극빈자의 집주인들이 쉽사리 그들에게 집세를 청구할 수도, 돈을 못 내는 세입자를 내쫓아줄 집행관을 구할 수도

1 '폴란드 왕에게Au Roi de Pologne'라는 표지판은 폴란드의 왕이자, 훗날 앙리 3세가 되는 앙주 공작에 대한 암시다. 앙주 공작의 별장은 현재의 생라자르역 자리에 있었다.

없었다는 이야기만으로 충분하다. 당시의 부동산 투기꾼들은 포부르뒤룰 거리와 암스테르담 거리 사이의 황무지에 건물을 지어 파리의 외곽을 빠르게 바꿔 놓았다. 이런 부동산 투기는 당연히 주민 구성을 변화시킨다. 파리에서 부동산 투기는 우리가 일반적으로 생각하는 것 그 이상으로 문명을 크게 이끌었다."

주민 구성의 변화에 관해서는 발자크의 예측이 증명되었다고 말할 수 있다. 1860년대 말셰르브 대로 관통 공사는 프티트폴로뉴 구역을 사라지게 만들었다(프티트폴로뉴 구역에는 시역한 자가 속죄하는 의식의 향기가 풍긴다. 루이 16세를 옹호한 말셰르브, 트롱셰, 세즈는 이 구역의 거리에 자신들의 이름을 남겼고, 루이 18세는 페르시에와 퐁텐을 시켜 이곳에 속죄의 예배당을 짓게 했다). 그러나 이 구역의 개발은 그 이전에 시작되었다. 1826년부터 한 금융회사가 개발 계획을 세웠는데, 가장 중요한 광장의 명칭은 유럽으로 하고, 거리에는 유럽 국가의 수도 이름을 붙였다. 이후 에밀 페레르가 파리에서 생제르맹까지 연결되는 철도 허가권을 손에 쥐면서 이곳은 비약적으로 발전했다. 기차역 플랫폼은 스톡홀름 거리에 지었고, 입구는 런던 거리를 향해 냈다. 그런데 플랫폼과 입구가 유럽 광장과 완전히 맞닿아 있어서 광장 아래 지하도를 뚫어야 했다.[1]

1840년대에 역은 한산했다. 발자크는 『베아트릭스Béatrix』에서 그 사실을 한번 더 상기시켰다. "암스테르담, 밀라노, 스톡홀름, 런던, 모스크바 등 유럽의 거리를 장식한 석재 조각의 쓸쓸한 모습은 건물이 늘어선 대초원 같고, 수많은 게시판에 나붙은 빈 집 광고지가 바람에 흩날리는 소리는 텅 빈 모습을 더욱 두드러지게 한다. (…) 드 로슈피드가 마담 숀츠를 처음 만났을 때 마담 숀츠는 베를린 거리에

1 이 역이 첫 번째 생라자르역이었다. 역은 1860년에 현재의 자리로 옮겨졌고, 1880년대에 전면 재건축됐다. 최초의 지하도를 훨씬 더 북쪽에 있던 바티뇰 지하도와 혼동해서는 안 된다. 계획 당시 역을 만들 부지로 다른 장소도 고려됐는데, 다음과 같은 논의도 있었다. "역을 지어야 한다면 애초에 선정한 유럽 광장에 지어야 한다. 그러나 이곳은 상업 중심지와 파리 도심에서 멀리 떨어져 있어서 마들렌 광장과 트롱셰 거리 남동쪽 모퉁이에 짓는 방안도 진지하게 생각해볼 수 있다."

귀스타브 카유보트, 「유럽의 다리」, 1877. 유화, 개인 소장.

있는 어느 저택 4층에 살고 있었다." 보나파르트 고등학교(현재 콩도르세)가 파리의 엘리트 고등학교가 되고, 이 구역이 상류층 부르주아지의 구역이 된 것은 고작 제2제정기 때부터였다. 역 때문에 이 구역에 철강과 석탄이 밀려드는 것을 많은 사람이 안타까워했다. 1860년에 라 베돌리에르가 썼듯이 "광장 한가운데에 있는 정원을 없애고 유럽 광장을 가로질러 철제 다리를 세우는 것이 문제다. 요즘 과연 무엇이 영원한가?" 라 베돌리에르를 슬프게 한 것이 현재의 우리를 매혹한다. 그

오른쪽 페이지
유럽 광장, 생라자르역. 앙리 카르티에브레송의 사진, 1932.

것은 프루스트가 그토록 예리하게 포착해낸 철도와 도시의 만남이다. "(…) 유리로 덮인 커다란 공방들 가운데 하나는 내가 발벡으로 가는 기차를 타러 갔던 생라자르역의 유리 지붕처럼 비극이 쌓아올린 선명하고 드넓은 하늘 한 자락과 폐허가 된 도시 사이에 펼쳐져 있었다. 그곳의 하늘은 근대 파리의 하늘이라고 할 만한 만테냐나 베로네세가 그린 하늘과 비슷했다. 이 하늘 아래에서는 기차를 타고 떠나거나 십자가를 세우는 것처럼 끔찍하고 장엄한 행위만을 할 수 있을 뿐이었다."[1]

현재 이 구역의 중심은 육각형의 유럽 광장으로, 이곳의 특별한 아름다움은 질서 정연하게 늘어선 건물들의 육중함과 하늘이 자아내는 전반적인 분위기의 대조에서 비롯된다. 육중한 건물들은 커다란 장식 기둥, 박공, 높이 올린 지붕으로 꾸며져 있다. 하늘은 쭉 뻗은 철로 위에 거꾸로 매달린 듯하고, 사방으로 바람이 분다. 그리고 기둥, 철책, 항상 비어 있는 작은 공원의 이국적인 나무에 둘러싸여 있다. 모네와 카유보트의 걸작들에 중요 모티브였던, 철제 난간과 리벳으로 연결한 다리 퐁 드 유럽은 1930년대에 철거되었다. 이것들을 다시 보려면 롬 거리로 올라가 샤프탈 고등학교 맞은편, 현재는 차고로 바뀐 메사주리의 옛 창고를 찬찬히 살펴보아야 한다. 철제와 벽돌로 지어진 이 건물은 철도를 굽어보면서 유럽 광장에서 바티뇰 대로까지 차지한다.

육중한 철제 구조물은 광장에서 없어졌지만, 철제 울타리는 여전하다. 이 울타리는 유명한 두 작품의 배경이 되었다. 마네의 「철로Le Chemin de fer」에서 빅토린 뫼랑은 「올랭피아L'Olympia」의 검은 리본과 똑같은 리본을 목에 두르고 무엇을 응시하는지는 알 수는 없지만 정면을 바라보고 있다. 카르티에브레송의 1932년 작품

1 Proust, *À l'ombre des jeunes filles en fleurs.*

RAILOWSK
RAILOWSKY

「생라자르역 뒤에서Derrière la gare Saint-Lazare」를 보면 펠트 모자를 쓴 남자가 넓은 물웅덩이 위를 폴짝 뛰고 있고, 뒤에 보이는 철책에는 브라일롭스키의 콘서트를 알리는 광고가 붙어 있다. 유럽 구역의 거리들은 이처럼 지난 시간의 유령들로 가득하지만 내게 이 거리들은 오히려 『잃어버린 시간을 찾아서』의 파르마 대공 부인을 떠오르게 한다. "(…) 그녀(파르마 대공 부인을 지칭)는, 예를 들면 파리의 유럽 구역에서 파르마 거리가 인근의 모든 거리보다 파르마라는 이름과 닮지 않은 것과 마찬가지로 거의 스탕달적 인물이 아니고, 그녀의 이름은 파브리스가 숨을 거둔 샤르트뢰즈 수도원보다는 생라자르역을 대합실을 떠오르게 했다."

몽소 평야

몽소 평야가 엄밀한 의미에서 '포부르의 고리' 안에 들기 위해서는 그 범위가 포부르 생토노레와 쿠르셀 대로에 의해 제한되어야 하며, 유럽 구역과는 말셰르브 대로를 통해 구분되어야 한다. 그러나 이곳의 총괄징세청부인 성벽은 기존 건물들로부터 매우 멀리 떨어져 있는 탓에 다른 곳과 달리 분명한 경계의 역할을 하지 못했다. 특히나 현재 볼로뉴 숲을 지나는 파리 외곽순환도로처럼 이곳 성벽 또한 부유한 집주인들의 시야를 가리지 않도록 낮게 세워진 탓에 더욱 그렇게 됐다. 그러므로 몽소 평야를 쿠르셀 대로 너머 페레르 대로까지 확장해 보는 것은 합당하다.

몽소 구역의 지리적, 역사적 중심은 몽소 공원이다. 1778년 그리모 드 라 레이니에르는 자신의 토지를 미래의 필리프에갈리테에게 팔았다. 아마추어 작가이자 건축가인 카르몽텔은 샤르트르의 공작이었던 필리프에게 근사한 영국식 정원을 만들라고 조언했는데, 이 정원은 폴리 드 샤르트르라는 이름으로 널리 알려졌다. "폴리 드 샤르트르 정원에서는 상상력으로 만들어낼 수 있는 경이로운 모든 것을 볼 수 있다. 그리스와 고딕 양식의 유물, 무덤, 방어용 요철이 있는 옛 성채, 오벨리스크, 탑, 정자, 상쾌한 겨울 정원이 되는 온실, 나뭇가지에 매달린 크리스털 램프로 불 밝힌 밤. 그리고 동굴, 바위, 작은 섬이 있는 냇가, 풍차와 방앗간 주인의 시골집, 폭포, 우유 보관소, 그네, 중국식 마상 놀이기구 외에도 많은 것이 있다."[1] 프랑스 혁명 때 국유화되었고, 이후 나폴레옹이 캉바세레스에게 하사한 폴리 드 샤르트르 정원은 왕정복고 때 오를레앙 가문, 즉 루이 필리프에게 반환되었다. "정원은 루이 필리프 1세의 소유지다. 그는 여름이면 매주 목요일에 표를 소지한 이들에게 공원을 개방하기로 했다. 팔레루아얄의 왕 소유지 담당관에게 표를 신청한 단체에게는 대부분 표를 지급했다."[2] 유료였는지는 언급되지 않았지만 확실한 사실은 프랑스인의 왕이 토지를 투기에 이용했다는 점이다. '수지맞는 거래'에 항상 관심을 두었던 발자크는 공원의 작은 땅을 사려는 계획을 세우고, 1845년 3월 6일에 마담 한스카에게 편지를 썼다. "결론을 지었습니다. 내가 당신에게 몽소에 대해 더 이상 말하지 않은 이유는 그것이 대단한 거래였고, 매매가 이루어졌기를 바라기 때문입니다. 중개인 플롱이 루이 필리프에게 돈을 지불해야만 매매를 성사시킬 수 있습니다." 그러나 실제로 거래는 이루어지지 않았다.

제2제정기 시대에 규모가 대폭 축소된 폴리 드 샤르트르 공원의 남은 부분은 알팡이 최선을 다해 정비했다. 공원 주변의 땅은 페레르 형제가 개발했다. 그럴 의도는 없었겠지만 페레르 형제는 필리프 도를레앙이 팔레루아얄에서 이전에 실행했던 작업을 이어나갔다. 다시 말해 그들은 주택 정면이 공원을 향하게 지어 집들이 외곽의 새로운 거리들과 연결되도록 했다.[3] 몽소 구역 개발은 그때부터 시작됐지만 여전히 많은 시간을 필요로 했다. 들라크루아는 1852년 11월 26일 일기에 다음과 같이 적었다. "몽소, 쿠르셀의 방벽, 유럽 광장, 그리고 외곽 대로를 따

1 Girault de Saint-Fargeau, *Les 48 quartiers de Paris*, op. cit.
2 Girault de Saint-Fargeau, 같은 책.
3 Pinon, *Paris, biographie d'une capitale*, op. cit.

라 제니와 오랫동안 산책을 했다. 그리고 몽소의 넓은 평야에서 거의 길을 잃을 뻔했다." 곳곳에 개인 저택이 지어졌다. 페브리에는 말셰르브 광장(현재 제네랄카트루)에 신고딕 양식의 화려하고 웅장한 건물을 지었고, 에밀 졸라가 쓴 『라 퀴레 La Curée』의 주인공 사카르의 저택도 이 광장에 있었다. 사카르는 "파리시와의 친밀한 관계를 이용해 몽소 공원의 작은 문을 여는 열쇠를 얻을 수 있었다. (…) 이곳은 부유함의 과시, 과잉, 위압감 그 자체였다. 본관은 장식으로 뒤덮여 제대로 보이지 않을 정도였다. 창틀은 나뭇가지와 꽃으로 둥글게 장식되었다. 초록으로 뒤덮인 발코니는 허리를 꼰 채 봉긋하게 솟은 가슴을 앞으로 내민 벌거벗은 여인의 조각상이 받치고 있었다." 몽소 평야의 주민이 모두 사카르처럼 비열하지는 않았다. 마네는 오래전부터 기요 거리(현재 메데리크)에 화실을 두었다. 이 거리에는 제르벡스, 퓌비 드 샤반, 구노, 드뷔시, 레날도 안, 포레, 메사제, 쇼송, 아들 뒤마, 에드몽 로스탕, 헨리 번스타인 등 진지하고 존경받는 예술가와 작가 들이 살고 있었다. 그러나 이곳은 전형적인 의미에서 마르셀 프루스트와 게르망트 공작 부인의 거리였다.

포부르 생마르셀

현재의 센강 왼쪽은 포부르로 인해 그 오른쪽과 구별된다. 세르슈미디 거리, 다게르 시장, 파리 천문대 그리고 살페트리에르 병원 사이에 위치한 집은 터무니없이 비싸고, 사립 학교 역시 파리에서 가장 비싼 학비를 자랑하며 가장 세속적이다. 아랍인들은 식료품 가게를 운영하고, 흑인들은 청소를 한다. 모든 것은 번창하는 지방 도시처럼 질서 정연하게 짜여 있다. 반면 센강 왼쪽의 포부르들은 가장 위험하고 가장 비참했으며, 죄와 벌의 음산함, 고통과 감금, 병과 죽음에 사로잡혀 있었다. 이 구역의 이런 특성을 이해하려면 문헌, 몇몇 거리와 건물에도 상당한 주의를 기울일 필요가 있다.

그 사실을 입증하기 위해 나는 세 개의 글을 인용할 것이다. 첫 번째는 앙시앵 레짐 말기의 글이다. 세바스티앵 메르시에가 본 포부르 생마르소(그 당시에는 포부르 생마르셀 이라고도 불렸다)에 관한 글이다. "이곳에는 가장 가난하고, 가장 시끄럽고, 가장 규율을 지키지 않는 파리의 최하층민이 산다. 포부르 생토노레의 부유한 가구가 포부르 생마르셀 전체 가구보다 더 부유하다. 중심 활동에서 멀리 떨어진 이곳 주민들 사이에는 파산자, 염세주의자, 연금술사, 편집증 환자, 가난한 연금 수령자가 숨어 산다. 그리고 고독을 찾아 볼거리가 넘치는 시끄러운 구역과 떨어져서, 진정으로 그것에 무관심해지기를 바라며 연구에 몰두하는 학자도 있다. 그런 사람들을 보러 파리의 이 외딴곳까지 오는 사람은 결코 없을 것이다. (…) 이곳의 하층민은 센 강변에 사는 예의 바른 파리 사람들과 아무런 접촉도 하지 않는 민중이다. (…) 여기 주민들은 다른 포부르 사람들보다 훨씬 더 심술궂고, 화를 잘 내고, 싸움을 즐기고, 폭동에 쉽게 휩쓸린다. 경찰은 하층민들을 너무 심하게 압박하는 것이 아닌지 걱정한다. 그래서 이들을 자극하지 않도록 조심해서 다룬다. 하층민들은 상당히 극단적인 행동을 할 수 있기 때문이다."

두 번째는 발자크의 글로, 그는 1829년에 포부르생자크 모퉁이의 카시니 거리 1번지에 살았기에 이 구역을 잘 알았다. 「페라귀스」에서는 이렇게 묘사했다. "이름도 없는 이곳 주위에는 앙팡트루베, 부르브, 코챙 병원, 성프란치스코파 수도원, 라 로슈푸코 구제원, 청각 장애인 병원, 발드그라스 병원이 있었다. 파리의 모든 악과 불행은 이곳에 모여 있었다. 이 박애의 울타리 안에는 썰물과 밀물, 그리고 수명 연장을 연구하는 기관도 자리 잡았다. 샤토브리앙은 이곳에 마리테레즈 의료원을 세웠고, 카르멜회 수도사들은 수도원을 세웠다. 중요한 일이 있을 때마다 이 적막한 곳에 끊임없이 종을 울렸다. 산모가 해산할 때, 아이가 태어날 때, 나쁜 일을 처리했을 때, 노동자가 죽었을 때, 처녀가 기도할 때, 노인이 죽었을 때, 천재가 실수했을 때면 매번 종소리가 울려 퍼졌다. 이곳에서 조금만 더 가면 나오는 몽파르나스 공동묘지로 포부르 생마르소의 초라한 장례 행렬이 향했다."[1]

세 번째 글은 막심 뒤 캉이 파리에 관해 쓴 것으로, 그는 입시 관세 성벽이 철거된 직후에 이 책을 썼다. "도둑들의 세계는 옛 방벽들 옆으로 떼를 지어 옮겨 갔다. 파리에 새롭게 편입된 이 구역들은 옛 파리와는 오로지 행정적으로만 묶인 것 같다. 도둑들은 이곳 술집에 모였다. 그곳에서는 체포될 염려가 없었고, 서로 어울려서 나쁜 일을 도모할 수 있었다. 이탈리아, 되물랭, 퐁텐블로, 몽파르나스, 멘, 에콜밀리테르의 방벽 주위에 있는 수상쩍은 술집들은 악당들을 기꺼이 받아들였다."[2]

센강 왼쪽의 세 포부르는 공통의 상흔을 지닌 동시에 커다란 차이도 있는데, 생마르소와 넝마주이, 생자크와 수녀들, 몽파르나스와 깡패들로 그것을 설명할 수 있다. 『레 미제라블』에서 파트롱미네트의 4인조 악당 가운데 한 명의 이름이 몽파르나스다. "그들은 해가 지면 일어나 습관처럼 살페트리에르 병원 근처의 공터에 모여서 계획을 짰다. 밤은 길었다. 그들은 할 일을 정했다."

포부르 생마르소는 포부르 생제르맹과 적어도 한 가지 공통점이 있다. 두 지역 모두 중심 거리가 없는 포부르라는 점이다. 포부르생제르맹 거리가 없는 것처럼

---

1 부르브는 포르루아얄의 서민이 이용하는 조산원이었는데, 같은 이름의 대로가 뚫리기 전까지는 작은 부르브 거리에 문을 열었다. 앙팡트루베는 당페르 거리, 현재의 생뱅상드폴 병원 자리에 있었다. 당페르 거리는 원래 비아 앙페르였고, 훗날 당페르로슈로가 되었다. 당페르로슈로는 1870~1871년에 임명된 벨포르 주둔군 사령관의 이름이다. 이름의 변천을 보면 비슷한 발음과 뜻을 활용한 구청의 재치를 확인할 수 있다. 파리에는 앙팡트루베 외에 고아원이 두 곳 더 있었다. 현재의 트루소 광장 자리인 포부르생탕투안 거리에 하나, 오텔디외 병원 맞은편 시테에 하나가 있었다. 샤토브리앙이 부인과 함께 세운 마리테레즈 병원은 늙고 불우한 성직자를 위한 곳이었다.

2 Du Camp, *Paris, ses organes*…, op. cit. 이탈리아 방벽(퐁텐블로 방벽이라고도 불렸다)은 현 이탈리아 광장 자리에 있었다. 되물랭 방벽은 살페트리에르 병원 뒤, 현재의 뱅상토리올 대로 자리다. 초기의 입시 관세 성벽은 살페트리에르 병원 안쪽에 세워졌고, 두 번째로 변경된 성벽의 경로는 병원을 파리 안쪽에 포함시켰다. 몽파르나스 방벽은 몽파르나스 거리 끝에 있었고, 이는 현재의 에드가르키네 대로 자리다. 멘 방벽은 멘 제방(쇼세 뒤 멘) 끝에 있었다. 다시 말해 멘 대로는 대략 방벽 근처에서 몽파르나스역 앞 광장 아래를 지났다.

카르몽텔, 「몽소 공원의 열쇠를 샤르트르 공작에게 건네는 카르몽텔」, 1778. 유화, 파리, 카르나발레 박물관.

포부르생마르소 거리도 없다. 이유는 같다. 두 곳 모두 옛 파리의 원심형 확장 방식으로 형성된 곳이 아니기 때문이다. 이곳은 파리 외곽의, 작고 오래된 마을들이었다. 무프타르 거리는 포부르 생마르소 한가운데를 가로질러 이탈리아 방벽(현재 이탈리아 광장)까지 이어졌다. 그러나 포부르 생마르소는 무프타르 거리 때문에 생긴 구역도, 그 거리 주위로 형성된 구역도 아니다. 『시테의 일상Une vie de cité』에서 마르셀 포에트는 "리옹이나 이탈리아에서 온 여행객이 빌쥐프를 거쳐 파리로 들어가면 이탈리아 방벽 바로 앞에서 갈림길을 만난다"라고 썼다. 모베르 광장에 가려면 무프타르, 보르델(현재 데카르트), 몽타뉴생트준비에브 거리를 거치면 된다. 마르세오슈보(현재 조프루아생틸레르), 자르댕뒤루아(현재 린네), 생빅토르 거리를 거쳐서 갈 수도 있다. 여행객은 생마르셀 마을로 불린 이곳 두 분기점 중에서 한 곳을 통해 파리로 들어갔다. 1612년에도 여전히 뒤 브뢰유는 생마르셀 마을을 "높은 담장으로 파리의 포부르와 구별되는, 그러나 파리의 생마르셀과 같은 이름으로 불린" 곳으로 묘사했다.

루이 14세 시대에서 루이 필리프 시대까지, 조금 더 구체적으로는 라 레이니에서 비도크의 시대까지 포부르 생마르소의 지리적 경계는 거의 변하지 않았다. 이 포부르는 파리의 마지막 열두 번째 구의 남쪽을 형성했다. 발자크에게 포부르 생마르소는 이러했다. "겨울이면 주민 삼분의 이가 땔감이 없어서 고생하고, 앙팡트루베 고아원에 아이들을 가장 많이 보내고, 오텔디외 병원에 가장 많은 환자를 보내고, 거리에 거지가 가장 많고, 곳곳에 넝마주의가 넘쳐나고, 햇살이 내리쬐는 담벼락에서 쉬는 노인이 가장 많고, 실업자로 넘쳐나고, 경찰서는 범죄자로 넘쳤다[1](이 구절은 다른 구절과 마찬가지로 왕권과 가톨릭을 열렬히 지지함에도 발자크가 드 토크빌, 뒤 캉 또는 플로베르와는 어떻게 다른지 보여준다. 발자크의 작품에서는 민중을 경멸하는 그 어떤 표현도 발견할 수 없다)." 오스테를리츠 강변의 가르 방벽(이 방벽은 수상 교통과 관련이 있다)에서 시작되는 포부르의 경계는 뱅상토리올, 블랑키, 생자크 대로의 성곽을 따라 상테 거리와 생자크 대로의 모퉁이에 있는 상테 방벽까지 이어졌다. 포부르의 경계는 상테 방벽에서 현재 고블랭 교차로까지 파리의 중심가로 접어들어, 생트펠라지 병원과 피티에 병원을 아우르고, 파리 식물원을 따라 다시 내려오면서 뷔퐁 거리를 거쳐 센강과 다시 만난다. 따라서 포부르 생마르소는 생트준비에브 언덕의 남쪽 비탈길을 상당 부분 차지하면서 포르루아얄 대로와 오피탈 대로로 대표되는 루이 14세 시대의 성벽 양쪽에 걸쳐 있다. 포르루아얄 대로는 1870년대가 되어서야 뚫렸다.

왕은 큰 쓸모가 없었던 옛 병기창 자리에 살페트리에르 병원을 짓기로 결정했다. 르 보와 리베랄 브뤼앙이 책임을 맡은 예배당은 종합 병원으로 명명된 기관

---

1 Balzac, *L'Interdiction*, 1836. 앙팡트루베 고아원의 '탑'은 우체국에서 이용하는, 소포 꾸러미를 놓는 장치를 모방한 것이다. 이 장치 덕분에 부모가 익명으로 아이를 유기할 수 있었다.

의 핵심 요소였다. 위르토와 마그니는 종합 병원을 구성하는 건물의 목록을 다음과 같이 작성했다. "생장 드 비세트르, 생루이 드 라 살페트리에르, 노트르담 드 라 피티에, 생트펠라지, 생트마르트 드 시피옹, 앙팡트루베, 생니콜라드라사보느리."[2] 사보느리 병원과 비세트르 병원[3]을 빼고는 전부 포부르 생마르소에 있었던 종합 병원은 명칭과 다르게 의료행위와는 아무런 관계가 없었다. 종합 병원은 파리의 과거와 현재의 모든 통치자가 염원한, 파리에서 천민을 치워버리려는 꿈을 실현하기 위한 기관이었다. "가난한 사람들과 거지들이 파리에 넘쳐나 주민들을 불편하게 해서 이런 기관이 필요했다. 왕은 기관을 설립하기 위해 비세트르 성, 여러 다른 부지, 그리고 피티에 저택을 제공했다."[4]

대규모 감금은 파스칼의 「프로방시알Provinciales」과 푸생의 「눈먼 오리온l'Orion aveugle」이 발표된 해에 이루어졌다. "1657년 5월 7일 문을 열 종합 병원은 사법관의 명령을 받거나 자신의 의지로 그곳에 들어가기를 바라는 가난한 사람들을 모두 받아들일 것이라고 당국은 밝혔다. 그리고 파리에서 구걸 행위를 금지한다고도 발표했다. 이렇게까지 잘 집행된 명령은 드물었다. 5월 13일에는 피티에 성당에서 성령 미사곡이 울려 퍼졌고, 14일에는 가난한 사람들의 대감금이 아무런 감정도 없이 기계적으로 이루어졌다. 이날, 파리 전체의 모습은 완전히 변했다. 거지 대부분은 지방으로 내려갔다. 거지 중 똑똑한 자들은 자신의 의지로 떠나야

2 노트르담 드 라 피티에는 오늘날처럼 살페트리에르 병원의 부속 건물이 아니었고, 대략 현재의 회교 사원 자리에 있었다. 생트펠라지는 클레프 거리에, 생트마르트 드 시피옹은 시피옹 사르디니의 대저택으로 시피옹 거리에 있었는데, 1980년대까지 병원에 빵을 공급하는 빵집이었다. 사보느리는 위르토와 마니에 따르면 "렌 산책로를 둘러싼 울타리 너머 샤요궁 근처에 지은 크고 낡은 건물이었다". 이 건물은 "터키식으로 컨베이어를 가동하는 왕립 비누 제조 공장"으로 바뀌었다. 1615년 마리 드 메디시스가 세운 예배당 주위에는 자선 기관이 있어 "가난하고 병든 사람들을 수용하는 병원에서 태어난 아이들을 받아들여 입히고 먹이고 교육했다".

3 "정치 조직에 넓고 깊게 퍼져 혈농을 흘리는 끔찍한 종양과 같은 비세트르 성을 차마 눈 뜨고 쳐다볼 수 없다. 800미터 밖에서도 느낄 수 있는 비세트르의 공기는 이곳이 비참하고 타락하고 불운한 피난처이자 권력의 장소임을 알려준다." Mercier, *Tableau de Paris*.

4 Hurtaut et Magny, *Dictionnaire historique*…, op. cit.

겠다고 생각했다. 이 엄청난 규모의 감금 작업은 의심할 것 없이 신의 가호로 이루어졌는데, 이렇게 쉽게, 그리고 이처럼 완벽하고 평화롭게 이루어질 것이라고 아무도 생각하지 못했다."[1] 미셸 푸코는 "육신을 함부로 굴린 죄와 정신을 더럽힌 죄를 구원하는 장소이자 고향인 종합 병원에" 감금된 사람들을 자세히 묘사했다. 이곳에는 성병 환자, 남성 동성애자, 매춘부, 신을 모독한 자, 자살 시도자, 그리고 수감자 전체의 10퍼센트를 넘긴 적이 없었던 광인이 뒤섞여 있었다. "광인은 19세기의 정신 병원과 피넬의 병원에 수용된다. 잊지 말아야 할 사실은 이 시설이 미치광이들을 감금만 할 뿐 치료할 의도는 전혀 없었다는 점이다."

1818년, 살페트리에르 병원 앞에 세워진 총괄징세청부인 성벽은 가르 대로(현재 뱅상토리올)의 외곽까지 확장되었다. 당시의 살페트리에르 병원 건물은 현재와 비교하면 그 수가 훨씬 적었고, 새로 확장된 성벽 안에는 꽤 넓은 공터가 포함되었다. 이 공터는 아주 오랫동안 파리에서 가장 음산하고, 가장 외진 지역이었다. 악당 몽파르나스가 장발장에게서 빼앗으려 한 땅이 바로 "살페트리에르 병원 너머 사람이 살지 않는" 이곳이었다.[2] 델보에 따르면 "오피탈 대로에서 시작해 되물랭 방벽까지 나 있는 몇몇 거리는 석회를 약간 섞기는 했지만 대부분 진흙으로 낮게 지은 오두막으로 둘러싸여 있었다. 이것들은 문명화된 도시의 집이라기보다는 산토끼 굴이나 토끼장 같았다".[3] 바로 맞은편의 오피탈 대로에는 『레 미제라블』에 나오는 고르보의 오두막이 있었다. "50번지와 52번지 맞은편에는 커다란

---

1 *L'Hôpital*, 1676년 발표된 작가 미상의 팸플릿으로 Michel Foucault, *l'Histoire de la folie à l'âge classique*, op. cit의 부록에 게재. 약 한 세기 후에 "이 수용 시설을 통제하는 행정 기관과 경찰의 명령은 더 이상 먹혀들지 않았다. 수천 명의 가난한 사람 대부분이 훈육이 불가능했다. 방종함 때문이거나 교육을 제대로 받지 못해 갇혔기 때문이다".

2 독자들은 '장발장'이 불한당을 훈계하고 다음과 같이 끝맺는 장면을 기억할 것이다. "이제 가라. 그리고 내가 한 말을 잊지 마라. 그런데 내게 무엇을 원하나? 지갑? 자, 가지고 가라."

3 Alfred Delvau, *Les Dessous de Paris, Paris, Poulet-Malassis*, 1862. 델보가 언급한 거리는 되물랭 거리, 넓은 오스테를리츠 거리, 바리에르데고블랭 거리다. 고블랭 거리는 살페트리에르 병원과 가까운 곳에 문을 연 피티에 병원에 흡수되어 사라졌다.

느릅나무 하나가 대로의 농장 가운데에 4분의 3 정도 죽은 채로 서 있다. 그 맞은 편에서 바리에르 데 고블랭 거리가 시작된다. 이 거리에는 집도 없고, 포장도 되어 있지 않았고, 어울리지 않는 나무들은 계절에 따라 녹색 또는 우중충한 갈색을 띠었다. 이 가로수는 파리를 둘러싼 성벽을 향해 심겨 있다. (…) 이 방책은 사람들의 마음에 불길한 그림자를 드리웠다. 이곳은 비세트르 도로였다. 제정기와 왕정복고 시대에 사형수들은 비세트르 도로를 거쳐 집행일 당일 파리로 갔다."

현재 오스테를리츠역 철로가 놓인 을씨년스러운 이곳(비세트르)에는 1850년대에 "믿기 어렵고, 비교할 수 없고, 신기하고, 소름끼치고, 매혹적이고, 몹시 가슴 아프고, 찬탄을 불러일으키는", 시테 도레라고 불린 넝마주이의 사회주의적 공동체가 있었다. 이 공동체는 "역설적인 의미가 아니라(도레Doré는 금을 의미한다) 위대한 화학자 도레가 땅의 주인이어서 그렇게 불렸다. (…) 1848년 도레는 자신의 소유지를 잘게 나누어 파리의 부르주아들에게 팔 계획을 세웠다. 부르주아들이 특히 뜰 가꾸기를 좋아했기에 도레는 적어도 생드니 거리의 네모랭 아니면 탕플 구역의 클로에나 다프니스를 볼 수 있으리라 기대했지만 실제로는 등에 천 가방을 매고, 손에는 갈고리를 쥔 넝마주이가 나타났다. (…) 다음 날 새벽부터 넝마주이는 식구들과 함께 일을 시작했다. 그들은 기초를 팠고 수레 한 대 분량의 철거 잔해를 50상팀에 사들였다. 며칠 후 곧바로 집을 짓기 시작했다. (…) 3개월 만에 지붕을 얹은 건물이 완성되었다. 지붕에는 낡은 방수포를 덮고 그 위에 흙을 다졌다. (…) 동료 넝마주이들이 집을 방문했다. 그들은 집주인이 된 동료의 행복을 부러워했고, 그들 역시 자신들의 공간을 갖고 싶어 했다. 그렇게 새로운 마을이 생겨났다". 그러나 겨울이 되자 흙과 방수포로 덮은 지붕은 실패작임이 드러났다. 흙이 물을 머금어 무거워지면서 방수포가 찢어진 것이다. "넝마주이 한 명이 지붕을 씌울 재료에 대한 기발한 생각을 떠올렸다. 파리에서는 낡은 양철을 아무도 거들떠보지 않았다. (…) 넝마주이들은 다른 사람이 거들떠보지도 않는 그 양철을 그러모으기 시작했다. 그 결과 현재 이 구역의 집 대부분은 지붕에 양철을 얹고 있다. (…) 주민들의 형편은 훨씬 더 좋아졌고, 서로 잘 어울려 살게 됐다. 이 불행한 12구의 다른 곳에서 흔히 볼 수 있는 무례한 행동이나 술에 취해 개울에 빠지는 사람도 더는 볼 수 없다."[1]

포부르의 또 다른 볼거리 말 시장은 살페트리에르 병원 정문 맞은편 오피탈 대로와 마르셰오슈보 거리 사이의 긴 정방형 공간에서 열렸다. 조프루아생틸레르 거리 한쪽, 생마르셀 대로 모퉁이 가까이에 마르셰오슈보 골목길이 여전히 남아 있다. 말 시장에서는 짐수레 끄는 말과 고급 마차 앞자리를 끌도록 개량된 말을 주로 팔았다. 두 개의 오솔길이 활 모양의 반원형으로 이어지면서 가운데가 솟아 있어 말을 타고 오르내리기를 직접 시험해볼 수 있었다. 시장과 폴리보 거리 사이에 있는 에세(시험essai이라는 뜻) 거리의 이름이 여기에서 비롯되었다.

마르셰오슈보 거리 맞은편의 폴리보 거리는 과거와 마찬가지로 현재에도 페르아물랭 거리로 이어진다. 페르아물랭은 오랫동안 모르로 불렸다. 모르 거리는 병원에서 사망한 사람과 사형당한 사람을 매장하는 클라마르 공동묘지 쪽으로 나 있었다. "오텔디외 병원에서 매일 나오는 시체들은 클라마르로 실려갔다. 넓은 클라마르에는 구덩이가 항상 준비되어 있었다. 시체들은 입관되지 않았고, 천으로 싸여 꿰매졌다. 침대에서 서둘러 옮겨졌고, 때로는 묘지로 가는 길에 병자들이 수레에서 깨어나기도 했다. 열두 명의 남자가 수레를 끌었다. 흙투성이의 지저분한 성직자, 종, 십자가가 가난한 사람들이 기대할 수 있는 장례 의식의 전부였다. (…) 이 침울한 장례 수레는 매일 새벽 4시에 오텔디외 병원을 출발했다. 수레는 적막한 어둠을 뚫고 지나갔다. (…) 죽음으로 넘쳐나는 이 땅은 젊은 외과 의사들이 해부 실습을 하려고 밤이면 담장을 넘어 시체를 훔쳐가는 곳이기도 했다. 그렇게 가

---

1 Privat d'Anglemont, *Paris anecdote*, op. cit. 『레 미제라블』 속 마뵈프 노인의 모습과 비슷하다. 노인은 포부르 내 같은 지역에서 인디고를 재배했다.

난한 사람들은 죽은 뒤에도 시체를 도둑맞았다."[2]

클라마르 공동묘지의 운명은 아주 놀랍게 바뀌었다. 19세기 초 공동묘지가 문을 닫은 후 이곳은 병원의 해부 실습실이 되었다. 나는 오랫동안 이곳의 아래쪽 건물에 있는 도서관에서 공부했다. 이 도서관에서 라레이, 브루세, 그리고 뒤퓌트랑이 지나가는 것을 보았다. '나는 클라마르에 간다'라는 표현이 있는데, 이 낯선 표현이 어디에서 유래됐는지 아는 사람은 거의 없다. 도서관 입구는 꽃으로 싸인 반원 아치로 꾸며져 있었다. 여름이면 열람실의 열린 창문으로 포르말린 냄새와 장미 향이 뒤섞인 향이 퍼졌던 것을 여전히 기억한다.

포부르 생마르소의 반란의 전통은 먼 과거로 거슬러 올라간다. 16세기에 포부르 생마르소는 센강 오른쪽의 포팽쿠르와 더불어 파리 개신교의 주요 거점이었다. 1561년 12월 27일, 생메다르 성당 맞은편, 현재 도방통 거리의 파트리아르슈에서 열린 칼뱅 신도 모임이 성당 종소리 때문에 제대로 열리지 못했다. 이 일로 칼뱅 신도들은 생메다르 성당을 파괴했다. 다음 날 가톨릭 신도들은 파트리아르슈 저택에 쳐들어가 불을 질렀다. 생메다르의 소동이라는 이름으로 알려진 이 사건으로 많은 사람이 죽었으며, 이는 종교 전쟁의 서막으로 여겨지기도 한다. 루이 15세 시대의 포부르 역사에서 일어난 가장 유명한 소란인 '발작 사건Convulsionnaire'[3] 역시 생메다르 성당에서 일어났다. 사건이 일어난 곳은 정확히는 성당 뒤쪽의 작은 공동묘지로, 현재는 광장이다. 그곳에서 "사람들은 묘지 문을 닫을 때까지 부사제 파리의 무덤 위에서 춤을 추고, 무덤의 흙을 파먹었다. 왕은 이 장소에서 신이 기적을 행하는 것을 가로막았다".[4] 훗날 포부르 생마르소는 모든 위대한

---

2 Mercier, *Tableau de Paris*, 공동묘지는 옛 클라마르 대저택 정원에 있었다.

3 얀센파의 광신자들이 1731년 생메다르 묘지에 안치된 부사제 파리의 무덤 앞에서 경련을 일으킨 사건. 그들은 발작과 경련으로 병을, 특히 정신병을 고칠 수 있다고 믿었다. 신비주의와 광신주의가 결합된 이 사건 이후 왕은 생메다르 묘지에의 출입을 금했다. — 옮긴이

4 Mercier, 같은 책.

앞 페이지

비에브르 강변의 무두질 공장. 샤를 마르빌 사진, 1865년경, 파리, 카르나발레 박물관.

혁명의 순간과 연결된다. 1792년 '생필품 대란'이 일어났을 때 포부르 생마르소와 포부르 생드니의 주민들은 식료 도매상점으로 몰려가 문을 부수고 상품들을 가격이 폭등하기 이전의 가격에 팔라고 상인들에게 강요했다. 1793년 포부르 생마르소와 포부르 생드니는 혁명의회에 다음과 같은 공동청원을 제출했다. "7월 14일과 8월 10일 용감한 상퀼로트(과격 공화파의 별명)들이 흘린 피 덕분에 경멸스러운 왕권을 무너트렸음을, 그들의 포부르 생마르소와 포부르 생탕투안은 오늘 이 자리에서 여러분 입법 의원들에게 자부심을 갖고 알립니다. 이 포부르들의 한가운데에서 상퀼로트들은 폭군을 향한 증오와 공화국의 정신 속에서 자라났습니다. 그런 그들이 여러분에게 함께 조국을 지키자고 요청합니다. (…) 포부르 생탕투안과 포부르 생마르소의 자식들은 그들의 이름을 라인강가에 남깁니다. 포부르의 자식들은 프레데릭(프로이센의 프리드리히 빌헬름 2세)과 프랑수아(신성 로마 제국의 프란츠 2세)에게 8월 10일의 상처를 가까이에서 보게 해 그들이 왕위에 오르는 것에 몸을 떨도록 만들 것입니다."[1]

포부르 생마르소의 산업은 포부르 생탕투안보다 훨씬 더 일찍 발달했다. 1440년대부터 플랑드르 출신의 고블랭이 무프타르 거리(현재 고블랭 대로)에 있는 저택에 자리를 잡고 사업을 벌였다. 이 저택 뒤쪽은 비에브르 강가였다. "비에브르강은 장 고블랭의 이름을 따서 고블랭강으로 불렸다. 양모와 비단을 어떤 색이든, 특히 진홍색으로 물들이는 데 뛰어난 염색업자 장 고블랭은 포부르 생마르소의 생이폴리트 성당 바로 옆에 저택을 짓고 살았다. 이 뛰어난 인물은 그곳에서 큰돈을 벌었을 뿐만 아니라 자신의 분야에서 꽤 유명해져서 그의 저택, 그만의 분홍색, 그의 염료, 그리고 강에까지 그의 이름이 붙었다."[2] 염색업자 고블랭 일가는 그렇

1 *Adresse des habitants des faubourgs Saint-Antoine et Saint-Marceau à la Convention nationale*, 혁명의회의 명령으로 출간.

게 고블랭의 작은 거리에 자리 잡았다. 18세기에 바토의 친구 장 드 쥘리엔도 고블랭 일가처럼 이 거리에 자리 잡았다. 카펫 상인들은 염색업이 정착한 지 한참 뒤인, 콜베르가 왕을 위한 가구와 왕립 카펫 제조 공장을 비에브르 강가에 세웠을 때 이곳에 문을 열었다. 카펫 제조 공장의 첫 책임자는 르 브룅이었다. 비에브르 강가에는 무두업자와 가죽 제조업자도 자리 잡았다. 1890년의 안내 책자를 보면 다음과 같이 설명되어 있다. "이곳은 완전히 변두리 구역이다. 참나물 껍질을 끓이는 독한 냄새가 코를 찌른다. 적갈색의 미세 먼지가 공기 중에 떠다니고, 드물게 지나가는 행인들의 발자국에 희미한 흔적을 남기기도 한다. (…) 가죽 제조 공장 건조실은 바람이 잘 통하는 칸막이 친 넓은 공간으로 조성되어 있고, 그 옆에 석탄이 산더미 같이 쌓여 있는 마당에는 흙판 제조 공장이 있다."[3]

폭동과 반란의 땅 포부르 생마르소는 카르타주처럼 파괴되었는데, 그 파괴가 두 시기에 걸쳐 진행됐다는 점에서 차이가 있다. 이 포부르의 파괴에 가장 큰 영향을 끼친 것은 19세기의 관통로 공사였다. 부르브 거리와 부르기뇽 거리에 뚫린 포르루아얄 대로는 카퓌신 수도회의 토지를 흡수했고, 생마르셀의 오래된 극장은 철거되어 브로카 거리와 파스칼 거리의 좁은 협곡이 되었다. 생마르셀 대로 공사로 콜레지알 광장, 말 시장, 그리고 그 주위의 작은 프랑부르주아 거리와 상드리에 거리가 없어졌다. 아라고 대로는 생이폴리트 성당과 성당이 서 있던 거리 쪽으로 뚫렸다. 바리케이드 스타일의 좁은 무프타르 거리는 고블랭의 새로운 교차로와 이탈리아 광장 사이에서 정리되어 폭이 40미터가 넘는 고블랭 대로로 대체되었다. 몽주 거리와 몽주 병영, 클로드베르나르 거리와 게뤼삭 거리의 축은 폭동이 일어날 시 이 구역의 배후에서 공격을 할 수 있게 했다.

이렇게 거리가 새로 생겼음에도 1950년경까지 포부르 생마르소에는 옛 구역

---

2 Sauval, *Histoire et recherches*…, op. cit.

3 Martin, *Promenades dans les vingt arrondissements de Paris*, op. cit.

의 일부가 남아 있었다. 나는 어렸을 때 아버지와 함께 『레 미제라블』의 흔적을 따라 산책하곤 했는데, 우리는 일요일 아침 방키에 거리와 마리우스가 코제트를 떠올리며 걸었던 샹드랄루에트 거리를 걸었다. 제2차 세계대전 이후 파리의 서민 구역들은 포부르 생마르소에서부터 파괴되기 시작했다. 포부르 생마르소 주민들은 변화된 상황을 이해하지 못했고, 이곳은 계속해서 혁명파의 구역으로 남았지만 1950년대부터 1960년대까지 막다른 골목길, 작은 거리, 건물 안뜰, 오래되고 고통스러운 기억이 새겨진 포부르의 공방들은 차례대로 없어졌다. 새로운 것으로 대체된 현재의 포부르 생마르소를 산책하려는 사람은 없을 것이다.

포부르 생자크

생마르탱 거리와 생자크 거리에서 이어지는 포부르 생자크 거리는 오래전부터 파리의 남북을 가로지르는 축의 남쪽의 일부를 구성해왔다. 그러나 17세기 이래로 포부르 생자크 거리의 역할은 당페르 거리(현재 생미셸 대로, 앙리바르뷔스 거리, 당페르로슈로 대로)가 대신했다. 뒤마는 『파리의 모히칸』에서 "포부르 생자크는 파리에서 가장 원시적인 포부르 가운데 하나다. 이는 왜일까? 네 개의 요새로 둘러싸인 성채처럼 네 개의 병원으로 둘러싸인 탓에 여행객의 접근이 막혀서? 아니면 파리의 다른 중요 포부르와는 달리 큰 도로로 이어지는 곳이 없는 탓에 마차가 거의 지나지 않아서?"[1]라고 묘사했다. 병원, 성직자 공동체, 천문대, 문인 협회처럼 강가에 자리 잡은 건물들 덕분에 포부르 생자크는 파괴되지 않았다. 즉, 이 구역에는 사람들이 들어와 정착할 여지가 거의 없었다. 오늘날 상테 거리와 당페르로슈로 대로 사이에 있는 발드그라스 거리에서 생자크 대로까지는 조용하고 탁 트여

---

1 네 개의 병원은 아마도 발드그라스, 코챙, 포르루아얄 조산원, 생뱅상드폴일 것이다. 이 병원들 외에 브로카, 타르니에, 생트안도 있었다.

서 사람들이 자주 찾는다. 그러나 1930년대에 당페르로슈로 광장과 불라르 거리에 한동안 살았던 발터 베냐민은 발자크가 묘사했던 것과 비슷하게 이곳을 묘사했다. "14구에는 비참한 대중과 궁핍한 프롤레타리아의 삶을 입증하는 건물이 끊이지 않고 줄지어 서 있다. 조산원, 앙팡트루베 고아원, 병원, 유명한 상테 감옥, 그리고 공개 처형장이 있는 파리에서 가장 큰 감옥이 있다. 밤이 되면 우리는 끔찍한 여행에서처럼 간이역 대합실과 같은 광장의 편안한 벤치가 아닌 비좁은 벤치에서 다른 사람의 눈을 피해 조용히 잠든 사람들을 볼 수 있다."[2]

단두대는 포부르의 가장 대표적인 망령이다. 빅토르 위고는 『레 미제라블』에서 생자크 광장에 대해 "공개 처형장은 이 광장의 운명이었고, 광장은 항상 끔찍했다"라고 썼다. 그 당시까지 프랑스 혁명 기간을 제외하고는 그레브 광장에서 대낮에도 사형을 집행했다. 콩시에르주리나 비세트르 쪽에서 오는 사형수가 지나는 길목의 건물 창가 자리는 일찍이 예약이 마감됐다.[3] 그러나 1830년 혁명 이후 그레브 광장은 사형 집행 장소로 적당한 곳이 아니게 됐다. 1831년 11월 16일 센 지사는 "그레브 광장에서는 이제 사형을 집행할 수 없다. 용감한 시민들이 이 광장에서 국가를 위해 명예롭게 피를 흘렸기 때문이다. 그뿐만이 아니라 그레브 광장 주변 좁은 구역들의 교통 혼잡으로 오래전부터 사형 집행을 거행할 새로운 장소를 찾았다"[4]라고 썼다. 새로운 사형 집행 장소는 포부르 생자크 거리와 생자크 대로 모퉁이의 생자크 광장이었다.

---

2 *Le Livre des passages*, op. cit.

3 발자크는 『간판 사전Dictionnaire des enseignes』에서 지적했다. "오 봉 앙팡, 루베의 포도주 가게, 그레브 광장 9번지. 비극을 구경하기 좋아하는 사람들은 루베 가게로 달려가 포도주 1리터를 시키고 자리를 잡는다. 4시를 알리는 종이 울리고 군중들은 흥분한다. 대단원의 막이 올랐다. 사형수가 죽음의 사다리를 오른다. (…) 오늘날 이런 구경거리를 좋아하는 사람들이 너무도 많아서 그레브 광장에서 사형을 집행하는 날이면 루브르궁의 회랑처럼 넓은 술집도 오는 손님을 전부 받을 수 없었다."

4 105 AN, BB 18 1123. Louis Chevalier, *Classes laborieuses et classes dangereuses à Paris pendant la première moitié du xixe siècle*, Paris, Plon, 1958.

1832년, 『어느 사형수의 마지막 날Dernier Jour d'un condamné』의 서문에서 위고는 다음과 같이 적었다. "파리는 은밀한 사형 집행의 시대로 되돌아갔다. 지난 7월 이후 우리는 두려움에, 또 겁을 먹어서 그레브 광장에서 사형을 집행할 수 없었기 때문에 다음과 같은 행동을 했다. 우리는 최근 비세트르에서 사형수 한 명을 빼냈는데, 내 기억으로 그의 이름은 데상드리외였다. 사형수를 바구니 비슷한 커다란 통에 담아 뚜껑을 덮어 자물쇠를 채우고는 빗장을 치고 수레에 실었다. 그리고 앞뒤로 헌병이 한 명씩 호위를 해 아주 조심스럽게 군중이 없는 생자크 광장의 적막한 방벽에 통을 내려놓았다. 그곳에 도착했을 때는 아침 8시로 날이 막 밝아오고 있었다. 시퍼렇게 날이 선 새 단두대가 설치되어 있었고, 사형대 주위 돌무더기 위에 수십 명의 아이들만이 구경꾼처럼 모여 있었다. 재빨리 사형수를 꺼내, 그가 숨 고를 틈도 주지 않고, 슬그머니, 음험하게, 수치스럽게 단두대에서 그의 목을 쳤다. 이런 행위를 고등법원의 공개적이고 엄숙한 법 집행이라고 불렀다. 이 얼마나 비열하고 조롱받을 짓인가!"

1851년, 포부르 생자크에서 단두대가 한동안 사라졌다. 사형 집행이 로케트 감옥 앞에서 시행되었기 때문이다. 사형수는 자신의 감방에서 사형대까지 걸어가기만 하면 됐다. 뒤 캉은 다음과 같은 질문을 던졌다. "사형이 집행되는 밤에 로케트 광장으로 몰려드는 무리는 어떤 자들인가? 그들은 구경거리에 이끌려 나온 이 구역 주민들로, 그들 스스로 말하듯이 이웃들, 밤에 어슬렁거리는 온갖 부류의 사람들, 부랑자들, 깡패들, 그리고 거지들이다. 그들은 쉴 곳이 없어서, 밤 시간을 때우려고 이 광장으로 몰려든 것이다. 그러지 않았다면 이들은 아마도 다리 밑이나 경찰서의 유치장에서 밤을 보냈을 것이다."[1] 피에르 보나파르트가 빅토르 누아르를 암살한 후 파리가 들끓었던 1870년 4월, 바로 이 광장에서 트로프만의 사형이

---

1 Maxime Du Camp, *Les Convulsions de Paris*, Paris, 1878 – 1880. 뒤 캉은 1848년 6월 봉기를 진압한 공로로 레지옹 도뇌르 훈장을 받았다. 여기서 묘사된 군중은 1871년 파리 코뮌의 전조였다.

1909년 8월 5일, 상테 감옥 앞에서 존속살해범 뒤슈맹의 사형을 집행하는 아나톨 데블레. 작가 미상 수채화.

집행되었다. 투르게네프는 트로프만의 사형을 바탕으로 쓴 책에서 이 사건을 묘사하면서, 뒤 캉, 플로베르, 공쿠르 형제와 친하다고는 믿기 힘든 놀랄 만한 결론을 내렸다. “내 글이 사형 폐지를 옹호하는 사람들 또는 최소한 공개 사형 집행의 폐지를 주장하는 사람들에게 논쟁거리를 제공할 수만 있다면, 나는 만족할 것이고 나 자신의 부적절한 호기심에 대해서도 나 자신을 용서할 것이다.”[1]•

1899년에 로케트의 남자 감옥이 철거되자 아르고 대로와 상테 거리 모퉁이의 포부르 생자크에 단두대가 다시 설치되었다. 공개 처형이 금지되어 감옥에서 처형이 시행된 1939년까지도 단두대는 포부르의 한 쪽에 남아 있었다. 제2차 세계대전 당시 독일 점령 시기에 프랑스 군 포로는 감옥 뜰에서 총살당한 반면 알제리 전쟁 동안 살인죄로 기소된 알제리민족해방전선의 투사들은 단두대에서 처형되었다. 1972년 11월 28일, 조르주 퐁피두 대통령은 클로드 뷔페와 로제 봉탕의 사면을 거부했고, 뷔페와 봉탕을 마지막으로 단두대 처형은 막을 내렸다.

몽파르나스

파리 남쪽의 세 번째 포부르인 몽파르나스는 다른 포부르들과 완전히 다르다. 몽파르나스는 몽마르트르, 생제르맹데프레에 비견될 만큼 세계적인 파리의 명소인 반면 지리, 역사(수없이 언급된 '광란의 시대'를 제외하고), 건축, 구성원의 측면에서는 정체성이 뚜렷하지 않은 구역이다. 반면 몽파르나스는 파리의 구역들을 규정하는 데 성벽이 얼마나 중요한지를 보여주는 좋은 예다. 몽파르나스 구역은 아주 뒤늦은 19세기에 형성되었고, 루이 14세 대로(현재 몽파르나스)는 이 구역의 실제 경계였던 적이 한 번도 없었다. 이 구역이 형성되었을 때 현재의 라스파유 대로와 에드가르키네 대로를 따라 나 있던 총괄징세청부인 성벽은 이미 철거되고 없었다. 그 결과 몽파르나스 구역의 경계는 확정되지 않았다. 포부르 생자크 거리에서 시작해 당페르로슈로 대로와 천문대 교차로에서 이 구역의 경계를 정했다면, 그리고 포부르 생제르맹 방향으로 경계를 정했다면 몽파르나스 구역은 세르슈미디 거리를 거의 벗어나지 않았을 것이다. 그에 반해 파리 외곽 방향으로는 어디에서

1• Ivan Tourgueniev, *L'Exécution de Troppmann et autres récits*, 프랑스어판. Paris, Stock, 1990. 본문에서 강조한 부분은 내가 추가한 것이다.

1900년경, 게테 거리의 몽파르나스 극장. 작가 미상 사진.

경계가 끝나는지 알 수 없었을 것이다. 그랬더라면 부동산업자들은 몽파르나스 구역의 그 영광스러운 이름을 방브 문, 더 나아가 오를레앙 문까지 확장하기를 주저하지 않았을 것이다.

몽파르나스 대로의 경계로서의 역할을 부정하는 것은 참으로 정당하지 않다. 대로는 몽파르나스 구역을 가로질러 성격이 다른 두 개의 구를 나눈다. 6구의 몽파르나스는 부르주아 구역에 가깝고, 14구의 몽파르나스는 그보다 서민적인 구역이다. 몽파르나스 대로 양쪽이 이렇게 다르게 발전한 것은 이 구역이 처음 형성된 시대로 거슬러 올라간다. 1830년대의 도시화는 노트르담데샹 거리와 몽파르나스 거리 쪽에서 시작되었다. 위르토와 마니가 50년 전에 이미 지적했듯이 "이 구역의 도시화는 대단히 화려한 몇몇 저택이 세워지면서 새롭게 시작되었다". 그러나 노트르담데샹 거리와 몽파르나스 거리는 당시까지만 해도 여전히 반쯤은 시골이었다. 「리니시에l'Initié」에서 고드프루아는 천문대 쪽의 노트르담데샹 거리 끝에서 "이토록 멋진 구역에 이런 진흙 구덩이가 있는 것을 보고 놀랐다".[1] 『크롬웰Cromwell』과 『에르나니d'Hernani』를 발표한 시기에 빅토르 위고는 노트르담데샹 거리의 반대편 끝에 있는 아담한 저택에서 딸 아델과 살았다. 위고의 집에서 한 발자국만 떼면 몽파르나스 대로였다. 방벽의 술집들, 야외 상점들, 장터의 볼거리, 그리고 몽파르나스 공동묘지가 있어서 많은 사람이 모여들었다. 공동묘지 맞은편에는 서커스단 천막이 있었다. 서커스와 묘지의 이런 대조는 위고의 작품에서도 볼 수 있다. 위고는 연극에서도 극과 극은 서로 만난다고 생각했고 자신의 이런 생각을 「마리옹 델로름Marion Delorme」 제3막에서 낭기스 백작의 죽음을 그리시외의 찡그린 얼굴과 대조시킴으로써 표현했다. 생트뵈브는 위고의 이웃이었는데, 이로 인해 널리 알려진 복잡한 문제가 생겼다. 한참 후에 유명한 예술가들, 살롱에 작품을 전시한 작가들, 비싸게 팔리는 작가들이 '6구' 몽파르나스에 자리를 잡았다. 제롬의 화실은 노트르담데샹 거리에 있었는데, 입구가 두 명의 중국인 형상으로 장식되어 있어서 사람들은 그곳을 찻집이라고 불렀다. 화실 맞은편 70-2번지에는 두아니에 루소의 우상인 부게로의 저택이 있었다.[2] 장페랑디 거리와 아주 가까운 곳에 자신의 미술관을 둔 에네르, 오페라 가르니에의 현관을 장식한 보드리, 오베르 거리에 있는 샤를 가르니에의 금 도금 흉상을 조각한 쥘 토마, 장폴 로랭스, 라메이, 모로보티에 등 유명한 예술가들도 모두 노트르담데샹 거리에 살았다. 카롤뤼뒤랑은 쥘샤플랭 거리에, 로슈그로스는 우에스트 거리(현재 아사)에,

1 Balzac, "L'Initié", *L'Envers de l'histoire contemporaine*.

2 두아니에 루소는 베르생제토릭스 거리, 가상디 거리, 다게르 거리의 쇼세 뒤 멘에 살았고, 나중에는 페렐 거리의 플레장스에 정착했다.

팔기에르는 바뱅 거리에 살았다. 그렇게 몽파르나스 구역은 현대 미술의 요람으로 유명해져 초기에는 몽소 거리와 더불어 기교파 화가들이 좋아하는 구역이 되었다. 같은 시기에, 여행에서 돌아온 고갱이 자바섬 출신의 안네와 함께 몽파르나스 대로 다른 편의 불라르 거리, 베르생제토릭스 거리, 그리고 넝마주이와 매춘굴이었던 델랑브르 거리에 살았다고 생각하니 참으로 야릇하다.

낭만주의 시대에는 이런 거리가 존재하지 않았다. 몽파르나스 공동묘지 너머는 당시까지만 해도 파리가 아니었다. 들판과 풍차가 있었고, 그중 일부는 물랭드라비에르주 거리, 물랭드뵈르 거리(현재 텍셀)에 이름으로 그 흔적을 남겼다. 물랭드뵈르 거리에는 당시 가장 유명한 식당이었던 메르 사게가 있었다. 1프랑 정도만 있으면 삶은 달걀 두 개, 튀긴 닭 한 마리, 그리고 치즈와 백포도주를 원하는 대로 먹고 마실 수 있었다. 스크리브, 베랑제, 드베리아, 뒤마, 위고, 보들레르, 뮈르제도 가끔 그곳에 모습을 드러냈다. 뮈르제는 『보헤미아의 삶의 무대들 Scènes de la vie de bohème』 배경을 이곳으로 잡았다. 철도역이 들어선 1840년대부터 샤르트르역을 기점으로 파리가 천천히 확장되었다. 저렴한 술집 겸 식당도 계속해서 늘어났다. 멘 방벽 주위에서는 델보의 표현대로 "하층민을 위한 커다란 사료통"인 캘리포니아식 식당과 요리사들이 연합해 공동으로 운영하는 식당을 고를 수 있었다. 요리사 협동조합 식당에서는 1848년 사회주의자들의 연회가 열리기도 했다. 또한 오데사의 막다른 골목길에 있는 누추한 술집 중 한 곳을 선택할 수도 있었는데, 이런 술집들은 그때만 해도 몽파르나스 대로까지 퍼져나가지 못했다. 캉파뉴프르미에르 거리는 파리의 마차 조합 구역이었다. 제철공, 사륜 마차 제작공, 말안장 제조업자는 마부 전용 식당을 주로 드나들었다. 그곳에서 "사람들은 아주 정성스럽게 요리한 음식들과 송아지로 요리한 마랑고를 마음껏 먹었다. 알제리산 포도주와 나르본산 포도주를 번갈아 마셔댔다. 치즈도 다양했다".[1•]

게테 거리에는 싸구려 술집들이 모여 있었다. 당시 몽파르나스 방벽은 에드가르키네 대로에 있었는데, 당시까지는 입시 관세 성벽 바깥쪽이어서 포도주 가격이 저렴했다. 몽파르나스 방벽은 파리 남부에서 동쪽의 파리 거리(현재 벨빌), 북쪽의 샤펠 거리와 동일한 역할을 했다. 몽파르나스 방벽에는 모레아스의 친구인 상징주의 소설가 에르네스트 레노가 책임자로 근무하는 경찰서 가까이에 있는 식당 일마르키즈가 있었고, 현재도 그 위치에 있다. 공동묘지와 벽을 맞대고 있는 벨폴로네즈 식당 정원에서는 저녁을 먹을 수 있었고, 술집 브레아미, 또 제2제정기 시절 쿠르베와 발레스 등 라탱 구역의 보헤미안들이 자주 드나들었던 밀콜론도 몽파르나스 방벽에 있었다. 게테 거리는 멋진 장소였다. 위스망스의 묘사에 따르면 "나는 곧 게테 거리에 도착한다. 열린 십자형 무늬의 창문에서 카드릴 춤(네모난 형태로 네 사람씩 짝지어 추는 옛 춤)곡의 후렴구가 새어나왔다. 카페 콩세르의 문 앞에 붙은 커다란 포스터는 대중 가수 마담 아델의 공연 소식과 코미디언 아돌프의 복귀를 알렸다. 훨씬 더 올라가면 있는 포도주 가게 진열장에는 녹색의 다진 파슬리로 양념한 달팽이 요리를 쌓아놓았다. 제과점 주인들은 다양한 모양의 과자를 진열대에 펼쳐 놓았다. 돔처럼 볼록한 과자, 납작한 과자, 가볍게 흔들거리는 장밋빛 젤리로 장식한 과자, 갈색 줄무늬가 그려진 과자, 가운데가 갈라져 노랗고 푸짐한 속살이 드러난 과자 등 다양한 주전부리가 진열되어 있었다. 이 거리는 이름(게테는 즐거움을 의미한다)만큼이나 유쾌했다".[2]

몽파르나스 구역은 서민적이고 유쾌했지만, 밤에는 달랐다. "대로 한가운데에 여전히 공터가 있었고, 허술하게 세워져 흔들리는 울타리는 나무판자에 붙은 포스터의 무게 때문에 쓰러졌다. 그곳에는 급진적인 증류수 제조업자 자크와 블랑제 장군의 앞뒤가 맞지 않는 선언문부터 '철제 자전거'의 새로운 유행을 알리는 화보까지 다양한 포스터가 붙어 있었다. 밤이 되어 아이들이 잠자리에 들면 이 구역

1• André Salmon, *Montparnasse*, Paris, André Bonne, 1950.
2 Joris - Karl Huysmans, *Le Drageoir aux épices*, 1874.

의 공터에서는 흉악한 사기꾼들이 음모를 꾸몄다. 안타깝지만 널리 알려진 사실이었다. (…) 야간에 몽파르나스 한복판에서는 험악한 일이 자주 일어나진 않았으나 기차역 부근, 특히 철로 다리 밑과 같은 외진 장소에서는 흔하게 일어났다. 에드가르키네 대로를 따라 이어진 공동묘지 담벼락 근처에서는 살인 사건이 자주 일어났다. 밤에 나다니는 사람들에게는 위험한 곳이었다."[3]

J. H. 로니의 『레 라팔Les Rafales』 3부작 중 2권의 무대는 여전히 1911년의 몽파르나스로, 제목은 '거리의 밤도둑들- 대도시의 무뢰한과 부르주아들에 관한 풍속 소설'이다. 소설 속에서 경찰들은 자전거를 타고 불한당 모리스와 자크 형제를 뒤좇는다. 형제는 가상디 거리, 트나유 통행로를 거쳐 멘 대로에서 헤어진다. "구청 쪽에서 자전거를 탄 경찰들이 번개처럼 들이닥친다. 다른 쪽에서는 형사들이 게테 거리 방향을 가로막았다. (…) '이제 잡혔구나.' 소년은 생각했다. 소년이 보기에 최고의 도주로는 투르드방브 통행로(현재 올리비에누아예 거리)인 것 같았다. 소년은 디드로 거리를 비스듬히 가로질러 뢰르 거리로 접어들었다. (…) 맹드롱 거리에서 소년은 테르모필레의 좁은 통행로로 죽을힘을 다해 달렸다. (…) 너무 다급해서 결정을 내릴 수가 없었다. 온 힘을 다해 작은 자전거의 페달을 밟았다. 그는 결정을 내리지 못한 채 플랑트 거리에 도착했다."[4]

19세기의 몽파르나스는 무도회를 통해서도 묘사할 수 있다. 가장 오래되고 가장 유명한 곳은 그랑드쇼미에르로, 파리에 카드리유를 전파하는 데 있어 대단히 중요한 역할을 한 영국인이 1788년에 처음 열었다(카드리유는 서로 마주보고 도형을 만들며 추는 춤의 일종으로 시골풍 춤이다). 그랑드쇼미에르는 몽파르나스 대로와 당페르 대로(현재 라스파유)의 모퉁이에 있는 넓은 정원이었다. 현재는 작은 거리 레오폴드로베르에 가로막힌 집들이 몇 채 모여 있을 뿐이다. 무도회는 1830년대에

3 Salmon, *Montparnasse*, op. cit.
4 1933년, 이 소설을 각색한 영화가 장피에르 오몽과 마들렌 오제레를 주연으로 만들어졌다.

오른쪽 페이지
보비노 뮤직홀, 게테 거리, 1942년. 작가 미상 사진.

엄청나게 유행했다. 몽파르나스의 일상은 무도회 리듬에 맞춰 돌아갔다. 고드프루아가 노트르담데샹 거리의 집들이 왜 조용한지를 묻자, 문지기는 친절한 태도로 대답했다. "선생님, 잘 오셨습니다. 쇼미에르의 무도회가 있는 날을 제외하면 대로는 마레퐁탱처럼 적막합니다."

그랑드쇼미에르의 손님은 주로 라탱 구역의 대학생들이었다. "대학생들은 오래된 코냑이라는 이름으로 둔갑한 끔찍한 독주를 용감하게 마셨다. 쇼미에르에서 흔히 볼 수 있는 이런 행태는 소동, 열광, 광란으로 이어졌고, 그 모습은 상상할 수도 없었다."[1] 쇼미에르에서는 카드릴 춤을 추었는데, 대부분은 금지된 춤이자 롤라 몽테스가 잘 췄던 샤위Chahut(1830년에서 1850년 사이에 유행했던 선정적인 춤)나 캉캉으로 변질되었다. 1831년도 파리시 경찰 지침서에는 "무도회를 관리 감독하는 경찰들은 샤위, 캉캉, 그 밖의 외설적이고 저속한 춤을 추는 것을 잘 감시해야 한다"[2]라고 적혀 있었다. 순찰 경찰들은 미풍양속을 해치는 행위만 감시하는 것이 아니었다. "루이 필리프 퇴위"나 "공화국 만세" 같은 대중을 선동하는 구호를 언제든지 외칠 수 있는 대학생들도 감시해야 했다. 앙졸라(위고의 『레 미제라블』 등장 인물)와 그의 친구들은 틀림없이 가끔 쇼미에르에 드나들었을 것이다. 쇼미에르는 1871년 6월 봉기 이후 1년째 닫혀 있었다. 쇼미에르 주변에는 경쟁 관계의 다른 무도장도 있었다. 몇 발짝 떨어지지 않은 곳에 르 자르댕 데 몽타뉴 스위스가 있었고, 몽파르나스 대로 교차로 맞은편 모퉁이에는 왈츠를 전문으로 하는 라르캉시엘, 공증인 사무실 서기들의 약속 장소 레르미타주, 방벽 술집들의 불량배들이 주로 드나든 렐리제 몽파르나스가 있었다.

쇼미에르의 명성은 1847년까지 지속되었는데, 그해에 시테섬의 유일한 무도

---

1 Edmont Texier, *Tableau de Paris*, Paris, 1850.
2 François Gasnault, *Guinguettes et lorettes*…에서 인용.

BAL
MUSIC-HALL
TOUS LES JOURS
DIMANCHES & FÊTES 2 MATINÉES À
14h15 ET 17h15
GRIVEL
MUSIC-HALL

장인 프라도의 소유주 뷜리에가 오브세르바투아르 대로의 낡은 정원을 사들여 무도장을 짓고 라 클로즈리 데 릴라스라고 이름 붙였다.[1] 가스등으로 환히 밝힌 이 무도장은 "어느 익살꾼이 알함브라 스타일이라고 이름 붙인 동양풍 장식과 야한 그림으로"[2] 사람들의 눈길을 끌었다. 뷜리에의 무도장이라는 이름으로 유명해진 이 무도장의 인기는 제1차 세계대전이 일어난 1914년까지 지속되었다. 세계대전이 발발하기 직전 소니아 들로네는 자신이 디자인한 원피스를 입고 카드뮴 옐로 와이셔츠를 입은 마야콥스키와 뷜리에의 무도장에서 춤을 추었다.

상징주의 시대와 1914년 8월에 발발한 제1차 세계대전 사이에 전원 무도회가 열린 몽파르나스를, 옛 세계를 뒤흔든 장소로 뒤바꾼 것은 누구인가? 앙드레 살몽에게 있어서는 "클로즈리의 영주이자 자신의 기념비적인 게임의 보급자인 폴 포르(상징주의 시인이자 극작가)가 진정으로 근대의 몽파르나스를 만들어낸 인물이다. (....) 폴 포르가 나(앙드레 살몽)를 시인들과 함께 뒤섞어 취급해서 갈피를 잡을 수 없었다. 시인들의 작품은 게테몽파르나스 극장 무대에서 공연되었고, 작품에 열광한 사람들은 서로 치고받을 정도로 흥분했다. 그 시인들은 앙리 드 레니에, 장 모레아스, 에밀 베르하렌, 스튜어트 메릴, 폴 클로델, 모리스 바레스, 생폴루르 마니피크, 앙드레 지드, 피에르 루이 등이다. 나는 여기에서 폴 포르가 몽파르나스 구역의 중심인 부아소나드 거리 18번지에 세운 고급 문학지 『시와 산문Vers et Prose』의 필진으로 1905년부터 참여한 시인 중 일부만 언급했다"(부아소나드는 그와 평행한 캉파뉴프르미에르 거리보다 훨씬 더 최근에 조성된 거리다. 라뮈즈는 부아소나드 거리를

---

1 라 클로즈리 데 릴라스La Closerie des Lilas는 샤토브리앙이 지나는 길에 종종 들러 갈증을 풀었던 오를레앙 도로의 여관 이름이었던 것 같다. 뷜리에의 무도장은 현재의 대학 생활 지원 센터 자리에 있었다.

2 A. Privat d'Anglemont, *La Closerie des Lilas, quadrille en prose*, Paris, 1848; F. *Gasnault, Guinguettes et lorettes*…, op. cit에서 인용. 라 클로즈리 데 릴라스의 이름은 오브세르바투아르 대로 반대편에 자리 잡은 다른 가게로 넘어가, 여전히 그 이름 그대로 남아 있다. 뷜리에 무도장 쪽에 있던 네Ney 원수의 동상은 수도권 고속전철(RER) 노선의 작은 역을 건설하면서 다른 곳으로 옮겨졌다.

클로즈리 데 릴라스의 테라스에 앉아 있는 폴 포르(오른쪽에서 두 번째), 1920년. 모리스루이 브랑제 사진.

다음과 같이 묘사했다. "부아소나드 거리는 한때 굉장히 친밀한 공간이었다. 이 거리에는 화가, 여러 나라에서 온 부르주아, 그중에서도 특히 러시아 사람이 많았다. 파리에는 국제적인 구역이 여러 곳 있었는데, 몽파르나스는 그 중심 가운데 하나였다. 골목길에는 대형 인쇄소에서 일하는 노동자, 은퇴 연금 생활자, 금리업자들이 어울려 살았다").[3]

카르코는 다음과 같이 썼다. "몽파르나스는 아폴리네르와 함께 깨어났다. 아폴리네르는 우리를 먼저 바티 가게로 데려갔다. 그는 어디서든 환대받았다. 그가 이

3 *Notes d'un Vaudois*, Paris, Gallimard, 1938. 라뮈즈는 부아소나드 거리와 캉파뉴프르미에르 거리 사이의 통행로에 살았다.

야기를 시작하면 그의 말을 듣는 시인과 화가들은 그에게서 자신들의 언어와 목소리를 듣고 있는 것처럼 느꼈다. 사촌 폴 포르의 구역인 생미셸 대로, 뷜리에 무도장, 뤽상부르 공원, 그리고 라 클로즈리 데 릴라스에 관심을 갖기 전에 아폴리네르는 자신의 영지를 먼저 만들었다. 그랑드 기두유의 주문으로 자리가 장식한 카페 되마고에서 렌 거리와 라스파유 대로를 거쳐 라스파유 대로와 몽파르나스 대로가 교차하는 곳까지가 아폴리네르의 영지였다. 아폴리네르는 자신의 친구들을 두아니에 루소가 사는 플레장스까지 보내놓고, 자신의 본거지는 한동안 유쾌한 게테 거리에 둔 것은 아닐까?"[1]

1913년, 아폴리네르는 마치 미래를 예언하듯이 몽파르나스를 묘사했다. "몽파르나스는 한때 예술가, 샹송 가수, 풍차, 술집의 구역이었던 몽마르트르를 대체했다. (…) 건물주들과 건축가들이 파괴한 옛 몽마르트르에서 방탕한 생활을 한다는 이유로 추방당한 이들은 모두 입체파 화가, 아메리카 인디언, 신비주의 시인으로 가장한 채 몽파르나스로 이주했다. 이들의 시끄러운 목소리는 그랑드쇼미에르 교차로의 메아리를 깨트렸다. 방탕한 역사가 있던 자리에 들어선 카페 앞에 새로운 이주민들은 가히 경쟁 상대가 될 법한 카페 로통드를 열었다. 맞은편에는 독일인 카페가 있었고 슬라브인들이 주로 이 카페에 갔다. 유대인들은 크게 개의치 않고 두루 드나들었다. (…) 우선 이 교차로의 특징부터 살펴보아야 한다. 아마 십중팔구 그 특징은 머지않아 바뀔 것이다. 몽파르나스 대로 한구석에 있는 커다란 식료품점은 다양한 국적의 예술가에게는 수수께끼 같은 이름일 '위험Hazard'을 내걸고 있다. (…) 다른 모퉁이에는 카페 로통드가 있다. (…) 앙드레 살몽은 극장 무대와 거리를 둔 구경꾼처럼 이따금 이곳 테라스에 앉아 거리를 바라보곤 했다. 막스 자코브는 로통드에 자주 들렀는데, 가끔 자신의 시집 『코트Cote』와 데

---

1 Carco, *De Montparnasse au Quartier Latin*, op. cit.

생 작품을 팔았다. 샤를 모리스의 길쭉한 옆모습이 카페 내부 벽에 그림자로 드리워지기도 했다. 몽파르나스 대로와 들랑브르 거리가 만나는 모퉁이에는 카페 돔이 있었다. 부자들, 매사추세츠나 독일 슈프레 출신의 예술 애호가들이 그곳의 단골이었다. (…) 이 거리의 또 다른 모퉁이에 있는 바티는 마지막 와인상이었다. 바티가 문을 닫자, 이 직업은 실질적으로 파리에서 거의 자취를 감추게 된다. (…) 이내 나는, 물론 그렇게 바라지는 않았지만 확신했다. 몽파르나스가 그곳만의 화가들, 시인을 품은 것처럼 그곳만의 나이트클럽, 가수도 갖게 될 것이라고. 브뤼앙이 풍부한 상상력으로 이 구역의 구석구석을, 유제품 가게를, 캉파뉴프르미에르 거리의 공방 막사를, 몽파르나스 대로의 유제품 가게 겸 그릴 식당을, 중국 식당을, 클로즈리 데 릴라스 카페의 화요일을 노래하는 날 몽파르나스는 살아남아 있을 것이다."[2]

1914년 이후 몽파르나스는 모딜리아니, 중절모를 쓴 파스킨, 키키, 피카소와 제임스 조이스, 브라사이와 만 레이에도 불구하고 과거의 이런 영광과 순수함을 다시는 되찾지 못하게 된다. 무엇보다도 이 모든 것이 1920년대에 언급되었다는 사실을 그 누가 상상이나 할 수 있겠는가. 그러나 성공의 결과로서 한 구역이 파괴되는 것을 지켜본 사람은, 앞에서 보았듯이 1924년에 브르통과 아라공이 "몽마르트르와 몽파르나스가 싫어서" 그들의 근거지를 한물간 오페라 통행로의 카페 세르타로 옮기게 된 이유를 이해할 수 있다.

몽파르나스 최후의 호시절은 유행에 뒤처지던, 그러나 아직 황폐하지는 않았던 1950년대였다. 카페들은 상당히 어두침침했고, 아침부터 담배꽁초가 잔뜩 널려 있었다. 영화관은 화려한 현대식 건물에 자리 잡은 스튜디오 라스파유, 그리고 쥘샤플랭 거리의 스튜디오 파르나스 두 곳뿐이었다. 스튜디오 파르나스 영화관

2 Salmon, *Montparnasse*, op. cit.에서 인용한 기사.

1928년 겨울, 카페 돔의 아침. 앙드레 케르테스 사진.

에서는 매주 화요일 마지막 상영이 끝난 뒤 해설자가 어려운 문제를 내고 답을 맞힌 영화광에게 무료관람권을 주었다. 작가들과 예술가들은 이 구역에 살면서 작업을 묵묵히 이어갔다. 나는 한날 오전에 오데사 거리에서는 사르트르를, 그리고 라스파유베르 거리에서는 자코메티를 마주친 적이 있다. 그들은 혼자였고, 작은 체구에 옷차림에는 그리 신경을 쓰지 않은 모습이었다. 다른 행인들과 마찬가지로 거리를 걷고 있었는데, 눈에 띄는 점이라고 하면 자코메티가 모두가 아는 것처럼 다리를 약간 절었다는 점이다.

오늘날 사람들이 카페 돔을 많이 찾지 않는 것은, 돔이 트로츠키나 케르테스의 카페라는 명칭을 얻지 못한 이유와 관계가 있다. 카페 쿠폴은 현재 식당 체인점의 하나가 되었다. 그리고 카페 클로즈리는 옛 마오주의자 발라뒤르의 추억을 간직하고 있다. 몽파르나스는 여전히 사람들을 끄는 요소들을 간직하고 있다. 이렇게 쓰면서 나는 불현듯 『앙드로마크Andromaque』를 떠올렸다. "(…) 그리고 오레스트의 운명은/ 끊임없이 당신의 매력을 찬미하러 오는 것입니다./ 그리고 그는 이것이 결코 끝나지 않을 것이라고 항상 맹세합니다." 이 구절은 내가 어린 시절 몽파르나스 구역에 느꼈던 감정을 잘 나타낸다. 몽파르나스 구역에서는 각자가 자유롭게 건축과 예술을 감상하며, 또는 그런 감상에 빠져 자신만의 산책길을 따라 거닐 수 있다. 캉파뉴프르미에르 거리의 이 구역에는 아르데코 건물, 부아소나드 거리의 뾰족 지붕을 한 작은 공방 건물들, 이 구역의 정신과 잘 어울리는, 그리고 최소한 샤토브리앙의 향나무를 보존하는 것만으로도 가치가 있는 카르티에 재단 건물, 카르티에 재단 맞은편에 합리주의 형식으로 지은 건축 전문 학교의 멋진 건물, 노트르담데샹 거리 위쪽의 작은 공원과 공방들, 슈브뢰즈 거리의 레이드 홀 도서관과 울창한 나무로 그늘진 안마당, 서점 등 다양한 볼거리가 있다. 그리고 바뱅 거리와 브레아 거리 사이에 있는 삼각형 모양의 작은 공원 위쪽에는 마티스에게 물감을 공급한 물감 상인 소유의 정원과 프레데리크앙리 소바주가 설계한, 하얗고 파란 자기로 장식해놓은 계단식 건물이 있다.

두 거리가 만나면서 생긴 수많은 삼각형 모양의 공간 중에 바뱅 거리와 브레아 거리 사이에 있는 작은 공원은 장피에르탱보 거리와 트루아쿠론 거리의 교차로가 모랑 거리와 더불어 형성한 삼각형 공간과 함께 내가 매우 좋아하는 곳 중 하나다. 이곳에는 메탈로스 회사 건물과 회교 사원이 있으며 로댕의 「생각하는 사람Penseur」을 독특하게 변형한 동상 주변의 개오동나무 아래에서는 아이들이 뛰어논다. 발터 베냐민이 『아케이드 프로젝트』에서 다음과 같이 묘사하면서 떠올린 곳이 분명 위와 같은 장소일 것이다. "세월이 흘러도 변치 않는 이 아담한 장소들은 느닷없이 등장하고, 이름도 없다. 방돔 광장이나 그레브 광장과는 달리 오래전부터 계획에 따라 조성되지도 않았고, 널리 알려진 역사적 사실과도 관계가 없다. 그와는 정반대로 천천히, 그리고 여전히 선잠을 자는 듯이 뒤늦게 들어선 건물들만이 시대의 부름에 응답할 뿐이다. 이런 장소에서는 나무들이 발언권을 가지며 심지어 가장 볼품없는 나무들조차 짙은 그늘을 드리운다. 밤이 되면 가스등 불빛이 나뭇잎 사이로 은은하게 새어나오고, 때 이르게 녹색으로 빛나는 나뭇잎은 도시에 봄이 왔음을 은연중에 알린다."

새로운 파리
2. 마을

> 길을 잘못 들어, 이 넓은 도시에서 결국 길을 잃었다. 나 역시도 새로운 구역들을 더 이상 알아보지 못했다. 이제 샤요, 파시, 오퇴유는 정말로 파리에 연결되었다. 세브르의 일부도 파리가 되었다. 베르사유까지, 생드니 너머까지, 그리고 피크퓌스에서 뱅센까지 파리를 넓힌다면 한 세기 후에는 단번에 중국의 대도시보다 더 큰 도시가 될 것이다.
> _ 세바스티앵 메르시에, 『파리 풍경』.

워털루 전투 50년 후인 1840년 7월 15일. 영국, 프로이센, 러시아는 런던에서 동맹 조약을 맺었다. 이집트 부왕 무함마드 알리의 야망에 맞서 오스만 제국을 지지하기로 약속한 것이다. 프랑스는 무함마드 알리를 지지했고 전쟁에 대한 이야기가 나돌았다. 아돌프 티에르 수상의 마음이 무력 항쟁쪽으로 기울었고, 그 결과 10년 이상 논의만 무성했던 파리 요새화 계획이 사람들의 입에 오르내리는 주요 주제가 되었다. 성벽이 이어지는 것을 지지하는 사람들과 분리된 요새를 선호하는 사람들이 의견을 모았고 성벽을 이어서 건설하되 성곽 밖에 열일곱 채의 요새를 지어 성곽을 보강하는 데 동의했다. 프랑수아 아라고, 라마르틴 같은 자유주의 논객들은 파리 민중을 탄압하는 데 악용될 수도 있는 이 계획을 비난하면서 러시아가 바르샤바에서, 부르봉 왕가가 바르셀로나에서 저지른 최근의 일들을 상기시

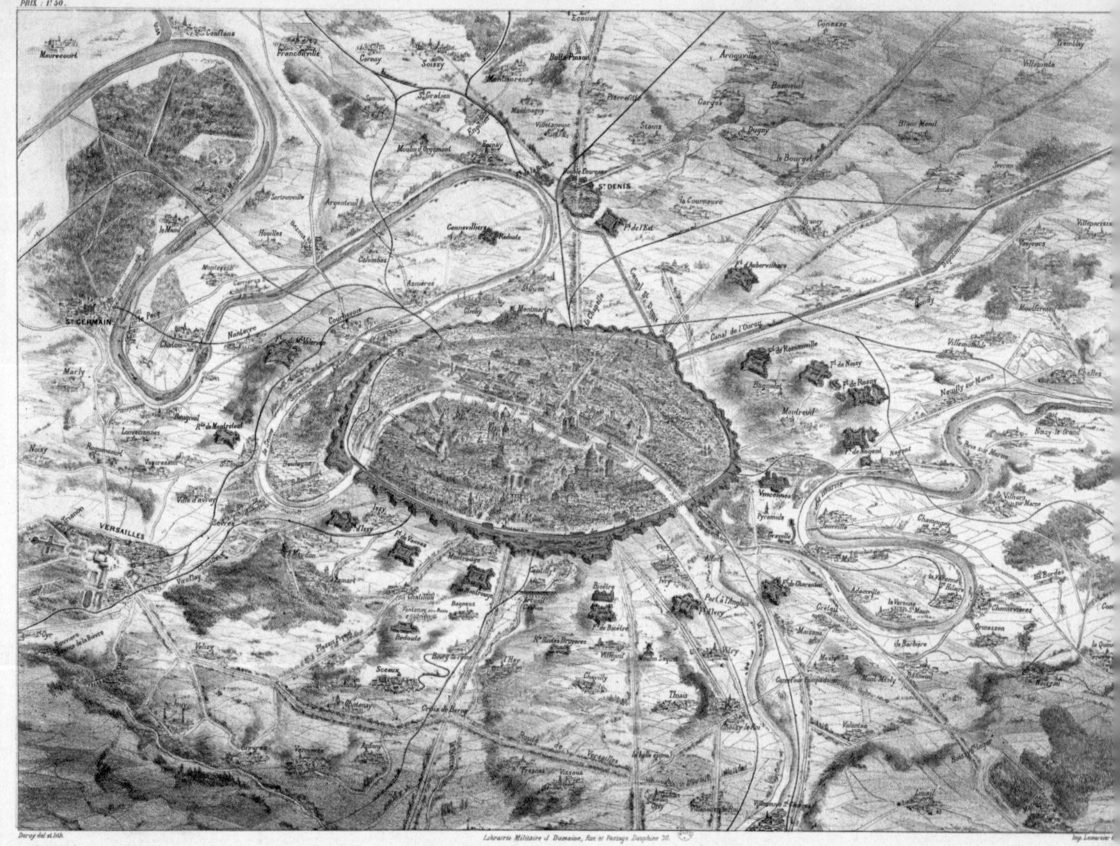

1870년의 전투 구역. 이지도르 드루아의 석판화, 파리, 국립도서관. 이 지도에는 요새 배치가 명확하게 보인다. 성곽은 이어져 있고, 요새가 그 바깥쪽에 전진 배치되어 있다.

켰다. 샤토브리앙 역시 침묵을 깨고 『요새 건설에 관한 편지Lettre sur les fortifications』를 썼다. "우리의 심장부에서 병영의 평화가, 우리의 요새 너머에서 사막의 침묵이 (…) 우리의 혁명의 결과가 이것이란 말인가!" 아무것도 이루어진 것은 없다. 마르크스가 훗날 흉측한 난쟁이라고 부른 티에르 수상은 의회 연단에서 대답했다. "무슨 말입니까! 요새 건설이 자유를 영원히 위태롭게 할 거라고요! 여러분은 어느 정부가 됐건 비방해왔습니다. 정부가 언젠가는 파리를 폭격함으로써 정권 유지를 시도할 수 있다고 주장하면서 말입니다. (…) 그러나 그런 정부는 승리한다고 해도 정권을 유지하기가 이전보다 100배는 더 어려워질 것입니다."[1] 군대, 토목 전문 학교, 그리고 민간 건설업자들이 30킬로미터가 넘는 이 공사 현장에 2만 5000명의 노동자를 동원한 끝에 파리 요새화는 1843년에 완수되었다.[2]

성곽의 경로는 현재 파리의 외곽 대로들의 경로와 일치한다. 게다가 이 대로들은 요새를 향해 난 '군사용 도로'의 명칭을 이어받았다. 성곽의 경로는 전략적으로 짜여졌는데 달리 말해 지형의 높낮이에 좌우되었다. 파리 북쪽 생드니 평야에서 성곽은 샤론과 몽마르트르 언덕 너머의 라 빌레트 문에서 클리시 문까지 직선으로 건설되었고, 이어 센강의 곡선을 따라 휘어지며 테른, 몽소 평야, 파시, 그리고 오퇴유 구역을 감싸 안았다. 푸앵 뒤 주르에서 센강을 건넌 성곽은, 보지라르와 그르넬을 우회해 이시, 몽루즈, 장티이 그리고 이브리 코뮌[3]을 커다란 곡선을 그리며 가로질렀다.[4] 이 지점에서 성곽은 센강의 오른쪽으로 넘어가 샤랑통 문에서 릴라스 문을 거쳐, 베르시와 생망데 코뮌을 가로질러 북쪽을 향해 직선으로 뻗어 올라간다. 그리고 마지막 언덕인 벨빌과 프레생제르베 사이에서 물결친다. 이곳은 성곽에서 가장 울퉁불퉁한 부분이자 현재 외곽 대로들 가운데 가장 경치가 좋은 곳으로 둘로 갈라진 굽이가 파리 북쪽 외곽 지역의 넓은 평야를 거느리고 있다.

파리를 둘러싼 마을들 중에는 영역이 성곽 안에 완전히 포함된 곳도 있고, 성곽 안과 밖으로 나뉜 곳도 있었으며, 요새 바깥에 위치한 곳도 있었다.[5] 성곽에 부분

---

1 Karl Marx, *La Guerre civile en France*, 1871. 프랑스어판, Éditions sociales, Paris, 1963에서 인용.

2 Jean-Louis Cohen et André Lortie, *Des fortifs au périf*, Paris, Picard, 1991. "요새는 내부에서 외부까지의 폭이 6미터인 성벽 거리, 폭 40미터의 해자, 그리고 해자 바깥 제방과 보루 전면의 비스듬한 제방으로 이중 보강된 성벽을 포함한다."

3 프랑스 최소의 행정 구역 명칭. — 옮긴이

4 코뮌의 시대에 중요한 역할을 하게 되는 요새들은 남쪽 언덕을 따라 건설되었다. 이 부분은 뒤에서 언급할 것이다.

5 센강 오른쪽에서 성곽 안에 완전히 편입된 주요 코뮌들은 오퇴유, 파시, 바티뇰, 몽마르트르, 라 샤펠, 벨빌, 라 빌레트, 샤론이다. 강 왼쪽으로는 그르넬과 보지라르가 있다. 일부가 성곽 바깥에 남아 있는 주요 코뮌들은 뇌유, 베르시, 생망데, 장티이, 몽루즈다.

적으로 포함된 코뮌들은 요새 안쪽에 있긴 했지만 여전히 파리 바깥에 위치한 셈이었다. 파리의 공식적인 경계가 총괄징세청부인 성벽이었기 때문이다. 이런 상황이 계속되는 것은 상당히 이상했고 1860년에 요새 안쪽에 위치한 모든 지역이 파리에 편입되었다. 입시세는 새로운 문들에도 부과되었고, 총괄징세청부인 성벽은 철거되었다. 그렇게 파리의 구는 열두 개에서 스무 개로 늘어나 현재의 경계를 갖추었다.

이 당시 파리에 포함된 '마을'들은 이제 들판을 가로질러 한참을 달려야 도착할 수 있는 촌락이 아니었다. 루소가 비에브르 강가나 메닐몽탕을 거쳐 장티이에 식물 채집을 하러 갔던 그 시절의 촌락이 아니었다.[1] 파리에 편입된 시기의 교외banlieue(이 단어는 이때부터 일반적으로 쓰이게 된다)는 인구가 늘고, 도시화가 진행되고, 산업화가 일부 진행되어, 오스만과 루이나폴레옹이 파리 동쪽과 북쪽에 공장과 노동자가 집중되는 것을 염려할 정도였다.

시골이 도시의 관문이었던, 그리고 모든 갈림길을 통해 도시로 이어지던 행복한 시절에 대한 향수, 잃어버린 낙원에 대한 감정, 파괴된 자연 앞에서 느끼는 슬픔 등 18세기 말에 등장하는 모든 주제는 파리가 확장된 이 시기에 널리 퍼졌다. 프리바 당글몽에게서도 이런 주제들을 엿볼 수 있다. "당나귀 타는 코스가 있는 로맹빌 숲, 젊은 여공들에게 인기가 많은 생파르조 공원, 생제르베 초원 등 프티부르주아가 좋아하는 이 모든 것은 거리로, 광장으로, 교차로로 바뀌었다. 녹색 잔디, 수백 년 된 나무들, 만개한 라일락 대신 집들이 들어섰다. 일시적인 관계가 그토록 많이 맺어진 매혹적인 장소, 사랑의 섬은 아이러니하게도 시청사가 되었다. 그곳에서 우리는 웃지 않고 결혼한다. 파리 사람들의 기억 속에서 한 시대를 풍미

1 "며칠 전부터 포도를 수확했다. 도시에서 온 산책객들은 벌써 되돌아갔다. 농부들도 겨울까지는 들판에 나갈 일이 없다. 들판은 여전히 푸르고 아름답지만, 일부 잎이 져 적막한 느낌을 준다. 겨울이 다가옴을 알리는 고독한 풍경이 여기저기에 보인다." "Deuxième promenade", *Rêveries du promeneur solitaire*.

한 무도장 소바주는 근사하고, 화려하고, 멋진 부르주아의 저택이 되었다."[2] 라 베돌리에르는 새로운 파리 20개 구 전체의 역사를 집필하면서 독자들에게 아직 시간이 있을 때 당시까지 남아 있던 시골의 마지막 흔적을 감상하러 가라고 권했다. 페르라셰즈 묘지와 새로운 요새들 사이의 메닐몽탕 남쪽에는 "20구 파리의 시골스러운 풍경이 많이 남아 있는 언덕 위에 라트레가 있다. 이곳은 지상 낙원이자 오아시스로 한때는 이웃한 포부르의 노동자들이 일요일과 월요일이면 놀러와서 시간을 보낸 곳이다. 전원의 즐거움이 넘치는 이 장소도 머지않아 추억으로만 남을 것이다".[3]

1880년대에 위스망스는 비에브르강이 사라진 것을 슬퍼하며 눈물을 흘렸다. "요컨대 어떤 풍경의 아름다움은 우울함으로 이루어져 있다. 비에브르강은 다른 어떤 것보다도 고통받은 사람들에 대한 사려깊은 태도로 나를 매료시킨다. 나는 비에브르강의 작은 협곡과 수풀이 허물어진 것을 최악의 테러로 여겨 개탄한다. 남은 것은 난자당한 시골, 누더기가 된 강, 분할되어 팔려나갈 예정인 너덜너덜해진 평야뿐이다. (…) 개발업자들은 곧 습지를 메울 것이고, 길을 내려고 땅을 평평하게 고를 것이고, 민들레와 찔레꽃을 뽑고, 황무지와 잔해만 무성한 쓰레기장의 모든 식물을 걷어낼 것이다. (…) 그들은 정녕 이 낯선 강을, 온갖 오물이 쏟아지는 이 배출구를, 청회색 오물이 고여 여기저기 푸르스름한 녹조가 부글거리고 희뿌연 가래침이 둥둥 떠다니는 시궁창을 한 번도 쳐다보지 않았단 말인가. 이렇게 수문 아래로 요란한 소리를 내며 성벽의 구덩이 속으로 빠져나가는데도?"[4]

파리의 마지막 지층인 마을은 이전의 지층과는 다른 방식으로 형성되었다. 포부르에서는 이전 지층을 기반 삼아 부챗살 형태로 넓게 퍼지는 도시화가 진행되

---

2 *Paris anecdote*, op. cit.

3 La Bédollière, *Le Nouveau Paris*…, op. cit. 라트레Ratrait는 포도밭 이름이다. 철자를 잘못 쓴 현재의 르트레Retrait 거리와 혼동하지 말아야 한다.

4 Huysmans, *Croquis parisiens*.

오른쪽 페이지

1839년, 몽마르트르의 풍차. 이폴리트 바야르 사진.

었다. 포부르의 몇몇 코뮌은 파리로 편입되기 수 세기 전부터 존재했다. 이 코뮌들은 파리를 위성처럼 감싸고 있었고, 벨빌이나 몽마르트르 같은 코뮌은 여전히 파리와 거리를 두고 있다. 애초에 시골이었던 파리의 마을들은 고풍스러운 풍경과 공장이 들어서면서 얻게 된 근대적인 모습, 두 가지가 뒤섞이게 됐다. 이런 이중적 면모는 파리의 몇몇 장소에 여전히 독특한 매력을 부여한다. 비록 오래된 공장이 드물고 그 물질적 흔적과 기억을 보존하기 위해 산업의 고고학이라는 특이한 학문을 만들어내야 했지만 말이다.

마을들의 고리에 여전히 남아 있는 파리의 '근대' 풍경에 커다란 흔적을 남기고, 경계를 그리고, 구역을 정한 요소는 철로다. 파리의 큰 기차역들은 1835년에서 1850년 사이에 입시 관세 성벽 안쪽에 지어졌다. 북역과 리옹역은 성벽과 맞대어 지어졌고, 동역과 생라자르역은 중심부와 조금 더 가까운 곳에 지어졌다. 철로가 파리를 벗어나려면 어쨌든 마을을 지나야 했다. 철도의 전철화에도 불구하고 철로는 19세기의 일부로 오늘날 도시 속에 여전히 남아 있다. 알자스 거리의 발코니에서는 동역 플랫폼의 철로와 생라자르역 철로 너머 바티뇰 광장의 구조물이 보인다. 프랑스 국립도서관의 높은 광장에서는 오스테를리츠역의 넓게 펼쳐진 철로가 한눈에 들어온다. 그리고 동역과 북역의 선로와 옛 칼베르송 창고 사이에는 철로로 둘러싸인 삼각형 구역인 에방질도 있다. 이곳은 리케 거리의 다리를 통해 파리와 연결된 세상의 끝과 같은 곳이다. 철로 위를 지나는 기다란 철제 다리에 17세기 미디 운하를 건설한 기술자의 이름을 붙이는 것은 당연하다.

라 샤펠과 바르베스로슈슈아르 사이의 철제 다리를 요란하게 지나는 지상철에서 보면 역 위쪽의 유리 천장과 아래쪽 철로의 대조적인 풍경을 볼 수 있다. 레옹폴 파르그는 이렇게 묘사했다. "채플린 비행선의 굉음과 비슷한 도핀에서 나시옹까지 이어지는 노선의 소음은 공장 굴뚝으로 둘러싸인 이 구역까지 탑승객과

BAL

함께한다. 오베르빌리에 거리는 마치 물감의 강처럼 철의 호수 속으로 흘러 들어간다. 길 잃은 기차들의 요란한 소음이 풍경 뒤에 깔린다."[1] 기차를 타고 파리에 오는 여행객 눈에는 어떤 풍경이 펼쳐질까? 예르나 슈아지르루아에서 오는 여행객은 파리의 그랑 물랭, 냉동 창고 그리고 멀리로는 오스테를리츠 기차역 유리 지붕 바로 앞에 있는 살페트리에르 병원의 돔을 바라보게 된다.[2] 빌파리시스나 오네수부아에서 오는 여행객은 운하, 뷔트쇼몽의 언덕, 그리고 몽마르트르의 측면과 만난다. 기차는 항상 일종의 무질서를 도시로 끌어들인다. 철제 울타리 뒤에는 폐물이 쌓이며 선로 변경 장치 박스 주위에 방치된 작은 삼각형 공간에는 위스망스가 비에브르 강가에서 보았던 "민들레와 찔레꽃, 황무지와 잔해만 무성한 쓰레기 무더기에서 모든 식물이" 자라난다.

훨씬 외딴 지역에서는 화물 선착장의 철책이 또 다른 시대의 공간을 간직하고 있다. 이전에 륑지스 기차역이었던 베르시 기차역은 보비요, 톨비악, 보지라르, 바티뇰, 오베르빌리에, 라 샤펠 거리 끝에 있다. 도시의 이 모든 공간으로 수명이 다한 기관차들이 길 잃은 객차들을 데려간다. 반쯤 지워진 게시판에는 기차 운행 지침이 희미하게 적혀 있다. 우리는 게시판이 있는지도 모르고 그 앞을 지날 수도 있고, 그 게시판이 철도가 상상력의 커다란 토대였던 완고한 한 시대의 대표적인 유물이라는 사실을 미처 알지 못한 채 지날 수도 있다. 외곽 마을들이 파리에 편입된 지 얼마 지나지 않아 요새 안쪽에 건설된, 어떤 생산성과도 거리가 먼 파리 환상형 철도는 오랫동안 가장 중요한 교통수단이자 볼거리였다. 1870년의 파리 포위 공격 동안 공쿠르 형제는 도시를 한 바퀴 돌고 나서 『일기』에 다음과 같이 썼다. "증기처럼 빠르게 스쳐 지나가는 이 광경은 즐거운 볼거리다. 어두운 터널을 빠져 나오면 하얀 텐트들의 행렬, 철로 위를 건너는 포병, 최근에 막 설치된 낮은 난간이

---

1 Léon - Paul Fargue, "Mon quartier", *Le Piéton de Paris*, Paris, Gallimard, 1932.

2 "Frigos", 그랑 물랭 자리에는 파리 7대학이 들어섰다. 냉동 창고에는 예술가들이 자리 잡았다.

있는 강둑, 식탁과 유리컵을 펼쳐놓고 윗도리와 치마 밑단을 끈으로 꿰맨 식당 관리인이 있는 야외의 간이식당이 보였다." 파르그는 집으로 돌아갈 때 친구들과 함께 오퇴유에서 기차를 탔다. "이 낡은 파리의 환상형 기차를 놓치고 우리는 밤새 수다를 떨었다."[3] 다비가 어렸을 때 그의 부모는 일요일마다 벨빌의 고모네로 그를 데려갔다. "나는 즐거운 마음으로 오르나노 대로의 역으로 갔다. 낡은 객실이 딸린 기차가 경적 소리를 내며 도착했고, 비록 3등 객차였지만 나는 신이 났다. 기관차의 연기가 사방을 뒤덮었다. 엄마는 내게 앉아 있으라고 했다. '광부처럼 까매질 거야.' 잠시 후 엄마에게 물었다. '다와가?' 엄마는 대답했다. '얘야, 바보처럼 굴지 마. 우선 뷔트쇼몽 터널을 지나야 하는 거 알잖니.' (…) 벨빌빌레트역을 지나자 기차는 갑자기 경적을 울리며 빛에 작별을 고하듯이 굴속으로 들어갔다. 지하에서 빠져나왔을 때는 메닐몽탕역에 도착해 자리에서 일어나야 했다."[4]

작은 환상선의 다른 구간들도 벨빌과 메닐몽탕 언덕을 가로지르는 철로, 장조레스 대로, 아브롱 거리와 보지라르 거리 위로 난 다리의 임시 철제 교각 등을 통해 파리 주변 마을에 흔적을 남겼다. 과거의 역들은 활발했던 당시의 모습을 간직하고 있다. 장밋빛 뮈에트에는 꽃이 만발해 있으며, 이전보다 더 누추해진 샤론의 철로 옆에는 이 구역 젊은이들이 즐겨 찾는 카페 플레슈도르가 있다. 다음과 같이 썼던 라 베돌리에르가 환상선 주변이 이렇게 변했다는 걸 알게 됐다면 상당히 놀랐을 것이다. "샤론역의 겉모습은 보잘것없지만 앞으로 파리의 번영을 담보할 시설을 보유하고 있다. 바로 파리 환상선 철로다. 보르도와 릴, 마르세유와 셰르부르를 연결하는 중요한 이 노선은 샤론역에서 출발하는데, 이곳엔 이미 상당히 많은 공장이 들어섰다."[5]

---

3 Fargue, "Maurice Ravel", *Refuges*, op. cit.

4 Eugène Dabit, *Faubourgs de Paris*, Paris, Gallimard, 1933.

5 Bedolliere, *Le Nouveau Paris*…, op. cit.

안락한 이 공간은 현재 위협을 받고 있다. 민간 합작 기업들이 이곳을 철거하고 재정비해서다. 이미 몽파르나스역 고속철도 TGV의 철로에서 작업이 시작되었다. '대서양 정원'이라는 이름이 붙은 계획의 주요 목표는 정원을 눈에 띄지 않게 조성하는 것이었다. 또 다른 계획 '센리브고슈'는 오스테를리츠역 밖으로 나와 있는 철도를 포장하는 것이었고 작업은 이미 상당히 진척되었다. 파리 13구 냉동 창고와 르 코르뷔지에가 설계한 시테 드 르퓌주 사이의 기존 철로 자리에는 '타일을 깐 공원'을 조성했다. 끔찍한 일을 수없이 겪고 나면 민간 합작 기업이라는 말이 금지될 거라고, 이번만은 '기억의 의무'가 무언가에 도움이 될 거라고 생각할 수 있을 것이다. 그러나 그럴 리가 없는 것이, 공사장을 따라 심긴 형형색색의 표지판에는 정부 공식 건축가인 크리스티앙 드 포르장파르크의 책임 아래 브뤼노 포르티에의 회사가 '공원 포장' 공사를 한다고 적혀 있다. 이 공사는 가난한 샤바르레 거리에 남아 있는 것들을, 아프리카 노동자의 거주지를, 황폐한 가운데 꽃으로 뒤덮인 안마당을, 두아노의 사진에서 볼 수 있었던 매력을 쓸어버릴 것이다. 이 구역에서 도시 계획이라는 이름 아래 자행된 폭력은 이것만이 아니다. 1954년 8월 3일자 『포틀라흐』에는 다음과 같은 글이 실렸다. "13구에 있는 소바주 거리가 파괴되었다. 오스테를리츠역 철로와 센 강변의 한 구역 사이에 위치하여 파리의 가장 멋진 야경을 볼 수 있는 곳이었다."[1] 소바주 거리 바로 근처, 철제 교각과 기둥, 들보가 정말로 아름다운 와트 거리가 최근에는 시멘트로 뒤덮였다. 새로운 구역의 중요 간선도로들엔 계획에 따라서 장 아누이, 프랑수아 모리악, 레이몽 아롱의 이름이 붙었다. 장 주네, 사무엘 베케트, 나탈리 사로트도 아니었고, 장폴 사르트르, 미셸 푸코, 질 들뢰즈도 아니었다. 나는 오스만 계획이 야기했을 마지막 재앙을 생각한다. 다행히 그 계획은 프랑스가 스당에서 패배하면서 무산되었다. "렌

1 『포틀라흐Potlach』는 미셸 베른슈타인과 기 드보르가 주축이 되어 발간한 "국제 문자주의자 프랑스 그룹의 회보였다".

파리 주변을 도는 작은 환상선의 벨빌 기차역, 1900년경. 우편엽서.

거리를 센강까지 직선으로 연장해 새 다리를 놓아 옛 풀리 거리와 연결할 생각이었다. 그리고 옛 풀리 거리도 레 알까지 확장할 계획이었다. 파리의 중심은 교외뿐만이 아니라 파리를 둘러싼 위성 도시와도 연결될 것이다. 그러면 파리와 가장 가까운 도시들은 파리에 필수 물자를 공급하게 된다."[2] 나는 퐁피두 대통령의 계획도 떠올린다. 베르생제토릭스의 부채꼴형 도로 계획은 파리 남쪽의 모든 도로가 당페르로슈로를 중심으로 뻗어나가도록 하고, 센강 왼쪽에는 도시 고속화 도로를 내고, 생마르탱 운하를 덮어 고속도로를 건설하는 것이었다. 이런 광기는 병과 죽음으로만 피할 수 있다. 재앙 말고 파리의 철로를 있는 그대로 유지할 방법은 없을까?

1860년대에 파리에 편입된 코뮌 가운데 오퇴유나 라 샤펠 같은 곳은 그곳만의

2 Bédollière, *Le Nouveau Paris*…, op. cit.

명칭과 특징을 간직하고 있다. 다른 코뮌들은 옛 마을의 흔적을 간직하지 못하고 파리에 흡수되었다. '요새'에 의해 둘로 나뉜 코뮌의 성벽 안쪽 지역이 특히 그렇게 됐다. 프랑스 국립도서관이 옛 이브리 코뮌에 지어졌고, 몽수리 공원 구역이 장티이에 속했었고, 라넬라그 공원과 스퐁티니 거리가 뇌이 코뮌에 속했었다는 사실을 아는 사람은 많지 않다. 어쩌면 당페르로슈로 광장의 사자상과 오를레앙 문 사이의 지역만이 유일하게 그 기원을 오랫동안 간직하고 있다. 앙리 칼레는 이렇게 썼다. "나는 이제 14구 프티몽루주 구역에 정착했다."[1] 1950년대까지 오를레앙 대로에 살았던 루이르그랑 고등학교 동창들은 앙리 칼레의 글을 읽고 놀라지 않았을 것이다.

파리에 병합된 마을이 뚜렷한 정체성을 유지하기 위해서는, 그 과거가 15구의 단조로움에 파묻힌 보지라르와 그르넬의 예가 대조적으로 말해주듯이 마을 전체가 흡수되는 것만으로는 충분하지 않다. 또 다른 조건이 필요한데 바로 지리적 특성이다. 때로 몽마르트르, 벨빌, 메닐몽탕, 샤론 또는 뷔토카유처럼 경계가 언덕의 급격한 비탈길로 이루어져 있거나 고립되어 있어야 한다. 이 비탈진 언덕 구역들이 1871년 5월 유혈이 낭자했던 일주일간의 최후 저항의 중요 거점이었던 것은 결코 우연이 아니다. 라 빌레트의 우르크 운하나 바티뇰의 철로처럼 인공적으로 조직되고 결합된 요소들도 중요하다. 마지막으로 도심과의 관계에 있어 센강과 불로뉴 숲 사이의 파시와 오퇴유의 마을들처럼 길고 좁아 거의 섬과 같은 극단적인 위치에 자리 잡아야 한다.

---

1 Henri Calet, *Le Tout sur le tout*, Paris, Gallimard, 1948. 오를레앙 대로는 그 당시만 해도 르클레르크 대로가 아니었고, 르클레르크 원수를 전혀 닮지 않은 동상도 오를레앙 문에 서 있지 않았다.

보지라르와 그르넬

위와 같은 이유로 센강 왼쪽 마을에서 형성된 현재의 구역들 — 대략 13구와 14구 남쪽, 그리고 15구 — 은 기억에서 희미해진 옛 코뮌들과 겹치지 않는다. 이 지역은 자벨, 플레장스, 뷔토카유 같은 옛 외곽 지역의 오래된 구역들과 몽수리 공원 같은 새로운 중심지, 그리고 비에브르강 같은 과거의 유령이 뒤섞인 곳이다. "1579년 4월 1일 수요일 밤, 며칠간 내린 비로 생마르소강 수위가 대략 4.5미터까지 올라서 풍차, 성벽, 집들이 모두 휩쓸렸다. 침대에서 자던 많은 사람이 갑작스럽게 덮친 물에 익사했고, 많은 가축이 물에 쓸려 떠내려갔다. 이 홍수는 엄청난 피해를 입혔다."[2]

이곳을 잘 알지 못하는 사람들도 15구 하면 길게 이어지는 세브르 도로(현재 르쿠르브 거리)나 이시 도로(현재 보지라르 거리)를 떠올린다. 보지라르는 마을이자 거리로 입시 관세 성벽에서 시작해 이시의 비탈길과 풍차가 있는 곳까지 펼쳐졌다. 사람들 대부분은 어디가 보지라르와 그르넬의 경계인지 모르는데 그럴 수밖에 없는 역사적 이유가 있다. 그르넬이 1830년까지 보지라르 코뮌의 일부였기 때문이다. 남쪽에 해당하는 현재 보지라르 구역은 18세기 말까지는 휴양지였다. 파리의 부유층들은 이곳의 포도밭과 채소밭 한가운데에 있는 아름다운 정원에 별장을 소유하고 있었다. 반대로 그르넬은 센 강가의 넓은 농지였다. 바로 이곳에서 파르망티에가 감자 재배를 처음으로 시도했다. 1813년 지도를 보면 집은 한 채도 없고 넓게 펼쳐진 들판을 가로지르는 두 개의 길만 보인다. 이 두 길은 루르멜 거리와 크루아니베르 거리의 원형이다. 1830년 테오필 고티에는 아르센 우사예에

---

2 Pierre de L'Estoile, *Journal pour le règne de Henri III*. 비에브르강은 퐈플리에의 샛문 아래를 통해 파리로 흘러들어왔고, 물랭데프레 거리(이 거리에는 커다란 물레방아가 있었다)를 지나 버드나무와 포플러가 심긴 구불구불한 길을 따라 뷔토카유 남쪽을 우회해 브리야사바랭 거리와 보지라르 거리까지 이어진 후, 북쪽으로 흘러갔다. 그리고 코르비자르역 근처에서 총괄징세청부인 성벽을 지나 두 갈래로 갈라져 르네르갈 광장을 감싸 안고 다시 합류해 고블랭에 도달했다.

몽마르트르의 갈레트 풍차, 1900년경. 샤를 델리우스 사진.

MOULIN

게 다음과 같은 편지를 보냈다. "오늘 아침, 나는 내 공주님을 보려고 헤엄쳐 센강을 건넜네. 그녀는 강 건너편 그르넬 밀밭에서 수레국화를 따서 나를 기다리고 있었다네."[1]

그르넬과 보지라르는 상반되는 방향으로 발전했다. 예전처럼 크루아니베르 거리와 총괄징세청부인 성벽(현재 그르넬, 가리발디, 파스퇴르 대로) 사이의 지역을 포함하는 현재 보지라르는 점차 부르주아화되었다. 1890년의 어느 안내 책자에는 "보지라르의 옛 마을 생랑베르 구역이 하루가 다르게 본래의 모습을 잃고, 별 특성 없이 파리의 모습을 닮아간다"라고 쓰여 있다. 같은 책자는 15구 가운데 그르넬과 자바가 공장과 화학 제조 시설들로 뒤덮이고 있다고 지적했다.[2] 화학 공업은 오래전부터 센 강변에 자리 잡았다. 앙시앵레짐 말기에 기업가들은 아르투아 백작의 지원으로 자벨 풍차 근처에 황산염 제조 공장 설립 허가권을 따냈다. 그 공장에서 티오황산 나트륨을 제조했고, 이것이 훗날 유명한 자벨수水가 된다. 1792년 샤프탈은 넓은 공터에 대형 화약 공장을 세우는데, 이 화약 공장은 '공화국의 든든한 보루'로 여겨졌다. 테르미도르 9일 며칠 뒤 이 화약 공장이 폭발하는 사고가 발생했다. 자코뱅 당원들이 범인으로 지목되었고, 이 사고는 자코뱅 클럽을 폐쇄하기 위한 논쟁을 불러일으켰다. 1796년 산악파에게는 그르넬 평야에서 주둔하고 있던 연대를 소집해 총재 정부에 맞서 봉기를 일으키는 것 외에 다른 선택지가 없었다. 주동자들이 현재도 존재하는 솔레이 도르 호텔[3]에 모였다. 봉기는 실패했고, 주동자 가운데 열 명은 뒤플렉스역 자리에 있던 입시 관세 성벽에서 총살되었다.

---

1 Lucien Lambeau, "Grenelle", *Histoire des communes annexées à Paris en 1859*, Paris, Leroux, 1914에서 인용.

2 Martin, *Promenades dans les vingt arrondissements de Paris*, op. cit.

3 이 건물은 보지라르 거리 226번지, 중국 식당과 할인 매장 사이에 있다. 안마당으로 통하는 양쪽 입구는 없어졌다.

두아니에 루소, 「파시의 인도교」, 1900년경. 유화, 개인 소장.

많은 사람이 그르넬 평야의 이 성벽 앞에서 총살되었다. 총재 정부 시기와 집정정부 시기에는 특히 이민자들이 희생자가 되었다. 그중에는 프랑수아 르네의 사촌, 아르망 드 샤토브리앙도 있었다. 르네는 『회고록』에서 다음과 같은 글을 남겼다. "사형 집행일. 나는 내 동료의 마지막 전투 현장에 동행하려 했다. 마차를 구할 수 없었기에 뛰어서 그르넬 평야로 갔다. 온통 땀에 젖어 도착했지만 한발 늦었다. 아르망은 파리 성곽에서 총살당했다. 머리는 깨져 있었다. 도살자의 개들이 아르망의 피와 골수를 핥았다." 제정시기에는 말레 장군이 처형되었고, 루이

18세는 그르넬 평야의 성벽에서 백일천하 당시 나폴레옹을 도운 라 베두아예르를 총살했다. 라 베두아예르의 젊은 부인은 사형을 집행하는 병사에게 한 명당 3프랑씩, 총 36프랑을 지불해야 했다. 백색 테러의 시대가 지나고 근대의 그르넬은 개발업자 레오나르 비올레의 주도로 그 토대가 마련되었다. 1820년대에 비올레는 현재의 크루아니베르 거리와 자벨 거리, 그르넬 대로, 그르넬역과 자벨역으로 둘러싸인 넓은 정방형 땅을 사서 개발했다. 비올레는 선착장과 나무다리를 지어 시뉴섬과 이어지는 새로운 구역을 센강 오른쪽과 연결했다. 바로 이 시대에 당시의 낙관주의를 반영한 바둑판식 배열과 코메르스(상업이라는 뜻), 앙트르프르뇌르(기업가라는 뜻) 거리 같은 이름들이 생겨났다. 현재 비올레의 이름이 붙은 광장에는 비올레가 지은 별장이 여전히 소방서 건물 안에 남아 있지만 새로운 그르넬 구역은 노동자들이 모인 공장 지대가 되었다. 보지라르 구역의 부르주아들은 이곳과 섞이는 것을 꺼려해 두 구역을 분리해 달라고 청원했고 경찰국장 샤브롤은 1830년 영광의 3일, 트루아 글로리외즈Trois Glorieuses 며칠 전에 그들의 요구를 받아들였다.

그르넬은 7월 왕정 동안 빠르게 발전했다. 강변과 그르넬 대로 모퉁이에 있는 카이 공장은, 센강 쪽 하역장과 우에스트의 철로와 연결되는 공장 철로를 갖추어 프랑스에서 중요한 기관차 제조 공장이 되었다. 카이 공장이 파리를 떠나자 1909년 벨 디브가 그 자리를 차지했다.[1] 벨 디브의 최고의 순간은 6일간 진행된 사이클 경기, 미셸 세르당, 에디트 피아프, 이베트 오르네의 아코디언 연주, 앙크틸과 다리가드가 1958년도에 마지막 승리를 거머쥔 때였다. 그리고 최악의 순간은 자크 도리오가 벌인 집회, 그리고 1942년 7월 르네 부스케의 명령으로 프랑스

1 여기서 말한 벨 디브는 사실 두 번째였다. 첫 번째 벨 디브는 1900년 만국박람회 이후 샹드마르스에 있는 마쉰 갤러리에 있었다. 두 곳 모두 앙리 데그랑주의 주도로 만들어졌다. 데그랑주는 실내 사이클 경기의 첫 번째 세계 기록 보유자로 1903년에 투르 드 프랑스를 창설했다.

경찰이 대대적으로 유대인들을 일제히 검거한 때였다. 프랑스 항공 산업이 태어난 곳 역시 그르넬인데, 보다 구체적으로는 앙트르프르뇌르 거리다. 비행 시험은 이시에서 가까운 공터에서 진행됐다. 1930년대에 앙드레 뤼르사는 비행 장소를 시뉴섬으로 옮길 것을 제안했고 그곳을 항공 모함의 활주로처럼 넓혀 비행장으로 만들고는 아에로파리라고 불렀다. 한편 앙드레 시트로앵은 제1차 세계대전 중에 자벨 선착장에 있는 자신의 포탄 제조 공장을 개조해 자동차 역사에 남을 가장 독보적인 상표를 만들었다.

연기와 강철의 역사는 흔적으로만 남았다. 공장 자리에 조성된 공원에는 앙드레 시트로앵의 이름이 붙었는데, 그곳은 20세기 들어 15구에 지은 고층 건축물 프롱 드 센의 끔찍한 모습을 어느 정도 상쇄해준다. 보지라르와 그르넬은 파리에서 가장 프티부르주아스럽고 가장 시골 티가 나는 구역이 되었다. 이 구역에는 시골 마을의 집 몇 채, 그 속에 박힌 진주처럼 자리한 아르누보 양식의 건물 몇 채, 특성 없는 1880년대 건물들 그리고 1960년대와 1970년대에 지은 고층 건물과 공동 주택 단지가 뒤섞여 있다. 이런 익명성은 정원과 안마당이 있는 개인 저택이 늘어선 상토스뒤몽 거리에서 가장 두드러진다. 철거를 앞두고 분주한 카스타냐리 거리 끝에 있는 아브니르의 작은 마을, 사이다 거리의 노동자 주택 단지, 피에르미유 거리의 예술가 공방, 그르넬의 옛 구청과 가까운 코메르스 광장의 안쪽, 비올레 광장의 삼나무, 거대한 가스 공장 자리에 지은 생랑베르 성당 뒤쪽도 익명성이 두드러지는 장소다. 이 구역에 대해서는 익명성 외에도 기억해야 할 것이 있다. 이 구역에 사는 유명인들, 모리용 거리의 분실물 보관소, 파스퇴르 연구소, 당지그 거리의 예술가 레지던스 뤼슈, 그리고 블로메 광장 구석에 숨어 눈에 잘 띄지 않는 루아조 뤼네르다. 루아조 뤼네르에는 미로와 마송의 화실이 있었고, 이곳에서 아르토, 바타유, 랭부르, 그리고 젊은 뒤뷔페가 만났다.

오른쪽 페이지
알레시아 거리를 걷고 있는 알베르토 자코메티, 1961년. 앙리 카르티에브레송 사진.

플레장스

15구는 14구와 분리되는데, 달리 표현하자면 보지라르는 몽파르나스 기차역의 철로를 기준으로 플레장스와 분리된다. 몽파르나스 기차역은 1960년대 말에 새 역을 지을 때까지 이 구역에서 가장 중요한 요소였다. 위스망스가 쓴 『바타르 자매Sœurs Vatard』의 데지레와 셀린은 방담 거리와 샤토 거리 모퉁이에 살았다.[1] "그들이 살던 방은 집 뒤편 우에스트의 철로 쪽을 향해 있었다. 철로에는 사람 키 높이로 철책이 둘러져 있었고 그 위로 다리가 지나갔다. 다리 아래 자동차가 지나는 건널목에는 시계 걸린 나무 망루가 있었다. (…) 기관차 두 대가 시끄럽게 경적을 울리며 움직였다. (…) 기적 소리가 울리더니 메아리치다 잦아들었다가 또다시 커지기를 반복했다. 경비가 건널목의 울타리를 닫았다. 기차가 멀리서 들어서고 있었다. (…) 땅이 울렸다. 조명이 하얀 수증기를 뚫고 나오고 먼지와 재가 흩날리는 가운데 기관차가 불티를 튀기며 철로를 뒤흔드는 굉음과 요란한 엔진 소리를 내며 갑자기 모습을 드러냈다. 그리고 터널을 지나갔다. 천둥과 같은 요란한 소리가 점점 멀어졌다. 이내 마지막 객차의 빨간색 등 세 개 외에는 아무것도 보이지 않았고 회전판 위를 지나는 자동차들의 소음만이 간간이 들렸다."

샤토 거리와 우에스트 거리는 플레장스 개발의 최초의 두 축으로, 멘 대로와 베르생제토릭스 거리가 만나는 지점이었다.[2] 이곳은 거시적인 계획 없이 소규모 투기업자들이 조각난 땅을 그러모아 개발을 진행한 곳이었다. 그들은 가로등, 하수

1 방담 장군의 이름이 붙기 전까지 게테 도로라고 불린 이 거리는 지금도 존재하지만 샤토 거리까지 이어지지는 않는다. 방담 거리의 끝에는 코망당무쇼트 거리, 셰라톤 몽파르나스 호텔 등이 들어섰다.

2 세 번째 면은 트랑지트 도로(현재 알레지아 거리)였다. 원래 슈맹드페르 거리로 불린 샤토 거리의 명칭은 멘 샤토에서 따왔다. 멘 샤토는 방브 거리(현재 레이몽로스랑), 샤토 거리 그리고 디도 거리 사이의 넓은 사유지였다. 현재 아슬린 거리는 멘 샤토의 정문 오솔길과 일치한다. 멘 대로의 명칭은 멘 공작에서 따 왔다. 멘 공작은 포부르 생제르맹에서 소Sceaux에 있는 자신의 저택으로 통하기 위해 이 대로를 냈다.

도, 분수대도 없는 1840년대 비포장 거리에 반감을 가진 사람들의 관심을 끌기 위해 이 개발에 플레장스(즐거움이라는 뜻)라는 이름을 붙였다.[1] 리카르도 보필이 설계한 카탈로니아 광장과 우에스트 거리 초입의 황폐화에도 플레장스 구역은 계속해서 인기 있는 구역으로 남아 있다. 이곳의 매력은 대부분 고립에 기인한다. 즉, 플레장스는 멘 대로와 접하지 않고 도로 반대편으로 건너가는 것은 거의 불가능하다. 사블리에르, 플레장스, 페르네티 같이 가로로 난 거리의 건물들은 처음 지어졌을 때의, 회반죽으로 마감한 좁고, 낮고, 동일한 형태의 볼품없는 모습 그대로다. 테르모필레 거리의 집, 공방, 작은 정원, 등나무는 비교할 대상이 없을 정도로 심하게 훼손되었다. 이 거리에 테르모필레라는 이름이 붙은 것은 좁은 길이 테살리아 지방의 협곡 테르모필레를 떠올리게 했기 때문이다. 테르모필레 거리에서 아주 가까운 레오니다스 거리 역시 1970년대에 심하게 훼손됐다. 이 구역은 한때 마르셀 뒤아멜, 자크 프레베르, 이브 탕기, 레몽 크노 등 조용한 곳을 찾던 예술가들의 안식처였다. 샤토 거리 54번지는 1920년대에 블로메 거리, 퐁텐 거리와 더불어 초현실주의자들의 3대 거점이었다.[2] 1950년대에 알베르토 자코메티의 작업실이 이폴리트맹드롱 거리에 있었다. 수많은 사진가가 자코메티를 찍었지만 내가 가장 좋아하는 사진은 레인코트를 끌어올려 머리에까지 뒤집어 쓰고 비가 내리는 알레시아 거리를 걷고 있는 자코메티를 찍은 카르티에브레송의 작품이다.

---

1 Catherine Bruant, "Plaisance et les Thermopyles", *Montparnasse et le XIVe arrondissement*, Paris, Action artistique de la Ville de Paris, 2000. 베나르, 부아예, 바레 등은 이 구역 거리에 자신들의 이름을 남겼다. 이들은 개발 공사 범위를 동쪽까지 확장하는 데 성공했고, 디도, 플랑트, 이폴리트맹드롱 거리 등을 뚫었다.

2 샤토 거리 54번지는 리카르도 보필의 카탈로니아 광장의 기둥 아래 묻혀 사라졌다.

당페르로슈로와 14구

"대중교통 파업 기간에 우리는 좋든 싫든 간에 평소보다 훨씬 더 바짝 붙어 지내야 했다. (…) 이런 상황 덕분에 우리의 구가 커다란 도시에서 그 자체로 꽤 완벽하며 필요한 것을 대부분 갖춘 작은 도시를 이루고 있다는 사실을 깨달았다. 파리의 구에는 각각의 구청, 성당, 시장, 영화관 등이 있다. 내가 14구를 벗어나지 않고도 살 수 있다는 사실을 깨달은 것은 꽤 오래전이었다. (…) 운 좋게도 그때는 벨포르의 사자상 축제 기간이었고 우리는 놓치지 않고 구경을 갔다. 축제는 정말로 재미있었다. 사자상은 이 일대의 주민들에게 중요한 숭배의 대상으로 용맹성의 상징 같은 것이었다. 사자상은 앞발로 화살을 으스러뜨리고 있는데, 이는 아마 다양한 의미를 상징할 거였다." 이 글은 작가 앙리 칼레가 『콩바』에 1947년 10월 28일자로 기고한 글의 일부다. 앙리 칼레가 언급한 14구는 두 부분으로 나뉜다. 벨포르의 사자상 왼쪽은 쓸쓸하며 행정적인 구역이다. 오른쪽은 오를레앙 대로가 경계를 이루며 인구가 밀집되어 있는데, "당페르 거리 앞에는 우리의 노천시장이, 우리의 그랑 불바르가, 우리의 샹젤리제가, 우리의 브로드웨이가 있었다".[3] 정말 신기하게도 14구는 1945년 해방 이후에도 크게 변하지 않았다. "나는 다시 운행을 시작한 8번 버스를 탔다. 지금은 38번으로 바뀌었다. (…) 이 노선의 시작부터 끝까지 지나는 거리의 공기를 느끼며 유쾌한 여행을 했다. 옛날로 돌아간 듯했다. 벨포르의 사자상, 클로즈리 데 릴라스 카페, 막 돌아온 듯한 네 원수의 동상(현대의 군인들은 그에게 관심이 없다. 그는 시대에 뒤떨어진 군인일 뿐이다), 타르니에 병원, 뤽상부르 공원 등등."[4] 다게르 거리에서 방브 벼룩시장까지, 쇠라의 별장에서 코망되르, 알레, 뒤쿠에딕, 소피제르맹의 시골 티가 나는 거리까지, 앙리 칼레는 자신의 구역이라면 모르는 것이 없었다. 반 저수지와 그 저수지를 기적적으로 감싼 생이브, 고

3 Henri Calet, *Le Tout sur le tout*, op. cit.
4 Henri Calet, 같은 책.

1950년경의 38번 노선 버스. 작가 미상 사진.

게, 그리고 아르티스트 거리, 몽수리 공원, 낭수티 거리에 들어선 예술가들의 빌라, 시테 위니베르시테르, 이 모든 곳이 그의 거처였고, 심지어 그가 행복하게 삶을 마감했을 병원마저도 그의 거처였다. "이곳이 내가 있어야 할 장소라고 생각한다. 멘 대로의 조산원을 지나 타르니에 병원에서 라로슈푸코 병원까지는 15분이면 충분하다. 그런데 나는 이 길을 걷는 데 대략 40년이 걸렸다. 나는 한 안식처에서 다른 안식처로 옮겨 다니며 어슬렁거렸다. (…) 오를레앙 대로에서 늙다가 고통 없이 죽는 것은 마치 작별의 편지를 단순히 우체통에 넣는 것처럼 어쨌든 그리 불가능한 바람은 아니다."

13구 뷔토카유, 이탈리아 구역

매우 부르주아적인 포부르 생자크에서 확장된 주택가 14구는 대규모 개발을 피했다. 반대로 포부르 생마르소의 프롤레타리아 구역이 확장된 13구는 불도저로 벨빌 언덕을 정비하기도 전인 제2차 세계대전 이후 가장 먼저 불도저에 밀린 곳이었다. 1950년대부터 글라시에르 구역과 메종블랑슈의 정비가 시작됐다. 그다음 대상은 뱅상토리올 대로를 따라 넓게 펼쳐진 이탈리아 구역이었다. 오늘날엔 한때 뱃사람들과 창고 노동자들이 드나들었던 센 강변의 어두컴컴한 술집이 모두 철거되거나 자리를 떴다(여러 선착장 중에서도 가르 선착장에는 내 기억 속에 여전히 남아 있는 라 메종 루즈라는 술집이 있었는데, 다른 술집들이 모두 철거되거나 자리를 뜨는 와중에도 카루젤 광장의 낭트 저택처럼 아주 오랫동안 홀로 그 자리를 지켰다).

기존의 구조가 해체되며 산만하게 분산되어버린 13구에는 페플리에 광장(현재 아베에노크)처럼 무사히 살아남은 소구역과 광장으로부터 부채꼴로 퍼진 거리들이 남아 있다. 거리는 지붕이 뾰족한 작은 집들로 둘러싸여 있는데, 어떤 건물은 목재로 지어 골조가 드러나 있고, 어떤 건물은 벽돌로 지어졌다. 규칙적으로 배열되어 있긴 하지만 각각의 건물은 뛰어난 상상력을 보여주기도 한다. 13구의 아주 작은 구역 가운데 가장 널리 알려진 곳은 뷔토카유다. 블랑키 대로에서 출발해 계단을 올라 이 구역으로 갈 수 있는데, 계단의 이름은 매우 적절하게도 외젠 아제다. 또는 1920년대 루이 보니에가 만들고 아르투아 방식의 우물을 통해 물을 채운, 가우디의 작품이라고 해도 될 만한 수영장이 있는 폴베를렌 광장에서 출발해도 된다. 뷔토카유로 가는 또 다른 방법은 생트안 성당을 따라 올라가 코뮌드파리 광장으로 진입하는 것이다. 최근에 주목받는 식당들과 네오오스만 양식의 가로등이 있는 뷔토카유 구역 꼭대기는 플레장스처럼 차분하지 않다. 그러나 가파른 비탈길은 깔끔하게 포장되어 있고, 낮은 집과 정원이 늘어선 길들이 언덕 아래쪽으로 나 있어서 바로 거리, 마르탱베르나르 거리, 또는 인도차이나반도 정복 전쟁

오른쪽 페이지
1900년경의 뷔토카유 언덕의 콜로니 거리. 외젠 아제 사진, 파리, 국립도서관.

때 통킹에서 전사한 하사관의 이름을 딴 보비오 거리로 향할 수 있다.

이탈리아 구역은 파리의 주요 번화가인 차이나타운이 되면서 재앙을 피했다(이곳은 인도차이나반도타운이라 부르는 게 더 정확한데, 1970년대 이 구역에 정착한 첫 이민자 대부분이 남베트남의 보트피플이었기 때문이다. 현재 동남아시아에서 오는 이민자 대부분은 중국인과 디아스포라다). 이탈리아 구역의 경계는 톨비악 거리, 외곽 대로들, 이탈리아 대로, 나시오날 거리인데, 천천히 점진적으로 넓어지고 있다. 식당과 상점이 밀집해 있는 곳은 슈아지 대로와 이브리 대로가 만나는 지점이다. 뉴욕, 샌프란시스코 또는 싱가포르의 커다란 차이나타운과 다르게 건축이나 장식 같은 볼거리는 거의 없다. 흉한 고층 건물 단지가 너무 많이 들어서서 돌이킬 수 없을 정도가 되었기 때문이거나, 자신들을 받아준 프랑스의 환대에 예를 표하는 뜻으로 크게 눈에 띄지 않으려고 했기 때문일 것이다. 이곳의 이국 정서는 주민들에게서 비롯된다. 자신이 어디에 있는지 알고 싶지 않은 사람에게는 점원이 프랑스어를 못하고, 통조림, 비디오테이프, 채소, 형형색색 과자의 원산지를 확인하기가 거의 불가능한 변변찮은 슈퍼마켓보다 나은 곳은 없다.

센강 오른쪽

구불구불 흐르는 센강 강둑의 오른쪽 끝에서 다른 쪽 끝까지, 푸앵 뒤 주르에서 베르시까지 둥글게 모여 있는 옛 마을들은 파리를 통틀어 가장 대조적인 장소다. 오퇴유의 작은 마을에서 벨빌 언덕의 주택 단지로, 라넬라그에서 구트도르로 가는 것은 다른 행성으로 가는 것과 마찬가지다. 1980년대에 파리에 정착한 폴란드 사진작가 크리스토프 프루스콥스키는 얼굴 시리즈를 찍었는데, 사진을 한 장씩 따

빅토르 다르고, 「포르튀네 거리의 발자크 저택La Maison de Balzac, rue Fortunée」, 1899년. 나무에 그린 유화, 파리, 발자크 박물관. 포르튀네 거리는 오늘날의 발자크 거리다.

로 전시하지 않고 전체를 겹쳐 놓았다. 그는 이 모호한 이미지에서 보는 사람을 당황케 하는 인상을 뽑아냈다. 그리고 지하철 '일등칸에 탄 승객 100명'의 얼굴을 겹쳐 하나의 초상을 만들고, '이등칸에 탄 승객 100명'의 얼굴을 겹쳐 또 다른 초상을 만들었다. 이 두 장의 초상은 라바테르의 인상학에 따라 상류층과 하류층 얼굴의 형태적 차이를 밝혀줄 지도 모른다. 이렇게 모차르트 대로에서 100명, 바놀레 거리에서 100명의 얼굴을 종합하면 아마도 사람들을 상당히 불편하게 하는 몽타주 사진을 얻을 수 있을 것이다.

동쪽과 서쪽 마을의 대비는 실제로 그리 오래되지 않았다. 19세기 초의 그곳에는 온통 포도밭, 방목장, 풍차, 수도원, 영주의 저택뿐이었다. 산업 혁명, 파리 코뮌, 외국인 노동자의 유입, 레지스탕스, 1960년대의 대대적인 정비 작업을 거치며, 이 각각의 단계는 아름다운 구역과 그렇지 않은 구역 사이의 틈을 벌렸다. 도시 재정비나 미화라는 명목으로 자행되는 이 파괴의 정비 작업을 계획하고, 결정하고, 돈을 투자한 사람들은 자신들이 사는 구역에는 그러한 파괴 행위가 없도록 유의했다.[1] 파시와 오퇴유의 아름다운 건축물들은 그대로 보존되었는데, 르 코르뷔지에가 살았고 작업했던 뉭제세르에콜리 거리의 건물도 다행히 일절 손상되지 않았다. 아테네 헌장을 신봉하는 사람들은 이곳에서 최대한 멀리 떨어진 페트 광장, 플랑드르 대로, 모르티에 대로 쪽에 건물을 지었다.

파시와 오퇴유

보지라르와 그르넬 또는 벨빌과 메닐몽탕처럼 파시와 오퇴유는 오늘날의 관점에서 보면 마치 오래전부터 만들어진 한 쌍처럼 보인다. 두 구역의 고유한 특성은 '16구'의 통일성 속에 녹아들었다. 파리의 20개 구 가운데 가장 많은 의미가 담긴 16구는 『피가로』의 구독자, 미션 스쿨, 한가로운 작은 촌락, 그리고 아르누보와 아르데코 걸작의 세계를 동시에 떠올리게 한다. 이곳이 항상 이렇지는 않았다. 20세기 초까지만 해도 여전히 우아한 파시와 시골 같은 오퇴유가 명확히 구분되었다. "오퇴유 구역은 몽모랑시 대로, 센 강가의 선착장, 고가교, 식당 무통블랑과 더불

1 물론 1960년대부터 1980년대까지는 이 아름다운 구역에도 흉물스러운 건물이 세워지기도 했지만 대체로 거리의 선과 주변 건물의 크기를 고려해 지어진 것들이었다. 게다가 양질의 재료를 썼다.

알보니 거리. 전경은 파시 지하철역. 작가 미상 사진, 파리, 국립도서관.

어 파시의 시골 같았다. 역사적으로 주목할 만한 무통블랑은 라 퐁텐, 몰리에르, 라신의 약속 장소였다. 에티엔마르셀 거리 주민들이 일요일마다 교외의 브뤼노이에 가듯이 파시의 주민들은 오퇴유에 갔다."[1] 파시와 오퇴유의 경계는 예나 지

---

1 Fargue, *Le Piéton de Paris*, op. cit. 자크에밀 블랑슈의 『회화에 대하여à Propos de peintres』의 서문에서 프루스트는 이렇게 썼다. "내 부모님은 오퇴유에서 봄과 여름의 시작을 보냈고 자크에밀 블랑슈는 그곳에서 1년을 보냈다. 나는 아침마다 초상화 포즈를 취하기 위해 그곳으로 갔다."

금이나 아송시옹 거리와 라넬라그 거리의 평행선으로 구분된다. 이 두 거리에서 파시 언덕은 오퇴유 평야와 만난다. 자크에밀 블랑슈에 따르면 "두 코뮌의 경계는 불랭빌리에 거리와 가까운 레누아르 거리와 라넬라그 거리 교차점의 아래쪽이다. 불랭빌리에 거리 끝에는 파시 공원이 있다".[2] 이 경계에는 현재 라디오 방송국이 자리한다.

파시의 아름다움은 프랑클랭 거리와 레누아르 거리를 통해 파시성의 옛 정원을 가로질러 센강으로 내려가는 트로카데로 광장의 긴 내리막길에 있다. 내리막길에는 전통적으로 화려한 고가품 상점들이 있었다. 파시성이 루이 14세의 재무담당관이었던 사뮈엘 베르나르 소유였을 당시에는 오렌지나무 온실, 크리스털 온실, 금색 철장의 새 사육장, 초록으로 뒤덮인 동굴, 조각으로 장식된 테라스가 있었다. 18세기에 총괄징세청부인인 라 푸플리니에르는 파시성에서 루소, 라모, 샤르댕과 피갈을, 마드무아젤 클레롱과 리슐리외 원수를, 발자크를 맞이했다. 작곡가 장필리프 라모는 이곳에서 그의 작품 「이폴리트와 아리시Hippolyte et Aricie」를 공연했다. 발자크는 자신의 폴란드 연인에게 어울리는 저택을 찾다가 1854년 9월 7일 그녀에게 편지를 썼다. "프랑클랭 거리가 있는데, 우리가 꽤 자주 올랐던 가파른 언덕 아래에 있는 거리입니다. (…) 튼튼하게 지은 멋진 저택이 파시 전체와 파리를 굽어보는 언덕 꼭대기에 자리 잡고 있습니다. (…) 감탄을 자아내는 경관에 둘러싸여 있죠. 파리의 아름다운 풍광이, 그리고 센강 풍경이 한 눈에 들어옵니다."[3] 강 쪽을 향해 난 이 전망은 지금도 레누아르 거리의 건물 테라스에서 볼 수 있다. 이 거리에는 퍼걸러, 동상, 분수, 1930년대에 유행했던 방식으로 가로등

---

2 Jacques - Émile Blanche, "Passy", *Visages de Paris*, Paris, Éditions Pierre Laffite, 1927.

3 폴두메 거리 끝자락에 있던 이 저택을 발자크가 실제로 살았던 레누아르 거리의 저택과 혼동해서는 안 된다. 발자크는 『인간 희극』 속 경찰 코랑탱의 집을 자신의 저택에서 멀지 않은 곳으로 설정했다. 코랑탱은 "정원 가꾸기에 열정인 도매상으로 통했고", 그의 집에서 멀지 않은 곳에 "비뉴 거리의 파시에서 가장 아름답고 한적한 장소들이 있었다". Balzac, *Splendeurs et Misères des courtisanes*.

에 꽃을 매단 화단으로 꾸민 화려한 정원이 있다. 알보니 거리는 마로니에와 장미에 푹 파묻힌 파시역을 굽어보고 있다. 파시역의 철로는 모퉁이에 있는 건물의 둥근 지붕 사이에서 비르아켐 다리 쪽으로 멀어지는데, 그 다리는 「파리에서의 마지막 탱고Le Dernier Tango à Paris」 덕분에 유명해진 다리다. 그보다 아래쪽에는 오Eaux 통행로의 계단을 둘러싼 창문 없는 높다란 건물 벽이 있으며, 그 옆이 발자크의 집이다. 발자크 저택의 정문은 레누아르 거리에 있지만 그보다 훨씬 더 아래쪽에 있는 출구는 아제 시대와 아폴리네르 시대 이래 거의 변하지 않은 베르통 거리로 나 있다. "베르통 거리가 가장 아름다울 때인 동트기 직전, 이곳을 지나는 사람들은 멋진 공연을 여는 티티새의 아름다운 지저귐을 듣는다. 수많은 새도 자신들만의 소리로 티티새의 공연에 참여한다. 제2차 세계대전 이전에는 아직 전기등으로 교체되지 않은 몇몇 석유 가로등의 어슴푸레한 불꽃이 깜박였다."[1] 바로 그 근처에 터키 대사관이 랑발 대공부인과 로죙의 저택이 있던 자리를 차지하고 있었다. 네르발을 치료한 에스프리실베스트르 블랑슈의 아들이자 자크 에밀의 아버지인 에밀 블랑슈는 자신의 요양원에 베를리오즈, 리스트, 구노, 로시니, 들라크루아와 그 밖의 많은 사람을 받아들였다.

파시에는 이 매력적인 언덕 외에도 볼거리가 많다. 1825년에 엘리제샤를 10세라고 명명한 구역이 새로 개발되어 북쪽 평야에, 훗날 빅토르 위고 광장이 되는 원형 교차로 주위에 건설되었다. 새 구역은 넓은 정방형의 땅으로, 현재의 경계는 그랑드아르메 대로, 클레베 대로, 롱샹 거리, 그리고 스퐁티니 거리와 페르골레즈 거리다.[2] 샤요, 파시, 그리고 라 뮈에트와 겹치는 16구의 북쪽이 확장되면서 파시라고 불리게 됐지만, 그곳의 주민은 본래의 이름을 잊지 않았다. "셰페르 거리, 트로

1 Guillaume Apollinaire, *Le Flâneur des deux rives*, Éditions de la Sirène, Paris, 1918.

2 오스만은 이 정방형의 땅을 가로질러 불로뉴 숲 쪽으로 평행하게 이어지는 두 개의 도로를 냈다. 두 도로는 앵페라트리스 대로(현재 포슈)와 앙프뢰르 대로로 현재는 프레지당윌송, 조르주망델, 앙리마르탱 대로로 나뉜다.

카데로 공동묘지, 앙리마르탱 대로의 짝수 번지, 더 나아가 라마르틴 광장 너머에 살던 주민들은 파시에 속하게 되었다고 좋아했지만, 사람들은 그들을 비웃었다. 그들만의 착각이었다. 소심하고 한 곳에 오래 정착해 사는 파시의 독특하고, 다른 곳과 비교할 수 없는 진짜 부르주아들은 옛 마을의 특색을 잃은 이곳을 떠났다. 이곳의 부르주아들은 서민들이 사는 도핀 문 너머, 녹음이 아름드리 우거진 북쪽 지역을 외면하고 싶었다. 이곳에서 「조슬린Jocelyn」의 시인은 자신의 별장에서 명상을 즐겼고, 쥘 자냉은 삶의 마지막 시간을 보냈다."[3]

파시는 19세기 말에 이미 완전히 개발되어 새로운 건축물이 들어설 공간이 거의 남아 있지 않았다.[4] "불로뉴 숲과 베르사유 도로 사이, 1040명이 사는 방벽에서 30분 거리에 있는 아름다운 마을"[5] 오퇴유는 파시와 달랐다. 물론 1830년대에 부알로와 불랭빌리에가 작은 마을을 개발해 휴양 별장이 늘어나기는 했지만, 1868년 공쿠르 형제가 몽모랑시 대로에 정착했을 당시만 해도 그곳은 시골이었다. 공쿠르 형제는 9월 16일 『일기』에 "아직 꿈꾸고 있는 것 같다. 두 개의 살롱이 있는 이 멋진 저택이 우리 집이라니. 햇빛으로 반짝이는 나뭇잎들, 하늘을 향해 뻗어 있는 나무, 한 뼘의 땅, 그 위를 지나가는 새들, 이 모든 것이 꿈만 같다"[6]라고 썼다.

오퇴유는 파리에 통합될 당시 오퇴유 거리, 몰리에르 거리(현재 레뮈자), 그리고 파시와 연결된 퐁텐 거리까지 세 개의 거리만 있었다. 빈터가 있고 자본이 투입되었기에 이곳에는 1890년대에서 1930년대까지 파리의 아르누보와 아르데코 걸

---

3 Jacques - Émile Blanche, "Passy", op. cit.

4 파시에 새로 들어선 건물 중에는 프랑클랭 거리 25 - 1번지의 페레 건물과 메닐 거리의 말레스테방스 소방서가 유명하다.

5 Henri Auguste Richard, *Le Véritable Conducteur parisien*, Paris, 1828.

6 공쿠르가 살았던 저택은 지금도 몽모랑시 대로 67번지에 있다. 현재는 공쿠르 아카데미 본부로 쓰이고 있다.

오른쪽 페이지

로베르 말레스테뱅스가 1930년경 말레스테뱅스 거리에 설계한 저택. 사진을 바탕으로 작업한 석판화, 파리, 장식미술 도서관.

작들이 지어졌고 오늘날 단체 관람객들이 이곳을 방문한다. 예를 들면 자스맹 지하철역에서 아주 가까운 앙리엔느 거리 18번지에는 1930년에 지어진 기마르의 후기작 건물이 있다. 기마르가 설계한 유명한 건물 중 나는 이 건물을 가장 좋아한다. 1, 2층의 S자 곡선과 그 위에 적용된 '모더니즘'의 대비가 그의 작품에선 좀처럼 볼 수 없는 긴장감을 만들어내기 때문이다. 과거 영광을 누렸던 연로한 건축가에게서 느껴지는 이런 의아함 속에는 가슴을 뭉클하게 하는 무엇인가가 있다. 이곳에서 두 발짝 떨어진 도크퇴르블랑슈 거리에는 르 코르뷔지에가 설계한 빌라 두 채가 있고 말레스테방스 거리에는 상어 가죽을 흉내 낸 재료로 건물 정면을 장식한 파투의 예술가 공방 건물이 있는데 긴스베르크의 콘크리트 10층 건물과 파리에서 독특한 앙상블을 이룬다. 한편 반 도에스부르크와 반 에스테렌이 공동 설계하고 말레비치가 디자인에 참여한 말레스테뱅스 거리 5번지의 건물은 건축 잡지 『드 스틸』에 소개되기도 했다. 그곳에서 멀지 않은 라 퐁텐 거리 65번지에 있는, 회색과 금색 세라믹으로 장식한 앙리 소바주의 스튜디오 건물은 예술가 레지던스 겸 공방이다. 아래로 내려가 베르사유 대로 42번지에 있는 긴스베르크의 건물은 브루털리즘이 등장하기 훨씬 이전에 등장한 '브루털리스트' 작품으로 여겨진다. 건물 모퉁이는 유리를 끼워 반원으로 처리했는데, 이 반원 모퉁이의 처마는 건물 입구에 곡선 효과를 준다. 그러나 1930년대 말부터는 오퇴유에 독창적인 건축물들이 들어서지 않았다. 부유한 투자자들과 교양 있는 사람들의 시대가 끝났기 때문이다. '사람들의 눈길을 끌려는' 부동산 업자들은 그때부터 평범하고, 말 잘 듣고, 언제든지 대체 가능한 건축가들과 손잡았다.

세계적으로 유명한 프랑스 자동차 상표가 열 개가 넘어가던 시절에 그랑드 아르메 대로는 자동차에 특화되어 있었다.[1●] 현재는 오토바이 판매점이 주를 이

ROB. MALLET-STEVENS

에두아르 마네, 「식당 페르 라튀유에서Chez le père Lathuille」, 1879년. 유화, 벨기에 투르나이 미술관. 식탁에 앉아 있는 두 모델은 식당 주인의 아들과 여배우 엘랑 앙드레다.

룬다. 한편 이 거리는 16구와 17구를 나누는 행정적 경계일 뿐만 아니라 사회학적 경계이기도 하다. 포슈 대로, 벨퇴유 거리, 뷔조 대로가 있는 남쪽은 다양한 나라의 부르주아지, 대기업 본사, 각국 대사관 거리다. 아카시아 거리, 콜로넬몰 거리, 생페르디낭 광장이 있는 북쪽은 훨씬 다양한 계층의 주민이 모여 산다.[2]

쿠르셀 거리를 지나면 17구가 시작된다. 이곳은 몽소 평야를 따라 파리의 외곽으로, 아름답게 정돈된 와그램 광장으로, 육중한 건물들이 늘어선 페레르 대로로 이어진다. 페레르 대로는 현재는 꽃으로 꾸민 산책로가 된, 과거 파리 환상선 철로와 마주하고 있다. 동쪽으로 계속 가면 우울하고 단조로운 바티뇰 구역으로 접어들게 된다. 이곳의 진짜 특성은 생라자르역 철도 주변에서 볼 수 있는데, 기차역과 함께 조성된 구역에서 보여지는 일반적인 특성이다. 클리시 대로와 스피바티뇰 대로에 있는 에펠의 공장과 경쟁 관계였던 바티뇰의 공장들은 그르넬에 있는 카유 공장과 더불어 프랑스에서 기관차를 생산한 최초의 공장이었다. 롤랭 중학교에서 말라르메의 제자였던 레옹폴 파르그는 훗날 마르디 모임(말라르메가 매주 화요일 자신의 집에서 열었던 문학 모임)에 초대되어 갔던 일을 다음과 같이 묘사했다. "말라르메가 고른 저택은 철로의 울타리와 입구에서 먼지를 가득 내뿜는 바티뇰 거리의 터널과 마주한 탓에 문제가 많았다."[3] 철로 다른 쪽의 부르소 거리에는 모파상이 쓴 『벨아미Bel-Ami』의 조르주 뒤루아가 살았다. "6층에서 내려다보면 바티뇰역과 가까운 터널 출구 바로 위에 넓게 펴진 서쪽 철로들이 마치 깊은 수렁과도 같았다. (…) 밤이면 길고 짧은 기적 소리가 끊임없이 울렸다. 때로는 아주 가까이에서, 때로는 들릴락 말락하게 저 멀리 아스니에르 근처에서부터 울렸다."[4] 취향

1● 그 시절을 모르는 사람들을 위해 정리해보면, 자동차 제조 공장으로는 호치키스, 팡아르, 르바소르(공장들은 13구에 있었다), 탈보, 로장가르, 살송, 뷔가티, 들라헤, 생카, 들라주 등이 있었다. 그 이전에는 부아쟁, 드 디옹부통, 이스파노쉬자도 있었다. 아스니에르 문 맞은편의 르발루아페레는 파리 교외의 정비소, 차고, 중고 자동차 판매점이 모여 있는 지역이었다.

2 "우리가 살던 거리 아래쪽 광장에는 세르폴레 동상이 있다. 아름다운 석조 기념물이다. 산들바람이 오토바이 바람막이 창을 때리자 속도감이 느껴진다. 한 쌍의 남녀가 동상에게 인사를 한다. 세르폴레는 포토푀의 거품을 걷어내다가 영감을 얻어 즉석 증기 보일러를 구상했고, 파리에서 생제르맹까지 처음으로 삼륜 증기 오토바이를 타고 횡단한 인물이기도 하다. 수염을 기르고 빳빳하게 풀 먹인 와이셔츠를 입은 한 남자가 급하게 오토바이 앞으로 뛰어갔다. 돌진하는 차량은 이미 운전사의 통제를 벗어나는 바람에 그는 차에 치여 으스러질 뻔했다." Calet, *Le Tout sur le tout*, op. cit.

3 Fargue, *Refuges*, op. cit. 바티뇰의 이 유명한 터널은 터널 안에서 기차 한 대가 불에 탄 이후 철거되어 1920년대에 숲길이 되었다.

4 『벨아미』를 쓸 당시 모파상은 뒬롱 거리에서 두 발짝 떨어진 거리에 살았다.

은 변한다. 사람들은 펠레르 대로 끝자락의 곡선부, 바티뇰역 때문에 확장된 우에스트의 넓은 철로, 카르디네 다리의 지하철역으로 이루어진 풍경을 예전보다 훨씬 더 감탄하며 바라본다. 카르디네 지하철역의 뾰족한 아치형 지붕과 모자이크 장식은 오토 바그너와 바티뇰 광장의 밤나무를 떠오르게 한다.

바티뇰

바티뇰의 옛 코뮌은 클리시 대로의 동쪽을 따라 카발로티 거리와 포레스트 거리까지 이어져 로트레크이 자주 찾았던 경마장으로까지 작은 구역을 형성했다. 경마장은 훗날 영화계의 중요한 전당이 되는 고몽팔라스 영화관이 되었다가 결국에는 이비스 호텔과 카스토라마 상점의 자리가 됐다. 이 구역은 몇 년간 정비가 되지 않아 전체적으로 구불구불했다. 거리는 포장되지 않았고, 판잣집들이 늘어서 있었고, 함석으로 지은 창고와 나무판이 쌓여 있어 안마당은 포화 상태였다. 부이그, 코프먼, 브로드 그리고 그 외 건설업자들이 이런 혼란스러운 모습을 정비했고 이곳에서 얻은 좋은 결과를 바탕으로 다른 곳에서도 똑같은 방법을 적용했다.

클리시

라튀유 통행로와 데팡스 골목길은 클리시 대로의 단 몇 미터 구간에서 맞이한 영광스러웠던 두 시기를 상기시킨다. 나뭇잎으로 뒤덮인 정자 아래의 유혹을 표현한 「식당 페르 라튀유에서」를 그리기 위해 마네는 식당 주인의 아들 루이와 여배우 엘랑 앙드레를 모델로 삼았다. 같은 거리에 있던 카페 게르부아는 당시 사람들이 바티뇰 그룹이라고 불렀던 친구들의 약속 장소였다.[1] 아주 오래전에 대단히 극적인 사건이 페르 라튀유에서 일어났다. 1814년 3월 30일 러시아 기병에 맞서 클리시 방벽의 방어를 맡은 것은 몽세 사령부였다. "군인들의 이탈에도 파리는 기꺼이, 열정적으로, 부르주아와 민중이, 아이들과 노인이, 진정으로 결연한 의지로 죽을 때까지 싸울 준비가 되어 있었다. 나의 부모 세대는 경박한 도시가 전쟁터로 탈바꿈한 이 시절을 기억하고 있다. 여자들은 부상자를 치료할 붕대를 만들었고, 전투에 참여할 수 없는 사람들은 고향에 쳐들어온 침략자들을 무찌를 탄환을 주조했다. 비록 패배했지만 명예로운 그날의 이야기를 들으면서 나는 억압을 증오하게 되었다."[2] 이 낯선 전투는 클리시 광장 중심에 있는 몽세의 기념물과 좁다란 데팡스 골목길을 제외하고는 완전히 잊혔다. 사실 전투는 1792년에 시작해 1814년, 그리고 1871년을 거쳐 1940~1944년에 끝난 연속적인 사건으로 적과 협상을 하거나 적에게 항복할 준비가 된 '엘리트 지도층'과 영원히 항거하는 파리 시민 사이의 극단적인 대립을 보여준다.

몽마르트르

1860년에 파리로 편입된 모든 마을 가운데 몽마르트르는 오래전부터 파리의 삶과 연결되어 있으면서도 가장 독립적인 구역이다. 몽마르트르는 파리 중심에서 가장 오래되고 가장 중요한 거리로, 같은 이름의 거리가 있는 유일한 구역이다. 몽마르트르 거리는 레 알과 생퇴스타슈 성당 뒤편까지 뻗어 있다. 몽마르트르의 수도원들은 파리 성벽까지 아우르는 광대한 토지를 소유했다. 파리 9구 비탈길의 거리 이름은 수도원장들의 이름에서 따온 것으로, 루이즈에밀리 드 라 투르 도베르뉴, 마리 드 벨퐁, 카트린 드 라 로슈푸코, 마르게리트 드 로슈슈아르라 불렸다.

---

1 식당 페르 라튀유는 클리시 대로 7번지에, 카페 게르부아는 9번지(현재 시네마 데 시네아스트 영화관)에 있었다.

2 Delvau, *Histoire anecdotique des barrières de Paris*, op. cit.

한편 지하철역 이름에서 가장 낯선 조합은 아르망 바르베스로, 그는 고귀한 귀족이면서 직업 혁명가였다.[1]

몽마르트르라는 이름은 파리의 구역들 중에서도 매우 다양한 의미를 내포한다. 토속적인 시골 사람들의 몽마르트르는 '자유로운 코뮌', 삽화가 프랑시스크 풀보의 몽마르트르, 포도 수확 축제의 몽마르트르로, 이들은 관광객들의 몽마르트르를 덮어버리지 않고 그들과 교차한다. 그 중심에는 사크레쾨르 성당과 테르트르 광장이 있다. 몽마르트르의 전성기는 수없이 많이 회자되었는데, 거기에는 배경(갈레트, 라팽아질, 바토라부아르의 풍차들)과 주인공(브뤼앙, 아폴리네르, 피카소), 연대기 작가(카르코, 도르즐레, 마코를랑, 살몽), 화가(드가, 반 고흐, 로트레크, 가엾은 우트리요)가 등장한다. 혁명의 몽마르트르도 있다. 상징적인 인물은 루이 미셸이다. 루이는 우동 거리에 있는 학교 선생으로 쇼세 드 클리냥쿠르 거리 41번지에 있는 감시 위원회를 이끌었다. 루이 미셸에 대해서는 뒤에서 자세히 이야기할 것이다. 그리고 루이 카발리에의 저서 제목을 빌려 말하자면, 쾌락과 범죄의 몽마르트도 있다. 뮌헨 협정 몇 주 전인 1938년 7월 21일 『데텍티브』는 1면을 다음과 같이 뽑았다. "라모르의 비극에서 칸의 복수까지." 이 기사는 포아타 일가와 스테파니 일가의 끝없는 증오를 담은 르포타주였다. 피갈의 코르시카 조직, 피에로 르 푸 조직처럼 1950년대까지도 상당히 활발했던 몽마르트르의 범죄 조직들은 장피에르 멜빌의 「도박사 봅Bob Le Flambeur」과 같이 파리의 어두운 세계를 잘 그려낸 영화들 속에서 재현되곤 한다.

곳곳에 이런 다양한 모습들이 연속된 지층처럼 쌓여 오늘에 이르면서 우리의 희미한 기억 속에 녹아들었고, 몽마르트르가 쇠락했음에도 여전히 빛나고 있다. 반원 형태의 피갈 광장에 있는 분수는 몽마르트르의 방벽을 위해 르두가 세운 건

1 투르 데 담은 수도원의 탑 형태와 비슷한 비둘기장이었다.

1955년의 피갈. 장피에르 멜빌의 「도박사 봅」 촬영 현장 사진.

물이 있던 자리를 차지하고 있다. 카페 옴니버스와 67번 버스의 출발점은 피갈에서 레 알의 포도주 도매상을 잇는 유명한 노선을 떠오르게 한다. 1860년대에 델보는 이렇게 썼다. "브레다 구역에서 온 문인들과 삼류 화가들의 만남의 장소인 카페 누벨아테네와 피갈 광장의 카페, 두 곳의 맥주 성전은 성벽 철거로 넓어진 피갈 광장에서 서로 마주보고 경쟁을 한다." 매주 일요일 아침이면 분수 근처에서 화가의 모델들을 상대로 한 전람회가 열렸다. "금빛으로 장식한 옷을 입고 손

왼쪽 페이지
에드가르 드가, 「압생트」, 1875년, 캔버스에 유화, 파리, 오르세 미술관.

에는 탬버린을 든 이탈리아 소녀들이 분수 주변을 어슬렁거리며 늙은 화가가 모델을 서 달라고 요청하기를 기다렸다."[1] 인상파 화가들은 게르부아에서 누벨아테네로 자리를 옮겼다. 이 카페들은 이 구역의 역사이자 예술사의 한 장을 장식했다. 이곳의 단골인 조지 무어는 드가의 작품 「압생트L'Absinthe」를 영국 관람객에게 다음과 같이 설명했다. "이 작품은 카페 누벨아테네에 앉아 있는 드부탱을 그린 것입니다. 드부탱은 자신의 화실에서 내려와 아침을 먹으러 카페에 왔습니다. 파이프를 피운 뒤 화실로 돌아갔습니다. (…) 이 늙은 보헤미안의 얼굴을 찬찬히 보세요. 제가 평생 알고 있던, 그러나 이 작품을 보기 전까지는 제게 한 번도 존재한 적이 없는 사람입니다. (…) 옆에 앉아 있는 여자는 새벽 2시까지 카페 엘리제몽마르트르에 있다가 라모르에 가서 양배추 수프를 먹었습니다. 11시 30분 전에는 카페를 떠나지 않았습니다. 그녀는 지저분한 속치마를 칭칭 감았습니다. (…) 그리고 아침을 먹기 전에 압생트 한 잔을 마시러 카페로 내려갑니다."[2]

19세기 말까지 피갈은 밤에도 평온했다. "라모르에는 아나키스트들과 권위주의자들, 예술가들과 증권사 거래인들, 문인들과 사업가들이 나란히 드나들었다. 커피를 마시고, 마지막 맥주 한 잔을 털어 넣고서는 '봉수아'라고 저녁 인사를 하고는 각자 갈 길을 갔다. 그러면 부인들이 빈자리를 차지하고는 그때까지 남아 있던 남자들을 비웃었다."[3]

상황이 나빠지고, '뒷골목 조직'이 광장을 장악한 때는 제1, 2차 세계대전 사이

---

1 Daniel Halévy, *Pays parisiens*, op. cit.

2 *Modern Painting*, Londres, 1893. Gérard - Georges Lemaire의 번역으로 *L'Ennemi, Paris*, Christian Bourgois, 1990에 실림. 라모르는 쿠르베, 발레스, 마네를 비롯한 여러 예술가들이 드나든 술집이었다. 마네는 누벨아테네에서 조지 무어의 초상화를 그렸다. 라모르는 현재 피갈 광장 7번지에, 누벨아테네는 9번지에 있었다.

3 살리스의 친구이자 라모르의 주인 구도. *Le Courrier français*, 1886년 10월 24일자. Louis Chevalier, *Montmartre du plaisir et du crime*, op. cit에서 인용

였다. 에디트 피아프는 열여덟 살이 된 1930년경 피갈에서의 생활을 다음과 같이 이야기했다. "나는 거리에서 노래를 부르는 동안 비싼 목걸이와 반지로 치장하고 잘 차려입은 여자들이 드나드는 무도장을 눈여겨봤다가 저녁이 되면 알베르에게 보고했다. 매주 토요일 저녁과 일요일이면 알베르는 옷을 빼입고 내가 알려준 무도장으로 갔다. 알베르는 잘생겼고 자신감이 넘쳐서, 부인 하나를 꾀는 데 실패하는 법이 없었다. 그는 어둡고 인적이 드문 막다른 골목길 르메르시에로 그녀들을 데려가 목걸이, 반지, 돈을 빼앗았다. 누벨아테네에서 알베르를 기다렸다. 알베르는 내게 밤새도록 샴페인을 사줬다."[1] 이 모든 추억이 현재의 피갈과 프로쇼 대로, 겔마 골목길처럼 피갈과 이를 둘러싼 배경에 남아 있다. 보들레르가 『1859년 살롱 Salon de 1859』에 썼듯이 광택을 잃은 매력 없고 쓸쓸한 광장은 "삶의 고난과 영광 속에서 나이 들고 늙어간다".

몽마르트르 언덕의 남쪽 클리시 대로와 로슈슈아르 대로, 북쪽 콜랭쿠르 거리와 퀴스틴 거리에는 최고와 최악이 복잡하게 얽혀 있다. 다른 곳보다 더 좋기도, 더 나쁘기도 한 것이다. 너무나도 독특한 지형, 절벽, 작은 협곡, 골짜기, 채석장(이 중 한 채석장은 몽마르트르 공동묘지가 된다)은 몽마르트르 언덕을 아주 작은 장소들로 잘게 나누었다. 잘게 나뉜 장소들은 구불구불한 길과 계단으로 갈라지고, 이어지고, 교차한다. 최악을 마주치고 싶지 않아서, 떠들썩한 무리와 수많은 관광버스가 싫어서 많은 파리 사람은 몽마르트르를 기피한다. 그런 파리 사람들은 자신이 무엇을 놓치고 있는지 모른다. 그들이 잃어버린 것은 무엇보다도 언덕을 오르는 즐거움이다. 수녀원장의 시대에 몽마르트르의 포도밭과 풍차를 지나 몽마르트르 언덕 정상에 올라가는 경로는 파리 쪽 비외슈맹(현재 라비냥)과 생드니 쪽 프로세시옹(현재 몽스니) 두 곳밖에 없었다. 오늘날에는 구불구불한 슈발리에드라바르 거

1 Louis Chevalier, 같은 책에서 인용.

리 등 언덕을 오를 다양한 경로가 있지만 말이다. 예전에는 무도장과 이웃한, 엘리제데보자르라는 멋진 이름으로 불린 앙드레앙투안 거리를 거쳐서 오를 수도 있었는데, 이 거리는 마리아 말리브랑 저택 앞을 지나 피갈 광장에서 아베스 거리로 이어진다. 오르샹 거리의 공방과 정원으로 이어지는 지라르동 거리의 계단은 콩스탕탱페케르 광장에서 바토라부아 거리로 연결된다. 맑은 겨울날 아침 언덕 정상에 오르면 몽마르트르의 정수 그 자체인 작은 광장을 만난다. 광장 주변의 코르토, 솔, 아브뢰부아르 거리, 그리고 로즈 저택, 네르발의 추억이 깃든 브루야르 오솔길[2], 포도밭, 생뱅상 공동묘지, 카페 라팽아질, 쥐노 대로의 멋진 곡선까지 이렇게 눈부신 풍경에 어찌 감동하지 않을 수 있겠는가? 그리고 몽마르트르에 관한 이야기를 끝맺기 전에 묻고 싶은 것이 있다. 어째서 몽마르트르의 즐거움을 외면하는가. 문학, 영화, 사진은 슈발리에드라바르 거리에서 출발해 몽마르트르 공동묘지의 스탕달 무덤 앞에서 끝나는 행복한 산책을 절대 재현하지 못한다는 걸 어째서 인정하지 않는가?

클리냥쿠르

콜랭쿠르 거리와 퀴스틴 거리에서 몽마르트르 언덕은 마르카데 거리까지 가파르게 하강하다가 파리의 가장자리인 네Ney 대로까지는 완만하게 하강한다. 이 내리막의 끝은 몽마르트르에서 멀리 떨어진 외딴 지역이다. 예를 들면 라마르크콜랭쿠르 지하철역을 나서면 마치 허공에 던져진 것 같은 느낌을 받게 된다. 또 다른 곳은 쥘조프랭 광장으로, 파리에서 구청과 성당이 마주보는 유일한 곳이다.[1•]

---

2 브루이야르성의 커다란 나무에 둘러싸인 작은 오솔길에 남아 있는 포도나무를 보고 나는 감동했다. (…) 그리고 밤이 되면 근처 수조에서 말과 개를 씻기는 사람들로 활기가 넘쳤다. 고대 양식으로 지어진 분수대에서는 여자들이 베르테르의 첫 장에 등장하는 한 장면에서처럼 수다를 떨고, 노래를 불렀다. Gérard de Nerval, *Promenades et Souvenirs*, L'Illustration, 1854년 12월 30일과 1855년 2월 3일 두 번에 걸쳐 게재.

18구 북쪽 구역의 중심은 과거 작은 공장과 수공업자들의 구역이었던 콜랭쿠르다. "이 오래된 구역에는 1860년에 증류주 제조업자, 활자 주조공, 기계식 목재상, 침구류 청소업자가 살았다. 이냐스 플레옐의 목재 창고와 제재소는 클리냥쿠르에 있었다. 이냐스 플레옐의 피아노는 에라르의 피아노와 경쟁 관계였다."[2] 같은 시기에 어느 화창한 봄날 오후 제르미니 라세르퇴와 그의 연인은 "쇼세 클리냥쿠르로 올라가 집들이 양옆으로 늘어서 있고 하늘과 맞닿은 지평선 끝 포장길을 따라 언덕 정상을 향해 걸었다. 샤토 루즈에서 그들은 처음으로 나무를 보았다. (…) 멀리 들판이 펼쳐졌다. 저녁 일곱 시의 들판은 빛에 반사되어 반짝이는 먼지 속에서 어렴풋이 반짝였다. 그들은 언덕을 내려와 돌 차기 놀이를 하며 더러워진 포장도로를 따라 걸었다. 도로 양옆으로는 담장이 이어졌고, 담장 위로 나뭇가지가 삐죽 나와 있었다. 정원 딸린 집은 일정한 간격을 두고 떨어져 있었다. (…) 내리막길이 끝나자 포장도로도 끊어졌다. 그곳이 파리의 끝이었다. 파리와 맞닿은 교외 지역의 땅은 바짝 말라 있었고, 지력은 소진되었고, 들판에는 굴 껍데기가 널려 있었다. (…) 곧 녹색 말뚝에 걸린 마지막 가로등에 불이 켜질 거였다. 그들은 몽마르트르 뒤쪽의 커다란 도랑에, 어두컴컴하고 좁은 오솔길이 교차하는 네모난 작은 광장에 도착했다. (…) 이 끝에서 넝마주이들의 거처를 지나 철로의 다리를 건너려면 클리냥쿠르 아래쪽의 리무쟁 구역을 돌아가야 했다. 그들은 철거현장에서 훔친 자재로 지은 집들을 서둘러 지나는 동안 무서워서 진땀을 흘렸다. 제르미니는 반쯤은 판잣집 같고, 반쯤은 토굴 같은 이 오두막집에 막연한 두려움을 느꼈다. 제르미니는 밤의 모든 범죄가 그곳에 웅크리고 있는 것을 느꼈다."[3]

클리냥쿠르 구역은 점점 더 소란스러워졌고, 주민 구성이 다양해지면서 네 대

1● 구청과 성당이 마주보는 예에서 5구와 6구의 구청은 제외했는데, 그곳이 팡테옹이나 생쉴피스 성당과 정면으로 마주보지는 않기 때문이다.

2 La Bédollière, *Le Nouveau Paris*…, op. cit.

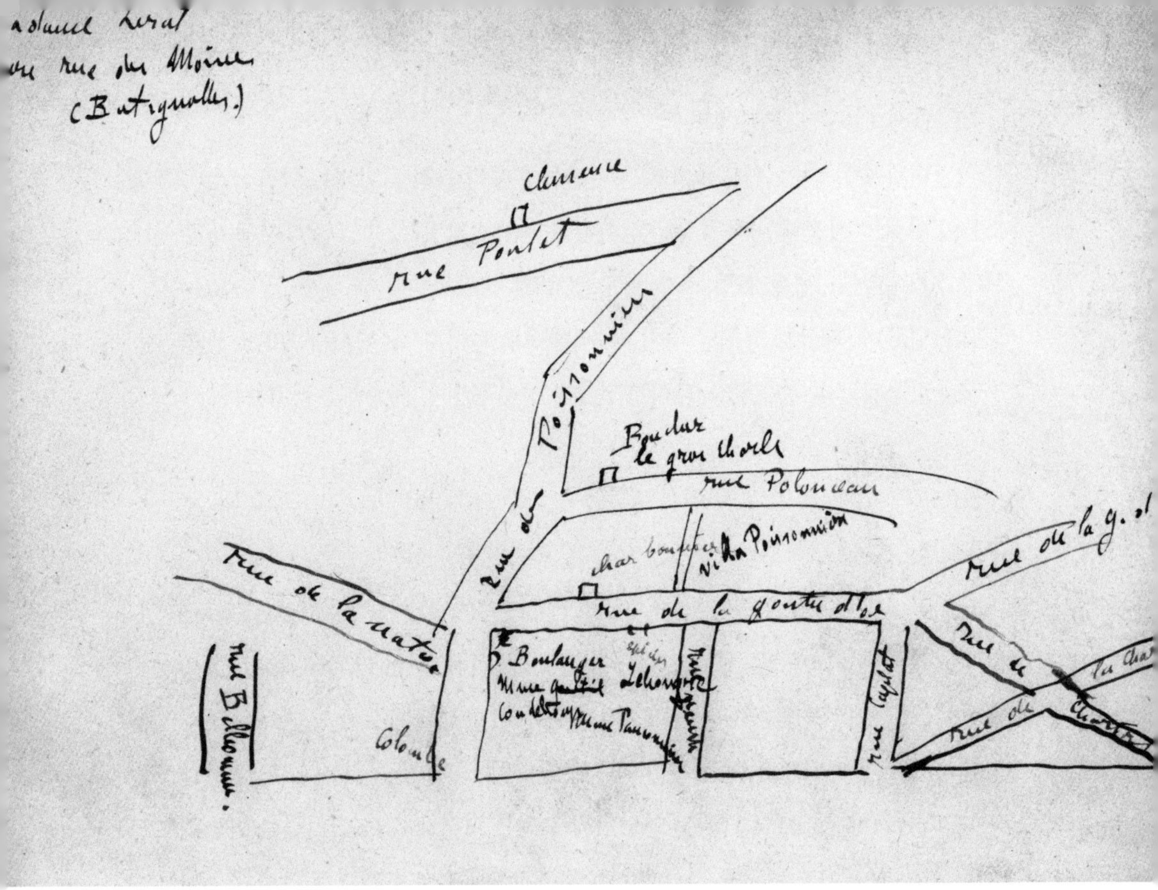

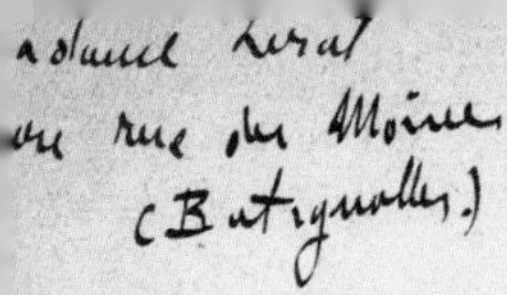

구트도르 거리와 그 주변. 『목로주점L'Assommoir』을 준비하면서 에밀 졸라가 그린 스케치. 파리, 국립도서관.

로까지 확장되었다. 클리냥쿠르 문은 파리의 다른 어떤 문보다 훨씬 활기가 넘쳤다. 다른 문들은 도심과 교외를, 파리 외곽 대로와 외곽 너머를 분리하는 넓은 원형 교차로가 완충 지대처럼 떡하니 자리 잡아서 걸어서는 접근할 수 없었는데, 클리냥쿠르는 근처에서 열리는 벼룩시장 덕에 활기가 넘쳤다. 꼬치와 옥수수 구

---

3 *Edmond et Jules de Goncourt, Germinie Lacerteux*, 1864. 내게 이 장면은 19세기 파리를 배경으로 한 소설 중 가브로슈가 메닐몽탕에서 샹브르리 거리의 방벽으로 내려오는 장면과 에밀 졸라의 『파리Paris』 마지막에 살바의 사형에 동행하기 위해 기욤과 피에르가 사크레쾨르 성당에서 로케트 광장으로 내려오는 장면과 더불어 내리막길을 가장 아름답게 묘사한 장면이다.

이 그릴에서 솟는 연기, 카드놀이 하는 사람들의 음악 소리를 뒤덮는 외곽 도로의 소음이 뒤섞인 가운데 벼룩시장은 정신없고 혼란스러웠다. 찌그러진 자동차 주위에 호랑이 연고, 설탕 조림 과자, 형광색 요요, 헌 옷을 파는 정체를 알 수 없는 노점도 열렸다. 파리와 생투앙 사이 제3세계에서 떨어져 나온 조각이자 도심 변두리에 형성된 무질서의 현장, 파리는 갈수록 이런 풍경에 관대함을 잃어갔다.

구트도르

어떤 이들에게 구트도르(앙리 4세가 좋아했던 백포도주 이름이다) 구역은 몽마르트르의 일부분이다. 그 이유는 구트도르가 최근 조성된 바르베스 대로를 제외하고는 끊기지 않고 언덕 동쪽을 따라 이어지기 때문이다. 그러나 이것이 지형 차이가 뚜렷한 두 구역을 하나로 묶는 충분한 이유가 될 수는 없다. 두 구역은 그 조성 방식도 다르다. 몽마르트르의 거리는 언덕의 등고선과 평행해서 이 거리들을 연결하려면 노래 가사[1]에도 나오듯 가난한 사람들에게 힘들기로 유명한 계단을 조성해야 했다. 구트도르의 거리들은 대개 십자형으로 교차한다. 그 결과 거리의 경사는 한층 완만하고, 평면과 단면은 훨씬 다양하고, 모퉁이는 급격하게 휜다. 가로지르는 건물들은 높고 낮은 거리를 따라 서 있고, 안마당은 길고 좁다.

두 구역이 그려내는 상상도 역시 완전히 다르다. 1950년대까지 구트도르는 어둡고 음산한 장소였고, 잭 더 리퍼가 이름을 떨친 런던 화이트채플의 파리 버전이었다. 카르코는 말했다. "내가 사랑한 것은 그 소녀들이 아니라 무엇보다도 어두운 거리, 상점, 음산함, 지붕 위로 떨어지는 보슬비, 우연한 만남, 그리고 내 가슴을 조이는, 방 안 가득 비통한 버림받은 분위기다. (…) 아주 먼 곳, 구트도르 저 너머

---

1 Maurice Culot, *La Goutted'Or, faubourg de Paris*, Louis Chevalier의 서문에서, Paris et Bruxelles, AAM et Hazan, 1988.

동쪽의 음울한 고장은 언제든지 비를 퍼부어 우리를 잠기게 할 먹구름으로 뒤덮인 하늘과도 같다."[2] 이어 무대는 『목로주점』에서 『아라비안나이트Mille et Une Nuits』로 바뀐다. 구트도르 구역은 동양의 관문이 되고, 아랍인의 구역이 되었다. "구트도르에는 금실로 장식한 직물, 모슬린 천, 비단, 금은색 실로 섞어 짠 천이 쌓여 있다. 또한 반짝이는 황금 보석, 진주로 장식한 허리띠, 파티마의 팔찌가 있다. (…) 과자점과 그곳에서 풍겨 나오는 과자 냄새보다 훨씬 더 많은, 동양 음악이 울려 퍼지는 레코드 상점보다 훨씬 더 많은 보석 상점과 여행 용품 상점은 내가 보기에 새로운 형식, 욕망, 꿈을 나타내는 것 같다. 해묵은 표현이지만 나는 이것을 장소의 정신이라고 부르려 한다."[3] 구트도르는 1980년대 말에 어처구니없는 정비 공사로 사라졌다. 모퉁이 건물이 잘려 나갔고, 에밀 졸라가 제르베즈의 빨래터의 모델로 삼은 이즐레트 거리의 빨래터도 사라졌다. "커다란 헛간은 철제 기둥 위로 대들보가 드러나 있었고 천장이 평평했으며, 투명한 유리창으로 막혀 있었다." 유난히 울퉁불퉁했던 비탈길을 평평하게 깎아 아무것도 없는 공터로 만들었다. 옛 구역의 분위기는 생베르나르 성당 주변 레옹 거리와 그 거리의 라부아르 극장 그리고 여전히 작은 집들에 늘어선 카베 거리에서 느낄 수 있다. 카베 거리에는 아직도 공터가 남아 있다.

푸아소니에르 거리 방향으로 내려오면서 폴롱소 거리 모퉁이의 이슬람 사원을 지나면 북아프리카 아랍인의 구역에서 아프리카 대륙으로 넘어가게 된다. 이곳의 미라 거리에는 직물, 가발, 화장품 상점이 많고, 드장 거리에 들어선 커다란 시장에는 농어과 물고기, 틸라피아, 상어 그리고 기니만의 이름 모를 온갖 생선과 온갖 채소가 좌판에 진열되어 있다. 이곳은 구트도르 그리고 이름은 남아 있으나 더는 실재하지 않는 샤토루즈 사이의 불분명한 경계다. 샤토루즈는 라메, 크리스티

2 *De Montparnasse au Quartier Latin*, op. cit.
3 Louis Chevalier, *La Goutte-d'Or, faubourg de Paris*의 서문에서, op. cit.

아니, 푸아소니에르, 두도빌 거리(오늘날 미라, 풀레, 두도빌 거리처럼 바르베 대로 양옆으로 이어지며 대로가 들어서기 전에 이 구역을 관통했다)를 아우르는 넓은 지역이었다. 그 이름은 쇼세 드 클리냥쿠르 기슭에 벽돌과 석재로 지은 아름다운 저택에서 따왔다.[1] 1840년대에 샤토루즈에는 그랑튀르크 드 라 샤펠 무도장과 더불어 파리 북쪽에서 가장 큰 무도장이었던 샤토루즈 또는 누보 티볼리라고 불린 무도장이 들어섰다. 바로 여기에서 1847년 7월 9일, 1000명이 넘는 사람들이 '향연'을 펼쳤는데, 이것이 1848년 2월 혁명의 긴 서막이었다.

라 샤펠과 라 빌레트

구트도르의 마지막 산기슭과 뷔트쇼몽의 첫 번째 비탈길 사이의 협곡은 북역과 동역의 기차, 운하, 생드니, 플랑드르, 그리고 알르마뉴 도로가 지나는 통로로 이용되었다. 이 길은 전쟁에서 승리한 프랑스 왕이 귀환할 때 지나는 길이자 블뤼허, 몰트케, 1940년의 팡제르 같은 침략자들이 쳐들어오는 길이기도 했다. 이 길은 아래에서 보면 두 언덕 사이의 협곡이라고 느껴지지 않지만, 조르주라르드누아 거리의 구불구불한 급커브를 따라 오른 뷔트쇼몽의 언덕에서 보면 그 등고선이 지도에서 보는 것처럼 보인다. 전경에는 언덕 중턱의 정원과 포도밭이 보이고, 이어서 계곡이, 그리고 멀리로는 다른 어느 곳에서도 볼 수 없는 몽마르트르의 옆모습이 보인다.

이 평야의 두 구역, 라 샤펠과 라 빌레트는 파리의 대공업단지로 예나 지금이나 북쪽으로 길게 뻗어 있다. 외젠 다비는 20세기 초, 어릴 적 학교를 마치고 친구들

---

1 Joanne, *Paris illustré en 1870*…, op. cit. 이 저택은 "앙리 4세 재위 기간에 지은 아름다운 건축물이다". 일레레에 따르면 그것은 1780년에 지어진 별장이다. 클리냥쿠르 거리의 고개 꼭대기에 있는 쇼프 뒤 샤토루즈에 그 흔적이 남아 있다.

과 같이 마르카데 다리로 갔던 순간을 다음과 같이 묘사했다. "주변 집들과 그 집으로 들어가는 사람들도 검었다. 그들은 철도 부설 노동자들이었다. 공장 사이렌이 울려 퍼졌고, 갑자기 노동자들이 거리로 쏟아져 나왔다. 그들 가운데 몇몇이 우리에게 질질 끄는 목소리로 '얘들아, 안녕'이라고 말했다. 어떤 슬픔인지는 모르겠지만, 그들의 눈길 깊은 곳에서 나는 슬픔을 느꼈다. 그들은 의기소침해 보였고, 손에는 검은 흙터가 있었다. (…) 우리는 다시 뛰기 시작했다. 샤펠 거리를 지났다. 거리에서 채소 마차, 소, 양 떼와 마주쳤다. 우리는 라 빌레트에 거의 도착했다. 창고, 동역의 철로에서 피어오르는 연기를 봤다. 기차 소리가 희미한 노래처럼 울려 퍼졌다."[2]

이웃한 두 구역은 같은 공장 지대지만 다르다. 철도 주변에 형성된 라 샤펠은 지저분하고 가난한 공장 지대였다. 이와 반대로 우르크 운하와 생드니 운하 일대에 세워진 라 빌레트는 창고가 많은 번영한 구역이었다. 라 빌레트 코뮌은 유독 파리에 편입되는 것에 적대적이었는데, 그럴 만한 이유가 있었다. "호수가 있고, 두 역과 가깝고, 환상선 철도 플랫폼이 있는 덕분에 라 빌레트에는 포도주, 증류주, 수레 제조용 목재와 건축용 목재, 목탄, 석탄, 곡물과 밀가루, 기름, 유리, 주철 등의 커다란 창고가 많았다. 항구에는 연간 1만여 척의 배가 드나들었고 전체 물량은 110만 톤에 달했으며, 라 빌레트가 보르도보다 교역량이 더 많았다."[3]

두 구역의 이런 차이는 현재에도 뚜렷하다. 라 샤펠은 지상 전철, 북역과 동역의 철로 그리고 네 대로의 커다란 창고 사이에서 길을 잃는 세상의 끝이다. 네 대로에서 아프리카 대륙 출신과 동유럽 출신의 젊은 여자들은 도로변에 정차한 트럭 운전사들을 유혹한다. 라 샤펠은 파리에서 가장 혜택받지 못한 곳이다. 이 구역

---

2 Dabit, *Faubourgs de Paris*, op. cit. 마르카데 다리는 마르카데 거리와 오르드네르 거리가 합쳐지는 곳에 있으며 북역 철로 위를 지나간다.

3 La Bédollière, *Le Nouveau Paris*…, op. cit.

1955년, 우르크 운하와 팡탱의 커다란 제분소. 마르셀 보비스 사진, 파리, 건축문화유산 도서관.

에서 중요한 축인 샤펠 거리는(남쪽 절반은 막스도르무아 거리다) 옛 마을들의 주요 거리가 그랬던 것처럼 상태가 좋지 않고 먼지투성이다. 샤펠 거리는 파리에 편입되기 전까지 이 구역에서 그랑뤼라고 불렸고, 다른 구역에서는 파리 거리라고 불렸다. 한편 정면에 파리에 있는 다섯 개의 잔다르크 동상[1] 가운데 하나가 있는 오

1 다른 잔다르크 동상은 에마뉘엘 프레미에가 조각한 피라미드 거리의 잔다르크를 포함해 잔다르크 거리, 사크레쾨르 광장, 생오귀스탱 광장에 있다. 잔다르크가 생토노레 문 앞에서 영국 군의 화살을 맞고 부상당했음을 상기시키는 표지판이 있는 생토노레 거리에는 잔다르크의 머리가 조각되어 있다.

1956년, 라 샤펠 문, 기관차 기지. 자닌 니엡스 사진.

래된 생드니드라샤펠 성당은 썩은 콘크리트 덮개에 파묻힌 듯 보인다. 샤펠 거리와 평행한 파졸 거리에서 앙드레 브르통은 어느 날 저녁 한 소녀를 따라갔다. "파졸 거리의 집들에서 나는 연기로 검게 그을리고 손상된 성당의 정면을 여러 번 본 적 있다. (…) 이보다 더 서글픈 성당 정면은 본 적이 없다." 그러나 브르통이 이 소녀에게 매혹된 것처럼[2] 라 샤펠 구역에는 파리에서 가장 오래된 구역 가운데 하

2 "그녀는 계속해서 나를 놀라게 했다. 그녀가 나에게 가까운 푸줏간까지 동행해달라고 부탁했고, 그곳에서 그녀는 오이 절임을 사고 싶어 했다." *Les Vases communicants*, op. cit.

1941년 우르크 운하 도개교. 마르셀 보비스 사진, 파리, 건축문화유산 도서관.

나인 토르시 광장 주변의 작은 중국인 구역, 올리브 거리의 친절한 카페, 온갖 인종이 북적대는 지붕 덮인 시장의 매력이 감추어져 있다. 동역의 철도를 가로지르는 리케 거리에서 내려다보는 풍경은 내가 꼽는 파리의 가장 아름다운 풍경이다. 사방으로 넓게 펼쳐진 이곳의 풍경은 오베르빌리에 거리와 북역 차량 정비창을 향한다. 오베르빌리에 거리 104번지의 문화 예술 센터는 시대에 뒤떨어진 모방자르두가 설계한 옛 구립 장례식장 건물 자리에 들어섰다. 조각조각 끼워 맞춘 고깔 형태의 북역 정비창 지붕은 선사 시대 파충류의 껍데기를 연상시킨다.

"아름답고 비극적인 오베르빌리에 거리를 따라 드보르와 볼만은 북쪽을 향해 계속 걸어갔다."[1] 이 거리는 여전히 아름답고 비극적이다. 해 질 무렵 노을 진 거리는 알제, 팔레르모, 알렉산드리아 같은 남쪽의 항구들처럼 빛난다. 이 거리를 지나면 모로코 광장을 거쳐 라 빌레트로 이어진다. 베냐민은 다음과 같이 썼다. "어느 일요일 오후 모로코 광장에 우연히 들렀을 때, 나는 임대 주택으로 둘러싸인 이 석재 덩어리의 쓸쓸한 광장을 보고 모로코의 사막을, 그리고 무엇보다도 식민지 제국주의의 기념물을 떠올렸다. 모로코 광장의 지형학적 풍경은 알레고리적인 의미를 품고 있지만, 벨빌 한복판에 있는 광장이라는 사실은 변하지 않는다. 일반적으로 이런 뜻밖의 풍경은 사람을 깜짝 놀라게 한다. 이 경우 거리의 이름들은 사람을 놀라게 하는 실체로서 시간과 공간에 대한 우리의 지각을 훨씬 더 풍요롭게 만든다."[1] 이것이야말로 어느 날 팔리카오 거리, 루아알제 통행로, 또는 크롱슈타트 빌라를 우연히 마주친 사람을 사로잡는 혼란스러운 비밀이다.

라 빌레트에는 중심에서 퍼지는 주요 축인 플랑드르 대로와 장조레스 대로를 빼고는 크게 눈에 띄는 것이 없다. 라 빌레트 구역의 중심인 라 빌레트 호수는 이곳이 전성기였을 당시 계획되고 세워진 것들의 가치를 돋보이게 하는 식으로 잘 정비되었다. 즉, 정비된 호수는 아제, 브라사이, 두아노가 카메라에 자주 담은 크리메 거리에 연결된 도개교의 도르래 장치와 창고들, 다른 성당과 비교하면 볼품없지만, 실질적으로는 광장, 소방서, 강변 시장 사이를 연결하는 생자크생크리스토프 성당과 잘 어울렸다. 조금 더 나아가면 호수는 넓어지고 지류도 서로 다른 느낌으로 갈라진다. 1970년대까지 가축 시장과 도살장의 경계 역할을 했던 우르크 운하는 현재 라 빌레트 공원에 물을 공급한다. 공원에서는 공놀이를 하는 사람들,

---

1 "Relevé d'ambiances urbaines au moyen de la dérive", *Les Lèvres nues*, 9호, 1956년 11월.

2 *Le Livre des passages*. 베냐민은 모로코 광장이 벨빌에 있는 것처럼 묘사했는데, 이는 사실과는 다르지만 그다지 중요하진 않다.

관광객, 영화광, 그리고 히잡을 쓴 아이 엄마들과 히잡을 쓰지 않은 아이 엄마들이 일요일이면 한가롭게 물가에서 시간을 보낸다. 코랑탱카리우 대로, 마크도날드 대로, 그리고 파리 외곽 도로에 가려져 있는 생드니 운하는 북쪽의 산업 황무지 쪽으로 살짝 떨어져 있는데, 그 일대는 프레베르와 코스마가 부른 상송의 노랫말 "오베르빌리에의 어린아이들"처럼 약간은 꾀죄죄한 프롤레타리아 지역이다.

·

뷔트쇼몽

뷔트쇼몽 공원을 둘러싼 거리에는 1848년에 베니스 공화국의 대통령이었던 마냉, 바이런과 함께 메솔롱기를 지킨 보차리스와 시몽 볼리바르 등 민족 해방 영웅들의 이름이 붙었다. 이런 역사적인 사실에도 뷔트쇼몽 구역은 현재 라 빌레트와 벨빌 사이의 오퇴유만큼이나 화려한 건물이 모여 있는 부르주아의 소구역이 되었다. 노동자 계층과 불안정한 계층 때문에 뷔트쇼몽은 오랫동안 버림받은 장소였다. 그곳 남서쪽 언덕에는 몽포콩의 교수대가 서 있었다. 앞에서 보았듯이 『어느 사형수의 마지막 날』에서 위고는 밤에 서둘러 집행되는 은밀한 사형에 반대해 생자크 방벽에서 격렬히 비난하며 다음과 같이 소리쳤다. "이제는 몽포콩 언덕을 우리에게 돌려주시오. 이곳에 있는 열여섯 개의 돌기둥, 천연 돌받침, 해골 동굴, 대들보, 쇠사슬, 갈고리, 줄줄이 놓인 해골, 까마귀가 내려 앉은 석고 가루 더미, 교수대, 그리고 북동풍에 실려와 포부르 뒤 탕플 전 지역에 퍼진 시체 썩는 악취를 이제는 우리에게 돌려주시오." 열여섯 개의 기둥이 3단 대들보로 연결되어 총 48개의 교수대가 있었으며 어떤 날에는 최대 60여 명이 교수형에 처해지기도 했다. 몽포콩 사형장에서는 1610년대에 생루이 병원이 문을 열 때까지 교수형을 집행했고, 이후 그 자리에는 늙거나 병든 말들의 사체를 쌓아놓는 하치장과 파리의 오물이 모이는 쓰레기장이 들어섰다. "몽포콩 언덕은 항시 널려 있는 시쳇더미 때문에 끔찍했다. 작은 언덕을 이루며 1.5미터 높이로 쌓인 도살의 찌꺼기는 그 자리에서 썩어갔고, 밭 갈 시기가 오면 농부들은 이곳으로 와 거름을 가져갔다. (…) 비에브르 강가의 무두장이들은 이삼일에 한 번 가죽을 벗겼다. 비에브르 주변에는 창자를 처리하는 공장과 화학 제품 생산 공장이 자리 잡았고, 공장 폐수는 습지를 지나 그랑조벨 거리 쪽으로 바람을 따라 흘러갔다. (…) 시쳇더미 주변에는 헤아릴 수도 없을 만큼 많은 쥐 떼가 들끓어 낮에 해체한 말의 찌꺼기를 한쪽 구석에 쌓아두면 다음 날 살이 다 발라져 뼈만 남아 있을 정도였다."[1]

뷔트쇼몽 언덕 아래 쓰레기장 바로 위에는 환상선 철도 터널과 아메리카 채석장이라는 이름의 석회 채굴장이 있었다.[2] 노동자들이 작업하는 방대한 채굴장의 석회 가마에서는 항상 연기가 피어올랐다. 제조공들chaufourniers(쇼푸르니에라고 부른 거리는 뜨거운 가마라는 뜻의 푸르아쇼 통행로와 가깝다)이 석회 가마에서 꺼낸 석고 덩어리를 타작공들이 잘게 부수었다. 열기가 남은 석회 광산의 거대한 지하 동굴에는 밤이 되면 부랑자들이 모여들었고 아메리카 채석장이 거지와 부랑자의 새로운 집합소라는 소문이 퍼졌다. 경찰과 군대가 동원되어 산업혁명의 낙오자가 된 거지와 부랑자를 이 "어둡고 음울한 동굴"[3]에서 정기적으로 몰아냈다. 1867년

1 Chevalier, *Classes laborieuses et classes dangereuses*…, op. cit. 쓰레기장과 동물 잔해 처리장은 1849년에 봉디 숲으로 옮겼다. 쥐들로 말할 것 같으면 "나는 테오필 고티에의 『예기치 못한 변화와 우여곡절Caprices et Zigzags』에서 이상야릇한 페이지를 발견했다. '거대한 위험이 우리를 위협한다. 현대의 바빌론은 리라크의 망루처럼 벼락을 맞고 파괴되지도, 펜타폴리스처럼 아스팔트의 바다에 잠기지도, 테베처럼 모래에 잠기지도 않을 것이다. 현대의 바빌론은 그저 몽포콩의 쥐들로 파괴되고 적막해질 것이다.' (…) 몽포콩의 쥐들은 파리를 위협하지 않았다. 오스만 남작의 파리 정비 공사로 쥐는 사라졌다. (…) 그러나 고티에가 예견했듯이 몽포콩 언덕에서 내려온 프롤레타리아들이 화약과 기름으로 파리를 파괴하기 시작했다." Max Nordau, *Aus dem wahren Milliardenlande. Pariser Sudien und Bilder*, Leipzig, 1878. Walter Benjamin, *Le Livre des passages*, op. cit. 원문은 고티에가 썼다.

2 La Bédollière, *Le Nouveau Paris*…, op. cit. 라 베돌리에르는 '아메리카'라는 단어를 다음과 같은 이유 때문에 반복해서 언급한다. "채굴한 석회를 아주 멀리 수출한다. 대부분은 운하를 통해 아브르항으로 옮겨 대서양 건너편에 수출한다." 단지 전하는 이야기가 그럴 뿐 여기서 '아메리카'는 장소의 명칭인 것 같다.

3 뷔트쇼몽 구역의 경찰서장이었던 M. Claude, *Mémoires de M. Claude; Simone Delattre, Les Douze Heures noires*…, op. cit에서 인용.

11월호 『라 가제트 데 트리뷔노La Gazette des tribunaux』는 "파리의 이 지역을 오염시키고, 앞에서 언급한 채석장을 본거지로 고른 부랑자들이 점점 더 뻔뻔해지는 것"[1]을 비난했다. 발자크가 『고리오 영감』의 첫 페이지에서 썼듯이 "진흙으로 검게 변한 냇물과 끊임없이 무너져내리는 이 유명한 석회 계곡은" 그곳의 하층토와 남쪽에서 가져온 석재, 북쪽의 석회로 지어졌다.[2] 파리의 지하 세계에 대한 상상력을 자극하는 것은, 유럽의 다른 수도와 비교해 그 수가 월등히 많은 거대한 채석장 지하 동굴이다. 이 터널들은 영화 「제 3의 사나이Troisième Homme」의 마지막 추격 장면과 바르샤바 레지스탕스가 벌인 최후의 전투를 떠오르게 한다. 파리의 지하 세계에 대한 상상력의 첫 장은 지하 납골당이다. 지하 납골당은 본래 몽루즈와 몽파르나스의 채석장으로 이노상 공동묘지의 유골들을 옮겨오면서 조성되었다. 1860년대에 지하 납골당에서 인공조명으로 사진을 찍는 데 성공한 나다르는 다음과 같이 묘사했다. "잘게 부서져 뒤섞인 유골들, 척추, 앞가슴 뼈, 손목 관절, 발목 뼈, 손가락 마디, 다리 뼈 등 모든 뼈마디가 지하 납골당의 네모 비슷한 상자 안에 무더기로 쌓여 있었다. (…) 각 상자 앞에는 가장 상태가 좋은 두개골을 놓아두었다."[3]

그러나 지하 공간에 대해 갖는 도시의 환상은 단지 유골에 대한 것만은 아니었고, 그 상상에는 언제나 위협적인 요소가 섞여 있었다. 지하 공간에 대한 사회적 은유는 『레 미제라블』의 「옛 하수도의 역사L'Histoire ancienne de l'égout」라는 장에 잘 묘사되어 있다. "하수도는 도시의 의식이다. 모든 것이 하수도로 모여 마주친다. 납빛의 이 공간은 어둡지만 더 이상의 비밀은 없다. (…) 더는 쓸 수 없는 문명의 모든

1 M. Claude, 같은 책.

2 "파리가 커지면서 철저한 준비 없이 옛 채석장 자리에 포부르들이 형성되었다. 그래서 포부르들은 기본적으로 건물의 기초 공사가 부실했다. (…) 이 커다란 도시가, 절대 용납할 수 없는 방법으로 형성되고 지탱된다는 점을 생각하면 온통 반성해야 할 일뿐이다. 망루, 종탑, 사원의 궁륭 등 대단히 많은 건축물이 소리 없이 증언하고 있다. 땅 위에 솟아 있는 이런 석재들이 우리 발밑에는 없다고." Mercier, *Tableau de Paris*.

3 Félix Nadar, *Quand j'étais photographe*, Paris, Flammarion, 1900.

더러운 것이 진실의 구덩이로 떨어져 커다란 사회적 변화를 끝맺는다. (…) 성 바돌로매 희생자들의 피가 보도블록 사이로 한 방울씩 스며들어 하수구로 흘러들었다. 민중의 학살, 정치와 종교의 학살은 문명의 지하도를 가로질러 그곳에 시체들을 밀어 넣었다. (…) 하수도의 둥근 천장 아래에서는 유령들이 춤추는 소리가 들린다. 하수도에서는 사회의 재앙에서 풍기는 엄청난 악취가 숨 쉰다." 피비린내가 진동한 1871년의 일주일 동안 지하 납골당과 하수도에 숨어 있는 코뮌 혁명 전사들이 파리를 폭파할 준비가 됐다는 소문이 메아리처럼 퍼졌다.

지하철은 이런 공포를 불러일으킨 적이 한 번도 없는데, 아이러니하게도 지하 지옥이라는 전통적 이미지를 되살린 것은 발터 베냐민이었다. "통행로와는 또 다른 형태의 회랑이 파리 지하 공간에서 네트워크를 펼치고 있다. 그것은 지하철로, 밤이 되면 지하 입구의 붉은 불빛이 지옥으로 내려가는 길을 밝히고 있다. 콩바, 엘리제, 조지 5세, 에티엔마르셀, 솔페리노, 앵발리드, 보지라르 같은 이름은 거리나 광장과 결부된 굴욕적인 족쇄에서 벗어났다. 기적이 울리고 빛이 퍼지는 지하의 어둠 속에서 이 이름들은 지하 납골당의 요정이, 시궁창의 추한 신이 되었다. 미궁에는 성나고 눈먼 다수의 미노타우로스가 있다. 괴물은 매일 아침, 창백한 소녀들과 잠에서 덜 깬 노동자 수천 명을 삼킨다. (…) 각 지하철역은 고독하게 홀로 서 있다. 지옥은 지하철역의 영지다. 아메르 피콩과 뒤보네는(칵테일 시럽 상표로 지하철역 앞에 설치된 광고판을 말한다) 지옥의 문턱을 지키는 경호원이다."[4]

북쪽 언덕의 풍부한 석회석은 또 다른 결과를 낳기도 했는데, 이것은 상상의 영역과는 전혀 관계가 없다. 필리프 르 벨 시대에 반포된 법령에 따라 파리에 새로 짓는 모든 건물은 석회로 마감해야 했다. 성능 좋은 단열재이자 불연재인 석회 덕분에 파리는 런던 같은 대형 화재를 피할 수 있었을 것이다. 수세기 동안 적용된

4 *Le Livre des passages*, op. cit.

이 조치가 있어 파리는 물질적이며 다채로운 통일성을 갖게 되었다. 벨빌 거리, 포부르뒤탕플 거리, 탕플 거리를 거쳐 페트 광장에서 파리 시청까지 가거나, 바르베로슈슈아르에서 출발해 포부르푸아소니에르 거리, 푸아소니에르 거리, 프티카뢰 거리, 몽토르괴유 거리를 거쳐 레 알로 가는 사람은 다듬어진 석재, 벽돌, 콘크리트, 유리, 플라스틱, 철제로 지은 커다란 건물과 기념물 앞을 지난다. 석회, 회반죽을 바른 파사드로 직조한 건물은 그렇게 눈에 띄진 않지만 시간이 갈수록 그 위세가 드러나는데, 좁고 기다란 창문이 촘촘하게 반복되면서 연속적인 수직의 리듬감을 만든다. 장식도, 발코니도, 덧문도 없고, 거의 눈에 띄지 않는 창틀, 아래쪽 가장자리의 가느다란 돌림띠를 제외하고는 아무것도 없는 창문은 대개 가는 함석판으로 비를 막는다. 파리에서만 볼 수 있는 또 다른 특색은 비스트로와 건물 지붕이다. 건물 지붕은 우중충한 색조를 띠고 독특한 골형을 이룬다.

파리 외곽 노동자 구역에 있는 오래된 건물 대부분은 이와 같이 외관이 단출하다. 중심부에 있는 상류층 주거 건물도 마치 피아노 연주에서 멜로디를 보조하는 왼손처럼 단출하기는 마찬가지다. 물론 건물 정면의 형태와 크기는 시대와 장소에 따라 다르다. 옛 파리에서는 정면 폭 8미터, 집 두 칸밖에 나오지 않는 좁은 부지에 주택이 지어졌다. 집 안으로 들어가면 곧바로 통로가 끝나며 쓰레기통이 있는 작은 안뜰은 다른 거리로 나 있는 건물과 공유된다. 이와 반대로 파리 외곽 마을의 건물 정면은 훨씬 더 넓어서 집이 다섯 칸에서 여섯 칸이 나온다. 다른 거리와 마주하는 건물 뒤쪽은 정면의 배열을 더 간단히 재현할 수 있다.[1] 건물 폭이 좁건 넓건 건축 공정은 똑같다. 목재로 골조를 짜고, 자갈을 채워 석회로 마감한다. 이 기술은 오랫동안 서민들의 구역에 적용되었다. "다듬은 석재는 너무 무겁고 비싸다. 마침 석고가 나왔다. 석고는 사람들의 눈길을 끌 것이다. 석고는 가

1 이 모든 질문에 대해서는 François Loyer, *Paris xixe siècle, l'immeub et la rue*, op. cit.를 참고할 것.

볍고, 모든 종류의 장식에 적합하고, 다루기 쉽다. 무엇보다도 싸다."[2] 17세기 파리에서는 고딕 양식의 건축물(생퇴스타슈 성당)이 줄곧 지어졌다. 그리고 신고전주의 양식의 건축물 대부분은 오스만의 대로들(생미셸 광장)에 많이 지어졌다. 그리고 19세기 말까지 목조로 골조를 짜고 석회로 마감한 건물이 파리 외곽에 계속해서 들어섰다. 반면 아름답게 형성된 구역들에는 이미 아르누보 형식이 자리를 잡았다. 대부분이 크뢰즈나 이탈리아 출신인, 현재에는 대다수가 포르투갈이나 말리 출신인 석공들이 파리의 특별한 회색빛 느낌을 보존하기 위해 여전히 석회로 마감하는 전통을 유지하고 있다는 것은 기적적이다. 석회는 때로 아주 옅은 노란색을 띠는 분홍색으로, 때로는 훨씬 차갑고 푸르스름한 색에 가깝게 변화하기도 했지만 여전히 그다지 두드러지지 않으면서도 거리와 전반적인 조화를 이룬다.

프레생제르베와 파리를 갈라놓는 뷔트쇼몽과 대로들 사이에는 1860년대 말까지 사람이 살지 않는 골짜기가 넓게 펼쳐져 있었다. 이 골을 메워 다뉴브 광장(제2차 세계대전 종전 후에는 라인다뉴브 광장으로 바뀌었다) 주위에 말 시장을 열었는데, 그리 오래가진 않았다. 다비드당제, 무자이아, 벨뷔 거리 사이에는 정자, 오두막, 빌라, 노동자들의 작은 공원이 들어서면서 생긴 꽃 핀 골목이 뚫렸다. 1789년 프랑스 혁명 100주년을 기념해 1889년 에펠탑 개관식이 열렸던 만국박람회 당시 파리의 반대편 끝의 이 작은 거리들에 에갈리테(평등), 리베르테(자유), 솔리다리테(연대), 프레부아양스(선견지명)라는 이름이 붙었다. 작은 거리들은 세뤼리에 대로와 알제리 대로 방향으로 가파르게 내려간다. 길이 굽어지면서 뷔트뒤샤포루주광장을 둘러싼다. 언덕은 뒤쪽의 로맹빌 언덕과 더불어 팡탱에서 릴라스까지 파리 동쪽 외곽 지역 전체를 굽어본다. 조레스의 연설을 들으려고 몰려든 군중이 서 있던 아래쪽 비탈길에는 아름다운 로베르드브레 병원이 포르투갈 성당 노트

2 Delvau, *Histoire anecdotique des barrières de Paris*, op. cit.

르담드파티마와 이웃하고 있다.

벨빌

파리의 어떤 구역은 주로 역사와 건축과 밀접한 관계가 있고, 어떤 구역은 경제 활동, 어떤 구역은 지리와 관계가 깊다. 그러나 뷔트쇼몽에서 페르라셰즈까지 이어진 언덕을 특징짓고 무엇이 벨빌과 메닐몽탕 구역을 독특하게 만들었는지 규정하는 데 있어 위에 언급한 기준은 완벽히 들어맞지 않는다. 구역의 정체성은 정서와 관련이 있다. 엘리제메닐몽탕에서 모리스 슈발리에가 데뷔했다거나 "1915년 12월 9일, 이 건물 계단의 지독한 비참함 속에서 에디트 피아프가 태어났다. 훗날 피아프의 노래는 사람들의 마음을 뒤흔들었다"라고 적힌 벨빌 거리 72번지 표지판을 언급하려는 것이 아니다. 나는 '정서적'이라는 단어를, 정확한 의미가 아닐 수는 있지만 '감정을 자극하는'이라는 의미로 썼다. 여기에서 감정이란 많은 이에게 애착의 정서를 의미하지만 다른 의미도 있다. 솔리테르 거리를 올라가 예전에 페트 광장이었던 곳에 지은 커다란 주거단지 앞에 서면 땅 주인들이 벨빌에 앙갚음을 하는 것이 분명하다는 생각이 든다. 말도 안 되는 모습으로 들어선 주거 단지를 보면 수지타산의 문제만으로는 이와 같은 무자비함을 설명할 수 없다. 한 세기 전에 포부르 생마르소를 지도에서 없애버린 사람들과 같은 감정을 이 구역 땅 주인들도 느꼈음이 틀림없다.[1] 다행히도 레몽 크노가 다음과 같이 예견했듯 모든 것은

1 이 주제에 대해 최근 친구 한 명이 내게 기 드보르의 『파네지리크Panégyrique』에 실린 멋진 구절을 알려주었다. "나는 이 마을이 다른 모든 마을보다 약간 앞서서 파괴되었을 뿐이라고 생각한다. 이곳에서 매번 반복되는 혁명은 사람들에게 충격을 주고 걱정만을 안겨줄 뿐이었기 때문이다. 그리고 불행히도 이 반복되는 혁명은 항상 실패로 끝났기 때문이다. 브륀스윅의 선언문이나 지롱드파 당원 이스나르가 연설에서 '그 대가는 철저한 파괴였다. 그 목적은 끔찍한 기억들을 매장하고, 파리라는 위대한 이름을 지키려는 것이다'라고 말한 대로 이 마을은 철저하게 파괴되는 벌을 받았다."

시간 문제일지도 모른다. "이 아름답고 이토록 현대적인 건물들은/ 언젠가 파괴될 것이다./ 이 건물들의 바둑판무늬 타일을/ 안전유리나 판유리로 짠 창문을/ 여러 가지 기술로 만든/ 화덕을 해체할 것이고,/ 텔레비전 공용 안테나를 절단할 것이고,/ 승강기를 분해하고,/ 물을 데우는 보일러를 부술 것이고,/ 냉장고를 산산조각 낼 것이다./ 사물의 무한한 슬픔의 무게로/ 이 건물들이 노후해졌을 때."[2]

벨빌과 메닐몽탕의 서쪽 비탈길은 파리를 향하고, 동쪽 비탈길은 파리 교외로를 향하는 그리 넓지 않은 완만한 언덕길이다. 두 지역을 나누는 남북 능선은 펠포르 거리를 따라 이어진다. 펠포르 거리, 콩팡 거리, 레브발 거리, 스크레탕 대로는 에콜 폴리테크니크 학생들과 파리 국가 방위군, 그리고 1814년 3월 30일 파리 전투 때 프로이센의 근위병에 맞서 싸운 정규군을 지휘한 지휘관들의 이름에서 따왔다.[3] 펠포르 거리는 동쪽 언덕 정상에 있는 텔레그라프 지하철역 근처의 벨빌 거리에서 시작된다. 샤프는 이 언덕 정상에 광학 전신기를 설치해 파리 시민에게 장마프와 플뢰뤼스의 승리를 알렸다. 시간이 한참 흘러 그 자리에 마을에서 세 번째이자 현재에도 있는 공동묘지를 조성하고 두 개의 급수탑을 지었다. 이 쌍둥이 급수탑은 벨빌 풍경의 일부가 되었다.

펠포르 거리와 파리 외곽 대로 사이에는 벨빌과 메닐몽탕 중 어디에 속하는지 구분하기 애매한 지역이 있다. 이곳 외곽 대로에는 탕플 대로에서 루이 필리프를 상대로 일어난 피에스키 테러 사건의 희생자인, 파리 전투의 또 다른 영웅 모르티에의 이름을 붙였다.[4] 상당히 넓은 이 지역은 펠포르 거리에서 모르티에 대로까지 이어졌다.[1•] 두 마을에 걸친 성과 공원은 법복 귀족 르 펠르티에 가문의 소유

---

2 Raymond Queneau, *Courir les rues*, Paris, Gallimard, 1967.

3 이 전투에서 용감하게 싸웠음에도 거리에 자신의 이름을 남기지 못한 유일한 인물은 마르몽 원수다. 그러나 역사는 그가 파리 항복 조약에 서명한 행위를, 칠월 혁명 당시 왕립 근위병을 지휘한 죄를 준엄하게 묻고 있다.

4 피에스키와 공모자들은 안남 거리를 따라 이어지는 메닐몽탕 평야에서 폭탄 시험을 했다.

5c
POSTES
USSURES
S GENRES
tres Bien ASSORTI
ON & BON MARCHE
AU
152
1305 — Rue de Bel

(XIXe arrt)

앞 페이지

1908년, 페트 광장과 성당 사이의 벨빌 거리. 우편엽서.

오른쪽 페이지

벨빌에 있는 쇼드롱, 랑테른, 생마르탱의 하수구 배수로. 앙드레 바리 사진, 파리, 카르나발레 박물관.

였다. 이들은 오세르 근처에 영지를 갖고 있었기 때문에 생파르조라고도 불렸다.[2] 이 커다란 영지는 현재 언덕에서 가장 낙후한 곳이다. 이곳에는 1920년대에 벽돌로 지은 임대주택 HLM과 1960년대에 지은 흉물스러운 고층 주거 단지가 섞여 있다. 이런 구역을 현재 시테라고 부르는데, 원래는 함께 어울려 사는 삶을 의미했지만 이제는 해체된 공공 공간을 지칭한다. 메닐몽탕 저수지 주변에는 아르데코 장식이 있는 짧은 지하철 노선인 3bis의 역들과(현재는 펠포르 지하철역과 생파르조 지하철역 두 곳에서만 장식을 볼 수 있다) 그루프마누슈앙 거리 같은 매력적인 곳도 있다. 메닐몽탕 저수지 주변과 그루프마누슈앙 거리에는 그곳 특유의 주택들이 있지만 굳이 방문할 필요는 없다. 이 기다란 직사각형 구역은 무자이아 거리 쪽 프롤레타리아들의 초라한 집과 바놀레 문 근처 에티엔마레 거리 쪽 작은 구역 사이에 있다.

벨빌과 메닐몽탕은 파리를 향한 언덕의 서쪽 경사면에 있다. 예전에 두 구역의 경계는 갈랑자르디니에라는 유명한 술집이 있었던 오트보른이라는 곳이었다. 카르투슈가 체포된 곳이 오트보른이다. 바로 이곳에서 1776년 10월 24일 장자크 루소가 커다란 덴마크 개와 부딪쳐 넘어져 심하게 다쳤다. "사람들이 내게 어디 사느냐고 물었지만, 대답할 수가 없었다. 지금 내가 있는 곳이 어디인지 사람들에게 물으니 오트보른이라고 대답해 주었다. 내게는 마치 아틀라스 산맥이라고 답해

1• 다른 방향으로는 쉬르플랭 거리에서 로맹빌 거리까지 특이한 형태로 휘어지는데, 이 곡선은 지역 경계를 따라 우회하기 때문에 생겨났다.

2 이탈리앵 대로로 이어지는 르 펠르티에 거리는 루이 14세 시기의 대상인 출신 파리 시장 클로드 르 펠르티에의 이름에서 따왔다. 전국 신분회 귀족 의원인 명망 있는 루이 르 펠르티에 드 생파르조는 혁명의회에서 국왕 사형에 찬성했고, 그 이유로 1793년 1월 20일 암살되었다. 그에게는 딸이 한 명 있었는데, 국가가 그를 후견인으로 돌봤다. 그녀는 영지를 분양하고, 옛 성들을 팔았다. 1850년대에는 벨빌 공동묘지의 나무 몇 그루를 제외하고는 아무것도 남지 않았다.

REGARD "LE CHAUDRON"
Rue de Palestine, 2

REGARD DE LA LANTERNE
Rue de Belleville, 219

REGARD SAINT-MARTIN
Rue des Cascades, 42 bis

INTÉRIEUR DU REGARD S^T-MARTIN
Arrivée de l'eau

ANCIENNES EAUX DE PARIS

Sources de Belleville

주는 듯이 들렸다."[1] 쿠론 거리는 현재에는 수긍할 만한 경계이지만 벨빌과 메닐몽탕 사이에 있는 언덕을 뚜렷하게 나누지는 않아서 이곳에 오래 산 주민들 사이에서는 여전히 의견이 분분하다. 어떤 사람은 벨빌의 경계를 "벨빌 대로, 벨빌 거리, 피레네 거리, 메닐몽탕 거리라고 말하며 그 거리로 둘러싸인 사변형 구역을 벨빌이라고 주장한다. 이 경우 벨빌의 중심은 투르티유, 랑포노, 팔리카오, 쿠론 거리가 된다". 어느 할머니는 "우리는 예전에 벨빌이라고 불렀던 메닐몽탕에서 태어났다"라고, 어떤 이는 "각자 자신의 벨빌이 있다. 나의 벨빌은 레브발 거리를 경계로, 죽 올라가 벨빌 거리까지 포함해 거리 반대편의 빌랭 거리로 이어져 쿠론 거리 쪽으로 다시 내려오는 구역이다"[2]라고 이야기한다.

두 구역은 오래전부터 대조적이었다. "쿠르티유의 술집 손님들과 메닐몽탕의 술집 단골들 사이에는 커다란 차이가 있었다. 메닐몽탕의 술집은 일요일에 가족끼리 와서 한나절을 보내고 가는, 갈랑자르디니에나 바로베르 무도장은 수공업 장인들이 여자들을 만나는 장소였다. 이와 반대로 쿠르티유의 뵈프 루주, 소바주, 카로트 팰랑드뢰즈 무도장은 주로 술꾼과 매춘부가 드나들었다. 메닐몽탕은 정자 아래에서 소박한 사랑을 나누고 차분히 저녁 식사를 하는 곳이었다. 벨빌의 무도회장에서는 통음과 난무, 싸움이 다반사였고, 사람들이 치고받고 심지어는 불독처럼 서로 물어뜯기도 했다."[3] 귀스타브 제프루아의 소설 『견습생L'Apprenti』의 무대는 파리 코뮌 혁명 직후의 벨빌이다. 포미에는 자신의 딸 셀린, 세실과 "생파르조 호숫가에 갔다. 그곳에는 아름다운 포플러 나무가 평온한 호수 위에 그늘을

---

1 "Deuxième promenade", *Rêveries du promeneur solitaire*. 벨빌 대로, 쥘리앵라크루아 거리, 쿠론 거리, 메닐몽탕 거리로 둘러싸인 오트보른의 네모난 땅은 1960년대에 완전히 정비되었다.

2 *Belleville, belle ville, visage d'une planète*, Françoise Morier 책임편집, Paris, Creaphis, 1994. 할머니가 메닐몽탕을 "벨빌이라 부르던 곳"이었다고 이야기한 것은 옳다. 메닐몽탕은 파리에 편입될 당시 벨빌의 일부였기 때문이다. 그런 이유로 파리의 지리적 경계는 모호해졌다.

3 *La Bédollière, Le Nouveau Paris*…, op. cit.

드리우고 있었다. (…) 옛 구역(메닐몽탕) 쇼세의 바로베르 무도장와 쥘리앵라크루아 거리의 엘리제메닐몽탕에 딸들을 데리고 갔다. 엘리제메닐몽탕은 특별한 장소였다. 아름다운 밤나무가 자라는 정원은 편안한 안식처였다. 전통이 보존되어 있었고, 손님과 그들의 태도는 외곽 대로에 있는 무도회장과는 완전히 달랐다. 파리에 간 소녀들은 이 녹음과 이 음악, 이런 풍경 속에서 받는 첫 사랑의 고백과 첫 경험에 대한 향수가 있다."[4] 1950년대에도 여전히 다음과 같은 말을 들을 수 있었다. "나한테 벨빌과 메닐몽탕은 서로 다른 구역이야. '벨빌에 있었어'라고 말하는 것은 약간 불량스럽고 건방진 청소년 같은 느낌이야. 반면에 메닐몽탕에 있었다고 하면 진지해보여. (…) 그때는 그냥 그랬어."[5]

벨빌 거리는 네 개의 구가 교차하는 옛 방벽에서 시작한다. 오스만은 벨빌을 두 개로 나누었고, 그 결과 이 방벽에서 10, 11, 19, 20구가 서로 접하게 되었다. 미국의 산후안강에서 뉴 멕시코, 애리조나, 콜로라도, 유타주가 접하듯 말이다. 『견습생』에 묘사된 벨빌은 "낮 동안은 부산하게 움직이는 노동자와 상인들로 시끌벅적한 구역이다. 삯 마차와 요동치는 합승 마차, 화차와 손수레 사이를 지나가기가 쉽지 않았다. (…) 인도도 혼잡스럽기는 마찬가지였다. 사람들이 줄지어 지나가고, 모여 있고, 수다를 떨고, 가게와 채소 가판 마차에서 장을 봤다. (…) 벨빌의 넓은 거리는 몽루주, 몽마르트르, 포부르 생탕투안, 심지어는 아주 가까운 메닐몽탕과도 닮지 않았다. 벨빌 거리의 초입에는 커다란 판매대를 꽉 채운 포도주 상점이 들어선 건물, 콘서트 홀, 무도회장, 가스로 밝힌 투명 간판의 호텔이 늘어서 있었다. 벨빌 거리의 이 모든 것은 일하는 구역을 떠오르게 하기보다는 아르수유 경의 추억과 쿠르티유 내리막길의 카니발 행렬, 매춘과 싸움이 성행하는 밤거리의 어두운

4 Gustave Geffroy, *L'Apprentie*, Paris, Fasquelle, 1904. 여기에서 외곽 대로란 벨빌 대로, 메닐몽탕 대로를 가리킨다.

5 *Belleville, belle ville*…, op. cit.

세계를 떠오르게 한다".

20세기 초에 외젠 다비는 이 거리에서 "지방 특산물 상점, 맞춤 양복 재단사, 코코리코 영화관, 카페들을 보았다. 카페 포앵 뒤 주르, 비에뢰즈에는 당구대 열대가 있었는데, 저녁 여섯 시부터 웃통을 벗은 남자들이 그 주위를 빙 둘러서 있었다. 노점상들은 싸구려 상품을 풀고, 거리의 부랑아들은 신문을 사라고 소리쳤다. 이따금 몸에 문신을 한 거인이 20킬로그램의 물건으로 저글링을 했다. 마치 항구에서처럼 사람들이 이 교차로에 모여들었다".[1] 현재는 장소의 정신을 빼고는 모든 것이 변했지만 본질적으로 모든 것이 똑같다. 포앵 뒤 주르는 벨빌 거리의 왼쪽이 정비되면서 함께 사라졌다. 카페 비에뢰즈는 아직 있지만 발레스(일명 뱅트라스)가 1871년 5월 27일 토요일과 28일 일요일 밤을 묘사한 건물 자리에 새로 들어선 현대식 건물로 옮겨 자리 잡았다. "우리는 우리를 향해 겨눈 끔찍한 총구에 맞서 대포와 총으로 응수했다. 비에뢰즈 창가에서, 그리고 거리 모퉁이에 있는 모든 건물에서 짚을 넣은 매트로 방어 진지를 구축했다. 매트의 볼록한 틈 아래로 연기가 났다."[2] 두 카페는 대로 중앙의 순회 시장 가건물에 멋지게 재현되었다. 순회 시장은 일주일에 3일간 지하철 입구에까지 자리를 펼쳤다. 자동차 경적 소리, 회전목마, 지하철 입구 주위의 군중, 아랍 출신 거지들의 단조로운 노래, 옥수수 구이 장수, 과일 장수, 밤 장수, 꽃 장수, 인도 주변의 장난감 장수, 플라스틱 카드 지갑 장수, 중국 슈퍼마켓 앞에 두 줄로 늘어서서 물건을 내리는 트럭들로 붐빈다. 벨빌은 여전히 활기가 넘친다.

한때는 증기 케이블카가 "생장바티스트 성당에서 레퓌블리크 광장까지 흔들거리고 삐걱거리며 천천히 내려가고, 다시 천천히 올라갔다. 단돈 10상팀이면 포부르 뒤 탕플과 벨빌 거리를 둘러볼 수 있었다". 이 케이블카는 편리하지만 풍경

1 Eugène Dabit, *Faubourgs de Paris*, op. cit.
2 Jules Vallès, *L'Insurgé*, 1884.

을 감상하기에는 예전만 못한 지하철 11호선으로 교체되었다.[3] 한편 벨빌 거리 아래의 중국 식당과 가게 쪽에는 폴리벨빌 카페처럼 화려했던 시절의 흔적들을 간직하고 있는 장소도 있다. 폴리벨빌 카페는 마욜, 드라낭, 다미아, 조르지우스, 프레엘, 그리고 모리스 슈발리에가 공연했던 뮤직홀을 떠오르게 한다. 그곳에서 몇 미터 위에는 벨빌 극장이 있었다. 뤼시앵 도데는 말했다. "나는 외젠 카리에르, 제프루아, 로댕과 함께 벨빌 극장에 여러 번 갔다. 우리는 위층 자리로 표 네 장을 샀다. 극장 근처의 구이 전문점에서 맛있는 저녁을 먹었다. 식당 입구에서는 닭을 굽고 있었고, 옆에는 빵 가게가 있었다. 우리는 닭 굽는 모습을 바라보고 즐거워했다. 그릴 위에서 우스꽝스러운 자세로 몸을 앞으로 굽혀 사람들의 시선을 끌어당기는 모습은 도미에의 판화에서 본 것과 비슷한 재미있는 구경거리였다."[4] 극장은 훗날 영화관으로 바뀌었다. 영화관은 제1, 2차 세계대전 사이에 벨빌 대로와 성당 사이에 있었던 열두 개 영화관 가운데 하나로 공포영화를 전문으로 상영했다. 플로레알에서는 에드워드 G. 로빈슨과 제임스 캐그니가 나오는 갱스터 영화를, 파라다이스에서는 코미디 뮤지컬 영화를, 알함브라에서는 서부극을, 코코리코에서는 소련 영화를, 벨뷔에서는 이디시 영화를 상영했다.[5]

벨빌 어디서나 볼 수 있는 중국인은 오랜 시간에 걸쳐 이어진 이민자 행렬 중 가장 늦게 자리 잡았다. 중국인은 20세기 초 유대인 박해를 피해 이민 온 러시아와 폴란드 유대인의 뒤를 이어 벨빌에 정착했다. 러시아와 폴란드 유대인은 자신

---

3 Eugène Dabit, *Faubourgs de Paris*, op. cit. 1990년대 말 포부르 뒤 탕플 거리와 파르망티에 대로 모퉁이에는 신발 가게가 있었고, 케이블카 정류장 자리에는 핸드폰 상점이 들어섰다.

4 Léon Daudet, *Paris vécu*, op. cit. 폴리벨빌은 벨빌 거리 8번지에, 벨빌 극장은 46번지에 있었다. 귀스타브 제프루아는 그의 소설 『견습생』에서 이 극장을 자세히 묘사했다. "극장에서는 이 작은 마을의 서로 다른 계급들이 이따금 적대감과 욕설을 주고받았다. 서민들이 앉는 값싼 위층 좌석의 소음은 1층 관람석과 특별석에 조용히 앉아 있는 부자 관람객들의 신경을 건드렸다. 과하게 치장한 여자들 때문에 객석이 술렁였고, 그것 때문에 때로는 말다툼과 싸움이 벌어졌다."

5 Clément Lépidis, "Belleville mon village", *Belleville*, Paris, Veyrier, 1975.

들의 고향 우치, 민스크 또는 비알리스토크의 공장에서 익힌 기술을 바탕으로 의류와 직물 노동자의 전통을 벨빌 언덕 아래에 옮겨 심었다. 1920년대 벨빌에는 노동조합 CGT의 모자 제조 노동자 지부가 있었는데, 그들 조합 깃발에는 이디시어가 사용됐다. 또한 유대인의 직업이라고 여겨졌던 가죽 판매상, 모피 판매상도 있었다. 쥘리앵라크루아 거리의 유대인 회당에서는 이디시어를 썼고, 식당 뤼미에르 드 벨빌 메뉴에는 바르샤바에서처럼 게필테피시와 피켈플라이슈가 있었다. 동유럽 유대인의 뒤를 이어 1918년에 이동한 두 번째 이민자들은 터키의 압제를 피해 온 아르메니아인이었다. 아르메니아인 공동체는 주이루브 거리와 비송 거리 주변에 모여 있었는데 신발 전문 기능공들이었다. 뒤이어 소아시아에서 추방당한 그리스인이, 1933년에는 독일에서 탈출한 유대인이, 1939년에는 스페인 공화국의 망명자들이 들어왔다. 한편 유대인이 벨빌 구역에 가장 많이 모여 살았기에 1942년 7월 유대인 대규모 검거 때 프랑스 경찰은 큰 어려움 없이 그들을 체포할 수 있었다. 그때 잡혀 벨빌에서 드랑시를 거쳐 아우슈비츠로 끌려간 유대인 수는 8000명으로 추산된다.

제2차 세계대전 이후에는 국가 재건을 위해 알제리인을 이민자로 받아들였다. 라 샤펠, 벨빌 구역은 알제리 전쟁 동안 알제리 민족 해방 전선의 주요 거점이었다. 이 구역들에 알제리인이 많이 살았지만, 한편으로 1960년대에는 알제리 태생 프랑스인을 칭하는 피에누아르, 특히 튀니지 유대인이 대규모로 정착했다. 벨빌 거리와 메닐몽탕 거리 사이의 비송 거리와 퐁테노루아 거리는 두 구역의 경계였다. 레몽, 랑포노, 팔리카오 거리로 둘러싸인 벨빌 쪽에는 유대인이 운영하는 식료품점, 과자점, 코셔 식당이, 메닐몽탕 쪽에는 북아프리카 출신을 위한 여행사, 이슬람 전문 서점, 카빌족 카페(지하철역 인근에 있는 멋진 카페 솔레이를 포함해서)가 있다. 상점 구성을 통해 볼 수 있는 이런 경계에도 이 구역 주민들은 평화롭게 어울려 산다. 유대인 할머니가 과자점 테라스에 앉아 차를 마시고, 전통 의상인 부부를 입은 흑인 엄마가 아이를 등에 업고 시장에 가려고 포부르를 올라가고, 리투아니아 빌나에서처럼 정통파 유대인이 검은 모자를 쓰고 있고, 늙은 노동자들이 한데 모여 햇볕을 쬐며 아랍어나 카빌어로 아마도 관용과 인간애로 가득 찬 대화를 나눈다.

메닐몽탕

벨빌 구역이 끝나고 메닐몽탕 구역이 시작되는 지점의 대로에는 따로 명칭이 없다. 기슭에 우아하게 반원형으로 늘어서서 도심을 내려다보는 건물들, 메닐몽탕 광장에 서 있는 개오동나무 아래의 지하철역, 중앙 분리대의 빈 공간, 이 풍경 전체가 벨빌 방벽보다 훨씬 더 조용하다. 메닐몽탕 거리는 넓고 곧게 뻗은 경사로를 따라 언덕을 향하고, 오베르캉프 거리는 파리 중심까지 이어진다. "자코메티와 나는, 그리고 아마도 몇몇 파리 시민은, 파리가 대단히 우아하고 섬세하며 고상하고, 매우 독특하면서도 상당히 부드러운 회색빛 거리를 품고 있다는 것을 안다. 그곳은 오베르캉프 거리로, 언덕 훨씬 위쪽에서는 자연스럽게 이름을 바꾸어 메닐몽탕 거리로 불린다. 메닐몽탕 거리는 뾰족한 첨탑처럼 하늘까지 아름답게 가닿는다. 볼테르 대로에서부터 자동차로 이 길을 지난다면, 올라갈수록 길이 독특한 방식으로 이어지는 걸 볼 수 있다. 건물이 양옆으로 퍼지는 대신에 한 곳으로 모여들고, 매우 간결한 건물의 정면과 박공이 등장하는 식이다. 이는 평범한 풍경이지만 이곳의 개성이 되어 친근하면서도 거리감이 있는 장점으로 스스로를 물들인다."[1]

벨빌이 성당 주위로 수예점, 제과점, 치즈 가게, 서점이 모여 있는 커다란 마

1 Jean Genet, *L'Atelier de Giacometti*, Paris, L'Arbalète, 1963.

PARIS
THEATRE
DRAME
THEATRE DE BELLEVILLE
M. René GRAVIER
TOUR DU MONDE A PIED
MOUSTACHE
LOCATION
DE PRIX
THEATRE DE BELLEVILLE
1123 - Théatre de Bellevil

THEATRE DE BELLEVILLE
M. René GRAVIER
TOUR DU MONDE A PIED
1908

앞 페이지

1900년경의 벨빌 극장. 우편엽서. 벨빌 극장은 제1, 2차 세계대전 사이에 영화관으로 바뀌었다가 현재는 중국 식당이 되었다.

을 같다면 메닐몽탕은 시골 같다. 테농 병원과 20구 구청 사이의 쉰 거리에서는 위스망스가 보았던 "작은 집들과 작은 정원으로 아기자기하게 꾸며진 시골의 작은 골목길의 예쁜 모습"을 더 이상 찾아볼 수 없다. 그 후로 시대가 많이 변했기 때문이다. "이 커다란 구역에서 여자들과 아이들은 박한 급여 때문에 영원히 빈곤의 운명을 벗어나지 못한다. 쉰 거리와 만나는 파르탕 거리와 오르필라 거리는 구불구불하며 갑자기 우회한다. 나무로 허술하게 친 네모난 울타리, 방치된 작은 정자, 자연 상태로 돌아간 황폐한 정원에 소관목과 잡초가 무성하게 자라는 오르필라 거리는 황량한 고요함을 준다."[1] 그러나 메닐몽탕에는 여전히 소관목과 잡초가 무성하게 자라는 공터, 작은 뜰로 둘러싸이고 보도블록이 깔린 통행로가 있다. 그리고 그곳 거리들의 이름은 수세기 동안 파리에 물을 공급한 북쪽의 수원을 상기시킨다. 카스카드, 리골, 마르, 뒤에, 쿠르데누 같은 명칭은 옛 프랑스 말로 샘물이나 시냇물을 의미한다. 이 거리를 따라 이끼로 덮인 돌담과 옛 하수관의 배수로가 나 있다. 그중 가장 아름다운 배수로는 사비 거리 꼭대기의 카스카드 거리에 있는데, 앙리 4세 시대에 지어졌다. 생시모니앵 통행로와 가까운 타클레 거리, 조르지나 별장, 에르미타주 별장은 앙팡텡 신부가 이곳에서 세상과 거리를 두고 죽은 스승을 기리고자 노력한 이래로 그렇게 크게 변하진 않았다.

샤론

메닐몽탕과 샤론 사이의 페르라셰즈는 상업 발달과 유행으로부터 보호되어 옛

---

1 Huysmans, *Croquis parisiens*, op. cit.

1829년 페르라셰즈 공동묘지. 크리스토프 시브통의 수채화, 데스타외르 컬렉션, 파리, 국립도서관. 왼쪽에는 왕정복고 시대의 반대파 핵심 인물인 푸아 장군 기념물이 보인다.

아름다움을 간직하고 있다. 페르라셰즈 공동묘지에서 장소의 정신은 언제나 시간의 정신을 뛰어넘는다. 벨빌과 샤론의 옛 마을들 사이의 행정적 경계는 예전에는 서쪽으로 훨씬 더 치우쳐져 있었지만(파르탕 거리, 빌리에드릴아당 거리 쪽으로) 현재의 페르라셰즈는 샤론에도, 벨빌에도 속하지 않고 두 구역의 경계에 있다. 18세기에 남쪽의 작은 언덕과 접해 있던 샤론 구역은 포도밭으로 완전히 뒤덮여 있었고, 모든 종류의 갱게트가 있었다. 자요에 따르면 갱게트라는 말은 "아마도 이 술집, 겡게트에서 사람들이 갱게라고 부른, 파리 일대에서 수확한 포도로 담근 싸구려 포도주만을 팔았단 사실에서 비롯되었다".[1] 샤론 구역의 에, 클로, 그랑샹, 플렌, 마레셰, 비뇰(현재 비뇨블 거리), 오르토orteaux(이유는 알 수 없지만 이 거리의 명칭은 '정원, 농장'이라는 뜻의 라틴어 hortus에서 파생되었다) 같은 거리의 명칭은 과거 이 구역이 농촌이었던 것과 관련이 있다.[2] 아마도 이곳이 농촌을 배경으로 형성되었고, 주목할 만한 건물이나 역사적 사건이 없기도 했기 때문일 텐데, 이는 샤론 구역이 샤론이라는 명칭을 중요한 거리, 대로, 지하철역에 남겼음에도 뚜렷한 정체성이 없음을 뜻한다. 샤론에 산다고 말하는 사람은 거의 없다. 그들 대부분은 옛성이 있던 곳에, 교회 주위에, 예전에는 작은 마을이었던 중심가에 살았다. "라트레를 거쳐 벨빌로 내려오면 그곳에서 2킬로미터 떨어진 곳에 점점이 흩어져 있는 정원 딸린 집들이 있고, 입구에는 시골풍의 조악한 종루가 서 있는 작은 마을을 만나게 된다."[3]

사실 샤론 구역은 언덕 위쪽에서부터 내려오면서, 예를 들면 스탕달 거리(파란색 바탕에 흰색 글자가 적힌 이 거리의 표지판에는 스탕달이 리테라퇴르littérateur[3]라고 이상하게 적혀 있다)로 내려오면서 보는 것이 더 좋다. 레몽 크노는 이 거리가 쓸쓸하다고 했다. "파리에서 가장 쓸쓸한 거리들로는 빌리에드릴아당 거리,/ 보들레르 거리,/ 그리고 스탕달 거리로 알려진 앙리베일 거리를/ 들 수 있다./ [사람들은] 정말로 이 거리들을 정성스럽게 돌보지 않았고/ 심지어는 손봐야 한다고까지 생

---

1 Jaillot, *Recherches critiques, historiques et topographiques*…, op. cit.

2 에는 울타리, 클로는 밭, 그랑샹은 넓은 들판, 플렌은 평야, 마레셰는 채소밭, 비뇰은 포도밭을 뜻한다. — 옮긴이

3 문학자라는 뜻. 현재에는 쓰이지 않는 단어로 약간 경멸적인 의미를 담고 있다. — 옮긴이

4 La Bédollière, *Le Nouveau Paris*…, op. cit. 17세기에 지은 샤론성에는 커다란 공원이 있었다. 일레레에 따르면 이 공원은 레위니옹 거리와 프레리 거리가 바뇰레 거리와 만나는 지점에서 경계 지어졌다. 리스프랑 거리와 레위니옹 거리는 페르라셰즈 안쪽의 코뮌 전사의 벽까지 이어졌을 것이다.

각했다./ 그 결과 이 거리를 파리에서 가장 쓸쓸한 거리로 만들었다."[5] 피레네 거리에서 갈라지면서 급격하게 휘어지는 스탕달 거리 모퉁이에는 폐병 앓는 사람들을 치료하는 무료 진료소가 1910년대부터 있었다. 지금은 거의 지워졌지만 건물 윗부분의 튀어나온 박공에 휴양 도시 생라파엘의 광고와 오일 샴푸, 카도리생이라는 광고 문구가 희미하게 보인다. 스탕달 거리의 이 몇 미터는 20세기 전반기의 파리, 결핵 백신 BCG와 크리스마스 실부터 앙드레 케르테스와 포스트 파리지앵까지를 집약해 보여주는 것 같다. 스탕달 거리의 경사면을 따라 좀더 올라가면 공동묘지의 커다란 밤나무와 생제르맹드샤론 성당의 뾰족한 종루가 보인다. 샤론 급수장의 잔디를 지나면 파크드샤론 거리에 도착한다. 이 거리 끝에 있는 뤼시앵뢰벵 거리는 커다란 현대식 건물이 들어서면서 막다른 골목길이 되었지만, 파리의 거리 중 소설 주인공의 이름이 붙은 유일한 거리다. 뤼시앵뢰뱅 거리에서 멀지 않은 몽테크리스토 거리의 명칭 역시 소설 주인공 이름에서 비롯됐지만, 그것은 주인공 이름이기 이전에 섬의 명칭이었다. 이 소설 또한 미완성이다. 제2제정기의 치욕스러운 인물들의 이름은 따온 모든 거리를 소설 속 인물 이름으로 교체할 수 있는 날이 온다면 그날은 역사적인 순간이 될 것이다. 항복을 주장한 장군, 널리 알려진 얼간이, 반란을 획책한 의장의 이름을 딴 맥마혼 대로는 마농레스코(또는 예외적으로 누벨바그의 역사적인 작품을 기념하는 의미에서 안나 카리나 대로로 부를 수도 있을 것이다) 대로로, 뷔조 대로는 프랭스 미슈킨 대로로, 마젱타 대로는 외젠 라스티냐크 대로로, 말라코프 대로는 샤를 스완 대로로, 알마 다리는 장발장 다리로, 튀르비고 거리는 몰플랑드르 거리로 바꿀 수 있을 것이다. 이렇게 바꾸는 일은 아마도 대대적인 작업일 것인데, 직접 헤아려보니 나폴레옹 3세의 이탈리아, 크림반도, 그리고 멕시코 원정 때 그와 함께 한 인물들의 이름에서 따온 파리의 거리

5 Queneau, *Courir les rues*, op. cit.

가 서른한 곳이나 되기 때문이다. 제국주의 시대와 공화국 시대에 식민지 정복에 공을 세운 인물들을 제외하고도 그 정도다.

파크드샤론 거리에는 페르라셰즈 공동묘지로 난 작은 문이 있다. 삼각모를 쓴 남자의 동상이 담장에 바싹 붙어 서 있는데 한 손에는 지팡이를, 다른 손에는 꽃다발을 들고 있다. 그 동상의 주인공은 훗날 원예사가 된 로베스피에르의 비서로 알려져 있다. 로베르 브라시야크(1945년 2월 6일)의 묘는 없애지 않고, 1998년 처남 모리스 바르데슈와 합장했다. 비탈길 아래쪽에는 다른 곳보다 높이 조성된 샤론의 아주 오래된 성당이 바뇰레 거리와 마을의 옛 큰길이었던 생블레즈 거리의 풍경을 굽어보고 있다(생블레즈는 기적을 행한 동유럽의 위대한 성인으로 어떤 이들은 아르메니아의 블레즈 드 세바스트 주교라고, 또 다른 이들은 카파도키아의 카이사레아 주교라고 부른다. 316년에 사망했으며 특히 목이 아픈 사람이나 독사에 물린 사람이 그의 이름을 부르며 기도를 한다).[1]

바뇰레 거리(바뇰레 거리에서는 페르라셰즈의 담장 너머로 나무들이 막다른 골목 끝으로 고개를 삐죽이 내민 모습이 보인다)와 프롤레타리아의 거리이자 평지로 이어지는 아브롱 거리 사이에 있는 샤론의 마지막 작은 언덕에는 마을의 옛 거리들과 복잡하게 얽힌 최근에 조성된 거리들이 라 샤펠 외곽을 따라 나 있다. 이 거리들은 파리에서 가장 멀리 떨어져 있다. 야생의 숲이 있는 환상선 철로를 따라 나 있는 마레셰르 거리, 덩굴로 뒤덮인 마그리트 양식의 기차역 폐허를 볼 수 있는 페르낭강봉 거리, 창고들이 있는 볼가 거리와 그랑샹 거리, 그리고 내가 좋아하는 비뇰 거리가 파리에서 가장 멀리 떨어진 거리들이다. 이곳에는 집들 사이로 수에, 콩피앙스, 크랭, 베르가므 같은 막다른 골목길, 디외 통행로 맞은편의 사탄 골목길, 그리고 노동조합 CNT의 깃발이 휘날리는 이름 없는 막다른 골목길이 미로처럼 나

1 Amédée Boinet, *Les Églises parisiennes*, T. I, Paris, Minuit, 1958.

있다. 비좁은 골목길 곳곳은 울타리, 공방, 부서진 대문으로 막혀 있다. 이곳은 위스망이 애정을 갖고 묘사했던 쉰 거리의 모습을 떠오르게 한다. "쉰 거리에는 모든 것이 엉망이다. 담장도 없고, 벽돌로 지은 집도, 석재로 지은 집도 없다. 포장도 안 된 길은 가운데에 팬 도랑으로 경계가 나뉜다. 이끼 낀 녹색 대들보와 금갈색 역청으로 칠한 대들보로 만든 울타리는 무너져 온통 덩굴로 덮였다. 마치 철거 현장에서 옮겨놓은 것 같다. 쇠시리의 미묘한 회색빛이 여러 주인을 거치며 켜켜이 쌓인 때를 뚫고 나온다."[2]

베르시

쿠르 드 뱅센 도로를 지나 생망데의 코뮌을 희생시키며 12구에 편입된 지역에 진입하면 딴 세상이 펼쳐진다. 이 지역에서 총괄징세청부인 성벽은 피크퓌스 대로, 뢰유 대로, 펠릭스에부에 광장(현재 도메닐 지하철역)으로 눈에 띄게 튀어나와 있다. 지도에서 보면 이상하지만 현장에서 보면 이해가 된다. 이 성벽은 센강과 뱅센 숲을 굽어보는 고원 가장자리로 이어진다. 라 베돌리에르에 따르면 "벨에르는 트론 광장과 생망데 대로를 연결하는 대로다. 이런 이름을 붙인 것은 고원의 맑은 공기 때문이다. 여기에는 기숙 학교, 요양원, 수도원이 많다". 클로드데캉 거리는 비탈길을 따라 급경사를 이루며 도메닐 광장에서 뱅센 숲으로 나 있고, 텐 거리는 베르시와 센강 쪽으로 뻗어 있다.[3] 언덕 아래에서 리옹역의 철로와 나란히 난 샤랑통 거리는 바스티유에서 시작된 긴 여정을 파리 외곽 대로와 만나는 지점에서 끝낸다. 이곳 외곽 대로의 이름은 포니아토프스키 대로로, 이 대로의 모퉁이에서 샤

---

2 Huysmans, *Croquis parisiens*, op. cit.

3 도메닐 광장의 분수대는 앞에서 보았듯이 샤토도 광장(현재 레퓌블리크)의 두 번째 분수였다. 클로드데캉 거리는 과거엔 뢰유 도로였다.

1930년경 베르시의 포도주 창고. 샤를 델리우스 사진.

랑통 거리의 마지막 몇 미터는 환상선 철도의 녹슨 철로 위로 난 다리를 지나간다. 샤랑통 거리 마지막 지점이자 이 외진 구석의 유일한 옛 영토인 베르시의 작은 공동묘지 입구 맞은편으로는 파리 동남쪽 교외 지역의 콘크리트 바다가 펼쳐진다. 위스망스가 이야기한 것처럼 "도시의 발아래에서 피곤에 지쳐 누워 있는 평야의 끔찍한 풍경"을 볼 수 있는 것이다.

샤랑통 거리와 센강 사이의 리옹역 철로를 지나가기만 하면(쉬운 일은 아니지만) 완전히 다른 구역인 베르시로 넘어간다. 베르시성의 공원은 센강과 샤랑통 거리[1]

1　당시의 샤랑통 거리는 당시엔 콩플랑으로 불렸던 현재의 샤랑통 거리로 이어졌다. 공원의 양쪽은 그랑조메르시에 거리(현재 니콜라이)와 샤랑통 구역의 리베르테 거리로 둘러싸였다.

로 둘러싸여 있었다. "프랑수아 망사르가 설계한 베르시성은 형태가 규칙적인 건물이다. 사방으로 전망이 탁 트여 상쾌한 느낌을 주었고 독특하고 값나가는 회화로 장식되어 있었다. (…) 정원은 넓었고, 1706년부터는 오솔길, 동상, 강가를 따라 만든 긴 테라스로 꾸며졌다. 이 화려한 성은 전 왕립 재정총감 베르시의 소유였다."[2]

섭정 시대에 재력가들과 귀족들은 센강을 따라 베르시 구역 하류에 별장을 지었다. 파리 형제의 별장이 가장 유명했는데, 사람들은 이 별장을 파테파리라고 불렀다. 이 구역에는 파리 반대편에 있는 푸앵 뒤 주르처럼 튀김과 생선 요리 전문 술집들도 있었다.

베르시에는 선착장이 두 곳 있었는데, 한 곳은 석고와 유목流木을 위한, 다른 한 곳은 포도주를 위한 선착장이었다. 프랑스 혁명 이후에 포도주 도매상인들의 창고가 하나둘씩 베르시 구역에 들어섰고 베르시성이 철거된 1861년까지 유지되었다. 이전에는 티에르 수상이 지은 요새들에 의해 성의 정원이 둘로 나뉘었다(정원 일부는 파리 바깥쪽에 있었다). 이어서 리옹역의 철로가 정원을 또 다른 방향에서 다시금 나누었고, 이것이 마지막이었다. 정원의 화려함은 베르사유의 화려함과, 조금 더 정확히는 템스 강가에 크리스토퍼 렌이 설계한 그리니치 병원에 견줄 만했다. 포도주 창고 자리에 조성한 베르시의 새 공원은 꽤 가파른데, 직선 형태로 길게 뻗은 대지의 형태 때문에 경사를 피할 다른 방법은 없었다. 그러나 포장도로, 철길, 정자, 오래된 플라타너스 등 과거의 흔적들은 요령 있게 잘 통합되었다. 센강변 고속화 도로에서 공원을 분리시키는 계단식 관람석은 잘 정비되었고, 그 반대편에 새로 세워진 건물들은 프롱 드 센과 벨빌 언덕 시대 이후의 파리 건축물의

---

2 Hurtaut et Magny, *Dictionnaire historique*…, op. cit. 이 부분에서 저자들은 실수를 했다. 성은 프랑수아 망사르가 아니라 루이 르 보가 설계했다. 베르시 구역이 재무와 관련된 것은 최근의 일이 아니다. 다음의 1715년에 쓴 시에서 볼 수 있듯 베르시 영주들의 탐욕은 유명했다. "녹인 금으로 베르시가/ 자신의 탐욕에 만족하기를/ 그리고 처형의 공포에도/ 탐욕을 돌려준 후에 죽기를."

변두리 지역의 주민들, 슈아지 문, 1913년. 외젠 아제 사진, 파리, 카르나발레 박물관.

발전을 가늠할 수 있게 해준다.

❋

1919년 4월 19일, 제1차 세계대전에서 승리한 프랑스는 파리의 요새화된 성곽을 '폐기'하는 것에 대한, 다시 말해 철거에 대한 투표를 진행했다. 총괄징세청부인 성벽과 마찬가지로 이 요새화된 성곽도 80년간 유지되었지만 요새의 군사적 역할로 그 일대는 하나의 폐쇄적인 지대가 되었다. 즉, 입시 관세 성벽을 따라 난 활기찬 시장과는 아주 다른 장소가 되었다. 플로베르의 『감정 교육L'Éducation sentimentale』 속 프레데리크는 요새 공사가 완전히 끝난 1848년에 파리로 들어갔다. "나무판자의 둔탁한 소리에 그는 잠에서 깼다. 사람들이 샤랑통 다리를 건너고 있었다. 이곳은 파리였다. (…) 멀리서 공장 굴뚝에서 연기가 피어올랐다. 이어 사람들은 이브리 쪽으로 방향을 틀었다. 그들은 거리를 따라 올라갔다. 갑자기 팡테옹의 둥근 지붕이 그 앞에 나타났다. 뒤죽박죽된 평야는 폐허처럼 보였다. 폐허가 된 평야에서 요새의 성곽은 수평으로 펼쳐진 산마루를 이루었다. 도로와 경계를 이루는, 흙으로 다진 인도 위의 가지 없는 작은 나무들은 못을 박아 세운 널빤지로 둘러쳐져 있었다. 화학 제품 제조 공장은 목재상 작업 현장과 나란히 있었다. (…) 칙칙한 빨간빛의 술집들이 길게 늘어서 있었다. 2층 창문 사이에 둥글게 그려진 화환에는 당구 큐대 두 개가 걸려 있었다. (…) 작업복 입은 노동자들, 맥주통 운반하는 마차, 세탁물 실은 마차, 도살업자의 짐수레가 지나갔다. (…) 사람들이 오랫동안 방벽 앞에 서 있었다. 닭 장수, 짐마차꾼, 그리고 염소 떼가 지나갔기 때문이다. 군용 외투를 뒤로 젖힌 보초병이 몸을 덥히려고 초소 앞을 왔다갔다 했다. 입시 관세 사무실의 관리인이 마차 지붕 위로 올라갔고 나팔소리가 울려 퍼졌다. 사람들은 빠른 속도로 대로를 내려왔다. (…) 마침내 파리식물원의 철책이 열렸다."

이 아주 오래된 시기와 공공임대주택 HBM이 건설된 1920~1930년대 사이에 이 지대는 상당히 진부한 대중 문학의 소재가 되었는데, 이곳에 남은 우울한 시적 정취의 흔적은 문학보다는 오히려 사진에서 찾아야 한다. 특히 아제는 이탈리아 문에 있는 주거용 트레일러 계단에 앉아 있는 파리 변두리 지역의 가족, 포테른 데 푀플리에의 수풀 무성한 비탈길 위에 함석과 널빤지로 지은 가건물, 파리 입구의 비에브르강의 눈 덮인 풍경, 마세나 대로에서 외바퀴 수레를 끌고 가는 넝마주이, 세브르 문 근처의 도랑, 도핀 문 앞에 뒤얽혀 있는 식물 등을 찍었다. 이 침묵의 세계에서 자연은 짓눌린 탓에 더는 비참한 사람들을 맞이할 수 없었다. '파리의 요새'가 철거된 후에도 슬픔은 오랫동안 지속되었다. 클리냥쿠르 문 근처 공터의 진흙탕과 안개로 덮인 주거용 트레일러 위에 서툴게 쓰인 '죽음의 벽'이라는 글자, 「죽음의 벽MUR de la MORT」이라는 제목을 가진 이 글자의 사진은 로버트 프랭크의 1949년 작품으로 현재는 금지된 위험한 구경거리를 보여준다. 오로지 원심력에만 의지해 오토바이를 탄 채로 커다란 원통 안을 도는 모습을 담은 것이다.

파괴된 요새의 자리에 낸 외곽 대로들과 그 대로를 따라 늘어선 공공임대 주택들에는 플로베르, 아제, 그리고 카르코의 시대를 떠오르게 하는 게 거의 남지 않았지만, 이 경로를 지나는 파리 여행이 단조로운 것만은 아니다. 이 거리의 고층 건물들은 단조롭지 않으며, 파리 외곽이 갖고 있는 동질적인 특성도 없다. 이 외곽 대로들은 대로가 둘러싼 주변 구역들만큼이나 다양하다. 적막한 마크도날드 대로는 클로드베르나르 병원 자리의 공터를 따라 곧게 뻗어 있으며 오베르빌리에 문과 라 샤펠의 커다란 입체 교차로 사이의 네 대로는 해체되었다. 오노레드발자크 고등학교의 회색빛 콘크리트 덩어리로 이어진 베시에르 대로의 병영은 베르티에 대로의 작은 개인 저택들과는 공통점이 하나도 없다. 샹페레 문 쪽의 울긋불긋한 벽돌로 재치 있게 꾸민 건물이나 솜 대로를 따라 늘어선 건물들은 루스 중학교의 학생이 설계한 것처럼 어설프다. 불로뉴 숲 쪽에는 더 이상 공공임대주택이 없다. 란 대로와 쉬셰 대로의 파리 쪽에는 기념비적인 건축물, 건물 모퉁이를 조각한 지붕이 둥근 건물, 거대한 장식용 벽기둥과 석재 받침기둥으로 발코니로 꾸민 건물 등 1910년대에 지은 화려한 집들이 늘어서 있다. 그리고 불로뉴 숲 쪽에는 대리석, 청동 조각상으로 꾸민 1930년대 양식의 저택들이 있다. 키테라섬의 호화로운 부두와도 같은, 분홍빛 마로니에로 둘러싸인 뮈에트 문과 콘크리트와 소음 탓에 다가설 수 없는 팡탱 문을 비교하려면 빅토르 위고 같은 인물이 필요할지도 모른다. 파리 외곽 순환 도로는 그 팡탱 문에서 행인들의 눈높이로 지나고, 도로 아래에는 긴 구덩이에 묻힌 세뤼리에 대로가 있다. 대로를 가로질러 갈 수 있는 유일한 생명체는 빨간 신호등에도 구걸을 하며 살아남으려고 애쓰는 르보프나 티라스폴 출신 이주민뿐이다. 이 역시 본질적으로 파리의 또 다른 극단적인 한 풍경이다.

제2장

혁명의 파리

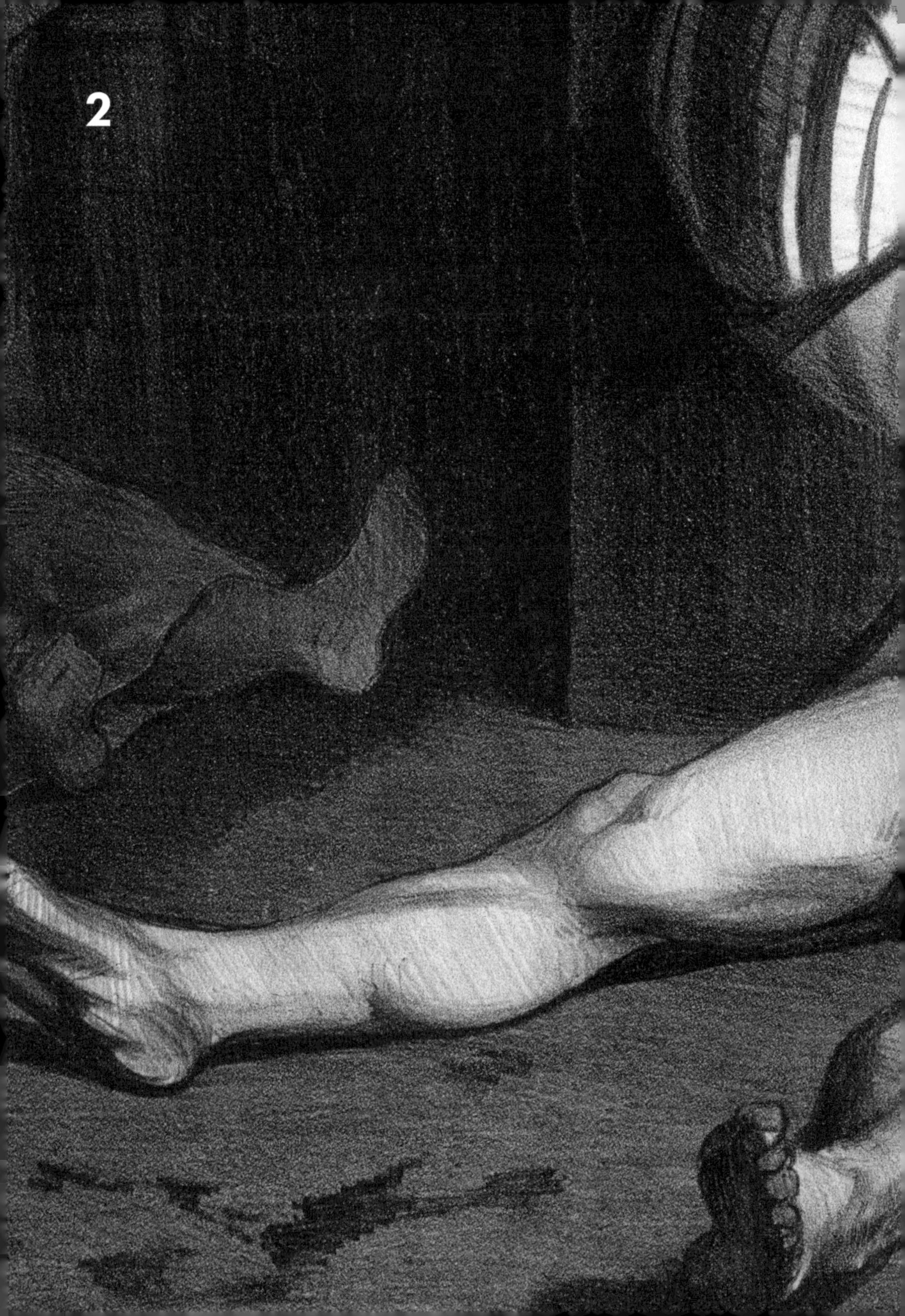
2

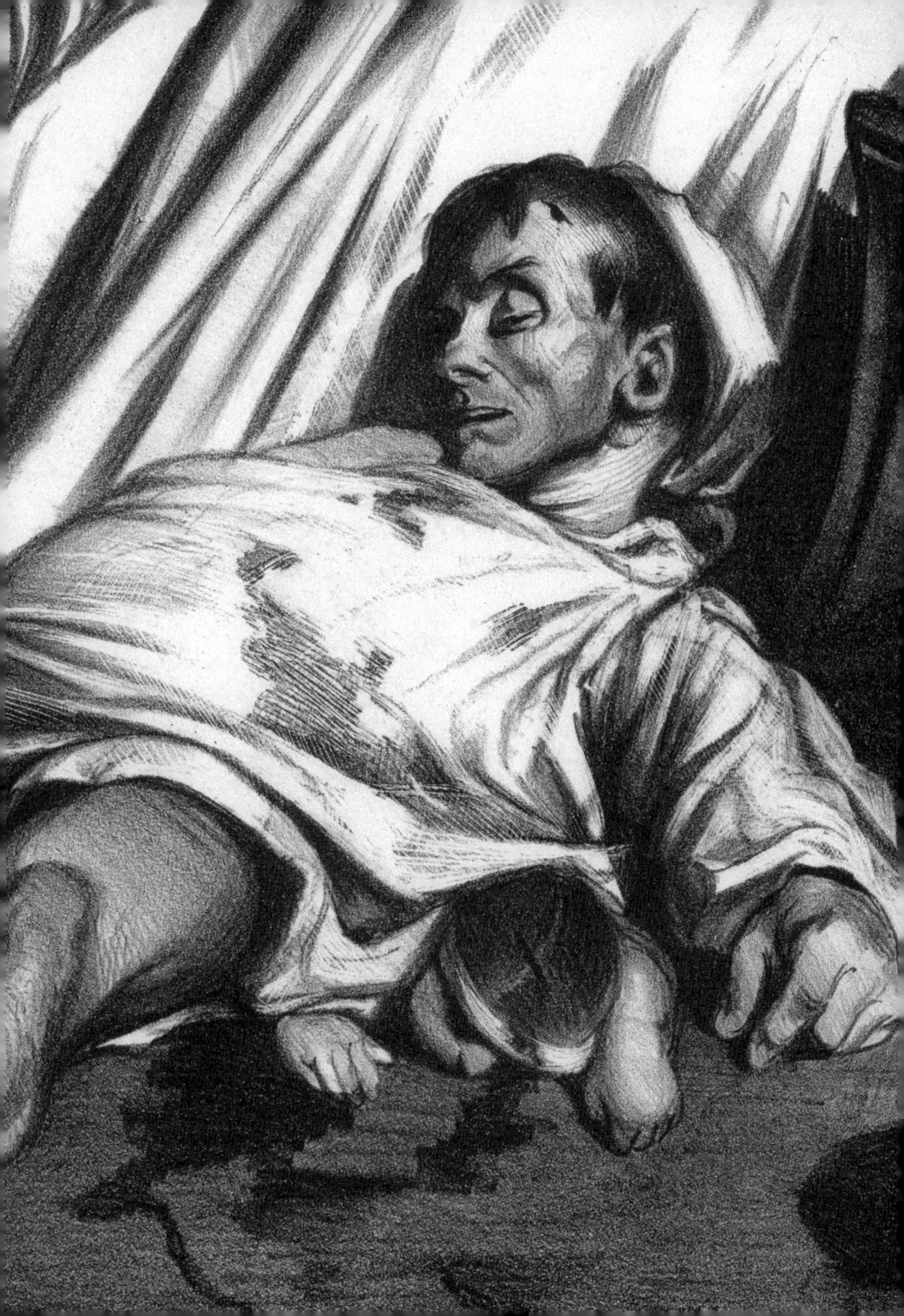

3

HOTEL
PAIX

앞 페이지

1 1871년 5월, 샤토도 광장의 바리케이드. 바로 이곳에서 샤를 들레클뤼즈가 죽었다. 작가 미상 사진. 부분.

2 오노레 도미에, 「트랑스노냉 거리의 학살Le Massacre de la rue Transnonain」, 1834년. 석판화, 파리, 국립도서관, 부분.

3 1848년 6월 23일 포부르 뒤 탕플 공격, 작가 미상 석판화, 파리, 국립도서관, 부분.

태양이 불태우는 너의 금속 돔,
매혹적인 목소리의 너의 극장의 여왕들,
너의 종소리, 너의 대포 소리, 귀를 멍하게 하는 오케스트라,
요새 속에 세운 너의 마법의 보도블록,
바로크적으로 과장하는 너의 작은 웅변가들은
사랑을 설교하고, 이어 피로 가득 찬 너의 하수구들은
오리노코강처럼 지옥으로 흘러 들어간다.

_ 샤를 보들레르, 『악의 꽃』, 1861년 판의 에필로그 초안.

샤론 구역의 생블레즈 거리와 리블레트 거리가 만나는 지점에 있는 작은 건물 출입구는 다른 건물과 비슷하지만 입구에 두 개의 대리석 표지판이 마주본다는 점이 다르다. 왼쪽 표지판에는 "이곳에는 카딕스 소스노프스키가 살았다. 프랑스인 의용 유격대원이 독일군에게 총살당했다. 1943년 5월 26일, 열일곱 살의 나이에 프랑스를 위해 목숨을 바쳤다"라고 쓰여 있다. 오른쪽 표지판에는 진지한 표정을 한 열다섯 살가량의 소년 얼굴과 함께 "이곳에는 의용 유격대 소속의 브로비옹 앙리가 살았다. 파비앵 여단의 군인으로 1945년 1월 18일, 알자스의 압생에서 전사

했다"라고 상기시켜준다.

아마도 카딕스가 그의 친구 앙리를 레지스탕스로 이끌었을 것이다. 나는 "살인자, 폴란드계 유대인, 스무 살, 일곱 번의 테러, 그 가운데에는 파리 한복판 트로카데로 근처에서 나치 친위대 율리우스 라이터 장군을 살해한 일도 포함된다"라고 적힌 붉은 포스터 속에 다부진 슬라브인 골격에 자신만만한 눈길로 쳐다보는 마르셀 라즈망의 얼굴을 보면서 카딕스도 라즈망과 비슷한 모습이 아닐까 상상해본다. 라즈망의 부모는 벨빌과 메닐몽탕에 사는 다른 사람들처럼 1920년대에 폴란드에서 건너왔을 것이다. "나의 아버지는 이른바 조끼 재단사였다. 아버지는 윗저고리, 외투 등을 만들었다. (…) 아버지의 직업은 프랑스인들이 기피했던 일이

추모 표지판, 생블레즈 거리, 에리크 아장 사진.

었다. 랑포노 학교에서 우리 모두는 작은 혁명가였다. 공산주의자, 인민 전선. 그러나 그것이 무슨 뜻인지도 몰랐다. 빨간 깃발을 보면 꼬맹이들은 전부 그 뒤를 따라갔다. 폴란드에서 불법으로 프랑스에 온 형제자매 모두 증명서도 없었고, 프랑스어를 할 줄도 몰랐고, 체류허가증도 없었고, 직업도, 돈도 없어서 재봉질을 시작했다."[1]

너무나도 자연스럽게 이민자의 아이들은 레지스탕스에 들어갔다. "나는 어린 시절을, 열여덟 살까지 이곳 생드리에르 거리에서 보냈다. 비시 정부의 경찰

---

1 Étienne Raczymow, *Belleville, belle ville*…, op. cit.

이 나를 체포하려고 찾아다녔을 때 나는 점령되지 않은 지역으로 가서 몸을 숨기고 벌목 인부로 일했다. 레지스탕스 활동으로 수배 중이었기 때문이다. 전단을 나누어주거나 페닉스, 메닐팔라스 같은 메닐몽탕에 있는 영화관들에서 전단을 뿌렸다는 이유로 그렇게 되었다. 앙드레 뷔르티와 함께했는데, 그는 잡혀서 총살당했다. 우리 그룹 대원들도 체포되어 총살당했다. 20구의 네 개 구역, 벨빌, 페르라셰즈, 펠포르, 샤론을 포괄하는 한 그룹의 대원 가운데 서너 명만이 살아남았다. (…) 레지스탕스 활동을 하면서 이 시기를 거쳐 살아남은 것은 기적이었다. 어느 날 저녁, 우리는 파노요 거리와 생드리에르 거리 사이의 공터에 있는 전깃줄에 쇠갈고리를 맨 붉은 깃발을 던져 걸어놓았다. 다음 날 소방관들이 와서 깃발을 치웠다."[1]

혁명의 파리에서 폴란드인은 유대인이건 아니건 모두 파리 풍경의 일부였다. 파리 코뮌에서 뛰어난 장군들 중 두 명이 폴란드 출신이었다.[2] 바르샤바 봉기 직후 러시아인에게 사형선고를 받은 돔브로프스키는 모든 일이 실패로 돌아가자 파리로 와서 센강 오른쪽 부대 지휘를 맡았다. 델타 거리의 바리케이드에 있던 루이즈 미셸은 돔브로프스키의 마지막을 전하기 위해 위고식으로 간결하고 암시적으로 표현했다. "돔브로프스키가 장교들과 함께 지나갔다. '우리가 패배했습니다.' 그가 나에게 말했다. '아닙니다. 우리는 패배하지 않았습니다.' 내가 그에게 말했다. 그가 또다시 지나갈 때는 들것에 실려 있었다. 그는 죽었다."[3] 돔브로프스

---

1 Laurent Goldberg, *Images de la mémoire juive*, Paris, Liana Levi, 1994에서 인용.

2 "파리 코뮌은 코뮌의 대의를 위해 목숨을 바치려는 모든 외국인을 받아들였다(부르주아 내부의 배신으로 패배한 다른 나라와의 전쟁과, 침략자들과의 공모로 조장된 내전 경험을 바탕으로 부르주아지는 프랑스에 사는 독일인 검거에 경찰을 동원하면서 그들의 애국심을 드러낼 시대가 왔음을 알아보았다. 코뮌은 독일 출신 노동자 레오 프랭켈을 노동부 장관으로 임명했다). 수상 티에르, 부르주아지, 제2제정기 정부는 떠들썩하고 호의적인 선언으로 계속해서 폴란드를 속였다. 그리고 야비한 행동을 하며 폴란드를 러시아에 넘겼다. 코뮌은 폴란드 출신 영웅들의 아들들에게 파리 방어의 책임을 맡겨 그들의 명예를 드높였다." Karl Marx, "Adresse du Conseil général de l'Association internationale des travailleurs", Londres, 1871년 5월 30일, *La Guerre civile en France*, 1871, op. cit.

키가 미라 거리 바리케이드에서 전사한 날은 5월 23일이었다. 그의 시신은 페르라셰즈로 옮겨 그곳에서 장례식을 치를 예정이었으나 가는 도중에 "파리 코뮌 국민군은 운구 행렬을 멈추고 시신을 7월 혁명 기념비 아래에 안치했다. 횃불을 든 남자들이 시신을 둥글게 에워쌌고, 하나둘 도착한 코뮌 국민군은 장군의 이마에 입을 맞췄다".[4] 그리고 직업 군인이자 바르샤바 봉기에 참여했던 브로블레프스키는, 101대대를 이끌고 그가 방어했던 뷔토카유에서 피의 일주일 동안 유일하게 반격을 했다. "13구와 무프타르 구역의 모든 시민은 규율을 따르지 않고, 훈련시킬 수도 없고, 길들여지지 않고, 거칠고, 옷과 깃발은 찢어진 채 앞으로 진격하라는 한 가지 명령에만 복종하고, 쉴 때는 반항했기에 전장에서 벗어나자마자 그들을 다시 전투에 투입해야만 했다."[5]

독일 점령 기간에 총살당했거나 강제 이주된 사람들이 어딘가에서 회합을 가졌고, 어디에 살았는지 알려주는 표지판 덕분에 레지스탕스의 파리 경계를 대략 그려볼 수 있다. 동북쪽으로는 생라자르역, 레퓌블리크 그리고 바스티유를 거쳐 클리시 문에서 뱅센 문까지 이어진다. 그리고 이 레지스탕스의 파리는 생투앙과 젠빌리에부터 몽트뢰유와 이브리까지 파리 교외로 넓게 퍼졌다.

레지스탕스의 파리라는 관점에서 볼 때 장 카바예스가 제롬 카르코피노와 같은 카페에 드나들었던 라탱 구역 또는 로베르 앙텔므가 자코브 거리에서 드리외와 마주친(혹은 만난?) 생제르맹 구역처럼 몇몇 구역은 레지스탕스의 구역이라고 부르기가 모호하다. 반면 독일군과 대독 협력자들의 또 다른 파리는 화려한 지역이라고 부르기에 알맞은 곳과 밀접한 관련이 있다. 독일군 사령부는 카트르셉탕

---

3 Louise Michel, *La Commune, histoire et souvenirs*, Paris, Maspero, 1970; La Découverte, 1999.

4 Prosper – Olivier Lissagaray, *Histoire de la Commune de 1871*, Paris, 1876. Paris, La Découverte, 1990, 1996으로 재출간.

5 Prosper – Olivier Lissagaray, 같은 책. 로블레스키는 이 지옥에서 벗어나는 데 성공해, 런던으로 가서 국제노동자연맹 집행부 일원이 된다.

Platz

ntur
LE
COMPTOIR NATIONAL
D'ESCOMPTE DE PARIS
EST
TRANSFÉRÉ
14 Boul^d des CAPUCINES
LOCATION
THEATRES

앞 페이지
1939년에서 1945년까지 오페라 광장에 있었던 독일군 사령부. 독일 잡지 『지그날Signal』에 실린 앙드레 쥐카 사진, 파리, 파리 시립역사도서관.

브르 거리와 오페라 광장이 만나는 지점에 있었다. 게슈타포 본부는 포르트 도핀과 가까운 포슈 대로의 저택에 자리 잡았고, 파리 전체에 비밀 사무실이 있었는데 가장 중요한 사무실은 소세 거리의 안보국 지부였다. 게슈타포의 프랑스 부역자로 악명 높은 보니와 라퐁은 트로카데로 근처의 로리스통 거리에 사무실을 두었다. 어떤 사람들은 단지 로리스통 거리나 소세 거리라는 말만 들어도 아직까지 공포를 느낀다. 발자크의 「페라귀스」 첫 부분에 묘사된 것처럼 "파리의 어떤 거리들은 사람이 불명예를 뒤집어쓰는 것과 마찬가지로 수치스럽다". 에른스트 윙거가 일했던 『프로파간다 슈타펠Propaganda-Staffel』은 에투알 광장 근처 뒤몽뒤르빌 거리의 마제스틱 호텔에 있었다. 한스 슈파이델 장군은 조지 5세 호텔에 묵었다. 통행 허가증을 발행해주는 사무실은 이 호텔에서 가까운 갈릴레 거리에, 독일군 군사 법정[1]은 부아시당글라 거리에, 그리고 나치 친위대 바펜SS 병무과는 빅토르 위고 대로에 있었다. 유대인 문제 전담 프랑스 경찰서는 비크투아르 광장 뒤 프티페르 거리에 있었다. 내각 자문 위원회 부의장이자 파리 대표인 브리농의 사무실은 마티뇽에 있었고, 브리농 자신은 포슈 대로의 아담한 궁전에 살았다.[2]

1943년 5월 10일 일기에 에른스트 윙거는 이렇게 썼다. "거리를 걸으면서 생각했다. 생로슈 성당 앞을 지나면서는 성당 계단에서 부상당한 세자르 비로토(발자크 소설 속 등장인물)를, 프루베르 거리 모퉁이를 지나면서는 귀여운 여점원 바레

---

1 프랑스에서는 상고법원에 소속된 특별재판부를 신설해 "공산주의, 무정부주의, 사회나 국가 전복 행위 또는 합법적으로 정립된 사회적 질서를 부정하는 반역 행위를 조장하는 모든 범법 행위를 저질러" 프랑스 경찰에 체포된 사람들을 재판했다. 파리 특별재판부 사무실은 파리 법원 안에 있었다.

2 "정오에 슈피겔과 함께 뤼드 거리와 포슈 대로 모퉁이에 있는 브리농의 저택에 갔다. 브리농이 우리를 맞이한 아담한 궁전은 유대인이었던 그의 부인 소유였다. 그러나 브리농은 부인은 안중에도 없다는 듯이 점심 식사 자리에서 '유핀'(유대인을 비하하는 표현)을 조롱했다. Ernst Jünger, *Journal de guerre*, 1942년 10월 8일, 프랑스어판, Paris, Christian Bourgois, 1979 - 1980.

〔카사노바가 회고록에서 언급한 인물〕가 가게 뒷방에서 카사노바의 치수를 재는 모습을 상상했다. 그리고 현실이나 환상의 사건으로 가득한 바다에서 이 두 가지는 아주 미미한 일일 뿐이라고 생각했다. 유쾌한 우울함과 고통스러운 쾌락이 나를 엄습해왔다." 이런 묘사는 정말로 환멸을 느끼게 하는 한편 정확해서 진짜 파리 시민 중에는 이런 일기를 쓸 수 있는 사람이 거의 없을 것이다. 윙거 역시 주로 다니는 곳은 센강 오른쪽의 우아한 구역들과 포부르 생제르맹으로 한정적이었다. 윙거는 클레베르 대로의 라파엘 호텔에 묵었고, 라뒤레 제과점, 루아얄 거리(1941년 6월 3일 일기), "전날, 대중의 관점에서 땅과 바다 사이의 구별을 주제로 강연을 연 카를 슈미츠와 함께한" 리츠 호텔(1941년 10월 18일), "내가 언제나 행복감을 느끼는 포부르생토노레 거리를 올라가" 들른 테른 광장의 브라스리로렌(1942년 1월 18일) 등 화려한 곳만을 드나들었다. 윙거는 프뤼니에에서(1942년 3월 6일), 라페루즈에서(1942년 4월 8일) 저녁을 먹었다. 식당 막심에는 "모랑 일가의 초대로 갔다. 우리는 미국 소설을 비롯해 이런저런 이야기를 나누었는데, 특히 『모비 딕』과 리처드 휴스의 『자메이카의 열풍A High Wind in Jamaica』에 대해 이야기했다"(1942년 6월 7일). 카페 아르장에 들른 날에는 "앙리 4세가 예전에 이곳에서 왜가리 파이를 먹었다"라고 썼다(1942년 7월 4일). 윙거가 바가텔에서 산책을 하고 있을 때, 프랑스 여자친구가 그에게 "최근에 '이상주의자' 또는 그 밖의 문구가 들어간 노란색 별이 그려진 옷을 입은 대학생들이 체포됐는데, 이 학생들은 토론의 시대가 지나갔다는 사실을 아직 모르는 사람들이에요. 여전히 언쟁하는 상대방에게 유머가 있다고 생각해요"라고 이야기했다(1942년 6월 14일).

윙거가 자주 만나는 프랑스인들은 같은 구역에 살았다. 샤를플로케 대로에 있는 모랑 집에서 점심을 먹은 날 그곳에서 갈리마르, 장 콕토와 인사를 나누었다(1941년 11월 23일). 윙거는 "매일 저녁 포슈 대로의 식당 파브르뤼스에 갔다"(1942년 2월 24일). 그는 마르셀 주앙도의 집에서 오후를 보냈는데 "주앙도는 코망당마르샹 거리에 살았다. 이곳은 파리에서 외진 곳으로 오래전부터 내가 특히 좋아했다"(1943년 3월 14일). 윙거는 볼테르 거리의 골동품상에 골동품을 수집하러 갈 때나 서점에 희귀본을 사러 갈 때, 몽파르나스 공동묘지의 보들레르 무덤을 찾아갈 때만 이 구역을 벗어났다. "오후에 팔레루아얄의 서점에 가서 1812년에 디도 출판사에서 나온 크레비용 판본을 샀다."(1942년 10월 3일)

파리의 서쪽에 거주하는 교양 있고 프랑스를 좋아하는 반나치 성향의 독일군 장교들은 파리의 동쪽에서 레지스탕스 포스터를 붙이고 메닐몽탕의 영화관에서 전단을 뿌린 아이들의 사형 집행 명령에 주저 없이 서명했다.[1]

샹젤리제는 파리에서 대독 부역자들의 가장 주요한 축이었는데, 그럴 만한 전통이 있다. 앞서 1870년에 루이즈 미셸이 기록하기를, 사람들은 샹젤리제의 카페 의자와 카운터를 부수었는데 파리에서 유일하게 프로이센 군대에게 문을 열었기 때문이라고 했다.[2] 인민 전선 직후에 "우아한 상류층들은 입장권이 20프랑이나 하는 샹젤리제 영화관에서 히틀러를 환호했다. (…) 치욕이 정점을 찍은 것은 아마 1938년으로, 혁명 비밀행동 위원회 카굴라르의 샹젤리제에서 아름다운 귀부인들은 수상 에두아르 달라디에의 역겨운 승리에 환호하며 '공산주의자들은 떠나고, 유대인들은 예루살렘으로 돌아가라'고 소리쳤다". 한참 뒤에 "프랑스의 모든 카굴라르 엘리트는 서둘러 그들의 샹젤리제와 말셰르브 대로로 되돌아가 키 큰 금발 아리아인들의 우아함에 열광했다. 이 점에 있어 오퇴유에서 몽소까지는 오로지 한 가지 소리만 들렸다. 정중한 사형집행인은 옳았고, 세상 물정에 밝은 사람들은 시류에 동조했다".[3] 베어마흐트 경비대의 교대식은 4년 동안 매일 샹젤리제에

1 『프로파간다 슈타펠』에서 윙거는 이런 종류의 문서에는 서명하지 않아도 되었다. 그러나 총사령관 하인리히 폰 슈튈프나겔은 "세련된 웃음을 지으며"(Ernst Jünger, 앞의 책, 1942년 3월 10일), 비잔틴의 역사에 대해 해박한 지식을 뽐내며 서명했다. 슈튈프나겔은 1944년 7월 히틀러 암살 시도 직후에 자살했다.

2 Louise Michel, *La Commune, histoire et souvenirs*, op. cit.

3 Vladimir Jankélévitch, "Dans l'honneur et la dignité", *Les Temps modernes*, 1948년 6월호.

서 거행되었다. 정오에 샹젤리제의 원형 교차로에서 출발한 경비대는 군악대를 앞세우고 에투알 광장까지 행진을 하고, 그곳에서 열병식을 치른 후 참모 본부가 있는 궁으로 돌아갔다.

파리 정치 세력의 분열은 어제오늘 일이 아니다. 1871년 5월 20일경 베르사유 군대가 파리로 들어오기 직전에 리사가레[4]는 "지방 출신의 소심한 인물 가운데 가장 소심한 인물"을 상상의 친구로 만들어 그와 함께 파리를 산책했다. 바스티유의 서민 구역 "사람들은 팽 데피스 박람회에서 활기차고 유쾌했다". 나폴레옹 서커스(현재 서커스 디베)에서는 "천장까지 공연장을 가득 메운 5000명의 관객들이", 임박한 재앙에도 불구하고(어쩌면 임박한 재앙 때문에?) 혁명의 축제를 즐겼다. 세련된 구역들은 어둠에 잠겨 조용했다. 그러나 아이러니하게도 발레리앙과 쿠르브부아 언덕에서 베르사유 군대가 발사한 포탄이 떨어진 곳은 바로 이 부자들의 구역이었다. 포탄이 개선문의 아치 사이로 샹젤리제에 퍼부어졌기에 그곳을 막아야 했다. 얼마 전까지만 해도 튀일리궁과 콩피에뉴에서 제정기의 살롱을 주도했던 사람들은 이 구역 주민들이 느끼는 감정을 솔직하게 표현했다. 처음 며칠 동안에 대해 에드몽 드 공쿠르는 "파리 시청으로 이어지는 두 개의 거리와 선착장은 폐쇄되었다. 바리케이드를 치고 그 앞에는 국민군이 정렬했다. 그들의 멍청하고 비열한 얼굴을 보면 구역질이 났다. 그들의 얼굴에는 승리와 도취가 천박하게 번들거렸다"[5]라고 묘사했다. 그리고 한참 후 티에르 수상이 파리를 폭격했을 때 공쿠르는 "아직 오지 않은 돌격 명령과 해방을 여전히 기다린다. 군인으로 가장한 이 천민들의 압제 한가운데에서 우리가 겪은 고통을 아무도 상상할 수 없을 것이다"[1•]라고 썼다.

---

4 프로스페올리비에 리사가레Prosper-Olivier Lissagaray. 1871년 파리 코뮌에 가담했던 작가이자 공화주의자. 코뮌 생존자를 인터뷰하고 그 당시의 가능한 모든 자료를 바탕으로 쓴 『1871년 코뮌의 역사History of the Paris Commune of 1871』로 유명하다. — 옮긴이

5 Edmond et Jules de Goncourt, *Journal*, 1871년 3월 19일.

1848년 6월의 '범죄적인 반란'을 진압한 공로로 레지옹 도뇌르 훈장을 받은 막심 뒤 캉은 파리 코뮌을 "도덕적 간질의 발작, 유혈이 낭자한 소란, 싸구려 독주와 석유의 낭비, 폭력과 취기의 범람으로 프랑스의 수도를 가장 비천한 늪에 빠트렸다"[2]라고 비난했다. 테오필 고티에는 "모든 대도시에는 사자굴, 두꺼운 창살을 친 동굴이 있다. 야생의 야수, 악취를 풍기는 해로운 것들, 다루기 힘든 모든 사악한 것들, 문명이 길들일 수 없는 것들을 그곳에 가둔다. 피를 좋아하고, 화재를 불꽃놀이쯤으로 여기고, 도둑질을 즐기고, 강간을 사랑으로 생각하는 자들을 문명이 길들일 수는 없다. (…) 어느 날 방심한 조련사가 맹수 우리의 열쇠를 잃어버려 사나운 야생의 동물들이 울부짖으며 도시를 활보하는 일이 일어날 수 있다. 1793년의 하이에나[3]와 파리 코뮌의 고릴라가 열린 우리에서 도주했다"[4]라고 묘사했다.

여자들과 귀스타브 쿠르베라는 두 대상은 특별한 증오를 불러일으킨다. 아르센 우세는 다음과 같이 생각했다. "코뮌의 부도덕과 방탕 속에서 여자의 명예를 훼손한 이 부정한 여자 모두를 발로 차서 저주의 지옥에 처넣어야 한다." 르콩트 드 릴은 여자들과 쿠르베를 다음과 같이 격렬하게 비난했다. "이름도 없는 혐오스러운 그들의 부인들은 일주일 내내 지하실에 기름을 붓고, 사방에 불을 내며 파리의 거리들을 휘젓고 다녔다. 미친 짐승들 같은 그녀들을 총으로 쏴 거꾸러트렸다.[5] (…) 루브르박물관을 불태우기를 원했던 이 파렴치한 쿠르베는 아직 총살당하지 않았다면 총살당해 마땅할 뿐만 아니라 그가 예전에 국가에 판 추잡한 그림들도 없애야 마땅하다." 그리고 바르베 도르비이는 1872년 4월 18일자 『르 피가로』에

1● Edmond et Jules de Goncourt, 같은 책, 1871년 5월 21일.

2 Du Camp, *Les Convulsions de Paris*, op. cit.

3 1792~1793년 겨울에 곡물 파동으로 일어난 폭동을 말한다. — 옮긴이

4 *Les Reporters de l'Histoire. 1871: la Commune de Paris*, Paris, Liana Levi - Sylvie Messinger, 1983에서 인용. 이어지는 페이지에서 참고 문헌을 밝히지 않은 인용문은 이 책을 인용한 것이다.

이렇게 썼다. "코뮌의 잔혹한 강도과 그들의 어릿광대 쿠르베는 정치적 적수가 없다. 그들은 사회 전체와 질서 전체를 적으로 삼는다. 그들의 정치적 이상이 무엇인지 말할 수 있는 사람이 있을까? 당연히 없다. 쿠르베의 미학적 이상이 무엇인지 말할 수 있는 사람 또한 없다. 코뮌 망나니들의 이상은 오직 모든 것을 갖기 위해 훔치고, 죽이고, 불태우는 것이고, 쿠르베의 이상은 구체적인 사건을 폭력적으로, 상세한 세부를 상스럽다 못해 비천하게 그리는 것이다."

적과의 내통이라는 추악한 전통 속에서 혁명의 파리에 맞서는 베르사유 우파는 적의 부역자다. 수적으로 열세인 적의 군대 앞에서 파리 항복 조약을 밀어붙인 베르사유 우파들은 파리 코뮌에 맞서 자신들을 도와달라고 프로이센 군대에게 간청했다. 메스에서 포위당한 바젠은 비스마르크에게 편지를 보내 자신의 부대만이 무정부 상태를 제압할 수 있는 유일한 세력이라고 설명했다. 그리고 정말로 프로이센군은 붙잡은 포로를 석방해주었고, 그 덕분에 베르사유 군은 5월 초부터 결정적인 우세를 확보했다. 코뮌의 봉기 전인 3월 10일, 쥘 파브르는 티에르에게 편지를 썼다. "우리는 몽마르트르와 벨빌의 요새를 없애기로 결정했습니다. 그리고 이 작업이 유혈 없이 이루어지기를 희망합니다. 오늘 저녁, 10월 31일의 사건으로 기소된 자들을 2급 범죄로 판결한 전쟁위원회는 궐석 재판을 통해 플루랑스, 블랑키, 르브로에게 사형을 선고했습니다. 재판에 참석한 발레스는 6개월을 언도받았습니다. 내일 아침 저는 페리에르에 가서 '여러 가지 세부 사항에 대해 프로이센 당국과 의견을 조율할 것'입니다."[6] 플로베르는 비록 코뮌에 상당히 적대적이

5 비난의 대상에서 아이들도 예외는 아니었다. "허약하고 사악한 이 족속들은 반은 늑대고 반은 족제비다. 녀석들의 자유로운 공동생활은 너무 일찍 타락했고, 잘못된 영감에 사로잡힌 시인들은 (오 빅토르 위고!) 이 녀석들을 찬미하려고 애썼다. 시인들은 녀석들의 평범한 이름에서 거리 이름의 어원을 끌어냈다. 그들은 떠도는 개처럼 거리를 활보했다. 한 마디로 '불량배'들은 호기심, 무사태평, 철없는 활기로 전투에 몸을 던졌다." Du Camp, *Les Convulsions de Paris*, op. cit,

6 Louise Michel, *La Commune, histoire et souvenirs*, op. cit.에서 인용. 본문 속 강조는 내가 추가한 것이다.

AUX TRAVAILLEURS
NOUVEAUTES
aux TRAVAILLEURS
NOUVEAUTES
Bon Marché Exceptionnel
AU GRAND BALCON
SALON & CABINETS.

앞 페이지

1871년 3월 메닐몽탕 거리 입구의 바리케이드. 파리, 카르나발레 박물관, 작가 미상 사진.

었지만 3월 31일 조르주 상드에게 보낸 편지에서 "1851년에 질서를 소중히 여겨 공화국이 보존되기를 바랐던 많은 보수주의자는 바댕게(나폴레옹 3세의 별명)를 유감스러워할 것입니다. 그리고 진심으로 프로이센 군대에 도움을 청할 것입니다"라고 썼다. 그리고 얼마 지나지 않아 4월 30일에 보낸 편지에는 "아! 신이여 감사합니다. 프로이센 군대가 왔습니다. 이것이 부르주아들의 일반적인 외침입니다"라고 썼다. 『르 드라포 트리콜로르』는 5월 2일자에 "(독일인들은) 용감하다. 사람들이 그들을 모략했다. 일주일 전에 독일군이 돌아간다는 소문이 돌았다. 모두가 비탄에 잠겼다. 프로이센 군대도, 경찰도, 질서도, 안전도 없다"라고 보도했다. 협력은 감정에만 국한되는 것이 아니라 군사적 문제이기도 하다. 파리 코뮌의 국민군은, 프로이센 군대가 차지하고 있는 쪽은 베르사유 군대가 공격하지 않을 것이라고 생각했다.[1] 그런데 북쪽과 동쪽의 요새를 점령한 프로이센 군대는 베르사유 군대가 이 구역으로 진격하게 놓아두었다. 베르사유 군대는 정전 협정 때문에 이 구역 진입이 금지되어 있었는데 프로이센 군대의 묵인 덕분에 파리를 방어하는 코뮌의 국민군을 배후에서 공격할 수 있었다.

9월에 모든 것이 끝났을 때 프랑시스크 사르세는 이렇게 썼다. "부르주아지는 상당히 우울한 감정으로 그들의 턱밑에까지 들어온 프로이센 군대와 자신들이 빨갱이라고 부르던, 칼로만 무장한 자들 사이에 낀 자신들의 모습을 보았다. 나는 이 두 가지 악 가운데 어느 것이 부르주아들을 더 두렵게 했는지 모른다. 그들은 외국인을 훨씬 더 증오했지만 벨빌 주민들을 훨씬 더 두려워했다." 벨빌의 범위를 넓혀 한쪽으로는 메닐몽탕까지 다른 한쪽으로는 포팽쿠르 구역과 포부르 뒤 탕

---

1 "코뮌이 나의 경고를 귀담아들었더라면! 나라면 대원들에게 몽마르트르 언덕 북쪽, 프로이센 군대 쪽을 보강하라고 조언했을 텐데, 코뮌 국민군은 그때까지만 해도 그것을 실행할 시간이 있었다. 나는 이전에 코뮌 국민군에게 그렇게 하지 않으면 함정에 빠지게 될 거라고 이야기했다." Karl Marx, Pr. E. S. Beesly에게 보낸 편지, 1871년 6월 12일, *La Guerre civile en France*, 1871, op. cit.

플까지 확장한다면, 그리고 생마르탱 운하를 따라 10구를 둘러싼다면 위와 같은 표현은 이해가 된다. 포위 공격 동안 열린 두 번의 민중 회의에서 코뮌 국민군 중앙위원회가 결성되었다. 첫 번째 회의는 시르크 디베르에서, 두 번째는 운하에서 가까운 두안(레옹주오) 거리의 오알 저택에서 열렸다. 이 회의에서 가리발디는 만장일치로 갈채 속에 국민군 명예장군으로 임명되었다. 커다란 환호 속에서 137대대가 기요탱을 불태운 것은 11구 구청 앞이었다. 루이즈 미셸은 기요탱을 "인간을 도살하는 수치스러운 기계"라고 불렀다. 이 혁명의 파리에서는 요새로 가는 전투원들이 끊임없이 거리를 가로질러 갔다. "마치 꿈에서 벌어진 광경처럼 그렇게 코뮌 대대가, 방죄르 드 플루랑스[2]가, 코뮌 보병대가, 스페인 게릴라와 흡사한 국민군 정찰병이, 참호에서 참호로 뛰어다니는 혈기 넘치는 결사대가, 코뮌의 튀르코(프랑스군에 속하는 알제리 경보병)가, 몽마르트르의 골칫거리들이"[3] 끊임없이 거리를 가로질러 갔다.

사실 코뮌은 벨빌이 아니라 몽마르트르에서 시작되었다. 국민군은 대포를 몽마르트르의 로지에 거리(현재 슈발리에드라바르) 위쪽에 집결시켜놓았다. 빅토르 위고는 이 첫 번째 대치를 최초로 묘사했다. 보르도에서 열린 시골 집회에서 위고는 가리발디를 옹호해 민중의 야유를 받고 난폭하게 취급당했다. 이후 위고는 의원직을 사임한 후 브뤼셀에 있었다. "가리발디는 첫 회의 때 자신의 의견을 제대로 전달할 수 없었다. 군중의 고함에 목소리가 묻혔기 때문이다. 한편 가리발디는 자신의 아들들을 공화국에 바쳤다."[4]

"때를 지독히도 잘못 골랐어.

2 '플루랑스의 응징자'라는 뜻으로 파리 코뮌 동안 15세에서 17세의 소년들로 구성된 대대의 별칭. 귀스타브 플루랑스가 지휘관이었다. — 옮긴이

3 Louise Michel, *La Commune, histoire et souvenirs*, op. cit.

4 Louise Michel, 같은 책.

정말로 시기를 골랐는가?

누가 정했는가?

문제를 검토해보자.

3월 18일에 누가 행동을 개시했는가?

코뮌은?

아니. 코뮌은 아직 없었어.

국민군 중앙위원회는?

아니. 중앙위원회는 기회를 잡았지, 상황을 만든 게 아니야.

그러니까 누가 3월 18일에 움직였는지?

의회. 좀더 엄밀하게 말하면 다수가.

국면이 진정되었어. 국민의회가 상황을 일부러 그렇게 만들지는 않았어.

다수파와 정부는 단지 몽마르트르의 대포를 치우길 원했어.

결국 이 사소한 일이 큰 위험을 가져왔어.

그래. 몽마르트르에서 대포를 치우는 것.

기막힌 아이디어였어. 그것은 어떻게 받아들여졌나?

약삭빠르게.

몽마르트르는 잠들었다. 밤이 되자 병사들이 대포를 탈취하러 갔다. 대포를 손에 넣었지만 운반하는 것이 문제였다. 말이 필요했다. 몇 마리? 1000필. 1000마리! 어디서 구해야 할까? 이 문제는 생각도 하지 못했다. 어떻게 해야 할까? 말을 구하러 사람들을 보냈다. 시간이 흘러 날이 밝자 몽마르트르는 잠에서 깼다. 민중들이 달려와 대포를 원했다. 민중들은 더 이상 대포가 필요하지 않았지만 대포를 탈취당했기에 대포를 요구했다. 병사들은 굴복했다. 민중은 대포를 되찾았다. 봉기가 일어났다. 혁명이 시작되었다.

이 모든 상황을 누가 만들었나?

정부. 그것을 원하지도, 무슨 일이 벌어지는지도 알지 못한 채.
이 무지한 정부가 유죄야."[1]

루이즈 미셸은 이 몇 주 동안 몽마르트르에 퍼진 정신을 누구보다도 잘 표현했다.[2] 프로이센 군대의 포위 공격 때 "몽마르트르, 구청, 경계 위원회, 클럽, 주민 모두는 벨빌과 더불어 보수파에게는 위협이었다". 18구 경계 위원회는 쇼세 드 클리냥쿠르 41번지에서 회의를 열었다. "대개의 경우 토론은 치열했다." 루이즈는 라 파트리 앵 당제(위험에 빠진 조국 클럽)나 렌블랑슈에서 회의 의장을 맡았을 때 옆의 "탁자 위에 공이치기가 낡은 권총 한 자루를 놓아두고 필요한 순간에 보수파 사람들을 제지하는 데 이용했다". 코뮌 기간에는 요새에 전투를 하러 간 순간을 빼고는 몽마르트르를 떠나지 않았다. 루이즈는 총소리가 요란한 클라마르 앞 참호에서 한 학생과 보들레르를 읽었고, 이시 요새의 방어병과 함께 전투를 했다. "요새는 장엄했다. 나는 유령 같은 요새에서 포병들과 함께 대부분의 시간을 보냈다. 빅토린 외드가 우리를 찾아왔다. 빅토린 역시 사격을 잘 했다." 빅토린은 "오트브뤼예르 참호의 구급차 운전수였다. 나는 이곳에서 결사대 사령관 팽탕드르를 알게 되었다. 언젠가 결사대가 정당하게 인정받는다면 그것은 팽탕드르와 결사대 대원들 덕분이다. 그들은 너무나 용감해서 절대 전사하지 않을 것 같았다".

5월 22일, 모든 곳을 잃었을 때 "18구 구청의 정문 앞에서 61대대 국민군이 우리와 합류했다. 그들이 내게 말했다. '이리 오세요. 우리는 아마 모두 죽을 겁니다. 당신은 첫날 우리와 함께 있었죠. 마지막 날도 함께 있어야 해요.' (…) 나는 분견대와 함께 몽마르트르 공동묘지로 가서 자리를 잡았다. 우리는 얼마 되지 않았지만

1 Hugo, *Lettre à Ch.Vacquerie, Bruxelles*, 1871년 4월 28일(위고가 친구 박크리에게 보낸 편지로 1871년 파리 코뮌이 어떻게 전개되었는지를 자신의 시각으로 풀어 쓴 내용. 그러나 편지의 일부만을 인용해서 파리 코뮌의 역사를 잘 모르는 사람은 이해하기가 쉽지 않다 — 옮긴이).

2 이어지는 모든 인용문은 Louise Michel, *La Commune, histoire et souvenirs*, op. cit.에서 인용했다.

1

2

12 DE S

앞 페이지

1 1871년 3월 몽마르트르의 포병대 기지, 파리, 카르나발레 박물관, 작가 미상 사진.

2 1871년 5월, 카스티리온 거리 모퉁이와 접한 리볼리 거리의 바리케이드, 브뤼노 브라크에 사진, 파리, 카르나발레 박물관.

오른쪽 페이지

에두아르 마네, 「바리케이드 La Barricade」, 1871년. 수채화와 과슈, 부다페스트 미술관.

오래 버틸 거라고 생각했다. 여기저기 담장에 총안을 뚫었다. 포탄이 묘지에 쏟아졌다. 점점 더 많이. (…) 이번에는 포탄이 나뭇가지를 지나 내 옆에서 터져 나는 꽃을 뒤집어썼다. 뮈르제 무덤 옆이었다. 포탄의 하얀 연기가 대리석 꽃으로 장식된 무덤 위로 퍼져 매력적이었다. (…) 우리의 숫자는 점점 줄어들었다. 바리케이드에 몸을 숨겼다. 바리케이드는 아직 무너지지 않았다. 빨간 깃발을 든 여자들이 지나갔다. 그들의 바리케이드는 블랑슈 광장에 있었다. (…) 1만 명 이상의 여성이 5월 혁명 때 개별적으로 또는 함께 모여 자유를 위해 싸웠다".

베르사유 군대가 파리에 도착하자 상황이 놀랍게 반전되었다. 요새나 참호에서 폭격에 지친 코뮌 국민군은 그들의 거리로, 익숙한 생활 터전으로 돌아간다는 사실에 오히려 기뻐했다. 며칠 전에 전쟁 대표로 임명된 들레클뤼즈[1]*는 5월 22일 성명서의 초안을 작성했다. "군국주의에 싫증이 난다. 금실로 장식한 제복을 입은 참모장교들도 더 이상 필요 없다. 맨손의 투사들과 민중에게 권력을! 혁명전쟁의 시간이 왔다. (…) 민중은 술책을 전혀 모른다. 그러나 민중이 현실을 딛고 일어나 총을 들면 왕정에서 교육받은 어떤 전략가도 두려워하지 않는다."[2]* 1936년 여름의 바로셀로나 아나키스트들도 이 성명서에 깊이 동감했을 것이다.

바리케이드가 재빠르게 곳곳에 설치되었다. "파리 시청을 방어하는 리볼리 거리의 바리케이드는 생드니 거리 모퉁이에 있는 생자크 광장에 설치되었다. 다양한 직업의 노동자 50명이 돌을 다듬어 쌓는 동안 아이들은 광장의 흙을 퍼 날랐다. (…) 9구의 오베르, 쇼세당탱, 샤토됭 거리, 포부르 몽마르트르, 노트르담드로레트, 트리니테 거리의 교차로, 마르티르 거리의 보도블록은 완전히 뜯겼다. 넓

은 진입로에는 전부 바리케이드를 쳤다. 라 샤펠, 뷔트쇼몽, 메닐몽탕, 벨빌, 로케트 거리, 볼테르 대로, 리샤르르누아르 대로, 샤토도 광장(현재 레퓌블리크), 그랑 불바르 가운데 특히 생드니 문에서부터 곳곳에 바리케이드를 쳤다. 강 왼쪽에는 생미셸 대로 전체, 팡테옹, 생자크 거리, 고블랭과 13구의 중요한 대로들에 바리케이드를 쳤다. (…) 코뮌 직후 『르 살뤼 퓌블리크Le Salut public』에 귀스타브 마로토는 다음과 같이 썼다. 블랑슈 광장에는 "완벽하게 설치된 바리케이드가 있고, 120여 명의 여성으로 구성된 대대가 방어했다. 내가 도착했을 때 마차가 드나드는 큰 문 안쪽에서 검은 물체가 튀어나왔다. 붉은 프리지아 모자를 귀까지 푹 눌러 쓰고, 총을 들고, 허리에는 탄약통을 두른 어린 소녀였다. 소녀는 내게 이렇게 소리쳤다. '정지. 시투아얭, 이곳으로 지나가면 안 됩니다.'"[3]

그러나 허술하게 설치된 대부분의 바리케이드는 오래가지 못했다. 코뮌 전사들은 파리 시청에서 퇴각해야 했고, 전투는 샤토도 광장과 바스티유 광장 주변에 집중되었다. "세바스토폴 대로와 만나는 지점의 생로랑 바리케이드를 차지한 베르사유 군대는 샤토도를 향해 레콜레 거리에 포병 중대를 배치하고, 발미 선착장

1• 들레클뤼즈는 1830년 공화주의자들의 폭동에서 부상당했을 때 법학과 학생이었다. 그는 7월 군주정 때 일어난 모든 봉기에 참여했고, 1840년까지 벨기에에서 유배생활을 해야 했다. 1848년 6월, 민중의 편을 들어서 1만1000프랑의 벌금형을 선고받고, 카베냐크와 학살자들을 비난하는 기사 때문에 3년 징역형을 선고받았다. 영국에 머물다가, 1853년 은밀히 파리로 돌아왔지만 체포되어 코르시카의 벨일, 이어 카옌에 유배되었다. 1860년 파리로 돌아와 『르 레베이Le Réveil』를 창간했는데, 1호부터 벌금형과 징역형을 선고받았다. 1870년 8월에 또다시 수감되었고, 전쟁 선포를 항의한 기사 때문에 신문은 정간되었다. 제1제정이 몰락하자 들레클뤼즈는 19구 구청장으로 선출되었지만 임시 정부의 비겁한 행태에 실망해 사임했다. 1871년 1월 봉기의 실패로 신문은 또다시 정간되고 다시 감옥에 갇혔지만 입법 의원 선거에서 들레클뤼즈는 파리에서 15만 표 이상의 압도적인 득표로 선출되었다. 파리 코뮌 동안 몇 안 되는 "자코뱅파" 경향의 대표 가운데 한 명으로, 그러나 르드뤼롤랭, 루이 블랑, 쇨셰르와는 반대로 베르사유에 반대하는 파리의 혁명파를, 의회파에 맞선 혁명파를 지지했다. 9구와 20구 코뮌 위원으로 선출된 들레클뤼즈는 입법 의원직을 사임했다. 그는 외부협력위원회, 공공안전위원회 소속이었다. 그리고 5월 11일, 상황이 급박해지자 전쟁 대표직을 받아들였다.

2• Lissagaray, *Histoire de la Commune de 1871*, op. cit.

3 Lissagaray, 같은 책. (시투아얭은 시민이라는 뜻으로 파리 코뮌 때 나이, 지위, 신분에 관계없이 남자는 시투아얭, 여자는 시투아옌이라고 불렀다. — 옮긴이)

까지 진격했다. (…) 3구의 메슬레, 나자레트, 베르부아, 샤를로, 생통주 거리에서 베르사유 군대는 코뮌 전사들에게 저지당했다. 사면이 포위된 2구는 몽토르괴유 거리를 두고 여전히 치열하게 싸우고 있었다." 바스티유에서는 "5월 26일 아침 7시, 포부르 언덕에 베르사유 군대가 모습을 드러냈다. 코뮌 국민군은 대포를 끌고 그곳으로 갔다. 방어하지 못하면 바스티유가 넘어간다. 잘 지켜냈다. 알리그르 거리와 라퀴에 거리 모두 우열을 가릴 수 없을 정도로 헌신적으로 방어했다. (…) 6월 혁명 투사의 자식들이 그들의 아버지가 싸웠던 거리에서 전투를 벌였다. (…) 보마르셰 대로와 리샤르르누아르 대로 모퉁이, 로케트 거리 모퉁이, 샤랑통 거리 모퉁이의 건물은 마치 연극 무대 배경처럼 눈에 띄게 파괴되었다".[4]

코뮌과 코뮌 중앙위원회에게는 11구 구청만이 남았다. 넓은 계단 위에서 여자들이 말없이 바리케이드에 놓을 모래주머니를 꿰매고 있었다. 구청 회의실에서 회의가 열렸다. "장교, 경비병 등 소속과 맡은 역할이 다른 코뮌 및 중앙위원회의 모든 구성원이 모였다. 그리고 모두가 고민 끝에 참여했다."[5] 이 비극적인 혼란 속에서 들레클뤼즈가 이야기를 꺼냈다. 그의 말을 듣기 위해 모두가 숨죽였다. 목이 쉬어 소리가 제대로 나지 않는 그의 목소리는 작은 속삭임에도 묻혀버릴 수 있었기 때문이다.

인생에서 가장 슬펐던 사건이 무엇이냐는 질문을 받은 오스카 와일드는 『화류계 여인의 영광과 비참Splendeurs et misères des courtisanes』에서 뤼시앵 드 뤼방프레가 죽었을 때라고 대답했다. 내게 똑같은 질문을 한다면 가장 슬픈 사건으로 샤토도 바리케이드에서의 들레클뤼즈의 죽음을 선택할 것이다. 리사가레가 들레클뤼즈 대해 쓴 글은 플루타르코스에 견줄 만하다. "모든 것을 잃지는 않았다고, 있는 힘을 다해야 한다고, 그러면 마지막 숨결까지 버틸 수 있을 것이라고 들레클뤼즈는 말

4 Lissagaray, 같은 책.
5 Vallès, *L'Insurgé*.

1871년의 샤를 들레클뤼즈. 카르자 사진.

했다. (…) '모을 수 있는 모든 대대를 볼테르 대로에 집결시켜 스카프를 두른 코뮌 일원의 열병식을 열기를 제안합니다. 그러고 코뮌 전사들에게 정복해야 할 지점을 이야기해주면 됩니다.' 참석자들은 그의 말을 잘 이해했다. (…) 총소리, 페르라셰즈의 대포 소리가 들렸다. 구청을 에워싸고 있던 대대의 혼란스러운 웅성거림이 간헐적으로 회의장 안까지 들렸다. 혼란 속에 서서 눈빛은 빛나고, 오른손을 들어 절망을 거부하는 이 노인을 보라. 전투로 땀범벅이 된 이 투사들은 무덤을 오르는 듯 보이는, 거의 죽어가는 노인의 간절한 부탁을 듣기 위해 숨을 골랐다. 이 장면은 그날 있었던 수많은 비극적인 장면 가운데 가장 엄숙했다."

물론 상황은 아주 빠르게 악화되었다. "샤토도 광장은 태풍처럼 몰아치는 대포와 총탄으로 폐허가 되었다. (…) 대략 6시 45분쯤, 들레클뤼즈, 주르드 그리고 50여 명의 국민군이 샤토도 쪽으로 걸어갔다. 들레클뤼즈는 평상복 차림에 모자를 쓰고 검은 바지와 프록코트를 입고, 허리에는 평소와 마찬가지로 거의 눈에 띄지 않게 빨간 스카프를 두른 채 무기도 없이 지팡이를 짚고 있었다. 샤토도 앞에서 두려워하면서도 사람들은 들레클뤼즈의 뒤를 따랐다. 그 가운데 몇몇은 생탕브루아즈 성당 앞에 멈춰 서서 총을 장전했다. (…) 멀리서, 부상당한 리스본을 베르모렐, 테이즈, 자클라르가 부축했다. 이어 베르모렐이 심각한 부상을 입고 쓰러졌다. 테이즈와 자클라르가 베르모렐을 일으켜 세워 들것에 뉘였다. 들레클뤼즈는 부상자의 손을 꽉 잡고 그에게 몇 마디 위로를 건넸다. 바리케이드에서 50미터 떨어진 지점에서, 들레클뤼즈를 따르던 몇 안 되는 경호원이 갑자기 사라졌다. 포탄 연기가 대로 입구를 가리고 있었기 때문에 보이지 않았다."

"광장 너머로 해가 졌다. 들레클뤼즈는 따라오는 사람들이 있는지 없는지 모른 채 한결같은 걸음으로 나아갔다. 그가 볼테르 대로에서 유일하게 살아 있는 사람이었다. 바리케이드에 도착해 왼쪽으로 비스듬히 돌아 보도블록으로 올라갔다. 하얀 턱수염이 짧게 난 근엄한 얼굴은 마지막으로 죽음을 향하는 듯 보였다. 갑자기 들레클뤼즈가 보이지 않았다. 그는 샤토도 광장에서 벼락처럼 죽음을 맞았다." 단지 좀더 확실히 하기 위해 베르사유 군대는 1874년 궐석 재판을 통해 들레클뤼즈에게 사형을 언도했다.

파리 코뮌의 마지막 이틀인 5월 27일 토요일과 28일 일요일의 화창한 날, 혁명의 파리는 포부르 뒤 탕플 구역으로 천천히 축소되었다. 토요일 저녁 베르사유 군대는 페트 광장, 페사르 거리, 프라디에 거리에서 레브발 거리까지 군대를 주둔시켰다. 코뮌 국민군은 포부르뒤탕플 거리, 퐁리메리쿠르 거리, 로케트 거리, 벨빌 대로로 둘러싸인 사각형 구역을 차지했다. 일요일 아침, 혁명군은 포부르뒤탕플, 트루아보른, 트루아쿠론 거리, 그리고 벨빌 대로로 둘러싸인 작은 사각형의 구역으로 줄어들었다. 코뮌의 바리케이드 가운데 어느 곳을 마지막으로 지켜야 할까? 리사가레에게는 그곳이 랑포노 거리의 바리케이드였다. "15분 동안 한 명의 국민군이 혼자서 이곳을 방어했다. 이 국민군은 파리 거리(현재 벨빌)의 바리케이드 위

오른쪽 페이지

1871년 샤토도 광장의 바리케이드, 바로 이 바리케이드에서 샤를 들레클뤼즈가 죽었다. 작가 미상 사진, 파리, 카르나발레 박물관.

에 걸린 베르사유 군대의 깃발 손잡이를 세 번이나 부러뜨렸다. 코뮌의 마지막 병사는 자신의 용기 덕분에 이곳에서 빠져나갈 수 있었다." 전하는 바에 따르면 리사가레가 바로 이 국민군 병사였다. 다른 사람들에게 있어 마지막 바리케이드는 레브발 거리였다. 그러나 퐁테노루아 거리의 바리케이드가 가장 자주 언급된다. 루이즈 미셸의 증언에 따르면 이렇다. "바리케이드 위에서 커다랗고 붉은 깃발이 휘날렸다. 이곳에는 페레 형제(테오필과 이폴리트), 장바티스트 클레망, 가리발디 휘하 병사 캉봉, 바를랭, 베르모렐, 샹피가 있었다. 생모르 거리의 바리케이드는 얼마 전에 무너졌다. 퐁테노루아 거리의 바리케이드는 베르사유 군대의 피 묻은 얼굴에 총탄을 퍼부으며 완강하게 저항했다. 늑대같이 성난 무리가 서서히 다가오는 것이 느껴졌다. (…) 페르라셰즈의 대포가 불을 뿜기를 멈췄을 때도 유일하게 무너지지 않고 남은 곳은 퐁테노루아의 바리케이드였다. 국민군이 마지막 발포를 하려는 순간 생모르 거리의 바리케이드에서 온 소녀가 국민군을 도왔다. 국민군은 이 소녀를 죽음의 장소에서 멀리 떨어뜨려놓으려 했지만 소녀는 남았다. 마지막 바리케이드에서 마지막 순간까지 남아 있던 이 구급차 운전병 소녀에게 훗날 장바티스트 클레망은 그의 노래 「버찌의 시대Le temps des cerises」를 헌정했다."[1]

파리 코뮌 하면 떠오르는 첫 번째 이미지는 바리케이드다. 그러나 이 마법의 보도블록(바리케이드를 의미)은 코뮌의 마지막 순간, 아주 짧은 기간에만 세워졌다. 코뮌이 가장 순수한 형상 속에서 혁명의 모범이 된 것은 코뮌이 취한 조치들보다는 바리케이드에서 죽음을 대한 자세 때문이고, 이는 코뮌의 정치적이고 시적인 무게보다 훨씬 강했다. 사실 전투의 도구로써 바리케이드는 전혀 효율적이지 않다.

---

1 사실 이 노래는 클레망이 1866년에 가사를 쓴 곡이다. 클레망도 파리 코뮌에 참가했고, 1882년 이 노래를 구급차 운전병 소녀에게 헌정했다. — 옮긴이

봉기가 상승하는 단계에서 점령한 구역에 (손수레를 뒤엎거나, 장롱 두 개로 막거나, 돌무더기 위에 세 개의 마차를 들어올려 세우거나 하는 식으로) 아주 짧은 시간에 세운 바리케이드는 사실 오래 버티지 못했다. 바리케이드를 세우는 목적은 중무장한 부대가 전진하는 것을 잠시나마 저지하거나 기병의 속도를 줄이려는 것이었다. 『레 미제라블』의 5장 첫 부분에 묘사된 1848년 6월 봉기 당시 "포부르 생탕투안의 카리브디스와 포부르 뒤 탕플의 스킬라"나 1871년 5월 봉기 때 생플로랑탱 거리에서 리볼리까지를 봉쇄한 돌로 높이 쌓은 보루처럼 바리케이드가 중요한 방어 도구가 되었을 때도 바리케이드는 몇 시간밖에 버티지 못했는데, 1832년 6월부터는 진압 부대가 주저하지 않고 대포를 발사했기 때문이다.

처음부터 바리케이드는 방어벽인 동시에 연극 무대였다. 여기에는 희극 무대와 비극 무대가 함께 있다. 양쪽 병사들이 트로이 성벽 아래에서처럼 욕설을 주고받거나, 학살당하기 전에 항복하거나(또는 그 반대), 형제들의 대열에 합류하라고 상대방을 설득하려고 노력한다. 고대인처럼 바리케이드에서 내려온 영웅은 병사들 쪽으로 걸어간다. 마지막으로 설득하기 위해 또는 단지 패배를 겪지 않고 생을 마감하기 위해. 바리케이드의 이 연극적 역할은 상트페테르부르크에서 바르셀로나, 스파르타키스트의 베를린에서 게이뤼삭 거리까지 20세기에 바리케이드가 다시 출연한 이유를 설명한다. 반면 시대가 변함에 따라 바리케이드의 군사적 효용성은 거의 없어졌다.

❈

비록 옛 파리의 많은 거리가, 적어도 에티엔 마르셀까지 거슬러 올라가는 폭동과 봉기의 기억을 간직하고 있음에도, 그리고 수 세기에 걸쳐 펼쳐졌을 '혁명의' 파리를 이야기할 수 있을지라도, 나는 파리 혁명의 이 위대한 상징적 형상의 절정인 바리케이드에 대해, 다시 말해 19세기를 이야기하는 데 집중하겠다.

바리케이드는 두 세기 동안 모습을 감추었다가 1820년대 말 파리에 다시 모습을 드러냈다. 1588년 5월의 바리케이드가 설치된 날을 기억하지 못할 만큼 시간이 많이 흘렀다. 그해, 앙리 3세가 도시에 배치한 군대에 맞선 "모든 사람은 각자 무장을 하고 서둘러 거리로 나왔다. 그들에게는 사슬을 가져와 거리 모퉁이에 바리케이드를 칠 시간도 없었다".[1] 역시 아주 오래전 프롱드의 바리케이드는 1648년 8월 밤에 설치되었다. 레츠 추기경은 리사가레의 글과 이상할 정도로 비슷한 표현으로 이 일을 묘사했다. "갑작스럽고 격렬한 화재처럼 폭동이 퐁뇌프에서 도시 전체로 번졌다. 모두가 무기를 들었다. 대여섯 살 되는 아이들도 단도를 쥐고 있었다. 심지어 엄마들이 단도를 아이들에게 가져다주었다. 두 시간도 되지 않아 파리에는 신성동맹이 통째로 남겨놓은 온전한 무기와 깃발로 무장한 1200개 이상의 바리케이드가 쳐졌다."

그때 이후 프레리알 동안에도 포부르 생탕투안에 바리케이드가 정말로 설치되었지만 당시의 바리케이드는 거대한 혁명적 사건에 비하면 사소한 것이었다. 샤토브리앙이 『회고록Mémoires d'outre-tombe』에서 "바리케이드는 일종의 방어 진지로 파리의 토목 공사 능력을 보여준다. 바리케이드는 샤를 5세 때부터 오늘날까지 폭동이 일어나면 어김없이 다시 모습을 드러냈다"라고 썼지만 바로크 시대와 낭만주의 시대의 파리 사이 바리케이드의 역사에는 긴 공백이 있다.

그런데 1827년 11월 19일, 바리케이드가 다시 모습을 드러냈다.[2] 선거 날 저녁이었다. 2주 전 빌레르는 하원의회를 해산하고 상원의원을 장악하기 위해 72명

---

1 Pierre de L'Estoile, *Journal pour le règne de Henri III*.

2 *La Barricade*, Alain Corbin et Jean-Marc Mayeur 책임편집, Paris, Publications de la Sorbonne, 1997을 참고할 것. 1848년 혁명의 역사와 19세기 혁명사 연구협회와 19세기 역사 연구소가 1995년 5월 17일에서 19일까지 주최한 학술대회 발표문. 참고문헌을 밝히지 않는 이어지는 인용문은 이 책에서 인용했다.

의 새로운 귀족원 의원을 임명했다. 반대파인 자유주의자들은 파리에서 크게 승리했다. 18일 저녁, 선출된 의원들은 연회를 열고 집을 환하게 밝혔다. 경찰청장은 파리 경찰청장에게 경계 태세를 강화하라고 명령했다. "혁명가들이 이끄는 시위가 예상보다 훨씬 격화될 수 있기에 모든 혼란을 진압할 조치를 취할 것을 권고합니다. (…) 왕실 근위대장은 필요한 경우 즉시 300명의 기병대를 차출해 지원하겠다고 약속했습니다." 실제로 19일 저녁, 생드니 거리에서 경찰 정보원은 다음과 같이 보고했다. "사람들이 거리에서 폭죽을 터트렸습니다. 대부분은 상점 점원들로, 우산을 들고 나무 막대기 끝에 초를 매달아 거리를 활보했습니다. 간간이 건물 안에서 총소리가 들렸습니다. 한마디로 군중이 모여 있는 혼잡한 거리에서는 언론 허가제에 관한 법 철회를 요구할 때 일어났던, 눈 뜨고는 못 볼 모든 행태가 그대로 반복되었습니다." 밤 10시에 군중은 모콩세유 거리의 경찰서를 공격했다. 파리 도지사는 군중을 해산시키기 위해 기병 50명을 보냈다. 기병대를 지휘한 장교는 조사위원회에서 "기병들이 도착했을 때 생드니 거리 곳곳의 포장도로는 깨지고, 네 개의 바리케이드가 줄지어 설치되었으며, 그 뒤에는 돌을 든 폭도가 상당히 많았다"고 이야기했다. 생드니 거리의 그랑세르프 통행로 입구에 설치된 가장 높은 바리케이드는 집중포화를 당했다. 결국에는 경찰이 질서를 회복했다. 그러나 경찰이 퇴각하면서 우르스 거리에서 총을 난사해 여러 명이 부상을 입었다. 부상자 가운데 스물두 살의 대학생 오귀스트 블랑키는 목에 총상을 입었다.

이튿날 저녁, 군중들이 또다시 생드니 거리와 그 일대를 휘젓고 다녔다. 고등법원이 조사한 기록에 따르면 이러했다. "신원 미상의 사람들이 생뢰 성당과 그랑세르프 통행로 앞에 공사 중인 건물 울타리를 부수고 몰래 들어갔다. 그들은 그곳에서 훔친 도구와 물건으로 그 전날 바리케이드를 세웠다. 그리고 도구와 물건들을 가져가지 않고 건물에 넣어두었다. 새로운 바리케이드는 전날보다 훨씬 정교하게 구축되었다. 작업은 대부분 열다섯 살에서 열여덟 살의 청년들이 했는데, 어떤 장애나 공권력의 제지 없이 두 시간 만에 이루어졌다." 밤 11시, 정규군 사령관 피츠제임스 대령이 그르네타 거리를 거쳐 생드니 거리에 도착했다. "대략 100미터 거리에 견고한 바리케이드가 보였다. 그 뒤에는 군중이 있었고, 그들의 함성이 들렸다. 우리가 욕설과 선동을 뚜렷하게 구별하지 못하고 있을 때 돌멩이가 전위 분대의 발아래에까지 날아들기 시작했다. 바리케이드 너머에 있는 사람들이 우리에게 보내는 명확한 경고였다." 군대가 발포했고 네 명이 죽었다. 기병들이 인근 거리들에서 폭도를 몰아냈다. 다음 날 11월 21일자 『르 주르날 데 데바Le Journal des débats』는 공권력이 단호하게 대처하지 못했다고 평가했다. "군대가 이 무리를 추격하지 않고 체포하지 않은 것은 정말로 유감스러운 일이다." 그러나 경찰청장은 "어제 저녁에 일어난 사건으로 구역 주민들은 상당한 공포를 느꼈을 것이고, 그것이 유사한 소란을 방지하는 데 도움이 될 것이다"라고 확신했다.

이 희망은 실현되지 않았다. 1827년 11월 며칠간 밤의 바리케이드와 1871년 파리 코뮌 70일간 대낮의 바리케이드 사이에 50년이 흐르는 동안 파리에서 일어난 시위, 폭동, 급습, 봉기, 반란의 목록은 너무 길어서 유럽의 어떤 수도도 파리에 필적하지 못한다. 파리의 모든 구역에서 일어난 반란은 산업혁명, 사장과 노동자의 새로운 관계, 성실한 동시에 위험한 노동자들의 외곽 이주, 파리를 "전략적으로 정비한" 대규모 공사의 전개와 맞물린다. 반란이 있을 때마다 똑같은 거리와 구역들의 이름이 시대를 가로질러 끊임없이 되풀이되지만 단절과 가속을 거치며 혁명의 파리 중심은 천천히 북쪽과 동쪽으로 옮겨갔다. 이런 변화의 단절과 가속은, 현재는 부정적인 시선으로 평가받는 옛 개념인 계급투쟁이라는 흔적을 파리의 지도에 남겼다.

19구에서 일어난 봉기의 전개는 잘 알려졌지만 이 역사는 대개 들라크루아와 그의 작품 「민중을 이끄는 자유의 여신」, 라마르틴과 그의 삼색기, 위고와 그의 풍자시 모음집 『응징Les Châtiments』, 강베타와 열기구 같은 일련의 지나치게 도식적이고 낙관적인 현실 묘사로 표현되었다. 또한 소설화한 전기에서 따온 지하철역 이름으로 이상적인 공화국의 계보가 구성되었다. 이상화된 공화국은 실제로 유혈이 낭자했고 격렬했던 일련의 대립을 순화시켰다. 격렬했던 과거의 대립을 순화시키려는 노력은 과거보다 현재에 훨씬 더 두드러지는데, 낡은 것을 거부한다는 명목으로 19세기의 '케케묵은 철학적이고 문화적인 책들'을 버리라고까지 압력을 가한다.[1] 나는 이 반란의 역사가 어떻게 진행되었는지를 혁명의 파리 구역과 거리들에서 일어났던 일을 살펴보면서 되새겨보려 한다. 그리고 파리에서 일어난 이 사건들이 유럽 전역에 행동하라는 신호를 보내고, 이론적 모델로 받아들여졌으며, 희망의 이성을 전파했음을 기억할 것이다.

1830년 7월 27일, 언론과 선거에 관한 법령이 공표된 다음 날 경찰은 언론을 무력화하기 위해 리슐리외 거리에 있는 『르 탕Le Temps』 신문사를 급습했다.[2] 이 구역의 인쇄업자들은 실업자가 될 것이 두려워 노동자들을 해고했다. 노동자들은 반격을 준비했다. "인쇄 노동자들은 월요일에는 절대 일하지 않았다. 언론 자유를 뒤흔들고, 자신들을 실업자로 만들 칙령을 알게 된 것이 7월 26일 월요일이었다. (…) 노동자들은 파리를 벗어나 방벽 너머의 싸구려 술집에서 저녁을 먹으며 석공, 목수, 철물공, 그 외 다른 노동자의 마음을 움직이기 위해 어느 것 하나 소홀히 하지 않겠다는 확고한 의지를 다졌다."[3] 이튿날, 노동자들은 에콜 폴리테크니크 학생들이 포함된 대학생 무리와 뒤섞여 "폴리냐크 퇴진!"을 외쳤다. 팔레루아얄에

---

1 Jacques Rancière, *Aux bords du politique*, Paris, La Fabrique, 1998.

2 "첫 번째 칙령은 다양한 형태의 언론의 자유를 억압하는 것이었다. 이 칙령은 15년 전부터 경찰의 비밀 사무실에서 공들여 준비한 모든 것의 핵심이었다. 두 번째 칙령은 선거법 개정에 관한 것이었다. 그렇게 언론과 선거의 자유가 본질적으로 침해당했다. 언론과 선거의 자유는 불공정한 행위를 통해서가 아니라 부패한 입법부의 권력에 의해, 즉 절대 권력의 시대처럼 칙령이라는 형태로 합법적으로 침해당했다." Chateaubriand, *Mémoires d'outre-tombe*.

3 그 당시 파리 어느 서점상의 편지. Paul Chauvet, *Les Ouvriers du livre en France, de 1789 à la constitution de la Fédération du livre*, Paris, PUF, 1956에서 인용.

서는 경찰에게 돌을 던졌다. 보병 부대가 군중을 향해 발포했고, 시위대 한 명이 쓰러졌다. 곧바로 사람들이 튀어나와 시신을 수습했고, 복수를 외치며 행진했다. 흥분한 군중은 무기고를 탈취하고 리슐리외 거리에 바리케이드를 쳤다. 그렇지만 파리의 밤은 차분해 보였고, 의원들은 몸을 숨겼다. 파리에는 조직도, 지도자도 없는 것 같았다. 밤 사이 지도부가 꾸려졌다. 활동가와 휴직 장교들은 12개 지도 위원회를 꾸리고, 무기를 탈취해 나누어주었으며, 왕실 인쇄소를 장악했다. 28일 아침, 왕실 군대는 맞은편 바리케이드에서 제1제정 시대의 퇴역 군인들이 파리 시민들에게 군사 훈련을 시키는 것을 보았다. 파리는 들끓고 있었다. "무기고를 부수고, 불태웠다. 부서진 가로등에 군인들을 밧줄로 묶었다. 우체부와 합승 마차 마부의 백합꽃으로 장식된 이름표를 뜯었다. 공증인들은 간판을 내렸고, 재산 압류를 집행하는 집행관은 그들의 둥근 배지를, 운송 담당자와 왕실 물품 공급자들은 그들의 증서를 감추거나 떼어냈다. 한때 수성 도료로 프랑스 왕가 부르봉 가문의 백합과 나폴레옹의 독수리 문양으로 온통 장식한 사람들은 그들의 충성심을 지우는 데 스펀지 하나면 충분했다. 즉, 제국과 그에 대한 감사의 마음을 지우는 데 이제는 약간의 물이면 된다."[4] 정오에 계엄령이 선포되었다. 근위대 총사령관 마르몽 원수는 "재치 있고 능력 있는 용감한 군인으로 현명하지만 불행한 장군이었다. 시민의 소요를 가라앉히는 데 군사적 재능만으로는 충분하지 않다는 예로 수없이 거론된다. 다시 말해 일개 경찰이 마르몽 원수보다 어떤 조치를 취해야 하는지를 훨씬 더 잘 알았을 것이다. (…) 마르몽 원수는 작전을 수행하는 데 있어 소수의 인원밖에 없었는데, 이 작전을 수행하려면 3만 명의 병력이 필요했을 것이다".[5] 이 작전은 루브르궁에서 네 곳으로 군대를 출발시키는 것이었다. 첫 번째

---

4 Chateaubriand, *Mémoires d'outretombe*.

5 Chateaubriand, 앞의 책. 1848년에 토크빌은 베도 장군을 다음과 같이 비판했다. "내가 보아온 바에 따르면 가장 쉽게 분별력을 잃고, 일반적으로 혁명의 순간에 가장 약한 모습을 보이는 사람은 군인들이었다." *Souvenirs*, 1893, 1850~1851년에 집필.

Révolution de 1830.

lith. de Langlumé.

J.J. Grandville

Le peuple a vaincu, ces Messieurs partagent.

au Magasin de Caricatures d'Aubert, Passage Véro Dodat

왼쪽 페이지

그랑빌, 「1830년 혁명」. 민중이 승리했고, 신사들이 전리품을 나눈다. 석판화, 파리, 국립도서관.

부대는 대로들을 통해 바스티유 쪽으로, 두 번째는 센 강가를 따라 바스티유 쪽으로, 세 번째는 이노상 시장(현재 레 알) 쪽으로 그리고 네 번째는 생드니 거리 쪽으로 올라가게 하는 것이었다.[1] 그러나 부대는 곧바로 고립되었다. 가까스로 통과해도 거리 사이에 포위되었다. "부대가 진격함에 따라 중간중간 남겨진 연락병들은 서로 떨어져 있어서 상당히 약했다. 이 연락 부대는 민중에 의해 고립되고, 나무 더미나 바리케이드로 인해 서로 분리되었다."[2]

7월 29일 아침, 봉기 세력 한 무리가 팡테옹을 출발해 스위스 용병들이 방어하고 있는 루브르궁으로 갔다. 가는 도중에 방돔 광장을 차지하고 있던 두 정규 연대가 봉기 세력 옆을 지나갔다. 마르몽은 루브르에서 철수해야만 했다. 학생들은 정문을 기어올라 궁으로 들어갔고, 스위스 용병들은 후퇴했으며, 마르몽의 부대는 흩어져서 샹젤리제 쪽으로 물러났다. 샤를 10세는 도피해야 했다. 뱅자맹 콩스탕이 타협책을 찾으면서 밀사들에게 대답한 것처럼 "왕이 백성들을 향해 총을 난사하게 하고, 이어 '그는 아무것도 안 했어'라고만 말하고 끝내는 것은 너무 쉬운 일일 것이다. 퐁뇌프에 있는 앙리 4세 동상은 신성동맹의 기수처럼 삼색기를 손에 들고 있다. 민중들은 청동 동상을 쳐다보면서 '이봐 친구, 너는 이런 바보 같은 짓은 하지 않았을 거야'[3]라고 이야기했다".

「1830년의 혁명」이라는 제목의 그랑빌 석판화에는 사람을 겁먹게 하는 한 무리의 괴물이 부르주아의 프록코트를 입고 소름 끼치는 짐승의 얼굴을 한 채 계단

1 뒤베크와 데스페젤은 마르몽의 세 개 핵심 부대의 경로는 루이 필리프 시대에 랑뷔토가 주도한 대규모 공사의 노선과 대응한다고 썼다. 랑뷔토는 대로들을 넓히고 높이를 고르게 하며, 이노상 구역과 바스티유를 연결하는 랑뷔토 거리를 관통하는 도로를 만들고, 센 강변을 정비했다. 이 점을 보면 파리의 "전략적 미화 작업"은 오스만이 처음으로 생각해낸 것이 아니다(*Histoire de Paris*, Paris, 1926).

2 Chateaubriand, 같은 책.

3 Chateaubriand, 같은 책.

을 뛰어오르고, 계단 꼭대기에는 지폐로 만든 것 같은 이상한 생명체가 왕좌에 앉아 있다. 이 석판화의 제사題詞에는 '민중이 승리했고, 신사들이 전리품을 나눈다'라고 쓰여 있다. 파리의 거리 곳곳에는 여전히 돌과 나무 더미가 쌓여 있었다. 루이 필리프에게 '공화국 최고'의 자리인 왕좌를 넘기려는 이 협잡에 민중은 불만을 표출했다. 전투가 끝나고 일주일 뒤인 8월 6일, 빈자들의 의사médecins des pauvres인 윌리스 트렐라와 프랑수아 라스파유가 이끄는 수천 명의 학생 행렬이 샤를 10세 때 선출된 의회가 입법권을 갖는 것을 거부하는 청원을 팔레부르봉에 전달하기 위해 라탱 구역에서 출발했다.[1]

8월 말에 트렐라가 주도하는 민중의 친구협회[2]는 네덜란드와 맞서 싸우는 벨기에 혁명군을 돕기 위해 1개 대대를 보냈다. 11월에는 바르샤바의 민중 봉기를 지지하러 가기 위해 그랑 제콜 학생들이 분대를 조직했다.

9월 21일, 엄청난 군중이 거리로 나와 8년 전에 그레브 광장에서 처형된 장프랑수아 보리와 라 로셸 출신 하사관 세 명의 처형일을 기렸다. 폴리테크니크의 학기 시작은 굉장히 혼란스러워서 정부는 학생들 가운데 가장 인기가 많은 프랑수아 아라고를 학교 책임자로 임명해야 했다.

12월 10일, 학생들이 페르라셰즈까지 운반한 뱅자맹 콩스탕의 장례 마차 행렬에 공화국의 모든 지도자가 함께했다. 트렐라가 무덤에서 연설했다. "민중의 친구협회 모두는, 우리 형제들의 목숨을 바쳐 소중하게 손에 넣은 7월의 날들을 잃지

---

1 "국가는 입법권에 있어서 민중이 전복한 왕조의 영향력 아래 있는 왕조 시기에 임명된 입법부나 귀족의회를 인정해서는 안 된다. 특히 귀족의회는 입법부에 부여된 권력의 원칙 및 민중의 감정과 직접적으로 대립하는 제도 기관이다." *La Révolution*, 1830년 8월 8일. Jeanne Gilmore, *La République clandestine, 1818-1848*, 프랑스어판, Paris, Aubier, 1997에서 인용.

2 "극장처럼 보이는 작은 홀에 1500명 이상의 사람이 빽빽이 들어찼다. 입법의회 의원의 아들인 시민 블랑키는 '상점의 화신' 루이 필리프를 왕으로 뽑은 상점 주인들인 부르주아지를 비난하는 조롱으로 가득 찬 긴 연설을 했다. 활기, 올바름, 분노가 넘치는 연설이었다." Henri Heine, *De la France*, op. cit., 1832년 2월 10일 논평.

않을 것을 맹세합니다."[3]

샤를 10세의 내각 재판이 열리고 있는 뤽상부르 앞에서 12월에 또다시 소요가 일어났다. 몇 날 며칠을 기다린 군중은 징역형이라는 가벼운 판결에 분노를 터트렸다. 진압은 폭력적이었다. 부상자 중에는 스물두 살의 법학과 학생 샤를 들레클뤼즈도 있었다.

1831년 2월 13일, 왕정 지지파들은 생제르맹로세루아 성당에서 베리 공작 암살 기념일 축하 미사를 드렸다. (왕정 지지파들은) 7월 혁명 기간에 부상당한 스위스 용병들에게 유리한 자료를 모았다.[4] 소문을 듣고 군중이 성당에 난입해 약탈했다. 이튿날 대주교 관사는 공격을 받고 완전히 파괴되었다. 1836년에 발표된 걸작 『무신론자의 미사La Messe de l'Athée』에서 발자크는 소설의 결말로 제시되는 만남의 날짜를 추정할 수 있도록 이 사건을 활용했다. 마르탱 나도에게는 경찰의 도발에 불과한 일이지만,[5] 어찌 되었건 기억할 만한 중요한 사건이다. "민중이 대주교의 관저로 몰려간 것은, 공화주의로 고양된 민중이 이 드넓은 관사에서 번갯불처럼 빛나는 금색 십자가를 파괴한 것은, 무신론자들이 폭도와 더불어 거리를 점령한 것은 1830년 혁명 후 7년밖에 지나지 않은 시점이었다." 성직자들에 대한 분노가 폭발한 직후, 왕은 프랑스 군대에서 프랑스 왕가의 흰 백합을 떼어내야 했고, 공개적인 미사에 더 이상 참여하지 않았다. 게다가 이런 일은 이번이 처음이 아니

3 Georges Weill, *Histoire du parti républicain en France, 1814-1870*, Paris, Alcan, 1928. 콜레라에 걸려 1832년에 사망한 카지미르 페리에의 장례식에 참석한 후 하이네는 다음과 같이 썼다. "내 이웃들은 장례 행렬을 바라보면서 뱅자맹 콩스탕의 장례에 대해 이야기했다. 나는 파리에 온 지 1년밖에 되지 않았기에 민중이 느끼는 비탄을 글을 통해서만 이해했다. 최근 블루아의 전 주교, 입법의회 의원 그레구아르의 장례식에 참석하고 나서 민중의 고통이 무엇인지를 상상할 수 있었다. 그 장례식에는 고위 관료도, 보병도, 기병도, 예포도, 화려한 제복을 입은 대사도 없었다. 그러나 민중은 눈물을 흘렸고, 고통이 얼굴에 그대로 드러났다. (…) 민중이 운구를 메고 몽파르나스 공동묘지까지 갔다." *De la France*, op. cit., 1832년 5월 12일.

4 "왕정주의자들은 뛰어난 장점이 많지만 때로는 바보 같고, 대개의 경우 도발적이고 뒷일을 고려하지 않은 채 행동했다. 또한 색깔 있는 넥타이를 매거나 단춧구멍에 꽃을 꽂음으로써 정당성을 다시 세울 수 있을 거라고 생각하면서, 매우 유감스러운 사건을 일으킨다." Chateaubriand, *Mémoires d'outre-tombe*.

5 Martin Nadaud, *Léonard, maçon de la Creuse*, Bourganeuf, 1895; Paris, La Découverte, 1998로 재출간.

었다. 1815년 1월, 민중이 생로슈 성당을 파괴했다. 신부가 "사제들에게 죽음을"이라고 외친 코메디 프랑세즈의 배우 마드무아젤 로쿠르의 장례 미사를 거부했기 때문이다.

1831년 9월 7일, 파스케비치의 군대로 포위당한 바르샤바가 항복했다. 이 소식이 파리에 알려지자 군중이 외무부 앞 카퓌신 대로에 모여 "폴란드 만세! 내각 사퇴!"를 외쳤다. 총으로 무장한 기마병에 의해 해산된 군중은 본누벨 대로의 무기고를 약탈하고 생드니 문으로 갔다. 다음 날 군중은 몽마르트르 대로에 바리케이드를 세웠고, 군대와 근위병들이 질서를 회복하는 데 3일이 걸렸다.

혼란이 끊이지 않았다. 몇 주 전부터 파리에 있었던 조르주 상드는 1831년 3월 6일 다음과 같은 편지를 썼다. "대단히 우스꽝스럽다. 의회의 의사일정처럼 혁명도 상시 열린다. 총칼, 폭도 그리고 폐허와 더불어 마치 완벽한 평화의 시대인 것처럼 사람들은 즐겁게 살아간다."[1] 여러 나라의 정치 망명자가 몰려들었다. 파리의 봉기로 눈을 떠 시작된 여러 나라의 봉기가 실패했기 때문이다.[2] 생제르맹로세루아 사건 이후 임명된 실세 수상 카지미르 페리에는 이 정치 망명자들을 '창고'라고 부른 거주 지역으로 보냈다. 이곳에서 그들은 경찰의 모든 명령에 따라야 했다. 허가 없이는 거처를 옮길 수도, 고용인을 바꿀 수도 없었다.

1832년 초 리옹의 견직물 공장 직공들의 첫 번째 봉기는 술트 원수가 지휘한 군대에 의해 진압되었고, 한편 콜레라가 파리를 덮쳤다. 1832년 2월 13일 롱바르 거리의 문지기가, 시테섬 오물랭 거리의 소녀가, 자르댕생폴 거리의 행상이, 그리

1 George Sand, *Correspondance*, Paris, Garnier, T. I.

2 "벨기에는 스스로를 프랑스 대공에게 헌납했고, 이어 영국 대공의 손에 넘어갔다. 니콜라는 러시아를 증오했다. 우리 뒤에는 남쪽의 두 악마가 있다. 스페인의 페르디낭과 포르투갈의 미겔이다. 이탈리아에서는 지진이 일어났다. 메테르니크는 볼로냐 공국까지 손을 뻗었고, 프랑스는 앙콘에서 오스트리아를 거칠게 밀어붙였다. 북쪽에서 뭔지 모르지만 폴란드를 관에 넣고 다시 못을 박는 불길한 망치 소리가 들렸다." Victor Hugo, *Les Misérables*.

고 모르틀르리 거리의 달걀 상인이 콜레라에 걸렸다.[3] 3월이 되자 하루에 800명씩 콜레라로 죽어나갔다. 콜레라의 특성과 확산은 5세기 이전의 흑사병처럼 원인을 알 수 없었다. 런던에서 연구를 하고 돌아온 마장디는 병이 전염되지 않는다고 했다. 신념에 찬 공화주의자이지만 위험한 의사였던 브루세가 있는 오텔디외 병원의 치사율은 끔찍했다. 그의 가장 유명한 고객, 카지미르 페리에 수상의 죽음과 함께 '생리학자'로서 브루세의 명성도 날아갔다.[4] 하인리히 하이네는 1832년 4월 19일 다음과 같이 논평했다. "현재, 얼굴을 가린 신부들이 여기저기 돌아다니며 신의 가호를 받은 묵주가 콜레라를 예방해줄 것이라고 사람들을 설득한다. 생시몽주의자들은 자신들이 믿는 종교의 수많은 이점을 늘어놓았다. 어떤 생시몽주의자도 전염병으로 죽지 않았는데 진보는 자연의 법칙이고, 사회의 진보는 생시몽주의에 있기 때문이라고 주장했다. 그리고 생시몽주의 사도들의 숫자가 충분하지 않기에 그들 가운데 어떤 사람도 죽지 않을 것이라고 했다. 나폴레옹주의자들은 콜레라의 증상을 느끼는 즉시 방돔 광장 쪽을 보기만 하면 나을 거라고 주장했다."[5]

전염병은 죽음에 있어 사회적 불평등을 절실히 느끼게 해주었다. 쥘 자냉은 "제일 먼저 그리고 오로지 하층민만 죽음으로 내모는 이 전염병은 반세기 전부터 전파된 평등의 신념에 대한 피비린내 나는 기막힌 반박이다"라고 주장했다. 증오가 거리에 넘쳤다. 부르주아들은 가난한 자들이 재앙을 불러왔고 확산시켰다고 비난했다. 『르 주르날 데 데바』 1832년 3월 28일자에는 "민중만이 전염병에 걸렸다. 그들은 구두 수선공, 면 담요를 생산하는 노동자들로 시테섬과 노트르담 구

3 Chevalier, *Classes laborieuses et classes dangereuses*…, op. cit.의 서문.

4 Georges Canguilhem, *Idéologie et Rationalité dans l'histoire des sciences de la vie*, Paris, Vrin, 1988을 참고할 것. 현상을 이해하기는 어렵지 않다. 콜레라 환자는 주로 탈수로 죽는다. 브루세의 '소염제' 처방은 출혈을 줄이는 것이 목적일 뿐 결국에는 끔찍한 결과를 초래했다.

5 방돔 광장에는 나폴레옹의 아우스터리츠 전투 승리를 기념해 세운 기념탑이 있다. — 옮긴이

오른쪽 페이지
『레 미제라블』 삽화, 레옹 베네의 판화, 1880년경, 올렌도르프 출판사.

역의 좁고 더러운 거리에 산다"라는 기사가 실렸다. 민중은 공공 우물, 물 운반 마차, 병원에 수용된 환자들에게 독을 탔다고 정부를 비난했다. 하이네는 "약을 챙기고 의사를 대동해 훨씬 안전한 지방으로 피신을 가는 부자들을 본 군중은 큰 소리로 웅성거렸다. 가난한 사람들은 돈이 생명을 지켜줄 수 있다는 사실에 불편함을 느꼈다"라고 썼다.

"대도시는 대포를 닮았다. 장전되었을 때는 작은 불씨 하나로도 발사된다. 1832년 6월, 그 작은 불씨는 라마르크 장군의 죽음이었다."[1] 랑드의 국회의원이자 스페인에서 웰링턴과 맞서 승리를 거둔 막시밀리앵 라마르크는 젊은이들의 많은 지지를 받았다. 6월 5일, 수많은 군중이 몽드마르상으로 가는 라마르크의 운구를 뒤따랐다. 행렬에는 나폴레옹 지지자들과 공화주의 지지자들이 뒤섞였다. 제일 앞에는 알포르의 수의사 학교 그리고 폴리테크니크 학생들이 섰다. 앞에서 살펴보았듯이 뤼시앵 뢰벵은 "금지된 장소를 허가 없이 산책했다는 말도 안 되는 이유로 산책 도중에 체포되어 폴리테크니크에서 쫓겨났고, 동료들과 더불어 하루아침에 구금되었다. 1832년 또는 1834년의 2월, 4월 혹은 6월의 유명한 날 중에 하루였다". 앙주 거리를 출발한 운구는 마들렌에 도착했고, 이어 대로들을 거쳐 바스티유까지 갔다. 그곳에서, "포부르생탕투안에서 내려온 낯선 무리의 긴 행렬이 합류했고, 웅성거림이 군중 가운데 터져 나오기 시작했다. (…) 운구는 바스티유를 지나 운하를 따라가다 작은 다리를 건너 오스테를리츠 다리의 광장에서 멈췄다. 군중이 운구를 둥글게 에워쌌다. 침묵이 흘렀다. 라파예트 장군이 라마르크에게 마지막 인사를 했다. (…) 검은 옷을 입고 말을 탄 남자가 붉은 깃발을 들고 갑자기 군중 속에서 나타났다".[1●] 하이네 역시 이 장면을 "검정 테두리의 붉은 깃

1 Hugo, *Les Misérables*. 위고는 소설을 사건이 발발하고 한참 뒤에 썼지만, 이 일화에 대해 자료를 철저하게 조사했다. 위고의 소설은 동시대 작가 레디쇠유의 증언과도 일치한다.

En somme, terrible. C'était acropole des va-nu-pieds. Des charrettes renversées accidentaient le talus; un immense haquet y était étalé, en travers, l'essieu vers le ciel, et semblait une balafre sur cette façade tumultueuse; un omnibus, hissé gaiement à force de bras tout au sommet de l'entassement, comme si les architectes de cette sauvagerie eussent voulu ajouter la gaminerie à l'épouvante, offrait son timon dételé à on ne sait quels chevaux de l'air. Cet amas gigantesque, alluvion de l'émeute, figurait à l'esprit un Ossa sur Pélion de toutes les révolutions, 93 sur 89, le 9 thermidor sur le 10 août, le 18 brumaire sur le 21 janvier, vendémiaire sur prairial, 1848 sur 1830. La place en valait

발이 갑작스럽게 나타난 것은 아주 뜻밖이었다. 깃발에는 검은 글씨로 '자유가 아니면 죽음을'이라고 쓰여 있었다. 그리고 장례식의 봉헌 깃발처럼 오스테를리츠 다리 위의 사람들 머리 위에서 펄럭였다"[2]라고 썼다. 전하는 바에 따르면 시위대 쪽에서 빨간 깃발이 처음으로 모습을 드러낸 것으로, 주목할 만한 변화였다. 그때까지만 해도 깃발은 공권력이 진압을 시작하기 바로 직전에 경고 표시로 이용했기 때문이다. 1789년 10월에 공표된 법에 따르면 "빨간 깃발로 경고를 받은 모든 집회는 불법이고, 공권력에 의해 해산되어야 한다".

"그사이 센강 왼쪽에서는 기병들이 다리를 차단했고, 오른쪽에서는 무장한 기병들이 셀레스탱에서 나와 모를랑 선착장을 따라 배치되었다.[3] 군중은 이 광경을 보고 '무장 기병이다!'라고 외쳤다. 기병은 권총, 칼, 장총으로 무장하고 명령을 기다리는 심각한 표정으로 한발 한발 다가오고 있었다." 어느 쪽에서 먼저 발포했을까? 남아 있는 기록은 없지만 일어날 일은 일어났다. "폭풍우가 휘몰아쳤다. 돌들이 비처럼 쏟아지고, 총구가 불을 뿜고 많은 사람이 서둘러 강둑 아래로 내려가 현재는 매립된 센강의 우각호로 건너갔다. 루비에섬의 작업 현장, 이 광활한 천연 요새는 갑자기 전투병으로 뒤덮였다. 말뚝을 뽑고, 총을 쐈다. 바리케이드가 세워지기 시작했다. 뒤로 물러난 젊은이들은 운구차를 끌고 빠른 걸음으로 오스테를리츠 다리를 건넜다. 그리고 경비대를 공격했다. 기병들이 전속력으로 달려와 칼을 휘둘렀고, 군중은 사방으로 흩어졌다. 전쟁에 대한 소문이 파리 전역에 퍼졌다. (…) 바람에 불길이 번지듯 분노가 폭도로 변했다."[4]

1• Hugo, 앞의 책.

2 *De la France*, op. cit. 1832년 6월 16일.

3 19세기 말에 다시 지은 셀레스탱 병영에는 현재 공화국 수비 기병대가 주둔하고 있다. 루비에섬은 당시 강 오른쪽과 연결되지 않았다(루비에섬은 현재 파리 시청 사무동을 둘러싼 땅에 해당되는데 모를랑 대로와 셀레스탱 선착장 사이였다). 루비에섬은 건설용과 난방용 목재의 유목 작업장이었다. 그때 모를랑 대로는 선착장이었고, 병기고는 강가에 있었다.

4 *Les Misérables*.

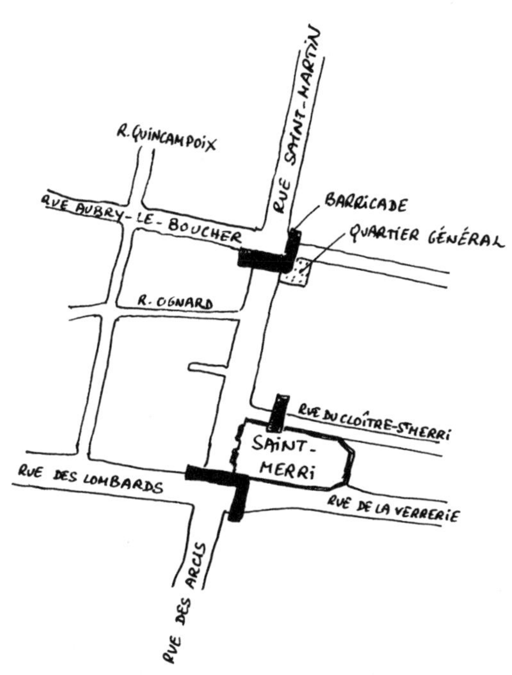

1832년 6월 생메리의 바리케이드.

"한 시간도 채 되지 않아 시위대는 요새 하나를 순식간에 만들었다."

밤이 되자 군중은 마레, 생마르탱, 생드니를 돌아다니며 "무기를 듭시다! 자유 만세! 공화국 만세!"를 외쳤다. 생마르탱과 생드니 거리의 가로등은 깨졌고, 바리케이드가 세워졌다. 샤틀레 광장, 베르리 거리 그리고 모콩세유 거리의 경찰서는 무장해제되었고, 시위대는 부르그라베 거리의 르파주 무기고를 약탈했다.[3] 저녁 7시 시위대는 샤틀레, 메지스리 선착장과 제스브르 선착장을 장악했고, 정부는 파리에 2만5000명의 병사를 집결시켰는데 이번에는 국방 경비대원만 동원했다.

5 이 무기고는 봉기가 있을 때마다 약탈되었지만 줄곧 그 자리에 있었다. 『본 것Choses vues』에서 위고는 이 무기고가 어떻게 약탈되었는지를 묘사했다. "40명의 남자가 힘을 모아 합승 마차를 진열창으로 밀었다." 오늘날에도 여전히 테아트르프랑세 광장에 르파주 무기고 한 곳이 있다.

포병대가 민중을 향해 발포하기를 거부했기 때문이다.[1] 이튿날 6월 6일 시위대는 거의 모든 구역을 포기해야 했고, 전투는 생메리 수도원 주위의 미로같이 작은 골목길들에 집중되었다. 이곳은 현재의 퐁피두센터와 그 앞 광장, 그리고 로를로주 구역이다. 레디쇠유는 "한 시간도 채 되지 않아 시위대는 뚝딱 요새 하나를 만들었다. 오브리르부셰 거리 맞은편에 있는 건물은 시위대의 지휘 본부였는데, 대략 1.5미터 높이의 바리케이드를 쳐서 방어했다. (…) 문 앞에는 램프 두 개를 켜두었다. 거푸집에 납을 부어 총알을 만들어서 전투에 대비했다(보들레르는 이렇게 표현했다. "맑은 눈의 너는 깊은 곳에 숨겨진 병기창을 안다/ 금속의 부족이 파묻혀 잠들어 있는 그곳을"). 남쪽의 생메리 성당 앞에는 돌을 쌓아 베르리 거리와 아르시스 거리를 막았다. 뒤쪽으로는 또 다른 바리케이드를 쳐서 클루아트르 거리를 통해 진입하려는 적들을 막았다. 북쪽으로는 어느 곳으로도 나갈 수 없었다. 모뷔에 거리, 베니스 통행로, 코루아리 거리 모두 막혀 있었다. 오브리르부셰 거리를 통해 정면을 공격하거나 생마르탱 거리를 통해 배후를 공격해야 했다. 사방이 꽉 막힌 좁은 거리들은 길이가 백 걸음도 되지 않았다. 폭은 생마르탱 거리와 같았다".[3]

이 요새는 포병대가 아니면 공략할 수 없었다. 포병 1개 중대를 생마르탱 거리에 배치해 생니콜라데샹 성당에서부터 집중적으로 포화를 퍼부었다. 또 다른 포병 중대는 이노상 시장으로부터 오브리르부셰 거리를 통해 포격했다. 포병대가 파리에서 민중을 향해 발포한 것은 처음이었다. 그 결과 1832년 6월의 봉기는 훗

1 포병대는 둥근 군모에 빨간 방울 장식을 하고 검은 제복을 입었다. 젊은이들은 이 멋진 제복에 끌렸다. 그리고 이 젊은이들은 앞 세대보다 프티부르주아 의식이 강하지 않았기에 이 기간 동안 국가 경비대의 포병대는 여러 번 해체되었다.

3 M. Rey-Dussueil, *Le Cloître Saint-Merry*, Paris, Ambroise Dupont, 1832. 아르시스 거리는 베르리 거리와 롱바르 거리의 가로축을 세로로 지나가는 생마르탱 거리의 남쪽 부분이다. 생메리의 커다란 바리케이드는 『레 미제라블』에서 장발장이 방어했고, 가브로슈가 죽음을 맞은 샹브르리 거리에 세운 바리케이드의 모델이다. Thomas Bouchet, "La barricade des Misérables", *La Barricade*, op. cit.를 참고할 것. 발자크의 『잃어버린 환상』에서 공화주의자 미셸 크레스티앵이 장렬하게 죽은 곳 역시 생메리였다.

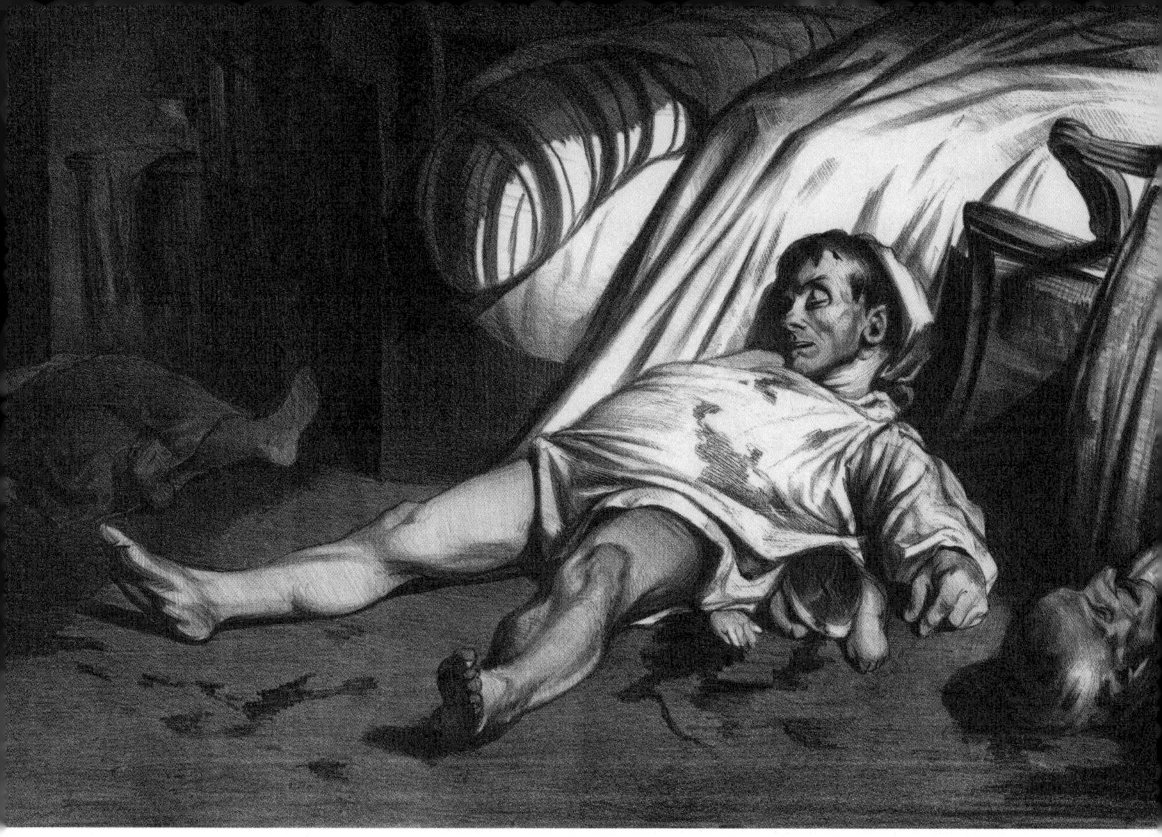

오노레 도미에, 「트랑스노냉 거리의 학살」, 1834년. 석판화, 파리, 국립도서관.

날의 봉기에 두 가지 큰 변화를 가져왔다. 시위대 측의 빨간 깃발과 공권력의 대포다. 6일 저녁, 핵심 바리케이드는 생마르탱 거리의 남쪽과 북쪽에서 동시에 공격을 받고 무너졌다. 1000대 1의 전투였다. 7월 혁명의 시위대 일행인 잔이라는 노동자가 이 바리케이드의 책임자였다. 그는 항복을 거부하고 홀로 대검 하나로 국가 경비대의 4대대를 뚫고 길을 터서 전설이 되었다. 하이네는 "프랑스의 가장 순결한 피가 생마르탱 거리에 흘렀다. 테르모필레 협곡의 스파르타 전사들보다 생메리 거리와 오브리르부셰 거리의 민중이 이 좁은 거리에서 훨씬 더 용감하게 싸웠다. 마지막 순간에는 60명 정도의 공화주의자들이 국가 경비대와 정규군 6만 명에 맞서 싸웠고, 6만 명이 넘는 정부군을 두 번이나 격퇴했다. (…) 그들 가운데 살아남은 얼마 되지 않은 전사들도 목숨을 구걸하지 않았다. (…) 전사들은 가슴을 당당히 열어젖히고 적들을 향해 달려가 기꺼이 죽음을 택했다"라고 묘사했다. 그다음 날 곧바로 계엄령이 선포되었다. 시체를 확인하기 위해 "많은 사람이 시체 안치소로 가서 「악마 로베르Robert le Diable」를 보기 위해 오페라극장 앞에서 대기하듯이 줄을 섰다". 시체 안치소 앞에서 발을 동동 구르며 줄을 선 사람들이 분노로 웅성거렸다. "정부는 우리에게 행한 오래된 악을 정리하기 위해, 절망만이 남아 질서를 회복하지 못하는 상황을 바로잡기 위해 우리에게 시체 안치소의 두 문을 열고, 경찰은 우리 옆구리에 칼을 밀어넣었다. 정부가 밤의 범죄를 자백하는 것을 두려워할 날이 머지않았다. 사람들은 학살, 다리, 강에 대해 이야기할 것이고, 나머지에 대해서는 입을 다물 것이다."[1]

1834년 4월에 장드디외 술트 내각의 내무부 장관 티에르는 공공장소에서 가두 판매인과 행상인을 금지하는 법을 통과시켰다. 민중은 하루아침에 정보를 얻는 주요 원천을 빼앗겼다. 또 다른 법으로는 모든 협회에 집회 사전 허가를 의무화했다. "반포되자마자 이 괴물 같은 기괴한 법은 곧바로 적용되었다. 클럽은 문을 닫고, 거리에서는 신문 판매가 중지되었으며, 집회의 자유는 완전히 억압되었다. 어떤 장소가 되었건 허가 없이 21명 이상이 모이면 범죄행위였기 때문이다."[2] 한편 리옹에서는 첫 번째 봉기 지도자들의 판결이 있는 날 두 번째 봉기가 일어났다. 크루아루스의 노동자들은 대포로 학살되었다. 4월 10일, 술트는 두 번째 승리를 거두며 왕위 계승자인 오를레앙 대공과 함께 도시로 들어왔다.

4월 12일, 파리에서 공화파 신문 『라 트뤼빈La Tribune』의 발행인 아르망 마라스는 특별호를 인쇄해 인권협회 63개 지부에 거리로 나올 것을 호소했다. 경찰은 인쇄소를 급습해 신문을 압수하고, 마라스와 부사장인 샤를 들레클뤼즈를 체포

---

1 Rey-Dussueil, *Le Cloître Saint-Merry*, op. cit.
2 Nadaud, *Léonard, maçon de la Creuse*, op. cit.

했다. 그러나 이미 늦었다. 12일과 13일 밤, 그 당시에는 모뷔에라고 불렸던 구역에 또다시 바리케이드가 쳐졌다. 모뷔에 구역은 현재의 보부르, 몽모랑시, 오브리르부셰, 트랑스노냉, 조프루아랑주뱅, 우르스, 그르니에생라자르 거리 일대다. 그러나 정규군 25연대 병사들이 수백 명의 시위대를 빠르게 진압했다. 전투가 끝날 무렵, 다른 어느 곳보다 훨씬 오랫동안 저항했던 트랑스노냉 거리 12번지 창문에서 누군가가 총을 쏘았다.[3] 병사들이 건물로 들어가 그곳에 사는 남자, 여자, 아이들까지 모조리 학살했다. 『19세기 대사전Grand Dictionnaire universel du XIXe siècle』에서 피에르 라루스는 이렇게 썼다. "이 학살로 프랑스 군대의 명예를 더럽힌 군인들은 루이 필리프 재위 내내 여러 주둔지에서 공포의 대상이 되었다."[4] 그리고 알제리에서 실행했던 기술을 적용하면서 부대를 지휘했던 뷔조는 '트랑스노냉 거리의 백정'으로 영원히 기억될 것이다. 공화파 지도자들도 탄압받았다. 뤽상부르궁에 의사당을 둔 귀족원 법정에서 121명이 재판에 회부된 커다란 소송이 1835년 4월에 열렸다. 피신하지 않은 사람은 모두 투옥되었다. 1835년 7월 『르 나시오날Le National』의 발행인 아르망 카렐은 에밀 드 지라르댕과의 결투에서 죽었다. 카렐의 친구 샤토브리앙이 썼듯이 "그는 그때까지 위험을 결코 충분히 겪어보지 않았던 것처럼 보인다".[5] 카렐의 죽음으로 공화파 진영은 더욱 약해졌다. 1834년 4월의 봉기 이후 1848년까지 공화파의 봉기는 없었다.

---

3 트랑스노냉 거리는 튀르비고 거리 조성 공사와 보부르 거리 확장 공사 때 없어졌지만 그 거리에 있던 집들의 일부는 보부르 거리의 짝수 번지 쪽에 포함되었다.

4 '1834년 4월의 며칠Avril 1834, Journées de' 항목. 1857년 발간된 『프랑스의 몇몇 풍자화가Quelques caricaturistes français』에서 보들레르는 도미에의 유명한 판화를 다음과 같이 묘사했다. "초라하고 쓸쓸한 방, 일반적인 프롤레타리아의 방, 필요한 가구만 있는 평범한 방에서 잠옷을 입고 솜 모자를 쓴 반쯤 벌거벗은 한 노동자의 시체가 다리와 팔을 벌린 채 축 늘어져 있다. 틀림없이 방 안에서 큰 소동과 싸움이 있었을 것이다. 의자, 침대 머리맡 탁자, 요강이 뒤집혀 있기 때문이다. 노동자의 시체와 방바닥 사이에는 그의 아이의 시체가 눌려 있다. 차가운 다락방에는 침묵과 죽음만이 흐른다."

5 이 묘한 우정은 대부분의 사람이 생각하는 것처럼 샤토브리앙이 평범한 반동분자는 아니었다는 것을 입증하는 여러 가지 예 가운데 하나다(아르망 카렐은 1832년에 스페인 공화파를 위해 자원하여 프랑스군과 맞서 싸웠다. 한편 샤토브리앙은 프랑스군을 스페인에 파견하는 데 폭넓게 개입했다).

그러나 블랑키가 남아 있었다. 만약 블랑키가 1830년대 대부분의 '봉기'에 참여했더라면 공화파 부르주아지가 평등과 박애를 구상했던 방법에 최소한의 환상도 없었을 것이다. 1832년 1월 블랑키가 출판 및 보도에 관한 법률 위반으로 기소된 중죄 재판소에서 검사가 직업을 물어보자 블랑키는 "프롤레타리아"라고 대답했다. 검사가 그것은 직업이 아니라고 반박하자 블랑키는 "정치적 권리를 박탈당한 민중 대다수의 직업이다"[1]라고 응수했다. 판사들은 출판법 위반에 대해 블랑키에게 무죄를 선고했지만 법정에서 불손한 행동의 죄를 물어 징역 1년을 선고했다. 1834년 초, 복역을 마치고 나온 블랑키는 『르 리베라퇴르Le Libérateu』 『주르날 데 오프리메journal des opprimés』를 창간하고, 정치 프로그램을 지향하는 글을 썼다. "우리의 깃발은 평등이다. (…) 공화국은 노동자의 해방이자 착취의 끝이다. 새로운 질서가 시작되어 자본의 압제에서 노동자를 자유롭게 할 것이다." 1834년에 자신의 신념을 이렇게 표현한 사람은 프랑스뿐만 아니라 다른 나라에도 거의 없었다(1834년에 마르크스는 16살이었다. 훗날 마르크스는 이 본질적인 것 대부분을 블랑키주의자인 파리의 노동자들에게서 배웠다고 이야기했다).

그때까지 서로 반목하지 않았던 바르베스와 블랑키는 1835년 가족협회를 창립했다. 1836년 그들은 루르신 거리에 화약 제조공방을 세운 죄로 체포되었다. 사면된 블랑키는 계절협회를 조직하고, 1839년 초에는 봉기를 위한 토대가 준비되었다.[2] 거사일은 5월 12일 일요일로 정했다. 파리 경찰 일부가 자리를 비우고 부르주아들은 뇌이 경마장에 가는 날이었다. 봉기를 일으키는 데 있어 블랑키가 기대하는 1000여 명의 정예 요원은 생드니 거리와 생마르탱 거리 사이의 포도주 상

---

1 Jacques Rancière, *Aux bords du politique*, op. cit.

2 "그룹은 주 단위와 월 단위로 나뉘었다. 한 계절에 해당하는 세 개의 달은 봄이라고 이름 붙은 지도자가 암호를 전달했다. 네 개의 주를 포함하는 각 달은 7월이라는 명칭으로 불리는 지도자가 지휘했다. 여섯 명의 대원을 둔 각 주는 일요일이 통제했다. 지도자는 만날 수 없었다. 블랑키는 전체 모임에 참석하지 않았다. (…) 반란군은 은밀하게 모집하고 비밀리에 징병했다." G. Geffroy, *L'Enfermé*, op. cit.

점 뒷방과 부르그라베 거리의 르파주 무기고와 가까운 건물에서 모이기로 되어 있었다. 정오쯤 블랑키가 망다르 거리와 몽토르괴유 거리 모퉁이의 카페에 도착했다. 블랑키는 모인 이유를 간략하게 설명했다. 모두가 나갔고, 행동대원들이 카페 근방의 거리에 모여들었다. "무기를 듭시다!"라는 함성이 울려 퍼졌다. 르파주 무기고의 문을 부수고 바르베스와 블랑키는 창을 통해 총과 탄약통을 나누어주었다. 그러나 봉기의 시작은 순조롭지 않았다. 파리 시민은 두려움에 떨며 무장한 사람들이 지나가는 모습을 바라보았다. "오후 3시경, 허술하게 무장한 이삼백 명의 젊은이가 프랑부르주아 거리의 7구 구청을 갑자기 포위해 경찰을 무장해제시키고 총을 손에 넣었다. 그들은 7구 구청에서부터 파리 시청까지 뛰어가 충동적으로 똑같은 일을 저질렀다. (…) 그들이 파리 시청을 손에 넣고 무슨 일을 했어야 할까? 그들은 곧바로 그곳을 떠났다. (…) 그 무렵 카트르피스, 브르타뉴, 푸아투, 투렌 거리 그리고 그 밖에 모든 작은 거리의 모퉁이에는 바리케이드가 세워졌고 사람들은 명령을 기다렸다. (…) 저녁 7시였다. 플라스 루아얄의 내 집 발코니에 있었는데, 총소리가 들렸다."[3]

시위대는 주민들을 이해시키지도, 합류시키지도 못했다. 시위대는 생마르탱 구역의 시몽르프랑, 보부르, 트랑스노냉 거리로 돌아왔다. 블랑키와 바르베스는 국가 경비대에 맞서 그르네타 거리의 바리케이드 세 곳을 방어하고 있었다. 그들은 총알이 빗발치는 가운데 부르그라베 거리까지 물러나야 했다. 생메리 구역에 남은 최후의 바리케이드가 무너졌다. 마지막이었다. 그렇게 봉기는 실패했다. 6월에 열린 열아홉 명의 폭도들에 대한 재판에서 바르베스와 블랑키는 사형을 언도받았다. 블랑키는 도주했기에 궐석 재판으로 판결이 내려졌는데, 이내 체포되었다. 블랑키와 바르베스는 징역형으로 감형되어 몽생미셸 감옥에서 여러 해를

3 Hugo, "1839. Journal d'un passant pendant l'émeute du 12 mai", *Choses vues*.

보냈다. 이 봉기를 마지막으로 파리는 오랫동안 잠잠했다. 하이네는 1842년 9월 17일, 다음과 같이 썼다. "현재의 파리는 가장 무거운 침묵만이 흐른다. 겨울밤 눈으로 뒤덮인 것처럼 모든 것이 고요하다. 물방울이 떨어지는 소리처럼 기괴하고 단조로운 작은 소리뿐이다. 이 소리는 자본가들의 금고를 채우다 못해 돈이 넘쳐흐르는 소리다. 부자들의 부가 계속해서 늘어가는 소리가 또렷이 들린다. 빈곤으로 고통스러워하며 낮은 목소리로 흐느끼는 소리가 이따금 희미하게 섞여 들린다. 때때로 칼을 가는 듯한 쇳소리도 울려 퍼진다."[1]

실제로는 열리지도 못한 연회[2]가 1848년 봉기의 도화선이 되었다. 지방에서 열린 캠페인을 마무리하기 위해 야당은 국가 경비대 12연대와 폭발 직전의 라탱 구역 학생들이 조직한, 성대한 연회를 파리에서 열기로 했다. 포부르 생마르소의 12연대는 프랑수아 아라고가 지휘했다. 미슐레와 키네의 강의는 잠정적으로 중단되었고, 1월 4일과 6일 학생들은 미슐레와 키네의 복직을 요구하는 대규모 시위를 벌였다. 1월 14일, 기조는 연회를 금지시켰다. 고민 끝에 야당은 연회를 열기로 결정했다. 2월 19일, 『르 나시오날』 신문은 연회가 2월 22일 정오에 열릴 것이라고 보도했다. 오스트리아 대사관 공보관인 로돌프 아포니는 2월 18일 일기에 다음과 같이 썼다. "며칠 전부터 파리에서는 연회에 대해서만 이야기했다. 연회가 언제, 어디에서 열리는지 모르지만 파리의 시위대뿐만 아니라 파리 외곽 마을의 많은 사람이 참석하리라는 생각 때문에 두려워했다. 연회를 준비하는 사람들 역시 두려워했는데, 파리 전역을 가로질러 행진하는 행렬의 선두가 평온을 유지할

---

1 Heine, *Lutèce*, Paris, Michel Lévy, 1855. 파리의 또 다른 이방인, 러시아 출신의 알렉산드르 게르첸도 같은 진단을 내렸다. "자본은 정부를 선출하고, 정부는 자본의 모든 남용을 보호하기 위해 총칼을 제공한다. 자본과 정부는 프롤레타리아, 노동자에게 공공의 적이다." *Lettres de France et d'Italie*, 1848년 6월 10일.

2 루이 필리프 시대인 1847년 중반부터 선거법 개정, 노동자의 생활 개선을 요구하며 정부의 탄압을 피하기 위해 연회 형식으로 열린 정치 집회. — 옮긴이

지라도 행렬의 뒷부분 역시 그럴 것이라고는 장담할 수 없었기 때문이다."[3]

토크빌은 『회고록Souvenirs』에서 "2월 20일, 반대파의 거의 모든 신문은 다가올 연회의 프로그램이라는 제목으로, 엄청난 규모의 정치 시위를 조직하라고 파리 시민에게 호소하는 선언문을 게재했다. (…) 이 선언문을 임시 정부가 선포한 법령이라고 이야기하는 사람들도 있었다. 실제로 사흘 후에 임시 정부가 구성되었다"라고 썼다. 이 '프로그램'에 따르면 입법 의원, 귀족원 의원, 그리고 연회에 초대된 다른 사람들은 의회의 반대파들이 정기적으로 모이는 마들렌 광장에, 오전 11시에 집결하기로 했다. 한편 행렬은 콩코르드 광장과 샹젤리제를 거쳐 연회가 열릴 샤요에 도착할 예정이었다.

22일은 예상보다 차분했다. 9시가 되자 무장하지 않은 학생들이 팡테옹에 모였고, 포부르 생마르소와 포부르 생탕투안에서 온 노동자들이 합류했다. 행렬은 11시쯤 마들렌에 도착했다. 이 구역 경찰 경비대와 작은 충돌이 일어난 후 행렬은 루아얄 거리로 내려가 콩코르드 광장을 가로질러 다리를 방어하고 있던 경비대를 뚫고 팔레부르봉으로 쳐들어갔다. 무장 기병대와 경찰은 의사당을 되찾았다. 비가 계속해서 내렸고, 그렇게 하루가 흘렀다.

23일 아침에도 비는 여전히 내렸다. 내무부장관 뒤샤텔은 국가 경비대 각 연대의 두 대대를 전략적으로 중요한 지역으로 보내라고 명령했다. 그 지역은 바스티유 광장, 파리 시청 광장, 튀일리, 콩코르드 광장, 비크투아르 광장, 생퇴스타슈 성당, 생드니 문이었다. 그런데 아침나절에 파리 중심가에 세워진 바리케이드들과 상당한 거리를 두고 배치된 대부분의 국가 경비대는 진압을 거부하고 "개혁 만세, 기조 퇴진"을 외치며 정규군과 시위대 사이에 있었다. 그때까지 상황을 낙관

3 Rodolphe Apponyi, *De la Révolution au coup d'État, 1848–1851*, Paris, Plon, 1913; Genève, La Palatine, 1948로 재출간. 헝가리의 유서 깊은 가문 출신 아포니는 파리의 오스트리아 대사의 사촌이다. 대사관 서기관인 아포니는 1826년에서 1852년까지 파리에 살았다. 완벽한 프랑스어로 쓴 생생한 아포니의 일기는 권력을 확고히 지지하면서도 흉포하지는 않은, 교양 있는 세속적인 관점을 보여준다.

했던 루이 필리프는 소식을 듣고, "당신들은 바리케이드를 부랑아 둘이서 엎을 수 있는 마차라고 부르지 않았소"라고 말하며 쓰러졌다. 루이 필리프는 기조를 사임시키고 몰레를 임명했다.[1] 그 소식을 접한 파리에는 축제가 벌어졌다. "대로들의 풍경은 동화 같았다. 층마다 내걸린 다양한 색깔의 기다란 꽃등은 사람들의 마음을 이어주는 즐거운 상징처럼 건물들을 하나로 만들었다. 환희가 대기에 가득 찼고, 사람들은 환호했으며 얼굴에는 만족감이 가득 찼다. 승리를 만끽하며 깃발을 든 무리가 이따금 거리를 지나며 「라 마르세예즈La Marseillaise」를 합창했다. (…) 밤 9시 30분쯤 빨간 깃발과 횃불을 매단 긴 막대를 휘저으며 훨씬 많은 군중이 몽마르트르 거리와 만나는 대로에 모였다. 그들은 포부르 생탕투안의 가장 외진 곳에서 왔다. (…) 아름다운 노래에 끌린 사람들이 호기심을 갖고 위험해 보이지 않는 대열에 합류했다. 모두가 어울린 이 축제에서 프롤레타리아와 부르주아는 손을 잡았다."[2] 그러나 공화파의 총사령관은 코미디의 대단원 같은 결말에 경계심을 풀지 않았다. 그래서 공화파 가운데 행동파는 무장을 풀지 않고 대중의 봉기가 일어난 옛 중심지인 보부르, 트랑스노냉, 그 외의 거리에서 방어 태세를 늦추지 않았다.

23일과 24일 밤, 혁명의 흐름이 급격해졌다. 아포니는 이 광경을 눈앞에서 지켜봤다. 아포니는 포부르 생제르맹의 라 트레모유의 저택을 나와 집으로 돌아갔다. 그리고 일기에 다음과 같이 썼다. "대로는 여자와 아이들 그리고 나같이 호기심 많은 사람으로 꽉 차 있었다. 그러나 외무부 주변은 경비가 철저해서 걸을 수 있는 공간이 하나도 없었다. 계속해서 걸으려면 평소보다 지저분한 바스뒤랑파르

---

1 "기조가 공판이 시작된 법원의 문 앞에 모습을 드러낸 것은 3시였다. 그는 당당한 발걸음과 근엄한 표정으로 법정에 들어갔다. 묵묵히 법정을 가로질러 고개를 숙이는 것처럼 보이지 않도록 거의 머리를 뒤로 젖히며 재판관을 가리켰다. 그리고 간결하게 국왕이 방금 몰레를 새로운 장관으로 임명했다고 알렸다. 나는 이런 종류의 급격한 반전을 본 적이 한 번도 없다." Tocqueville, *Souvenirs*

2 다구 공작부인 Daniel Stern, *Histoire de la Révolution de 1848*, Paris, Librairie internationale, 1850.

거리로 내려가야 했다.[3] 빨갛고 노란 종이 램프가 달린 장대를 든 이들을 선두에 세우고, 대부분 노동자의 푸른 작업복을 입은 젊은이 무리가 대로로 내려오고 있었다. 이 홍에 겨운 무리는 페 거리로 갈 기세였는데, 그곳에 자리 잡고 있던 군인들에게 저지당해 우리 쪽으로 왔다. 작업복을 입은 무리와 섞이지 않으려고 나는 바스뒤랑파르 거리를 따라 이어지는 난간에 가능한 한 바짝 붙어서 걸었다. 나처럼 우산 하나만 들고 있는 사람에게 그들의 태도는 조금도 안심이 되지 않았기 때문이다. 그래서 위에서 내려오는 무리 쪽으로는 거의 발걸음을 떼지 않았다. 그때 갑자기 군인들이 우리를 향해 일제히 사격했고, 순식간에 100여 명의 사람이 몸을 숙이고, 엎드리고, 쓰러졌다. 사람들이 뒤엉켜 쓰러져 있었고, 비명과 신음소리가 퍼졌다. (…) 나와 잠깐 이야기를 나누었던 두 여자는 시체가 되어 있었다. 첫 번째 발포로 부상당한 사람들이 일어나기도 전에 두 번째 발포가 있었고, 50명 이상이 총을 맞았다."

이어지는 이야기는 가장 널리 알려진 혁명의 장면들이다. 하얀 말이 끄는 수레, 그 위에 쌓인 시체들, 아이가 횃불을 밝히고, 파리 전체에는 "복수! 그들이 민중의 목을 땄다!"라는 외침이 울려 퍼졌다. 24일 아침, "비를 맞으며 거리에서 밤을 지새워 발은 온통 진흙투성이가 되고, 지치고 혼란에 빠진 군중은, 새벽의 어렴풋한 빛을 뚫고 생마르탱, 랑뷔토, 생메리, 탕플, 생드니 거리 쪽에서 밀려오는 생기 넘치고 단호한 표정의 무리를 보았다. 대부분의 거리에는 바리케이드가 설치되었다".[4] 이에 대해 아무런 이야기도 듣지 못한 토크빌은 아침 일찍 집에서 나왔다. "거리에 발을 들여놓자마자, 난생 처음으로 대기에 가득 찬 혁명의 분위기를 느꼈다. 대로에는 낯선 풍경이 펼쳐졌다. 아침 9시였는데도 사람이 거의 없었고, 소

---

3 기조는 카퓌신 거리와 카퓌신 대로 모퉁이의 외무부 관사에 살았다. 그날 밤에는 경비들이 호위하고 있었다. 앞에서 보았듯이 바스뒤랑파르 거리 아래쪽은 카퓌신 대로를 따라 나 있었고, 낮은 담장과 철제 난간으로 대로에서 분리되었다.

4 Daniel Stern, *Histoire de la Révolution de 1848*, op. cit.

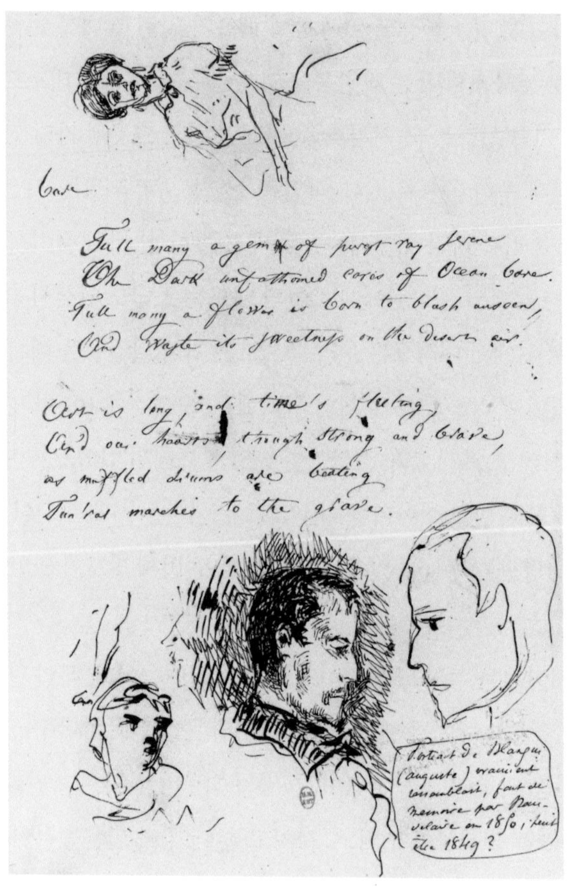

보들레르 수첩의 블랑키 옆모습 소묘, 1848년. 파리, 국립도서관.

리도 들리지 않았다. 그러나 넓은 대로를 따라 세운 작은 가건물 내부는 분주했고, 바닥에서부터 요동치고 있는 듯 보였다. 이따금 몇몇 가건물이 요란한 소리를 내며 부서졌다. 갓길의 커다란 나무들은 마치 혼자서 넘어진 것처럼 인도 쪽으로 쓰러져 있었다. 고립된 사람들은 조용히, 부지런히 그리고 빠르게 이런 파괴 행위를 저질렀다. 그렇게 바리케이드를 쌓을 재료가 모이면 사람들은 바리케이드를 세웠다. (…) 그날 하루 동안에 본 여러 광경 가운데 선함이라고는 하나도 찾아볼 수 없는 사악한 열정으로 가득 찬 이 고독한 작업이 내게 가장 강한 인상을 남겼다." 이 글을 보면 토크빌에게 무엇이 '선한 열정'인지 충분히 드러난다. 얼마 지나지 않아 토크빌은 마들렌에 후퇴해 있는 보병 부대와 마주쳤다. "대열은 끊어지고 부끄러움과 걱정이 뒤섞인 표정의 병사들은 무질서하게 행군했다. 대열에서 멀어진 병사는 곧바로 붙잡혀 심문당하고 무장해제되어 되돌려 보내졌다. 이 모든 것은 한순간에 벌어졌다." 이들은 바스티유에서 대로를 거쳐 튀일리로 후퇴하는 베도 장군의 부대였다. 이날 아침 9시에 시위대는 정부가 어떤 대가를 치르고서라도 방어해야 했던 전략적 요충지 네 곳, 바스티유, 생드니 문, 비크투아르 광장, 생퇴스타슈 성당을 차지했다. 경찰청과 파리 시청은 전투를 치르지도 않고 이곳들을 빼앗겼다. 상황 변화를 제대로 전달받지 못한 14연대의 한 부대만이 유일하게 팔레루아얄에서 몰살당했다. 투르게네프는 "2월 봉기의 가장 중요한 전투는 팔레루아얄 광장에서 벌어졌다"라고 썼다.[1] "정규군의 두 부대는 샤토도의 왼쪽 날개를 이루는 위치에 자리 잡았다. (…) 이 성은 오직 대포로만 뚫을 수 있었다. 이곳에서 군대는 맞은편 팔레루아얄 궁전의 뜰에 자리 잡은 시위대를 향해 발포했지만 포탄은 건물의 석재 부분에만 쏟아졌다. (…) 마침내 시위대가 왕의 마구간까지 쳐들어가 마차를 초소의 창문 아래로 밀어붙이고, 초소에 불을 붙였다."[2] 새벽 1시, 왕은 단념하고 튀일리궁을 떠나 생클루로 가면서 망연자실하여 "샤를 10세처럼, 샤를 10세처럼!"이라고 되뇌었다(샤를 10세도 1870년 민중 봉기 때 도망갔다). 시위대는 튀일리궁으로 쳐들어가 왕좌를 바스티유로 가져가 불태웠다. 여기까지가 혁명의 첫 단계였고, 토크빌에게는 "프랑스가 겪은 가장 짧고 피를 가장 덜 흘린 혁

---

1 Ivan Tourgueniev, *Monsieur François(souvenir de 1848)*. 저자가 프랑스어로 번역하고 플로베르가 감수해 1879년 12월 15일 『라 누벨 레뷔La Nouvelle Revue』에 프랑스어로 발표한 글. *L'Exécution de Troppmann et autres récits*, op. cit.으로 재출간.

2 Louis Ménard, *Prologue d'une révolution, février–juin 1848*, Paris, Au Bureau du peuple, 1848.

명이었다".

이어지는 날들 동안 거리는 차분했다. 아포니는 2월 27일자 일기에 이렇게 썼다. "나는 어제 아주 편안하게 마차를 타고 한 바퀴 돌았다. 바리케이드는 여전히 있었지만 마차가 지나갈 수 있도록 길을 넓게 터놓았다. 로스차일드 집에 갔다. 공증인이나 은행가의 공포를 아무도 상상할 수 없을 것이다. 그들은 비참한 상황에 놓여 있었다." 임시 정부는 전례가 없는 상황 속에서 시청을 본부로 삼았다.[1] 2주 동안, 3월 5일 또는 6일까지 임시 정부는 시청 광장에 집결한 군중의 직접적인 압력 아래 신중히 생각했다. 회의는 민중 대표의 항의로 매 순간 중단되었다. 새로운 정부를 향한 불신이 널리 퍼졌다. 민중은 1830년 7월의 협잡을 또렷이 기억하고 있었다. 이런 상황 속에서 25일 저녁부터 전개된 붉은 깃발 사건으로 감추어져 있던 반목이 순식간에 드러났다. 라마르틴은 "시청 입구, 안뜰, 넓은 계단, 생장 홀에 시체들이 널려 있었다. 제정신이 아닌 한 무리의 남자와 분별없는 아이들이 피범벅된 말들의 시체를 사방으로 찾아다녔다. 그들은 죽은 말 가슴에 동아줄을 묶고, 웃고 소리 지르며 그레브 광장에서 끌고 다니다가 시청 입구의 계단 아래로 던졌다"[2]라고 썼다.

시위대 앞에서 마르슈라는 노동자가 연설을 했다. "화약 연기로 거뭇해진 그의 얼굴은 격해진 감정으로 상기되었다. 입술은 분노로 떨렸고, 튀어나온 이마 아래 푹 꺼진 퀭한 눈은 빛났다. 왼손에는 붉은 천 조각을 감았다. 오른손에는 카빈총을

---

1 임시 정부는 입법 의원들(뒤퐁 드 뢰르, 프랑수아 아라고, 라마르틴, 르드뤼롤랭, 가르니에파주, 크레미외, 마리)과 입법 의원이 아닌 루이 블랑, 플로콩, 알베르로 구성되었다. 알베르는 누벨세종협회 회원이자 기술자로 '노동자 계급에서 선출된 대표'(카를 마르크스)였다. "얼마 전에야 겨우 해방된 민중의 운명은 왜 입법 의원들의 손에 넘어갔을까? 입법 의원들은 민중의 열망이, 민중에게 필요한 것이 무엇인지 알았을까? 그들은 민중을 위해 목숨을 바칠 수 있을까? 그들이 승리한 것이 아닐까? 어쩌면 새롭고 생산적인 생각이 있지 않았을까? 아니다, 백번을 생각하고 따져보아도 아니다. 그들은 자신들의 이름을 크게 외칠 만큼 충분히 파렴치했기 때문에 자리를 차지했다. 바리케이드 앞에서가 아니라 신문사 사무실에서, 투쟁의 장소에서가 아니라 정복한 의회 안에서." Alexandre Herzen, *Lettres de France et d'Italie*, op. cit.

2 Lamartine, *Histoire de la révolution de 1848*, op. cit.

들었다. 말 한마디를 할 때마다 마루판을 개머리판으로 내리쳤다. (…) 그는 한 명의 인간으로서가 아니라 상대가 굴복하기를 원하고 더는 참을 수 없는 민중의 이름으로 말했다. (…) 민중이 격렬히 요구하는 다음과 같은 조건을 모두 즉시 받아들이고 실현하라고 다시금 하나하나 상기시켰다. 기존의 사회 신분제 타도, 자본주의와 소유권 폐지, 귀족 재산 몰수, 프롤레타리아에게 재산 분배, 임금 노동자 위에 군림하는 부르주아, 은행가, 부자, 제조업자의 추방을 받아들이고 실현하라고 요구했다. 또한 정부는 손에 도끼를 들고 사회적 신분, 경제적 여유, 물려받은 유산, 직업의 귀천과 관계없이 모두가 평등할 수 있도록 해야 한다고 주장했다. 마지막으로 아무런 반박도 하지 말고 지체 없이 붉은 깃발을 인정할 것을 요구했다. 붉은 깃발이 사회에는 제도의 실패, 민중에게는 승리, 파리에는 공포, 모든 외국 정부에는 침략을 의미했다. 웅변가는 마루판을 개머리판으로 내려침으로써, 그 앞에 서 있던 사람들은 열렬한 환호성으로, 그리고 광장에서는 축포로 각각의 요구 사항을 지지했다."[3] 이 연설에서 라마르틴은 자신을 삼인칭으로 지칭해 이야기한다. 그는 자신의 이 유명한 연설을, 공화파의 역사에서 중요한 이정표가 된 붉은 깃발을 언급하며 마무리했다. 붉은 깃발은 "민중의 희생과 함께 샹드마르스를 한 바퀴 돌았을 뿐이지만" 삼색기는 "그 이름, 영광, 그리고 조국의 자유와 함께 세계를 돌았다". 아포니는 다음과 같이 묘사하며 라마르틴의 승리에 대단히 감격했다. "라마르틴의 잊을 수 없는 헌신과 용기 덕분에 승리할 수 있었다. 라마르틴은 먹지도, 마시지도, 눈을 붙이지도 않고 사흘 밤낮을 지새웠다. (…) 라마르틴은 전부였고, 믿을 수 없는 강인한 육체와 정신으로 모든 것을 했다." 게르첸은 다르게 썼다. "포탄이 쏟아지는 가운데 보란 듯이 펄럭이는 민중의 깃발이자 미래의 공화국의, 민주주의의 깃발을 왕정은 받아들이지 않았다. (…) 루이 필리프는 17년

3 Lamartine, 같은 책.

동안 상점의 표시로 이용된 깃발, 공권력이 뒤에 숨어 민중을 향해 발포한 깃발, 왕정을 지지하는 부르주아의 깃발을 새로운 공화국의 깃발로 삼았다. (…) 부르주아는 삼색기에 관한 소식을 듣자마자 상점을 열었고, 마음이 홀가분해졌다. 부르주아는 원하는 것을 얻은 대가로 공화국을 인정하는 데 동의했다."[1]

대결의 장이 아주 빠르게 바뀌어 헌법제정의회 선거일이 중요한 일정이 되었다. 부르주아 당파들은 가능한 한 가장 빠른 시일 내에 투표를 진행해야 한다고 주장한 반면 공화주의 좌파들은 새로운 유권자들에게, 특히 지방의 유권자들에게 선거 운동을 할 시간이 필요하다고 주장했다.[2] 3월 17일, 15만 명의 군중이 평화롭게 선거 연기 시위를 벌였다. "모든 구역, 모든 포부르, 모든 파리 외곽 지역에서 온 노동자가 긴 띠를 이루며 레볼뤼시옹 광장(현재 콩코르드)으로 갔다. 이 노동자들은 폭동에 이끌려 공방에서 튀어나온 사람의 몰골과 복장이 아니었다. (…) 곧이어 길게 늘어선 질서정연한 행렬이 튀일리의 울타리에서 에투알 방벽까지 샹젤리제의 넓은 대로를 뒤덮었다."[3] 그 속에 폴란드, 이탈리아, 독일, 아일랜드의 녹색 깃발이 나부꼈고, 센 강변을 따라 시청으로 이어졌다. 블랑키, 라스파유, 카베, 바르베스가 포함된 50여 명의 대표는 임시 정부 내각과 만났다. 블랑키가 대표로 군대 철수와 선거 연기를 요청했다. 라마르틴이 능숙하게 거짓말을 했다. "파리에는 군대를 배치하지 않았습니다. 외곽 주둔지에 분산되어 배치된 2000명은 파리로 들어오는 문과 철도를 지키는 병력으로, 정부는 이 병력을 파리로 불러들일 생각이 없습니다. (…) 공화국은 무장한 민중 외에 다른 방어 병력을 원하지

---

1 Herzen, *Lettres de France et d'Italie*, op. cit., 1848년 6월 10일.

2 새로운 선거법은 보통 선거를 채택했는데(남자에게만 투표권이 주어졌다), 이 경우 수백만의 새로운 유권자가 생긴다. 그라니에 드 카사냐크는 "르드뤼롤랭은 프랑스가 아직은 충분히 공화국이 아니라고 생각했다. 그는 자신의 클럽 조직을 통해, 민중 선동을 통해, 즉 모든 측면에서 입김을 불어넣을 시간이 필요했다"라고 지적했다. *Histoire de la chute du roi Louis-Philippe, de la République de 1848 et du rétablissement de l'Empire, 1847-1855*, Paris, Plon, imprimeur de l'Empereur, 1857.

3 Garnier-Pagès, *Histoire de la Révolution de 1848*, Paris, Pagnerre, 1861-1872.

않습니다."[4] 민중과 정부 사이에서 주저하던 루이 블랑은 권력의 편에서 시작된 움직임을 중단시켰다. 프루동은 루이 블랑이 시위대를 지칭할 때 기조와 똑같은 표현을 쓰는 데 주목했다.[5] 최종적으로 선거는 단지 2주 연기되었는데, 블랑키가 훗날 부르주 법정에서 증언했듯이 "민중을 모아 계몽시키고, 정치적으로 학습시키기에는" 충분하지 않은 기간이었다.

4월 16일 일요일, 예정된 선거 일주일 전 노동자들이 국민군 장교를 뽑기 위해 샹드마르스에 모였다. 여기저기서 선거 이야기로 소란스러웠다. 대표단이 노동자들의 수렴된 의견을 전달하기 위해 시청으로 갔다. 르드뤼롤랭은 군대 총동원령을 내렸고, 노동자들은 당황했다. 노동자들이 민중의 집(일반적으로 노동 계급이나 노동자 대표들이 만나는 건물이나 장소를 지칭)으로 돌아가기 위해서는 부르주아 국민군과 기동대의 총알을 뚫고 지나가야 했다. 그날 저녁, 부유한 구역의 부르주아 국민군은 거리를 휘젓고 다니며 "공산주의 타도! 블랑키에게 죽음을! 카베에게 죽음을!"이라고 소리쳤다.

그렇지만 일부 우아한 부르주아지들은 평소처럼 아르 에 메티에의 음악원 홀에서 열리는 공화파 핵심 협회인 블랑키 클럽에 갔다. "정부의 첫 번째 조치에 크게 실망하고, 그들의 일상적인 모임과 여가생활을 다시 시작하는 데 있어 여전히 불안해하는 파리의 사교계 인사들은 여러 클럽을 전전했다. (…) 블랑키 클럽은 이런 부류의 사람들에게 인기가 많았다. 고전음악의 걸작들을 감상하던 특별석과 일반 좌석은 매일 밤 다양하고 시끄러운 군중으로 꽉 찼다. 그들은 멀리서 서로를 알아보고, 황급히 손짓으로 인사를 나누었고, 무장했을지도 모를 노동자 차림의 사람들과 함께 있다는 사실을 잊었다."[1•] 핵심 공화파 협회의 회원 중에는

---

4 Ménard, *Prologue d'une révolution*…, op. cit.

5 Geffroy, *L'Enfermé*, op. cit., 루이 블랑은 자신의 저서 『2월 혁명 역사의 사건들Pages d'histoire de la révolution de Février』에서 "참석자 중에 낯선 인물들을 보았는데, 그들의 표정은 음산했다"라고 썼다.

샤를 보들레르도 있었다. 보들레르는 3월에 샹플뢰리와 투뱅과 함께 잡지 『르 살뤼 퓌블리크』를 두 번 발행했다. 보들레르가 연필로 블랑키의 초상화를 그린 것은 틀림없이 음악원 홀에서일 것이다. 발터 베냐민은 이 사실을 이야기하며 뛰어난 직관으로 보들레르와 블랑키를 다음과 같이 비교했다. "보들레르와 블랑키의 고독"(「중앙공원Zentralpark」), "보들레르 작품의 수수께끼처럼 뒤죽박죽 섞인 알레고리와 블랑키의 비밀스럽게 얽혀 있는 음모"(「보헤미안La Bohème」). 보들레르는 「사탄의 기도Litanies de Satan」에서 "추방당한 자에게 차분하고 거만한 시선을 던지는 너/ 사형대 주위의 모든 민중을 지옥에 떨어뜨리는 너"라고 노래했고, 베냐민은 "시 구절 사이에서 블랑키의 어두운 얼굴이 한 줄기 빛처럼" 빛나는 것을 보았다.

며칠 후, 박애 축제가 끝난 뒤 블랑키는 "부르주아지와 군대가 맺은 박애의 열매는 프롤레타리아의 성 바돌로매가 될 것"이라고[2] 예견했다. 정부 국민군이 무장도 하지 않고 시위를 하는 노동자들에게 발포했던, 루앵의 사건이 일어난 5월 15일은 학살의 서막이었다. 클럽들은 폴란드를 지지하는 대규모 시위를 열기로 결정했다. 블랑키는 이 시위에 반대했다. 부르주 재판 기록에 따르면 "블랑키는 처음에는 시위를 반대했지만, 압력을 받아 어쩔 수 없이 참여했다. 블랑키는 '민중을 지휘하는 것은 부동자세로 대기하는 군대를 다루는 것과 다르다. 군대는 진격하라면 진격하고 서라면 선다. 그러나 민중은 그렇지 않다. 그래서 나는 폴란드를 지지하라는 민중의 압력을 따를 수밖에 없었다'라고 말했다".

바스티유에서 출발한 시위대는 대로를 거쳐 마들렌에 도착했고, 콩코르드 광

1● Daniel Stern, *Histoire de la Révolution de 1848*, op. cit., 수많은 클럽 가운데 유명한 곳은 팔레 나시오날(현재 팔레루아얄)의 바르베스 클럽(혁명 클럽), 마레의 라스파유 클럽(민중의 친구들 클럽), 생토노레 거리의 카베 클럽이었다. 그 밖에도 이름난 클럽이 많았다. 흑인들의 친구 클럽, 독일 민주주의 클럽, 생메리 바리케이드의 전사와 부상자를 위한 클럽, 정치적으로 박해받은 사람들의 클럽, 이탈리아 이민자 클럽, 귀화하지 않은 프랑스인 클럽, 포부르 생탕투안의 박애 클럽, 유일하게 여자들만 있는 베쉬비엔 클럽(1848년 2월 혁명 때 결성된 여성 단체) 등등 헤아릴 수 없을 만큼 많았다.

2 Ménard, *Prologue d'une révolution*…, op. cit.

장을 가로질러 팔레부르봉에 이르렀다. 팔레부르봉에서는 새로 구성된 헌법제정의회가 10여 일 만에 처음으로 회합을 가졌다. 블랑키, 바르베스, 라스파유가 참석했고, 발로뉴 선거구의 망슈 의원으로 선출된 토크빌도 있었다. "회의가 열렸다. 그런데 정말로 이상한 일이 일어났다. 2만 명의 군중이 회의실을 에워싸고 있었는데, 밖에서 아무 소리도 나지 않았기에 안에서는 그들이 있는지도 몰랐다. 보워프스키는 연단에 있었다. 그가 말을 우물거려서 나는 폴란드의 어느 장소를 이야기하는지 알아들을 수가 없었다. 그때 군중이 끔찍한 함성을 지르며 몰려와, 더워서 열어놓은 사방의 창문으로 회의실에 난입해 의원들을 덮쳤는데 마치 하늘에서 떨어진 것 같았다. (…) 회의실은 소란으로 가득 찼다. 군중이 파도처럼 들이닥쳐 회의장을 채우고 이내 더 들어올 수 없을 정도로 넘쳐났다. 뒤이어 밀려드는 군중에 떠밀려서 처음에 들어온 사람들은 연단 난간을 타고 올라갔다. 빽빽이 들어찬 군중은 사면의 벽에 바짝 달라붙었고, 회의실 한가운데에는 사람들이 포개질 정도였다. (…) 이렇게 군중이 회의실로 밀어닥치는 동안 주로 클럽 지도자들로 구성된 다른 무리는 문으로 밀고 들어왔다. 지도자 무리는 공포를 불러일으키는 여러 상징물을 들고 있었고, 다양한 깃발을 흔들었다. 이들 가운데 몇몇은 빨간 모자를 썼고, 일부는 무장했지만 어느 누구도 우리를 공격할 의도는 없어 보였다. 지도자 그룹의 명령을 따르는 것처럼 보이지만 실제로 그들은 군대라기보다는 그저 무질서한 군중일 뿐이었다. 그들 가운데 술 취한 사람도 있었으나 대부분은 단지 흥분한 것처럼 보였다. (…) 그들은 땀을 뚝뚝 흘렸는데, 입고 있는 옷 때문에 흘리는 것이 아니었다. 옷을 풀어헤친 사람이 꽤 많았기 때문이다. (…) 회의실에서 이런 소란이 일어나는 동안 의원들은 움직이지 않고 가만히 있었다. (…) 산악당 의원 몇몇이 군중의 편을 들었지만, 잠시 후 슬그머니 목소리를 낮췄다."

대단히 소란스러운 가운데 라스파유가 연단에서 폴란드를 지지하는 청원서를 읽었다. 의장이 종을 흔들었다. 그러자 갑자기 조용해졌고, 블랑키가 연설할 차

오른쪽 페이지
1848년 여자들의 클럽, 고슬랭의 판화, 파리, 카르나발레 박물관.

레였다.[1] "그때 나는 전에는 본 적 없는 한 남자가 연단에 올라가는 것을 보았다. 지금까지 내게 남아 있는 그에 대한 기억은 공포와 역겨움뿐이었다. 해쓱하고 푸석한 볼과 핏기 없는 입술에, 병자 같고, 사납고, 사람을 불편하게 하는 분위기를 풍겼으며 지저분하고 창백했다. 몸에서는 곰팡내가 나는 듯했고, 옷차림은 후줄근했다. 수척하고 구부정한 사지에 낡고 검은 프록코트를 걸쳤다. 하수구에서 살다가 나온 듯했다. 사람들이 내게 그가 블랑키라고 알려주었다."

이런 묘사를 주의 깊게 살펴볼 필요가 있다. 블랑키는 최고로 열악한 감옥에서 8년을 보내고 나온 지 얼마 되지 않았다. 건강을 크게 해쳤고, 여전히 피를 토했다. 부인은 죽었다. 블랑키는 이 모든 시련을 겪었다. 게다가 이즈음 그가 원하지도 않은 일에 휘말려 힘든 상태였다. 토크빌의 블랑키에 대한 묘사에는 군중을 향한 증오와 똑같은 증오가 있다. 토크빌은 앞에서 이미 "땀에 절어 있고, 옷차림이 단정치 못해 역겨운" 군중에 증오를 드러냈다. 그리고 얼마 뒤 6월의 폭도에게도 똑같은 증오를 느낀다. 정치학의 뛰어난 인물이자 생시몽 재단의 등불이고 자유주의자들의 우상인 토크빌은 민중을 향한 증오에 사로잡혔다. 평소에는 대단히 예의 바르지만 그가 사용한 형용사를 하나 골라 표현하자면, 대단히 야비한 방법으로 증오를 표현했다.[1•]

사건은 재앙이 되었다. 블랑키는 확신 없이 폴란드와 프랑스 상황 사이에서 흔들렸다. 블랑키에 이어 연단에 오른 바르베스는, 이제는 적이 된 블랑키에 대한 경쟁심 때문에 도를 넘은 광기에 사로잡혀 부자들에게 즉시 10억 프랑의 세금을 매길 것을 요청했다. 혼란이 극에 달한 가운데 위베라는 한 남자가 의회 해산을 주

1 부르주의 재판 기록을 보면 블랑키는 다음과 같이 설명했다. "사실 나는 내 의사에 반해서 참가했지만 침착하게 연설했다. 정치인으로서 그렇게 했다. 만약 우리가 의회를 전복하려고 했다면 다른 방법으로 의회를 장악했을 것이다. 우리는 폭동과 음모에 어느 정도 익숙하지만, 전복하려고 하는 의회에서 세 시간을 떠들며 시간을 허비할 이유는 없었다는 점을 여러분에게 확실히 말할 수 있다."

Lith. Gosselin Editeur r. St Jacques 71

CLUB FÉMININ.

Nous demandons 1°. Que le jupon soit remplacé par la culotte.

2°. Que les maris, s'occupent de l'intérieur au moins trois fois par semaine.

3°. Enfin qu'il n'existe entre l'homme et la femme aucune autre distinction que celle qu'il a plu à la nature de leur accorder.

장했다. 나중에 그는 정부 앞잡이로 밝혀졌다. 의원 대부분은 의사당을 떠났다. 곧이어 군대 집합을 알리는 나팔 소리가 들렸고, 기병대가 나타나 시위대를 해산시켰다. 하루가 그렇게 지나갔다. 저녁에 바르베스, 알베르, 라스파유가 체포되었다. 블랑키와 라스파유의 클럽은 폐쇄되었다. 블랑키는 며칠간 행방을 알 수 없었으나 5월 26일에 그의 충직한 동료인 요리사 플로트, 의사 라캉브르와 함께 체포되었다. 정부가 이날 거둔 가장 뚜렷한 성과는 파리의 프롤레타리아가 가장 필요로 하는 순간에 그들의 지도자를 빼앗은 것이었다.

"공화국의 의회에 분노한" 부르주아들은 "소름 끼치는 결말이라기보다는 끝없는 공포다"[2]라고 외쳤다. 5월 15일부터 6월 봉기 사이의 5주 동안 그들은 무시무시한 마지막을 준비했다. 혁명의 파리에 맞서 신성동맹을 결성했다. 오를레앙 옹립파, 정통 왕조파, 끔찍한 상황을 끝내겠다는 한 가지 생각밖에 없었던 사회주의자 대부분을 포함한 모든 경향의 공화주의자가 신성동맹의 일원이었다. 6월 10일, 의회에서 피에르 르루처럼 다음과 같이 다른 목소리를 낸 사람은 극히 드물었다. "여러분은 폭력, 위협, 희생, 낡은 것, 정치적이고 부조리한 경제 외에 다른 해결책은 없습니다. 그러나 새로운 해결책이 있습니다. 사회주의가 해결책을 제시할 것이고, 이 해결책으로 사회주의는 인간다운 세상을 만들 것입니다." 다니엘 슈테른은 "처음에는 공화주의가 과도했고, 나중에는 충분하지 않았다는 이야기를 들은 이 의회보다 더 특이한 것은 없다"라고 썼다. 파리의 프롤레타리아를 제

1• 블랑키에 대한 토크빌의 묘사를 블랑키의 또 다른 경쟁자인 빅토르 위고의 묘사와 비교해보면 흥미롭다. "블랑키는 그 당시 와이셔츠를 더는 입지 않았다. 12년째 똑같은 옷을 입었다. 감옥에서 입었던 헌 옷을 걸치고 클럽에서 음울한 모습으로 거만하게 서 있었다. 블랑키는 신발과 장갑만 새로 바꿨다. 장갑은 항상 검은색이었다. (…) 그에게는 선동가의 발밑에서 상처 입고 깨진 귀족 성향이 있다. (…) 본질적으로 능숙하고 어떤 위선도 없다. 사생활과 공적인 영역이 똑같다. 매섭고, 엄격하고, 진지하고, 절대 웃지 않는다. 빈정거림으로 존경을, 멸시로 사랑을, 풍자로 감탄을 되갚는다. 보기 드물게 헌신을 이끌어낸다. 음울한 인물이다. (…) 때로 블랑키는 더 이상 한 인간이 아니라 우울한 유령이 되어 비참함에서 태어난 모든 증오를 자신 속에서 구현하는 듯이 보인다." *Choses vues*, 1848.

2 Karl Marx, *Le 18 Brumaire de Louis Bonaparte*, 1852.

압하려는 전투 준비가 대낮에 이루어졌다. 라마르틴은 5월 임시 정부를 대체한 행정위원회에 전투를 준비하는 진압 부대를 소개했다. 그리고 다음과 같이 요구했다. "나는 아무것도 할 수 없는 상황과 사회가 무장해제되어 무정부주의로 악화할 경우에 대한 책임을 지고 싶지 않다. 두 가지를 요청한다. 첫째, 집회와 클럽 그리고 무정부주의 신문이 거리에서 큰 소리로 광고하는 걸 금지할 것과 공공장소에서 소동을 일으켜 유죄를 선고받은 선동가들을 파리에서 멀리 추방시키는 공공의 안전을 위한 법률을 원한다. 둘째, 우리가 불가피하게 국립공방과 가장 사악한 급진파에 맞서야 하는 상황에서 파리의 군대와 정부 국민군에게 상당히 긴박한 군사적 상황이 일어났을 때 지원할 수 있게끔 파리 성벽 주위에 2만 명의 병사를 주둔시킬 것을 원한다."[3]

천사의 학교 우두머리라고 발자크가 비꼬듯이 부른 부드럽고도 애절한 시인 라마르틴은 자신의 요청에 만족할 만한 결과를 얻었다. 집회에 관한 법이 통과되었다. 무장하고 집회를 열거나 첫 경고에 해산하지 않는 모든 사람은 시민의 권리를 박탈하고 12년 징역형에 처했다. 단 한 명이라도 무장한 집회는 모두 무장한 것으로 간주했다. 이 법률 때문에 "공화국의 감옥이 왕정의 감옥에서 갇혀 세월을 보낸 사람들에게 또다시 열렸다".[4]

2월 혁명의 기억은 여전히 생생했다. 집권당은 군대의 정치 견해를 바꿀 수 있다는 사실을 깨달았다. 그러나 서민 지역의 국민군에 대해서는 확신이 없었다. 그래서 시위 진압을 위해 특별히 모집하고 훈련시킬 새로운 기동대를 창설했다. 기동대는 녹색의 어깨 견장으로 구별했다. 내가 아는 한 이 부대에 관해 마르크스가 처음으로 룸펜프롤레타리아트라는 용어를 썼다. 빅토르 마루크에 따르면 이 부대원은 '인정받지 못한 사람들'이고, 이폴리트 카스티유에게는 '파리의 찌꺼

3 Lamartine, *Histoire de la révolution de 1848*.

4 Ménard, *Prologue d'une révolution*…, op. cit.

기'다. 루이 메나르는 "모집 당시 어떤 기준도 없었기 때문에 인정받지 못하고 어디에도 소속되지 않은 사람들이 구름같이 모여 대도시에서는 큰 어려움 없이 인원을 확보할 수 있었다"[1]라고 썼다. 그들은 아주 어린 젊은 노동자 계급으로 대부분은 실업자였기에 급여, 제복, 모험에 이끌렸다.[2] 부르주아지는 마지막 순간까지 기동대가 자신들을 배반할까 봐 걱정했다. 토크빌은 부르주아지의 이런 염려를, 1790년의 연맹 축제를 침울하게 패러디한 샹드마르스에서 열린 콩코르드 축제 때 다음과 같이 표현했다. "나는 2000명의 보병 행렬을 영원히 기억할 것이다. (…) 부자들 구역의 국민군 수가 가장 많았고, 그들만이 군복을 입고 참여했다. (…) 포부르의 병사만이 완전 무장을 했다. 작업복 차림이었지만 그들은 전사처럼 행진했다. 포부르의 병사 대부분은 우리 앞을 지나며 '공화국 만세'를 외치고 「라 마르세예즈」나 지롱댕의 노래를 불렀다. (…) 기동대 대대는 온갖 환호성을 질렀지만 우리는 이 어린애들의 의도가 걱정스러웠고, 의심스러웠다. 그렇지만 그 어느 누구도 아닌 이 아이들의 손에 우리의 운명이 달렸다. 행렬의 맨 끝에 선 정규군 연대는 조용히 행진했다. 기나긴 광경을 바라보는 나의 마음은 슬픔으로 가득 찼다. (…) 나는 느꼈다. 이것은 얼마 전에 치른 내전의 적들이 벌인 열병식이었다."

프롤레타리아 역시 그들의 공방에서 전투를 준비했다. 무기는 충분했기 때문에 주로 화약과 총알을 제조했다. 포부르 뒤 탕플에서는 심지어 대포도 만들었다. 7월에 공공 안전 책임자인 경찰 간부 알라르는 의회 조사위원회에서 다음과 같이 증언했다. "샤랑통 거리의 모든 건물을 철저히 수색했습니다. 때로는 문을 부수고 들어가야 할 때도 있었습니다. 총신이 아직 채 식지 않은 총과 화약 가루가 묻어

---

1 Ménard, 앞의 책.

2 Pierre Gaspard, "Aspects de la lutte des classes en 1848: le recrutement de la garde nationale mobile", *La Revue historique*, 1974년 7-9월, 511호. 역사의 아이러니인데, 기동대의 군복은 재단사 박애 연합에서 제작했다. 전국 각지에서 모인 2000명의 재단사가 빚쟁이들이 갇혔던 옛 클리시 감옥의 건물에서 작업했다. J. Rancière, *La Nuit des prolétaires*, Paris, Fayard, 1981.

손이 검은 사람들이 있었습니다. 그러나 우리가 무엇보다도 놀란 것은 샤랑통 거리와 포부르 생탕투안 사이의 샹티에 거리에 있는 작은 통행로의 화약과 탄환 제조 공장이었습니다. (…) 그 통행로 10번지의 열쇠 주조공장에서는 화약, 총알, 탄약통을 만들었습니다. 총알은 골무 통 틀에서, 다른 것들은 총신 주조 틀에서 제조되고 있었습니다. 사람들이 주괴에서 납 탄환을 꺼내 곧바로 잘라내고 다듬었습니다."[3]

국립공방[4]에 대해 살펴보면서 6월 봉기 이야기를 끝맺고자 한다. 2월 혁명 직후에 루이 블랑의 아이디어로 만들어진 국립공방은 새로운 형태의 일을 만들어 내면서 노동자의 비참한 생활을 완화했을 것이다. 그러나 아주 빠르게 주문량이 많아지면서 이 비생산적인 분업 방식은 애초의 취지를 벗어났다. 5월과 6월에 다양한 직업을 가진 10만 명 이상의 남자와 2만 명 이상의 여자가 각각 하루 2프랑과 1프랑을 받고 토목공이나 재단사로 일했다.[5] 초기에 계획한 대공사를 진행할 돈이 더 이상 없었다. 1846년부터 지속된 경제 위기는 자본 유출로 더욱 악화되었다.[6] 의회 대다수는 국립공방 폐쇄를 지지했다. 대공사 예산이 너무 막대했을 뿐만 아니라 대공사가 두렵기도 했기 때문이다. 다니엘 슈테른은 국립공방 노동자들에 대해 다음과 같이 썼다. "이런 상태에까지 내몰려 갈 곳이 없게 되자 혼란에 빠진 노동자들은 서서히 자신들을 자각했다. 그들은 자신들의 힘으로 규율

---

3 5월 15일의 사건과 6월 25일에 발생한 폭동에 대한 조사위원회 보고서.

4 1848년 2월 혁명 이후에 파리의 실업자들에게 일자리를 마련해주고자 설립한 조직. — 옮긴이

5 노동자들의 급여를 비교하기 위해 외젠 쉬가 루이 블랑에게 쓴 편지를 보자. "당신의 슈리뇌르는 급여가 너무 적습니다. 유목 작업장의 숙련공이 하루에 7~8프랑을 벌고, 거리청소원은 1.8프랑을 번다는 사실을 당신은 몰랐습니다." Louis Chevalier, *Classes laborieuses et classes dangereuses*…에서 인용.

6 "사태는 더욱 악화되었다. 라마르틴은 완전히 무기력했다. 재정 상태는 처참한 수준이었고, 상상할 수도 없는 방법으로 파산이 줄지어 일어났으며, 화폐는 너무나 희귀해져서 온갖 노력을 해도 손에 넣기가 힘들었다. 현금을 유통시킬 수 있는 사람은 로스차일드 일가밖에 없었다. 어떤 은행가도 돈을 지불할 수 없었고, 가장 부유한 사람들도 100프랑이나 200프랑 정도의 현금조차 갖고 있지 않았다." Apponyi, *De la Révolution au coup d'État, 1848 - 1851*, op. cit.

을 잡고 조직했다. 군대를 조직하고, 결정적인 순간에 그들이 믿고 따를 지휘자를 선거로 뽑았다." 그러나 "몇몇은 상황을 고려해서 천천히 그리고 신중하게 해산할 방법을 찾았다. 해산한다고 해서 선량한 노동자 가족들이 곧바로 빈곤으로 추락하지는 않지만, 이 방식의 유일한 문제는 일자리가 없다는 것이다. 한편 또 다른 사람들은 신중하게 해산을 주장하는 사람들의 안이한 생각을 노동자의 환심을 사려는 태도라고 비난했다. 즉각 해산을 주장하는 사람들은 부당하고도 경솔하게 이 노동자들을 빈민, 근위기병이라고 부르며 과도기나 협상 없이 당장 파리에서 내쫓거나 어떤 희생을 치르더라도 해산시키려고 했다. 노동자들이 어떻게 먹고살아가야 할지에 대해서는 전혀 신경 쓰지 않았다".

팔루의 압력으로 노동위원회 위원장, 의회 그리고 행정위원회는 국립공방 문제를 빨리 처리하기로 했다.[1] 6월 20일, 빅토르 위고는 팔루를 따라 그와 대단히 비슷한 표현으로 국립공방의 해체를 요청했다. "국립공방이 정부 재정에 큰 부담을 주는 불행을 야기하는 것과는 별개로 현재의 형태로 계속될 위험이 있는 국립공방은(이미 지적된 위험으로, 나도 그 점을 강조한다) 결국에는 파리 노동자들의 특성을 심각하게 변질시킬 것이다." 6월 21일, 행정위원회는 국립공방에 속한 18살에서 25살 사이의 모든 노동자를 즉시 징병한다는 법령을 공표했다. 나머지 노동자들은 정부가 지정하는 지방으로 내려가 토목 공사에 투입될 예정이었다. 첫째 파견대는 법령 공표 다음 날인 6월 22일 파리를 떠나 솔로뉴의 늪지로 출발해야 했다.

이 법령은 이미 부글부글 끓고 있던 국립공방 노동자들에게 기름을 부은 격이었다. "6월 6일 생드니 거리에서 새로운 집회가 열렸고, 사람들은 계속해서 불어

1 5월 29일 팔루의 연설. "국립공방은 현재 더 이상 산업의 관점에서 고려할 수 없다. 항시적이고 조직적인 파업으로 하루에 17만 프랑, 1년에 4500만 프랑의 손실을 본다. 정치적 관점으로 보면 위협적으로 끓고 있는 화로다. 재정적 관점에서 보면 일상적인 낭비다. 도덕적 관점으로는 영광스럽고 고결한 노동자들의 본질에 대한 통탄할 만한 변질이다."

났다. 10시에 이미 대로는 군중들로 꽉 찼다. (…) 정부 국민군, 기동대, 정규군 부대가 사방에서 도착했다. (…) 6월 8일에도 집회가 열렸다. 군중은 하루가 다르게 늘어났고, 탄압 역시 더욱 거세졌다. (…) 6월 11일 소요가 계속됐고, 폭도 134명이 체포됐다."[2] 저녁이 되면 굶주린 무리가 거리를 휘젓고 다니며 "빵이 아니면 무기를, 무기가 아니면 빵을"이라고 낮은 소리로 외쳤다. 이 구호는 리옹의 견직물 공장 노동자들의 "노동을 하며 살거나 싸우며 죽겠다"라는 투쟁 구호를 음울하게 축약한 버전이다.

6월 봉기는 행정위원회의 선동으로 촉발되었다. 토크빌에게는 다음과 같았다. "6월 봉기는 프랑스 역사에서 일어난 그 어떤 봉기보다 가장 중요하고 특이했다. 4일 동안 10만 명 이상이 봉기에 참여했고, 다섯 명의 장군이 죽었다. 폭도는 투쟁 구호도, 지도자도, 깃발도 없이 싸웠지만 가장 경험이 많은 장교들조차 그들의 에너지와 노련한 전투 방식에 놀랐다. 6월 봉기가 60년 전부터 계속된 이런 종류의 다른 모든 봉기와 구별되는 점은 봉기의 목적이 정부 형태를 바꾸려는 것이 아니라 사회 질서를 변화시키려는 것이었다. 사실 6월 봉기는 정치 투쟁이 아니라 일종의 노예 전쟁인 계급 투쟁이었다."

6월 22일, 법령을 접한 수만 명의 노동자는 거리로 쏟아져 나와 "마리 퇴진, 라마르틴 퇴진"을 외쳤다. 단조로운 리듬으로 목소리를 모아 "우리는 떠나지 않을 거야, 우리는 떠나지 않을 거야"라고 노래를 불렀다. 한 무리가 법령의 유예를 요구하기 위해 행정위원회와 노동위원회가 있는 뤽상부르로 갔다. 국립공방 임원인 퓌졸이 인솔한 대표단은 공공사업 마리 장관을 만났다. 순식간에 목소리가 높아졌고 장관은 결국 돌이킬 수 없는 말을 내뱉었다. "노동자들이 지방으로 떠나지 않겠다면, 정부는 공권력을 동원해 강제로 보낼 수밖에 없다." 격노해서 뤽상부르

2 Maurice Vimont, *Histoire de la rue Saint-Denis*, Paris, Les Presses modernes, 1936.

를 나온 대표단은 생쉴피스 광장으로 갔다. 퀴졸이 분수대로 올라가 노동자들에게 결과를 알리고, 저녁에 팡테옹 광장으로 모이자고 했다.

밤이 되자 파리의 노동자 구역인 포부르 뒤 탕플과 포부르 생탕투안에서 온 남녀 노동자 무리가 생자크 거리를 거쳐 팡테옹 주위에 모였다. 봉기에 참여한 법학과 학생 파르디공이 이야기를 전했다. "여러 명이 동시에 말했지만 혼란스럽지는 않았습니다. 각자 자신의 청중이 있었기 때문입니다. 청중들의 표정을 알 수는 없었지만 한순간 사람들 사이에서 나지막한 웅얼거림과 동요가 일었습니다. 이는 청중이 진지하고도 냉철한 생각에 동의하고 감동했다는 증거입니다. 일반적인 대중 집회에서 함성과 환호성, 박수가 터져나오고 열광하는 일은 매우 드물기 때문입니다. (…) 곧바로 모든 시위대는 솔로뉴의 유령을 마치 프랑스의 시베리아처럼 떠올렸습니다. 노동의 권리라는 문제에 종지부를 찍으려고, 그리고 파리에서 혁명의 기운을 제거하려고 행정위원회는 국립공방 노동자들을 솔로뉴에 유배시키려고 했습니다."[1] 마지막으로 퀴졸이 울타리 위로 올라가 다음 날 같은 장소로 집결하라고 노동자들에게 말했다. "노동자들은 선동적인 연설에 환호로 답했다. 횃불은 꺼졌고, 노동자들은 돌아갔다. 밤은 은밀하고도 끔찍하게, 그렇게 다음 날을 준비했다."[2]

그날 밤 경찰청장은 팡테옹 광장을 점령하고, 노동자들을 선동한 12구 국립공방의 대표 56명을 체포하라는 명령을 받았다. 라마르틴은 노동자들을 라탱 구역과 포부르 생마르소의 굶주린 군중이라고 표현했다. 명령은 집행되지 않았다. 아침 6시 수천 명의 노동자가 팡테옹 광장에 집결했다. 생자크 거리와 아르프 거리를 따라 내려온 그들은 생세브랭 성당 주위의 작은 골목길에 바리케이드를 치고

1 F. Pardigon, *Épisodes des journées de juin*, Londres, Bruxelles, 1852.

2 *Histoire des journées de juin*, 작가 미상의 팸플릿, Martinon éditeur, 5, rue du Coq - Saint - Honoré, Paris, 1848.

프티퐁을 점령했다. 그리고 시테섬의 미로 같은 거리에 요새를 구축하고 경찰청을 위협했다.[3]

그사이 또 다른 시위대는 푸아소니에르 방벽, 생드니 방벽(현재 바르베스로슈슈아르 교차로와 라 샤펠 교차로)과 루이 필리프 병원(현재 라리부아지에르) 공사 현장인 생라자르 공터에 모였다. 시위대는 완공된 지 얼마 되지 않은 생뱅상드폴 성당 주위와 라파예트 광장(현재 프란츠리스츠)에 요새를 구축했다. 벨퐁, 로슈슈아르, 포부르푸아소니에르 거리에는 철도 기술자들이 바리케이드를 세웠다.

시위대의 세 번째 근거지는 포부르 생탕투안이었다. 이곳은 포팽쿠르 구역을 통해 포부르 뒤 탕플과 이어졌다. 생제르베 성당 주위의 작은 골목길을 요새화하면서 파리 시청 바로 맞은편에 정찰대를 배치했다. "파리 시청과 가까운 모든 거리에서 나는 바리케이드를 치느라 여념이 없는 군중을 보았다. 그들은 기술자처럼 능숙하고 정확하게 바리케이드를 세웠다. 필요한 만큼만 보도블록을 파헤쳐 각진 돌로 두껍고 아주 견고하게, 심지어 아주 깔끔하게 쌓았다. 그리고 사람들이 드나들 수 있도록 집들을 따라 작은 입구를 만들었다."[4]

그렇게 각각 센강 왼쪽과 오른쪽의 가장 높은 곳인 팡테옹 광장과 생라자르 공터는 시위대의 마주보는 두 거점을 이루었다. 포부르 생탕투안의 본부가 두 거점을 이어주었다. 팡테옹의 거점은 모베르 광장과 시테섬 그리고 시청 구역을 통해, 생라자르 거점은 포부르 생마르탱과 포부르 뒤 탕플, 그리고 생마르탱 대로와 포부르 뒤 탕플 대로를 통해 본부와 이어졌다. 이런 방식으로 시위대는 파리의 절반에 해당되는 가장 서민적이고 가장 가난한, 넓은 반원형 구역을 통제할 수 있었다. 이 구역의 비좁은 거리와 건물 형태 덕분에 다양한 공격이 가능했다. "일단 이 지

---

3 경찰청은 시테섬의 작은 거리 예루살렘에 있었다. 이 거리는 오스만의 파리 정비 작업 때 철거되었다. 당시에는 경찰청을 '예루살렘 거리'라고 불렀는데, 오늘날 외무성을 '케 도르세'(프랑스 외무성이 있는 센강의 부두), 대통령 관저를 '엘리제'(프랑스 대통령 관사의 별칭)라고 부르는 것과 같다.

4 Tocqueville, *Souvenirs*.

역을 장악하면 구역 주민들과 함께 범위를 넓히면서 센강 왼쪽과 오른쪽으로 동시에 진출할 수 있었다. 또한 대로와 강변을 통해 나머지 절반, 파리에서 가장 부유하고 인구가 적은 튀일리, 팔레루아얄, 내각이 있는 구역들, 의회, 은행가 등으로 진입할 수 있었다."[1]

그러나 이렇게 공격하려면 전략이 필요했는데, 시위대에는 그것이 없었다. "6월의 봉기는 전체 계획도, 진정한 의미에서의 공모도, 지휘 본부도 없었지만 민중의 동의와 노력으로 이루어졌다"라고 파르디공은 썼다. 루이 메나르 역시 같은 생각이었다. "민주주의 지도자들은 봉기에서 큰 역할을 하지 못했다. 가장 능력 있고 열정적인 지도자들은 뱅센 감옥에 수감되어 있었다. 다른 지도자들은 대담성과 신념이 부족했다. 민중의 이러한 통일성, 전체 계획의 부재가 결국 적에게 승리를 넘겨준 원인이었다."[2]

어쨌건 간에 6월 23일 정오가 되기 전에 전투 한번 없이 파리의 절반은 민중의 손에 들어갔다. 행정위원회는 오후에 모든 군권을 국방부 장관인 카베냐크 장군에게 넘겼다. "라마르틴의 명석한 재기가 카베냐크의 선동적인 재기로 바뀌었을 뿐이다"라고 카를 마르크스는 『노이에 라이니셰 차이퉁Neue Rheinische Zeitung』에 썼다. 카베냐크 장군은 헌법제정의원의 아들이자 폴리테크니크 출신이었다(당시 폴리테크니크는 공화주의자들의 본거지였다). 공화주의 반대파의 스타였던(들레클뤼즈가 "우리의 고드프루아라고 불렀던") 고드프루아의 동생 카베냐크는 여러 면에서 애매모호한 인물이었지만 대중에게는 무엇보다도 아프리카의 장군(알제리를 비롯해 아프리카 식민지 제압에 공을 세운 장군들)이라는 이름으로 깊이 각인되었다. "폭도가 이번에는 우리를 피할 수 없을 것이다. (…) 내가 폭도를 박살낼 임무를 맡았다. 나는 적들에 맞서 전투를 치르듯이 대규모 작전을 개시할 것이다. 필요하다면 허허

1 *Histoire des journées de juin*, op. cit.
2 Ménard, *Prologue d'une révolution*…, op. cit.

벌판에서 적들을 공격해 쓰러뜨릴 것이다."[3]

카베냐크는 작전을 수행할 부대를 셋으로 나눠 배치했다. 그리고 시위대와 맞닥트렸을 때 부대가 분산되고 사기를 잃지 않도록 밀집해서 배치했다. "세 곳에 지휘 본부를 두었다. 첫 번째는 생드니 문으로 그곳에서는 생라자르의 공터, 포부르 생마르탱과 포부르 뒤 탕플의 시위대에 맞서야 했다. 이곳을 지휘하는 라모리시에르는 판단이 빠르고 정열적이며 용기가 남달랐다. 두 번째 지휘 본부에서는 뒤비비에가 생탕투안 구역과 포부르 생탕투안 공격을 준비하고 있었다. 세 번째는 소르본으로 베도와 다멤이 기동대를 지휘해 팡테옹, 포부르 생자크와 포부르 생마르소를 공격할 예정이었다."[4]

첫 번째 전투는 6월 23일 정오쯤 생드니 문에서 벌어졌다. "생드니 문을 점령하기 위해 생라자르의 공터에서 출발한 시위대의 선두에는 북을 든 소년들이 섰다. 도착하자마자 누군가 "바리케이드로! 공격!"이라고 외치자 나머지 모두가 그 소리를 따라 외쳤다. 남자, 여자, 아이들이 집집마다 나와 거리를 꽉 채웠다. 그들은 마차를 탈취하고, 포석을 파헤쳐 단 몇 분 만에 바리케이드를 세웠다. 한 여자가 바리케이드 꼭대기에 깃발을 세웠다. 깃발에는 국립공방, 파리 4구, 5분대라고 쓰여 있었다".[5] 포부르 생드니와 생드니 거리, 생트아폴린, 아부키르, 클레리 거리는 바리케이드로 뒤덮였다. 시위대는 본누벨 대로의 난간과 철책을 모두 뽑았다. 갑자기 정부 국민군의 분대가 대로를 내려왔다. 바리케이드를 보고는 경고도 하지

---

3 Maïté Bouyssy, *La Guerre des rues et des maisons*, Paris, Jean - Paul Rocher, 1997의 뷔조 원수를 소개하는 장에서 인용. 식민지 전쟁에서 휴머니스트의 시각을 가진 것은 군인만이 아니었다. 토크빌은 말했다. "무장하지 않은 남자, 여자, 아이들을 공격하는 것이 나쁜 행동이라고 생각하지 않는다고 말하는 사람들을 종종 만나곤 했다. 나는 이들을 존중하지만 인정할 수는 없다. 비록 마지못해 피할 수 없어서 해야 하는 일이고, 아랍인들과 전쟁을 원하는 사람은 모두 이런 불가피성을 받아들여야 했음을 이해하지만." A. Brossat, *Le Corps de l'ennemi*, Paris, La Fabrique, 1998에서 인용.

4 *Histoire des journées de juin*, op. cit.

5 앞의 책. 당시 파리 4구는 레 알 구역이었다.

않고 발포했다. 시위대도 응수했고 국민군은 물러났다. 이어 제2용병 대대와 정규군 중대가 도착했다. 전투를 지휘하던 시위대의 지휘관이 총을 맞고 쓰러졌다. 한 여자가 깃발을 들었다. "머리는 헝클어졌고, 맨팔에, 반짝거리는 빛깔의 치마를 입은 여인은 죽음과 맞서는 듯이 보였다. 이 광경을 본 국민군은 발포를 주저했다. 여자에게 피하라고 소리쳤다. 여자는 용감하게 서 있었다. 그녀는 몸짓과 욕설로 침략자들을 자극했다. 총성이 울렸다. 그녀는 비틀거리며 쓰러졌다. 또 다른 여자가 쓰러진 여자 곁으로 뛰어왔다. 한 손으로는 피 흘리는 동료를 껴안고, 다른 손으로는 침략자에게 돌을 던졌다. 또다시 총성이 울렸다. 그녀 역시 자신이 껴안고 있던 동료처럼 쓰러졌다."[2]

바리케이드는 무너졌다. 그와 동시에 마들렌에서 온 라모리시에르가 이끄는 정규군과 기동대가 섞인 부대의 선두가 대로로 들어와 샤토도를 차지했다. 라모리시에르의 부대는 대로, 포부르 생드니 그리고 포부르 생마르탱을 제압하고 북쪽으로 올라가 포부르 푸아소니에르에서 리셰르 거리와 프티트제퀴리 거리의 바리케이드를 공격했다. 그러나 정부군은 라파예트 광장에서 기계 제도사 출신으로 정부 국민군의 대위였으나 부대를 이끌고 시위대 편에 선 르제니셀이 지휘하는 시위대의 완강한 저항에 부딪쳤다. 라모리시에르는 생드니 문으로 후퇴해서 포격해야 했다.

---

1 Daniel Stern, *Histoire de la Révolution de 1848*, op. cit. 앞에서 보았듯이 다니엘 슈테른은 다구 공작부인이다. 빅토르 위고는 『본 것』에서 위의 사건을 호의와 적의를 뒤섞어 묘사했다. "겁을 먹었다기보다는 흥분한 정부 국민군이 전속력으로 바리케이드로 돌진했다. 그때 한 여자가 바리케이드 위로 올라갔다. 젊고, 아름다웠다. 머리는 헝클어졌지만 매력적이었다. 창녀라는 그 여자는 치마를 허리까지 올리고, 국민군에게 입에 담기 힘든 사창가의 끔찍한 언어로 욕설을 퍼부으며 '겁쟁이들아, 용기 있으면 여자 배에 바람구멍을 내봐'라고 소리쳤다. 이때부터 상황은 끔찍하게 돌아갔다. 국민군은 망설이지 않았다. 일제 사격했고 가엾은 여인은 끔찍한 비명을 지르며 쓰러졌다. 바리케이드의 시위대와 일부 침략자들 사이에 무거운 침묵이 흘렀다. 갑자기 두 번째 여자가 나타났다. 훨씬 어리고 예뻤다. 열일곱 살도 안 된 어린아이였다. 이 얼마나 참혹하고 비참한 일인가! 소녀도 창녀였다. 치마를 올리고 배를 드러내며 '이 불한당들아, 쏴봐!'라고 소리쳤다. 발포했다. 배에 구멍이 난 소녀는 첫 번째 여자의 시체 위로 쓰러졌다. 전투는 이렇게 시작됐다."

6월 23일 금요일 나흘간의 전투 첫날, 시위대는 진지를 방어하는 데 성공했다. "생라자르의 넓은 공터, 푸아소니에르, 라 샤펠, 라 빌레트, 탕플의 방벽들, 몽마르트르, 라 샤펠, 라 빌레트, 벨빌, 포부르 뒤 탕플의 마을들, 포팽쿠르 구역, 포부르 생탕투안과 생탕투안 거리, 생자크 구역과 생비크투아르 구역 전체는 시위대가 장악했다. (…) 시위대의 세 주요 거점에서 분리된 생마르탱 구역의 랑뷔토, 보부르, 플랑슈미브레 거리에 바리케이드가 쳐졌다. 8, 11, 12구의 정부 국민군 일부는 바리케이드 뒤에 자리 잡았다."[2]

팡테옹에서는 정부 국민군의 두 용병 부대가 전투를 앞두고 있었다. 에드가르 키네가 지휘하는 용병 11부대는 정부 편이었다. 시위대 편에 선 용병 12부대는 11부대에게 돌아가라고 요구했다. "총으로 무장하고 새로운 제복을 입은 30명 가량의 고등사범학교 학생은 유혈 사태를 피하기 위해 중재를 했다. 학생들은 시위대를 적대하지 않았지만, 그들을 비난했다."[3] 대중에게 대단히 인기가 많은 의사였던 12구 구청장은 시위대와 협상을 했다. 그때 뤽상부르에서 온 고령의 프랑수아 아라고가 이끄는 선봉대는 수플로 거리의 바리케이드에 가로막혔다. 화가 치민 아라고는 시위대에게 왜 공화국에 맞서 싸우는지, 왜 바리케이드를 쳤는지 물었다. 시위대에서 나이 많은 한 사람이 "우리는 함께 생메리 거리를 만들었습니다"라고 아라고에게 상기시켰다. 아라고는 경고를 한 후 바리케이드를 공격해 무너뜨렸다. 시위대는 캉브레 광장과 뇌브데마튀랭 거리에 새 바리케이드를 쳤고, 아라고는 이번에는 대포로 공격했다.[4]

키네, 아라고, 이 고령의 공화주의자들은 어떻게 민중을 향해 대포를 발사하는

---

2 *Histoire des journées de juin*, op. cit. 8구는 마레 북쪽에, 11구와 12구는 앞에서 보았듯이 라탱 구역과 포부르 생마르소에 해당된다.

3 Pardigon, *Épisodes des journées de juin*, op. cit.

4 캉브레 광장은 에콜 거리가 뚫리기 전에 콜레주 드 프랑스 맞은편에 있었다. 뇌브데마튀랭 거리는 그곳에서 멀지 않은 생자크 거리를 향해 나 있었다.

지경에까지 이르렀을까? "키네와 아라고는 일생을 민주주의 발전을 위해 싸웠다. (…) 그러나 이번에는 생각이 달랐다. 키네와 아라고는 국가에 맞서 봉기한 민중이 법과 권리를 쓸어버릴 것이고 그들의 승리는 공화국 그리고 어쩌면 국가를 쓸어버릴 재앙이 될 것이라고 확신했다. 20년 넘게 민중의 해방을 위해 애써왔지만, 그리고 가슴 아프지만 그들은 단호하게 이 낯선 적과 맞서 싸울 각오를 했다."[1] 어쩌면 키네와 아라고는 그때까지 프롤레타리아에 대한 관념적인 비전만을 가졌을 것이다. 그러나 프롤레타리아를 실제로 마주 대하자 그들의 계급적 본능이 그들의 일반적인 관념을 압도했을 것이다.

6월 23일 오후, 베도 장군은 두 부대를 이끌고 시청에서 출발해 생트준비에브 언덕을 공격했다. 한 부대는 아르콜 다리로, 한 부대는 노트르담 다리로 센강을 건넜다. 포병중대가 두 부대를 엄호하기 위해 오텔디외 병원에 배치되었다.[2] 정부 국민군은 시테섬 쪽 프티퐁의 바리케이드를 쉽게 제압했지만, 반대편 생자크 거리 입구의 바리케이드는 제압하지 못했다. 이곳은 루이 필리프 시대에 감옥에 갇혔던 옛 공화주의자들이 방어하고 있었다. 이들과 함께 감옥에 갇혔던 기나르는 포병을 지휘하는 장교로 정부 편에 섰다. "기나르는 자신의 포병들과 함께 선두에 있었다. 그중 일부는 바리케이드 뒤에 있었기 때문에 기나르와 옛 동료들은 서로를 알아보고 이름을 불렀다."[3] 봉기 기간 대개의 경우처럼 이날도 기동대의 도착으로 상황이 결정되었다. 생자크 입구의 바리케이드는 무너지고 시위대는 생자크 거리 아래쪽의 오 되 피에로라는 포목점으로 도망갔다. "단호하고 침착한, 시위대의 지휘자 벨발은 계단을 부수고 위층에서 싸우려고 했다. 그는 동료들의 말을 듣지 않고 화를 냈다. 기동대의 끔찍한 학살이 시작되었다. 기동대는 포목점

1 Daniel Stern, *Histoire de la Révolution de 1848*, op. cit.

2 옛 오텔디외 병원으로 센강의 작은 우각호 가장자리에 있었고, 현재 샤를마뉴 동상이 있는 작은 광장 자리다. 병원은 지붕이 있는 다리를 통해 센강 왼쪽과 연결되었다. 포병대는 아마 이곳에 배치되었을 것이다.

3 Pardigon, *Épisodes des journées de juin*, op. cit.

뒤, 계산대 아래, 다락방, 지하실에 숨어 있는 시위대를 대검으로 찔러 죽이며 학살자의 야만스러운 웃음을 내질렀다. 피가 고여 냇물을 이루었다."[4]

토크빌은 기동대의 태도를 걱정했지만 그럴 필요가 없었다. "이 끔찍한 첫 번째 시험에서 드러난 기동대 젊은이들의 잔혹함을 현장에서 보지 않았다면 상상조차 할 수 없을 것이다. 포탄이 터지고, 요란하게 울리는 총소리는 기동대 젊은이들에게 새로운 놀이 같았다. 포화 연기, 화약 냄새가 그들을 자극했다. 그들은 전속력으로 돌격해, 무너져내리는 바리케이드를 기어오르고 모든 장애물을 놀랍도록 민첩하게 돌파했다. 한번 돌진하면 어떤 명령에도 멈추지 않았다. 질투가 섞인 경쟁의식에 사로잡혀 죽음 앞에 몸을 던졌다. 피를 흘리는 적에게서 총을 빼앗고, 풀어 헤친 적의 가슴을 총신으로 짓누르고, 떨고 있는 적의 가슴을 대검으로 찌르고, 시체들을 짓밟고, 바리케이드 꼭대기에 제일 먼저 올라가 쏟아지는 총격에도 망설이지 않고 피를 흘리는 자신의 모습을 웃으며 바라보고, 깃발을 빼앗아 머리 위로 흔들며, 그렇게 총탄에 맞섰다. 어리석은 영웅이 된 파리의 젊은이들은 그때까지 경험하지 못한 황홀감에 빠져 이처럼 무감각하게 행동했다. 영리하고 냉정한 지휘관들은 정규군과 기동대 부대를 이끄는 데 있어 영광을 위한 광기를 장려했고, 젊은이들을 투입하는 것 외에 다른 것은 그리 필요하지 않았다. 만약 기동대가 시위대 편에 섰더라면 모두가 두려워했듯이 시위대가 승리했을 것이 거의 확실했다."[5]

승리를 거둔 후 베도 장군은 생자크 거리로 밀고 들어갔지만, 창가에서 총알이 날아들었고 진압부대의 탄약은 떨어졌다. 생자크 거리 언덕에 바리케이드가 늘어났고, 손실이 엄청났다. 밤이 되자 언덕 위 팡테옹까지 진격하는 것은 불가능했다. 부대는 시청으로 물러났다. "수많은 병사가 죽고 부상당하는 이루 말할 수

4 Marouk, *Juin 1848*, op. cit.
5 Daniel Stern, *Histoire de la Révolution de 1848*, op. cit.

1848년 6월 25일, 라모리시에르의 부대가 공격하기 이전 생모르 거리의 바리케이드, 티보의 은판 사진, 파리, 오르세 미술관.

N°. 95.
FABRIQUE
CHOCOLAT

GRANDS
ATELIERS

왼쪽 페이지

1848년 6월 26일, 공격 이후 생모르 거리의 바리케이드, 티보의 은판 사진, 파리, 오르세 미술관.

없는 손실을 입으며 보잘것없는 전과를 거둔 베도 장군은 커다란 슬픔에 잠겼다."[1] 생트준비에브 언덕 남쪽 비탈길에 있던 진압부대의 상황도 그리 좋지는 않았다. 기동대는 큰 손실을 입었고, 한 부대는 무프타르 거리에서 무장해제되었다. 23일 밤, 센강 왼쪽의 시위대는 진압되지 않았다.

센강 오른쪽에서 카베냐크와 라마르틴은 피에르 보나파르트의 호위를 받으며 말을 타고 작전을 지휘했다. 라마르틴은 그의 저서 『역사Histoire』에서 "피에르 보나파르트는 뤼시앵의 아들로, 아버지의 공화주의를 이어받은 대담한 젊은이다"라고 썼다. 22년 후 이 젊은이는 빅토르 누아르 기자를 살해한다. 이 사건으로 쿠데타 이후 처음으로 파리 시민이 거리로 나왔다. 카베냐크 부대는 폭우 속에서 포부르 뒤 탕플을 공격했다. "카베냐크와 라마르틴이 공격 부대의 선두에서 모든 바리케이드를 잇따라 공격했을 당시 하루 종일 포부르에 있던 대표 여러 명은 그 전에 이미 총상을 입었다."[2] 카베냐크가 지휘하는 일곱 개의 대대는 퐁테노루아 거리와 피에르르베 거리 모퉁이에 세워진 커다란 바리케이드에 저지당했다. 이곳은 또한 1871년 파리 코뮌 때 마지막까지 저항한 바리케이드다. 카베냐크는 기동대 20대대에 공격 명령을 내렸지만, 부대도 엄청난 일제 사격을 받고 저지당했다. 두 번째 대대도 마찬가지였다. 시위대는 카베냐크의 일곱 대대를 그렇게 하나씩 격퇴했다. "카베냐크는 대포를 전진 배치했다. 그는 말을 타고 홀로 거리 한복판에서 움직이지 않은 채 침착하게 명령을 내렸다. 병사들의 3분의 2가 죽거나 부상을 당했다. 카베냐크는 바리케이드를 우회하기 위해 여러 명의 선발대를 옆길로 보냈다. 그러나 성과는 없었다. 시간은 흐르고 탄약은 동이 났다. 애초에 라모리시에르를 지원하러 온 카베냐크는 오히려 라모리시에르에게 무엇을 해야 하는지

1 Stern, 같은 책.

2 *Histoire des journées de juin*, op. cit.

1848년 6월 봉기 때 라마르틴, 코시디에르 보나파르트, 피에르 보나파르트와 함께 병사들을 시찰하는 카베냐크. 작가 미상의 판화.

물어야 할 처지가 되었다. 밤이 되었다. 정규군 29연대를 지휘한 뒤라크 대령은 다섯 시간의 전투 끝에야 바리케이드를 무너뜨릴 수 있었다. (…) 상처뿐인 성공에 마음이 아픈 카베냐크는(당시 정부군의 장군들은 정말로 마음이 여렸던 것 같다) 팔레 부르봉으로 돌아갔다."[1] 다음 달 곧바로 바리케이드가 다시 세워졌다.

23일이 저물 무렵 시청 주위에 있던 정부군의 상황은 좋지 않았다. "대중에게 지지를 받는 정부의 전통적인 본부인 시청을 점거하는 것은 시위대에게 일종의 합법적인 성격을 부여할 수 있었다. 그래서 시위대 역시 시청을 점령하기 위해 엄

1 Daniel Stern, *Histoire de la Révolution de 1848*, op. cit.

청난 노력을 기울였다."[2] 시청은 시테섬, 생탕투안 거리, 생제르베 주위의 작은 골목길, 탕플 거리에 세워진 바리케이드로 포위되었다. 정부군은 시청 광장과 샤틀레 광장 사이의 건물에서 날아드는 총탄으로 집요하게 공격당했다.

23일 저녁, 의회의 분위기는 어둡고 무거웠다. "회의가 재개된 가운데, 우리는 라마르틴이 바리케이드를 공격하는 도중에 총상을 입었다는 소식을 들었다. 라마르틴의 동료 빅시오와 도르네스도 시위대를 설득하는 도중에 치명적인 부상을 입었다는 소식이 전해졌다. 베도 장군은 포부르 생자크 입구에서 허벅지 관통상을 입었고, 수많은 장교가 이미 전사했거나 부상으로 후송되었다는 소식도 전해졌다. (…) 자정쯤 카베냐크가 도착했다. (…) 매우 지치고 가쁜 숨을 몰아쉬는 목소리였지만 간결하고 정확하게 그날 있었던 중요한 전투를 보고했다. 그는 파리에 깔린 철로를 따라 모든 병력을 배치했고, 파리 교외의 정부 국민군 전원에게 소집 명령을 내렸다고 설명했다."[3]

6월 24일 토요일, 지난밤에 보주 광장에 있는 자신의 저택이 불탔다는 이야기(사실이 아니었다)를 전해 들은 빅토르 위고는 행정위원회의 마지막 순간을 지켜보았다. "나는 본의 아니게 권력을 잡고 있던 이들과 한자리에 있었다. 이 회의는 정부 자문회의라기보다는 형 집행을 기다리는 죄인들의 감방 같았다. (…) 왼쪽 창가에 서 있던 라마르틴은 군복을 깔끔하게 차려입은 장군과 이야기를 나누고 있었다. 그때 처음이자 마지막으로 본 장군의 이름은 네그리에였다. 네그리에는 그날 저녁 바리케이드 앞에서 전사했다. 나는 라마르틴에게 달려갔고, 그는 내 쪽으로 몇 발자국을 뗐다. 라마르틴은 창백했고, 초췌했다. 수염은 길었고, 군복은 구겨진 채 먼지투성이였다. "위고씨, 안녕하세요"라고 인사를 하며 내게 손을 내밀었다.

2 Stern, 같은 책.
3 Tocqueville, *Souvenirs*.

왼쪽 페이지

에르네스트 메소니에, 1848년 6월, 「모르텔르리 거리의 바리케이드La Barricade, rue de la Mortellerie」, 1850~1851년 살롱전, 유화, 파리, 루브르 미술관.

"라마르틴 장군, 상황이 어떻습니까?"

"우리는 음……!"

"무슨 말씀이신지?"

"15분 후에 시위대가 의회를 공격할 겁니다."

"뭐라고요! 그러면 군대는?"

"없습니다."[1]

공화주의자 우파와 연합한 왕정주의자들은 쿠데타로 의회를 장악한 다음 파리에 계엄령을 선포했고, 질서를 회복하기 위해 카베냐크에게 전권을 부여했다. 60명의 의원만이 이 법안에 반대했다. 그 가운데 토크빌도 포함되는데, 훗날 그는 자신이 잘못 생각했다고 고백했다. 행정위원회는 아무도 관심을 갖지 않는 가운데 사임했다. "위원회가 선출한 의원 60명은 파리 전역에 파견되어 의회를 통과한 여러 법안을 정부 국민군에게 설명하고, 사기가 저하되고 확신을 잃은 국민군의 자신감을 되살리는 임무를 떠맡았다."[2] 그들 가운데는 토크빌과 빅토르 위고도 있었다.

6월 24일, 새벽 3시부터 격렬한 전투가 다시 시작되었다. 정부군은 센강 왼쪽에 생세브랭 성당, 모베르 광장, 생자크 거리의 바리케이드를 차례대로 진압했다. 군대가 팡테옹 광장에 도착했다. 시위대가 팡테옹, 법과대학, 주변 건물들을 장악하고 있었다. 이곳을 잘 알고 있고, 이 전투에 참여했던 파르디공은 다음과 같이 묘사했다. "팡테옹의 기둥과 측면에 몸을 숨긴 시위대는 능숙하게 방어했다. 요새처럼 견고한 두 개의 바리케이드는 팡테옹의 양 측면을 방어했다. 그중 하나는 윌름 거리를 내려다보는 자리에 세워졌다. (…) 정부 국민군은 수플로 거리에서 대포를 발사했다. 포탄이 예배당 위를 가로질렀다. 포탄 가운데 하나가 성가대 층계에 서

1 Hugo, *Choses vues*.

2 Tocqueville, *Souvenirs*.

있던 불멸의 여신상 머리를 날려버렸다. 정부군의 일제 사격에 맞춰 시위대도 정확하게 일제 사격으로 응수했다. 시위대의 정확한 응수에 국민군 장교들은 상당히 당황했다." 그러나 진압 병력은 뒷문을 통해 법과대학 안으로 들어갔다. 진압군은 창문에서 시위대를 향해 총을 쐈고, 시위대는 팡테옹 지붕과 구청에서 응사했다. 다멤 장군(허벅지에 총상을 입고 며칠 뒤에 죽었다)은 포병대를 수플로 거리 한가운데에 배치했다. 팡테옹 문이 폭파되고, 돌격 명령이 내려지고, 팡테옹 안에서 육탄전이 벌어졌다. 포로는 현장에서 총살했다. 진압군은 포세생자크 거리와 에스트라파드 거리로 돌진했다. 밤이 되자 다멤 장군을 대체한 브레아 장군은 무프타르 거리를 통해 준비에브 언덕 남쪽 비탈길로 내려와 포부르 생마르소와 파리 식물원의 바리케이드를 진압했다.

시청 쪽의 시위대는 밤사이에 플랑슈미브레, 아르시스, 베르리, 생탕투안 거리를 다시 손에 넣었다. 뒤비비에 장군은 건물을 차지하려고 했지만 생제르베 주위의 집들을 차지하려면 대포가 필요했다. 그래서 전투는 집집마다 순차적으로 이루어졌다. "보두아예 광장에서는 바리케이드를 향해 대포를 쐈음에도 시위대의 저항이 워낙 완강해서 밤이 되자 군대를 시청 주변으로 물려야 했다."[1]

북쪽 포부르의 전투는 라파예트 광장 주위에 집중되었다. 이 광장에는 라 샤펠과 생드니의 토목 기술자들이 라파예트 광장과 아브빌 거리의 모퉁이에 있는 건물들과 맞닿은 엄청나게 넓은 바리케이드를 세웠다. 요새화된 바리케이드는 몇 시간 동안 잘 버텼지만 밤 사이 쉴 새 없이 퍼붓는 포탄에 함락되었다. 노동자들은 생라자르 공터로 후퇴했다. 포부르 생드니에서 진압군은 북역의 철도 노동자들이 방어하는 바리케이드를 공격했지만 함락시키지 못했다. 포격을 지휘한 코르트 장군과 부르공 장군은 부상당했는데, 부르공 장군은 치명상을 입었다.

---

1 *Histoire des journées de juin*, op. cit.

6월 25일 일요일 아침, 시위대는 고립된 구역만을 차지했다. 북쪽의 생라자르 공터, 포부르 푸아소니에르와 포부르 생드니 인근의 일부분, 중앙과 동쪽의 포부르 뒤 탕플과 포부르 생탕투안의 대부분, 남쪽의 퐁텐블로 방벽(현재 이탈리아 광장) 방향의 포부르 생마르소의 외곽 지역을 차지했는데 모두 파리 외곽의 고립된 지역이었다. 카베냐크는 포고문을 붙이게 했는데, 어찌나 관대한 문구로 끝을 맺었는지 라마르틴의 포고문이라고 여길 정도였다. "우리에게 오세요. 뉘우친 형제처럼 법에 복종하고 우리에게 오세요. 공화국은 두 팔 벌려 여러분을 맞을 준비가 되어 있습니다." 마루크가 썼듯이 이 열린 두 팔은 시위대를 맞이할 준비가 아니라 그들의 목을 딸 준비였다. 전투는 새벽에 다시 시작되었다. 시청 주변의 진압군은 이번에는 시위대의 포위를 뚫고, 정오가 되기 전에 바스티유에 도착했다. 남쪽에서 브레아 장군은 2000명의 시위대가 방어하는 퐁텐블로 방벽의 커다란 바리케이드와 마주쳤다. 브레아는 명확하지 않은 이유로 훗날 이곳에서 총살당한다. 브레아가 처형된 날 포부르 생탕투안에서 파리 대주교 아프르도 죽음을 맞았는데 이는 브레아의 총살과 더불어 시위대의 학살을 정당화하는 데(심지어는 현재 몇몇 교과서에도 이런 식으로 쓰고 있다) 이용되었다. 악소 거리의 인질들도 파리 코뮌 혁명의 역사에서 똑같이 이용되었다. 그라니에 드 카사냐크는 이에 대해 다음과 같이 신중한 용어로 설명했다. "가장 과격한 행위로 죄를 선고받은 사람들에 대해, 가장 심각한 범죄를 저지른 많은 사람에게 있어, 승자가 지배하는 사회에서는 모든 것이 용인되었다. (…) 법의 보호를 전혀 받지 못하는 폭도는 형식상 절차의 구애를 받지 않는 승자들에게 어떤 불평도 할 수 없을 것이다."[2]

6월 25일 일요일, 힘의 균형이 무너졌다. "철도 덕분에 프랑스 전역에서 우리를 도우려고 수천 명이 파리로 들어왔다. (…) 모든 계층의 사람들이 뒤섞여 있었다.

---

2 *Histoire de la chute du roi Louis-Philippe, de la République de 1848*…, op. cit.

HOTEL
PAIX
PAIX

앞 페이지

1848년 6월 23일, 포부르 뒤 탕플 공격. 작가 미상의 석판화, 파리, 국립도서관. 센강 오른쪽의 생마르탱 운하에서 본 풍경.

그들 가운데에는 농부도 많았고, 부르주아도 많았으며, 대지주와 귀족도 많았다. 이 모든 사람이 하나의 대열을 이루었다."[1]

이탈리아 광장의 바리케이드가 무너지자 센강 왼쪽은 진압군의 손에 넘어갔다. 이날 아침, 상당한 용기로 진압군을 만나는 민중의 대표 역할을 한 토크빌은 샤토도에 있었고, 그곳에서 라모리시에르는 포부르 뒤 탕플을 공격했다.[2] "마침내 샤토도에 도착했고, 샤토도 주위에는 다양한 부대가 모인 엄청난 병력이 집결해 있었다. 급수탑 아래에서는 대포 한 대가 상송 거리(현재 레옹주오) 쪽으로 포격했다. 처음에는 시위대 쪽에서도 대포로 반격한다고 생각했는데, 이내 우리 편 대포의 끔찍하고 요란스러운 소리가 내는 메아리에 내가 착각했음을 알았다. 이런 굉음은 들어본 적이 없었다. 치열한 전투 현장 속에 있다고 생각될 정도였다. 사실 시위대는 화승총 사격으로만 드문드문 응수할 뿐이었다. (…) 커다란 말에 탄 라모리시에르 장군은 총알이 빗발치는 가운데 적의 사정거리에 있는 급수탑 뒤에서 진압군을 지휘했다. 이런 상황을 지휘하는 이상적인 장군의 모습으로 내가 상상한 것보다 훨씬 더 생기 넘치고 웅변적인 모습을 그에게서 보았다. (…) 그리고 고백하건대 그가 훨씬 더 침착했다면 그의 용기를 더욱 존경했을 것이다. (…) 전쟁이 이럴 것이라고는 한 번도 상상해본 적이 없다. 샤토도 너머의 탕플 대로는 한가로워 보였기 때문에 날아오는 총탄을 피해 진압군이 왜 그쪽으로 가지 않는지, 왜 서둘러서 거리 맞은편에 있는 집들을 차지하지 않는지 이해할 수 없었다. 물론 말만 쉬울 뿐이라는 것을 나도 안다. 내게는 한가해 보였던 그 거리가 실제로는 그렇지 않았다. 거리가 휘어

1 Tocqueville, *Souvenirs*.

2 본문에서 이어지는 토크빌의 이야기를 이해하기 위해서는 레퓌블리크 광장과 볼테르 대로, 그리고 그 밖의 거리가 조성되기 전의 이 장소들을 머릿속에 그려볼 필요가 있다.

지는 곳에는 비죽비죽 늘어선 바리케이드가 바스티유까지 이어져 있었다. 바리케이드를 공격하기 전에 진압군은 뒤에 남겨진 거리를 통제하고, 대로를 굽어보며 진압군의 연락을 심각하게 가로막는 상송 거리의 건물들을 급습하여 장악하려고 했다. 그러나 결과적으로 진압군은 건물을 손에 넣을 수 없었는데 운하가 가로막고 있었기 때문이다. 대로에서는 운하가 보이지 않았다. (…) 시위대에는 대포가 없었기에 포탄으로 뒤덮인 일반적인 전투 현장에 비하면 이곳은 덜 끔찍했다. 내 눈앞에서 총을 맞고 쓰러진 병사들은 보이지 않는 화살에 관통당한 것처럼 보였다. 그들은 비틀거리며 쓰러졌는데, 처음에는 군복에 난 작은 구멍 외에는 보이지 않았다. (…) 갑자기 얼굴이 일그러지고 빛나던 눈빛이 순식간에 죽음의 공포 속에서 꺼져가는 모습을 쳐다보는 것은 낯설었다. (…) 우리 쪽에서는 정규군이 가장 생기가 없었고, 오히려 그토록 충성을 의심했던 기동대가 가장 열정적이었다. 6월 봉기가 진압됐음에도 여러 가지 이유로 기동대가 우리 편에 서지 않고 우리와 맞서기로 결심할 가능성은 거의 없었기 때문이다."

몇 시간 뒤에 부대는 바스티유 쪽으로 조금씩 전진했다. 빅토르 위고는 대로에 있었다. "시위대가 새 건물 위에서 보마르셰 대로 전체를 따라 발포했다. (…) 시위대는 짚단에 와이셔츠를 입히고 모자를 씌운 허수아비를 창가에 세워놓았다. 나는 건물 5층 발코니 구석에 벽돌을 쌓아 만든 작은 바리케이드 뒤에 사람이 숨어 있는 것을 분명히 보았다. 건물은 퐁토슈 거리 맞은편에 있었다. 남자는 정조준해서 많은 진압군을 죽였다. 오후 3시였다. 군인과 기동대가 탕플 대로 건물의 지붕 위로 올라가 대응 사격을 했다. (…) 나는 유혈 사태를 막을 수만 있다면 무슨 일이라도 해야 한다고 생각했다. 그리고 앙굴렘 거리(현재 장피에르탱보)의 모퉁이까지 갔다. 모퉁이 가까이에 있는 작은 망루를 지날 때 나에게 사격이 쏟아졌다. 내 뒤에 있던 작은 망루는 총알로 온통 구멍이 났다. 그곳에는 충격으로 너덜너덜해진 연극 포스터가 잔뜩 붙어 있었다. 나는 그중 한 조각을 기념물처럼 떼어냈다. 종잇 조각이 붙어 있던 포스터에는 바로 이번 일요일에 샤토 데 플뢰르에서 1만 개의 초롱 축제가 열린다고 쓰여 있었다."[1]

일요일 오후, 시위대는 생라자르 공터와 포부르 생탕투안만 장악했다. 카베냐크는 생라자르를 먼저 제압하고 나서 생탕투안에 모든 병력을 집중할 계획을 세웠다. 라메네는 『르 푀플 콩스티튀앙Le Peuple constituant』에 이렇게 썼다. "생라자르 공터에서는 엄청난 전투가 벌어졌다. 기동대로만 말할 것 같으면 이 전투는 대담하고 영웅적인 태도와 숭고한 죽음이 함께한 총력전이었다. 폭도건 기동대 병사건 간에 소나기처럼 쏟아지는 총탄을 맞고 쓰러졌고, 그 위로 사방에서 총탄이 날아와 너덜난 그들의 모습을 본 사람이라면 누구든 자신도 모르게 입이 떡 벌어질 수밖에 없었다." 모든 것이 끝나자 드물게도 민중 편에 서서 싸운 지식인이었던 기자 출신의 시위대 지휘관 뱅자맹 라로크는 로마인이 그랬듯 죽음을 향해 걸어갔다. 훗날 보댕은 포부르 생탕투안에서, 들레클뤼즈는 1871년에 샤토도 광장에서 라로크처럼 죽음을 향해 걸어갔다.

6월 26일 아침, 시위대에게는 포부르 생탕투안만 남았다. 세 명의 의원이 주도한 중재 시도를 진압군 사령관은 거절했다. "아프리카의 식민지에서 활약했던 장군들은 그들의 먹이를 놓아주고 싶지 않았다. 포부르 생탕투안의 시위대도 다른 구역의 노동자들이 맞은 운명을 피할 수 없었다. 장군들은 군인의 명예라는 이름으로 적을 섬멸할 것을 강요했다."[2] 라모리시에르의 병력은 생모르 거리와 바스프루아 거리를 통해 포팽쿠르 구역으로 밀고 들어갔다. 동시에 바스티유 주위에 집결해 있던 모든 병력도 엄청난 포병대와 함께 밀고 들어갔다. 전투는 짧았지만 격렬했고 끔찍했다. 10시에 포부르는 항복했다. 몇몇 시위대는 아망디에 방벽(현재 페르라셰즈 공동묘지의 서쪽 모퉁이에 있는 샤론 대로)의 바리케이드에서 저녁까지

1 Hugo, *Choses vues*.
2 Marouk, *Juin 1848*, op. cit.

저항했지만 새벽 2시, 의회 의장 세나르는 "모든 것이 끝났습니다. 여러분, 신에게 감사합시다"라고 외칠 수 있었다.

"총을 쏘지, 명예를 훼손하지는 마시오"라고 블랑키는 감옥에서 요구했다.[3] 6월의 승자들은 전투가 한창일 때 이미 블랑키가 한 말 가운데 "총을 쏘라"는 부분만 적용하기 시작했다. 다른 많은 경우와 마찬가지로 이 점에 있어 1848년 6월 혁명은 1830년대에 일어난 봉기들과 뚜렷이 구별된다. 물론 생메리 수도원이나 트랑스노냉 거리에서 손에 무기를 들고 있다가 잡히면 변명의 여지가 없었지만, 운 좋게 체포되지 않더라도 7월 왕정의 재판정은 결코 관대하지 않았다. 그러나 은행가 뢰벵은 자신의 소중한 뤼시앵이 폴리테크니크 동기생들과 함께 시위대 편에서 싸운 사실을 모른 체할 수 없었으나 일부 공화주의자 부르주아의 자식들은 바리케이드에서 노동자들과 함께 싸웠으나 그들은 포로들이 대거 총살될 때 제외되었다. 1848년 봉기 때에는 이런 걱정을 할 필요가 없었다. 메나르, 파르디공, 카스티유는 냇물을 이룬 피와 산처럼 쌓인 시체, 참수, 익사, 으깨진 두개골, 벌집처럼 구멍 나고 피투성이가 된 시체, 인간 사냥, 도살장으로 변한 공원에 대해 이야기했는데, 이는 단순한 비유가 아니었다. 무기를 들었던 시위대는 즉석에서 총살되었다. "누아예 거리와 생자크 거리의 바리케이드에서 잡힌 노동자 대부분은 마튀랭 거리의 경찰서나 클뤼니 저택으로 끌려가 총살당했다. (…) 투항한 시위대의 생명을 보장하겠다고 약속한 카베냐크의 선언을 접한 노동자들 가운데 상당히 많은 수가 투항했다. 그러나 일부는 현장에서 총살당했고, 일부는 시청으로 끌려갔다. 몇몇 장소는 전적으로 도살장으로 이용되었다. 포로들은 아르콜 다리 양쪽 강가에서 정부 국민군의 십자포화를 맞고 죽었다. 루이 필리프 다리에서는 40명 이상이 수장되었다. 정부군은 일부 포로를 시청 강가로 끌고 가 센강에 내

---

3 Auguste Blanqui, "Adresse au banquet des travailleurs socialistes", 1848년 12월 3일.

오른쪽 페이지
1848년 6월 25일, 포부르 생탕투안 입구에 있는 바스티유 광장의 바리케이드 공격. 보몽과 시세리의 석판화.

던지고 총을 쐈다. 대부분은 강둑으로 굴러떨어졌는데, 다른 기동대가 그들을 총으로 처리했다."[1] 봉기가 일어난 도시는 시체 안치소로 변했다. 거리와 공원의 모래는 붉게 물들었다. "폭우가 퍼붓고 나서야 핏자국이 씻겨 나갔다."[2] 시체는 우물을 가득 메우고, 센강에 던져지거나 서둘러 판 구덩이에 쌓였다.

6월 24일과 25일 밤 정부 국민군은 카루젤 광장에서 튀일리의 감옥으로 끌려가는 포로들을 전투보다 훨씬 더 잔인하게 학살했다. 파르디공도 포로들 사이에 있었다. "우리 맞은편에서 폭탄이 터지듯이 총소리가 났고, 나는 거의 땅바닥에 무릎을 꿇었다. 폭풍우가 우리를 덮쳤다. 대열의 선두는 총탄에 쓰러졌다. (…) 신음소리가 들렸고, 몇몇은 소리도 지르지 못하고 쓰러졌다. 총을 맞고 즉사한 것이다. 부상당한 사람, 살아 있는 사람들은 이미 죽거나 죽어가는 사람들 사이에서 흩어졌다. (…) 총탄은 여전히 우박처럼 쏟아졌다. 나 역시 총을 맞고 앞으로 고꾸라졌다. (…) 사방에서 총탄이 날아왔다. 정부 국민군이 여러 곳에 배치되어 있었다. 총탄이 날아들자 국민군은 시위대의 반격이라고 생각했다. 사방에서 수천 발의 총탄이 우리에게 퍼부어졌다. 광장의 가로등 불빛 아래 희미하게 드러난 검은 무리(포로들)는 집중 사격 대상이었다." 그리고 파르디공은 결론지었다. "시체들은 거기 있었다. 시체를 치우기만 하면 됐다. 부상자들은 질질 끌려가 묶였다. 도망간 사람들은 곧바로 붙잡혔다. 모든 것이 끝났다. 이곳은 복수의 광장이었다." 이 사건은 유럽 전역에 엄청난 충격을 주었다. 바르샤바에 주둔한 러시아 군대, 밀라노에 주둔한 오스트리아 군대도 이렇게까지 하지는 않았다. 10여 년 뒤에 보들레

---

1 Ménard, *Prologue d'une révolution*…, op. cit. 학살에서 기동대가 벌인 행동에 대해 이폴리트 카스티유는 "녹색 견장을 찬 젊은이들은 피에 주둥이를 처박은 족제비를 닮았다"라고 썼다. *Les Massacres de juin*, 1857.

2 Ménard, *Prologue d'une révolution*…, op. cit.

르는 『악의 꽃』에서, 검열의 틀 안에서 최대한 명시적으로 이 학살을 상기시켰다. 「백조」에서 카루젤 광장의 마지막 초혼가는 "포로들에게, 패배자들에게! (…) 그리고 다른 많은 이에게!"라는 구절로 끝을 맺는다. 「금간 종La Cloche fêlée」에서 마지막 시구는 파르디공의 메아리다. "나는, 내 영혼은 금이 갔다. 걱정에 휩싸였을 때/ 내 영혼은 차가운 밤공기에 거주하는 이 노래를 원한다/ 영혼의 목소리가 쇠약해지기도 한다/ 우리가 잊은 부상자의 거친 숨소리인 것처럼/ 피의 호숫가에서, 시체 더미 아래에서/ 그리고 움직이지도 않고 절망적으로 애를 쓰면서 죽는다."[1]

학살이 끝나고 사냥감 몰이, 가택 수색, 조사, 고발, 체포가 이루어졌다. 검찰총장은 경찰에게 6월 폭도를 검거할 방법에 관한 지침을 내렸다. 검찰총장은 다음과 같은 수사 지침을 알렸다. "포로들의 손이나 입술이 화약 가루로 검게 되었는지 확인할 것. 화약 가루는 못이 박힌 손의 갈라진 틈이나 주름에 남아 있을 수 있다. 소총 공이에 화약을 쑤셔넣은 엄지에는 찰과상이 있고, 대개의 경우 멍이 들어 있다. (…) 주머니를 샅샅이 수색할 것. 주머니에는 화약 가루나 총 뇌관이 들어 있을 수도 있다. (…) 총을 쏠 때 소총 개머리판 가까이에 댔던 귀에서는 총을 쏜 지 일주일이 지난 뒤에도 화약 냄새가 난다."[2]

그렇게 철저하게 체포된 포로들은 진정한 학살 본부인 뤽상부르 요새[3]에, 병영에, 그리고 시청과 튀일리의 지하실에 갇혔다. 그들은 지하실의 포로들을 굶겨 죽였다. 포로들이 소리를 지르거나, 무언가를 요구하면 창살 사이로 총을 쏘았다.

---

1 문학 속 1848년 6월 혁명의 메아리에 대해서는 Dolf Oehler, *1848. Le Spleen contre l'oubli*, op. cit.를 참고할 것.

2 Marouk, *Juin 1848*, op. cit.에서 인용. 지침들은 그대로 적용되었다. "메닐몽탕에 있는 롱스 통행로와 가까운 작은 숲에서는 무장하지 않은 사람들을 단지 손에서 화약 냄새가 난다는 이유로 총살했다." Ménard, *Prologue d'une révolution*…. op. cit.

3 "전투가 시작된 첫날 밤부터 뤽상부르에서는 학살이 조직적으로 일어났다. 포로가 된 시위대는 20명이었다. 무릎을 꿇게 하고 총으로 쐈다. 학살이 일어난 이후 뤽상부르 공원은 15일 동안 폐쇄되었다. 학살의 흔적인 피바다를 감추어야 했기 때문이다." Marouk, *Juin 1848*, op. cit.

"그들은 창살 사이로 지하실 구석구석에 총을 난사했다. 그러나 무턱대고 쏘는 것이 아니라 포로들을 조준해서 쐈다"는 파르디공의 증언을 플로베르는 『감정 교육』에서 로크 영감의 잔인한 행동으로 형상화했다. "곧추선 수염과 형형한 눈빛의 죄수들은 지하실 환기창으로 얼굴을 내밀고 '먹을 것을!'이라고 외치며 울부짖었다. 로크 영감은 자신의 권위가 먹혀들지 않는 것에 분노했다. 죄수들을 위협하려고 그들에게 총을 겨누었다. 다른 죄수들이 떠받쳐 올린 탓에 천장에 얼굴이 눌려 질식당할 듯한 한 젊은이가 머리를 뒤로 젖히고 '빵을!'이라고 또다시 외쳤다. '이런, 이것들이!' 로크 영감은 발포했다. 날카로운 울부짖음이 들렸고, 이내 잠잠해졌다."[4]

이런 재앙 속에서 파리의 프롤레타리아는 혼자였다. 루이 메나르가 지적한 것처럼 "자신들을 감히 혁명기의 산악당 의원이라고 불렀던", 프롤레타리아를 지지했어야 하는 사람들만이 프롤레타리아를 배신하고 그들을 죽음으로 내몬 것은 아니다. 내무부 장관 르드뤼롤랭은 카베냐크가 행정위원회에서 물러났을 때 탄압의 책임을 그에게 떠넘겼다. 르드뤼롤랭은 카베냐크가 사퇴하기 직전에 정규군, 각 지방의 국민군, 심지어는 브레스트와 셰르부르에 정박해 있는 해군까지 철도로 가능한 한 빨리 파리로 올라오라는 전보를 보내 그에게 누명을 씌웠다."[5] 봉

---

4 돌프 욀러처럼 어떤 이들은 이 구절을 들어(그리고 다른 구절도) 플로베르가 봉기한 노동자들에게 어느 정도 동조했다고 주장했다. 그러나 내가 보기에 플로베르의 진정한 정치관은 『감정 교육』의 같은 페이지 다른 구절에서 드러난다. "귀족들은 이 불한당들에게 분노했다. 그리고 귀족들에게는 솜 모자를 쓴 사람들도(부르주아를 지칭) 붉은 모자를 쓴 사람들만큼이나(붉은 모자는 당시 혁명가들이 주로 썼다. 여기서는 혁명가들과 민중을 지칭) 끔찍했다." 플로베르의 민중에 대한 반감은 파리 코뮌 당시에 훨씬 더 잘 표현되었다(플로베르가 조르주 상드에게 보낸 편지를 참고할 것).

5 Daniel Stern, *Histoire de la Révolution de 1848*, op. cit. 『르 프롤레타리아Le Prolétariat』에서 마루크는 1885년, 볼테르 광장(현재 레옹블룸)의 르드뤼롤랭 동상 제막식을 언급했다. "민중이 고마워하는 유명한 공화주의자의 면모를 떠올리게 하는 연설이 있었다. 신문들은 의회에서 르드뤼롤랭이 한 유명한 연설을 언급하고, 그를 임시 정부의 일원, 보통 선거의 아버지, 헌법의 수호자, 제1제정기에 추방된 인물이라고 설명했다. 선동가들과 기자들은 반동분자이자 학살자인 르드뤼롤랭, 1848년 4월 16일과 6월 혁명 기간의 르드뤼롤랭에 대해서는 아무 말도 하지 않으려고 당연히 주의를 기울였을 것이다." 그리고 마루크는 "학살당한 사람의 자식들은 학살자(르드뤼롤랭)의 신격화와 거리를 둘 것이다"라고 끝맺었다.

기에 호의적이었다는 혐의로 기소된 루이 블랑은 8월에 다음과 같이 주장했다. "이 불행한 사건을 나보다 잘 알고 있는 사람은 없다. 이 비참한 충돌을 나보다 가슴 깊이 고통스러워한 사람은 없다. 나는 이 소식을 문지기를 통해 처음으로 알았다."[1] 피에르 르루, 빅토르 콩시데랑, 프루동 정도를 제외하고 학살에 맞서 감히 공개적으로 항의한 사람은 거의 없었다.[2] 자발적으로 신문사 폐쇄를 결정한 라메네는 모든 것을 이해했다며 다음과 같이 말한 유일한 인물이었다. "『르 푀플 콩스티튀앙』 신문은 공화국과 함께 시작해 공화국과 더불어 끝났다. 우리가 보고 있는 것은 단지 이름뿐인 공화국이다. 파리에는 계엄령이 선포되었다. 권력은 군대에 넘어갔고, 파리도 과격파에게 넘어가 과격파는 파리를 그들의 수단으로 삼았다. 루이 필리프 시대에 만든 감옥과 요새에는 1만4000명의 죄수로 꽉 찼고, 이어 끔찍한 학살이 행해졌다. 많은 사람이 유배를 갔고 추방되었다. 1793년의 유배와 추방과는 비교도 되지 않았다. 법으로 집회의 권리를 제한했고, 실제로는 금지했다. 모두 노예가 되었고 언론은 폐허가 되었다. (…) 민중은 비참함 속에서 탄압당하고 죽어나갔다. 다시 한번 말하지만, 이것은 확실히 공화국이 아니다. 그러나 공화국의 피 흘리는 무덤 주위에서 반란의 축제가 춤춘다."

1848년 6월 혁명보다 훨씬 많은 사람이 총살당하고, 유배에 처하고 추방된 파리 코뮌은 위고, 조레스, 페기 덕분에 결국 공화국의 합의된 역사 속에 통합되었다. 그 결과 사람들은 종종 1871년에 사회 민주주의자들이 파리가 아니라 베르사유에 있었다는 사실을 잊는다. 퐁테노루아 거리 17번지 표지판에는 이렇게 쓰

---

1 Marouk, *Juin 1848*, op. cit.에서 인용.

2 "의회의 얼빠진 행동에 정신이 나가, 나는 대표로서의 의무를 다하지 못했다. 무엇인가를 보기 위해 의회에 있었으나 아무것도 보지 못했다. (…) 민중들이 선출한, 프롤레타리아의 기자인 나는 방향을 잃고 우왕좌왕하는 민중을 내버려둘 수 없었다. 나를 뽑은 10만 명의 민중을 대변해야만 했다. 이것이 당신들의 사무실에 앉아서 슬픔에 빠져 있는 것보다 훨씬 나은 일이다." *Confessions d'un révolutionnaire*, Paris, Lacroix et Verboeckhoven, 1868(1849년과 1851년 사이에 쓴 글).

여 있다. "퐁테노루아 거리에는 마지막까지 저항한 파리 코뮌의 바리케이드가 있었다. 120년 뒤, 프랑스 사회당과 당서기 피에르 모루아는 삶을 바꾸려 했던 파리 민중과 버찌의 시대(파리 코뮌 시기)에 총살된 3만 명에게 경의를 표했다." 이런 겉치레는 역사를 가볍게 여기는 행동이다. 왜냐하면 당대의 루이 블랑과 현재의 모루아는 "이런 봉기는 처벌받아 마땅하고, 모든 진정한 공화주의자에게 처벌받아야 한다"라고 주장했기 때문이다.

교과서에서 6월 혁명을 단지 몇 줄로 정리하고, 1848년 혁명 150주년이 아무도 모르는 가운데 지나가고, 이 혁명에 바친 유일한 연구가 120년 전에 쓴 마루크의 글이기에 혁명의 유령들은 그때와 마찬가지로 여전히 우리 곁을 떠돌고 있다. 그 당시에도 가장 통찰력 있는 사람들은 이미 6월 혁명이 근본적인 단절로 한 시대의 종말을, 왕정복고 이래 모든 투쟁의 기반이 되었던 헛된 꿈의 종말을 가리킨다는 것을 이해했다. 다시 말해 부르주아와 민중이 손에 손을 잡고 1789년에 시작된 혁명을 끝낼 수 있으리라는 헛된 꿈의 종말을 말이다.

파리 코뮌의 70일간은 정말로 즐거운 시간이었다. 거리에서는 처음 만난 남자와 여자들이 이야기를 나누고 포옹을 했다. 무엇보다도 코뮌 기간의 프롤레타리아들이 공연한 「우울한 독창solo funèbre」에 대해 엥겔스가 쓴 유명한 문구를 봐도 1871년의 파리 노동자들은 혼자가 아니었다. 파리 노동자 곁에는 모든 보헤미아 예술가와 문학인과(쿠르베와 발레스는 예외적인 경우가 아니다) 진지한 인물들, 플루랑스와 엘리제 르클뤼 같은 학자들이 있었다. 가리발디 지지자, 폴란드인, 독일인도 있었다. 들레클뤼즈, 의사 토니몰랭, 밀리에르처럼 공화파와 관계를 끊은 공화주의자도 있었다. 밀리에르는 팡테옹 계단에서 "인류 만세!"를 외치며 총살당했다.

1848년 6월에는 감정이 메마른 사람조차 가슴 아파할 비탄만이 남았다. 블랑키에게 "6월 26일은 엄마가 아들의 시체를 찾듯 혁명이 눈물 흘리며 강력히 요구한 6월의 날 중 하루였다."[1•] 마르크스는 "6월 혁명은 혐오스럽고, 불쾌한 혁명이다. 현실이 이상의 자리를 차지했고, 괴물을 감추고 있던 왕좌를 무너뜨리자 공화국은 괴물의 머리를 고스란히 드러냈기 때문이다. (…) 6월 혁명에 재난이 있기를!"[2]이라고 했다. 부르주아지는 위협적인 난폭자, 새로운 야만인, 잔인한 야수들, 이 모든 존재가 갑자기 모습을 드러내는 것에 경악했다. 발자크, 라마르틴, 뮈세, 토크빌, 메리메, 뒤마, 베를리오즈, 들라크루아는 이런 존재들에 느끼는 역겨움과 공포를 표현했다. 위고는 국립공방에 대해 이야기한 6월 20일의 연설에서 장광설을 늘어놓았다. "조심하세요. 두 개의 큰 재앙이 여러분의 문 앞에 있고, 두 괴물이 어둠 속에서 우리의, 여러분의 뒤에서 기다리다 울부짖을 것입니다. 내전과 노예의 전쟁이, 즉 호랑이와 사자의 전쟁이." 6월의 시위대는 새로운 산업 프롤레타리아이건, 일자리가 없는 석공이건, 고향을 떠나 떠도는 수공업자이건 모두가 아감벤의 호모 사케르로, 어떤 범죄나 희생을 치르지 않고도 우리가 죽일 권리가 있는 자들이다.[3] 그들을 총살하고, 유배를 보내는 데 하찮고 형식적인 재판 절차를 거칠 필요는 없다. "마튀랭 거리 맞은편에서 기둥대는 간이 무대를 설치해놓고 모의 전쟁위원회를 열어 사형을 선고하고 그 자리에서 집행했다."[4]

어두운 곳에서 나온 이 야만인 가운데 잘 알려진 지휘관은 한 명도 없었다. 30년 뒤에 마루크는 바리케이드의 몇몇 지휘관을 거론했다. "국민군 대위 출신의 탈영병인 설계사 르제니셀은 라파예트 광장의 방어를 맡았다. 생라자르 공터의 지휘관은 기자였던 뱅자맹 라로크였다. 구두 수선공 출신으로 60살 노령의 부아장베르는 플랑슈미브레 거리를 책임졌다. 젊은 기계공 바르텔미는 그랑조벨 거

1• *Adresse au banquet des travailleurs*…, op. cit.

2 Marx, *Les Luttes de classes en France*, 1850. 프랑스어판, Paris, Éditions sociales, 1948.

3 Giorgio Agamben, *Homo sacer: le pouvoir souverain et la vie nue*, Turin, 1995; 프랑스어판, Paris, Le Seuil, 1997. 파르디공의 외침과 비교해보자. "사람들이 경멸하고, 혐오하는 포로들! 쓰레기 같은 인간들. 아무런 가치가 없는 그들의 생명은 아무렇게나 파괴의 바다에 버려졌다."

4 Daniel Stern, *Histoire de la Révolution de 1848*, op. cit.

리의 바리케이드를 방어했다. 포부르 생탕투안에는 노동자 펠리외[5], 『로르가니자시옹 뒤 트라바유L'Organisation du travail』의 편집장이었던 라콜롱주, 해군 대위 출신의 프레데리크 쿠르네가 있었다. 정비사 라카리는 보주 광장을, 산악당 당원이었던 투샤르는 주이 거리를, 모자 제조공 이브뤼는 노냉디예르, 피기에, 그리고 샤를마뉴 거리를 방어했다. 팡테옹에는 라기나르가, 이탈리아 방벽에는 석공인 라르, 가축매매상 와프로, 쇼파르, 그리고 데Daix가 있었다."[6] 6월의 영웅은 구두 수선공, 기계공, 하층민 등 알려지지 않은, 이름 없는 사람들이었다. 이들을 탄압하고, 혁명의 흔적을 감춘 이유는 충분히 설명된다. 6월 혁명이 19세기 프랑스 역사에서 진정으로 본질적인 단절을 이루고, 공동체의 구성원들을 통제하는 질서를(당시에르는 이 질서를 경찰이라고 불렀다) 아주 간결하지만 강렬한 방법으로 산산이 부수며 공화국의 합의를 혼란에 빠트렸기 때문이다.

1848년 6월 혁명의 급격한 단절은 다른 방식으로도 이해할 수 있다. 6월 혁명은 파리에서 전통적으로 봉기가 일어나는 곳에서부터 시작되지 않았다. 산업혁명 이전 혁명의 파리, 즉 중심은 튀일리, 바스티유, 대로들 그리고 센강으로 둘러싸인 사각형 지역이었다. 발자크가 1830년대 혁명의 파리라는 이 주제에 침묵하지 않았다면 『인간 희극』의 무대가 혁명의 파리였을 거라고 말할 수도 있다. 1830년대 혁명의 파리에서 전투가 벌어진 주요 장소는 생드니 거리와 생마르탱 거리의 낮은 지대로 실제로는 훨씬 제한적이었다. 이 일대는 레 알부터 시청 주변 아르시스까지 중세의 명칭을 간직하고 있었다. 이곳의 거리들은 경찰 보고서, 증언록, 의회 조사 보고서에 반복되어 언급되었다. 모콩세유, 부르라베, 그르네타, 티크톤, 보부르, 트랑스노냉, 그라빌리에, 메르, 오브리르부셰, 모뷔에, 뇌브생메

---

5 펠리외는 빨간 깃발 사건 때 라마르틴의 부대에 맞섰다.

6 라르(독일인이었다)와 데는 브레아 장군을 '살해'한 죄로 1849년 3월 17일 단두대에서 처형되었다. 이튿날, 들레클뤼즈는 자신이 발행하는 신문 『라 레볼뤼시옹 데모크라티크 에 소시알La Révolution démocratique et sociale』에 "미친 인간들! 그들은 정치적 공개 처형대를 다시 세웠다"라고 썼다.

리, 베르리, 플랑슈미브레가 그 거리들이다. 이 가운데 플랑슈미브레 거리는 노트르담 거리로 이어져서 거의 언제나 전투가 벌어졌다.[1] 물론 첫 번째 총성은 오스테를리츠 다리나 카퓌신 대로였지만 대부분은 앞에서 언급한 미로처럼 얽힌 거리들에서 벌어졌다.

이 구역의 거리에서 전투가 계속해서 벌어진 것은, 시위대가 이곳의 전투를 기점으로 시청을 점령하고 자신들이 벌인 봉기를 혁명이라고 부른 상징적인 이유도 있었지만, 거리들이 좁고 복잡하게 얽혀 있다는 전략적인 이유도 있었다. 세바스토폴 대로, 현재의 리볼리 거리와 보부르 거리, 비크토리아 대로가 없는 당시 이 구역들의 모습을 떠올려볼 필요가 있다. 또한 넓지는 않았지만 유일하게 조금이나마 트인 공간이었던 샤틀레 광장과 그레브 광장은 오늘날보다 훨씬 작았다는 사실도 기억해야 한다. 레디쇠유에 따르면 "옛 파리의 중심에서 좁은 거리들이 교차하고 여러 방향으로 얽히는 지점은 생메리 성당이다. 빠져나올 수 없는 미로같이 얽힌 거리들은 높고 어두운 건물로 꽉 차 있다. 도로는 행인들이 지나가기에도 비좁다. 건물들도 높아서 생메리 성당의 첨탑은 지붕들 사이에 가려 잘 보이지 않는다. (…) 바로 이곳에서 선량한 사람들이 체포되었고, 이 거리들이 시청으로 이어졌다. 폐허가 된 기념물들, 미로처럼 얽힌 이 거리들은 수많은 방법으로 공격과 방어를 할 수 있는 장소였다".

이 구역들에서 벌어진 전투에 관해 참고할 만한 책 두 권이 있는데 뷔조 원수의 『거리와 건물의 전쟁La Guerre des rues et des maisons』과 오귀스트 블랑키의 『무기 탈취를 위한 지침Instructions pour une prise d'armes』이다.[2] 뷔조는 1848년 6월 봉기가 진압된 직후에 이 책을 썼다. 뷔조는 카베냐크의 어설프고 비용이 많이 드는 전략을 반

---

1 생자크 망루와 센강 사이의 플랑슈미브레 거리는 중세에 붙은 명칭으로 브레이(거리의 진흙탕)를 지나기 위해 플랑슈(널빤지)를 놓은 데서 비롯되었다. 이 거리의 명칭은 아르시스, 롱바르를 거쳐 현재는 생마르탱이다.

박하고 1834년 폭동을 제압하면서 자신이 쓴 전략을 입증하는 데 집중했다. 블랑키는 오랜 수감과 유배를 겪은 후인 1860년대 말에 이 책을 썼다. 전장에서 적으로만 만났던 두 인물이 쓴 이 두 권의 교범 사이의 연관성은 놀랍다. 두 사람 모두 조직, 병력의 집중을 강조했다. 블랑키는 다음과 같이 썼다. "대중적인 전술의 결함은 그것이 재앙의 원인이 된다는 데 있다. (…) 지침도, 지휘 본부도 없고, 심지어는 전투원을 조율하지 못하는 것도 문제다. 각각의 바리케이드에는 상당한 인원으로 구성된 고유한 병력이 있지만 바리케이드와 그 병력은 다른 곳과 연계되지 못하고 항상 고립되어 있다. (…) 대개의 경우 심지어는 방어를 지휘할 지휘관조차 없다. (…) 병사들은 자기들 마음 내키는 대로 행동한다. 아무것도 하지 않고 가만히 있거나, 이야기를 나누거나, 자기들 뜻대로만 움직인다. 저녁이 되면 집에 가서 잔다. (…) 다른 바리케이드의 상황이 어떤지 알지 못하고, 그것이 문제인지를 모른다. (…) 이들은 포도주 가게에서 술을 마시며 태연스레 대포와 총소리를 듣는다. 포위당한 바리케이드를 지원해야 할 때에도 아무런 계획이 없다. 가장 믿을 만한 병사들조차 '각자 자신의 자리를 지키면 모든 것이 잘될 거야'라고 말한다. 이런 특이한 사고방식은 시위대 대부분이 자기 구역에서만 전투를 벌인 사실에서 기인한다. 커다란 결점이 있는 이런 사고방식 때문에 특히 전투에서 패한 후 다른 구역의 동료들을 고발하는 재앙에 가까운 결과가 생긴다." 뷔조 역시 병력 분산을 경계했다. "가장 해가 될 수 있고, 매우 위험하며, 공권력을 크게 마비시키는 것은 폭도 무리가 가까이 접근하게 내버려두는 일이다. (…) 대로나 광장에 도착해서는 차지해야 할 지역을 완벽하게 정리해야 한다. 그리고 어느 누구도 그곳에 들어가도록 해서는 안 된다. 일반적으로 퇴거 작전을 실행할 때, 특히 병사들을

---

2 Maréchal Bugeaud, *La Guerre des rues et des maisons*, op. cit., Blanqui, *Instructions pour une prise d'armes*: *L'Éternité par les astres, et autres textes*, Miguel Abensour et Valentin Pelosse 책임편집, Paris, La Tête de Feuilles, 1972.

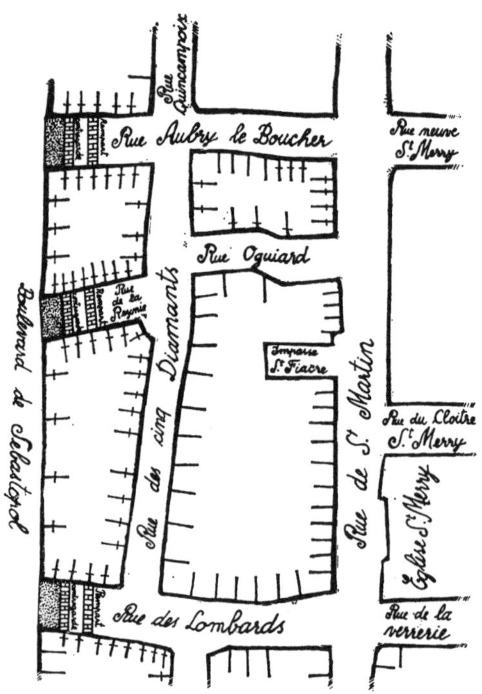

『무기 탈취를 위한 지침』에 실린 블랑키의 스케치. 분실된 원본을 바탕으로 한 사본.

진격시켜 공간을 차지하는 작전에서는 지휘관의 강력한 명령이면 충분하다."

뷔조처럼 블랑키도 "창문은 전투의 진정한 거점이다. 창문에서는 100여 명의 저격병이 모든 방향으로 총을 쏠 수 있다"라고 생각했다. 그리고 블랑키는 건물 계단에서의 전투 전술을 묘사했다. 목적은 다르지만 뷔조도 앞으로 있을 모든 폭동을 방지하기 위해 전략적으로 중요한 지점의 건물들을 도시 요새로 만들 것을 제안했다. "여러 거리, 다리 그리고 포부르의 간선도로를 통제할 건물을 선정한다. (…) 거리로 난 탁 트인 부분은 담으로 에워싸고 요새처럼 진지를 만든다. (…) 출입구는 철제로 이중으로 보강한다. (…) 이 집들을 작은 요새로 활용한다. 전시와 똑같은 물품을 준비해놓는다. (…) 각 건물에는 3만에서 4만 명분의 비상식량과 증류주, 3만 발의 실탄을 비치한다."

블랑키와 뷔조 모두 대포는 별로 쓸모가 없다고 생각했다. 대포 무용론은 중세 도시의 좁고 구불구불 얽힌 거리에서 시가전을 치른 그들의 경험에서 나온 지침이다. 블랑키는 실제 예를 들며 근대 도시에서 자신의 전술을 적용하기 위해 세바스토폴 대로의 방어 전선을 묘사했다. 하지만 그가 방어선을 구축한 곳은 세바스토폴 대로 근처의 미로 같은 중세 거리로, 그가 강박적으로 묘사한 바리케이드, 옹벽, 사격 위치는 현대 도시에 적용하기에는 적합하지 않다.

1830년대의 봉기가 센강 오른쪽 중심 구역에서 주로 일어난 데에는 전략적인 이유가 있었다. 이곳의 오래된 거리에 사는 주민 가운데에는 봉기에 참여할 준비가 된 남자, 여자, 아이들이 항상 있었다. 이곳은 이주자들의 구역으로 혼자 사는 남자 세입자의 비율이 파리에서 가장 높았고, 여자의 비율은 가장 낮았다.[1] 이들은 파리 분지와 파리 북쪽의 농업 지역, 로렌 지방, 마시프 상트랄에서 이주해 왔다. 이들은 『무신론자의 미사』에서 데플랭 교수의 친구로 등장하는 오베르뉴 출신의 마음이 넉넉한 부르자처럼 짐꾼, 인부, 물지게꾼이었다. 그들은 마르탱 나도처럼 크뢰즈 출신의 석공으로 모르타르 작업 인부들의 거리인 모르텔르리에서 방 하나에 열 명씩 끼어 살았다. 너무 더러워 그곳에서 콜레라가 발생해 파리로 퍼졌다는 소문이 돌았다.[2] 게다가 그들은 냄새나고, 게으르고, 도둑질을 일삼고, 프랑스어도 모르고, 위기의 시대에 실업이 증가하는 가운데 진짜 파리 시민들의 일자리를 가로챈다는 소문이 돌았다. "일요일마다 오베르뉴 출신의 물지게꾼들은 오베르뉴 춤을 추는 무도장에 갔지 프랑스 무도장에는 간 적이 없다. 오베르뉴 출신들은 파리의 풍습도, 프랑스어도, 놀이도 배우려 하지 않았다. 그들은 바빌론의

---

1 Chevalier, *Classes laborieuses et classes dangereuses*, op. cit.

2 전염병과는 별개로 빌레르메는 "모르텔르리 거리는 생루이섬 강가보다 네 배 반이나 높은 사망률을 기록했다. 생루이의 주민들은 넓고 환기가 잘되는 건물에 살았다"라고 언급했다. *La Mortalité en France dans la classe aisée, comparée à celle qui a lieu parmi les indigents*, Paris, 1827.

히브리인처럼 고립되어 있었다"[1]라고 라 베돌리에르는 썼다. 1832년 7월 10일자 『르 주르날 데 데바』에는 "'야만인'이라는 표현에 대한 반발로 몇 달 동안 끔찍한 소란이 계속되고 있다. 우리가 이렇게 표현한 것은 특정 계층의 사람들에게 교육의 기회가 제대로 주어지지 않은 탓에 생활이 불안정해진 그들이 결국에는 사회를 위협하는 적대적인 상태가 될 것이라는 우려에서 나온 말이었다"라고 유감을 표명했다. 정부는 소란을 멈추는 데 필요한 조치를 취했다. 1830년 혁명이 진압된 며칠 후 의회에서 뒤팽 남작은 "정부 토목공사에 되도록 파리에 주거하는 노동자와 가족이 있는 남자들을 채용할 것을 요청했다. (…) 정부는 파리에 올라와 있는 지나치게 많은 노동자 계급이 자발적으로 고향으로 되돌아가게 할 방법을 찾아야만 한다고 주장했다". "그러면 자유는?"이라는 소란스러운 웅성거림이 들렸다. 뒤팽은 말을 이어갔다. "파리의 공공사업에서 되도록이면 파리에 주소지가 있는 노동자들에게 일자리를 주면서 질서를 유지해야 한다고 생각한다." 다시 야유가 이어졌다.[2]

아무것도 잃을 것이 없는 이 야만인들은 이 구역에서 유일하게 존재하는 고약한 신민이 아니었다. 정착민 가운데에는 수공업자, 나사 제조 및 판매상, 수예재료상, 금은세공사, 금박공, 도자기 판매상, 인쇄공도 있었다. "주인과 노동자 사이의 위치에 있는 사람들이 상당히 많았다. 다시 말해 주인이자 직원인 사람이 상당히 많았다. 어떤 가게의 주인이 다른 사람의 주문을 받아 일할 때 상대방은 그들을 노동자로 취급했고, 이들은 자신들이 고용한 직원들에게는 주인이었다."[3] 산업혁명 이전의 사람들인 주인과 노동자들은 대개 바리케이드에서 함께 있었다. 상점 주인들은 점원들을 통해 바리케이드에 합류했고, 봉기에 참여하기를 주저하지 않

1 La Bédollière, *Les Industriels*, Paris, 1842.

2 *Le Journal des débats*, 1830년 8월 27일.

3 Achille Leroux의 보고서, BNF, Fonds Enfantin, Ms 7816. Jacques Rancière, *La Nuit des prolétaires*, op. cit.에서 인용.

았다. 앞에서 살펴본 것처럼 주인과 노동자들은 1827년 11월 밤 "양초에 불을 붙여 우산에 꽂고 행진하는" 시위를 준비하면서 이미 함께했다.

그리 달갑지 않은 이 무리는 거리를 떠도는 아이들과 뒤섞였다. 가브로슈라는 이름이 돈 후안이나 돈키호테처럼 보통 명사로 쓰이게 된 것은 우연이 아니다. 들라크루아의 「민중을 이끄는 자유의 여신」에서 앞으로 뛰어나와 총을 흔들고 있는 인물이 가브로슈다. 전 경찰청장 캉레르는 『회고록Mémoires』에서 1832년 6월 봉기(이 봉기에서 가브로슈가 죽었다는 사실을 떠올릴 필요가 있다) 직후에 "오베르뉴풍의 단색 윗도리를 입은 열두 살가량의 한 소년이 자발적인지 아닌지는 모르겠지만 대열의 선두에 끼여 있었다. 모든 사람이 파리에 존재하는 이런 부류의 아이들을 안다. 이들은 시위가 벌어지면 선동적인 고함을 질러대고, 폭동이 일어나면 제일 먼저 바리케이드로 돌을 날랐다. 그리고 거의 매번 제일 먼저 총을 쏘았다"[4]라고 썼다. 생메리 거리의 바리케이드에서는 열여섯 살 소년이 인권협회 깃발을 들고 오랫동안 서 있었다. 레디쇠유는 자신의 소설 『생메리Saint-Merri』의 중심인물로 조제프라는 소년을 창조했다. 빅토르 위고는 어쩌면 이 인물에게서 영감을 얻은 것 같다. 『생메리』에서 조제프는 바스티유의 커다란 코끼리 동상 뒤에(『레 미제라블』에서 가브로슈도 같은 장소에 있었다) 숨어 국민군에게 돌을 던졌다. 시위대가 소년을 바리케이드에서 내보내려고 소년에게 편지를 전달하라고 말하자, 소년은 "내가 하인이야. 시간 없어"라고 응수했다. 이것이 있는 그대로의 가브로슈다.

훗날 파리 코뮌 때 보수주의자들이 여자 방화범들을 혐오한 것처럼 질서당 지지자들은 거리의 소년들을 혐오했다. 『라 레뷰 데 되 몽드』의 평론가는 무리 속에서 소년이 장총을 들고 있는, 아돌프 르뢰의 작품 「암호Le Mot de passe」에 대해 다음과 같이 논평했다. "이 작품은 틀림없이 삶, 신체의 움직임, 그리고 조화를 보여주

4 Louis Chevalier, *Classes laborieuses et classes dangereuses*…, op. cit.에서 인용.

는 견고한 장점이 있다. 그러나 어쩌자고 이런 주제를 골랐는지 알 수 없다. (…) 파리의 부랑아는 어떤 예술가도 소재로 삼아서는 안 되는 부류다. 부랑아들은 일반적으로 더럽고, 작고, 병약하다. (…) 파리의 더러운 진흙탕에서 빈곤은 혐오감을 일으키고, 누더기 옷은 역겹다. 클뢰는 누더기를 좋아하는 것 같은데 나는 그에게 스페인과 동양의 하찮은 물건이나 잘 간직하라고 조언하고자 한다."[1]

1830년대 포부르에서는 전투가 거의 벌어지지 않았고, 벨빌과 몽마르트르 또는 샤론 주위 코뮌들의 들판이나 포도밭에서는 그보다 더 전투가 없었다. 프랑스혁명 이래로 포부르의 노동자들은 전통적으로 파리 한가운데에서 벌어지는 시위에 참여했다. 그러나 발자크의 『사촌 베트』와 플로베르의 『감정 교육』의 배경이 되는 20여 년이 흐르는 동안 포부르와 파리 외곽은 많이 변했다. 북쪽과 동쪽에는 공장, 창고, 노동자 숙소가 채소밭, 포도밭, 가축 시장 자리에 세워졌다. 1840년대의 요새 건설 공사로 많은 임시노동자가 유입되었고, 그들은 공사가 끝난 뒤에는 실업자로 파리에 머물렀다. "산업혁명으로 새로운 노동자 인구가 성벽 안으로 유입되었고, 그에 더해 요새 공사는 농업에 종사하지만 일이 없는 사람들까지 필요로 했다."[2] 라 빌레트와 라 샤펠, 그리고 포부르 푸아소니에르와 포부르 뒤 탕플의 마을 주민은 거의 차이가 없었다. 동시에 파리 중심부의 오래된 거리에 살던 노동자들을 몰아내기 시작했고, 랑뷔토는 거리 정비 공사를 시작했다. "이 구역은(당시의 7구, 즉 마레 구역) 거리를 제대로 뚫지 않고, 건물을 아무렇게나 지어 주민들이 비위생적이고 불편한 환경에서 살고 있었다. 가장 더러운 곳은 아르시스 구역으

---

1 T. J. Clark, *The Absolute Bourgeois, Artists and Politics in France, 1848–1851*, Londres, Thames and Hudson, 1973에서 인용. 클뢰의 작품은 1849년 살롱전에 전시되었다.

2 Tocqueville, *Souvenirs*. 위의 구절은 이어서 길게 인용할 만하다. "물질적 향유를 향한 열망은 공화국 정부의 주도로 계속해서 군중을 자극했다. 욕구에서 비롯된 대중의 불안감은 암암리에 동요했다. 이때 등장한 경제와 정치 이론은 인간의 비참함이란 법의 문제이지 신의 섭리가 아니며, 사회의 근본을 바꿈으로써 가난에서 벗어날 수 있다는 것을 믿게 만드는 경향이 있었다."

로, (노트르담 다리와 아르콜 다리 사이의) 펠르티에 선착장을 제외하고는 이곳에서 대부분 한 달 혹은 하루 단위로 하숙을 하고, 이런 종류의 집들이 사람들을 계속 끌어들이는 실정이었다. 보부르 구역도 더럽기는 매한가지지만 랑뷔토 거리가 뚫린 덕분에 다른 곳보다는 나쁘지 않았다. 이 구의 주요 거리들이 상점가로 더 번성하려면 확장이 필요했다."[3] 쫓겨난 노동자 가운데 일부는 이웃한 구역으로 이주했지만 나머지는 훨씬 먼 벨빌이나 몽마르트르 언덕의 북쪽 비탈길에 자리 잡았다. 다른 노동자들이 잡은 곳은 생루이섬 중앙으로 "한때는 많은 사람이 살았지만 현재는 얼마 되지 않는 중상층만이 강가의 저택에 살고 있고", 모베르 광장 주변은 이미 위험한 지역이 되었다.

1848년 6월의 봉기는 예상 밖의 장소에서 일어났다. 이런 새로운 지형학은 산업 시대의 급격한 변화를 반영한다. 봉기가 팡테옹 주위에서 전개된 것은 노동자들이 대학가의 젊은이들을 시위에 끌어들일 목적 때문은 아니었다. 6월 22일의 기억될 만한 시위 때 횃불에도 불구하고 상당한 규모로 모인 군중의 얼굴은 도미에의 작품 「봉기L'Émeute」에서처럼 어둠 속에 잠겨 있었다. 군중은 그들에게 친숙한 광장에 모였다. 2월부터 매일 저녁 광장에서는 국립공방 노동자에게 급여를 지불했다. 봉기가 격화되는 시점에서 노동자들은 파리 중앙으로 나가기 시작해 전통적으로 봉기가 일어났던 시청 근처의 구역까지 도달했다. 그러나 이런 공격도 그들의 기반인 북쪽, 동쪽, 남쪽의 포부르부터 시작해서 이루어졌다. 파리 중앙으로 진격하는 데 실패했을 때 노동자들이 후퇴한 곳도 봉기의 새로운 근거지인 포부르였고, 그곳에서 그들은 끝까지 싸웠다. 그리고 1871년 파리 코뮌의 마지막 일주일간, 도시가 과거에 비해 많이 변했지만 코뮌 전사들은 옛날과 같은 거리, 같은 광장, 같은 교차로에서 방어했다. 1871년의 파리 코뮌과 1848년 6월 혁명은 23년

3 Rapport de la Commission des Halles, 1842. Louis Chevalier, *Classes laborieuses et classes dangereuses*…, op. cit.에서 인용.

의 시간 차가 있음에도 불구하고 생모르 거리, 퐁테노루아 거리, 아망디에 방벽 또는 포부르 생탕투안 입구의 바리케이드를 세우는 데 어쩌면 똑같은 보도블록을 사용했을지도 모른다.

❈

6월 혁명이 진압된 다음 날 『르 푀플 콩스티튀앙』의 마지막 호에서 라메네는 "자기네끼리 반동 정부의 장관 자리를 나눠 먹은 사람들, 이 헌신적인 머슴들은 그들에게 정해진 그리고 너무나도 당연히 그들에게만 어울리는 보상을 머지않아 수확할 것이다. 멸시를 받으며 내쫓기고, 수치심으로 몸을 숙이고, 현재에 저주받고 미래에도 저주받을 이 반동분자들은 역사의 배신자들과 합류할 것이다"라고 예측했다. 날카로운 통찰이었다. 이후의 제2제정은 인위적 생명 유지 장치에 의존하고 있었다. 제2제정에서 마지막 두 번의 몸부림 가운데 하나는 의회 체제의 종말을 드러냈고, 다른 하나는 루이 보나파르트의 쿠데타에 맞선 희망 없는 싸움일 뿐이었다. 보들레르의 친구인 이폴리트 바부가 지적했듯이 "민중은 창가에서 구경했고, 오직 부르주아만이 거리로 나왔다".[1]

'시위'의 첫째 날인 1849년 6월 13일(이 날로 정한 것은 절대 우연이 아닐 것이다) 산악당은 1848년 12월에 공화국 대통령으로 선출된 루이 보나파르트의 태도에 점점 더 불안을 느껴 시위를 조직했다. 구실은 로마 원정대 파견에 관한 것이었다.[2] 6월 11일, 르드뤼롤랭은 민중의 자유를 침해함으로써 헌법을 위반한 공화국 대통령과 내각을 기소하라는 요청서를 제출했다. 대다수가 왕정과 성직자를 지지

---

1 Hippolyte Babou, *Les Prisonniers du 2 décembre, mes émotions*, mes souvenirs, Paris, 1876.

2 해산하기 전에 입헌의회 의원들은 오스트리아에 맞서 일어난 이탈리아 공화주의자들을 도울 이탈리아 원정 부대 파견을 위한 예산안에 투표했다. 사실 우디노가 지휘하는 이 소규모 부대는 교황의 권위를 복원하고 로마의 공화파들을 공격하기 위해 이용되었다.

하는 입법의회에서는 요청을 거부했다. 산악당은 비폭력적인 시위를 결심했다. 산악당 지지자들은 6월 13일 정오에 무장을 하지 않고 샤토도에 모여 대로를 거쳐 의회로 갔다. 그들이 페 거리에 도달했을 때 샹가르니에의 기병대가 도착해 그들을 해산시켰다. 산악당의 지도부는 공예학교에 모여, '국민의회'를 결성하기로 했다. 그들은 기나르가 지휘하는 국민군 포병대의 보호를 받고 있었는데, 기나르는 한 해 전에 생자크 거리의 시위대에 맞서 포격을 지휘했다. 이웃한 거리에서 진짜 봉기를 일으키려던 시도는 실패했고, 오후 막바지에 이르러 봉기는 당혹감과 조롱 속에서 완전히 끝났다. 산악당은 해산되었고, 르드뤼롤랭, 콩시데랑, 루이 블랑은 외국으로 도피했으며, 다른 사람들은 고등 법원에서 재판을 받았다. 1849년 6월은 마르크스가 지적했듯이 1848년 6월의 네메시스다.

1851년 12월 2일의 쿠데타에 대한 저항은, 오늘날의 상대주의 역사학자들이 전적으로 루이 보나파르트를 복원시키려는 방향으로 서술하는 것과는 반대로, 진지한 사건 그 이상의 의미가 있었고 많은 사람이 죽었다. 쿠데타 저항 세력의 지도자 가운데 한 명이 소중하게 기록한 역사 자료 덕분에 우리는 이 사건을 시간 단위로 따라갈 수 있다. 그 자료는 빅토르 위고가 브뤼셀에서 1851년 12월에서 1852년 5월까지 '어느 목격자의 증언'이라는 부제를 붙여 "쿠데타에 맞서 투쟁한 뜨거운 손으로" 쓴 『어떤 범죄의 역사Histoire d'un crime』[3]다.

빅토르 위고의 정치적 입장은 굴곡이 많았다. 나는 확신한다. 위고의 정치 여정은 의협심이 강한 청년이 반동적인 노인이 되는 일반적인 과정과는 정반대의 길을 밟는데, 1848년 6월 혁명이 결정적이었다. 위고는 『에르나니』를 쓸 당시에는 왕정주의자였고, 루이 필리프 시대에는 귀족원 의원이었다. 또한 아주 젊은 나이

---

3 이 책은 마크마옹 재판이 한창일 때 칼망레비 출판사에서 출간했다. 위고는 책의 첫머리를 다음과 같이 시작했다. "이 책은 중요한 현안 그 이상이다. 훨씬 절박하다. 나는 이 책을 내놓는다. 빅토르 위고, 파리, 1877년 10월 1일." 초판으로 16만5000부를 찍었다.

왼쪽 페이지

1848년 6월, 감옥 앞에 모인 시위대들의 부인들. 가바르니의 데생.

에 프랑스 학술원 회원으로 선출되었다. 학술원 환영회 감사 연설에서 위고는 민중과 대립되는 천민을 언급했다. 위고가 한참 뒤에 6월의 혁명에 대해 쓴 것처럼 "중우정치는 민중에 맞서 반란을 일으킨다".[1] 위고는 결정적인 순간에 공권력을 지지하는 편에 합류해 국립공방을 폐쇄할 것을 요구했다. 그러나 전체를 파악해 글을 쓰기에는 너무나도 생생하고 민감한 6월 혁명에 대해 위고는 가장 많이 언급되는 이야기들 가운데 두 개의 전투만을 신중하게 그러나 상당히 진부한 용어로 묘사했다. 탄압에 대해서는 거의 언급하지 않았다. 파르디공과 로크 영감의 그 유명한 튀일리 지하 감옥에 대해서만 가볍게 주석으로 다루었다. 그리고 자신의 역할에 대해서는 얼버무렸다. 앞에서 보았듯이 위고는 사기가 저하된 부르주아의 국민군을 격려하기 위해 전투 현장에 파견된 의원단의 일원이었다. 그는 항상 자신의 협상 노력만을 강조했다. 6월 24일, 보마르셰 대로에서 "나는 유혈 사태를 멈추려고 노력했다고 생각한다"[2] 또는 "나는 의회가 전투 현장 한가운데로 파견한 60명 대표 가운데 한 명이었다. 우리는 목숨을 걸고 진압 병력보다 먼저 도착했다. 우리의 임무는 시위대에 전투를 중지할 것을 호소하고, 유혈 상태를 막고, 내전을 멈추는 것이었다"[3]라고 말했다.

그러나 실제는 상당히 달랐던 것 같다. 1848년 9월 파리의 두 번째 전쟁위원회에서 위고는 다음과 같이 증언했다. "우리는 방금 전에 생루이 거리(현재 튀렌)의 바리케이드를 공격했습니다. 이 거리에서는 오늘 아침부터 상당히 격렬한 전투가 벌어져서 우리 편의 많은 선량한 병사가 희생당했습니다. 우리는 이 바리케이드를 점령하고 파괴했습니다. 나는 혼자서 비에유뒤탕플 거리를 가로질러 휠

1 *Les Misérables*, 제5장.

2 앞의 책.

3 "Contrecoup du 24 juin sur le 2 décembre", *Histoire d'un crime*, xvii.

씬 견고하게 세워진 바리케이드 쪽으로 갔습니다."[1] 『르 모니퇴르 위니베르셀 Le Moniteur universel』 1848년 7월 11일자는 훨씬 상세하게 기록했다. "오늘 빅토르 위고, 뒤쿠는 트루아쿠론 방벽(현재 쿠론 지하철역 자리)의 바리케이드에서 깃발을 탈취하다 부상을 당한 보병 6대대의 용맹스러운 국민군 샤를 베라르를 의회에 데려와 의장에게 소개했다. 샤를 베라르는 탕플 바리케이드와 마레 바리케이드를 공격하고 탈환한 지난 토요일에 빅토르 위고, 갈리카잘라와 동행한 병사였다. 이 공격은 빅토르 위고의 모든 중재 노력이 수포로 돌아간 다음에 이루어졌다." 대화를 통해 시위대에 투항을 권유한 위고는, 라마르틴이나 아라고처럼 발포 명령을 내리지는 않았을지라도 전투에 참여해 협력했다. 위고는 공권력이 시위대를 체포하고, 포로들을 학살하고, 인간 사냥을 하는 장면을 거리에서 목격했다. 그런데 위고는 그에 대해서 한마디도 하지 않았다. 내가 보기에 이 침묵은 위고가 자신의 피할 수 없는 숙명이라고 부른 1848년 6월 혁명의 한가운데에서 학살자들의 편에 섰다는 사실에 대한 죄책감의 표현이 아닐까 한다. 그리고 위고의 나머지 정치적 삶은 스스로 자신의 명예를 회복하려는 오랜 노력으로 이해할 수 있다.

위고는 1848년 7월부터 헌법의회, 입법의회에서 인상 깊은 연설을 이어나갔다. 언론의 자유를 주장하고, 계엄령에 반대하고 사형 제도에 반대했다. 정교분리의 세속적인 교육에 대해서는 이렇게 말했다. "여러분의 법은 가면을 쓴 법입니다. (…) 이것이 여러분의 관습입니다. 여러분은 사슬을 만들어놓고 말합니다. 자유가 있다고. 추방을 하고는 외칩니다. 사면할 것이라고. (…) 여러분은 신자도 아니면서 이해하지 못하는 종교 분파의 추종자가 됩니다. 여러분은 종교적 신성함의 연출자입니다. 여러분의 일에, 여러분의 술책에, 여러분의 야망에 종교를 개입시키지 마세요." 강제 추방을 반대하면서는 "의회 방청객에 앉아 있는 가톨릭

---

1 Victor Hugo, "Avant l'exil", *Actes et paroles*, I, Politique, 부록 주석, Paris, Laffont, Bouquins 총서. 본문의 강조는 내가 추가한 것이다.

신자, 신부, 주교, 종교인은 모두 일어나세요. 일어나세요. 그것이 여러분의 역할입니다. 의자에 앉아 여러분은 무엇을 하고 있습니까?"라고 질타했다. 비참함에 대해서는 "파리, 파리의 포부르들에는 폭동의 바람이 너무나도 쉽게 일고 거리, 집, 시궁창에는 온 가족이 뒤엉켜 삽니다. 남자, 여자, 소녀, 아이는 침대도, 이불도 없이 지냅니다. 나는 옷이라고 표현하지만 사실은 도시의 두엄더미와도 같은 외딴 구석의 진흙탕에서 주운, 썩은 내가 진동하는 누더기를 걸치고 추운 겨울을 피합니다"라고 했다.

1845년에 시작해 혁명 때문에 1848년에 중단했다가 1860년에 다시 집필한, 그리고 1862년 오트빌 저택에서 탈고한『레 미제라블』제5권은 "포부르 생탕투안의 카리브디스와 포부르 뒤 탕플의 스킬라"[1]라는 제목의 장으로 시작한다. 위고는 소설 전체를 볼 때 이질적인 이야기를 삽입한 것에 대해 다음과 같이 독자의 이해를 구했다. "사회적 병폐의 관찰자가 언급할 수 있는, 가장 기억해야 할 두 가지 바리케이드는 소설의 사건이 전개되는 시기와는 아무런 관계가 없습니다." 위고는 이 장에서 포부르 생탕투안과 포부르 뒤 탕플을 대조하며 교차편집하듯이 나란히 따라간다. 포부르 생탕투안 입구의 바리케이드는 "골짜기처럼 파였고, 잘게 나누어졌고, 들쑥날쑥하고, 분리되어 있고, 군데군데 총구멍을 만들어놓은 넓게 갈라진 틈 같다. 이곳은 그 자체로 요새인 언덕을 지지대로 삼고 있다. 언덕에서 여기저기로 뻗은 골들은 포부르의 집들이 모인 커다란 두 개의 언덕과 등을 맞대고 있다. 포부르 생탕투안 입구의 바리케이드는 1789년 프랑스 혁명이 일어난 바스티유 광장의 끝에 거인이 갑자기 우뚝 서 있는 것처럼 솟아 있다". 포부르 뒤 탕플의 바리케이드에서는 "제법 대담한 사람조차도 이 바리케이드 앞에서는 생각

2 카리브디스는 그리스 신화의 포세이돈과 가이아의 딸로 대식가이자 배를 삼킨다고 전해지며, 시칠리아 섬 앞바다의 큰 소용돌이를 의인화한 표현이다. 여기서는 바리케이드를 의미한다. 스킬라는 카리브디스와 마주 대하는 이탈리아 해안의 큰 바위로, 그리스 신화에서는 바위에 사는 머리가 여섯, 발이 열두 개 달린 여성 괴물을 뜻한다. 마찬가지로 여기서는 바리케이드를 의미한다. — 옮긴이

에 잠긴다. 바리케이드는 기와 모양으로 겹쳐 직선으로 대칭을 이루며 잘 맞추어져 있어 엄숙하기까지 하다. 어떤 이는 이것을 만든 사람이 기하학자거나 유령이었을 거라고 생각한다. 어떤 이는 바리케이드를 쳐다보고는 조용히 낮은 목소리로 말한다." 이 내용을 넣은 유일한 이유는 6월 시위대의 용기, 대의명분에 경의를 표하기 위해서였다. "사람들은 '겁쟁이들! 숨어서 밖으로 나오지도 않고. 감히 엄두도 못 내고 숨기나 하고'라며 수군댔다. 포부르 뒤 탕플의 바리케이드는 80명이 1만 명의 공격을 받으며 3일 동안 지켰다. (…) 80명의 겁쟁이 중 어느 누구도 도망갈 생각을 하지 않았고, 모두 바리케이드를 지키며 죽었다." 그리고 위고는 고백하듯이 6월 혁명 동안 자신이 한 역할에 대해 느낀 감정을 드러냈다. "6월 혁명은 대단히 드문 사건으로 사람들은 해야만 하는 일을 하면서도 어떤 불안감을 느끼며 더 이상 깊이 빠지지 말아야 한다는 복잡한 감정을 느꼈다. 그러나 끝까지 버텼다. 그래야만 했다. 머리로는 만족했지만 슬펐다. 의무를 다했지만 가슴을 옥죄는 심정으로 복잡했다."

그러나 이렇듯 복잡한 감정을 느낀 것과 달리 그는 1851년 루이 보나파르트의 쿠데타에 맞서 저항한 인물 가운데 한 명으로 중요한 역할을 했다. 위고의 머리에는 현상금이 걸렸는데, 그는 이것에 만족해했다. 쿠데타에 저항하고 죽는 것이 자신이 해야 할 일이라고 생각했기 때문이다. 그리고 자신의 의무를 다하려는 순간을 허세 없이 간결하게 묘사했다. "(쥘 시몽과 마주쳤다. 몽마르트르 대로에서 학살이 자행되던 순간이었다.) 그가 나를 막았다. 내게 물었다. '어디로 갑니까? 가면 죽습니다. 무슨 생각입니까?' 그에게 말했다. '그건…….' 우리는 손을 꽉 잡았다. 나는 앞으로 나아갔다." 이 묘사에는 착오가 있다. 포부르 생탕투안 바리케이드에서 위고 대신 죽은 사람은 보댕이었다. 위고는 보댕의 죽음을 평생 잊지 못했다. 보바리가 플로베르의 또 다른 자아이듯, 보댕은 위고의 다른 자아였다.

『징벌Châtiments』이나 『작은 나폴레옹Napoléon le Petit』 같은 저주의 수사학은 없지만 12월의 밤처럼 어두운 『어떤 범죄의 역사』는 세 개의 층으로 이해할 수 있다. 첫째, 1851년 12월 2일에서 6일까지의 사건을 역사적으로 묘사한 측면이다. 쿠데타 첫날을 묘사한 「매복」의 첫 부분부터 예상 밖이다. "쿠데타에 대한 소문이 아주 오래전부터 퍼졌지만 사람들은 더 이상 믿지 않았다." "심지어 비웃음을 흘릴 지경이었다. 범죄에 대해서는 더 이야기하지 않았고 익살극에 대해 이야기했다."[1] 그러나 12월 1일에서 2일 밤에 보나파르트가 장악하고 있는 부대가 의회를 포위했다. 경찰청장은 파리의 경찰서장 48명을 소집했다. "각 경찰서장의 관할 구역에서 영향력 있고, 엘리제궁을 위협할 수 있는, 바리케이드의 잠재적인 지도자가 될 수 있는 민주주의자 78명을 체포하는 일에 관한 문제였다. 더 대담한 범죄행위는 민중 대표 16명을 자택에서 체포하는 것이었다." 의회 해산의 법령을 알리는 공고문을 국립인쇄소에서 찍었다. "인쇄공 양옆에 경찰을 배치해 인쇄공들이 서로 이야기하지 못하게 하고, 어떤 인쇄공도 전체 내용을 알 수 없도록 인쇄할 내용을 일부분씩만 나누어주었다." 아침 6시, 군대가 콩코르드 광장에 집결하기 시작했다. 1848년 6월의 학살자인 카베냐크, 라모리시에르, 베두 등 공화국의 장군들이 삼색기를 앞세우고, 체포한 의원들을 호송 마차에 태워 적막한 파리를 가로질러 마자스 감옥으로 향했다. 마자스는 "포부르 생탕투안 공터에 지은 리옹역 플랫폼과 아주 가까운 곳에 있는 커다란 붉은색 건물이다".

오전이 되자 군대는 의회에 진입해 의원들을 내쫓았다. 위고를 포함한 좌파 대표 60여 명은 블랑슈 거리의 한 저택에 모여 보나파르트의 불법 행위를 규탄했다. 좌파보다 인원이 훨씬 많은 우파는 그들의 구역인 10구 구청에 모여 보나파르트의 권리 박탈을 의결했다.[1●] "우파의 권리 박탈로 보나파르트는 정통성을 잃었고,

---

1 12월 2일 아침, 바부와 그의 친구들은 피에르 르루를 만났다. 르루는 그들에게 "오! 젊은이들, 우리처럼 웃어요. 호루라기를 사세요. 그러면 루이 보나파르트의 쿠데타는 사람들이 조롱하는 가운데 실패할 겁니다"라고 말했다. *Les Prisonniers du 2 décembre*, op. cit.

좌파의 불법 행위 규탄으로 혁명은 시작되었다. (…) 스스로를 질서 수호자로 칭한 의원들 가운데 몇몇은 권리 박탈에 서명하면서도 중얼거렸다. "'좌파 공화국을 경계해야 합니다!'라고 말하며 쿠데타의 성공과 실패를 모두 걱정하는 듯이 보였다." 뱅센의 병사들이 갑자기 나타나 구청 대표 220명을 오르세의 병영으로 데려갔다. 위고는 이들을 모두 언급했다. "질서당, 입법의회, 2월 혁명은 그렇게 끝났다."[2] 이 시기에 하루 종일 피신처를 옮겨 다니며 떠돌던 좌파 그룹은 루이 보나파르트의 쿠데타 다음 날 포부르 생탕투안에서 봉기를 일으키기로 결정했다.

둘째 날을 그린 「투쟁」. 새벽에 포부르 생탕투안의 바리케이드에서 보댕이 죽었다.[3] 사람들에게 무기를 들고 일어나라며 호소했고, 저녁이 되어 대로와 파리 중앙의 오래된 구역들에서 시작된 소요는 위협적이었다. "이날 저녁 시위는 위협적이었다. 군중이 대로에 모였다. 밤이 되자 점점 늘어나 엄청난 무리를 이루었다. 작은 거리들에서 사람들이 계속 몰려와 매 순간 군중이 불어났다. 이들은 서로 부딪치고, 물결을 이루어 굽이치고, 분노에 차 있었다. 군중 틈에서 비극적인 웅성거림이 들렸다." 그다음 날의 제목은 「학살」이다. "루이 보나파르트는 간밤에 한숨도 못 잤다. 밤사이 그는 납득하기 힘든 이상한 명령을 내렸다. 아침이 되자 보나파르트의 창백한 얼굴에는 간담을 서늘케 하는 차분함이 서렸다." 파리 중심, 마레, 생토노레 구역, 레 알 구역은 바리케이드로 뒤덮였다. 쿠데타가 교착 상태에 빠진 듯했다. 갑자기 오후에 몽마르트르 대로에서 학살이 행해졌다. "눈 깜짝할 사이에 1킬로미터에 이르는 긴 대로에서 학살이 자행되었다. (…) 파리 전체는 끝없는 피신 행렬과 비명으로 가득 찼다. 곳곳에서 사람들이 순식간에 목숨을 잃었다. 사람들은 아무것도 기대하지 않았다. 사람들이 거리에 쓰러졌다. (…) 거리

1• 파리 10구는 센강 왼쪽의 서쪽 지역에 해당하는데, 생제르맹데프레와 포부르 생제르맹 구역이다. 구청은 생페르 거리가 시작하는 지점의 그르넬 거리에 있었다.

2 Marx, *Le 18 Brumaire*…, op. cit.

3 이 바리케이드는 코트 거리와 생트마르그리트 거리(현재 트루소)가 만나는 지점에 세워졌다.

에 있는 것만으로도 범죄였고, 집에 있는 것도 범죄였다. 학살자들은 집으로 쳐들어와 목을 땄다. (…) 마들렌에서 오페라(현재 르 펠르티에 거리)까지, 오페라에서 짐나즈 극장까지, 본누벨 대로에서 생드니 문까지, 사방에서 군인들이 행인들을 죽였다. 정규군 75연대가 생드니 문의 바리케이드를 제거하자 전투가 끝났고 학살의 시간이 시작되었다. 끔찍한 표현이지만 학살은 대로에서부터 모든 거리로 퍼져나갔다. 피신할까? 왜? 숨을까? 무슨 소용이 있을까? 도망치는 사람보다 죽음이 더 빨리 쫓아왔다." 「승리」에서는 마지막 날을 묘사했다. 이 날은 희망 없는 투쟁의 끝이었다. 드니 뒤수는 카드랑 거리의 바리케이드에서 죽었고, 학살과 추격은 계속되었다. 포로들은 다시 튀일리의 테라스 아래 센 강가를 따라 난 지하 감옥에 쌓였다. "포로들은, 1848년 6월에 많은 포로가 이곳에 갇혀 있다가 이송되었다는 사실을 떠올렸다." 이튿날 아침, 137명의 포로가 군사학교 연병장으로 끌려가 총살당했다.

『어떤 범죄의 역사』는 개인적인 모험으로도 읽을 수 있다. 고결한 부르주아, 유명한 작가, 학술원 회원, 입법의원 인물이 순식간에 쫓기는 범죄자가 되었다. 보나파르트의 경찰은 위고를 바짝 쫓고 있었다. 밤이 되자 위고는 포부르 카페들의 뒷방과 우연히 만난 친구들의 숙소를 떠돌았다. 낮에는 스리제 거리, 제마프 선착장, 샤론 거리 등 여러 구역에서 열리는 집회에 모습을 드러냈다. 이 거리들은 3년간(1848년에서 1851년까지를 말한다) 참으로 평화로웠다. 포팽쿠르 거리 82번지에는 "상당히 긴 막다른 골목길이 있다. 우리는 낡은 기름 조명으로 희미하게 밝힌 골목 건물의 좁은 입구로 들어갔다. 헛간과 물건들로 꽉 찬 넓은 뜰이 나왔다. 쿠르네의 집이었다". 쿠르네는 『레 미제라블』의 등장인물이자 실제 인물로 포부르 생탕투안의 카리브디스를 지휘했다. 쿠르네는 "용맹하고, 열정적이고, 다혈질의, 목소리가 걸걸한 사람이지만 가장 다정다감하면서도 가장 경이로운 투사였다". 위고는 1851년 12월의 쿠데타와 혁명의 파리의 과거와 미래, 즉 1848년 6월 혁명과

AU NOM DU PEUPLE FRANÇAIS

앞 페이지
에른스트 피키오, 1851년 12월 2일, 「포부르 생탕투안 바리케이드의 알퐁스 보댕」, 유화, 파리, 카르나발레 박물관.

1871년의 파리 코뮌 사이를 연결할 기회를 놓치지 않았다. 블랑슈 거리 70번지에서 처음 만난 보댕과 밀리에르는 둘 다 놀라운 우연의 일치로 총을 맞고 죽는다. 보댕은 쿠데타 다음 날인 12월 3일 바리케이드에서 총을 맞았고, 밀리에르는 1871년 5월 26일 총살당했다. "밀리에르. 나는 이 창백한 청년의 꿰뚫는 동시에 베일로 가린 듯한 눈을, 부드러우면서도 우울한 얼굴을 여전히 떠올린다. 죽음과 팡테옹이 밀리에르를 기다렸다.[1] (…) 밀리에르가 그에게 다가갔다. '당신은 저를 모를 겁니다. 밀리에르입니다. 저는 당신을 압니다. 당신이 보댕이죠.'" 그리고 위고는 "나는 두 유령이 악수하는 현장에 있었다"라고 끝맺었다. 나는 이 문장을 읽을 때마다 여전히 전율을 느낀다.

마치 일부러 위험을 찾는 것처럼 위고는 도발적으로 위험에 몸을 던졌다. 쿠데타 첫날 위고는 파리 중심지로 향했다. "승합 마차가 생마르탱 문 사이로 지나갈 때 반대편에서 기병연대가 오고 있었다. (…) 기갑부대였다. 부대는 칼을 빼들고 빠르게 행진했다. (…) 갑자기 부대가 행진을 멈추었다. (…) 승합 마차를 세웠다. 우리는 눈앞에서, 바로 우리 앞에서 프랑스군이 술탄의 근위병 부대가 되는 것을, 위대한 공화국의 시민병사가 몰락한 제국의 군인으로 변하는 것을 보았다. (…) 나는 더 이상 감정을 억누를 수 없었다. 승합 마차의 창문을 내리고, 머리를 밖으로 내밀어, 나를 막고 있는 군인 대열을 뚫어지게 쳐다보면서 '루이 보나파르트 퇴진! 반역자를 돕는 자들도 반역자다!'라고 외쳤다. 나와 가장 가까운 거리의 병사들이 내 쪽으로 고개를 돌려 술에 취한 듯한 표정으로 쳐다보았다. 다른 병사들은 총을 어깨에 걸친 채 부동자세로 서 있었다. 그들이 쓴 철모는 푹 눌려 눈까지 내려왔

---

1 앞에서 언급했듯이 밀리에르는 1871년 5월 26일 팡테옹 계단에서 총살당했다. 밀리에르는 무릎을 꿇기를 거부하고 "인류 만세!"를 외치며 죽었다. 1877년 출간된 『어떤 범죄의 역사』에 등장하는 이 구절은 분명 훗날 덧붙인 것이다. 내가 아주 오래전에 읽은, 제목은 전혀 기억나지 않는 어느 소련 작가는 회고록에서 "인류 만세!"라는 이 외침이 자신의 청춘에 얼마나 강렬한 감동을 주었는지를 회상했다.

고, 그들의 눈은 기마의 귀에 고정되었다."

다음 날 서둘러 다른 바리케이드로 갔지만 그곳은 이미 무너져 있었다. 위고는 삯 마차를 타고 바스티유로 갔다. 그 당시의 삯 마차 마부들은 굉장히 용기가 있었다. "포병 4개 중대가 기둥 아래 배치해 있었다. 곳곳에서 장교들이 모여 음산하고 낮은 목소리로 이야기를 하고 있었다. (…) 어제 기갑연대를 보고 느낀 감정이 되살아났다. 내 눈앞에서 몇 발자국 떨어진 곳에 서서 한가롭고 오만하게 승리를 즐기는 조국의 암살자들을 보는 것은 견디기 힘들었다. 나는 목에 두르고 있던 입법의원의 상징인 삼색 스카프를 풀어 손목에 감고 마차 창문 밖으로 머리를 내밀어 손을 흔들며 소리쳤다. '병사들이여, 이 스카프를 보시오. 법의 상징이자, 입법의회를 상징하는 이 스카프를. (…) 여러분은 속고 있습니다. 여러분의 본분으로 돌아가세요. (…) 루이 보나파르트는 강도고, 그를 따르는 자들은 감옥에 갇힐 것입니다. 여러분 위에 군림하며 감히 여러분을 지휘하는 이 남자를 보세요. 여러분은 그를 장군으로 모시지만 그는 죄수일 뿐입니다.'" 병사 한 명이 위고에게 총살당할 것이라고 소리쳤지만 위고에게는 어떤 소리도 들리지 않았다. 계속해서 외쳤다. "'장군처럼 차려입고 거기 서 있는 당신, 날 쳐다봐요. 당신에게 할 이야기가 있어요. 당신은 내가 누군지 알지요. (…) 나도 당신을 알아요. 당신은 범죄자예요. 이제 내 이름을 알고 싶나요? 빅토르 위고요.' 그에게 내 이름을 큰 소리로 알려주고 말을 이어갔다. '이제, 당신의 이름을 알려주시오.' 그는 대답하지 않았다. 다시 말을 이어갔다. '좋아요. 나도 당신 같은 장군의 이름 따위는 알고 싶지 않소. 머지않아 갤리선의 죄수로서 당신의 죄수 번호는 알게 될 것이오.'"

『어떤 범죄의 역사』의 세 번째 측면은 정치적 분석으로, 이 지점에서 위고는 마르크스와 연결된다. 물론 위고는 마르크스의 이름을 들어본 적이 전혀 없겠지만. 마르크스는 "파리의 프롤레타리아는 왜 12월 2일 쿠데타에 맞서 봉기하지 않았을까? 왜냐하면 프롤레타리아의 모든 봉기는 결국 부르주아지를 곧장 소생시켰을 뿐이고, 부르주아지가 군대와 협력하게 만들었을 뿐이고, 그리고 6월의 두 번째 패배만을 노동자들에게 안겨주었을 뿐이기 때문이다"[1]라고 썼다. 위고는 6월의 유령이 모습을 드러낸 무대 첫날 한 노파의 입에서 진실을 보았다. "1848년 6월, 2층 높이로 세운 바리케이드가 있던 포부르생탕투안 거리 모퉁이의 페팽 식료품점 앞에는 아침에 공표된 법령이 붙어 있었다. 몇몇 남자가 법령을 찬찬히 훑어보았지만 너무 어두워서 읽을 수가 없었다. 이때 한 노파가 '25프랑에 목숨을 바친다고! 괜찮은 장사네'라고 말했다." "'25프랑'은 입법의원을 경멸적으로 지칭하는 표현으로 의원 수당이 25프랑인 데서 비롯되었다. 앞에서 언급했듯이 국립공방 남자 노동자의 일당은 2프랑, 여자는 1프랑이었다. 다음 날 보댕에게 25프랑을 지키기 위해 노동자들을 죽게 내버려둘 것인지 물어보았을 때 보댕은 바리케이드 위로 올라가기 전에 다음과 같이 유명한 말을 했다. 이 말이 풍문인지 사실인지는 확실하지 않다. "여러분은 25프랑을 위해 어떻게 목숨을 바치는지 보게 될 것입니다." '1848년 6월 24일이 1851년 12월 2일에 끼친 영향'이라는 명시적인 제목의 장에서 위고가 6월 혁명 때 목숨을 구해준 로케트 거리의 포도주 상점주인 오귀스트는 명확하게 설명했다. "민중은 어리둥절했다. 그들은 보통 선거가 다시 열리고, 5월 31일의 법령이 폐기되는 것은 좋은 일이라고 생각했다.[2] (…) 진실을 말하자면 사람들은 헌법을 거의 신뢰하지 않았다. 사람들은 공화국을 지지했다. (…) 그러나 사람들이 정말로 뚜렷하게 본 것 하나는 공화국은 언제든지 그들을 향해 대포를 발사할 준비가 되어 있다는 사실이었다. 사람들은 1848년 6월을 잊지 않았다. 가난한 사람들이 받은 엄청난 고통을, 카베냐크가 그들에게 준 고통을, 바리케이드로 가지 못하게 남자들의 옷자락을 붙잡았던 여자들을 잊지 않았다. 그

---

1 Marx, *Le 18 Brumaire*…, op. cit.

2 1850년 5월 31일 법령은 1848년 2월에 공표된 보통 선거를 폐지했다. 그 후로는 투표를 하려면 상시 주거를 증명해야 했다. 그러나 노동자 대부분은 이주 노동자였다. 공고문에 보통 선거를 다시 실시할 것을 약속했다.

럼에도 남자들은 바리케이드로 가서 싸웠는데, 당혹스러운 점은 왜 그리고 무엇을 위해 싸우는지 정말로 알지 못했다는 것이다." 위고와 그의 동료들이 포부르의 사람들이 들고 일어나도록 애쓴 노력은 허사였다. 보댕이 죽은 후 "생트마르그리트의 바리케이드를 떠나 드 플로트는 포부르 생마르소로, 마디에는 벨빌로, 샤라몰과 메뉴는 대로로, 쇨셰르, 될라크, 말라르디에, 브릴리에는 군대가 아직 점령하지 않은 옆 거리를 통해 포부르 생탕투안으로 갔다. 이들은 '공화국 만세'라고 외쳤다. 이들은 문 앞에 나와 있는 사람들에게 열변을 토했다. (…) 심지어는 「라 마르세예즈」를 불렀다. 이들이 지나가자 사람들은 모자를 벗고 '우리 대표 만세!'라고 소리쳤지만 그것이 전부였다". 체념하고 받아들여야 했다. "대중의 구역은 들고 일어나지 않을 것임이 분명했다. 상인의 구역으로 돌아가야 했다. 파리의 외곽을 선동하는 것을 포기하고 중심을 뒤흔들어야 했다." 파리 혁명이 가리키는 사회학의 방향과는 반대로 시대를 거스르는 이 전략은 저항 세력의 패배를 의미했다. 마지막 총성은 몽토르괴유 거리에서 울렸다. 이 거리에서 멀지 않은 곳에서 1827년 11월에 바리케이드가 다시 모습을 드러냈다. 혁명이 일어난 파리에서 1827년의 바리케이드는 20년에 걸친 공백의 시작이었다.

바리케이드의 시대인 19세기 파리에서 일어난 모든 봉기와 혁명은 곧바로 또는 조금밖에 버티지 못하고 언제나 패배했다. 1871년 노령의 블랑키가 토로 요새의 감옥 독방에서 끊임없이 반복되는 패배로 느낀 혼란스러움을 우주 생성론에 반영해 구상했다는 사실은 하나도 놀랍지 않다. "세계는 하나씩 하나씩 혁신의 불꽃에 잠겨 새롭게 태어나고 또다시 타버린다. 비워지고 채워지는 모래시계의 단조로운 움직임이 영원히 반복된다. 새로운 것은 항상 오래된 것이고 낡은 것은 언제나 새로운 것이다. (…) 그렇지만 여기에는 발전이 없다는 커다란 결점이 있다. 안타깝게도 그것은 세속적인 개정판일 뿐이다. (…) 19세기의 인간인 우리가 모습을 드러낼 시간은 영원히 고정되었고, 어김없이 우리를 항상 똑같은 곳으로 또는 기껏해야 약간 변형된 행복한 전망으로 데려간다. 더 나은 것을 갈망하는 많은 이의 기운을 북돋는 것은 아무것도 없다. 무엇을 할 수 있을까? 나는 내 즐거움을 조금도 추구하지 않았다. 진리를 찾았을 뿐이다."[1]

이 패배의 개념을 자세히 살펴보면 즉결 처형, 추방, 대량 강제 이주 너머에는 거대한 진리만이 남아 있다. 패배는 실제로 일어나지 않은 일을 보게 해준다. 공화국의 박애정신, 법과 권리의 무기력화, 인민을 해방시켜준다는 보통 선거의 환상이 지배하는 곳에서 패배는 갑자기 적의 진정한 특성을 보게 한다. 패배는 합의를 흩어버리고, 지배의 이데올로기라는 속임수를 해체한다. 어떤 정치적 분석도 어떤 언론 캠페인도 어떤 선거 투쟁도 거리에서 사람들이 총살당하는 광경보다 명확하게 메시지를 전달하지 못한다.

1871년에서 1968년까지 한 세기 동안, 달리 표현하면 다른 방법을 통한 내전이 지속된 기간 동안 정치적인 방법으로 평화를 유지하려는 시도는 환상의 귀환을 장려했다. 환상의 귀환을 감당하려는 우스꽝스러운 노력 속에서 1848년의 산악당과 1871년 베르사유의 사회주의자를 계승한 사람들은 자신도 모르게 이른바 민주적이고 공화주의적인 낡은 병영 감옥에 끊임없이 회반죽을 발라 눈가림했다. 1968년 5월에 혁명을 준비하고 상상했던 사람들은 명백하게 19세기 혼란의 연장선에 자리 잡았다. 1962년 국제 상황주의자들은 "잘못을 바로잡는 방법으로 노동자의 고전적인 운동을 연구할 필요가 있다. 무엇보다도 정치적이거나 유사 이론을 내세우는 다양한 종류의 계승자들을 바로잡아야 한다. 왜냐하면 그들에게는 과거에 맛본 패배의 유산만 남아 있기 때문이다"라고 말했다. 몇 년 뒤 1968년 5월 10일 밤, 게이뤼삭 거리에 바리케이드가 다시 등장했다. 거리의 보도블록을 제거한다는 놀라운 생각은 집단 기억의 찌꺼기가 아니었고, 우연은 더더

1 Auguste Blanqui, *L'Éternité par les astres, hypothèse astronomique*, op. cit.

욱 아니었다. 포석 제거는, 자동차를 방화하는 약간 현대적인 방법과 더불어 혁명의 중요하고 유령 같은 형상을 땅에서부터 떠오르게 함으로써 지배의 메커니즘을 뒤흔드는 계획적이고 실험적인 시도였다. 물론 이 마법의 포석은 전략적으로 결코 효율적이지 않았다. 그리고 앙드레 말로(당시 문화부 장관)와 정부가, 기동타격대보다 탱크가 훨씬 더 빨리 게이뤼삭 거리를 점령할 수 있다고 단언했을 때, 그들이 옳았다. 1789년 7월, 1830년 7월, 1848년 2월처럼 1968년 혁명의 파리에서 봉기가 불붙인 상징적인 운동은 이번에는 유럽뿐 아니라 도쿄에서 멕시코까지 세계로 번져나갔다. 68혁명 같은 상징적 운동은 버클리대학의 학생들은 할 수 없었던 일이다. 버클리 학생들에게는 역사적인 정박지가 구체적으로 없었기 때문이다. 파리의 시위대는 낭만주의의 덫과 시대에 뒤떨어진 유혹을 피할 줄 알았다. 파리의 시위대는 경찰서를 습격하지 않았고, 무기고를 약탈하지도 않았고, 정부 기관을 점거할 시도도 하지 않았다. 시위대가 팔레부르봉을 지나갈 때 그 건물에는 눈길도 주지 않은 것을 보고 기자들은 상당히 놀라워했다. 습격, 약탈, 점거를 일삼지 않은 것은 단지 힘의 관계를 정확하게 따져서가 아니었다. (일반적인 봉기에서처럼) 공권력은 무력으로 진압하고 시위대는, 어떤 이유로 그렇게 부르는지는 모르겠지만 '몰로토프'라고 불린 화염병으로 응수했을 것이고, 파리의 경찰국장 그리모의 인도주의, 라모리시에르와 카베냐크처럼 알제리 식민지 전쟁으로 별을 단 장군들의 공화국 정신이 어디까지 갔을지 보았을 것이다. 1968년 5월은 최초의 현대적인 혁명이었기 때문에 학살은 없었다. 다시 말해 1968년 5월의 목적은 권력 쟁취가 아니었다. 지난 19세기의 모든 재앙이 알려주듯 봉기는 이미 계획된 패배 위에서 전개되었다. 그러나 낡은 세계가 남긴 재앙의 결과에 대한 평가는 여전히 끝나지 않았다. 1968년 5월 혁명 이후에는 어떤 지배 기구도 전과 같은 방식으로 작동할 수 없었다. 그 당시의 정치 질서에서 서로 굳게 결속된 동시에 경쟁 상대인 두 조직, 드골주의자와 '공산당'은 샹젤리제 거리의 시위와 그르넬에서

오노레 도미에, 「봉기」, 1860년. 유화, 워싱턴, 필리프 컬렉션.

의〔교육부가 있는 곳〕 퐁피두가 이룬 세기의 협상으로 둘 다 승리했다고 생각한 듯하다. 그러나 드골주의자와 공산당은 절벽 끝에서도 계속해서 추격전을 벌이는 만화 속 인물들처럼 이미 허공 위를 달리고 있다는 사실을 몰랐다. 그들에게는 땅을 쳐다볼 약간의 시간이 남아 있을 뿐이고, 그다음에는 급강하가 시작될 뿐이다.

1968년 5월 혁명은 일반적으로 혁명이라는 명칭 대신 애매하고 맥 빠진 용어인 '사건'으로 지칭된다. 5월 혁명에 대한 이런 부정은 학생들이 주도한 이 사건에 1793년이나 1917년과 똑같은 무게를 부여하는 것은 적절하지 않다는 주장을 암묵적으로 담고 있다. 노동조합 CGT는 노동자의 진지한 시위와 부르주아 학생의 축제를 끊임없이 대립시켜왔다. 학생들이 5월을 구상하고 계획했고, 라탱 구역은 처음부터 끝까지 시위의 사령부였다는 점은 명백한 사실이다. 5월 13일의 대규모 시위는 레퓌블리크 광장에서 벌어졌지만, 그 이전의 생미셸 대로와 몽파르나스의 대규모 시위도 기억해야 한다. 파리 증권 거래소에 불을 질렀던 거의 설득력 없는 시도를 제외하고, 센강 오른쪽에서는 별다른 시위가 없었다. 파리에서 전통적으로 혁명이 일어났던 포부르 생탕투안, 포부르 뒤 탕플, 벨빌에서는 시위가 전혀 없었다. 퐁피두 집권 동안 이 구역들은 탈산업화, 파괴, 재건축을 심하게 겪으며 완전히 변했기 때문이다. 건물들은 철거되고, 주민들은 내몰리며, 노동자의 존재는 지워졌다. 이것이 1960년대 말 파리에서 볼 수 있는 서민 구역의 풍경이었다. 나머지 프롤레타리아 구역에서는 이민자들과 대학을 나오지 않은 젊은 지식인들이 뒤섞여 주민이 재구성되었지만 탈환은 아직 시작되지 않았다.

점거된 공장들과 그 주변을 제외하고 파리 외곽에서 '혁명의 띠'를 이룬 코뮌 가운데 이브리와 빌쥐프 쪽, 그리고 생드니와 젠빌리에 쪽 역시 5월 시위에 동조하지 않았다. 이 구역들은 '공산당'이 장악하고 있었다. 그러나 영향력을 유지하려는 애처로운 노력에도 공산당의 몰락은 그때부터 시작되었다. 수천 명의 젊은 노동자, 비주류, 실업자, 외국 출신들이 라탱 구역의 시위에 참여했다는 사실을 5월 혁명 기념식 때마다 교묘하게 감추고 언급하지 않았다. 이 점에 있어서는 30년 기념식이 좋은 예다. 총회에서 젊은 노동자, 비주류, 실업자의 목소리는 거의 들리지 않았으나 돌을 던지고, 경찰차를 뒤엎고, 불을 지르고, 최루탄을 경찰에게 다시 던질 때 이들은 바리케이드 앞에서 인생을 보낸 사람들처럼 시위의 선두에 있었다. '젊은 혁명가들'이 결성한 여러 조직의 대표들은 노동자, 비주류, 실업자들과 거리를 두려고 애썼고, 체포된 '폭력 시위 분자'를 겁에 질린 지방에 보여줄 때 말고는 텔레비전에서 이들을 결코 볼 수 없었다. 왜 이들을 원하지 않는 것일까? 노동자, 비주류, 실업자들은 "어떤 행동에 정치적 특성을 부여하는 것은 그 행동이 행해지는 대상이나 장소가 아니라 오로지 그것의 형태임을, 그리고 그 형태는 제도 속에서 분리되어서만 존재하는 공동체의 평등과 분쟁의 평등을 확인할 때 드러난다"[1]는 사실을 미리 보여주었을 뿐이다.

지배와 권태의 베르그송적인 시간이 연속되는 오늘날의 지극히 차분한 도시를 보고 만족하는 사람들은 어느 날 깜짝 놀랄 것이다. 다른 어느 역사보다 훌륭한 혁명의 파리가 지나온 역사는, 억압의 시대는 본질적으로 불연속적이라고 말한 베냐민의 지적을 확인시켜준다. 1830년 7월의 투쟁 동안 파리의 여러 곳에서 시위대가 공공장소에 놓인 기념물의 시계에 총을 쏘았다는 공통적인 증언은 베냐민의 지적을 입증한다.

---

1 Rancière, *La Mésentente*, Paris, Galilée, 1995.

제3장

혼잡한 풍경의 파리 거닐기

2

3

앞 페이지

1 나다르가 찍은 샤를 보들레르, 1855년. 개인소장, 부분.

2 브라사이, 「이탈리아 광장의 작은 카페에서 사랑에 빠진 연인」, 1932년, 파리, 퐁피두센터 국립현대미술관, 부분.

3 에두아르 마네, 「생라자르 기차역」, 1873년. 유화, 워싱턴, 국립미술관, 부분.

플라뇌르

밥을 먹고 하루하루를 살아가면서도 그것에 대해 생각하지 않는 것처럼 대부분의 사람은 습관적으로 파리를 산책한다. (…) 아! 파리를 배회하는 일은 얼마나 근사하고 매력적인지! 한가롭게 거니는 일은 과학으로, 눈으로 하는 식도락이다. 산책은 식물처럼 사는 것이고, 한가로이 거니는 것은 살아 있음이다.

_ 발자크, 『결혼의 생리학Physiologie du mariage』

"사랑이나 증오, 감정과 생각, 지식이나 권력, 행복과 불행의 관점에서 그리고 과거나 미래의 관점에서 파리에는 뛰어난 모든 것이 모여 있다. (…) 파리에서는 새로운 예술, 종교, 삶이 만들어진다. 파리에서는 새로운 세상을 만드는 사람들이 행복하게 작업한다." 신문 『가제트 위니베르셀 아우크스부르크Gazette universelle d'Augsbourg』에 게재된 파리에 대한 시평에서 하이네는 오스트리아-프로이센 반동파의 어두움과 대조되는 파리의 색채를 강조했다. 과장되기는 했지만 그 당시 파리는 유럽에서 첫째가는 도시였다. 한 세기 뒤에 또 다른 유대계 독일인 베냐민이 이 시대 파리의 흔적을 그러모은 엄청난 작업을 『파리, 19세기의 수도Paris, capitale du XIXe siècle』라고 이름 붙인 것은 우연이 아니다.[1•]

하이네는 『아돌프Adolphe』와 『마담 보바리Madame Bovary』의 시대를, 제리코의 「부상당한 기갑부대 장교Cuirassier blessé」와 마네의 「죽은 투우사Le Torero mort」의 시기를, 마들렌 성당과 파리 북역이 완성된 시기를 파리에서 보냈다. 두 세기 전부터 프랑스에서 통용되던 문학 시스템은 이 시기에 이미 상당히 균열이 생겨 결국 산산조각 났다. 나는 한 세기도 되지 않는 시간에 거쳐 일어난, 문학 장르의 경계와 위계를 전반적으로 거부한 단계를 되짚어보려 한다. 이런 총체적인 거부에 있어 파리는 단순한 틀, 적절한 환경 그 이상이다. '근대' 도시의 패러다임에 따라 공장 굴뚝이 뿜어내는 연기가 하늘을 뒤덮고, 인구는 계속 늘어나고, 가스 가로등이 기름 가로등을 대체하고, 옛 거리는 가차 없이 뒤엎여 그 결과 파리는 기폭장치 역할을 했다. 근대 이전에 어떤 소설에서 사건의 무대로 설정된 파리는 추상적이고 도식화된 배경이었다. 『클레브 공작부인La Princesse de Clèves』 『마농 레스코Manon Lescaut』 또는 『마리안의 생애Vie de Marianne』에 묘사된 파리의 장소를 찾아보는 것은 무의미한 일이었다. 그러나 근대 소설에서 언급되었거나 묘사된 빨간 머리의 여자 거지, 바람난 백작 부인, 유명한 외과 의사, 오베르뉴 출신의 물장수, 넝마주이, 훗날 장관이 될 사람, 비도크, 자베르, 페라드 같은 경찰이나 파산한 공증인은 파리의 거리에서 마주칠 수도 있다. 이런 변화는 대도시를 무대로 삼은 문학의 위상에서 결정적인 단절을 이룬다. 일정한 문학 형식은 기본적으로 구체적인 사회 계층을 독자로 삼는다는 장르의 위계가 파리를 배경으로 한 소설에서는 더 이상 통용되지 않았다. 이 소설들은 거리에서 파는 신문 연재소설을 통해 유명한 문학 살롱, 독서 클럽, 포도주 상점 뒷방에까지 널리 퍼졌다. 모든 것이 비극, 소네트, 샹송, 단편소설의 주제가 될 수 있고, 모든 주제는 동등해서 형식과 내용 사이의 관계는 이제 의미가 없었다. 형식과 내용의 경계가 모호해지자 예술과 전통적으로 예술에 속하지 않았던 것들 사이의 경계가 허물어졌다. 1857년 이폴리트 바부는 우위를 매

1• 발터 베냐민은 이 제목으로 1935년과 1939년에 두 개의 버전을 발표했는데, 1939년 버전은 프랑스어로 썼다.

기려는 의도 없이 다음과 같이 썼다. "전지적으로 자유롭게 관찰할 수 있는 공간을 부여하기 위해 발자크가 지붕을 걷어내거나 벽을 뚫으면 여러분은 은밀하게 문지기에게 말하고, 울타리를 넘어 들어오고, 칸막이에 구멍을 뚫고, 문 뒤에서 엿듣고, 밤에는 멀리서 망원경으로 불 밝힌 창문 너머에서 춤추고 있는 그림자들을 관찰한다. 한마디로 여러분은 영국인들이 근엄한 척하는 수사관이라고 부르는 행동을 한다."[2] 한편 『모르그 거리의 살인 사건Double Assassinat dans la rue Morgue』의 화자가 문학작품에 처음으로 등장하는 사립 탐정 뒤팽을 만난 것은 몽마르트르 거리의 한 어두운 독서 클럽에서였다. 그런데 무대는 런던도, 뉴욕도 아닌 에드거 앨런 포가 한 번도 와본 적 없는 파리였다.

플라뇌르는 대도시를 이론적 대상이자 과거의 형식과 단절하는 도구로 삼았다. 대도시를 원재료이자 창작의 실현 매체로 여기며 떠돌아다니는, 근대성을 이끈 현상의 전조가 18세기 말부터 연이어 나타났다.[3] 노년의 루소는 자신이 사는 플라트리에르 거리(현재 장자크 루소)에서 출발해 식물채집을 하며 매일 파리 곳곳을 걸었다. 루소는 『고백록Confessions』에서 "나는 늘 무엇이든 했다. 책상에 앉아 공책을 펴놓고 펜이라도 들었다"라고 썼다. 그리고 『카드에 쓴 메모Notes écrites sur des cartes à jouer』에는 "내 인생 전체는 매일매일의 산책으로 구성된 긴 몽상일 뿐이다"라고 썼다. 『장자크 루소에 관한 에세이Essai sur JeanJacques Rousseau』에서 베르나르댕 드 생피에르는 반듯하게 차려입은 루소를 묘사했다. "일흔의 루소는 오후에 프레

---

2 *La Vérité sur le cas Champfleury*, Paris, 1857 중에서. W. Benjamin, *Charles Baudelaire, un poète lyrique à l'apogée du capitalisme*, 프랑스어판, Jean Lacoste, Paris, Payot, 1982.

3 여기서 근대성은 보들레르가 사용한 의미로 썼다. "근대성의 속성은 변화, 덧없음, 사소함으로 반은 예술이고 나머지 반은 영원하며 변하지 않는 것이다." "IV. La Modernité", *Le Peintre de la vie moderne*. 현재의 떠돌아다님을 분석하는 데 있어 이 근대성이라는 용어를 활용한 경우에 대해서는 Jacques Rancière, *Le Partage du sensible*, Paris, La Fabrique, 2000을 참고할 것. 2000년 5월 18일자 『리베라시옹Libération』 사설은 다음과 같은 문장으로 시작했다. "휴대폰은 도시를 정처 없이 떠돌기라는 근대성의 상징적 현상의 현대 버전이다."

오른쪽 페이지
레티프 드 라 브르톤의 『파리의 밤』 삽화, 1788년, 파리, 국립도서관.

생제르베나 불로뉴 숲을 한 바퀴 산책하곤 했다. 산책을 마치고도 피곤한 기색이 없었다. (…) 티눈 때문에 발이 불편했고, 가죽 신발 두 군데가 별 모양으로 헤졌다. (…) 12시 30분이면 점심을 먹었다. 1시 30분에는 보통 사람이 많이 모이는 샹젤리제의 카페에 가서 커피를 마셨다. 그리고 들판으로 식물 채집을 갔다. 햇볕이 뜨거운 한낮에도, 심지어는 폭염에도 모자를 옆구리에 끼고 다녔다."

루소는 파리의 어디로 가야 들판이 있는지 알았다. "날씨가 제법 좋았지만 추웠다. 나는 꽃이 핀 이끼류를 발견하길 기대하면서 군사학교까지 산책했다." 또 다른 날에는 "누벨프랑스 구역 근처에서 산책을 하다가 훨씬 멀리까지 가서 왼쪽으로 틀어 몽마르트르를 한 바퀴 돌 생각으로 클리냥쿠르의 마을을 가로질렀다." (앞 문장에 이어 「아홉번째 산책」의 유명한 구절이 이어진다. "대여섯 살 정도 되는 아이가 내 무릎을 꽉 잡고 어찌나 친근하고 다정한 눈길로 나를 쳐다보는지 마음속 깊이 감동했다.") 또 다른 구절. "어느 일요일, 나와 아내는 마요 문 근처 식당으로 저녁을 먹으러 갔다. 저녁을 먹고 불로뉴 숲을 가로질러 뮈에트 성까지 갔다. 그곳 풀밭 그늘에 앉아 해가 지기를 기다렸다가 파시를 거쳐 천천히 집으로 돌아왔다." (그리고 바로 그날, 어린 소녀들에게 와플을 준 이야기가 이어진다. "그날 오후는 내 인생에서 가장 행복한 순간 가운데 하나였다.")

루소는 대도시의 냉혹함을 강조했고, 『고독한 산책자의 몽상』의 배경에는 혁명 이전의 끔찍하고 비참한 파리의 모습이 깔려 있다. 「여섯 번째 산책」 앞부분에 나오는 당페르 방벽 근처에서 마주친 어린 소년은 "정말로 착했는데 다리를 절었다. 목발을 짚고 힘겹게 걸으며 지나가는 행인들에게 아주 정중하게 구걸했다". 이 이야기에 나오는 소년은 버려졌거나 부모를 잃은 아이로 이는 당시 경찰 보고서에 자주 언급되는 문제였다. 1773년 10월 19일, 경찰서장 무리코는 다음과 같이 기록

했다. "라로즈라는 이름으로 알려진 장 루이 파야르가 법정에 출두했다. 그는 생폴 문 근처 포도주 상인 블랭 부인의 집에 살았다. 지난 금요일 오후 4시경, 보모 중개인 사바리가 상스에서 오는 마차에서 두 아이와 내려 자신에게 아이들을 맡겼다고 진술했다. 한 명은 남자애로 부모가 쿠르티유에 살았고, 다른 한 명은 여자애로 사바리가 준 주소에 따르면 생마르탱 문 근처의 르 루아라는 사람 집에 사는 것 같았다. 라로즈는 문맹이어서 주소가 적힌 쪽지를 여러 명에게 보여주었고, 모두 똑같이 말했다고 진술했다. 생마르탱 문 근처에서도, 시장에서도 여자아이의 부모를 찾지 못해서 우선 이 아이를 다른 남자아이와 함께 쿠르티유로 데려갔다. 그러고 남자아이는 아버지에게 데려다주고, 여자아이는 집으로 데려와 먹이고 재웠다고 주장했다."[1]

루소의 어둡고 퇴폐적인 면을 나타내는 분신을 동시대의 사람들은 레 알의 장자크라는 별명으로 불렀다. 타락한 물신 숭배자 레티프는 경찰관 사르틴과 르누아르의 정보원이었다. 고위 인사들과의 친분과 외투 안에 입은 푸른 제복 덕분에 레티프는 가장 위험한 장소들을 다닐 수 있었다.[2] 레티프는 '밤의 구경꾼'이라는 부제가 붙은 『파리의 밤Les Nuits de Paris』에서 388번에 걸친 밤 산책 중 첫째 날 밤의 기록을 다음과 같은 문장으로 시작한다. "부엉이! 밤의 어둠 속 네 구슬픈 울음소리에 나는 얼마나 소스라쳤던가! 외롭고 쓸쓸한 너처럼 나도 이 거대한 도시에서 홀로 어둠 속을 방황한다. 어둠을 가르는 가로등의 희미한 불빛은 어둠을 밝히지 못하고 오히려 더욱 두드러지게 한다. 위대한 회화의 명암 대조처럼!" 레티프는

1 Arlette Farge, *Le Cours ordinaire des choses dans la cité du xviiie siècle*, Paris, Le Seuil, 1994.

2 모리스 블랑쇼는 루소와 레티프의 유사점을 다음과 같이 언급했다. "주의를 기울이지 않고, 거리낌 없이 그리고 꾸밈없이 글을 쓰기란 쉬운 작업이 아니라는 것을 루소는 자신의 글로 직접 보여주었다. 역사가 반복된다는 법칙에 따르면 희극적인 장자크의 모습 뒤에 비극적인 장자크의 모습이 나타나기를 기다려야 한다. 그러나 세심하게 고려하지 않고, 거리낌 없이 그리고 잡담처럼 레티프의 작품을 문학에서 루소의 다른 모습처럼 자리매김하는데, 결과적으로는 거의 설득력이 없다." *Le Livre à venir*, Paris, Gallimard, 1959.

모베르 광장과 센강 사이의 빈민 구역에 살았다. 아르프, 비에브르, 베르나댕 거리를 거쳐 마지막에는 뷔슈리 거리에 살았다. 그는 집에 작은 인쇄 설비를 갖추어 젊었을 적 했던 일을 다시 시작했고, 자신의 책을 찍었다. "직접 조판했기 때문에 글을 쓰는 고통을 더는 감내하지 않아도 되었고, 또한 꽤 생산적이었다. 열정으로 빛나는 눈으로 인쇄판 앞에 서서 페이지를 한 자 한 자 직접 조판했는데 영감으로 가득 찬 동시에 오자도 많았다. 그 결과 사람들은 맞춤법이 이상한, 그러나 꼼꼼히 계산된 기발함에 주목하게 됐다."[3]

레티프의 주활동 무대는 마레 구역과 생루이섬이었다. 그는 생통주 거리와 파옌 거리를 유독 좋아했다. "육체노동을 마치고 11시 15분까지 글을 썼다. 그리고 아주 늦은 밤, 파옌 거리로 갔다. 그곳으로 가는 가장 먼 길을 골랐다. 12시 30분이었다. 백작 부인은 창가에 있었다." 그러나 레티프는 파리 중앙시장과 대로에도 나타났다. "작업을 마친 저녁 시간에 백작 부인의 집 주변을 배회했다. 그러나 그녀를 볼 수 있는 시간이 아니었다. 오트보른 거리까지 걸어갔다. (…) 발길을 돌려 앙비귀코미크 극장과 서커스단 뒤에 있는 바스뒤랑파르 거리의 지저분한 술집으로 들어갔다. 촛불을 켜고 포도주 한 잔과 에쇼데 과자 여섯 개를 주문했다. 공책과 펜을 꺼내 「밤의 남자」를 썼다." 위험에 처한 젊은 여자, 특히 예쁜 여자라면 언제나 구할 준비가 되어 있는 레티프는 아마도 거지, 매춘부, 강도로 득실대는 파리의 밤거리를 배회하는 즐거움을 처음으로 묘사한 인물일 것이다. 이런 즐거움에 도취된 레티프는 혼자서, 목적도 없이, 무턱대고 거리를 한없이 걸었다.

---

3 Gérard de Nerval, "Les Confidences de Nicolas", *La Revue des Deux Mondes*, 1850년 9월 1일과 15일자에 게재. 이어 *Les Illuminés*에 다시 게재. 조르주 페레크도 레티프의 기발한 생각에 매료되었던 듯하다. "이따금 레티프는 새로운 맞춤법을 시도하며 즐거워했다. 그는 갑자기 괄호를 사용하는 방식으로 삽입어구를 활용해 독자들에게 주의를 주고는, 이내 다시 이야기를 이어나갔다. 아랍어처럼 모음을 생략하거나 자음의 철자를 바꾸는 방식으로 독자를 혼란스럽게 했다. 예를 들어 c를 l로, l을 t로, t를 ç로 바꾸었다. 그러나 이 모든 작업은 그가 주석에서 길게 설명하듯이 일정한 규칙에 따라 이루어졌다." Nerval, 같은 책.

파리의 밤을 극한까지 탐험했던 제라르 드 네르발은 레티프를 높이 평가했다. "레티프는 루소의 예를 가장 대담하게 밀고 간 경우다. (…) 레티프만큼 뛰어난 상상력을 지닌 작가는 본 적이 없다. 디드로는 훨씬 정확하고, 보마르셰는 훨씬 능숙하지만 격정적이고 길들지 않은 열정이 절반만 있을 뿐이다. 물론 이 열정으로 언제나 걸작을 만드는 것은 아니지만, 열정 없는 걸작은 있을 수 없다."[1] 레티프의 『파리의 밤』을 과장되게 이상화한 네르발의 『10월의 밤Les Nuits d'octobre』은 현실적인 신앙 고백으로 시작한다. '레 알' 장에서는 1970년대까지 옛 모습 그대로 변하지 않고 남아 있던 이 구역의 분위기를 처음으로 생생하게 묘사했다. 다음은 이른 저녁 시장에 물건을 내리는 장면이다. "중앙시장이 분주해지기 시작했다. 채소장사, 생선장사, 버터장사, 청과상의 수레가 끊임없이 들어왔다. 부두에서 도착한 짐수레꾼은 광장에서 밤새 여는 카페, 술집에 들어가 땀을 식혔다." 시장 거간꾼들에 대해서는 "작업복을 입은 그들은 우리보다 부자라고 동행한 친구가 말했다. 가짜 농부들이야. 그럴듯하게 작업복을 입고 변장했지만, 내일이면 작업복은 포도주 상점에 벗어놓고 이륜 마차를 타고 집으로 돌아갈 거야"라고 썼다. 상인들에 대한 묘사는 이렇다. "여자 상인이 '꽃 사세요. 여러분의 마나님을 꽃으로 치장해주세요'라고 외쳤다. 그런데 이 시간에는 꽃을 도매로만 판매하기 때문에 이렇게 꽃다발을 한가득 사는 사람은 애인이 여러 명이었을 것이다. 또 다른 여자 상인은 노래 부르듯 외쳤다. '사과요. 다양한 품종의 사과! 빨갛고 하얀 사과!'" 네르발은 친구와 비싼 식당에 들어갔다. "이곳에서는 오스탕드산 굴과 식초와 후추로 절여 잘게 썬 부추 스튜를 함께 주문해야 한다. (…) 이어 잘게 간 파르마산 치즈를 얹어 세련된 풍미를 더한 양파 수프를 시켜야 한다." 식사 후 네르발과 친구는 허름한 술집에 갔다. "긴 탁자를 경계로 홀은 둘로 나뉘었다. 이 술집의 단골인 듯한 넝

1 Nerval, *Les Confidences de Nicolas*, op. cit.

마주이 일곱 명 정도가 탁자 반대편을 바라보고 있었다. 안쪽에는 여러 부류의 사람이 뒤섞여 있었고, 싸움이 자주 일어났다." 그러나 네르발은 '사실주의'의 경계에 오랫동안 머무르지 않았다. 안 그래도 네르발이 또 다른 구역으로 선택한 몽마르트르로 발걸음을 옮겼을 때 떠올린 것은 환상의 장소로 제격인 채석장이었다. 그리고 마지막으로 꿈속에서 "복도, 그것도 끝없는 복도를" 헤맸다. 그것은 『오렐리아Aurélia』의 마지막 장면에서 환각에 사로잡힌 방황을 예시하는 악몽이었다. "별들이 창공에서 빛난다. 내가 성당에서 보았던 촛불처럼 별들이 갑자기 동시에 꺼지는 것 같았다. 시간이 멈추고 요한 묵시록에 묘사된 세상의 종말을 맞았다고 생각했다. 적막한 하늘에는 검은 태양이 떠 있고, 튀일리궁 위에는 핏빛 천체가 떠 있는 듯했다. 나는 혼잣말을 했다. "영원한 밤이 시작되고, 아마 이 밤은 끔찍할 거야. 태양이 더 이상 없다는 것을 사람들이 알아차렸을 때 과연 무슨 일이 일어날까?"

도시의 밤을 처음 홀로 탐험한 선구자들의 후예로는 빌리에, 위스망스, 아폴리네르, 브르통 등이 있다. 이들 가운데 어떤 이는 루소보다 레티프를 뽑을 것이고, 어떤 이는 초현실주의 소리를 들은 사람 가운데 네르발을 넣기도 할 것이다.[2] 그러나 어둡고 정적에 싸인, 그리고 여전히 자연의 감성이 밴 파리에서 1830년대에는 또 다른 구역이 새롭게 떠올랐다. 그곳에서는 "3000개의 상점이 불을 밝히고, 마들렌에서 생드니 문까지 펼쳐진 다양한 색깔의 상점들을 멋진 시로 노래

2 "현재까지 문학적으로 드 사드의 작품보다는 높은 평가를 받고 있지 않지만 레티프 드 라 브르톤을 드 사드와 같은 위치에 올려놓는 것은 정당하다. 오늘날 레티프의 『타락한 농부와 여자 농부Le Paysan et la Paysanne pervertis』와 『몽시외르 니콜라Monsieur Nicolas』는 루소의 『고백록』보다 훨씬 중요한 작품으로 평가받고 있고, 이미 독자들의 소장 도서 목록에 들어 있다." "Projet pour la bibliothèque de Jacques Doucet", coll. *La Pléiade*, T. I, Paris, Gallimard. 그리고 자크 두세는 네르발에 대해서 "독자들은 제라르 드 네르발이 『불의 소녀들Filles du Feu』 헌사에서 쓴 초자연주의라는 표현을 틀림없이 이해했을 것이다. 네르발은 대단한 작가임에 틀림없다"라고 평가했다. 알렉상드르 뒤마의 작품에 대한 헌사에서 네르발이 쓴 '독일인들이 언급한 것처럼 초사실주의적인 몽상의 상태'라는 표현은 친구 하이네를 참고했다. 하이네는 1831년 문학 살롱을 비롯해 여러 번에 걸쳐 초사실주의자를 규정했다.

했다".[1] 눈부시게 불 밝힌 파리에서 플라뇌르는 군중의 물결에 휩싸였다. 악행, 유행, 돈이 대로의 상품들과 함께 전시된 이곳은 발자크의 파리다. 당시 파리의 이런 특성은 글자 그대로 받아들여야 한다. 발자크의 『인간 희극』과 7월 군주정의 파리 사이의 관계는 단순히 작품과 그 작품의 표본으로서의 관계만은 아니다. 작품과 그 표본은 서로 영향을 주고받는다. 발자크 작품의 모델이 된 러시아 귀족은 작품 속 인물의 삶에 자신들의 인생을 맞추기도 한다. 왕권과 성직자들을 옹호하는 발자크를 싫어하는, 볼테르 지지자이자 공화주의자인 피에르 라루스는 『19세기 대사전』에서 "발자크는 당대 문학계뿐만이 아니라 일부 사회 계층의 풍습에도 상당한 영향을 끼쳤다. 이는 여러모로 유감스러운 일이었다"라고 평가했다.

발자크도 루소 못지않게 파리에 대해 엄격했다. 발자크는 「페라귀스」의 앞부분에서 괴물 그리고 소름 끼친다는 표현을 여러 번 반복해서 썼다. 그리고 "각각의 사람, 집의 각 부분은 이 거대한 매춘부(파리를 의미)를 구성하는 세포 조직으로 이루어진 잎이다"라고 묘사했다. 브루세와 조프루아 생틸레르를 존경하는 발자크에게는 대단히 자연스러운 비유다. 『금빛 눈의 소녀La Fille aux yeux d'or』 앞부분에서 금과 쾌락의 모티프로는 "석회로 마감한 이 커다란 새장을, 검은 시궁창의 이 벌통을 샅샅이 비추는 빛처럼"이라는 표현을 썼다(새장, 벌통 역시 파리를 의미한다). 그리고 "파리가 지옥이라고 불리는 것은 단순한 농담이 아니다. (…) 파리 곳곳에서는 연기와 불이 나고, 모든 것이 빛나고, 윙윙거리고, 불꽃이 일고, 사라지고, 불이 희미해지고, 다시 살아나 빛나고, 불꽃이 튀고, 다 타버린다"라고 독자에게 경고했다. 그러나 발자크는 도덕적으로 교훈을 주는 한편 고백하듯 대도시에 대한 자신의 애정을 감추지 않았다. 「페라귀스」의 앞부분에서 발자크는 갑자기 다음과 같이 외친다. "아! 파리! 너의 어두운 풍경, 설핏 보이는 너의 빛, 깊은 정적에 싸인

---

1 Balzac, *Histoire et physiologie des boulevards de Paris*, op. cit.

막다른 골목길들을 찬탄하지 않을 사람이 어디 있으랴. 자정과 새벽 2시 30분 사이에 너의 속삭임을 듣지 못한 사람은 너의 진정한 시적 아름다움도, 너의 기묘하고 기막힌 대조도 결코 본 적이 없다." 『금빛 눈의 소녀』 도입부에서는 음침한 회색빛 파리의 사람들을 "온갖 먼지와 그을음이 낀 집 외벽의 석회 가루 같다"라고 묘사하다가 갑자기 감상적으로 바뀐다. "화창한 봄날 아침, 아직 초록을 띠기 전이지만 새싹이 돋아났고, 햇볕은 지붕을 달구기 시작했고, 하늘은 파랬다. 파리 사람들은 벌집 구멍 같은 집에서 나와 대로에서 웅성거렸고, 이맘때 열리는 화려한 결혼식 행렬에 손을 흔들며 수천 가지 색의 뱀처럼 유유히 페 거리를 지나 튀일리로 향했다. 이렇게 즐거운 어느 날에……." 그때 앙리 드 마르세는 튀일리의 넓은 산책로에서 낯선 여자와 눈이 마주쳤다. "그녀의 눈빛은 햇빛처럼 강렬했고, 온몸에서 풍기는 관능이 그 강렬한 눈빛에 모두 담겨 있었다."

평론가들은 『13인당 이야기』와 『고리오 영감』을 출발점으로 삼아 『인간 희극』을 구성하는 소설들이 서로 어떻게 연결되고, 주인공과 조연이 작품에 다시 등장해 어떻게 통일성을 부여하는지를 설명했다. 그러나 이런 그물망은 인물만이 아니라 장소에도 해당된다. 발터 베냐민은 소설의 연결망을 다음과 같이 묘사했다. "발자크는 구체적인 장소를 통해 가공의 인물에 고유의 구체적인 세계를 부여했다. 파리는 발자크 소설의 자양분이다. 뉘싱겐, 뒤 티예 같은 은행가, 세자르 비로토 같은 사업가, 여러 매춘부, 고브세크 같은 고리대금업자 등 다양한 인물의 이야기가 파리를 배경으로 펼쳐진다. 그러나 무엇보다도 똑같은 거리와 거리의 모퉁이, 똑같은 장소가 소설의 배경을 이룬다. 그 무대 앞에서 인물들이 모습을 드러낸다. 이것이 의미하는 바는 장소가 전통적인 허구의 공간이고, 심지어는 결말의 실마리가 되기도 한다는 것이다."[2] 그에 더해 『인간 희극』을 이어주는 조직은, 중

2 *Le Livre des passages*, op. cit.

심 인물들이 그들만의 특별한 장소로 돌아오는 것 이상의 의미를 지니며 이차적인 관계를 풍부하게 한다. "친족, 이웃, 친구 관계, 사업과 고객에 대한 참고 사항, 주소 적어놓기 등은 파리의 호적부와 상업 총람에서 빌려온 듯하다. 건조한 호적부와 메마른 상업 총람 속에서 발자크의 소설은 가장 밀도 높고, 가장 확실한 인물을 불러낸다."[1]

발자크와 파리의 개인적이고 직접적인 관계를 언급할 때면 언제나 『파시노 칸Facino Cane』의 앞부분이 인용된다. 이 작품에서 화자는 앙비귀코미크 극장에서 돌아오는 노동자 부부에 대해 이야기한다. "이 사람들의 이야기를 들으면서 나는 그들의 인생을 알 것만 같았고, 내 등 뒤에서 그들의 누추한 일상을 느꼈고, 그들의 구멍 난 신발을 신고 고단한 일상을 걷는 것 같았다. 그들의 욕망, 그들의 궁핍, 그 모든 것이 내 마음을 스쳤고, 내 마음도 그들의 마음속을 스쳤을 것이다. 이것은 한 남자의 꿈이었다." 내가 보기에 발자크는 이런 식으로 뜬금없이 자신의 이야기를 늘어놓지 않는다. 물론 발자크가 이 작품에서 언급한 레디기에르 거리는 실제로 그가 살았던 곳이다. 또한 발자크는 일인칭 시점으로 썼다. 그러나 그것을 자전적인 이야기의 지표로 보기에는 충분하지 않다. 발자크의 다른 작품과 마찬가지로 이 부분은 이야기의 도입부일 뿐이다. 발자크는 사전 작업 없이 이야기를 시작한 적이 없다. 거두절미하고 바로 이야기를 시작할 줄도 몰랐고 그럴 의도도 없었다. 반면 스탕달은 앞에서 보았듯이 『뤼시앵 뢰뱅Lucien Leuwen』 도입부나 『샤르트뢰즈Chartreuse』의 첫 문장에 등장하는 심벌즈 소리처럼 이야기를 갑작스럽게 시작한다.

발자크는 낮에 자고 밤에 글을 썼다. 잠옷을 입은 채 거위 깃털 펜을 쥐고, 커피 주전자를 옆에 준비해두고 작업했다는 일화는 일정 부분 사실이다. 그러나 프루

1 Chevalier, *Classes laborieuses et classes dangereuses*…, op. cit.

스트가 말년에 그랬던 것처럼 집에 틀어박혀 있지는 않았다. 발자크는 파리를 걸으며 많은 시간을 보냈다. 자신의 외국인 연인에게 알맞은 저택을 찾기 위해, 또는 자신의 취향에 맞게 커피를 배합하기 위해 쇼세당탱 거리의 부르봉, 오드리에트 거리의 마르티니크, 위니베르시테 거리의 모카 상점을 찾곤 했다. 이따금 발자크와 함께 파리를 걸었던 테오필 고티에는 다음과 같이 회상했다. "발자크는 근대의 파리를 좋아했고, 잘 알고 있었다. 반면 당대 파리의 지엽적이고 주의를 끄는 풍경을 주로 좋아한 사람들은 파리의 아름다움을 제대로 감상할 줄 몰랐다. 발자크는 밤낮으로 파리의 이곳저곳을 거닐었다. (…) 발자크는 자신이 소중히 여기는 도시의 모든 것을 알았다. 발자크에게 파리는 엄청나게 큰, 모든 것이 뒤섞인 괴물이자 수만 개의 촉수가 달린 해파리로, 그는 이 괴물이 어떻게 사는지 귀 기울여 듣고 주의 깊게 살펴보았다. 발자크가 보기에 파리는 하나의 거대한 생명체였다. 매일 아침, 원고를 전해주고 교정지를 찾으러 인쇄소에 가는 발자크를 볼 수 있었다. 발자크는 초록색 윗도리에 검은색과 회색 체크무늬 바지를 입었다. (…) 발자크는 커다란 신발을 신고, 목에는 빨간색 스카프를 배배 꼬아 두르고 산책을 했다. (…) 가난해 보이는 기이한 복장에도 이 커다란 남자를 천박하고 낯선 사람으로 취급하는 사람은 없었다. 발자크는 소용돌이에 휘말린 것처럼 자신의 꿈에 취해 그렇게 걸었다."[2] 고즐랑과 함께 발자크는 자신의 새 단편소설 속 주인공의 이름을 지으려고 상점 간판을 보러 파리 곳곳을 돌아다녔다. 그들은 몇 시간째 걸었고, 고즐랑은 피곤했다. 발자크가 고즐랑에게 부탁했다. "'생퇴스타슈까지 갑시다.' 나를 몇 킬로미터 더 걷게 하려는 핑계에 불과했다. 그곳까지 가려면 마유, 클레리, 카드랑, 포부르 몽마르트르 거리 그리고 비크투아르 광장을 거쳐야 했다. 자신이 원하는 것을 꼭 하고 싶다는 의지가 느껴졌다. 불루아 거리까지 갔을 때(내 인생에서

2 Théophile Gautier, *Honoré de Balzac*, Paris, Poulet - Malassis, 1859.

포피노 판사, 발자크의 『인간 희극』 중에서 「금지L'Interdiction」, 미셸 레비 출판사, 1867년. 베르탈의 판화.

이 순간을 결코 잊지 못할 것이다) 엉성한 대문 위를 쳐다본 뒤에 발자크는 갑자기 목소리를 바꿔 짧은 외마디 소리를 지르고 내게 말했다. 나와 팔짱을 낀 그의 몸은 살짝 떨렸다. 그 대문은 세로로 길고, 좁고, 거의 허물어져 있었는데, 습하고 어두운 골목길로 나 있었다. '여기, 여기! 여기! 읽어봐요! 읽어봐요!' 감정이 격해져 그의 목소리가 갈라졌다. 나는 '마르카스'라고 읽었다.

'마르카스! 음, 당신 생각은 어때요? 마르카스! 멋진 이름이네요. 마르카스!'

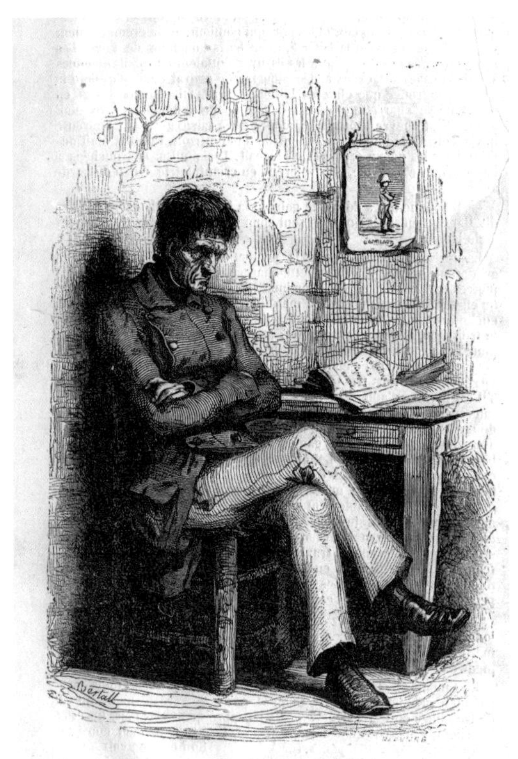
... Sur la table vermoulue, les Bulletins de la grande armée étaient ouverts
et paraissaient être la lecture du colonel. — PAGE 7.

샤베르 대령, 발자크의『인간 희극』, 미셸 레비 출판사, 1867년. 베르탈의 판화.

'글쎄요.'

'아무 말 마세요! 마르카스!'

'하지만…….'

'아무 말 말라니까요. 가장 적합한 이름이에요. 다른 이름은 찾을 필요도 없어요. 마르카스라는 이름에는 철학자, 작가, 위대한 정치인, 제대로 평가받지 못한 시인, 모든 게 다 있어요. 이 이름에 불꽃, 번뜩임, 별의 느낌을 덧붙이기 위해 나는

Z. 마르카스라고 부를 거예요.'"[1]

발자크는 『인간 희극』의 인물들이 사는 구역을 그들의 이름만큼이나 정성스럽게 골랐다. 의상과 집 내부에도 똑같이 세심하게 정성을 기울였다. 포부르 생제르맹을 제외한 센강 왼쪽은 낙오한 비주류, 인생의 피해자의 땅이다. 그곳에서 그들과 더불어 생계를 이어가는 사람들의 직업은 판사나 경찰관이다. 「금지」의 선량한 판사 포피노의 집은 푸아르 거리에 있는데 "항상 습하고, 센강으로 흐르는 이 거리의 개울은 염색업체의 폐수 때문에 시커멓다". 그리고 딸과 함께 사는 걱정 많은 경찰 페라드는 마레생제르맹 거리(현재 비스콩티)에 집이 있는데, 이 거리에는 발자크의 인쇄소가 있었다. 코랑탱은 카세트 거리에 살았고, 이곳에 카를로스 에레라가 뤼시앵 뤼방프레와 함께 자리 잡았다. 부인에게 모든 것을 뺏긴 「금지」의 불쌍한 에스파르 백작은 두 아들과 몽타뉴생트준비에브 거리에서 "그의 이름과 신분에 어울리지 않은 초라한 집에" 살았다. 「라 라부이외즈」의 시작 부분에서 돈 한 푼 없는 늙은 과부 브리도 부인은 "파리에서 가장 후진 구역…… 게네고 거리에서부터 센 거리가 만나는 프랑스 학술원 뒤쪽의 마자린 거리로 이사를 왔다". (『무신론자의 미사』에서 묘사하기를 "파리에서 최악의 거리로 꼽는") 카트르방 거리는 생쉴피스 구역의 슬럼가로, 가난한 무명의 두 젊은이가 차례대로 자리를 잡은 곳이다. 한 명은 낭만파 그룹의 뛰어난 작가로 등장하는 아르테즈로, 발자크의 '분신' 같은 존재다. 다른 한 명은 실제 모델이었던 기욤 뒤퓌트랭처럼 훗날 오텔디외 병원의 외과 책임자가 되는 데플랭이다. 그들이 살았던 집의 "좁은 문으로 이어지는 통로 끝에는 격자창으로 빛이 들어오는 나선 계단이 있었다".

포부르 생마르소의 비참함은 훨씬 심각했다. 아일라우 전투의 영웅 샤베르 대령은 전사자로 처리되어 법적으로는 더 이상 살아 있는 사람이 아니지만 프티방

---

1 Léon Gozlan, *Balzac en pantoufles*, Paris, Michel Lévy, 1862.

키에 거리(현재 바토)에 살았다. 샤베르를 방문한 변호사 데르빌은, 마부가 포장이 안 된 도로로는 바퀴가 빠질 위험이 있어 갈 수 없다고 거절했기 때문에 걸어서 돌아가야 했다.

센강 오른쪽에 쇠락의 정점에 있는 마레에는 비천하지만 당당한 인물들이 살았다. 대로변 작은 극장의 오케스트라 지휘자인 사촌 퐁은 먹고 살기 위해 기숙학교 여학생에게 음악을 가르쳤다. 앞에서 보았듯이 퐁은 노르망디 거리에 살았다. 『동시대 역사의 이면L'Envers de l'histoire contemporaine』에서 드 라 샹트리 부인은 열일곱 살 때 "살아야만 한다고 마음먹고 허드렛일을 하며 자신이 돌보는 소녀와 함께 어두운 구역에 살았다". 건강을 크게 해친 이 고귀한 여인은 프랑스 혁명 동안 코르드리뒤탕플 거리의 코르셋 전문점에서 힘겹게 일했다.

이 몰락한 귀족들과는 다르게 발자크는 방돔 광장, 생토노레 거리, 레 알 쪽에 사업가들을 배치했다. 『유명한 고디사르l'Illustre Gaudissart』의 펠릭스 고디사르는 "면포, 보석, 모직물, 포도주를 취급하는 이름난 도매상인 가운데 한 명으로, 이름뿐인 대사들보다 수완이 훨씬 더 뛰어났다". 고디사르는 되에퀴스 거리 끝 코메르스 저택에 살았다. 향수 가게 장미의 여왕에서 자신의 제품으로 성공을 거둔 세자르 비로토는 생로슈 성당과 가까운 생토노레 거리에 살았다. 비로토는 생로슈 성당에서 방데미에르 13일에 부상을 당했다. 부상 덕분에 비로토는 "정치와 향수사업을 연결하는 터무니없는 생각을 할 수 있었다". 비로토의 점원이었던 포피노[2]는 그의 사위가 되어 생크디아망 거리(현재 캥캉푸아)에 자리 잡았다. 고브세크의 동업자인 고리대금업자 지고네는 비로토가 파산하는 데 결정적인 역할을 했다. 많은 작가가 비로토의 파산이 얼마나 정확하게 묘사되었는지를 상업 재판소의 사기 조작과 더불어 자주 언급했다. 파산에 대해서 발자크는 자신이 무슨 이야기

2 앞에 나오는 판사 포피노와는 다른 인물이다. 발자크는 같은 이름의 인물을 다른 작품에 다른 역할로 재등장시키기도 했다. — 옮긴이

를 하는지 정확하게 알고 있었다(발자크도 도박으로 빚에 몰려 여러 번 파산한 경험이 있다). 그르네타 거리에 사는 지고네의 "집은 4층이었는데 모든 창문은 흔들거렸고 작은 유리창은 지저분했다. (…) 악취가 나는 계단의 각 층계참에는 빨간색으로 칠하고 왁스를 바른 함석판 위에 금박으로 제조업자의 이름을 쓴 멋진 견본이 놓여 있었다".

모든 구역 가운데 가장 발자크다운 곳은 포부르 생마르탱과 샹젤리제 사이의 둥근 부분을 포함한 대로 너머의 새로운 파리다.[1] 발자크가 집을 사려고 찾아다닌 곳이 바로 이 구역이었다. 1845년 12월 4일, 발자크는 자신의 외국인 연인에게 편지를 썼다. "내일 프티오텔 거리, 라파예트 광장에 집을 보러 갑니다. 당신도 알다시피 매물로 나온 이 작은 저택은 우리가 보러 갔던 생뱅상드폴 성당 바로 옆에 있습니다. (…) 프티오텔 거리는 짐나즈 극장에서 대로로 내려가는 오트빌 거리와 이어집니다. 그리고 라파예트 광장에서 몽톨롱 거리를 거쳐 생라자르 거리와 페피니에르 거리로 이어집니다. 우리는 센강 오른쪽이라고 불리는, 극장들과 대로가 자리한 동네의 중심에 있게 됩니다. 센강 오른쪽의 높은 언덕입니다."

『인간 희극』에서 켈레르 은행은 테부 거리에 있고, 이 거리에는 화가 테오도르 드 소메르비외[2]가, 그리고 한동안은 라스티냐크가 살았다. 클라파롱 은행은 프로방스 거리, 몽주노 은행은 비크투아르 거리의 앞마당과 정원이 딸린 멋진 저택에 있었다. 고리오 영감의 두 딸, 드 레스토 부인과 델핀 드 뉘싱겐은 각각 엘데르 거리와 생라자르 거리에 살았다. "가느다란 기둥과 주랑이 있는 델핀 드 뉘싱겐의 저택은 파리에서 이름난 집으로, 대리석 모자이크로 장식한 층계와 석회를 바

---

1 『인간 희극』의 주요 인물 중 누구도 파리 동쪽에 살지 않았다. 포부르 생탕투안을 자주 언급하지만 비유적인 방법으로 사용했을 뿐이다.(앞에서 보았듯이 마두 부인은 "포부르 생탕투안의 봉기에서 도망치듯이" 비로토 집에서 급히 나왔다) 포부르 뒤 탕플은 비트로가 "그곳에 가건물 한 채와 땅을 빌려 큰 글자로 '세자르 비로토' 공장이라고 썼다"는 장면에만 언급될 뿐이다.

2 *La Maison du Chat-qui-pelote*, 1829.

른 벽까지 상당히 정성스럽게 치장한 진짜 은행가의 값비싼 집이었다." 델핀의 저택 정원은 후작 부인이 금빛 눈동자의 소녀를 감금한 생레알 저택의 정원과 맞닿아 있었다. 카미유 모팽은 쇼세당탱 거리의 "가장 아름다운 저택 가운데 한 채를 13만 프랑에"[3] 샀다. 생조르주 거리는 덜 우아했다. 이곳은 "파니 보프레, 쉬잔 뒤 발노블, 마리에트, 플로랑틴, 제니 카딘 같은" 로레트의 거리였다. 뉘싱겐 남작은 가련한 에스테르를 위해 생조르주 거리에 숙소를 구해주었다. 그리고 한참 뒤에 뒤 티예(이 꼬마 도둑은 커서 성공한 은행가가 되고 중도 좌파의 입법의원이 된다)는 생조르주 거리에 "유명한 카라빈의 숙소를 구해준다. 카라빈의 대담한 태도, 활기찬 성격, 자유분방함은 뒤 티예가 개인적, 정치적 그리고 경제적 측면에서 균형을 잡는 데 영향을 주었다."[4]

돈으로 좌지우지되는 또 다른 지역은 당시 건설 중인 유럽 구역이었다. "노트르담드로레트 구역의 고급 매춘부들이 없었더라면 이 일대에 그토록 많은 집이 지어지지는 않았을 것이다. 암스테르담, 밀라노, 스톡홀름, 런던, 모스크바 같은 유럽의 거리에는 석재로 장식한 텅 빈 주택이 속속 들어섰고, 투기에 편승해 새로운 곳을 개척하기 위해 매춘부들은 몽마르트르 언덕을 따라 텐트를 쳤다. (…) 매춘부들의 상황은, 앞날을 알 수 없는 이 구역들에서 어디에 자리 잡느냐에 따라 결정되었다. 만약 이들의 집이 프로방스 거리와 가까우면 정기적으로 수입이 생겨 돈을 벌게 된다. 그러나 집이 대로 외곽이나 바티뇰의 마을과 가깝게 자리 잡으면 수입이 없어진다. 그런데 드 로슈피드가 숀츠 부인을 만났을 때 숀츠 부인은 베를린 거리에 마지막 남은 건물 4층에 살고 있었다. 즉, 그녀는 비참함과 부유의 경계에 있었다."[5]

---

3 Balzac, *Béatrix*.
4 Balzac, *Les Comédiens sans le savoir*.
5 *Béatrix*.

포부르 생토노레, 샹젤리제는 포부르 생제르맹과 더불어 분명히 귀족 구역이다. 그러나 앞에서 보았듯이 발자크, 그리고 훗날 프루스트도 이 귀족 구역에 지리적이기보다는 상징적 경계의 의미를 부여했다. 샤베르 대령의 전 부인이었던 에스파르 후작은 엘리제궁 근처에 살았고, 파리 사교계의 여왕인 아름다운 모프리뇌즈 공작 부인은 포부르 생토노레 가장 위쪽의 카디냥 대저택에 살았다. 이 구역들에는 전통적인 귀족뿐만이 아니라 다양한 방법으로 최근에 돈을 번 신흥 부자도 있었다. "누가 예측이나 했겠는가! 가족도 없는 벼락부자 뒤 티예가 1831년에 그랑빌 백작의 막내딸과 결혼했다. 그랑빌 백작은 프랑스에서 가장 유명한 법관 가문으로, 뇌브데마튀랭 거리에서 가장 아름다운 저택에 살았다."[1]

『인간 희극』의 파리 이야기들은 이처럼 전 구역을 무대로 펼쳐지고 연결된다. 인물들의 주제를 구성하기 위해 파리의 여러 구역을 연결한 발자크의 놀라운 혁신은, 빅토르 위고의 『레 미제라블』과 에밀 졸라의 파리 소설을 거쳐 외젠 쉬에서 조르주 심농까지 프랑스 소설의 서사에서 현저한 특징 가운데 하나가 되었다. 오리안이 수련을 들고 비본 강가를 찾거나 알베르틴이 발베크에서 휴가를 보내는 식으로 프루스트는 등장인물의 중요 장소를 주로 파리에서 벗어난 곳으로 설정했지만 인물의 주제를 공간과 연결하는 방식은 똑같다. 『잃어버린 시간을 찾아서』는 인물과 공간의 연결 방식 외에도 많은 점을 『인간 희극』에서 차용했다.

「파리의 배회자Le Rôdeur de Paris」「고독한 산책가Le Promeneur solitaire」「섬광과 연기Lueurs et Fumées」는 보들레르 사후에 출간된 짧은 산문시의 제목으로 보들레르가 생전에 정해놓은 제목이었다. 이 시집은 훗날 방빌과 아슬리노가 신중하게 정한 『파리의 우울』이라는 제목으로 출간되었다. 작품을 '분노와 인내로' 치밀하게 구성하기 위해서 시인의 불행과 파리의 커다란 불안정성 사이에 접점이 필요했다. "파

1 Balzac, *Une fille d'Ève*, 1839.

묻힌 성전에서…… (또는) 시인은 격렬하게 불멸의 치골에 불을 밝힌다"(말라르메) "궁륭으로 뻗은 작품은 로마인들이 느낀 삶의 권태를 근대 스타일로 잡아당긴다"(베냐민) "예술의 절대적인 상업화의 변형"(아감벤)[2]이라고 평한 표현에서도 볼 수 있듯이 이 시집을 이해하기는 쉽지 않다. 보들레르의 모순과 일탈은 오랫동안 비판을 받아왔는데, 바로 그 모순과 일탈이 보들레르와 우리를 가깝게 했고, 갑작스러운 일치를 만들어내는 데 기여했다. 이 갑작스러운 일치 속에서 19세기의 파리는 자기 자신에 집중하고 하나가 되어 다시 한번 더 확장되었다. 보들레르는 샤를 메리옹의 동판화 「잔인한 악마démon cruel」를 보고 알레고리의 특성을 급진적으로 변화시켰다. 이렇게 변형시킨 알레고리 속에서 보들레르는 네르발, 발자크, 그리고 에드거 포가 대도시를 바라본 시각을 그러모아 그 경계를 넘어섰다. 그리고 1859년 2월 19일, 보들레르는 마침내 당당하게 풀레말라시스에게 "새로운 꽃 완성. 유리 공장의 가스 폭발처럼 모든 것을 깨버리기"라고 쓸 수 있었다.

"나는 내가 아닌 바로 그곳에서 항상 편안함을 느꼈던 것 같다. 그리고 나는 집 옮기는 문제를 놓고 내 영혼과 쉼 없이 논쟁한다."[3] 에스트라파드 거리, 베튄 선착장, 바노 거리, 앙주 선착장의 피모당 호텔, 코르네유 거리의 코르네유 호텔, 라피트 거리의 됭케르크 호텔과 포크스톤 호텔, 프로방스 거리, 코크나르 거리(현재 라마르틴), 투르농 거리, 바빌론 거리, 피갈 거리, 마레뒤탕플 거리(현재 이브투디크), 본누벨 대로, 생탄 거리의 요크 호텔(현재 보들레르), 센 거리의 마로크 호텔, 봉앙팡 거리의 노르망디 호텔, 앙굴렘 거리(현재 장피에르탱보), 볼테르 선착장의 볼테르 거리, 보트레이 거리, 암스테르담 거리의 디에프 호텔, 노르 광장의 슈맹 드 페르 뒤 노르 호텔이 보들레르가 옮겨 다닌 곳이다. 루이르그랑 고등학교 때부터 돔 거리

2 Stéphane Mallarmé, *Le Tombeau de Charles Baudelaire*; Walter Benjamin, *Le Livre des passages*; Giorgio Agamben, *Stanze*, 프랑스어판, Paris, Christian Bourgois, 1981.
3 "Anywhere out of the world", *Le Spleen de Paris*.

에 있는 의사 뒤발의 물 치료법 병원까지 보들레르는 몽파르나스 공동묘지에 묻혀서야 방랑을 끝냈다. 보들레르의 거주지는 파리에 다도해처럼 퍼져있는데, 주된 두 장소는 대로와 북쪽 방벽 사이의 라탱 구역과 새로운 파리였다. 보들레르는 파리의 다른 곳에서도 지냈겠지만, 대부분 라탱 구역과 새로운 파리에서 보냈을 것이다. 1855년 4월 5일, 보들레르는 어머니에게 편지를 썼다. "깁스를 한 채 벼룩시장에서 잠을 자며 한 달 동안 여섯 번이나 이사해야 했어요. 내가 호텔로 보낸 중요한 편지는 반송됐어요. 중대한 결정을 내렸어요. 집에서 더 이상 작업을 할 수가 없어서 인쇄소에서 일하면서 지냈어요."[1] 『벌거벗은 내 마음Mon cœur mis à nu』에서 보들레르는 "거주지의 공포에 대한 중요한 질병 연구. 질병의 이유. 점차로 늘어나는 질병"이라고 적었다.

발터 베냐민은 "보들레르는 어떤 존엄성도 인정하지 않는 사회에서 시인의 존엄성을 주장해야 했다. 바로 여기에서 보들레르의 해학이 비롯되었다"[2]라고 지적했다. 보들레르는 바이런 이래 작가 자신의 개인적 특성을 자기 작품의 구성 요소로 통합한 예술가다. 훗날 뒤샹, 워홀, 요제프 보이스는 작가의 특성을 구성 요소의 일부가 아니라 가장 지배적인 요소로 활용한다. 여느 작가들이 그러듯 보들레르는 자신이 도달하고자 애썼던 이상을 다른 작가의 작품에서 찾았다. "섬세하고 부드러우며 독특하고 탁월한 에드거 포의 태도는 확신으로 가득 찼다. 에드거 포의 전성기에 그의 표정, 걸음걸이, 몸짓, 고갯짓, 그 모든 것은 그를 선택된 피조물처럼 느끼게 해주었다."[3] 보들레르는 에드거 포를 자신의 완벽한 분신으로 삼

---

1 보들레르는 에드거 포 작품을 번역하고 있었다.

2 Benjamin, *Charles Baudelaire, un poète lyrique*…, op. cit.

3 Baudelaire, *Edgar Poe, sa vie et ses oeuvres*. 1864년 스페인 화가를 모방했다고 마네를 비난한 토레에게 보낸 편지에서 보들레르는 "사실, 사람들은 내가 에드거 포를 모방했다고 비난합니다. 내가 왜 포의 작품을 그토록 심혈을 기울여 번역했는지 혹시 아십니까? 포는 나와 비슷하기 때문입니다. 처음으로 포의 작품을 읽었을 때 격렬한 공포와 황홀을 느꼈습니다. 내가 꿈꾼 주제만이 아니라 내가 생각한 문장도 보았기 때문입니다. 포는 그 문장을 나보다 20년 전에 썼습니다"라고 말했다.

았다. 사람들은 보들레르의 사진에 관한 평가를 굉장히 중요하게 생각하지만, 보들레르를 찍은 사진의 양과 질에 대해서는 많이 언급하지 않는다. 보들레르의 초상화들은 가슴을 찌르는 듯 날카로운데, 사진작가로서의 나다르나 카르자의 재능만으로는 그 이유를 설명할 수 없다. 초기의 보들레르 초상화에서 그는 렘브란트의 초기 자화상처럼 세심하게 연출된 자세로 앉아 있는, 자신만만한 눈빛의 잘생긴 청년이었다. 20년 후, 브뤼셀에서 찍은 일련의 사진이 보들레르의 마지막 초상화가 되었고, 그 사진들은 풀레말라시스에게 헌정되었다. 프루스트는 "보들레르의 웃음 덕분에 나는 벨기에에서 슬프지 않았다"라며, 백발의 긴 머리와 피로한 기색의 이미지에 대해서는 "죽음을 앞둔 극한의 피로를 표현한다"라고 보들레르를 구체적으로 묘사했다.[4]

에스트라파드 거리의 르베크와 바이 하숙집에서 보들레르는 국립역사학교 입학시험을 준비했다. 보들레르의 친구 프라롱은 계단에서 내려오는 보들레르를 "마르고, 목을 훤히 드러낸 채, 긴 조끼를 입고, 소매 커버를 끼고, 손에는 가벼운 금색 지팡이를 들고, 부드럽고 느리게 리듬에 맞춰 발걸음을 뗐다"[5]라고 묘사했다. 한참 뒤에 나다르는 생루이섬의 피모당 호텔 근처에서 마주친 보들레르를 다음과 같이 묘사했다. "광택을 낸 장화 위로 빳빳하게 풀을 먹인 검은 바지와 주름을 잘 잡은 파란색 노동자 작업복을 입고 있었다. 길고 검은 곱슬머리였다. 내의는 풀을 먹이지 않아 반짝였다. 그리고 새 분홍색 장갑을 끼고 있었다. 보들레르는 자신의 구역을 고양이처럼 신경을 곤두세우면서도 느릿느릿 일정하지 않은 리듬

---

4 샤를 넷이 찍은 이 사진은 카탈로그 *Baudelaire Paris*, Paris, Paris - Musées, 1993에 재수록되었다. 카탈로그에는 이브 본푸아의 서문과 클로드 피슈아와 장폴 아비스의 글이 실렸다. 본문과 주석의 인용문은 Proust, "À Propos de Baudelaire", *Nouvelle Revue française*, 1921년 6월 1일자에서 발췌했다. "빅토르 위고가 결코 찾지 못한 다음과 같은 매혹적인 구절로 죽음에 대해 쓸 수 있으려면 아마 죽음을 앞둔 극한의 피로를 느껴야만 할 것이다. 그리고 가난하고 벌거벗은 사람들의 잠자리는 누가 다시 만드는가." 프루스트는 1922년 11월 18일 죽었다. 그는 '극한의 피로를' 아주 오래전부터 겪었다.

5 François Porché, *Baudelaire, histoire d'une âme*, Paris, Flammarion, 1944에서 인용.

으로, 마치 지뢰를 피하는 것처럼 잘 포장된 인도를 골라서 산책했다."[1] 샤를 아슬리노는 『코르세르 사탄』 사무실에 들어가는 보들레르를 다음과 같이 묘사했다. "검은 양복을 멋지게 차려입은 보들레르가 대로에 모습을 드러냈다. 그가 재단사에게 주문한 디자인은 유행과는 정반대였다. 양복 윗도리는 길고 단추가 주렁주렁 달렸고, 양복 위쪽의 깃은 좁고 뾰족하게 마감되어 페트뤼스 보렐이 이야기한 것처럼 작은 뿔 나팔 같았다."[2] 아슬리노는 1848년에 마주친 보들레르의 모습에 대해 "외곽 대로에서 펑퍼짐한 상의나 푸른색 작업복을 입은 보들레르를 볼 수 있었다. 복장은 허름했지만 과거 경제적 여유가 있었을 때의 검은 정장 차림과 마찬가지로 단정했고 흠잡을 데가 없었다"[3]라고 썼다. 『악의 꽃』 소송이 열린 2개월 뒤인 1857년 10월, 자부심이 강한 공쿠르 형제는 펠르티에 거리의 식당 리슈에서 저녁을 먹고 있었다. "우리 옆자리에서 넥타이도 매지 않고 목을 그대로 드러낸 채, 머리를 삭발한 보들레르가 저녁을 먹고 있었다. 단두대에 올라가는 차림 같았다. 깨끗이 씻고 다듬은 새하얀 손만은 정성을 들인 듯이 보였다. 미치광이의 몰골에 목소리는 면도날처럼 날카로웠다. 현학적인 언설은 생쥐스트를 능가했다. 자신의 시는 풍습을 어지럽히지 않았다고 고집스럽게, 그리고 거친 열정을 토하며 변호했다."

보들레르는 여러 번에 걸쳐 자신을 '댄디'와 '플라뇌르'로 묘사했다. 보들레르에 대해 이야기할 때면 이 단어는 어김없이 등장한다. 그럴 만한 합당한 이유가 당연히 있지만, 이 용어를 쓸 때는 속임수mystification에 대한 보들레르의 취향과 『악의 꽃』이 출간된 지 한 세기 반이 지나는 동안 의미가 변했다는 두 가지 사실을 고려해야 한다. 의상에 들이는 정성, 차가운 도도함, 무관심한 체하는 태도로 볼 때 보

1 Firmin Maillard, *La Cité des intellectuels*, Paris, 1905. Benjamin, *Le Livre des passages*, op. cit.에서 인용.
2 Charles Asselineau, *Charles Baudelaire*, Paris, Lemerre, 1869; Cognac, 1990으로 재출간.
3 Asselineau, 같은 책.

들레르는 확실히 파리의 댄디였다. 『벌거벗은 내 마음』을 보면 보들레르는 “여자는 자연스럽다. 다시 말해 혐오스럽다. 또한 여자는 언제나 통속적이다. 다시 말해 댄디의 반대편에 서 있다” “댄디는 숭고하기를 끊임없이 갈망해야 한다. 댄디는 거울 앞에서 자고 생활해야 한다” “댄디의 영원한 우월성. 댄디는 무엇인가?”라며 끊임없이 도발했다. 그리고 “댄디는 아무 일도 하지 않는다. 댄디가 민중을 조롱할 때를 빼고 민중에게 이야기하는 모습을 상상이나 할 수 있겠는가?”라고 주장하며 자기 생각을 솔직하게 드러냈다. 그러나 보들레르 생각의 핵심을 포착하려면 『근대의 삶을 그린 화가Le Peintre de la vie moderne』에 실린 기 콩스탕탱의 초상을 볼 필요가 있다. 거기에는 보들레르가 자기 자신을 어떻게 생각하는지 드러나는 구절이 있다. “나는 콩스탕탱을 기꺼이 댄디라고 부를 것이다. 물론 그렇게 부르려면 몇 가지 합당한 이유가 있어야 할 것이다. 댄디라는 표현은 성격의 핵심 그리고 이 세계의 모든 도덕적 구조에 대한 정교한 이해를 내포한다. 다른 한편으로 댄디는 냉담을 갈망한다. 그러나 보고 느끼는 모든 것에 만족할 줄 모르는 열정으로 가득 찬 콩스탕탱은 냉담을 갈망하는 댄디즘과 결정적으로 멀어진다. (…) 정치와 신분제도를 이유로 댄디는 감각이 마비되었거나 마비된 척한다. 콩스탕탱은 냉담한 사람들을 두려워한다.” 그리고 보들레르는 어머니에게 “신경쇠약, 궂은 날씨, 두려움, 빚쟁이, 고독의 공포에도 불구하고 ‘용기를 갖자’라고 나 자신에게 얼마나 되새기는지 몰라요” 또는 “끔찍한 병에 걸렸어요. 올해처럼 이렇게 심하게 나를 파괴하기는 처음이에요. 몽상, 의기소침, 의욕 상실, 우유부단이 나를 덮쳐요”라고 썼다. 보들레르의 이런 모습은 카페 토르토니의 우아한 단골들과는 거리가 멀었다.

플라뇌르라는 용어는 오늘날 나태라는 의미와 결부되어, 비생산적인 방법으로 시간을 보내는 것으로 취급된다. 그런데 보들레르가 가장 걱정했던 것이 바로 점점 더 나태해지는 자신의 모습이었다. 1847년 12월 4일 어머니에게 보낸 편지에서 그는 "머리로는 끊임없이 무언가를 생각하는데, 일상에서 육체는 절대적인 나태에 빠져 그 부조화 때문에 굉장히 화가 나요"라고 썼다. 보들레르가 자신을 여유 있게 풀어놓는 장소는 거리가 아니라 아무것도 하지 않고 가만히 머물러 있는 집이었다. 그는 편지에서 "깨끗한 내의가 없거나 땔감이 없어서 사흘 동안 침대에만 누워 있던 적도 있다. 솔직히 말해 아편과 포도주는 슬픔에 맞서는 좋은 방편이 아니다. 술과 아편은 시간이 지나가게는 해주지만 삶을 회복시키지는 않는다"라고 썼다.

보들레르에게 플라뇌르 하기는 전혀 수동적인 행위가 아니다. 그는 당시 중요한 인물을 다룬 시적인 글에서 거리를 거니는 행위의 의미가 무엇인지 따져보았다. 인물에게 느끼는 자신의 감정이 양면적이었음에도 보들레르가 쓴 글은 인상적이다. "빅토르 위고가 우리 곁을 떠난 지 벌써 여러 해가 지났다. 나는 위고가 군중 속에서 자주 모습을 드러내던 한 시기를 기억한다. 혼잡한 축제나 쓸쓸하고 조용한 곳에 그토록 자주 가는 위고를 보면서 숭고하고도 위태로운 산책과 몽상의 취향을 규칙적인 작업의 필요성과 어떻게 조화시킬 수 있는지 수없이 자문했다. 겉으로 보기에 대립하는 이 두 가지는 사실 잘 짜인 일상과 강한 정신력의 결과로, 위고는 걸으면서도 일을 할 수 있었다. 아니 그보다는 걷는 행위가 곧 일이었을 것이다."[1] 그리고 『근대의 삶을 그린 화가』에서 보들레르는 플라뇌르 하기에 대한 이론을 다음과 같이 다듬고 발전시켰다. "완벽한 플라뇌르와 열정적인 관찰자에게 군중 속에서, 들고 나는 움직임 속에서, 덧없이 사라지는 것과 무한한 것 속에서 주거지를 정하는 행위는 상당한 즐거움이다. 집 바깥에 있는 모든 곳을 자기 집처럼 느끼는 것이다. 세상을 보는 행위는 세상의 중심에 있는 것이고 세상에 숨어 있는 것이다. 편견 없고, 열정적이고, 독립적인 사람들에게는 최소한의 즐

---

1 Catulle Mendès, "Réflexions sur quelques - uns de mes contemporains", *la Revue fantaisiste*, 1861. 이 당시 위고는 10년째 유배 생활을 하고 있었다.

거움으로, 이런 즐거움을 언어로 묘사하기에는 한계가 있다. (…) 보편적인 삶을 사랑하는 사람은 강렬한 에너지를 품고 있는 저장고에 들어가듯이 군중 속으로 들어간다. 이런 사람은 군중을 비추는 거울이자 끊임없이 변하는 것을 보여주는 거울로, 각각의 움직임에 반응하며 다양한 인생과 인생의 모든 우아한 움직임을 재현한다."

보들레르가 파리의 거리로 나간 것은 단순히 시적인 필요성 때문만은 아니다. 보들레르는 셀 수 없을 만큼 자주 이사를 다녔고, 그래서 집에서 일을 할 수가 없었다. 방빌은 다음과 같이 회상했다. "내가 처음으로 피모당 저택의 한 방에 세 들어 살던 보들레르를 방문했을 때 집에는 사전도, 집필 공간도, 글을 쓸 책상도 없었다. 거실 겸 부엌에 있는 찬장 하나만이 부르주아 저택의 구석진 공간을 떠올리게 했다."[2] 보들레르가 잔 뒤발과 살 때는 그보다 훨씬 더 열악했다. 보들레르는 잔 때문에 생활이 불가능했다. 1852년 3월 27일 오후 두 시에 어머니에게 보낸 편지에 그는 이렇게 썼다. "지금 우체국 맞은편 카페에 앉아 편지를 써요. 조금 더 조용한 곳에서 집중하려고 왔는데 주사위 놀이와 당구로 시끄러워요. (…) 이따금 글을 쓰려고 집을 나와 도서관이나 독서 클럽, 아니면 오늘처럼 카페나 포도주 상점으로 가요. 요즈음 항상 화가 나 있는데 모두가 이런 일 때문이에요."

보들레르에게 파리의 거리는 확연히 구별되는 두 가지 기능이 있었다. 첫 번째는 탐색과 관련이 있다. 그러나 보들레르의 탐색은 훗날 에밀 졸라가 수첩과 펜을 들고 구트도르 구역이나 센 거리를 돌아다닌 것 같이 자료를 수집하는 행위와는 관계가 없다. 보들레르는 "리얼리즘이라고 불리는 문학 경향은 모든 비평가의 얼굴에 던지는 몹시 불쾌한 모욕이고, 저속한 사람들을 위한 불명확하고 모호한 단어로, 창작의 새로운 방법론이 아니라 부차적인 것에 대한 세부적인 묘사다"라며

---

2 Théodore de Banville, *Mes souvenirs*, 1882.

리얼리즘을 신랄하게 공격했다. 보들레르는 관찰이라고 부르는 행위도 그리 높게 평가하지 않았다. "발자크, 이 비범한 유성은 프랑스를 영광의 구름으로 뒤덮을 것이다"라고 언급하며 "발자크의 위대한 영광이 그의 관찰자로서의 면모 때문이라는 사실에 놀랐다. 왜냐하면 나는 발자크의 중요한 덕목을 열정적인 예언자의 기질이라고 생각했기 때문이다"[1]라고 썼다. 보들레르가 군중 속에서 찾은 것은 만남의 충격, 상상력을 불타오르게 하는 뜻밖의 광경이다. 이 충격과 뜻밖의 광경은 시의 본질인 "신비롭고도 복합적인 매혹"을 창조한다.

몇몇 글에서 보들레르는 "대기처럼 우리를 적시고 감싸는 이 경이로움"에 자신이 어떻게 다가가는지를 밝혔다. "어느 날 많은 사람이 인도에 모여 있는 것을 보았다. 구경꾼들의 어깨너머로 다음과 같은 광경을 보았다. 한 남자가 땅바닥에 누워 하늘을 쳐다보고 있었다. 다른 한 남자는 누워 있는 사람 앞에 서서 몸짓으로 무어라 하는 듯했다. 누워 있는 남자도 눈짓으로만 대꾸했다. 둘 다 상당히 배려하며 서로를 격려하는 듯 보였다. 서 있는 남자의 몸짓은 누워 있는 남자를 이해하고 '자, 자, 행복은 저기에, 여기에서 두 발짝 떨어진 거리 모퉁이에 있어. 우리는 슬픔의 강가에 있지만 무언가가 보여. 아직은 파도가 사나운 몽상의 바다에 도달하지 않았어. 자 친구, 기운 내. 네 생각에 만족하고 그만 일어나'라고 말하는 것 같았다." "이미 파도가 사나운 바다에 도달한 것처럼 보이는"(실제로 그는 시냇물에서 헤엄치고 있었다) 누워 있는 남자는 아무 말도 듣고 싶지 않은 듯 했다. 그의 친구는 "누워 있는 친구에게 전혀 강요하지 않고 혼자 술집에 갔다. 돌아올 때는 밧줄을 들고 왔다. 아마도 혼자 항해를 하고 혼자 행복을 찾으며 고통받고 싶진 않았을 것이다. 그래서 마차로 친구를 데리러 왔다. 마차란 바로 그의 손에 들린 밧줄이다. 그는 친구 허리에 밧줄을 둘렀다. 누워 있는 친구가 웃었다. 분명히 친구의 어린아이 같은 생

---

1 Baudelaire, "Madame Bovary par Gustave Flaubert", *L'Artiste*, 1857년 10월 18일.

각을 이해했을 것이다. 친구가 밧줄을 묶었다. 그러고는 온순하고 잘 길들여진 말처럼 천천히 걸음을 내딛으며 누워 있는 친구를 행복이 있는 곳으로 끌었다".[2]

보들레르에게 파리 거리의 두 번째 기능은 걸으면서 천천히 공들여 시를 구상하는 것과 관련이 있다. 그래서 보들레르는 집에 있기보다 대개 밖으로 나갔다. "나는 보들레르가 거리를 걷다가 멈춰 서서 급히 시를 적는 것을 보았다. 보들레르가 자리에 앉아 공책을 펼쳐놓고 있는 모습을 본 적이 없다"라고 프라롱은 썼다. 그리고 아슬리노에 따르면 "보들레르는 천천히 불규칙하게 작업을 했다. 같은 구절을 스무 번이나 고쳐 쓰고, 단어 하나에 몇 시간을 쏟아부었다. 글을 쓰다가도 막히면 중단하고 대화를 나누거나 거리를 거닐며 생각이 무르익기를 기다렸다. (…) 한마디로 느리고 불규칙한 플라느리는 보들레르에게 있어 기질에 맞는 완벽한 조건이었다."[3] 이 점과 관련해 「태양Le Soleil」의 첫 연은 데카르트의 『방법서설Discours de la méthode』 머리말을 연상시킨다.

> 도시와 들판에, 지붕과 밀밭에
> 가혹한 태양이 점점 더 강렬하게 내리쬘 때
> 나는 홀로 기이한 검술을 한다.
> 구석구석에서 시의 운율의 우연한 냄새를 맡으며
> 보도블록에서처럼 단어 위에서 비틀거리며
> 때로는 오래전부터 꿈꾼 시구와 부딪치면서

보들레르가 발을 헛디뎌 비틀거리며 걸었던 보도블록이라는 표현을, 『악의 꽃』

---

2 Baudelaire, "Le Vin", *Du vin et du hachisch*.

3 Alphonse Séché, *La Vie des Fleurs du mal*, Amiens, 1928. Walter Benjamin, *Le Livre des passages*에서 인용; Charles Asselineau, *Charles Baudelaire*, op. cit.

A mon Ami A. Poulet Malassis
Charles Baudelaire.

왼쪽 페이지

샤를 넷이 찍은 보들레르의 초상. 보들레르가 생의 마지막 순간에 브뤼셀에서 찍은 이 사진은 그가 코코 말페르셰라고 불렀던, 『악의 꽃』을 출간한 친구 풀레말라시스에게 헌정되었다.

을 거의 외울 정도로 잘 알고 있던 프루스트가 몰랐을 리 없다.[1] 『되찾은 시간Temps retrouvé』의 끝부분에서 화자는 게르망트 저택 안마당의 자갈이 깔린 통로에서 돌에 걸려 넘어진다. 그러고는 "오래전부터 꿈꿔온 시구와" 부딪치지는 않지만, 그와 비슷한 베니스의 "눈부시지만 또렷이 떠오르지 않는 광경"과 부딪친다. 이 광경은 "갑작스러운 우연을 통해 일련의 잃어버린 날들 속에서 불쑥 솟아올랐다". 마지막 축제 속으로 빠져들기 전에 몇 초 동안 화자는 여전히 보들레르를 떠올렸다. "네르발보다 특히 보들레르의 작품에 훨씬 더 많이 보이는 이 어렴풋한 기억은 당연히 네르발의 작품에서보다는 훨씬 계획적이고, 따라서 내가(화자) 보기에 그 의미가 명확하다. 시인은 선택과 느림으로, 예를 들면 한 여인의 향기 속에서 떠오른 그녀의 머리카락과 가슴을 '광활하고 둥근 푸른빛 하늘'과 '불꽃과 돛대로 가득 찬 항구'라고 표현한다. 나는 보들레르의 시 구절을 떠올리려고 애썼다. 그 구절을 바탕으로 다른 감정을 실어 그토록 고귀한 계보에 내 자리를 만들고 싶었다. 그리고 그것을 통해 내가 조금도 주저하지 않고 쓰기 시작한 작품에 확신을 갖고자 했다. 그러면 작품에 쏟은 노력은 헛되지 않을 것이다." '선택과 느림으로'라는 단순한 표현은 보들레르의 플라느리에 관한 모든 논의의 길잡이로 삼을 수 있을 것이다.

보들레르는 「백조」에서 언급한 루브르와 카루젤 외에는 다른 시에서 파리의 장소들을 언급하지도 묘사하지도 않았다. 그렇지만 운문이나 산문시 가운데 보들레르가 파리를 노래한 작품들은 가장 정확하게 파리의 장소들을 보여준다. 보들레르는 콩스탕탱 기 작품의 여자들처럼 가벼운 여자들이 있는 우아한 구역을 돌

---

1 *À propos de Baudelaire*, op. cit. 보들레르의 시를 여러 편 인용한 프루스트는 다음과 같은 주석을 삽입했다. "병상에서 이 편지를 자크 리비에르에게 썼을 때 내 침대 곁에는 책이 한 권도 없었다. 인용문이 정확하지 않을 수도 있지만 쉽게 바로 잡을 수 있으니 독자들의 이해를 바란다."

아다녔고, 소란스러운 대로에서 '여자 행인'과 '빨간 머리의 여자 걸인'을 만났다.[1] 그리고 "새해 첫날 눈과 진흙으로 혼잡스러운, 호화로운 사륜마차가 수도 없이 지나는 거리의" 익살꾼, 이 백치에게서 "나는 프랑스 전체의 정신이 집약된 모습을 보았던 것 같다"는 구절에서 보들레르가 프랑스에 대해 말한 것처럼 훗날 니체도 독일에 대해 비슷하게 말했다. 이외에도 보들레르와 니체의 공통점은 많다.

종종 보들레르는 몇 시간이고 포부르를 걸었다. 보들레르가 "기이한 검술을 하는" 파리, 그가 좋아하는 산책 장소인 생마르탱 운하 주변의 파리가 바로 그곳이다. 포부르라는 단어는 『악의 꽃』과 『파리의 우울』에 자주 나오는데, 상징적인 비유가 아니라 때로는 엄밀한 의미로 쓰였다. "포부르의 옛 거리를 따라 초라한 가옥들이 줄지어 있고/ 덧창으로 소중한 귀중품들을 가린다"에서 '옛 거리'는 보들레르가 마레뒤탕플 거리와 앙굴렘 거리에 살았을 때 틀림없이 자주 거닐었을 포부르뒤탕플 같은 거리를 떠오르게 한다. 때로는 포부르를 좀더 일반적으로 도시 외곽의 의미로 썼다. "대지 전체에 맞서 성이 난 우월雨月[2]/ 물 항아리 통째로 음울한 차가움을 퍼붓는다/ 공동묘지 옆에 사는 창백한 주민들에게/ 그리고 안개 자욱한 포부르의 도덕성에" 그리고 「넝마주의들의 포도주Le Vin des chiffonniers」에서는 "옛 포부르의 한가운데 진흙투성이의 미로에서/ 인간성은 격렬하게 들끓는다"라고, 「일곱 명의 노인Les Sept Vieillards」에서는 "나는 영웅처럼 정신을 바짝 차리고 뒤따랐다/ 그리고 이미 기진맥진한 내 영혼과 다투었다/ 포부르는 무거운 중형 마차로 흔들렸다"라고, 「마드무아젤 비스투리Mademoiselle Bistouri」에서는 "가스등 아래의 포부르 끝에 도착했을 때처럼/ 천천히 내 팔을 쓰다듬는 손을 느꼈다"라고, 「에필로그를 위한 프로젝트Projet pour un épilogue」 1861년판에서는 "너의 폭탄, 너의 단도, 너의 승리, 너의 축제/ 너의 우울한 포부르, 너의 하숙집"이라고 포부르를 묘

1 '여자 행인'과 '빨간 머리의 여자 걸인'은 모두 보들레르의 시 제목에 등장한다. — 옮긴이
2 1795년 1월 20일에서 2월 20일까지에 해당한다. — 옮긴이

사했다. 보들레르의 작품에서 파리의 포부르는 항상 비참함과 죽음의 장소다. 포부르의 색조는 더 이상 보들레르가 좋아하는 들라크루아 작품의 빨간색과 파란색이 아니다. 또한 프루스트를 매혹한 넓은 정문, 바다의 태양, 금으로 일렁거리는 고대 도시의 포부르도 아니며 프루스트가 리비에르에게 쓴 편지에서 묘사한 것처럼 "보들레르의 『악의 꽃』 여기저기서 내뿜는 고대 도시의 진홍색"도 아니다. 보들레르의 포부르는 단조로운 회색이다. 가을이면 당연히 그래야 하는 것처럼 보들레르의 포부르는 비에 젖어 있고, 헤시오도스 이래 그때까지 쌓인 가을에 대한 수많은 이미지에도 "시들어가는 화려함으로 가득 찬 계절의 마지막"을 이야기한 보들레르의 시들은 보들레르 이전에는 마치 누구도 이 계절을 이야기한 적이 없기라도 하듯 읽힌다. 보들레르는 가을을 「안개와 비Brumes et Pluies」 앞부분에서는 "오! 가을의 끝, 겨울, 봄이 진흙에 젖는다/ 잠자는 계절들!"이라고, 「가을의 노래Chant d'automne」 앞부분에서는 "우리는 어두운 차가움 속에 곧 잠길 것이다/ 너무나 짧았던 우리의 생생하고 밝은 여름이여, 이제는 안녕!/ 나는 안마당에 깔린 돌 위로 땔감이 떨어지는 죽음의 소리를 이미 들었다"라고, 「예술가의 고해의 기도Confiteor de l'artiste」 첫 구절에서는 "가을의 마지막 나날은 얼마나 속속 파고드는지! 아! 얼마나 고통스럽게 파고드는지! 그러나 어느 정도는 감미로운 감각도 있고, 이 막연한 감각은 강렬하다. 그러나 무한의 감각에 비하면 조금도 예리하지 않다"라고 노래했다.

우울한 포부르는 가난한 사람들의 포부르다. 포부르에서는 「착한 개Les Bons Chiens」("진흙투성이의 개, 가엾은 개, 떠돌이 개, 어슬렁거리는 개, 어릿광대 같은 개를")와 개주인 「넝마주이들」("그렇다. 이 사람들은 집안의 근심거리 때문에 고달프고/ 일로 녹초가 되어 늙어서 고통받는다/ 쓰레기 더미 아래 기진맥진하고 몸이 휘고/ 거대한 파리가 쏟아낸 오물과 뒤섞인다")과 마주친다. '황혼'이라는 제목이 붙은 보들레르의 시 두 편에는 가난한 사람들로 가득 차 있다. 「저녁의 황혼Le Crépuscule du soir」에서는 "병자들의

왼쪽 페이지

콩스탕탱 기, 「손을 방한용 토시에 넣고 비스듬히 서 있는 두 여인」, 갈색 수묵화와 수채화로 그린 데생, 19세기, 파리, 오르세 미술관. 콩스탕탱 기는 보들레르가 쓴 『근대의 삶을 그린 화가』의 모델이었다.

고통이 깊어지는 시간이다!/ 어두운 밤은 그 고통을 더욱 격렬하게 만든다. 병자들은 마지막에 다다랐다/ 그리고 공통의 구렁 속으로 향해 간다"라고 노래했고, 「새벽의 황혼Le Crépuscule du matin」에서는 "오한과 가난 속에서/ 분만 중인 여인들의 고통이 점점 심해지는 시간이었다/ 거품이 낀 피로 억눌린 흐느낌처럼/ 멀리서 우는 수탉의 노랫소리는 안개 낀 대기를 산산이 찢는다"라고 읊었다. 『악의 꽃』과 『파리의 우울』에 넘쳐나는 이 병자들, 이 죽어가는 자들, 이 절름발이들에 대해, 그리고 걸인들, 누더기 차림의 노인들, 쭈글쭈글한 작은 노파들, 넝마주이들, "바람에 흔들리는 불빛을 따라 거리를 떠도는" 매춘부들, 장님들, "야위고 차가운 젖가슴을 늘어트린 가난한 여인들"을 향해 보들레르는 동정도, 더 심하게는 따뜻한 자비도 결코 보여주지 않았다. 그 당시에 널리 퍼진 자선의 감정에 대해 보들레르는 분노했다. 보들레르는 『벌거벗은 내 마음』에서 "내가 조르주 상드를 만났다면 그녀의 얼굴에 성수 그릇을 던졌을 것이다"라고 썼다. 그는 자신의 오만한 댄디즘을 통해 이런 감정들과 거리를 두었다. 보들레르가 느낀 것은 무엇보다도 누추한 사람들을 향한 형제애였다. 요컨대 자신을 그들 가운데 한 명으로 느꼈다. 보들레르는 「작은 노파들Les Petites Vieilles」 4연에서 "당신의 불안정한 발걸음에 고정된 근심 어린 내 눈길은/ 얼마나 경이로운 일인가! 마치 내가 당신의 아버지라도 되는 것처럼"이라고 노래한 다음, 마지막에 "폐허여! 내 가족은! 오! 동류의 마음!"[1]이라고 독자를 당황하게 만드는 소리를 내질렀다. 어느 날, 시장 축제에서 보들레르는 「늙은 광대Le Vieux Saltimbanque」를 보고 다음과 같이 묘사했다. "등이 굽고, 늙고, 한

1 『생트뵈브를 반대하며Contre Sainte - Beuve』에서 프루스트는 보들레르를 싫어한 자신의 어머니에게 보낸 편지에 이렇게 썼다. "「작은 노파들」 같은 멋진 시에서 보들레르는 확실히 그들의 고통을 하나도 놓치지 않고 있어요. 고통만이 아니라 그들의 몸속으로 들어가 그들의 신경처럼, 그들의 연약함과 함께 몸을 떨어요."

물간, 몰락한 한 남자가 자신의 판잣집에 등을 기대고 있다. (…) 그는 웃지 않았다. 비참한 남자! 울지도, 춤추지도 않고, 몸도 움직이지 않고, 소리치지도 않았다. 어떤 노래도 부르지 않았다. 유쾌한 노래도 구슬픈 노래도. 그는 사람들에게 애원하지 않았다. 말도 하지 않고 움직이지도 않았다. 그는 포기하고 단념했다. 그의 운명은 정해져 있었다. (…) 이 광경에 사로잡혀 있다가 정신을 차리고 내 갑작스러운 고통을 이해하려 애썼고, 이내 혼잣말을 했다. 내가 조금 전에 본 것은 세대를 이어 살아남은 한 늙은 작가의 이미지였다. 한 세대 동안 그는 재치가 넘치는 광대였다. 친구도, 자식도 없는 늙은 시인은 비참함과 배은망덕한 독자 때문에 가치를 잃었다. 그리고 너무 쉽게 과거를 망각하는 세계는 더 이상 시인의 판잣집으로 들어가려 하지 않는다!"

보들레르의 인생에서 그의 정치적 입장을 규정한 것은 도발적이고 모순되는 선언들이 아니라 억압받는 사람들과의 이런 동일시였다. 보들레르의 도발적이고 모순적인 발언에서 자신의 이상적인 모델에 대해 쓴 다음과 같은 글을 기억할 필요가 있다. "에드거 포는 언제나 위대했다. 포는 고귀한 개념뿐만이 아니라 어릿광대로서도 뛰어났다."[1] 1848년 2월과 6월 혁명의 방황에서 돌아온 보들레르에 대한 풍문을 퍼트린 사람들은, 선량한 가톨릭 신자이자 조제프 드 메스트르의 주장에 충실한 사람들로, 보들레르가 살아 있는 동안 끊임없이 경멸하고 공격했던 사람들을 계승했다. 보들레르는 『벌거벗은 내 마음』에서 다음과 같이 말하며 가면을 썼다. "나는 동시대의 사람들이 갖고 있는 것과 같은 확신이 없다. 왜냐하면 나는 야망이 없기 때문이다." 보들레르는 같은 글의 몇 문장 뒤에서 가면을 살짝 벗는다. "그렇지만 가장 고귀한 의미에 있어서 약간의 확신이 있다. 내 동시대인들은 그 신념을 이해하지 못할 것이다." 앞에서 봤듯 발터 베냐민은 블랑키와 보

1 Baudelaire, *Notes nouvelles sur Edgar Poe*, 1857.

들레르를 비교하면서 1848년 6월 봉기 이후 보들레르가 어떻게 자신을 숨기는지를 보여주었다. "보들레르의 작품에서 그가 쓴 시인이라는 가면은 자신의 익명성을 보장했다. 개인적인 관계에서 도발적으로 보일 것을 신경 쓴 만큼이나 그는 작품에서도 신중했다. (…) 보들레르가 쓴 시의 리듬은 대도시의 지도와 비교할 만하다. 대도시에서는 가옥들이 밀집한 곳, 출입문, 안마당을 따라 남의 눈에 띄지 않고 조심스럽게 다닐 수 있다. 봉기가 일어나기 전에 거사를 모의한 사람들이 그 장소를 지도 위에 정확하게 정해놓았듯이 시에서 단어의 자리는 정확하게 규정되어 있다. (…) 보들레르의 이미지들은 비교 대상의 비천함이라는 측면에서 볼 때 독창적이다. (…) 『악의 꽃』은 서정시에서 일상적인 어휘와 도시의 어휘를 쓴 첫 시집이다. (…) 이 시집에서 보들레르는 가스등, 객차, 합승 마차 같은 단어뿐만이 아니라 대차대조표, 반사경, 도로 같은 단어를 쓰는 데에도 거리낌이 없다. 이렇게 창조한 시의 어휘 속에서 전혀 준비하지 않은, 예상치 못한 알레고리가 모습을 드러낸다. (…) 바로 그 알레고리에서 '죽음, 추억, 회한, 또는 악'이 모습을 드러내는데, 이것이 바로 시적 전략의 핵심이다. 가장 평범한 단어들도 가벼이 여기지 않고, 눈에 띄도록 첫 글자를 대문자로 표기해 갑자기 독자들의 눈길을 끄는 이런 단어들에서 보들레르의 재능을 볼 수 있다. 보들레르의 기교는 전복적이다."[2]

2 Walter Benjamin, *Charles Baudelaire, un poète lyrique*…, op. cit.

아름다운 이미지

파리는 선으로 이루어졌다. 납작한 굴뚝들 위로 높이 솟은 가느다란 굴뚝들, 꽃봉오리 모양의 작은 굴뚝들, 완전히 방치된 낡은 가스 가로등, 가로 줄무늬의 블라인드. 거리를 따라 줄지어 선 카페의 작은 의자와 테이블 다리, 금도금한 창살로 둘러싸인 공원.
_ 프란츠 카프카, 『일기Journal』, 「루가노, 파리, 에를렌바흐」, 1911년 9월.

파리는 거울의 도시다. 도로의 아스팔트는 마치 거울처럼 매끈하고, 특히 카페 테라스는 유리로 둘러쳐 있다. 수많은 유리와 거울 덕분에 카페 내부는 훨씬 밝게 보이고, 모든 자리와 구석진 곳까지 풍부한 공간감을 준다. 여자들은 다른 어느 곳에서보다 카페에서 거울에 비친 자신의 모습과 훨씬 더 많이 마주한다. 파리 여자들의 아름다움이 여기에서 나온다.
_ 발터 베냐민, 『아케이드 프로젝트』

파리는 선의 도시, 거울의 도시, 그리고 무엇보다도 흑백의 도시다. 그리고 아마도 이 흑백의 도시라는 측면에서 파리와 사진과의 밀접한 관계를 찾아야 한다. 이 밀접한 관계는 손강 근처에서 니엡스가 찍은 「점심 식사 테이블La Table de déjeuner」로 파리에서 사진의 초기 역사가 시작되었다는 단순한 이유 때문만은 아니다. 사진

앞 페이지

1945년 겨울, 얼음으로 뒤덮인 생드니 운하. 로베르 두아노 사진.

오른쪽 페이지

귀스타브 카유보트, 「위에서 내려다본 대로」, 1880. 유화, 개인 소장.

은 거의 유일하게 파리의 각 순간을 시적으로 정확하게 재구성했다. 앙리 칼레의 『전체 가운데 가장 중요한 것 Le tout sur le tout』이 있지만 소설도, 각 시대의 일상을 담은 영화들도, 프레베르가 가사를 쓰고 코스마가 작곡한 샹송도 사진만큼 1945년 독일에서 해방된 이후의 시대를 정확하게 반영하지는 못했다. 정류장 명칭이 빼곡하게 적힌 마지막 노선버스들, 1946년의 어두운 겨울, 눈 덮인 센 강변, 급식표, 미군, 맨발의 불쌍한 아이들, 얼어붙은 생마르탱 운하에 정박해 있는 큰 거룻배, 프티트 생튀르를 도는 증기기관차, 르노의 쥐바카트르 자동차, 재즈광, 구리로 만든 커피포트, 다시 시작된 순회공연, 이 모든 것이 삼당 연립 정부의 끔찍한 광대들에게 집중된 역사책보다 두아노의 사진 속에 훨씬 더 정확하게 담겨 있다.

파리에서 사람의 모습을 처음 찍은 것은 1838년으로 발자크가 『화류계 여인들의 영광과 비참』을 집필하기 시작한 해였다. 이 사진을 찍기 위해 다게르는 탕플 대로에 있는 자신의 디오라마 건물 꼭대기로 올라갔다.[1] 풍경 화가이자 연극 무대 미술가인 다게르가 디오라마 건물에서 찍은 첫 번째 사진에는 새로운 발명인 사진과 회화, 그리고 문학 사이의 관계가 압축되어 있다. 보들레르는 『1845년 살롱 Salon de 1845』의 마지막 장 「풍경 Le paysage」에서 다음과 같이 썼다. "나는 다게르의

1 현재 공화국 경비대의 병영은 레퓌블리크 광장이 조성될 당시 다게르의 디오라마 건물 자리에 세워졌다. 몇몇 전문가는 다게르가 디오라마 건물 바로 뒤편 마레뒤탕플 거리(현재 이브투디크)의 집 옥상에 올라가 이 사진을 찍었다고 주장한다. 모스 부호를 발명한 미국 학자 새뮤얼 모스는 동생에게 보낸 1839년 3월 7일자 편지에서 다음과 같이 다게르의 사진을 묘사했다. "평소 같으면 행인과 마차로 붐볐을 탕플 대로는 텅 비었고, 구두닦이 소년이 한 남자의 장화를 닦고 있다. 남자는 한쪽 발을 구두통 위에 올려놓고 다른 한 발로 땅을 디디고 있다. 이런 자세로 서 있어서 장화와 다리 부분은 선명하지만 머리와 몸은 움직여서 희미하게 초점이 나갔다." 전시 카탈로그 *Paris et le Daguerréotype*, Françoise Raynaud 책임편집, Paris - Musées, 1989.

앞 페이지
루이 다게르, 탕플 대로, 1838년. 뮌헨 시립박물관의 사진박물관. 디오라마 건물 위에서 찍은 이 은판 사진은 도시의 사람을 찍은 가장 오래된 사진이다. 왼쪽 아래에 구두를 닦고 있는 사람은 사진 동판에 이미지가 새겨질 수 있도록 그림자처럼 꽤 오랫동안 움직이지 않고 서 있어야 했다.

디오라마로 되돌아가고 싶다. 그 거대하고 압도적인 마술 상자는 나에게 진짜 같은 환상을 심어주기 때문이다. 나는 연극 무대를 좋아한다. 그곳에서 가장 소중한 나의 꿈들이 비극적으로 응축되고 미적으로 표현된 것을 본다. 무대는 허상이기에 오히려 훨씬 더 진짜 같다. 그에 비하면 대부분의 풍경 화가는 거짓말쟁이인데, 그들은 거짓말을 무시하기 때문이다."

은판 사진을 활용하는 사진가들이 주로 이용한 방법은 건물의 높은 곳에 올라가 촬영하는 것이었다. 인물 사진이나 실내 사진은 조명 문제 때문에 어려움이 있었고, 은판 사진기가 무겁고 손상되기 쉬워 거리로 들고 나가 찍기도 쉽지 않았기 때문이다. 이렇게 위에서 내려다본 거리의 사진을 회화에서는 그로부터 30년 후에 시도했다. 모네의 「카퓌신 대로Boulevard des Capucines」, 루브르궁 위에서 본 피사로의 「테아트르프랑세 광장Place du Théâtre-Français」, 미로메닐 거리에 있던 자신의 집에서 말셰르브 대로의 풍경을 그린 카유보트의 작품 등을 예로 들 수 있다. 사진 감광판과 렌즈 제작 전문가인 광학기술자 르레부르는 오를로주 거리가 퐁뇌프 다리와 만나는 지점에 있는 자신의 건물 마지막 층에 유리 정자를 설치했다. 그의 손님들은 유리 정자에서 퐁데자르 다리나 루브르궁 방향 또는 프랑스 학술원 방향의 파노라마 풍경을 감상했다.

당시 대중에게는 이해하기 어려운 낯선 발명품이었던 은판 사진은 자동으로 정확하게 '현실'을 그대로 재현하는 방법이라는 오해를 피할 수는 없었을 것이다. 다게르조차도 "은판 사진은 자연을 묘사하는 장치가 아니라 자연을 '있는 그대로 재생산하는' 물리적이고 화학적인 방법"[1]이라고 말해 대중의 오해를 뒷받침했다. 그러나 이렇게 받아들여진 사진은 결과적으로 예술의 본질을 미메시스에 바탕을 둔, 이미 상당히 낡은 미학이 종말을 향해 치닫도록 했다. 현실을 기계적으로 충실

자크루이 다비드, 「뤽상부르 공원에서 본 풍경」, 1794년. 유화, 파리, 루브르 미술관. 다비드는 테르미도르 쿠데타 이후 로베스피에르 추종자라는 죄목으로 갇혀 있을 때 뤽상부르궁의 방에서 이 풍경을 그렸다.

히 재현하는 사진기의 출현 때문에 예술 활동은 다른 목적을 찾아야만 했다. 예술 활동이 추구하는 다른 목적이라는 이 생각은 놀랄 만큼 빠르게 대중 속으로 파고들었다. 『르 샤리바리Le Charivari』 1839년 9월 10일자에는 "튀일리궁의 정자, 몽마르트르 언덕, 몽포콩 평야를 그리는 것이 아니라 기계적으로 완벽하게 복사한 것을 여러분은 솔직하게 예술이라고 생각합니까? 진정한 예술가가 이런 과정을 거

1 1838년 다게르가 자신의 발명품을 설명한 글. 본문 속 강조는 내가 추가한 것이다. 몇몇 사람에게 사진의 진짜 발명가로 알려진 폭스 탤벗은 사진술의 경이로움에 대해 쓴 첫 모음집의 제목을 정확히 『자연의 필기구The Pencil of Nature』라고 지었다. 사진이라는 명칭은 탤벗의 친구인 천문학자 존 허셜이 1848년에 제안했다.

1

BAINS

2

앞 페이지

1 윌리엄 헨리 폭스 탤벗, 1843년의 페 거리. 폭스 탤벗은 캘러타이프(네거티브 사진)를 발명했다. 캘러타이프 덕분에 사진을 인화지에 직접 찍어낼 수 있었다.

2 샤를 네그르, 1852년 5월 이전의 굴뚝 청소부, 1852, 파리, 카르나발레 박물관.

쳐 작품을 창조한다고 생각합니까? 물건을 팔기 위해 이런 사진을 찍는 사람들에게는 가능한 일이지만 예술가들은 그렇게 하지 않습니다. 예술가는 선택하고, 배열하고, 정돈하고, 이상화합니다. 은판 사진은 있는 그대로 대상을 베낄 뿐이고, 좀더 좋게 말해서 모방할 뿐입니다".[1]

따라서 사진은 처음부터 예술의 경계 밖에 있었고, 예술의 영역 안으로 들어오는 것도 금지되었다. 19세기 말까지 아제의 작업실 문에는 '예술가들을 위한 기록'이라는 명판이 붙어 있었다. 간판은 같은 시기에 두아니에 루소가 플레장스의 페렐 거리에 내걸었던 '데생, 회화, 음악. 방문 강의. 저렴한 가격'이라는 현수막과 달리 단지 겸손함의 문제는 아니었다. 아제는 아마도 보들레르가 『1859년 살롱Salon de 1859』과 그 밖의 여러 글에서 반복해서 주장한 다음과 같은 내용을 잊지 않았다는 것을 보여주려고 했음에 틀림없다. "사진은 자신의 진정한 역할로 되돌아가야 한다. 학문과 예술의 종으로서 문학을 대체하지도 않고, 창조하지도 않은 인쇄술이나 속기록과 같은 대단히 겸손한 종의 역할로 되돌아가야 한다. (…) 직업상 물질적인 정확성이 절대적으로 필요한 모든 이에게 사진보다 더 나은 것이 없는 한 결국 사진은 서류철과 비서가 되어야 한다. 그러나 만약 사진이 인간의 감정이 개입되는 상상력과 정신적인 영역을 침범하게 놓아둔다면 우리는 불행할 것이다."

예술의 영역에 관한 끝없는 논쟁과 회화와 사진의 역할에 있어서 파리의 사진은 경쟁 상대가 없었기에 특권을 누리며 그 자체로 한자리를 차지했다. 다양한 발

---

1 80여 년 후에 앙드레 브르통은 막스 에른스트의 전시 '유일무이Sans - Pareil'의 카탈로그 서문에 다음과 같이 썼다. "사진기 덕분에 예술가들은 그들이 정했던 목적에 확실히 도달할 수 있게 되었다. 예술가들은 겉모습의 모방과 완전히 결별했다고 주장했다." 『잃어버린 발자취Les Pas perdus』에 재수록.

명이 활짝 꽃피었던 1840년에서 1870년대까지 사실상 파리의 회화는 없었다. 물론 이 시기는 판화의 전성기였다. 그랑빌, 도미에, 메리옹, 낭퇴유, 포테몽, 브라크몽 등은 16세기까지 거슬러 올라가는 파리의 판화가와 삽화가의 계보를 이었다. 또한 외젠 라미나 콩스탕탱 기 같은 뛰어난 예술가들도 기억할 필요가 있다. 이들은 수채화, 담채화, 과슈 같은 비주류 기법으로 생생하고 다채로운 거리의 모습을 간결하게 묘사했다. 그러나 이 기간에 파리의 사진가들이 수많은 걸작을 찍는 동안, 내가 아는 한 이 시기 살롱의 서평에는 파리의 풍경을 그린 회화 작품은 한 편도 언급되지 않았다. 처음 있는 일은 아니었다. 17세기 이래 르 쉬외르에서 제리코, 필리프 드 샹파뉴와 시몽 부에에서 앵그르 그리고 들라크루아까지 파리에서 작업한 유명 화가들은 (파리의 풍경이 아니라) 파리를 소재로 수많은 작품을 그렸다.[2] 바토는 퐁뇌프 거리에 가게를 연 친구이자 자신의 화상인 제르생의 부탁으로 「제르생의 간판L'Enseigne」을 그렸다. 이 작품에서 바토는 분홍색 드레스를 입은 귀부인들이 우아한 걸음으로 드나들었을 상점 문턱과 나란히 깔린 네 줄의 보도블록만으로 파리의 풍경을 표현했다. 생의 대부분을 센 거리에서 보내다가 센강 너머의 루브르 구역에 자리를 잡고서야 그곳을 떠난 샤르댕은 자신에게 익숙한 그 거리의 소묘 한 점 남기지 않았다. 한편 벨라스케스의 「메디시스 빌라의 정원Jardins de la villa Médicis」만큼이나 아름다운, 다비드가 그린 뤽상부르 공원의 풍경은 예외적인 상황이었다. 다비드는 테르미도르 쿠데타 이후 단두대에서 처형될 날을 기다리며 감방에서 바라본 뤽상부르 공원의 풍경을 그렸다. 그리고 다비드는 자신이 가르치는 학생들에게 풍경 속으로 들어가 주제를 정해 그림을 그리라고 충고했다.

---

2 '유명한' 회화 작품 중, 내가 아는 몇몇 예외적인 파리의 풍경을 그린 작품으로는 위베르 로베르의 「퐁뇌프 다리의 저택 철거La Démolition des maisons du Pont-Neuf」(1786), 「뇌이 다리 철거Le Décintrement du pont de Neuilly」(1772) 그리고 코로의 「오르페브르 거리Quai des Orfèvres」(1833) 뿐이다.

나다드가 찍은 외젠 들라크루아, 1858, 파리, 국립도서관.

암스테르담과 델프트, 베니스나 로마와 달리 그 당시까지만 해도 파리에는 파리의 풍경을 그린 작품이 없었다. 물론 굉장히 매력적인 풍경화는 있었지만 관광객을 위한 그림이었을 뿐 예술 작품으로 인정되지 않았다.[1] "파리의 풍경은 살롱전에서 인정하는 역사화, 풍경화, '장르화' 등 어떤 종류의 양식에도 속하지 않

1 16세기와 17세기 초 이런 도시 풍경화는 아브라함 더 페르베이르, 피터르 바우트, 테오도르 마탐, 헨드릭 모머르스 같은 플랑드르 출신의 화가들이 그렸고, 이들의 작품은 파리 카르나발레 박물관에서 볼 수 있다. 프랑스 화가들은 도시 풍경화를 한참 뒤에야 그렸다. 18세기 후반 도시 풍경화를 그린 화가 중에는 라그네나 피에르앙투안 드마시 같은 뛰어난 작가들이 있었다. 이 화가들은 경우에 따라 학술원의 회원이 되거나 살롱에서 작품을 전시하기도 했지만 그들의 작품 중에 파리의 풍경을 그린 것은 없었다.

나다르가 찍은 샤를 보들레르, 1855, 개인 소장.

았다. 파리의 야외 풍경은 관습적인 틀 속에 자리 잡았다. 살롱전의 풍경화 목록에서 도시 풍경으로 유일하게 인정되는 도시는 로마였다. 왜냐하면 로마는 회화의 발상지로 여겨졌기 때문이다. 메디시스 가문의 후원을 받는 프랑스 화가들은 로마의 풍경 가운데 눈길을 끄는 폐허, 시대를 알 수 없는 정원, 이상화된 시골 풍경을 주로 그렸다.

경쟁 상대가 없었던 파리 풍경 사진은 기록 형식으로 시작되었다. 선명한 이미지와 입체감 없는 은판 사진의 특성 자체도 여기에 확실히 기여했을 것이다. 은판 사진은 판화와 상당히 유사하다. 정밀한 묘사와 가느다란 선이 주는 두 가지 세

나다르가 찍은 에두아르 마네, 1867년경, 파리, 국립도서관.

밀함은 어쩌면 나다르가 언급한, 미신에 가까운 발자크의 두려움을 설명해준다. 나다르에 의하면 "각각의 육체는 본질적으로 무한히 쌓인 층으로 이루어진 일련의 유령으로 구성되어 있다"고 확신한 발자크는 "은판 사진 각각의 공정은 피사체가 된 개인을 구성하는 단계의 한 층을 사로잡아 떼어내고, 고정한다"[1]고 생각했다. (은판 사진 사진가들이) 가장 많이 찍은 주제도 루브르궁, 튀일리궁, 마들렌 성

1 Nadar, *Quand j'étais photographe*, op. cit. 나다르는 발자크를 찍은 멋진 은판 사진의 은판을 가바르니에게서 구입해 사진으로 찍었다. 나다르가 보기에 자신이 찍은 사진은 은판 사진의 은판보다 살집이 한두 겹 덜 잡힌 것을 빼고는 발자크의 뚱뚱한 몸집에 별 차이가 없었다.

나다르가 찍은 스테판 말라르메, 1880년경, 파리, 국립도서관.

당, 파리 시청, 앵발리드, 여러 각도에서 찍은 노트르담 성당, 팡테옹 등과 같이 기록 양식과 관련이 있다. 은판 사진으로 작업한 사진가들은 기념 건축물을 주로 찍었는데, 건축물 주위의 탁 트인 시야 덕분에 골목길보다 훨씬 더 밝은 광원을 확보할 수 있었기 때문이다. 한편으론 대부분 유명한 화가의 작업실에서 훈련받은 화가들이었던 은판 사진 선구자들이 파리의 어둡고 지저분한 골목길보다 건축물이 주제로서 훨씬 더 고상하다는, 형식의 위계에 대한 의식적인 욕망을 어느 정도 드러낸 것은 아닐까.

1845년에서 1850년까지 사진 이미지는 네거티브-포지티브 공정이 등장하면서 본질적으로 변했다. 네거티브에 맺힌 상은 종이에 인화되어 최종적으로 포지티브 사진이 된다. 단 한 장의 동판이 한 장의 사진이었던 은판 사진과는 달리 여러 장을 뽑을 수 있게 되었을 뿐 아니라 결과도 상당히 달랐다.[1] 해상도가 조금 떨어졌고, 이미지는 종종 초점이 나간 듯 흐릿했으며 인화한 사진의 입자가 눈에 띄기도 했다. 무엇보다 인화하는 순간의 명암 대비를 이용해 사진가는 시간대에 따라 햇살의 위치가 변하는 좁은 골목길의 특성을 살려 어두운 부분과 밝은 부분의 대비를 강조할 수 있었다. 사진기 노출 시간도 짧아져 거리에서 움직이는 사람들도 찍을 수 있게 되었다. 자신의 친구 르 그레와 자신을 메리옹에게 소개해준 르 세크처럼 들라로슈의 화실에서 나온 샤를 네그르는 1851년에 생루이섬에 살았다.[2] 야외 화실로 이용한 케 드 부르봉 21번지의 자기 집 마당에서 네그르는 「걸어가는 굴뚝 청소부Ramoneurs en marche」라는 제목의 사진을 찍었다. 사진 속 세 사람은 해가 뜨는 동쪽으로 줄지어 나란히 걸어간다. 사진에서 유일하게 뚜렷이 보이는 부분은 생루이섬 난간의 어두운 회색 돌뿐이다. 멀리로는 센강 반대편의 셀레스탱 강변, 불규칙한 지붕의 선, 불 밝힌 집들의 검은 창문 테두리가 점점이 리듬감 있게 펼쳐졌다. 셋 가운데 제일 앞에 걸어가는 어린아이의 키는 난간보다 약간 큰 정도다. 굴뚝 청소부 무리에는 굴뚝을 올라갈 수 있는 어린아이가 있어야 했다. 아이는 모자를 눌러쓰고 센강을 바라보고 있어서 얼굴을 거의 알아볼 수 없다. 아이 뒤에 있는 어른은 어깨에 가방을 둘러메고, 그을음으로 검게 변한 얼굴이 모자의 챙 때문에 더 어둡게 보인다. 기술적으로 보았을 때 인물들은 너무 어두워 또렷하지 않고, 사진 전체적으로 명암 대비가 지나치게 강하다. 그러나 바로 강렬한 명암

1 네거티브-포지티브 공정을 발명한 폭스 탤벗은 이를 캘러타이프라 불렀고, 이 시스템을 사진의 진정한 발명이라고 생각했다. 칼로스kalos는 그리스어로 아름다움을 뜻한다. 누가 사진을 발명했는가에 관한 논쟁은 사진의 초기 역사에서 중요한 자리를 차지한다. 폭스 탤벗은 (사진의 발명에 대한) 프랑스인들의 태도에 화가 났지만 그래도 1840년대에 파리에 와서 멋진 사진들을 찍었다.

2 샤를 네그르는 1845년 살롱전에 「키티라섬 상륙Embarquement pour Cythère」을 출품했다.

대비와 흐릿함 덕분에 설명하기 어려운 신선함이 있다. 판화나 회화에서는 이런 이미지를 본 적이 한 번도 없다. 회화에서 가장 섬세한 스푸마토 기법도 사진 발명 초기에 짧게 드러난 순수의 시기의 감동만큼 강렬하게 당혹감을 전해준 적이 결코 없다.

당대의 작가와 예술가는 예술의 기본 원칙에 대해서는 망설였지만 사진에 매혹되었다. 30여 년에 걸쳐 들라크루아, 보들레르, 마네, 말라르메 등 40여 명의 천재를 찍은 나다르에 따르면 오늘날 현대예술 화랑을 순례하듯이 당시에도 사람들이 사진가들의 작업실을 순회했다고 한다. 사진가들의 작업실은 페 거리와 마들렌 성당 사이의 대로들에 모여 있었다. 나다르의 작업실은 카퓌신 대로 35번지에 있었다. 크레디 퐁시에 은행은 정면이 유리와 철로 장식된 유서 깊은 이 작업실을 1990년대 초에 철거했고, 이어 신발 가게가 들어섰다. 비송 형제, 르 그레의 작업실은 마들렌 성당과 가까운 곳에 있었다. "비송 형제의 상점은 사람들의 눈길을 끌었다. 대단히 호화로운 실내와 세련된 배치 때문도, 신상품이나 질 좋은 상품 때문도 아니었다. 끝부분을 벨벳으로 장식한 커다랗고 긴 의자에 나란히 앉은 유명한 방문객들이 그날 나온 사진을 보는 모습을 진열창 너머로 구경하는 재미가 있었다. 비송 형제의 상점은 실제로 고티에, 코르메냉 루이, 생빅토르, 자냉, 고즐랑, 메리, 프레오, 들라크루아, 샤세리오, 낭퇴유, 보들레르, 팽길리, 를뢰 형제 같은 파리 지식인들의 약속 장소였다. 나는 그 가게에서 나름대로 상당한 또 다른 사진 애호가인, 사람들이 제임스 남작이라고 부른 로스차일드를 두 번이나 보았다. 두 번째 보았을 때 그는 상당히 온화한 노인이었다. 파리 사교계의 유명 인사들은 비송 형제의 상점을 나와 초상사진 전문가인 르 그레의 가게로 가서 일과를 끝냈다."[3]

사진작가들이 1859년부터 살롱전과 같은 건물에서 전시회를 열기까지, 사진이

3 Nadar, *Quand j'étais photographe*, op. cit. 제임스 드 로스차일드 남작은 발자크의 『인간 희극』에 등장한 뉘싱겐의 모델이었다.

예술로 인정받는 데에는 시간이 걸렸다. 한편 19세기의 파리를 찍은 중요한 작품들은 의뢰받은 사진들로, 전문적인 주제와 기록을 목적으로 한 주문의 결과였다. 1865년에 시 행정위원회는 철거를 앞둔 옛 거리들을 사진으로 남기기로 결의하고 이 작업을 샤를 마르빌에게 의뢰했다. 『폴과 비르지니Paul et Virginie』라는 유명한 연애 소설 시리즈에서 위에, 메소니에와 함께 참여해 이름을 알린 삽화가 마르빌은 해 질 녘 파리의 구름을 주로 찍으며 1850년대에 사진가로서 첫발을 내딛었다. 교양이 풍부한 마르빌은 해 질 녘의 구름이라는 주제에 있어 아마도 의식적으로 회색 톤의 미묘한 차이를 추구하면서 존 컨스터블과 들라크루아의 색채와 경쟁하려는 의도가 있었을 것이다. 마르빌이 맡은 임무는 전례가 없는 작업이었다. 철거될 대상을 묘사하는 것, 즉 보존될 가치가 없어 사라져버릴 대상을 담는 것이 목적이었다. 그러나 마르빌은 사람들이 보고자 하는 이 혼란스럽고 지저분한 대상을 고요한 매력으로 보여주었다. 아름답게 찍으려 애쓰지 않고, 비참함의 미학에 의존하지 않으면서 훗날 객관적이라는 형용사로 지칭되는 사진의 기법만을 이용했다. 1930년대에 잔더가 찍은 콜로뉴의 사람들은 마르빌이 찍은 옛 파리 거리들과 견줄 만하다. 마르빌은 사진기를 거의 지면에 닿을 정도로 낮게 설치해서 이탈리아 르네상스의 이론적인 회화를 떠올리게 하는, 지면이 대부분을 차지하는 이미지를 보여준다.[1] 대개의 사진에서 거리는 빗물로 반짝거리며 이른 아침이나 저녁의 빛을 반사했고, 아름다운 그늘은 대조와 강조의 효과를 두드러지게 했다. 그리고 마르빌의 사진에는 사람이 없지만 당시 파리의 건물에서 흔히 볼 수 있는, 벽에 그려진 광고나 간판을 이용해 해학과 우수를 느끼게 한다. 예컨대 마그리트의 머리[2]처럼 덮개를 씌운 마차만이 사람이 있었다는 걸 유일하게 알려주는 모네 거

---

1 마르빌과 반대로 아제는 사진의 아랫부분을 지면이 차지하지 않도록 주의를 기울였다. 그래서 언제나 사진기의 조리개를 최대한으로 열지 않았다. 그 결과 아제의 사진에서는 다양한 차원의 효과를 볼 수 있다.

2 벨기에의 초현실주의 화가 르네 마그리트의 작품 중에는 머리가 없거나 변형되어 얼굴을 뚜렷이 알아볼 수 없는 인물이 여럿 등장한다. 이를 빗대어 쓴 듯하다. — 옮긴이

리의 사진 속 건물에는 '세바스토폴 본부Siège de Sébastopol'라는 간판에 '스페인 서점Librería española'이라고 쓰여 있다. 토넬르리 거리에 있는 레 알 시장의 오래된 건물 기둥에는 발자크 소설에 등장하는 향수 장수 비로토를 떠올리게 하는 리에베르 화장품의 가슴 등에 바르는 연고 광고가, 그리고 같은 건물 뒤편 벽에는 말과 손수레 보관이라는 광고가 적혀 있다. 생탕드레데자르 광장에는 러시아 목욕탕 광고가, 몽데투르 거리에는 됭케르크산 굴 보관창고 표시가, 되쇠르 통행로에는 철거용 공구 판매 광고가, 쿠르 뒤 드라공에는 기와와 난로 설치공 앙리아라는 문구가 쓰여 있다. 마르빌은 사라지기 직전에 놓인 모든 것을 아무런 감정 없이 객관적인 시각에서 그러모았는데, 그 결과가 인상적이라는 표현을 훨씬 뛰어넘는다.

1865년에서 1868년까지 마르빌이 찍은 425장의 사진만이 우리에게 남아 있는, 이제는 완전히 사라진 파리 한때의 유일한 시각적 기억이다. 이 사진들에는 프랑수아 라블레와 프랑수아 비용 시대부터 있었던 시테섬의 거리 모습이 상세히 담겨 있다. 페르피냥, 트루아카네트, 코카트릭스, 되에르미트, 마르무세, 생랑드리, 오물랭, 생크리스토프 등은 빅토르 위고가 『파리의 노트르담』을 집필하며 걸었던 곳이자, 샤를 노디에, 알루아시위스 베르트랑, 제라르 드 네르발이 걸었던 곳이다. 어느 사진에는 생크리스토프 거리의 앙팡트루베 고아원 맞은편 상점에 "다가오는 10월 15일, 공구상, 자카리 거리 20번지로 이전 예정"이라고 적혀 있는 것이 보인다. 철거가 진행되었다. 커다란 표지석, 작은 가게들, 수세기에 걸쳐 만들어진 불규칙한 모양의 포장도로, 작은 카페들, 돌출 창과 튀어나온 벽면, 가로등, 간판, 건물 안마당 등 모든 세계가 파리의 병원 가운데 가장 을씨년스럽다는 말 이외에 달리 할 말이 없는 오텔디외 병원과 경찰청을 짓기 위해 사라졌다.

보들레르 시대의 파리를 보여주기 위해 종종 마르빌의 사진들이 활용된다. 물론 이 경우에는 당대의 모습을 보여준다는 조건에서만 받아들일 수 있다. 보들레르는 오래된 거리에 깔린 보도블록의 매력에 대해 한 번도 언급하지 않았다. 보들

1
RUE
LARREY.
BAINS
d'EAU
à 40c
27. RU
BAI
de VAI
BAI
RUSS
DOUC
et FUMIGATI

LITS & FAUTEUILS
MÉCANIQUES
Pour MALADES et BLESSES.
CET APPAREIL se MONTE autour des LITS
VENTE & LOCATION
CUIRS et PEAUX
PEINTURE
23
Rue St
ANDRÉ ARTS
DÉCORATION D'APPARTEMENS
Rue Git-le-Cœur
15
COMMERCE de VINS, GROS et DETAIL
DÉMÉNAGEMENTS

2
AUX TROIS DIABLES
MARTINY.
GRILLES FER FORGE
HENRIAT.
LATOUR,
TOLIER
POËLIE

3
FABRE
COMMISSION ET EXPÉDITION
EN MARÉE
DÉPÔT
D'HUITRES DE DUNKERQUE
DITES D'OSTENDES
MAISON
RUE DE RAMBUTEAU
94
S SALÉS

앞 페이지

1 1865년 생탕드레데자르 광장. 샤를 마르빌 사진, 파리, 파리시청 도서관.

2 1865년 드라공 통로. 샤를 마르빌 사진, 파리 시립 역사 도서관. 이 통로는 렌 거리 조성 공사 때 철거되었다.

3 랑뷔토 거리에서 본 몽데투르 거리. 샤를 마르빌 사진, 파리, 카르나발레 박물관.

레르가 표현한 파리의 이미지를 찾으려면 마르빌의 사진이 아니라 마네의 회화를 참고해야 한다. 왜냐하면 "내게 가장 중요하고, 유일하고, 원초적인 열정은 이미지 숭배를 찬양하기"라고 쓴 보들레르에게는 그것이 훨씬 더 타당하기 때문이다. 그러나 프랑스의 공식적인 19세기 예술사는 상당히 세분화되어 있고, 정치와 사회상을 최대한 배제한 채 서술하려는 경향이 강해서 결과적으로 보들레르와 마네의 관계가 대개 이상한 방법으로 묘사된다.[1] 보들레르가 마네를 이해하지 못했고, 마네보다 콩스탕탱 기의 작품을 더 좋아했다고 서술하는 식이다. 보들레르가 실수했다고 생각하게끔 하는 이런 성급한 서술에서 나는 보들레르가 자신의 편이 아니었다고 느낀 미술관 큐레이터들의 반감을 느낀다. 미술관의 전시 책임자들은, 사람들이 자신의 작품을 제대로 이해하지 못한다고 마네가 괴로워할 때[2] 보들레르가 그에게 보낸, 수없이 인용된 편지를 잊었거나 잊은 척한다. 보들레르는 마네에게 이렇게 말했다. "당신의 주장은 정말로 어리석습니다. 사람들의 비웃음과 야유는 당신을 짜증나게 하지만 그 누구도 당신의 진정한 재능을 모릅니다. 당신만이 유일하게 사람들로부터 이해받지 못하는 사람이라고 생각하는 건 아닌지요. 당신이 샤토브리앙이나 바그너보다 훨씬 재능 있는 천재라고 생각하십니까? 샤토브리앙과 바그너도 사람들의 조롱을 받았지만 그들은 그런 것 때문에 그만두

---

1 마이어 샤피로, 팀 J. 클라크, 로버트 허버트, 해리 랜드, 마이클 프리드 같은 미국의 뛰어난 예술사학자들은 전시 도록의 간략한 소개문과는 다른 시각으로 예술을 그 게토에서 끄집어내 다양한 분야와 비교하며 분석했다. 그래서 19세기 프랑스 회화는 프랑스인들의 의사와는 관계없이 미국적인 주제가 되었다.

2 "저는 보들레르 당신이 정말로 제 편이 되어주셨으면 합니다. 저를 향한 모욕이 우박처럼 쏟아집니다. (…) 제 작품에 대한 당신의 정상적인 판단을 듣고 싶습니다. 저는 이 모든 평가 때문에 괴롭고, 누군가 착각하고 있다는 사실은 분명하기 때문입니다."

지 않았습니다. 당신의 마음을 차분히 가라앉히기 위해 다음과 같이 이야기해주고 싶습니다. 샤토브리앙과 바그너는 각자의 분야에서, 대단히 풍부한 세계 속에서, 각자의 방식으로 모델이 되었습니다. 반면 당신은 당신의 예술에서 몰락하는 유일한 인물일 뿐입니다." 이렇게 공격적으로 쓴 편지를 마네에게 보낼 당시 보들레르는 「올랭피아」를 보지 않은 상태였다. 보들레르는 「롤라 드 발랭스Lola de Valence」를 보고 분홍색과 검은색 보석에 관한 유명한 사행시를 식탁보 한 구석에 썼다. 또한 『근대의 삶을 그린 화가』를 쓴 해에 「풀밭 위의 점심Le Déjeuner sur l'herbe」과 플라뇌르들이 보기에 파리를 연극 무대 같은 도시로 묘사한 첫 번째 그림인 「튀일리 공원의 음악회La Musique aux Tuileries」를 보았다.[3] 다만 「올랭피아」는 볼 기회가 없었는데 보들레르가 1년 전부터 브뤼셀에 있었기 때문이다. 앞에 언급한 마네에게 보낸 편지에서 보들레르는 「올랭피아」에 대해 "정말로 고양이 한 마리란 말입니까?"라고 물어보는데, 마네가 작품의 한 모티브로서 보들레르다운 주제인 고양이를 그렸다는 사실에 대한 놀라움을 담은 질문이다. 보들레르는 마네를 '이해할' 수 없었는데 마네를 이해할 시간이 충분하지 않았고, 마네가 말년에 완성한 걸작들을 볼 기회도 없었기 때문이다(보들레르는 1867년에 죽었고 마네는 1883년에 죽었다). 사람들이 보들레르를 브뤼셀에서 파리로 데려왔을 때 그는 이미 만신창이가 되어 있었다. 마네는 의사 뒤발의 요양원으로 매일 보들레르를 보러 갔다. 보들레르가 유일하게 기쁨을 표현한 순간은 마네가 자신을 위해 피아노로 「탄호이저Tannhäuser」를 연주할 때였다.

"「올랭피아」는 파리의 풍경이다." 공화주의 반대파 신문 『레포크L'Époque』에 당시 이렇게 말한 사람은 미술평론가 장 라브넬뿐이었다. "이 작품은 보들레르 유파의 회화로 고야를 열렬히 추종한 학생이 그린 작품이다. 그림에는 교외 출신의 소

---

3 마네의 「튀일리 공원의 음악회」에는 보들레르를 비롯해 마네, 마네의 동생 외젠, 오렐리앵 숄, 오펜바흐, 테오필 고티에 등이 묘사되어 있다.

녀, 밤일을 하는 폴 니케의 딸, 파리의 미스터리한 풍경과 에드거 앨런 포의 악몽이 기묘하게 표현되어 있다. 조숙한 존재의 시선은 정면을 향하고 얼굴에서는 악의 꽃이 풍기는 음산한 향기가 감돈다." 이런 평가는 한 작품에 대해 유례없이 무차별적으로 쏟아진 모욕의 한 예일 뿐이다. "올랭피아의 몸은 시체 안치소의 공포를 떠오르게 하고, 빼빼 마른 몸매는 석고로 깁스를 두른 것 같고, 하녀의 손은 지저분하고 다리는 꺼칠꺼칠하며, 가장자리는 목탄으로 가운데는 포마드 기름으로 처리했다. 그리고 성기를 가린 손은 마치 두꺼비 같다"라는 비난이 퍼부어졌다. 더러움과 병에 대한 이런 은유, 즉 창백한 석고 반죽, 그을음, 목탄을 언급함으로써 가난한 사람들에 대한 증오와 공포를 드러낸 것이다. 특히 그들이 있어야 하는 자리에서 벗어나 감히 시선을 통해 도발하는, 더구나 꽃을 선물로 받은 가난한 사람들에 대한 증오와 공포를 드러낸다. 당시에 일반적으로 그린 누드가 어땠는지를 떠올릴 필요가 있다. T. J. 클라크는 자신의 책에서 1865년 살롱전이 끝난 후 정부가 구매해 나란히 걸어놓은 작품을 찍은 사진 두 장을 제시한다. 루이 프레데리크 쉬첸베르제의 「제우스가 납치한 에우로페Europe enlevée par Jupiter」, 글레르의 제자 지라르의 「잠자는 비너스Le Sommeil de Vénus」, 1854년 로마상 수상작인 지아코모티의 「아미모네 납치L'Enlèvement d'Amymoné」, 폴 보드리의 「진주와 파도La Perle et la vague」가 나란히 걸려 있다. 이 작품들에서 누드는 하얗고 부드러운 엉덩이, 황홀경에 빠진 몸짓, 바닷바람에 나부끼는 천이 몸의 일부를 휘감은 모습으로 표현되었다.[1] 이런 장르가 쇠락하는 마지막 순간의 통탄할 만한 외설 한가운데에서 빅토린 뫼랑의 목에 감긴 벨벳 리본, 흑인 하녀와 고양이 한 마리가 불러일으킨 효과를 짐작할 수 있다. 그리고 사람들의 분노를 이해할 수 있다. 토레는 「1865년 살롱Salon de 1865」에서 분노한 사람들에게 다음과 같이 되물었다. "오이디푸스와 비너스 같은

1 T. J. Clark, *The Painting of Modern Life. Paris in the Art of Manet and his Followers*, Princeton, Princeton University Press, 1984.

신화나 황홀경에 빠진 성모마리아와 성녀들의 종교적인 그림을 장려한 자들은 누구인가? 예술은 아무것도 의미하지 않으며 근대의 열망을 자극하지 않는다고 말한 자들이다. 마담 퐁파두르식의 에로틱한 묘사와 요정 그림을 장려한 자들은 누구인가? 자키클럽과 이탈리앵 대로의 부유한 사람들이다. 이 그림들은 누가 사는가? 증권 거래소의 부유한 자와 중개인들이다."[2]

『악의 꽃』을 헌정받은, 가장 신랄한 비평가 중 한 명이었던 테오필 고티에는 이렇게 정리했다. "「올랭피아」는 어떤 관점으로도 설명할 수 없다. 침대 위에 누운 깡마른 모델 역시 어떤 관점으로도 설명할 수 없다. 피부색은 칙칙하고 형편없이 묘사되었다. 명암 대비는 상대적으로 변화가 많은 광택의 번짐으로 표현되었다. 종이로 싼 꽃다발을 들고 있는 흑인 하녀와 침대에 더러운 발자국을 남긴 검은 고양이에 대해 무슨 말을 할 수 있을까? 무엇을 의미하는가?" 고티에는 공쿠르 형제와 아주 가까웠다. 「올랭피아」 스캔들이 터졌을 당시 그들은 『마네트 살로몽Manette Salomon』을 쓰고 있었다. 이 소설은 화가 코리올리스를 파멸로 몰고 간 유대인 여자 모델에 관한 이야기였다. "부셰에게서 영향을 받은 코리올리스의 「터키 목욕탕Le Bain turc」 속 흑인 하녀의, 갑자기 화실을 걸작의 빛으로 빛나게 하는 벗은 몸"이라는 묘사는 의심할 여지없이 마네의 「올랭피아」를 간접적으로 비판한다. 이런 비판을 통해 공쿠르 형제는 보들레르처럼 예술의 재앙을 도발하는 선동자 역할을 했다.[3]

마네는 1870년과 1871년의 사건 이후에는 더 이상 예전처럼 그림을 그릴 수 없다고 생각했다. 1870년 프로이센의 파리 포위 전투와 1871년 파리 코뮌 당시 마네는 드가와 더불어 국민군 포병대에 근무했다. 피의 일주일 동안 일어난 학살

---

2 제2제정기에 망명한 공화주의자 테오필 토레는 네덜란드에서 요하너스 페르메이르를 '재발견한' 토레뷔르제라는 이름으로 알려졌다.

3 고티에는 플로베르, 투르게네프, 르낭, 텐 그리고 생트뵈브와 더불어 공쿠르 형제의 저녁 식사에 정기적으로 초대된 사람이었다.

앞 페이지

에두아르 마네, 「튀일리 공원 음악회」, 1867. 유화, 런던, 국립미술관. 이 작품에서는 보들레르, 샹플뢰리, 테오필 고티에 등 마네의 친구들을 볼 수 있다. 마네의 모습도 작품 왼쪽 모서리에 그려져 있다.

을 보고 충격받은 마네는 모든 활동을 그만둘 생각까지 했다. 물론 이것은 마네의 정치적인 입장과는 전혀 관계없는 일이지만, 사람들은 「깃발이 나부끼는 모니에 거리La Rue Mosnier aux drapeaux」를 예로 들면서 마네가 최소한 '공화주의에 공감'했다는 터무니없는 암시와 연결시키려 한다. 마네를 혁명가로 보는 것은 당연히 터무니없지만 다음과 같은 세 가지 사실에는 주목할 필요가 있다. 첫째, 마네가 1868년에 그린 「막시밀리앵 처형L'Exécution de Maximilien」은 정치적으로 의미가 있다. 이 사건은 처형이 집행된 지 1년이 채 되지 않은 시점에서 멕시코 원정의 부끄러운 패배와 맞물려 유럽에 큰 충격을 주었다. 이 작품을 더 널리 알리기 위해 동일한 주제로 완성한 마네의 판화는 검열에 걸려 배포가 금지되었다. 둘째, 1860년대 마네의 작업실은 프티트폴로뉴의 비참한 구역과 맞닿아 있는 기요 거리(현재 메데리크)에 있었는데, 당시는 오스만이 말셰르브 대로를 뚫기 위해 이 구역을 철거하기 시작했을 때였다. 마네는 이 거리에서 집시 장 라그렌과 자주 어울렸다. 라그렌은 캠프장에 살며 경찰에게 시달리고, 크랭크 오르간을 연주하며 생계를 꾸렸다. 마네는 라그렌을 모델로 「늙은 악사Vieux Musicien」를 그렸다. 강변에 앉아 있는 늙은 악사 뒤에 있는 인물은 넝마주이 콜라르데다. 넝마주이는 보들레르의 시에 자주 묘사되는 인물 가운데 하나다. 콜라르데는 마네가 1859년 살롱전에 출품했다가 거절당한 「압생트 마시는 남자Le Buveur d'absinthe」의 모델이기도 했다. 마이어 셔피로는 다음과 같이 썼다. "마네는 자신에게 맞는 주제만을 골랐다. 그런 주제들이 단지 눈앞에 펼쳐져 있었기 때문은 아니고, 빛과 색채의 측면에서 특별한 가능성을 보여주었기 때문도 아니다. 글자 그대로 또는 상징적인 의미에서 그 주제들이 자신의 세계와 어울렸기 때문이고, 세계를 바라보는 자신의 시각과 밀접하게 연결되어 있었기 때문이다. 마네는 권위에 반항하는 사람, 독립적인 사람, 그리고 사회의 낙오자의 삶 자체가 품고 있는 예술적인 측면에 관한 자신의 관심을 작품으로 보여주었다."[1]

사회의 주변인, 거리의 보헤미안에게 가진 마네의 관심에 대해 앙토냉 프루스트는 회고록에서 "마네의 작품에서 시선은 대단히 중요한 역할을 한다. 나는 파리에서 마네 같은 플라뇌르를 본 적이 없다. 마네는 거니는 행위를 유용하게 이용했다"라고 회상했다. 그리고 "어느 날 우리는 평평하게 정비된 말셰르브 대로 한가운데를 걷고 있었다. (…) 치맛단을 걷어 올리고 손에는 기타를 든 여인이 지저분한 술집에서 나왔다. 마네는 곧바로 그녀에게 다가가 자신의 작업실로 와서 모델이 되어줄 수 있는지 물었다. 그녀는 웃음을 터트렸다. 마네는 내게 말했다. '그녀를 그릴 거야. 물론 싫다고 해도 상관없어. 빅토린이 있으니까'"라고 썼다.[2] 셋째, 파리 코뮌 동안 마네는 가족들의 안전을 위해 지방으로 떠났다. 마네가 지방에 가 있는 동안 작성된 예술가위원회 명단에는 마네도 포함되어 있는데, 이 점을 보면 당시 사람들은 마네를 파리 코뮌에 호의적인 인물로 생각했던 것 같다. 마네는 예술가위원회 의장 쿠르베와 친한 사이였다. 쿠르베는 「올랭피아」의 스캔들과 관련해 여러 번에 걸쳐 같이 언급되었다. 피의 일주일과 관련해 마네는 살육이 벌어진 1871년에 두 점의 석판화를 그렸다. 「바리케이드」는 파리의 어느 사거리에 있는 베르사유 정부군의 모습을 긴박하게 소묘한 작품으로, 「막시밀리앵 처형」처럼 군인들이 모여 있고 같은 자세를 취하고 있다. 군인들이 시위대 코앞에서 총을 쏘는 순간을 묘사했는데, 먼지로 뒤덮인 보도블록 한가운데 공포에 질린 시위대의 얼굴만이 유일하게 뚜렷이 보인다. 「내전La Guerre civile」에는 파괴된 바리케이드 아

---

1 Joseph C.의 논평, "Sloane's French Painting between the Past and the Present: Artists, Critics and Tradition from 1848 to 1870", *Art Bulletin*, 1954년 6월 36호. Harry Rand, *Manet's Contemplation at the Gare Saint-Lazare*, Berkeley, University of California Press, 1987에서 인용.

2 *La Revue blanche*. 1897년 2월 1일과 15일, 3월 1일 44호. 「거리의 여가수」는 빅토린 뫼랑이 마네의 모델로 선 첫 번째 작품이다.

앞 페이지
에두아르 마네, 「생라자르역」, 1873년. 유화, 워싱턴 국립미술관. 작품 속 주인공은 마네가 선호했던 모델 가운데 한 명인 빅토린 뫼랑이다.

래 쓰러져 있는 시위대의 시체 두 구가 검은색으로 투박하게 묘사되어 있다. 한 명은 시민이고, 다른 한 명은 하반신만 보이는데 줄무늬 바지로 보아 코뮌의 국민군임을 알 수 있다.

마네가 다시 작업을 시작했을 때 그의 작품은 완전히 변했고, 새로운 스타일의 회화가 도래함을 예고했다. 파리를 그린 작품이 처음으로 살롱전에 전시되었다. 「철로」 또는 「생라자르역」로 불리는 이 작품은 사실 제목 자체는 큰 의미가 없다. 작품에 철로도, 생라자르역도 보이지 않기 때문이다.[1] 마네는 또다시 비난을 받았다. 미술 잡지 『샤리바리Charivari』의 1874년 살롱전 특집호 표지를 장식한 샴의 데생 제목은 「모피 입은 귀부인La Dame au phoque」이었다. 그림 밑에는 "이 불행한 여인은 그림의 모델이 되고 싶지 않아 도망가려고 한다. 그러나 이를 미리 예견한 화가(마네는)는 모델이 도망가지 못하도록 철책을 그려 넣었다"라고 쓰여 있다. 또 다른 문장에는 "치유 불가능한 편집증에 걸린 두 미치광이 여인은 자신들이 갇힌 창살 너머로 지나가는 기차를 바라본다"라고 적혀 있다. 항상 마네를 지지해온 뷔르티와 뒤레는 작품을 보고 매우 당황했다. 졸라는 단지 "색상이 매력적이다"라고 칭찬하면서 아무런 확신도 없이 마네를 "프랑스 회화에서 자랑할 만한, 보기 드문 독창적인 화가"[2]라고 말했다.

「생라자르역」 같은 작품은 처음이었다. 배경은 마네가 막 자리 잡은 유럽 구역으로, 새 작업실은 생페테르스부르 4번지에 있었다.[3] 이 작품이 새로운 이유는 단지 주제와 구성뿐만이 아니라 근대의 파리를 보여주는 유럽 광장만큼이나 근대

1 1874년 살롱전에 출품되었을 당시의 제목은 「철로」였다. 이 작품은 살롱전에 출품되기 전에 마네의 주요 고객이었던 바리톤 장바티스트 포르가 구입했다. 마네는 훗날 포르를 모델로 앙브로즈 토마의 오페라 「햄릿」을 그렸다. 뒤랑뤼엘이 「철도」를 미국에 가져가서 프랑스풍의 느낌을 주기 위해 「생라자르역」으로 제목을 바꾸었다.

2 *Le Sémaphore de Marseille*, 1874년 5월 3 - 4일.

적 일상의 상징인 기차역을 소재로 삼았다는 데 있다. 그 점 때문에 비난의 대상이 되었다. 작품의 기법 자체가 낯선 감정을 불러일으키는데, 기존 회화의 규칙을 거스르는 외부의 영향, 즉 사진의 영향이 느껴지기 때문이다. 이것은 마네가 사진을 보고 또는 사진처럼 작업했다는 뜻이 아니다. 반면 엔지니어 출신의 카유보트는 사진을 보고 또는 사진처럼 작업했다. 원근법으로 완벽하게 묘사한 「비 내리는 파리Temps de pluie à Paris」 「튀랭 거리와 모스크바 거리의 교차로au carrefour des rues de Turin et de Moscou」 「유럽의 다리Pont de l'Europe」를 그릴 때 카유보트가 이용한 투사지가 지금까지 남아 있다.[4] 「생라자르역」의 전면 풍경은 대단히 가까우면서도 매우 또렷하다. 정면을 바라보는 빅토린 뫼랑은 목에 벨벳 리본을 두르고 있는데, 「올랭피아」에서 빅토린이 걸친 유일한 의상이었다. 등을 돌리고 있어 얼굴이 전혀 보이지 않는 어린 수잔은 철로를 바라보고 있다. 그러나 창살 너머의 배경은 심도가 얕은 사진처럼 흐릿하다. 흐린 배경은, 작품 속에는 보이지 않지만 기차가 뿜어내는 연기 때문만은 아니다. 마네는 의도적으로 흐린 배경을 바탕으로 심도가 얕은 평면적인 전경을 배치했다. 이런 구성은 적어도 레오나르도 다빈치 이래 지배적인 야외 원근법의 모든 규칙과 반대되지만 사진에서는 흔하다. 루브르궁 3층에서 바라본 모네의 1867년작 「생제르맹로세루아Saint-Germainl'Auxerrois」 「앵팡트 공원Le Jardin de l'Infante」 「루브르 강변Le Quai du Louvre」, 미로메닐 거리에 있던 자신의 집에서 바라본 풍경을 그린 카유보트의 「창가에서 바라본 모자를 쓰지 않은 남자의

---

3 Juliet Wilson-Bareau, 전시 카탈로그, *Manet, Monet, la gare Saint-Lazare*, Réunion des Musées nationaux et Yale University Press. 다양하고 깊이 있는 자료 조사를 통해 「생라자르역」이 마네의 친구인 화가 알베르 이슈의 작업실에서 완성되었거나 최소한 초벌 정도까지 그려졌을 거라고 밝히고 있다. 작품에서 뒷모습만 나오는 모델이 알베르 이슈의 딸이다. 이슈의 작업실은 롬 거리 58번지에 있었다. 건물 뒤편에 있던 작업실로 통하는 입구가 아직까지 있다. 뒤편에는 건물과 창살 너머로 보이는 철로 사이에 작은 정원이 있었다. 바로 이 공간이 「생라자르역」의 전면 풍경으로, 마네가 단조롭게 묘사했고, 실제로도 단조로웠다. 줄리엣 윌슨바로는 빅토린의 모자 뒤로 보이는 문이 마네의 작업실이라고 주장했다. 메사주리 창고를 짓기 전에는(현재 이곳은 정비소다) 생페테르스부르 거리에서 로마 거리의 집들이 보였다.

4 마네는 어떤 작품이 팔렸는지를 기록하기 위해 사진 인화지에 수채화나 과슈로 작은 사본을 만들었다.

뒷모습Homme nu-tête vu de dos à la fenêtre」 또는 르누아르의 「퐁뇌프Le Pont-Neuf」처럼 「생라자르역」이 출품되기 얼마 전에 마네와 친한 화가들이 그린 파리의 풍경들은 붓질에서 '인상주의'의 느낌이 있지만 배경은 반 에이크 형제의 작품만큼이나 또렷하다. 한편 「생라자르역」은 거의 한 가지 색으로 칠한 것처럼 색상이 단조롭다. 빅토린의 원피스는 파란색 바탕에 흰색 선으로 강조했고, 어린 수잔은 하얀색 원피스에 파란색으로 수를 놓은 커다란 리본을 묶고 있다. 창살은 짙은 푸른색이고, 푸르스름한 흰색의 연기는 부재의 표시인 동시에 마치 작품의 세 번째 인물 같다. 무엇보다도 읽고 있던 책에서 눈을 떼고 정면을 바라보는 빅토린을 보자. 손가락을 마치 책갈피처럼 책의 여러 페이지 사이에 끼웠는데, 아마도 앞뒤의 문장을 비교하거나 주석을 참고하고 있었던 것 같다. 빅토린은 살짝 놀란 표정을 짓고 있다. 이는 뜻밖의 예기치 않은 순간을 포착하는 가장 사진적인 묘사다. 순간을 포착한 스냅사진으로 그 자체로는 다른 이야기가 없다. 마네를 지지했던 뒤레는 "이 작품에는 어떤 주제도 없었기에" 실로 당혹스러웠다. 렘브란트나 심지어 고야의 초상화에서 드러나는 인물의 심리 상태도 보이지 않았다. 마네가 「거리의 여가수La Chanteuse de rues」 이래 「생라자르역」까지 그토록 자주 빅토린 뫼랑을 모델로 쓴 이유는 깊이를 헤아릴 수 없는 빅토린의 시선, 다시 말해 기다림, 불안감, 말로 표현하기 어려운 그 시선 때문일 것이다. 정면을 응시하는 신비롭고 어두운 그 시선은, 「투우사 차림의 마드무아젤 빅토린Mlle V. en costume d'espada」에서 고개를 돌려 부끄러운 듯 사랑스럽게 화가를 바라보는 빅토린의 눈길에서 이미 묘사되었다. 마네는 「발코니Le Balcon」의 베르트 모리조, 「나나Nana」의 앙리에트 오제르, 그리고 마지막으로 「폴리베르제르 극장 바Un bar aux Folies-Bergère」 소녀의 금발의 쉬종까지 잊지 못할 파리의 많은 여인에게 화가를 응시하는 신비롭고도 어두운 시선을 부여했다. 그리고 마네의 모델들이 「온실La Serre」 속 우아한 부르주아 여인처럼 정면을 또렷이 응시하거나 「자두La Prune」의 혼자 있는 가련한 소녀처럼 곁눈질할 때는 단지 가벼운 우수 같은 것이 작품 속에 은은히 흐르는 듯하다.

마네는 변화를 주는 데 제대로 성공했다. 그러나 지나치게 멋지고 관대한 나머지, 감정을 관습적으로 표현하는 그림을 거부하고, 일반적인 의미로 자신의 작품들을 구성하지 않음으로써(반면 모네의 「생라자르역」 연작은 각각의 작품이 혁신적이었다는 사실과는 별개로, 푸생의 풍경화처럼 잘 짜여 있다) 마네는 미완성의 예술가로, 자신만의 세계나 문화가 없는 화가로 취급되었다. 특히 평론가들은 마네를 할스, 고야, 벨라스케스의 유산을 계승한 아류 정도로만 평가했다. 에밀 졸라조차 마네를 통 이해하지 못했다. 그러나 퐁탄 고등학교(현재는 콩도르세 고등학교로 생라자르역 앞 아브르 거리에 있다)에서 집으로 돌아가는 길에 매일 저녁 마네의 작업실에 들렀던 말라르메에게 마네는 "누구와도 비교할 수 없는 화가였다".[1] 말라르메는 "작업실에서 마네는 텅 빈 캔버스로 돌진해 마치 한 번도 그림을 그려본 적이 없는 사람처럼 그림을 그렸다"[2]라고 마네를 묘사했다. 사실 말라르메는 말년의 마네를 이해하는 데 있어 졸라보다는 적합한 위치에 있었다. 당시의 마네는 사람들에게 어려운, 즉 이해하기 힘든 화가였다. 이런 화가들의 작품은 제작 연도를 매기고, 묘사하고, 엑스레이로 상세히 검토할 수는 있지만 화가의 의도가 명확히 밝혀지지 않아서 작품이 주는 모호함이 의미의 일부분이 되었다. 피에로 델라 프란체스카의 「채찍을 맞는 그리스도La Flagellation du Christ」를 정확하게 이해한 사람이 몇이나 되겠는가? 전경에 그려진 세 명의 인물이 누구인지를 카를로 긴츠부르그가 밝혀냈지만 세 인물이 무슨 이야기를 나누었는지는 영원히 비밀로 남아 있지 않는가?

프랑스의 1870년대는 공식 역사에서 근대 의회 민주주의가 확립된 시기로, 내

---

1 Thadée Natanson, *Peints à leur tour*, Paris, Albin Michel, 1948.

2 Mallarmé, *Quelques médaillons ou portraits en pied*. 말라르메와 마네는 「생라자르역」이 발표되기 1년 전에 서로 알게 되었다. 말라르메는 마네의 집에서 두 걸음 떨어진 모스크바 거리에 살다가 1875년 롬 거리 85번지로 이사했다. 말라르메는 1885년 베를렌에게 "10년 동안 하루도 빠짐없이 마네를 보았기에 마네가 없는 것이 지금도 믿기지가 않습니다"라고 썼다.

오른쪽 페이지
드가가 찍은 르누아르와 말라르메, 1895년, 뉴욕 현대미술관.

전과 패배로 만신창이가 된 나라를 도덕적이고 실질적으로 바로잡기 위해 종교와 분리된 세속적 교육을 발전시킨 시기로 기록된다. 혁명이 실패로 끝난 다음에는 항상 반동이 뒤따르듯 당시 또한 반동의 시기였는데 사람들은 그 사실을 잊은 체한다. 1875년에야 체계를 갖춘 공화주의도 실상은 거의 요행으로 의회에서 과반수 투표로 채택되었다. 바로 이 시기에 모네는 「깃발로 장식된 몽토르괴유 거리La Rue Montorgueil pavoisée」를, 마네는 「깃발이 나부끼는 모니에 거리」를 그렸다. 들라크루아의 「민중을 이끄는 자유의 여신」 이래 프랑스 회화에서 한동안 볼 수 없었던 삼색기가 두 작품에 다시 등장하는데, 샹보르 백작을 앙리 5세 왕위에 앉히려는 왕정복고 지지자들의 하얀색 깃발에 반대한다는 의미가 명확하게 드러나 있다. 수만 명의 파리 코뮌 참가자는 여전히 망명 중이거나 감옥에 갇혔거나 국외로 강제 추방당했거나 유배 중이었다.[1]

1870년대는 도덕 질서라는 표현과 그 표현 뒤에 감추어진 측면을 드러내는 현상이 동시에 나타났다. 1870년대는 30년, 또는 최대 40년의 짧은 시대가 시작되는 시점으로 파리는 전과 전혀 다른 곳이 되어 근대 회화의 주제가 되었다. 파리의 유명한 장소, 오래된 건물, 햇살로 반짝이는 기념물, 불로뉴 숲의 우아한 귀부인들은 더 이상 근대 회화의 주제가 아니었다. 드가와 마네는 쾌락의 세계, 밤의 볼거리, 즉 파리의 모든 계층이 뒤섞이는 곳, 경찰의 가장 철저한 경계로도 통제할 수 없는 일상이 계속되는 곳을 주제로 선택했다. 그리고 그 짧은 시기의 초기에 이런 세계를 그린 화가는 드가와 마네가 거의 유일했다. 드가와 마네 사이에는 무언의 대화 같은 것이 자리 잡았다. 그들은 공통의 목적 없이, 그리고 예전의 모네와 르

1 기아나 또는 누벨칼레도니로 강제 추방당한 사람들은 유배지를 벗어날 수 없었다. 반면 루이즈 미셸, 앙리 로슈포르처럼 유배를 간 사람들은 그곳에서 자유롭게 이동할 수 있었다. 마네는 로슈포르의 탈출을 소재로 1880년 「로슈포르의 탈출L'Évasion de Rochefort」을 그렸다.

오른쪽 페이지

에드가르 드가, 「카페 콩세르 앙바사되르」, 1876년. 단쇄 판화 위에 파스텔, 리옹 국립 미술학교 미술관.

누아르처럼 똑같은 주제로 그림을 그린 적은 없지만 굉장한 관심을 가지고 서로의 작업을 지켜보았다.

그렇지만 드가와 마네는 본질적인 공통점이 있다. 둘 다 당시 활동하던 유명한 화가들 가운데 유일하게 파리 토박이였다. 생조르주에서 태어나 클리시 대로의 집에서 죽은 드가는 피갈을 벗어난 적이 거의 없다. 마네 역시 바티뇰, 유럽 구역, 클리시 광장에서 멀리 벗어나지 않았다. 유복한 부르주아 출신인 드가와 마네는 루브르 미술관에 소장된 옛 거장들의 그림과 이탈리아 회화에 대한 취향도 같았고, 음악에 대한 열정도 같았다. 그러나 마네가 1882년 살롱전에 「폴리베르제르 극장 바」를 출품했을 때 드가는 앙리 루아르에게 보낸 편지에서 "마네는 섬세하지만 멍청하고, 이것저것 다 잘하는데 특출한 건 없는, 스페인풍의 사실적인 그림을 그리는 화가예요. (…) 보면 알 겁니다"라고 썼다. 드가와 마네를 이어준 연결 고리는 그들의 작품을 모두 좋아한 베르트 모리조와 시를 좋아하는 드가에게 강한 인상을 준 몇 안 되는 시인 중 하나였던 말라르메였다. 드가와 마네는 말라르메의 개성에서 서로 다른 측면을 표현했다. 마네가 그린 초상화에는 오른손에 들고 있는 담배의 연기가 캔버스 위로 피어오르고, 무언가를 뚫어지게 바라보는 눈길에서 깊이를 알 수 없는 시선이 느껴진다. 한마디로 말라르메의 정수를 그렸다고 할 수 있다. 드가가 찍은 사진에서 말라르메는, 앉아 있는 르누아르 쪽으로 몸을 살짝 돌려 엷은 미소를 지으며 비스듬히 서 있다. 말라르메의 지극히 사적인 부드러운 모습을 보여준다.

드가는 카페 테라스의 여자들, 손님과 서빙하는 종업원들, 가르니에에 새로 생긴 오페라극장의 오케스트라 박스 연주자들을 놀랍게도 역광으로 포착했다. 마네의 「오페라극장의 가면무도회Bal masqué à l'Opéra」는 발자크의 『화류계 여인들의 영광과 비참』 첫 장면에 실린 삽화와도 같다. 싸구려 술집의 여가수들, 사창가 풍경을 그린 작품도 있다. 공중 곡예사 랄라를 그린 「페르낭도 서커스의 마드무아젤

랄라Mademoiselle Lala au cirque Fernando」에서 드가는 능청스럽게 티에폴로의 천정화와 겨루려는 듯하다. 1880년대 초까지 10여 년 이상 마네와 드가는 이런 다양한 세계를 수백 점의 크로키, 파스텔, 유화로 그렸다. 그러나 쾌락의 세계에는 어떤 즐거움도 없었다. 가스등을 대체한 무대 전기 조명의 효과에 대해 드가가 탐구한 내용은 모네가 루앙 대성당을 그리며 탐구한 햇빛의 효과에 상응한다. 도시의 밤을 세밀히 탐구한 결과는 카페 콩세르 여가수들의 '추함'을 두드러져 보이게 했다. 마네가 그린 술집의 뚱뚱한 종업원들, 피곤해 보이는 바의 여자들, 정장이나 작업복 차림의 손님들 모두 멍한 표정으로 먼 곳을, 다른 곳을 바라본다. 플랑드르 화가들의 요란한 연회와도, 연애 파티의 발랄한 우수와도 전혀 닮지 않았다. 물론 마네도, 심지어 반동적이고 여성을 멸시하며 반유대주의자인 드가도 프랑스 사회의 문제점을 드러내기 위해 의식적으로 파리의 쾌락을 주제로 고른 것은 아니다. 그러나 그들의 표현 양식은 압축적이면서도 아주 강렬하고, 세세히 묘사하지 않으면서도 드러내 보여주는 데 매우 뛰어나서 그림 속 인물들의 태도, 시선, 집단 내부로부터 시대의 진실을 뚜렷이 나타나게 했다. 석탄을 하역하는 인부를 보여주지 않고, 굶주린 거지를 그리지 않고도 돈이 지배하는 시대(드가의 걸작 「증권 거래소La Bourse」를 떠올려보라)를 보여주었다. 드가는 「압생트」에서 나란히 앉아 있지만 고독한 사람들의 모습을, 마네는 「자두」에서 고독 자체를 묘사하며 도시의 고독함을 보여주었다. 오페라극장의 어린 발레리나의 여윈 몸과 대로변 카페 테라스에서 손님을 기다리는 늙은 매춘부를 통해 착취당하는 여자들을 보여주었다. 이 가엾은 올랭피아들과 풀밭 위에서 벌거벗은 여자들의 당혹스러워하는 모습은 단지 몇 번의 붓질로 표현되었다.

밤의 여흥이라는 주제는 「폴리베르제르 극장 바」에서 절정을 이룬다. 마네가 죽은 후 이런 주제는 다음 세대로 이어졌다. 쇠라는 데생용 연필로 카페 콩세르의 풍경을 가장 불안감이 느껴지도록 그렸다. 쇠라의 「난잡한 춤Le Chahut」은 대중적인 물의를 일으킨 춤에 대한 사람들의 심기를 불편하게 하는 작품이었다. 로트레크는 사창가나 뮤직홀에서 밤새 그림을 그리며 시간을 보냈다. 보나르가 제작한 첫 번째 석판화 포스터인 '프랑스 샹파뉴'는 파리의 벽을 뒤덮었다. 세 명의 화가들 모두 『라 레뷰 블랑슈La Revue blanche』와 관련이 있다. 페네옹은 라피트 거리에 있던 잡지 사무실에서 쇠라가 죽고 몇 달이 지나 첫 쇠라 회고전을 열었다. 보나르의 「클리시 광장Place Clichy」 연작과 뷔야르의 「공원」 연작은 파리 회화의 마지막 전성기와 시기를 같이한다. 그 시기는 잡지 『라 레뷰 블랑슈』의 퇴장과 겹치는 1900년에서 1905년 사이다.

한편 상징주의가 출현하면서 변곡점을 맞이하는데, 상징주의는 파리라는 대도시의 미학이나 정치적인 시학과는 전혀 관계가 없다. 20세기로 넘어가는 시점에서 파리는 발자크의 『인간 희극』, 위고의 『레 미제라블』, 보들레르의 『악의 꽃』의 시대, 사진 발명의 시대, 「올랭피아」와 「저녁, 카페 테라스에 앉아있는 여자들Femmes à la terrasse d'un café, le soir」의 시대, 다시 말해 근대를 대표하는 주제와 급작스럽게 단절했다. 새롭게 등장해 근대를 대표하는 자리를 차지한 패러다임은 증기기관을 고고학의 영역으로 밀어 넣은 발명품들 위주로 이루어졌고, 이 발명품들은 20세기 전체를 특징짓게 될 끊임없는 발전의 성격을 공유했다. 파리는 상상 속 변화하는 도시의 모습 그 자체였기 때문에 어떤 도시도 파리를 대체할 수 없었다. 시집 『알코올Alcools』에 의도적으로 제일 앞에 배치한 「지역Zone」에서 아폴리네르는 "너는 그리스와 로마의/ 고대가 지겨워/ 이곳에서는 심지어 차들도 낡아 보여"라고 읊었다. 아폴리네르가 상기시키는 도시는 안토니오 산텔리아, 엘 리시츠키, 르 코르뷔지에가 구상한 집단주거지와 유사하다. 환상적인 상상의 도시들, 거대한 타워 꼭대기에 있는 활주로, 대성당을 닮은 발전소, 조르조 데 키리코가 그린 토리노에서처럼 적막한 대로. 베를렌의 추종자이자 미래파인 센강 양쪽의 플라뇌르 아폴리네르는 센강 왼쪽과 오른쪽 사이에서 일정한 거리를 두고 두 세계를 이론화하는 데 적합한 인물이다. 그리고 아폴리네르의 친구 소니아 들로네의 「뷜리에 무도장」은 어쩌면 파리 회화의 마지막 작품일 것이다. 들로네는 뷜리에 무도장에 가서 자주 춤을 추었다. 들로네의 「뷜리에 무도장Le Bal Bullier」은 밤에 쏟아지는 비처럼 다양한 색채가 돋보이는 멋진 작품으로 드가의 「카페 콩세르 앙바사되르Le Café-concert des Ambassadeurs」와 칸딘스키의 첫 추상화 작품 사이에 놓여 있다.[1]

패러다임의 전환을 가장 잘 보여주는 작품은 『잃어버린 시간을 찾아서』다. 발자크의 위대한 전통을 잇는 이 소설은, 그러나 파리에 대해서는 거의 이야기하지 않는다. 소설 곳곳에서 화자는 회화 작품에 대해 이야기하지만 화자가 언급한 작품들은 주로 풍경화나 인물화로, 파리를 그린 작품은 한 점도 없다. 프루스트는 비교를 통해 다음과 같이 자신의 이미지를 펼치기에 적합한 훨씬 다채로운 다른 도시들로 미끄러지듯 옮겨 간다(어떤 이유로 그렇게 부르는지 나로서는 이해가 되지 않지만 평론가들은 이 비교를 은유라고 부른다). "파리의 가난한 구역들을 떠올리게 하는 베니스의 가난한 동네는 아침이면 높이 솟아 입구가 벌어진 굴뚝이 햇살을 받아 생기 있는 색조로, 환하고 붉은 빛으로 물든다. 이 굴뚝들은 집들 위로 꽃 피운, 다채로운 빛깔로 꽃 피운 정원이 되어 델프트나 하를렘의 튤립 애호가의 정원 같다." 천성적으로 프루스트는 플라뇌르가 아니다. 어쩌면 천식 때문이기도 하겠지만 그보다는 『잃어버린 시간을 찾아서』의 모티브 자체가 대도시의 거리를 통해 이야기를 끌고 가기에 전혀 적합하지 않다.[2] 프루스트는 자신의 방에서 창문으로 거리의 소음을 들었다. 제5권 『갇힌 여인La Prisonnière』의 도입부에서 잠에서 깬 화

---

1 드가와 칸딘스키의 작품 사이에는 로베르 들로네의 「에펠탑Tour Eiffel」과 마티스의 「노트르담 성당Notre-Dame」도 있지만 두 작품은 유명한 건축물을 형식적으로 연구한 것이었다. 그리고 위트릴로, 샤갈, 뒤피, 니콜라 드 스탈 등도 있지만 이들의 작품은 더 이상 같은 종류의 회화가 아니었다.

2 샹젤리제 대로의 정원과 불로뉴 숲은 예외로, 이 장소들에 대한 묘사는 『잃어버린 시간을 찾아서』의 가장 유명한 구절이다. 사실 두 곳은 파리에서 멀리 떨어진 외진 장소로 프루스트보다는, 물론 최고는 아니지만 자크앙리 라르티그의 사진에 잘 재현되어 있다.

자는 바깥의 소음을 듣고 몇 시쯤 되었는지를 추측한다. “내가 들은 첫 번째 소음은 진동이나 습기로 비틀어지고 약해진 소리였다. 차갑고 맑은, 텅 빈 아침의 공허하고 울림이 있는 대기 속 화살 같은 소리였다.” 그리고 화자는 창밖의 구경거리를 관찰한다. “침대에서 일어나 나는 잠시 창의 커튼을 열었다. (…) 바구니를 들고 빨래하러 가는 여자들, 파란 앞치마를 두른 빵집 여자, 하얀 소매와 깃으로 장식한 옷에 우유병을 건 허리띠를 매달고 배달을 가는 여자, 여선생의 뒤를 따르는 발랄한 금발 소녀들을 보기 위해서였다.” 프루스트가 소설에 파리의 거리 이름을 언급하거나 인물이 만나는 장소와 사건이 일어난 곳을 정확하게 명시하는 경우는 매우 드물다. 프루스트는 소설의 중심 무대이자 화자가 사는 게르망트 저택의 위치도 분명히 언급하지 않았다. 게르망트 저택이 몽소 공원과 가깝기 때문에 평론가들은 게르망트 저택이 파리 7구에 있을 거라고 생각한다. 그 결과 “포부르 생제르맹 최초의 살롱”으로 묘사된 공작부인의 살롱은, 이 경우 실제로 은유가 된다. 『잃어버린 시간을 찾아서』의 시간의 공백을, 프루스트가 감탄하는 플로베르의 『감정교육』 속 아주 얕은 시냇물 같은 시간의 공백과 비교해보면[3] 『잃어버린 시간을 찾아서』에는 시기가 명확히 규정되지 않은 구절들과 정확하게 날짜가 언급된 특정 순간이 번갈아 보인다. 날짜가 언급된 특정 순간으로는 드레퓌스 사건을 들 수 있고, 이 부분에는 당시의 다른 소설에서는 볼 수 없었던, 드레퓌스 사건을 바라보는 귀족과 상류 부르주아지의 시선이 그려져 있다. 그리고 여자들의 유행을 반어적 표현으로 묘사하면서 시작하는 제7권 『되찾은 시간』의 다음과 같은 구절은 제1차 세계대전 당시 파리의 분위기를 가장 생생하게 보여준다. “마치 효모를 조금 뿌린 듯이, 보기에는 자연 발생한 듯하지만, 젊은 여자들은 매일 미용실에 가서 마

3 “하나의 ‘공백’, 커다란 하나의 ‘공백’과 이행의 그늘이 없는 시간의 단위는 분 단위가 아니라 갑작스럽게 몇 년이 되고, 수십 년이 된다.” Marcel Proust, “À propos du ‘style’ de Flaubert”, *Nouvelle Revue française*, 1920년 1월 1일.

1

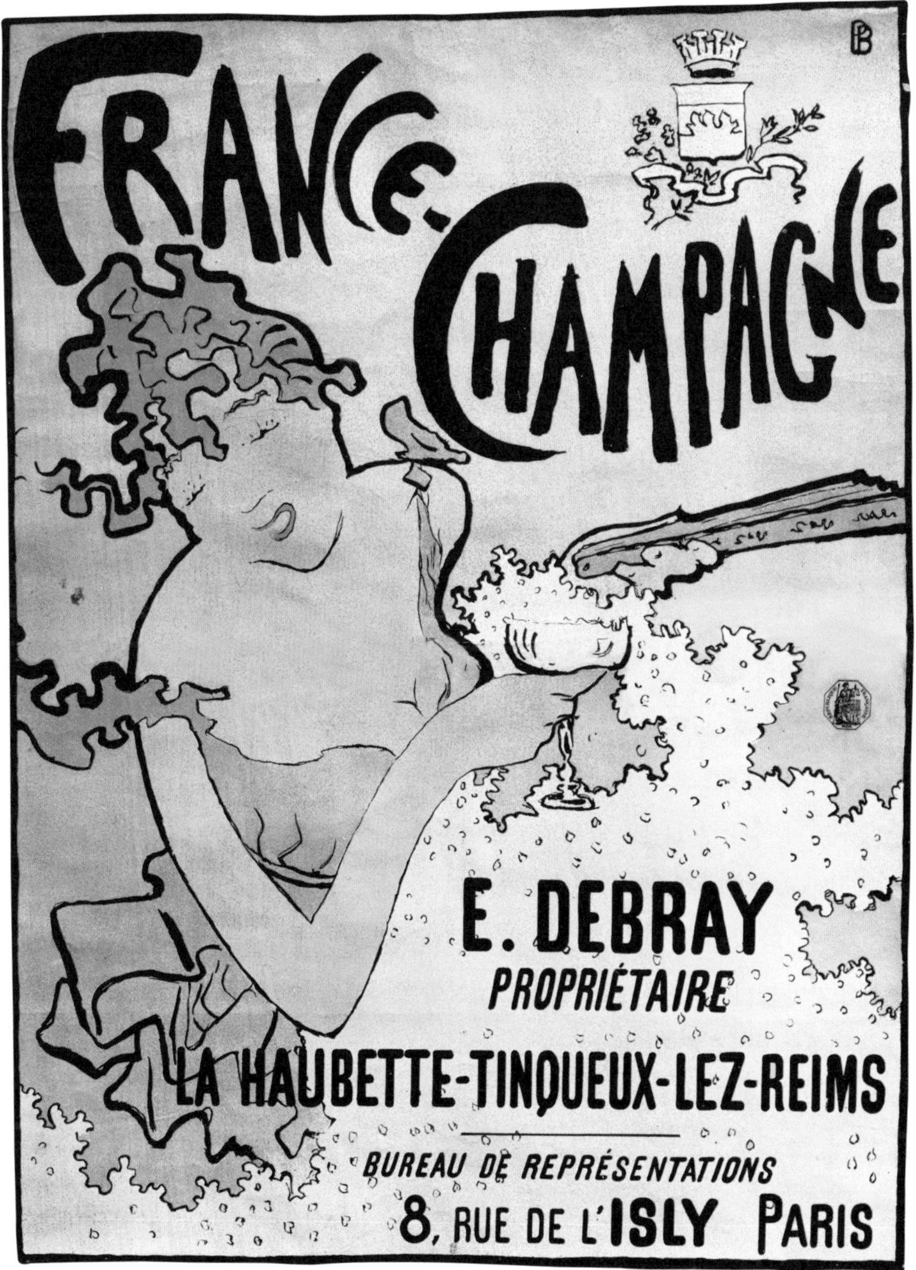
FRANCE-CHAMPAGNE
PB
E. DEBRAY
PROPRIÉTAIRE
LA HAUBETTE-TINQUEUX-LEZ-REIMS
BUREAU DE REPRÉSENTATIONS
8, RUE DE L'ISLY PARIS

앞 페이지

1 에드가르 드가, 「증권 거래소」, 1878년. 유화, 파리, 오르세 미술관.

2 피에르 보나르, 프랑스 샹파뉴를 위한 석판화 포스터, 1891년, 파리, 국립도서관.

치 마담 탈리앵의 동시대인이 된 것처럼 커다란 터번으로 머리를 둥글게 장식한다. 애국심으로 무장한 이 젊은 여자들은 짧은 치마를 입고 어두운 색깔의, 심히 '전사' 같은 이집트풍 상의를 허리까지 축 늘어트려 입는다. 탈마에 따르면 이들은 고대 그리스풍의 짧은 장화를 떠오르게 하는 가는 가죽끈으로 묶은 신발을 신고 발목에는 프랑스 군인을 떠올리게 하는 각반 같은 것을 차고 있다." 도시에서 일어나는 사건이나 인물들이 있는 장소를 구체적으로 지칭하면서 시간을 정교하게 다루기에는 어려움이 있었을 것이다. 그리고 장소의 모호함은 시간의 안개 속에서 길을 잃게 하기보다는 오히려 즐거움을 배가시켰을 것이다.

마르빌의 사진이 보들레르의 시대를 담고 있는 것처럼 아제의 사진은 프루스트의 파리를 표현하는 데 기여했다고 평가받는다. 이는 매우 독특한 생각인데, 아제와 프루스트의 장소는 일치하지 않기 때문이다. 프루스트는 평생을 센강 오른쪽 쿠르셀 거리, 말셰르브 대로, 아믈랭 거리처럼 최근에 조성된 구역에 살았다. 프루스트는 게르망트 저택을 이 구역에 설정했고, 소설 속 인물들의 정확한 주소가 필요할 때는 대개 오페라와 에투알 사이의 세련된 구역을 골랐다.[1] 아제는 이 구역을 거의 찍지 않았는데, 오스만 계획 이전의 파리를 찍는 데 전념했기 때문이다. 그리고 아제가 생메다르 성당 앞에서 찍은 행상들의 모습은 『갇힌 여인』의 화자가 자신의 방에서 창밖으로 본 말셰르브 대로의 상인들과는 당연하게도 공통점이 거의 없다. 『갇힌 여인』의 화자는 자신의 방에서 말셰르브 대로의 상인들이 물건 파는 소리를 들었다.[2]

아제는 오랫동안 작업했고, 작품 수도 어마어마하며 모든 분야에 걸쳐 있다. 일

1 스완은 예외적으로 오를레앙 강변로에 살았다.

련번호를 붙여 분류한 1만여 점이 넘는 사진은 미로 속의 미로를 이룬다. 아제 개인의 삶은 고독했으며, 남아 있는 자료 중에서 그의 삶을 보여주는 것은 드물고 일관적이지 않다. 아제는 사후에 미국에서 유명해졌다. 이런 이유들 때문에 아제는 파리의 예술가들 가운데 가장 파악하기 어려운 한 명이 되었다.[3] 만약 아제와 문학 작품 한 편을 연결시켜야 한다면 그것은 당연히 발자크의 『인간 희극』일 것이다. 페를르 거리의 퐁, 몽토르괴유 거리에 있는 식당 로셰 드 캉칼의 라스티냐크와 드 마르세, 피루에트 거리와 몽데투르 거리 모퉁이의 비로토, 생트푸아 거리와 알렉상드리 거리 모퉁이의 에스테르 등 발자크의 인물들이 살았던 거리 이미지를 아제의 사진에서 대부분 찾아볼 수 있는데, 오스만의 도시 계획에도 불구하고 아제가 남긴 사진에는 현재보다 발자크 시대의 모습이 더 많이 남아 있기 때문이다. 샤를뤼스도, 그의 사촌 오리안도, 드 노르푸아 백작도 아제가 찍은 카페의 중심인물이 아니었다. 블랑망토 거리의 롬 아르메, 조프루아생틸레르 거리의 라 비슈, 아믈로 거리의 레베이마탱, 생소뵈르 거리의 솔레이도르처럼 아제가 찍은 카페들의 이름과 주소만이 유일하게 파리 지명의 매력을 지니고 있다. 또한 마세나 대로에 있는 넝마주이들의 야영지도 아제의 사진과 프루스트의 소설에 그려진 모습이 다르다. 그러나 아제와 프루스트 사이에는 깊은 연관성이 있다. 두 사람은 모든 면에서 20세기에 솟은 19세기 언덕이었다. 오늘날 프루스트의 작품이,

---

2 "이 모든 소음 중간에 유행이 지난 '노랫가락'이 흘러나왔다. 항상 딸랑이를 흔들며 손님을 끌던 사탕 장수의 자리는 장난감 장수가 차지했다. 장난감 장수는 갈대로 만든 장난감 피리에 매단 실로 꼭두각시 인형을 이리저리 움직이며 다른 꼭두각시 인형들도 흔들었다. 그리고 그레고리 교황 1세의 미사 집전, 팔레스트리나가 개혁한 낭송법, 근대 서정시의 낭송법에는 신경 쓰지 않고 뒤늦게 멜로디에 빠진 지지자처럼 큰 소리로 목청껏 노래하기 시작했다. '자 엄마, 아빠 여러분, 아이들을 기쁘게 해주세요. 제가 만들어 파는 인형입니다. 저는 인형에 전 재산을 다 썼어요. 트랄 랄 라. 트랄 랄랄 라 랄랄 라. 얘들아 어서 와서 봐.'"

3 아제의 네거티브 사진 2000여 점을 사서 사후에 뉴욕 현대미술관에 기증한 베러니스 애벗 덕분에 미국에서 아제에 관한 연구가 이루어졌다. 특히 John Szarkowski et Maria Morris Hambourg, *The Work of Atget*, 4 vol, New York, The Museum of Modern Art, 1981 – 1985; Molly Nesbit, *Atget's Seven Albums*, New Haven et Londres, Yale University Press, 1992를 참고할 것.

소설 속 화자의 조부 세대가 좋아하는 생시몽과 마담 드 세비녜 같은 작가들과 더불어 이미 두 세기 전에 모습을 드러낸, 문학의 빛나는 마지막 순간처럼 여겨지는 것은 그리 중요하지 않다. 한편 아제는 프루스트의 경우와 반대로 회화 같은 사진과 초현실주의를 이어주는 고리로 여겨진다. 그러나 아제는 그런 역할을 하지 않았다. 아제가 고리 역할을 했다는 주장은 선형적인 역사를 만들어내려는 필요에서 비롯되었는데, 아제의 작업을 이 두 개의 연결 고리로 보기에는 연속성도 없고 균일하지도 않다. 아제와 프루스트의 작품은 적어도 프랑스에서는 총체적인 예술이라는 의미에서가 아니라 한 세계에 대한 총체적인 탐구라는 의미에서 전체를 파악하기 위한 최후의 뛰어난 시도였다.

아제는 주로 주문을 받아서 작업했는데, 위의 주장과는 어울리지 않아 보일 수도 있다. 그러나 그의 한 가지 확실한 특징은 고집스러운 성격인 독립 정신이다. 아제는 의뢰받은 작품을 자신만의 방식으로 해석했다. 예를 들어 '위대한 세기'의 모티프를 찾는 장식 공예가의 의뢰로 찍은 대문 손잡이 연작이나 생세브랭 성당의 버팀벽과 지붕의 세부처럼 비록 그 작품들이 겉으로 보기에는 가장 반복적인 작업이었을지라도 단순한 카탈로그가 아니라 모네의 「엡트 강가의 포플러Peupliers au bord de l'Epte」 연작이나 피카소의 「투우Corridas」 연작처럼 개성 있는 연작을 이루었다. 아제의 개인 작업과 의뢰받은 작업 사이의 질적 차이를 찾는 것은 의미가 없다.[1] 라 샤펠 구역의 사창가에서 찍은 아제의 누드 연작은 밋밋하고 장식 없는 꽃 그림 벽지에 꽃무늬 침대 커버를 걸어 두고 찍었다. 다양한 자세로 찍은, 얼굴이 드러나지 않는 이 기념비적이고 무어라 설명할 수 없는 몸은 웨스턴이나 어빙 펜의 유명한 누드 사진과 비교할 만하지만, 그것은 피상적인 비교일 뿐이다. 해당 연작은 제1, 2차 세계대전 동안 꽤 유명했던 연극 무대 미술가이자 화가인 디니몽

1　존 사코스키는 『아제의 작품The Work of Atget』 제1권에서 아제의 개인 작업과 의뢰받은 작업 사이의 작품성을 비교했다.

의 주문으로 찍었다.

아제도 주제와 장소로 작품을 분류했고, 아제의 작업에 대한 연구도 앨범[2]처럼 주제나 장소별로 작품을 묶어 소개한다. 이런 분류의 위험성은 시기에 따라 작품이 어떻게 발전했는지 제대로 알 수 없고, 30년 이상에 걸쳐 있는 아제의 작품들을 동질적인 것으로 여길 수 있다는 점이다. 아제는 주름상자 사진기, 18×24센티미터 감광판이 달린 무거운 틀, 나무 삼각대, 카메라 렌즈 상자 등 자신이 초기에 이용했던 도구를 30년 동안 그대로 썼다. 그는 이 무거운 물건 전부를 매일 아침 캉파뉴프르미에르 거리의 작업실에서 들고 나왔다. 1898년과 1900년 사이에 찍은 「행상들Petits Métiers」과 1912년에서 1913년에 찍은 「변두리 지역 주민들Zoniers」 사이에는 단절이 있다. 즉, 서로 다른 작품세계다. 아제는 「행상들」의 빵 가게 소년, 빵 배달하는 여인, 도자기 수선공, 오르간 연주자, 아스팔트 포장공, 양모 세우는 사람, 레 알의 노동자들을 상당히 가까운 거리에서 자세를 정확하게 취하도록 한 채 정면에서 찍었다. 반면 「변두리 지역 주민들」에서는 작은 마차, 오두막집, 집단 야영지 여기저기에 흩어져 서 있는 넝마주이와 그들의 부인들, 아이들, 개, 손수레, 쌓여 있는 물건들을 전체적으로 포착했다. 15년 사이에 아제는 19세기 판화에서 보던 가난의 재현 같은 볼거리 위주에서 파리 외곽의 변두리로 옮겨 갔다.[3]

아르스날 선착장과 가까운 바스티유 광장의 지금은 없어진 철책을 따라 가로등 주위에 30여 명의 사람이 모여 작은 직사각형 상자를 손에 쥐고 모두가 같은

---

2 아제의 앨범으로는 『옛 파리의 예술L'Art dans le vieux Paris』 『파리의 내부Intérieurs parisiens』 『파리의 자동차La Voiture à Paris』 『직업Métiers』 『파리의 상점과 진열장boutiques et étalages de Paris』 『파리의 옛 상점과 간판Enseignes et vieilles boutiques de Paris』 『변두리 지역 주민들Zoniers』 『파리의 성곽Fortifications de Paris』이 있다.

3 아제의 정치적 입장에 대해서는 무정부주의 조합운동 활동가인 귀스타브 에르베가 파리 시립역사도서관에 기증한 반국군주의 신문 『시민전쟁La Guerre sociale』과, 극좌파 잡지 『아방가르드L'Avant - Garde』, 당시의 전투적인 노동조합인 노동총연맹 공식 기관지 『노동조합원의 투쟁La Bataille syndicaliste』 등의 자료를 살펴볼 것. Molly Nesbit, "La seconde nature d'Atget", *Photographies*, 1986년 3월 특별호에 실린 아제에 관한 학술 토론회 중에서.

오른쪽 페이지
『초현실주의 혁명』 7호 표지 (1926년 6월 15일), 외젠 아제의 사진.

방향으로 하늘을 바라보고 있다. 아제가 찍은 이 사진은 『초현실주의 혁명La Révolution surréaliste』 7호 표지로 실렸다. 제목은 「마지막 전환Dernières conversions」이다. 사진가의 이름은 언급되어 있지 않은데, 제목을 바꾼 것이 마음에 들지 않아서 아제가 이름을 올리지 말라고 했을 수도 있지만(그가 지은 제목은 '1912년 4월, 일식'이었다) 그보다 아제는 항상 사진 자료에 의미를 두고 있었지 자신을 드러내는 것을 좋아하지 않았기 때문일 것이다. 『초현실주의 혁명』 영인본을 찾아보면 세 장의 표지 사진이 더 있는데, 이 사진들 역시 사진가가 언급되어 있지 않지만 한눈에 보아도 아제의 사진이 틀림없다. 『초현실주의 혁명』 7호에는 앙드레 브르통이 옮겨 적은 마르셀 놀의 꿈에 대한 글과 르네 크르벨의 초현실주의 글 「죽음의 다리Le Pont de la mort」에 각각 코르셋 상점의 진열창을 찍은 사진과 손님을 기다리는 매춘부를 찍은 사진이 실려 있다. 8호에는 루이 15세 시대 양식의 철제 계단을 일부 편집한 사진이 폴 엘뤼아르의 글 「삶의 이면 또는 인간 피라미드Les Dessous d'une vie ou la pyramide humaine」("성대하고 화려하고 거대한 욕망이 제일 먼저 내게 다가왔다")와 함께 실려 있다. 아제와 초현실주의와의 관계는 이 지점에서 확실히 끝났다. 알려진 바와 같이 아제와 초현실주의와의 연결 고리는 만 레이였다. 아제는 캉파뉴프르미에르 17번지에 살고 있었는데, 17번지는 작은 집들이 늘어선 캉파뉴프르미에르 거리와 부아소나드 거리 사이의 작은 오솔길이었다. 그리고 아제의 집은 몽파르나스 구역과 아주 가까웠다. 만 레이는 아제의 작품을 몽파르나스의 친구들에게 보여주었고, 그 당시 만 레이의 연인이었던 베러니스 애벗은 만 레이에게 가끔 아제의 작품을 사주었다. 애벗은 1927년 아제를 모델로 사진을 찍었고, 얼마 뒤 아제는 죽었다. 이 인상적인 사진 속에는 아마도 푸른색이 틀림없는 빛나는 눈빛의 아제가 30년간 작업하면서 애정 어린 눈길로 바라본 모든 것과 노년의 지친 모습이 담겨 있다. 애벗의 이 인물 사진은 마치 경찰의 범죄자 식별 사진처럼 정면과 옆면을 찍

N° 7 — Deuxième année 15 Juin 1926

LA RÉVOLUTION SURRÉALISTE

LES DERNIÈRES CONVERSIONS

SOMMAIRE

ADMINISTRATION : 42, Rue Fontaine, PARIS (IXe)

ABONNEMENT, les 12 Numéros :
France : 55 francs
Etranger : 75 francs

Dépositaire général : Librairie GALLIMARD
15, Boulevard Raspail, 15
PARIS (VIIe)

LE NUMÉRO :
France : 5 francs
Étranger : 7 francs

앞 페이지

외젠 아제, 「거리의 상인들」, 1899년, 파리, 카르나발레 박물관. 왼쪽 사진은 생선 파는 여인이고, 오른쪽 사진은 바구니 상인이다.

은 두 장의 사진이지만 하나의 작품이다.

아제는 초현실주의 그룹과 직접적인 관계를 맺지 않았다. 모임은 그의 기질과 맞지 않았을 뿐만 아니라 그는 어떤 곳에도 소속된 적이 없었다. 브르통이 자신의 책 삽화로 실은 사진 가운데 아제의 작품은 한 점도 없고, 초현실주의 그룹의 간행물 어디에도 아제의 이름이 언급된 적이 없다. 베냐민은 "아제가 찍은 파리 사진은 초현실주의 사진의 출현을 알렸다. 그는 초현실주의가 흔드는 데 성공한 판에 박힌 기념물 사진과 거리를 둔 선구자였다"[1]라고 썼는데, 정확한 지적이다. 마치 사람이 살지 않는 것처럼 건물만 덩그러니 서 있는 텅 빈 거리를 찍은 아제의 사진을 보고 초현실주의자들이 얼마나 충격을 받았을지 짐작할 수 있다. 사진들에서 드물게 보이는 사람의 흔적은 카페 유리창 너머로 보이는 웨이터의 그림자나 사진을 찍을 때 지나간, 사람 같기도 하고 유령 같기도 한 행인의 흐릿한 흔적뿐이다. 데 키리코도 캉파뉴프르미에르 거리 17번지에 살았다. 말년에 찍은 스트라스부르 대로의 이발사, 에콜드메드신 거리의 박제사, 고블랭 대로의 모자 장수, 팔레루아얄의 가발 제조업자의 상가 진열창과 더불어, 반장화, 채소, 모자 등의 독특한 연작으로 아제는 아라공보다도 먼저 『파리의 촌놈Le Paysan de Paris』을 썼다.[2] 아제는 20세기 초를 도시예술가로서 가로지르며 훗날 대지 예술가로 불리는 해미시 풀턴과 리처드 롱처럼 내밀하고 고집스럽고 이해하기 어려운 자신만의 방식으로, 「몽파르나스 거리 실내 장식가 Mr. C.의 실내 장식」이나 「벨빌 거리 어느 여성 노동자의 작은 방」 같은 놀라운 이미지의 설치 작품을 만

1 Walter Benjamin, "Petite Histoire de la photographie", *Essais 1922-1934*, 프랑스어판. Paris, Denoël-Gonthier, 1971.

2 Waldemar George, *Arts et Métiers graphiques*, 사진 특별호, 1930. 물론 위 문장은 아라공이 오페라 통행로의 상점 진열창, 그 가운데에서도 지팡이 판매 상점을 묘사한 것처럼 아제는 대로의 상점 진열대를 찍었다는 의미로 썼다.

들어냈다.

제1, 2차 세계대전 사이는 파리의 사진, 특히 프랑스 사진계의 새로운 황금기였다. 파리의 사진은 1925년경 회화, 조각, 문학, 음악, 건축을 덮친 복고주의 유행에 휩쓸리지 않았다. 당시에는 지나치게 외국 문물을 탐닉했던 시간을 뒤로 하고 세련된 솜씨, 고급 재료, 차분한 형식, 화려한 문체, 프랑스 문화와 영토의 가치로 되돌아갔다. 샤를 모라스의 추종자들만이 이러한 신고전주의를 옹호한 것은 아니었다. 앙드레 드랭, 자크 샤르돈, 장 콕토, 아리스티드 마욜, 데 키리코로 이어지는 계보는 새로운 스타일의 복고주의를 주장했고, 발레리의 1937년 버전 트로카데로는 외국인 혐오와 반유대주의에 맞서 파리에서 승리를 거두었다. 상당수의 청동 조각 장인과 일부 젊은 예술가가, 비록 이들이 화가 모리스 드 블라맹크나 작가 로베르 브라지야크처럼 공개적으로 나치를 지지하지는 않았지만, 몇 년 후에 조용히 페탱 지지자가 되었다는 점은 전혀 놀랍지 않다.

사진이 이런 흐름에서 무사할 수 있었던 데에는 두 가지 이유가 있다. 첫째, 장 콕토의 고전적인 것으로의 회귀가 대표하는 모든 것에 대해 사진과 동질적인 관계인 다다이즘과 초현실주의의 격렬한 반대가 있었기 때문이다. 브르통은 콕토를 "이 시대에 가장 증오스러운 인간"이라고까지 표현했다.[3] 그리고 이 보편화된 아카데미즘에 동의해 부르주아지의 가치와 매력을 옹호하는, 카페 '지붕 위의 소'에 모인 아방가르드 예술가들을 비롯한 다양한 아방가르드 예술가에 대해서도 격렬히 비난했다. 브르통에 따르면 이들은 "발레리, 드랭, 마리네티의 추종자들로 모두 시궁창에 곤두박질쳤다".[4] 둘째, 파리로 몰려든 외국 사진작가들 덕분에 사진은 복고주의에 빠지지 않았다. 만 레이는 뉴욕에서 마르셀 뒤샹에게서 배운 압축된 다다이즘의 정신을 파리에 전파했다. 만 레이의 매력에 이끌려 베러니

---

3 앙드레 브르통이 트리스탕 차라에게 보낸 편지 중에서. *OEuvres complètes*, op. cit., 1권, 주석 p. 1294.

4 Breton, *Les Pas perdus, Clairement*.

스 애벗, 리 밀러, 메레 오펜하임, 도라 마르 같은 아름답고 재능 있는 사진작가와 조형 예술가들이 몽파르나스에 모여들었다. "이 여자들은 밤낮을 가리지 않고 만 레이 작업실의 뜨거운 조명 앞에서 포즈를 취했다."[1] 영국과 미국 출신으로 파리에서 활동한 사진작가 중에는 만 레이가 가장 널리 알려졌다. 폭스 탤벗 이래로 앨프리드 스티글리츠, 에드워드 스타이컨, 앨빈 랭던 코번이 있었고, 1945년 이후에는 윌리엄 클라인, 빌 브란트, 어빙 펜 그리고 특히 로버트 프랭크가 이 계보를 이었다. 영국과 미국 출신 사진작가들의 이러한 자연스러운 개방성은 파리에 관해 영어로 쓴 작품이 거의 없는 것과 대조를 이룬다. 물론 헨리 밀러의 『클리시에서 보낸 한가한 나날Quiet Days in Clichy』, 헤밍웨이의 『파리는 축제다A Moveable Feast』 그리고 동정 어린 눈길이 느껴지기는 하지만 거의 설득력이 없는 오웰의 『파리와 런던의 비참한 사람들Down and Out in Paris and London』, 헨리 제임스의 『대사들The Ambassadors』이 있기는 하다. 한편 섬세한 작가 제임스의 작품 『대사들』은 파리의 매력적인 여름이 어떤지 환기시키려는 애초의 목적을 달성하지 못했다. 심지어는 등장인물들의 주소와 이름마저도 설득력이 없다. 등장인물의 이름은 대단히 중요하다. 앞에서 보았듯이 발자크는 등장인물의 이름을 찾으려고 파리를 거닐며 몇 날 며칠을 보냈다. 프루스트는 『잃어버린 시간을 찾아서』를 구상하고 스완, 샤를뤼스, 베르뒤랭처럼 정말로 적절한 이 인물들의 이름을 놓치고 싶지 않아서 『장 상퇴유』의 상징주의를 포기했다.

만 레이는 예외로 하고 제1, 2차 세계대전 사이에 파리에 정착한 대부분의 사진작가들은 동유럽 출신이었다. 동유럽 출신은 18세기 이래 꾸준히 파리의 삶을 풍요롭게 한 주요 이민 집단이었다. 유대인이나 정치 망명자들, 또는 로버트 카파나 지젤 프로인트처럼 유대인이면서 정치 망명자였던 이민자들은 독일(일제 빙, 요제

1 Breton, "Le surréalisme et la peinture", *La Révolution surréaliste*, 1927년 10월 1일 9 - 10호.

프 브라이텐바흐, 라울 하우스만, 제르멘 크룰, 볼스(볼프강 슐체의 예명)), 폴란드(심Chim이라는 이름으로 더 알려진 데이비드 시모어는 자유 보도사진 작가 그룹 매그넘 포토스 설립에 참여했다), 리투아니아(이지스, 모이 버), 헝가리(브라사이, 앙드레 케르테스, 프랑수아 콜라르, 로지 앙드레, 엘리 로타르)를 떠나 파리로 왔다. 이들은 1917년부터 1922년까지 독일과 소련의 발전된 사진 기술을 파리에 전했다. 더욱 중요한 것은 이들의 놀라운 재능과 파리를 보는 이들의 새로운 시선이었다. 트리스탕 차라가 1922년에 쓴 다음 문장은 발터 베냐민이 『사진의 간략한 역사Petite Histoire de la photographie』에서도 인용했는데, 파리에 자리 잡은 망명 사진작가들을 잘 설명해준다. "예술이라고 불렸던 모든 것은 마비되었다. 사진작가는 천 개의 조명을 밝힌다. 인화지는 일상 속 대상들의 형상을 조금씩 빨아들인다. 사진작가는 인간의 눈을 즐겁게 하는 모든 별자리보다 훨씬 중요한 순간의 섬광과 다정다감한 대상의 중요성을 포착한다."

브르통은 1921년 막스 에른스트의 전시회 '유일무이' 카탈로그의 첫머리에 "사진의 발명은 회화나 시 같은 옛 표현 방식에 치명타를 안겼다. 19세기 말에 나타난 자동기술법은 생각의 진정한 사진술이었다"라고 썼다. 이 전시회는 당시 파리에서 열린 다다이즘의 가장 중요한 전시회 가운데 하나였다. 또한 사진은 무엇이고 앞으로 초현실주의는 어떻게 될 것인지에 대한 모호한 관계의 시작이었다. 카메라가 비록 최고의 자동기계 장치이지만 1924년 발표된 「제1차 초현실주의 선언Premier Manifeste du surréalisme」에서 정의한, 있는 그대로의 자동기술법으로 옮겨 적은 이미지에 선뜻 도달하지는 못할 것이기 때문이다. 초현실주의자들은 사실주의가 지닌 한계에서, 착시에 바탕을 둔 사실적인 이미지의 눈속임에서 사진을 벗어나게 하려고 온갖 방법을 고안했다. 레이요그램, 솔라리제이션, 한 장의 네거티브에 다중 노출(일반적으로 이중 인화라고 부른다), 때로는 포토몽타주(다다이스트와 독일 예술가들이 주로 이용한 기법), 심지어는 브륄라주를 이용했다. 브륄라주를 고안한 라울 위바크는 "브륄라주는 파괴의 자동기술법으로, 이미지를 절대적 비정

43 - L'affiche lumineuse de Mazda sur les grands boulevards

왼쪽 페이지

앙드레 브르통의 『나자』의 삽화로 쓰인 「대로에 붙은 마즈다 전구 광고」, 자크앙드레 부아파르 사진, 파리, 자크두세 문학도서관.

형으로 만드는 완전한 해체다"[1]라고 설명했다. 초현실주의 사진에는 '있는 그대로' 찍은 이미지와 조작한 이미지 사이에 분열이 있다. 그것은 호안 미로나 앙드레 마송의 오토마티즘을 르네 마그리트나 막스 에른스트의 마법 같은 눈속임 기법에서 갈라놓는 분열만큼이나 뿌리 깊은 분열이다. 모리스 타바르가 솔라리제이션으로 표현한 「방돔 광장Place Vendôme」이나 도라 마르가 일그러뜨려 표현한 「아스토르 거리 22번지22 rue d'Astorg」 같은 아주 드문 경우를 제외하고 파리를 찍은 초현실주의 이미지는 기본적으로 조작하지 않은 사진이다. 다양한 기법을 고안한 뛰어난 발명가인 만 레이는 파리를 많이 찍지 않았다. 브르통이 만 레이에게 『나자』의 삽화로 쓸 사진을 부탁하자 그는 엘뤼아르, 페레, 데스노스의 초상화는 자신이 맡고 파리의 풍경은 자신의 조수 자크 부아파르에게 맡겼다.

브르통은 "삽화를 그림 대신에 사진으로만 쓰면 모든 책은 더 가치가 있을 것이다"[2]라는 자신만의 고유한 생각을 『나자』에 적용했다. 1927년 9월 브르통은 리즈 데아름에게 다음과 같은 편지를 보냈다. "내가 당신에게 해준 이야기가 조만간 책으로 출간됩니다. 이 책에는 이야기를 구성하는 모든 요소와 연관 있는 50여 장의 사진도 실을 예정입니다. 그랑 옴 호텔, 에티엔 돌레의 동상, 베크 동상, 부아샤르봉의 광고판, 폴 엘뤼아르의 초상, 잠자는 데스노스의 사진, 생드니 문, 「미치광이들Détraqués」의 한 장면, 블랑슈 데르발의 사진, 마담 사코의 사진, 벼룩시장의 한쪽 모퉁이를 찍은 사진, 작은 장식 상자에 든 하얀 물건, 뤼마니테 서점, 도핀 광장의 포도주 상점, 콩시에르제리의 창문, 마즈다 광고, 클로드 교수의 사진, 그레뱅

---

1 네거티브를 뜨거운 물에 담그면 사진의 감광유제가 부분적으로 녹으면서 이미지가 일그러진다. 전시회 카탈로그, "Explosante Fixe, photographie et surréalisme", Centre Georges – Pompidou – Hazan, Paris, 1985, p. 42 주석에서 인용.

2 Breton, *Le Surréalisme et la peinture*, op. cit., 만 레이에 대해.

오른쪽 페이지

브라사이, 「이탈리아 광장의 작은 카페에서 사랑에 빠진 연인」, 1932년, 파리, 퐁피두 센터 국립현대미술관.

박물관의 인형 사진 등입니다. 그리고 이 책에 싣기 위해 나는 푸르빌의 '메종 루주' 간판과 센마리팀에 있는 앙고의 작은 성을 찍으러 갈 것입니다."[1] 『나자』 1962년 판의 간략한 서문에서 브르통은 "모든 묘사를 없애려고 사진 도판을 풍부하게 활용했다"라고 썼다. 물론 이것만이 유일한 이유는 아닐 것이다. 이미지로 강화된 텍스트는, 만 레이의 「카자티 후작부인La Marquise Casati」에서 이중 인화되어 겹친 눈처럼, 같은 사진이 포개진 것과 같은 괴리를 만든다. 보는 사람을 혼란스럽게 하는 이 효과는 사진의 제목에 대응하는 텍스트를 반복해 의도적으로 강조된다. 초현실주의자들은 대중 소설에서 쓰이는 이런 기법을 적절하게 전용했다.

이런 시도에 있어 유일하게 성공을 거둔 경우는 『나자』에 삽입된 부아파르의 사진이다. 반면 『미친 사랑L'Amour fou』과 『연통관Vases communicants』에 실린 사진은 너무나 이질적이어서 비교할 수 없다. 주로 우편엽서 같고, 평범하다고 비판받았던[2] 부아파르의 사진은 그러나 아제의 영향이 느껴지는 유일한 초현실주의 사진이다. 부아파르는 아제를 잘 알았다. 만 레이의 조수 부아파르는 캉파뉴프르미에르 거리에서 작업했고, 한때 그 거리에 살았다. 부아파르의 사진에는 사람이 거의 없고, 프레임은 아제 말년의 작품처럼 대상이나 장소 전체를 포착하기보다는 중요한 세부를 포착하려고 애썼다. 예를 들면 뤼마니테 서점의 '이곳으로 들어오세요'라고 가리키는 커다란 화살표, 스핑크스 호텔의 간판, 대로에 붙은 마즈다 전구 광고의 커다란 전구 밑에 있는 손수레와 사다리를 강조했다. 브르통과 아라공, 나

---

1 *OEuvres complètes*, op. cit., 1권 중 마르그리트 보네가 쓴 『나자』의 작품 해설에서 인용.

2 Dawn Ades, 전시회 카탈로그, "Explosante Fixe, photographie et surréalisme", op. cit.; R. Krauss, "Photographie et surréalisme", *Le Photographique, pour une théorie des écarts*, Paris, Macula, 1990을 참고할 것. 『나자』에 실린 파리 풍경 가운데 부아파르의 사진과 다른 사람이 찍은 모베르 광장의 에티엔 돌레 동상을 비교하면 어느 사진이 정말로 평범한지가 명백하다.

빌과 프랭켈처럼 부아파르는 원래 의학을 전공했다. 브르통이 『나자』에서 "이야기를 위해 선택한 어투는 의학적 관찰의 어투를 따랐다"라고 밝혔을 때 부아파르는 그 말이 무슨 뜻인지를 이해했을 것이다.[1] 파리 풍경을 찍은 일련의 초현실주의 사진이 평범했다면 그것은 의학적 방법으로 관찰한 것을 찍었기 때문이다. 의학 검사에서 증상을 제외한 모든 것은 일반적이기 때문이다.

블랑슈 광장의 카페 시라노에서 비아름 거리의 카페 프롬나드 드 베뉘스까지 초현실주의 그룹은 함께 어울려 많은 시간을 카페에서 보냈다. 아제는 카페의 풍경을 대부분 바깥에서 찍은 반면 초현실주의자들과 더불어 사진은 비로소 처음으로 실내로 들어왔다. 이런 변화는 사진기와 사진 필름의 빠른 발전 덕분에 가능했다. 라이카가 처음으로 내놓은 24×36밀리미터 카메라가 출시된 것은 『나자』가 발표된 때와 거의 비슷했다. 카페를 주제로 작품을 찍은 가장 유명한 사람은 브라사이와 케르테스였다. 물론 두 사람은 초현실주의 그룹의 정식 멤버가 아니었다는 반론도 있다. 일상의 사진과 문학적 사진은 엄청나게 다르다. 카페에서 젊은 여인이 신문을 읽고 있다. 그녀의 뒤, 유리창 너머로 보이는 텅 빈 거리는 온통 회색빛이다. 사진의 오른쪽 절반을 차지하는 전경에는 작은 구멍을 뚫은 양철로 둘러싼 원통형 난로가 있고, 함석으로 테두리를 마감한 작고 둥근 테이블에는 빈 커피 잔이 놓여 있다. 커다란 난로와 테라스 유리창 사이의 비좁은 공간에서 젊은 여인은 모피 깃이 달린 검은 코트를 입고 있고, 귀까지 내려쓴 털모자 사이로 금발이 삐죽 나와 있다. 한쪽 구석에 몰려 있는 이런 구도 속에서 그녀는 위태로워 보인다. 아니면 최소한 상처받기 쉬워 보인다. 새로운 사진의 시작을 알리는 듯한 앙드레 케르테스가 1928년에 찍은 이 작품에는 「어느 겨울날 아침 카페 돔에서Un matin d'hiver au café du Dôme」라는 몽환적인 제목을 붙였다. 또 다른 사진은 이탈리

1 부아파르는 1935년경 병원으로 돌아가 1950년대 말까지 생루이 병원에서 방사선과 의사로 근무했다.

아 광장의 한 카페에서 찍은 것이다. 연인이 카페 한구석에서 서로의 눈을 바라보고 서로를 어루만지며 꼭 붙어 있다. 두 벽 모서리의 의자 위쪽에 걸린 커다란 거울은 사진의 가운데를 거의 둘로 나누는 인상을 주는데, 여자의 옆모습이 오른쪽 거울에 비춰지고 남자의 앞모습은 왼쪽 거울에 비춰진다. 또한 두 거울은 서로 비춘다. 이 사진에서는 두 남녀의 서로 다른 커다란 감정 차이를 읽을 수 있다. 여자는 살짝 입을 벌리고 황홀한 표정을 짓고 있다. 반면 사진가에게 거의 등을 돌린 자세로, 거울에 반사된 남자의 표정에는 이해관계를 따지는 시선이 느껴진다. 브라사이가 1932년에 찍은 이 사진에는 「이탈리아 광장의 작은 카페에서 사랑에 빠진 연인」이라는 상당히 비정한 제목이 붙어 있다.

초현실주의 사진작가들은 다정다감한 사랑이나(사랑의 기쁨을 담은 예외적인 사진인 케르테스의 「몽파르나스의 어느 카페에서 엘리자베트와 함께 찍은 사진」) 돈으로 사는 사랑을(드가와 로트레크의 전통을 잇는 브라사이의 사창가 사진) 찍었다. 초현실주의 사진작가들은 또한 처음으로 밤 풍경을 찍었다. 밤의 풍경이 아니라 바다를 찍듯이 밤을 주제로 밤 자체를 찍었다. 초현실주의 문화의 중심에 있는 파리의 밤은 막스 에른스트의 「밤의 혁명La Révolution la nuit」에서부터 브르통의 『미친 사랑』에 수록된 산문시 「해바라기의 밤La Nuit du Tournesol」까지, 또는 『나자』의 불쾌한 짝패인 필리프 수포의 『파리의 마지막 밤들Les Dernières Nuits de Paris』까지 초현실주의 작가들의 중요한 주제였다. 화가, 조각가와 함께 초현실주의 작가들은 초현실주의 운동의 또 다른 방향을 제시했다. 그것은 대상의 굴성, 특히 발견된 물건[1]의 운동성이다. 초현실주의 작가들은 브르통과 자코메티가 벼룩시장에서 구입한 철제 가면 같은 주술적인 물건, 『연통관』에 실린 에덴 카지노의 슬롯머신, 『나자』의 청동 장갑 등에 영원한 생명을 부여했다. 그리고 만 레이는 브르통과 자코메티가 벼룩시장에서 구입한 철제 가면의 사진을 찍어 「중세의 투구를 대단히 세련된 형태로 계승한 후손」이라는 제목을 붙여 『미친 사랑』의 이미지로 썼다. 초현실주의 작가들은 '발견된 물건'이라는 생각을 파리 거리들의 단편이라는 생각으로 확장시켰다. 브라사이의 그래피티, 길가 배수로, 나무, 보도블록을 클로즈업으로 찍은 사진, 그리고 볼스가 찍은 찢긴 포스터를 통해 파리의 단편들을 볼 수 있다. 볼스보다 20년 뒤에 레몽 앵스와 자크 빌글레는 포스터를 찢어 회화 작품을 만들었다.

1960년대에 파리와 사진의 오래된 관계는 해체되기 시작했다. 그 이유로는 인민 전선 시기에 사진작가로 활동한 세대의 은퇴, 흑백 사진의 쇠퇴 흐름, 스페인 내전, 장 르누아르 감독의 걸작 등을 들 수 있다. 무엇보다도 드골 대통령과 퐁피두 총리 시대에 이루어진 급격한 충격으로 파리가 불안정해졌다. 파리의 드러난 상처, 종양, 볼썽사나운 혹을 보여주는 것이 무슨 쓸모가 있겠느냐는 생각이 널리 퍼졌다. 드골과 퐁피두의 시대가 저물 무렵인 1968년 5월 혁명이 질 카롱과 디티봉 같은 기존의 사진작가와 레몽 드파르동 같은 신진 작가들이 찍은 파리의 유명한 사진으로는 마지막이었다. 드파르동은 훗날 파리에 관한 새로운 다큐멘터리 양식을 만들어냈다. 드파르동의 도시 다큐멘터리 작품 중 최근 공개된 「파리」는 생라자르역에 대한 헌사로 읽을 수 있다.

모든 단절이 그렇듯 사진의 이런 결말은 향수를 불러일으킨다. 미슐레가 지적한 것처럼 '각 시대는 다음 시대를 꿈꾼다'는 것이 사실이라면 더욱 분명한 점은 각 시대는 전 시대를 그리워한다는 것이다. 특히 전 시대를 그리워하는 감정이 가루비누처럼 휩쓸려가고, 역사, 책, 예술, 유토피아가 전략적으로 결말을 쌓아올리는 이데올로기 속으로 놀랍게 통합되는 시대일수록 전 시대를 더 그리워한다. 뒤숭숭한 격변의 파리는 이 예정된 결말의 목록 일부다. 예정된 결말과는 별개로 사람들이 두려워하는 이런 유령들을 쫓아내기 위한 조치들이 취해진다. 이 유령들이 거리에 다시 나타나는 데는 이유가 있기 때문이다.

---

1 발견된 물건objet trouvé은 분실물이란 뜻도 있다. — 옮긴이

발터 베냐민은 『역사의 개념에 관하여』에서 "각 시대는 전 시대를 꿈꾸면서 스스로 깨어나려고 애쓴다"라고 썼다. 30년간의 무기력 상태를 겪는 동안 중심부는 재개발을 거쳐 박물관화 되었고, 변두리는 소리 없이 황폐화되었으나 현재의 파리는 다시 깨어나려고 한다. 과거 세대와의 암묵적인 합의 덕분에 파리는 새롭게 변하기 시작해서 또 다른 파리가 새롭게 형태를 갖추고 아직 활짝 열리지 않은 우리의 눈앞에서 점점 커지고 있다. 새로운 파리의 서쪽은 광고업자와 석유재벌의 손에 넘어가 항상 그랬듯이 북쪽과 동쪽으로 확장되고 있다. 라 샤펠, 라 빌레트, 벨빌, 메닐몽탕 대로를 축으로 새로운 파리의 동북쪽은 몽마르트르에서 샤론 구역의 언덕까지 뻗어 있고, 파리의 끔찍한 외곽순환도로 장벽을 가로지른다. 철거되었거나 나무가 늘어선 산책길로 바뀐 과거의 다른 장벽들과 마찬가지로 외곽순환도로의 장벽도 새로운 파리에서는 언젠가 없어질 것이다. 그리고 새로운 파리는 이미 사실상 파리의 21구라고 할 수 있는 팡탱, 르 프레생제르베, 바뇰레, 몽트뢰유까지 확장되었고, 현재는 변두리 마을 몇 곳만이 남아 있다. '새로운 도시'를 조성한다는 재난에 가까운 예를 제외하고, 12세기 말부터 13세기 초 필리프 오귀스트의 시대까지 거슬러 올라가는, 이런 방식의 파리 확장은 행정적인 조치나 정부의 결정으로 이루어지는 것이 아니다. 이런 식의 확장을 부채질한 것은 끊임없이 성장하는 대도시라는 유기체다. 또한 이미 결정되어 변할 여지가 없을 것처럼 보이는, 외곽순환도로의 콘크리트 장벽으로 둘러싸인 20개 구 파리에서 여전히 갑갑함을 느끼는 대도시의 청춘이다.

생트준비에브 언덕 일대는 파리의 언덕길 가운데 의미와 추억이 가장 많이 깃들어 있는 곳이다. 파리 식물원 입구의 라마르크 동상이나(18세기 말에는 진화의 개념을 떠올리는 데 있어 특별한 재능이 필요했다고 생각했던 것 같다) 퀴비에의 집에서 출발하거나 쥐시외 대학의 작은 언덕을 따라, 식물원에 있는 베르니케 전망대를 거쳐, 또는 파리 식물원 앞 뷔퐁의 플라타너스 거리 등을 따라 다양한 경로로 생트준

앞 페이지
피에르 보나르, 「클리시 광장」, 1912년. 유화, 브장송 국립미술학교 미술관.

비에브 언덕까지 오를 수 있다. 과학이 여전히 순수했던 이른바 축복받은 시대에 이 언덕으로 이어지는 거리들에는 스웨덴의 뛰어난 식물학자 린네, 발자크가 『고리오 영감』을 헌정한 박물학자 조프루아 생틸레르, 퀴비에, 쥐시외, 카트르파주, 투앵, 도방통, 라세페드, 투른느포르 같은 박물학자와 식물학자의 이름을 붙였다. 정말로 뛰어난 인물들의 이름은 널리 알려져 있지만 몽테뉴가 『수상록』에서는 라틴어로 언급했기에 상당히 낯설게 들린다. 어찌되었건 이들은 파리 거리의 이름으로 또는 몽테뉴의 『수상록』에서 섬광처럼 강렬하게 빛난다. 생트준비에브 언덕의 광장은 옛 에콜 폴리테크니크의 정문과 맞닿아 있다. 이 작은 광장과 가까운 몽타뉴생트준비에브 거리의 한 지점에서 Y자 형태를 이루며 갈라지는 데카르트 거리는 무프타르 거리를 거쳐 이탈리아 광장으로 이어진다. 파리 이공과대학의 양옆 문 위에 놓인 두 개의 커다란 부조물은 폭군에 맞서 공화국을 지키도록 훈련된 최고의 학생들의 의무를 상징한다. 왼쪽은 포병을 오른쪽은 해군을 상징한다. 살짝 앞으로 돌출된 가운데 정문에는 학교를 설립한 다섯 명의 원형 부조가 고풍스러운 그리스 로마 양식으로 새겨져 있다. 그들의 얼굴은 풍화되어 알아보기 힘들고 새겨진 이름도 거의 알아볼 수 없을 정도다. 가운데에 있는 가장 중요한 인물은 몽주로, 화법기하학과 미분기하학의 선구자이자 이 학교의 창립자다. 몽주 옆의 라그랑주는 19세의 나이에 토리노 포병 학교의 교수가 된, 천체 역학에 삼각법을 처음으로 적용한 인물이다. 베르톨레는 라부아지에의 제자이자 친구였다. 푸르크루아는 파리 식물원에서 열린 화학 강의에서, 고대에서 가장 고귀한 것이 무엇인지를 상기시켰다. "퀴비에의 표현처럼 푸르크루아의 강의에 모인 군중은 웅변가의 말에 넋을 잃고 매달려 있었다." 그리고 비할 데 없이 탁월한 이 교수의 강의를 들으려고 밀려드는 군중을 수용하기 위해 파리 식물원의 원형 계단식 대강의실을 두 배로 확장해야만 했다. 마지막 다섯 번째 인물은 라플라스로 그의 이름이 붙은 거리가 정문 바로 맞은편에 있다. 라플라스의 유명한 주장은 나폴레옹 앞에서 발표한 행성의 형성에 대한 가설이었다. 라플라스는 또한 물리학자로서 원의 표면장력, 구 내부의 압력, 그리고 반지름 사이의 관계를 정의한 법칙을 정립했다. 라플라스의 법칙을 확장하면 원기둥에도 적용할 수 있고, 더 확장하면 파리에도 적용할 수 있다. 라플라스 법칙에 따르면 압력을 계속해서 가하면 장력은 반경과 더불어 증가한다. 파리가 공간적으로 한정되어 더 이상 커질 수 없다고 생각하는 사람들, 박물관(파리를 의미)이 폭발적으로 커지는 것을 본 적이 없다고 단정하는 사람들, 매일같이 공화국의 낡은 병영(파리를 의미)을 헐뜯는 데 여념이 없는 사람들은 수 세기 동안 그들의 전 세대들을 끊임없이 놀라게 한 파리의 위대한 변화에 대해 곰곰이 생각해봐야 할 것이다.

감사의 말

장크리스토프 바이, 도미니크 에데, 스테파니 그레구아르는 이 글의 초고를 꼼꼼히 검토해주었다. 그들의 격려와 제안은 책이 제 모습을 갖추는 데 많은 도움이 되었다. 내가 몇 달 동안 고민한 책의 제목과 부제를 소피 와니치와 장크리스토프 바이는 단 몇 분 만에 생각해냈다. 이 책은 내가 운영하는 아장출판사에서 펴낸 파리에 관한 책(장피에르 바블롱, 로르 보몽, 모리스 퀼로, 프랑수아 루아예, 피에르 피농, 마리 드 테지의 저서들)을 많이 참고했음을 밝힌다. 마지막으로 나의 책을 펴낸 드니 로슈는 처음부터 나에게 신뢰를 심어주었고, 이 책을 쇠유출판사의 총서로 출간해주었다. 이 점에 있어 여전히 그저 감사할 따름이다.

찾아보기

ㄱ

ㄴ

ㄷ

ㄹ

ㅁ

ㅂ

ㅅ

ㅇ

ㅈ

ㅊ

ㅋ

ㅌ

ㅍ

ㅎ

파리의 발명

낭만적 도시의 탄생

초판인쇄 2024년 5월 13일
초판발행 2024년 5월 27일

지은이 에리크 아장
옮긴이 진영민
펴낸이 강성민
편집장 이은혜
편집 박지호 김유나 김소원
마케팅 정민호 박치우 한민아 이민경 박진희 정유선 황승현
브랜딩 함유지 함근아 고보미 박민재 김희숙 박다솔 조다현 정승민 배진성
제작 강신은 김동욱 이순호

펴낸곳 (주)글항아리 | 출판등록 2009년 1월 19일 제406-2009-000002호

주소 경기도 파주시 심학산로10 3층
전자우편 bookpot@hanmail.net
전화번호 031-955-2689(마케팅) 031-941-5157(편집부)
팩스 031-941-5163

ISBN 979-11-6909-243-2 03920

www.geulhangari.com